湖里年鉴

2015

湖里区地方志编纂委员会办公室　编

方志出版社
Publishing House of Local Records

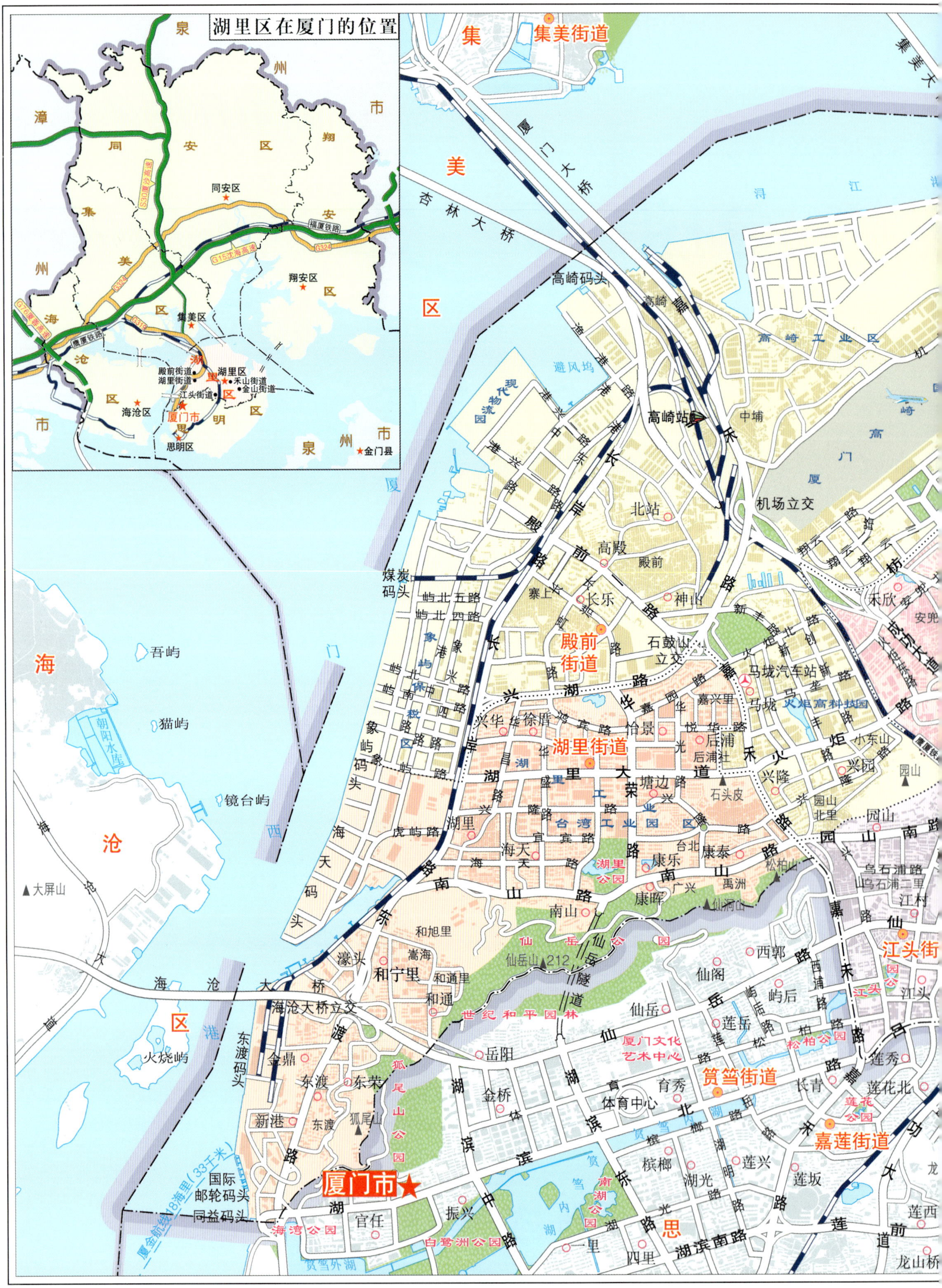
湖里区在厦门的位置
泉
州
市
漳
同
安
区
翔
同安区
集
美
区
福厦铁路
G324
沈海高速
翔安区
集美区
海
沧
区
鹰厦铁路
湖
里
区
殿前街道
湖里街道
湖里区
禾山街道
江头街道
金山街道
海沧区
厦门市
思
明
区
思明区
金门县
集
美
区
集美街道
集美大
厦门大桥
杏林大桥
浔
江
高崎码头
高崎
高崎工业区
避风坞
现代物流园
渔港路
高崎站
中埔
高崎
门
厦
机场立交
北站
高殿
殿前
煤炭码头
嵎北五路
嵎北四路
象嵎港
长乐
神山
寨上
殿前街道
石鼓山立交
马垅汽车站
马垅
火炬高科技园
嘉兴里
木欣
安兜
兴华
徐厝
怡景
后浦
后浦社
湖里街道
湖里大道
小东山
兴隆
兴园
园山
石头皮
园山北里
台湾工业园区
湖里
虎屿路
海天
台北
康泰
康乐
湖里公园
松柏山
禹洲
康晖
广兴
南山
仙洞山
乌石浦路
乌石浦二里
江村
江头街
海天码头
象屿码头
吾屿
海
猫屿
朝阳水库
镜台屿
沧
大屏山
海沧大桥
海沧大桥立交
区
火烧屿
和旭里
濠头
和宁里
高海
和通里
和通
仙岳公园
仙岳山 212
仙岳隧道
世纪和平园林
西郭
仙阁
屿后
仙岳
莲岳
江头公园
江头
岳阳
厦门文化艺术中心
松柏公园
莲秀
东渡码头
金鼎
东渡
东荣
狐尾山公园
狐尾山
金桥
体育中心
育秀
筼筜街道
长青
莲花北
莲花公园
新港
嘉莲街道
槟榔
莲兴
湖光
莲坂
厦门市
国际邮轮码头
同益码头
厦金航线8海里(33千米)
海湾公园
官任
振兴
白鹭洲公园
南湖公园
一里
四里
湖滨南路
思
莲前西
龙山桥
莲前大道
筼筜湖
筼筜外湖
湖滨北路
湖滨东路
湖滨中路
湖滨西路
仙岳路
嘉禾路
吕岭路
金尚路
兴湖路
成功大道
火炬路

湖里区2013年政区图

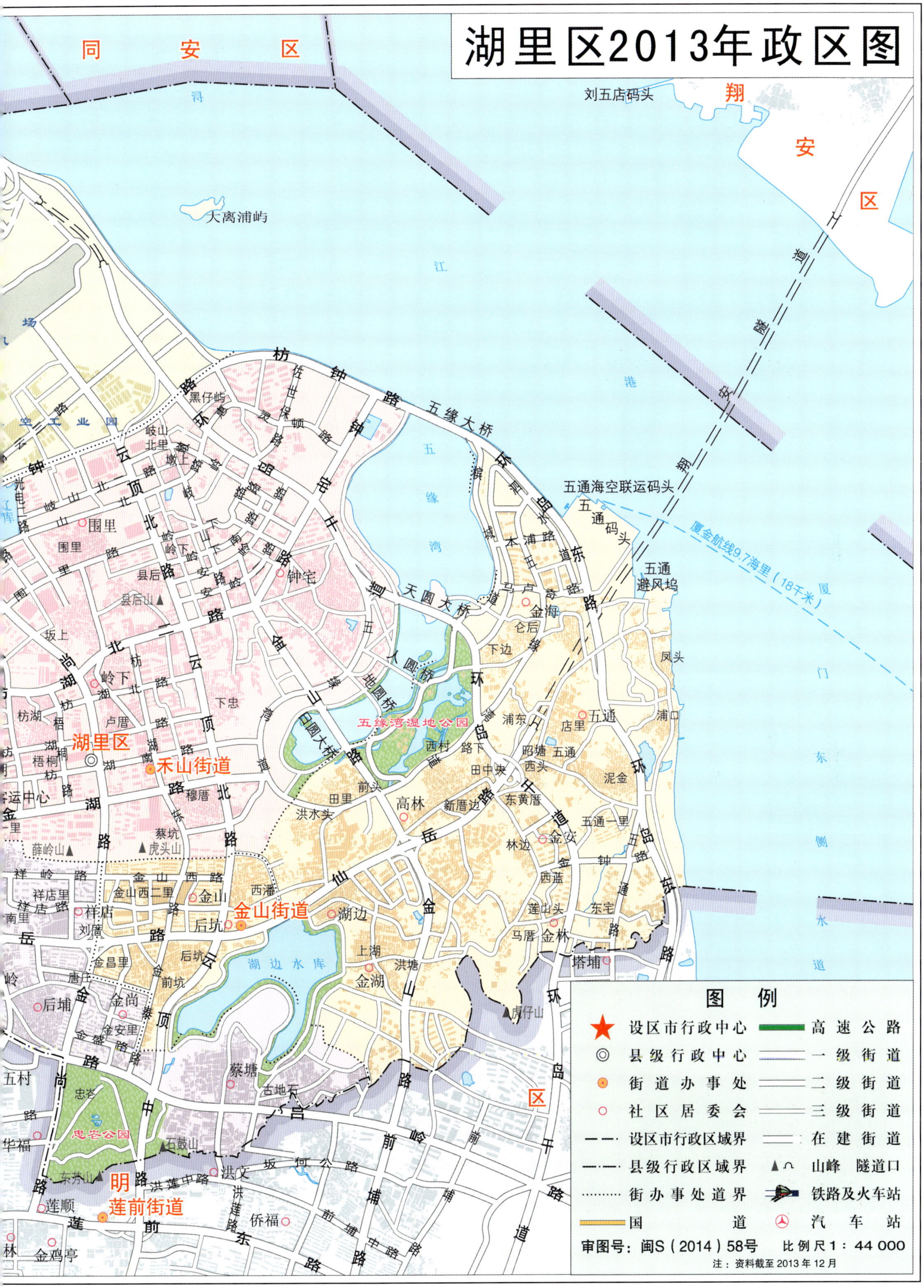

2014 年 7 月 22 日，国家慢性病综合防控示范区调研组到湖里区调研（张卓平　摄）

2014 年 3 月 28 日，副区长丁红斌（左三）带队检查湖里区餐饮安全工作（陈娴杰　摄）

5 月 6 日，金山街道村改居示范点现场观摩会（吴智龙　摄）

5 月 26 日，金尚社区景观整治方案评审现场（黄磊　摄）

7 月 24 日，湖里区与安溪县就厦门泉州（安溪）经济合作区湖里园签订框架合作协议（陈瑜瑾　摄）

12 月 5 日上午，举行第六届科技项目对接会签订协议（区科技局供图）

9 月 5 日，2014 湖里魅力购开幕式暨湖里购车圆梦季启动仪式在湖里万达广场举行（区经信局供图）

7 月，湖里区来厦探亲留守流动儿童夏令营在钟宅社区举行（区妇联供图）

9 月 6 日，举行慈善一条街揭牌仪式（区民政局供图）

4 月 23 日，禾山欢乐季启动（禾山街道提供）

2014 年 10 月 11 日，湖里“清风廉韵”文艺晚会在湖里街道海天社区召开（区纪检供图）

2014 年 10 月 26 日，湖里区第六届社区文化艺术节闭幕式在湖里区青少年校外体育中心举办（陈冰　摄）

2014 年 1 月 10 日，湖里区文化下乡第四场演出在禾山街道禾山社区中央美地售楼处广场举办（陈冰　摄）

湖里区文明超市“五下乡”活动（区卫计局供图）

城市诵读节在忠仑公园举办（魏克丰　摄）

9 月 5 日“美丽厦门 · 创新湖里”文化旅游嘉年华正式启动（禾山街道　提供）

2014 第十届帆船挑战赛在五缘湾海域开赛（区文体出版旅游局供图）

2014 年老年人健身展示（彭红棉　摄）

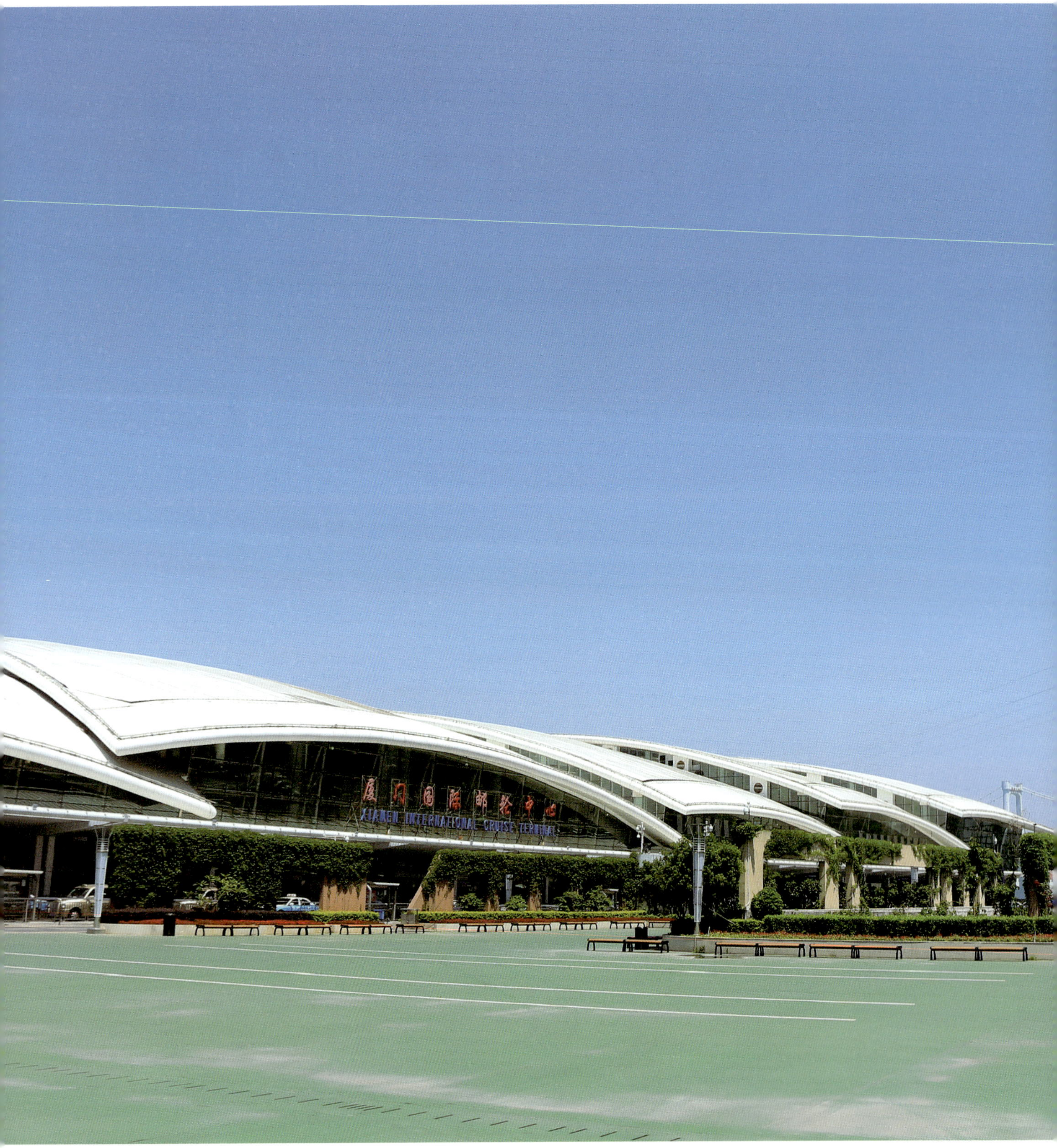

厦门国际邮轮中心（湖里街道供图）

二中五缘校区（二中供图）

金安社区健康小屋（张卓平　摄）

蔡塘广场开业（方晓玲　摄）

五缘湾夜景（林乔森　摄）

五缘湾西岸景色（陈清强　摄）

霞光万丈映五缘（李自强　摄）

数字湖里

- 湖里辖区 5 个街道、52 个社区居委会，年末户籍总人口 269884 人。
- 地区生产总值 749.83 亿元，第二产业增加值 350.81 亿元，第三产业 397.92 亿元，三次产业的比重为 0.1 ∶ 46.8 ∶ 53.1。
- 全区规模以上工业企业 293 家，现价工业总产值 1400.68 亿元，实现
- 现价增加值 316 亿元。
- 财政总收入 152.47 亿元，其中区级财政收入 42.05 亿元。
- 全社会固定资产投资（不含农户）320.60 亿元。
- 社会消费品零售总额 324.50 亿元。
- 合同利用外资 3.54 亿美元，实际利用外资 3.21 亿美元。
- 金融保险业实现增加值 36.67 亿元
- 城镇居民人均可支配收入 39683 元。
- 高等学校 2 所，在校生人数 2436 人。
- 中小学 56 所，在校生人数 65941 人。
- 幼儿园 110 所，学年初在园人数 24614 人。

《湖里年鉴》编纂委员会

主 任 委 员　张毅恭

副主任委员　庄海英　张家伟　陈　枫

委　　　员　叶毓青　曹荣宝　杨运华　林秀瑜　洪奕文

黄双凤　许艺艺　雷爱和　吴丽英　刘芳坤

文国清　欧阳平　柯友升　黄建成　李　东

黄　伟　吴淑真　陈文约　纪华国　章再耕

林荣福　辜琦皇　刘秋生　王华安　陈颢颖

郭漳楚　肖德良　傅伯伟　张金坪　裴再生

范金炉　翁国华　阳良彬　余孙升　黄伟清

罗辉明　张建华　吴开盛　刘凯华　郭晓平

王水可　蒋晓民　黄锦城　陈　滨

《湖里年鉴》编纂委员会下设办公室，主任欧阳平（兼）。

《湖里年鉴》编纂机构组成人员

主　　　编　陈　枫

副　主　编　欧阳平

执行副主编　张宪敏

责 任 编 辑　张宪敏　蔡培育

美 术 编 辑　张宪敏

编辑说明

一、《湖里年鉴（2015）》是湖里区人民政府主管，湖里区地方志编纂委员会主办，湖里区地方志编纂委员会办公室承编的地方综合年鉴。2014以后逐年编辑出版，以出版年号为卷次名称，国内外公开发行。

二、《湖里年鉴（2015）》以马克思列宁主义，毛泽东思想、邓小平理论、“三个代表”重要思想、科学发展观为指导，贯彻习近平总书记系列重要讲话精神。

三、《湖里年鉴（2015）》主要记载2014年1月1日至12月31日湖里区经济、政治、文化、社会的发展情况。主体内容分为类目、分目、条目3个层次，部分分目下设次分目，以条目为记述的基本形式。全书条目标题统一用黑体加方头括号【 】标示，个别条目包含多方面资料，用楷体加层次性小标题。

四、《湖里年鉴（2015）》采用类目编辑法，设特载、大事记、区情综述、环境保护、城市建设与管理、中共地方组织、湖里区人民代表大会常务委员会、湖里区人民政府、招商引资、政协湖里区委员会、民主党派与工商联、群众团体、法治、人民武装、教育、科学技术、文化出版·旅游·体育、卫生·计划生育、人力资源和社会保障、民政、民族宗教与社会公益事业、外事侨务与港澳台事务、经济管理与监督、财政·金融·税务、工业、街道、人物、附录27个类目。

五、《湖里年鉴（2015）》辑录的区级领导人履历，湖里区级领导人、区直机关、群众团体、街道、工业园区管委会、国有企业等领导干部名录均由区委组织部提供。

六、《湖里年鉴（2015）》稿件由湖里区辖内各单位提供，并经单位负责人审核。各单位报送的数据与统计局的数据不统一时，以区统计局数据为准。

七、《湖里年鉴（2015）》配备双重检索系统，书前刊有目录，书后配有索引。索引采用主题分类法，款目按汉语拼音字母顺序排列。

目　录

特　载

大事记

区情综述

环境保护

城市建设与管理

中共地方组织

湖里区人民代表大会常务委员会

湖里区人民政府

招商引资

政协湖里区委员会

民主党派与工商联

群众团体

法 治

人民武装

教 育

科学技术

文化出版 旅游 体育

卫生·计划生育

人力资源和社会保障

民 政

民族宗教与社会公益事业

外事侨务与港澳台事务

经济管理与监督

财政　金融　税务

工　　业

街　　道

附　　录

政府工作报告

——2015 年 2 月 11 日在湖里区第七届人民代表大会第四次会议上

区长 张毅恭

各位代表：

现在，我代表湖里区人民政府向大会报告工作，请予审议，并请区政协委员和各位列席人员提出意见。

一、2014 年工作回顾

2014 年，在市委、市政府和区委的坚强领导下，在区人大和区政协的监督支持下，我们团结全区人民，深入学习贯彻党的十八大和十八届三中、四中全会精神，全面落实美丽厦门战略规划，围绕“美丽厦门·创新湖里”目标定位，致力于稳增长、调结构、促改革、惠民生，较好地完成了区七届人大三次会议确定的工作任务。全年实现地区生产总值 749.8 亿元，增长 5.6%；规模以上工业总产值 1400.7 亿元，增长 1.6%；财政总收入 155.2 亿元，增长 15.5%，其中区级财政收入 41.1 亿元，增长 21.0%；社会消费品零售额 324.5 亿元，增长 13.5%；完成全社会固定资产投资 320.5 亿元，增长 33.9%；合同利用外资 35427 万美元，实际利用外资 32113 万美元，引进内资 744.1 亿元；城镇登记失业率控制在 4.0% 以下；城镇居民人均可支配收入 39683 元，增长 5.5%；节能减排各项指标顺利完成。荣获“国家慢性病综合防控示范区”、首批“全国社会组织建设创新示范区”和“全国社会工作服务标准化建设示范区”等称号。

2014 年主要工作和成效是：

（一）经济转型持续深入

优二进三稳步推进。强化经济运行预警促进机制，出台《湖里区促进工业增长实施意见》等系列政策，及时兑现各项扶持奖励 2.02 亿元，工业经济逐月趋好。电子及通信设备、航空工业、纺织服装等产业聚集度进一步提升，占全区规模以上工业总产值的 93.0%。新增省著名商标 12 个，市著名商标 13 个。获评全省首个出口电光源及灯具质量安全示范区。促进传统工业企业有序外迁，安溪经济合作区湖里园如期开工，一期启动区 8.2 万平方米的通用厂房主体封顶，300 多家企业入园考察。加快老工业区成片改造提升，完成 219 个“三旧”改造项目建筑物调查摸底，推进 14 个项目获得市政府批复，其中莲湖大厦、华信石油、名鞋库等项目正办理前期手续；启动湖里老工业区、枋湖工业园等 6 个片区前期工作，龙头山片区改造进入实施阶段。现代服务业加快发展，第三产业比重同比提高 5.7 个百分点。投入 500 多万元举办 2014 湖里购物节“汽车圆梦季”等系列主题活动，修订《湖里区促进电子商务发展实施办法》，主办第五届“鼓浪听涛”网络零售发展高峰论坛，协办首届国家级电商产业链（厦门）发展论坛，新注册电商企业 1129 家，增长 657.7%，社会消费品零售额保持较快增长。全力打造东部等总部集聚区，跟踪对接 12 个拟设立总部的大型民企项目，现有总部亿元楼宇 15 幢，实现税收总收入 47 亿元。鼓励企业上市融资和股权交易，好利来已上市发行，鹭燕药业等 4 家企业已获证监会受理，900 余家企业在两岸股权交易中心顺利挂牌。

产业引导成效明显。积极抢抓市区财政体制调整契机，加强与两港两区的产业联动，增加财税收入，实现区级地方财政收入增量8亿元，对全市增量的贡献率居各区之首。出台促进湖里高新技术园、两岸金融中心、湖里老工业区文创园、工业企业搬迁等园区招商和产业引导政策，一园一策、一企一策促进产业集聚。高新技术园新入驻软件信息等企业310家，长城宽带、新加坡NCS集团等在谈服务业项目70个。两岸金融中心A组团国贸金融等10个出让在建项目进展顺利，英蓝集团顺利挂牌，工商银行、平安银行、复星集团等项目意向入驻启动区。推动联发华美文创园改造、海峡文创园建成运营。厦门古玩城入驻文创企业70多家，其中13家企业入选厦门市重点文化企业。厦门国际邮轮母港招商步伐加快，招商局集团、美高梅集团等邮轮配套产业加速聚集。投入科技扶持资金1482万元，促进高新技术产业加快发展，高新技术企业达233家，占全市28.4%。内外资企业投资踊跃，新引进注册资本500万元以上内资项目1954个，注册资本约457.5亿元，其中厦门民合投资集团有限公司注册30亿元，SM商业城增资7600万美元，香港大东方项目注册5155万美元，台湾欣龙德斥资4800万美元建设龙邦医院，辽海港联、翊天泰两家融资租赁公司注册近4000万美元。全面落实商事登记改革，新登记各类商事主体19003户，增长107.0%。

（二）项目建设扎实推进

完善项目调度制度，落实区领导挂钩联系责任制，全力推进143个重点项目建设，固定资产投资完成额创历史新高，总量和增幅均位居全市各区第一。51个市级重点项目累计完成投资103.9亿元，超额完成年度计划。闽南古镇、高崎机场T4航站楼、航空港现代冷链物流中心、轨道交通1号线（湖里段）等重点项目进展顺利，海峡收藏品交易中心、五缘湾游艇综合体等6个市级重大项目按序时推进。落实“大包干”政策，理顺征地拆迁资金体制，将打击“两违”与征地拆迁相结合，统筹推进56个征地拆迁项目，实施乌石浦60号、十六冶原宿舍楼强制拆除行动，完成征地813.5亩、拆迁73.6万平方米，拆迁总量位列全市首位。轨道交通1号线（湖里段）征收项目被省住建厅认定为“2014年度全省和谐征收示范项目”。美仑花园一期等3个安置房项目前期工作有序推进，金福缘新城安置房返迁工作基本完成。

（三）社会事业协调发展

基础教育不断加强。投入教育经费10.7亿元，积极创建全省“教育强区”。以全省16个受检区第一名的成绩通过国家义务教育均衡区评估验收。厦门三中成为省一级达标校。新建、扩建6所中小学校，开办7所公办幼儿园，新增中小学学位6360个、幼儿学位2160个，接收6258名外来务工随迁子女就读公办学校。新聘教师212名，引进高层次教育人才16名，培养省骨干校长4名、省学科带头人9名。完善民办中小学办学绩效评估和集体办幼儿园管理办法，启动家长素质提升工程。

文体事业不断发展。高标准通过全国文化先进区复评。大力培育打造“幸福广场秀”示范点，成功举办元宵民俗文化节、福德文化节、社区文化艺术节、城市诵读节、“中国俱乐部杯”帆船挑战赛等品牌活动和“激情五缘湾”系列活动，圆满完成厦门马拉松赛相关保障任务，全区文体活动突破1000场次。建成区青少年校外体育活动中心。积极推动两岸民间交流，促成5个两岸乡镇对接项目。积极发展文化旅游业，全年接待游客700多万人次，实现旅游收入15亿元。上古文化园、惠和石文化园获评AAA级景区，闽南古镇妈祖文化中心项目建成。

健康服务不断改善。配合推进复旦中山厦门医院、弘爱医院筹建和厦门眼科中心扩建，协助市儿童医院投入运营，与市第一医院合作创建二级甲等妇幼保健院，全面放开社会资本兴办医疗机构，辖区医疗资源不足问题不断改善。人口计生工作进一步加强，实施单独两孩政策，全区出生人口政策符合率92.6%。查处医疗机构违法行医案件26件、无证行医案件19件、“两非”案件26件，取缔无证行医窝点38处。

加大市政基础设施投入。投入6218万元建设、改造14条市政道路，其中枋湖中路、蔡坑路、蔡塘学校东侧道路基本完工。投入4000万元建设蔡塘学校、双十中学枋湖校区停车场，积极推进高殿社区停车楼建设。新建并投入使用13座公厕、3座二合一环卫设施，完成6座清洁楼改造。实施12处地质灾害点整治建设。强化市政设施维护管理，投入500万元对6个“村改居”社区自来水管网进行改造。投入1000万元推进环卫体制改革，完成新一轮环卫招标工作，推动作业模式市场化、专业化。

大力提升生态环境品质。投入1700多万元实施长虹路、金泰路等8个路段及儿童医院周边绿化提升，投入8000万元完成埭辽水库清淤和环湖景观整治，投入1400万元对湖边水库进行绿化提升、步游道修复改造，完成康乐湖污水截流、清淤改造提升。实施殿前片区飞机航道下屋顶绿化工程，完成东荣、康泰等10个社区绿化提升改造及1300户居民阳台垂直绿化。投入2000万元改造仙岳山公园休闲步行道及绿化景观，完成薛岭山公园北入口登山道及景观亭主体施工。积极开展生活垃圾分类试点改造。

（五）社会治理不断创新

创新城区综合管理。构建“大城管”格局，研究制定《湖里区城市综合管理试点实施方案》，在全市率先成立区城市综合管理委员会，基本建成“数字城管”系统平台。推行占道经营网格化管理，持续开展常态化的占道经营专项整治，纠正占道经营15.3万起。开展“两违”综合治理行动，继续保持非法占地建设“零形成”的良好局面，查处“两违”59处，拆除“两违”面积47.3万平方米，连续三年获得全市“两违”综合治理工作第一名。积极对接东渡客运码头、五通海峡旅游服务中心启用和轨道交通建设、仙岳路立交改造，强化交通组织、城区管理和综合保障。

创新社区治理模式。探索“一核多元”社区治理体系，推进美丽厦门·共同缔造工作。通过“以奖代补”模式，完成马垅、蔡塘、祥店、安兜等社区改造提升，基本完成康乐新村二期、华昌小区等老旧小区改造。平安和谐社区、诚信文明示范街等创建工作经验在全市推广，兴隆社区成为全市唯一的对台服务示范社区。设立全市首家社会组织服务园，引进恩派（NPI）公益组织机构托管区、街社会组织服务园。文明城市创建工作继续走在全市前列。

（七）政府自身建设得到加强

扎实开展党的群众路线教育实践活动，大力整治“四风”问题，严格落实中央八项规定，精简会议、文件，加强公务车辆管理，全区“三公”经费和会议费支出同比减少36.0%。基本完成政府机构改革。自觉接受区人大及其常委会的法律监督、工作监督和区政协的民主监督，及时做好49件区人大建议、52件区政协提案的办理工作，建议、提案办复率100.0%，满意和基本满意率100.0%。深化“勤廉双优”活动，出台《关于进一步完善治庸问责机制的意见》，全面推行“马上就办”，全区共梳理即办事项347项、限时事项571项。建立效能月巡查和专项督查制度，推行绩效评估管理，给予效能问责53人次。积极创建依法行政示范区，在全市率先建立区政府常务会议学法制度，扎实开展政府行政权力公开透明运行试点工作。实施行政服务中心标准化建设和网上审批，建成新的区行政服务中心，率先在全省建成电子监察系统，共有60多个办事窗口进驻，受理200多项事项。加强国资监管，出台区属国有企业薪酬系列管理办法，修订区属国有企业资产监督管理办法。建立廉政风险防控体系和长效机制。推进公共资源市场化配置，资金综合节约率15.8%。强化审计、监察监督，努力打造为民务实清廉的政府。

各位代表！以上成绩的取得，是市委、市政府和区委正确领导的结果，是区人大、区政协和社会各界监督支持的结果，是全区人民团结奋斗的结果。在此，我谨代表区人民政府，向全区人民，向全体人大代表、政协委员、各民主党派、工商联、人民团体、离退休老同志，向辖区省、部属、市属单位和部队、武警官兵，向所有来湖里的投资者和劳动者，以及所有关心和支持湖里发展的各界人士，表示崇高的敬意和衷心的感谢！

在看到成绩的同时，我们也清醒地认识到工作中存在的困难和问题，主要是：工业增长进入瓶颈期，受联想移动等龙头企业大幅减产和企业亏损面增大等影响，规模以上工业增长后劲不足，与年初预期目标有较大差距；新兴产业尚未形成规模，软件信息、文化创意等处于培育发展期，缺少龙头企业带动；城区基础设施仍有欠账，交通微循环等有待完善，综合承载力与中心城区要求还有差距；公共服务的供给与群众日益增长的需求不相适应，特别是随迁子女就学压力仍然较大；政府职能转变有待进一步加强，机关效能、工作作风还需进一步提升等。对此，我们将高度重视，在今后的工作中采取更加有效措施，努力加以解决。

二、2015年工作安排

2015年是全面深化改革的关键之年，是建设自贸试验区的开局之年，是完成“十二五”规划的收官之年。政府工作的总体要求是：全面贯彻党的十八大、十八届三中、四中全会精神，深入学习贯彻习近平总书记系列重要讲话和来闽考察重要讲话精神，认真落实中央、省、市经济工作会议及省委九届十二次全会、市委十一届九次全会、区委七届十三次全会部署，围绕建设“美丽厦门·创新湖里”，主动适应经济发展新常态，坚持稳中求进，力求好中求快，以提高发展质量和效益为中心，致力于产业转型、项目建设、征迁返迁、环境改善、社会治理等“五大攻坚”，促进经济持续健康发展和社会和谐稳定，努力建设机制活、产业优、百姓富、生态美的宜居宜业新湖里。

2015年经济社会发展主要预期目标建议为：地区生产总值增长9.0%，规模以上工业总产值增长6.0%，社会消费品零售额增长13.0%，财政总收入增长10.4%，区级财政收入增长10.0%，全社会固定资产投资250.0亿元，城镇居民人均可支配收入增长9.5%，城镇登记失业率控制在4%以内，完成省、市下达的节能减排任务。围绕以上目标，重点做好六方面工作：

（一）加快先进制造业提质增效，促进经济转型升级

做强支柱产业。用足用活省、市、区各项扶持政策，引导企业从要素驱动向创新驱动转变、低成本竞争优势向质量效益型转变、生产型制造向服务型制造转变，带动存量工业优化，提升工业增长的质量和效益。主动对接市十大千亿产业链（群）发展机遇，依托宸鸿科技、戴尔计算机、太古飞机等龙头企业，拓展延伸产业链上下游，促进平板显示、计算机通讯等高新技术产业集群化、规模化发展。主动对接机场片区航空工业园区的建设与招商，支持新科宇航等企业增资扩产，积极推动一批新的航空工业配套项目落地，增强航空维修产业市场竞争力。

做大优势产业。加强对重点工业企业、成长型中小企业、新投产工业企业的跟踪、监测、分析，及时帮助企业解决发展过程中的难题。进一步加大科技扶持力度，引导纺织服装、休闲用品等一批传统优势产业进行高新技术改造，提高设备智能化水平，促进一批拥有自主知识产权核心技术和自主品牌的本土骨干企业做大做强，提升实体经济发展能力。

转移传统产业。积极推进安溪经济合作区湖里园建设，力争上半年一期启

动区4幢厂房交付使用。多形式、多渠道开展飞地工业园区宣传推介活动，引导和鼓励传统低效工业产业外迁，推进老工业区厂房成片改造。深入推进节能降耗，加快淘汰落后产能，支持出口电光源及灯具示范区建设，加快节能低碳产业和新能源、可再生能源产业发展。

（二）加快现代服务业壮大提升，构建新型产业体系

积极融入“一带一路”和厦门自贸园区建设，主动开展项目对接和对策研究，加快培育发展保税融资租赁、跨境电商等新型业态。大力发展总部经济，加快东部总部集聚区建设，突出大项目的带动辐射效应，力促信达英蓝集团、国际集团、中城建集团、复星集团等一批重点总部项目落地；密切跟踪已建、在建和拟建商务楼宇，用好总部楼宇招商空间，加快引进优质总部和新兴产业项目。大力发展金融服务业，重点促进工商银行、平安银行、厦门国际银行等项目落户；利用两岸股权交易中心平台，成立区投融资协会，建立企业供需发展交流载体。大力发展旅游服务业，组建区旅游开发公司，开展项目开发和旅游营销活动；加快五缘湾游艇港、海峡旅游服务中心、五缘湾环湾酒店群等休闲旅游产业项目建设，推动闽南古镇、希尔顿逸林酒店等项目开业；积极促进邮轮母港美高梅集团、招商局集团等项目顺利落地，稳步提升旅游层级。大力提升现代商贸业，继续深入开展湖里购物节活动，提升“三圈”（湖里商圈、江头商圈、东部商圈）整体实力和辐射功能，推动SM城市广场三期、四期开工，加强社区发展用地项目的产业政策引导，努力培植新的商贸增长点。大力发展新兴产业，持续做好湖里高新技术园二次招商，重点培育引进互联网、软件信息、传媒动漫、电子商务、大数据等新兴产业，打造五缘湾信息港；推动龙头山片区国贸顺承厂区实施改造，打造信息服务产业园；扶持海西电商园、旗山智慧电商园等电商产业集中区加快建成，实施数字家庭、智慧园区、智慧社区等信息消费示范工程。大力发展文创产业，推动华美文创园、海峡收藏品交易中心、华夏时尚（鞋类）设计研发中心等改造项目建成投产，加快厦华1号、7号厂房改造前期策划工作。

（三）加快重点项目攻坚，持续增强发展后劲

加强项目策划引导。抢抓厦门打造21世纪海上丝绸之路中心枢纽城市机遇，落实“多规合一”，深入开展“十三五”规划编制工作，储备一批重大产业发展和产业招商项目。强化厦门国际邮轮母港、两岸金融中心、社区发展用地等重要发展平台的产业引导，努力实现一个发展平台、一项主导产业、一套扶持政策、一班服务机构。完善招商机制，探索中介招商新模式，出台重大招商项目引荐奖励办法，积极与专业招商机构对接合作，不断提升招商选资水平。

加快推进项目建设。完善落实项目挂钩联系、定期调度、督查考核等工作机制，优化简化项目审批、资金拨付程序，狠抓项目建设进度。配合做好轨道交通和第二西通道、莲岳隧道等市重大基础设施项目建设，全力抓好区年度安排的148个主要建设项目，加快海峡旅游服务中心等77个续建项目建设，推动厦航总部大厦等38个项目开工，力争高崎机场三期等33个项目竣工，促进固定资产投资增长。

创新征地拆迁机制。认真落实“一线工作法”，主动对接征地拆迁包干办法，完善安置房建设、管理、安置等制度，实现拆迁、建设、安置有序衔接。重点推进轨道交通、两岸金融中心核心区、新总部经济集聚区等项目征地拆迁，力争推出13幅地块挂牌出让。探索旧村改造新模式，积极争取试点一、二级房地产市场联动开发新机制，完成乌石浦旧村拆迁扫尾工作，启动钟宅旧村改造，加快枋湖—后埔片区以及湖边水库片区旧村改造步伐。推动金林湾B区等安置房建设，完善古地石安置房一期配套设施，组织嘉福花园、金林湾花园A区、马山安置小区等安置房的返迁工作。统筹全区安置房源，积极推动被拆迁户异地安置。

（四）加快城区环境改善，打造生态宜居湖里

完善基础设施建设。推动湖里高新技术园、五缘湾片区基础设施和公建配套，建成蔡塘一路、二路等一批市政道路，完成悦华路、枋湖西路等5条道路部分路段改造。做好市下放市政道路的对接和维护管理工作，改善后埔社区发展中心（一期）、机场T4航站楼、闽南古镇等项目周边路网建设和交通组织。推进仙岳山公园道路、停车场等基础设施建设。优化配置环卫设施，建设县后、中埔等3座钢结构清洁楼及厦金湾、江头公园等公厕，改造江头、吕岭等5座清洁楼及华光、薛岭等10座公厕，启动环卫停车场、修车厂及其他配套项目建设。

实施重点片区提升改造。积极创建生态园林城区，加快缔元、悦华社区、虎头山、薛岭山等公园建设，完善灯塔公园、埭辽水库公园配套设施。配合开展五缘湾内湾水体综合整治，实施五缘湾片区绿化景观提升及夜景工程。做好全区绿化统筹规划，加强水网、绿地等生态系统建设，持续实施绿化彩化美化工程。推动忠仑公园—湖边水库—五缘湾片区等公共自行车系统建设。

深化城区综合治理。持续深化“美丽厦门·共同缔造”行动，落实“以奖代补”和群众参与机制，推动濠头桥东安置小区、铁路家园、金鸿花园等一批老旧小区基础设施改造，努力建设宜居环境。深入开展清洁空气行动计划，力争环境空气质量好于或等于二级天数达到94.0%以上。编制《湖里区生态文明示范区建设规划》和《仙岳山公园生态建设规划》，加强生态保护。探索管理、服务、执法“三位一体”的城市综合管理模式，推行城市综合管理网格化，提升数字城管智能化水平。继续加强“两违”、占道经营、违章停车、油烟噪音

扰民、环境卫生保洁等专项联合治理，不断提升城区文明形象。

（五）加快社会事业发展，有效提升民生福祉

提升公共服务供给能力。深化“教育强区”建设，加大与名校合作力度，继续引进一批名校长、名教师，稳步提升教育教学质量。推动高林中心小学等10个迁建、扩建项目和塘边幼儿园等4所幼儿园项目前期工作，开办下忠学校（暂定名）、祥店幼儿园、五缘实验幼儿园，新增中小学学位3780个、公办幼儿园学位900个。加大基层公共文化基础设施建设，启用青少年校外体育活动中心和老年人活动中心。推进各街道“幸福广场秀”示范点建设，增设一批24小时自助图书馆，不断丰富基层文化生活。扩大政府购买服务范围，为居民群众提供更多样化的服务。加快区社会福利中心建设，完善东部片区生鲜超市等便民设施，积极发展社区公交。协调推进弘爱医院、厦门眼科医院、龙邦妇产医院、复旦中山厦门医院等工程建设，启动殿前、禾山社区卫生服务中心新址建设，完成五通等4个社区卫生服务中心延伸站建设。

强化就业和社会保障。更加注重保障基本民生，加快社区发展用地项目建设，力促高林—金林一期等一批项目开工和江村、马垅社区发展中心项目开业，多渠道增加居民收入。更加关注低收入群众生活，继续挖掘公益性岗位用于重点人员就业，突出做好被征地农民和海域退养渔民、中低收入者和困难家庭等重点群体增收工作。推广“118”和谐劳动关系示范工程经验做法。出台《关于进一步加强社会保险工作的实施意见》，完善养老保险制度体系和城乡居民社会保险工作，落实各项医疗保险政策，实现辖区养老、医疗等社会保险全覆盖。扶持发展养老服务业，加强居家养老服务站、街道老年人日间照料中心建设，加大医疗救助、临时救助、慈善救助等公共服务和扶贫济困工作力度。

促进公共安全和社会和谐。严格落实“一岗双责”，强化道路交通、建筑施工、危险化学品、消防、燃气等行业领域安全监管。继续推进企业安全生产标准化建设，创新企业安全生产监管模式，促进安全形势持续好转。加强基层食品安全体系建设，有效治理“餐桌污染”，全面完成农贸市场活禽档口改造。持续开展打击非法行医和“两非”整治行动，强化公共卫生监管。积极开展矛盾纠纷排查调处工作，探索“一核多元”“多元共治”的社区治理体系，积极打造“多元共治”典型社区。依托恩派（NPI）公益组织托管区社会组织服务园，加强社会组织培育监管。推进志愿服务制度化，加强未成年人思想道德建设，扎实做好全国文明城市创建工作。优化应急联动和防灾减灾救灾机制，提高应对突发公共事件能力。深化治安防控体系建设，严厉打击各类违法犯罪行为。

（六）加快政府职能转变，促进政府治理能力现代化

各位代表！艰辛成就伟业，奋斗创造辉煌。让我们更加紧密地团结在以习近平同志为总书记的党中央周围，在区委的坚强领导下，抢抓机遇促转型，真抓实干求发展，上下齐心谋跨越，为加快建设“美丽厦门·创新湖里”而努力奋斗！

名词解释

1. 大包干：房屋征收按照事前审核、总额包干、超支不补、结余留用的原则，不断完善区政府总包干负责的机制，以促进房屋土地征收进度。

2. 两违：违法占地、违法建设。

3. 数字城管：即数字化城市管理系统，是指依托计算机网络技术、移动通信技术等多种数字城市技术，进一步提高城市管理水平和管理效率。

4. 一核多元：社区党组织为核心（“一核”）、社区“两新”组织、退休老同志等各类党支部，社区居委会、业委会、老年协会、物业管理公司等各类自治组织及居民群众（“多元”）共同参与社区建设的社区党建模式。

5.“三公”经费：用财政拨款开支的因公出国（境）经费、公务用车购置及运行费、公务接待费。

6. 一带一路：“丝绸之路经济带”和“21世纪海上丝绸之路”的简称。

7. 多规合一：在城乡规划、土地利用总体规划、国民经济和社会发展规划三个规划实现“一张图”的基础上，进一步整合林业、市政、水利、海洋等各专项规划，形成全市空间布局“一张图”，划定生态控制区、城市开发边界等，解决多种规划的冲突矛盾。

8. 一线工作法：在征地拆迁过程中，做到商谈到一线、审批到一线、协调到一线、监察到一线。

9.“118”和谐劳动关系示范工程：每个街道至少创建1个劳动关系和谐社区、1条劳动关系和谐街道和8家劳动关系和谐企业，动员全社会参与和谐劳动关系建设工作，全面实施劳动保障法律法规，促进建立“规范有序、公正合理、互利共赢、和谐稳定”的社会主义新型劳动关系。

10. 两非：非医学需要的胎儿性别鉴定、非医学需要的人工终止妊娠。

11. 多元共治：发挥社区党组织、社区居委会、社区社会组织、社区服务站等多元主体在社区治理和服务中的功能作用，通过多元主体之间合作、沟通、建立伙伴关系、确立共同目标等方式，努力实现社区治理规范化、体系化、现代化。

大事记

1月

区法院与湖里工商局举行消费权益纠纷诉调对接签约仪式，确立以法院诉调对接中心和“12315”投诉中心为平台的共建模式。

3月

7日　湖里区获全省“2013年度人口计生工作一等奖”，全省共9个区（县）获得此奖。

28日　五缘湾片区首家生鲜超市——夏商民兴超市中铁元湾店开业。该项目是区委、区政府“美丽厦门·创新湖里”的一个民生项目工程，总投资500多万元，占地1500余平方米。该店解决了禾缘社区已经入住3000多户10000多居民买菜购物难的问题。

4月

1日　市委副书记、市长、市委党的群众路线教育实践活动领导小组副组长刘可清到第二批群众路线教育实践活动联系点禾山街道调研指导。

是日　湖里区召开“四百”活动部署会，全面启动“进百家门、见百家人、聊百家事、解百家难”的区街干部走家入户活动。

2日　市委常委、市纪委书记洪碧玲到第二批教育实践活动联系点金山街道调研指导。

8日　澳大利亚阳光海岸市议员珍妮·麦凯一行到湖里区禾山街道禾盛社区参观考察。

是日　厦门市人口计生委主任陈秀蕊、湖里区副区长丁红斌为湖里街道徐厝社区居民蔡女士夫妻送上单独二孩再生育证。这是湖里辖区居民领到的第一本单独二孩生育证。

9日　绿金谷国际养生中心在湖里街道联发5号厂房落成开业。养生城建设面积1.9万平方米，总投资5500万元，是集国医中药养生、高端医疗服务等产业于一体的健康产业资源运营管理平台。该养生中心的建成，促进了湖里老工业区产业升级多元化。

10日　禾山街道启动全市首个社区单车系统，首批40辆单车覆盖联发欣悦园、中央美地、五缘湾1号、凯悦新城等4个小区，解决了居民出行“最后一公里”的难题。

12日　上午，湖里区教育局和禾山街道联合举办的家长素质提升工程在湖里区进修学校附属小学正式启动。该工程在整个厦门市属于首创，通过政府购买服务形式，委托厦门市湖里区新方式教育研培中心开展培训，致力于帮助辖区学生家长提升家庭教育的能力与水平，使孩子得到健康全面发展。

20日　第六届厦门（湖里）城市诵读节暨湖里悦读季在忠仑公园举行。此次诵读节共设有书香校园、书香家庭、书香企业、“阅读交流共享”读书分享、“我的中国梦”音乐会、“我们的节日”经典诵读、“荧光书影”百场电影晚会以及诵读节目展演等十大系列活动。

5月

1日　全省首座可拆卸式停车楼在江头街道建成并投入使用，该停车楼位于SM城市广场一期，占地4000余平方米，可提供近500个停车位。

8日　兴华社区“树霞个人调解工作室”成立暨授牌仪式在信达小区举行，系厦门市首家以女性名字命名的调解工作室。

9—12日　2014年“阳光体育”福建省国家级青少年体育俱乐部趣味性竞赛活动在湖里区举行，来自全省18个青少年体育俱乐部参加本次竞赛。厦门健雄青少年俱乐部夺得团体总分第一名。

15日　国家义务教育均衡发展评估组对湖里区“义务教育均衡发展基本均衡区”创建工作评估认定，湖里区以95.8分的成绩位列16个受检县（区）第一名。

18日　下午，“清风鹭岛·美丽厦门”文艺巡演湖里专场在区行政中心大礼堂举办。全区副处级以上领导干部、区属企事业单位负责人、各社区相关负责人等共600多名党员干部观看了本次文艺巡演。此次巡演由市纪委、市委宣传部、市委党的群众路线教育实践办主办，区纪委、区委宣传部、区委党的群众路线教育实践办承办。

27日　区卫生系统与厦门大学附属第一医院合作共建签约仪式在区妇幼保健院举行。湖里区妇幼保分健院正式成为“厦门大学附属第一医院协作医院”，湖里国宇健康门诊部也成为“厦门大学附属第一医院协作医疗机构”。

是日　金山街道湖边社区下湖社546号的单层仓库起火，大火持续3个小时后被扑灭。此次火灾过火面积上千平方米，烧毁的财物达上千万元。

29日　区人口计生局和财政局联合下发《关于对特殊家庭中的伤残独生子进行经济扶助的通知》。通知规定，从是年1月起，对母亲年满49周岁的特殊家庭的伤残独生子女每人每月发给500元扶助金。

6月

6—11日　以祖籍厦门禾山为主体的宗亲组织——新加坡禾山公会返乡团一行27人，在会长王偶忠先生的率领下到湖里探亲谒祖、旅游观光及联络交流。返乡团一行参观了区侨联会所、湖里高科技园区等场所。

17日　湖里区出口电光源及灯具质量安全示范区通过了厦门检验检疫局组织的省级出口工业产品质量安全示范区考核验收。这是福建省首个出口电光源及灯具质量安全示范区。

12日　吕岭社区与厦门大学签订《社会工作创头项目合同书》，这是吕岭社区在全国首创“内部培育社工人才+高校专家督导”的方式向居民提供专业的社区服务模式。

7月

17日　全市首个集体商业发展项目蔡塘社区发展中心投入使用。该项目由19层主楼、4层地面商业中心及地下卖场三部分组成，建筑面积约12.8万平方米，商业价值达15亿元。

21日　湖里区柔性引进厦门首批高层次专业社工人才，聘请4名高校社工专家和1名台湾社工专家担任专家团成员和社工专业督导员。

24日　湖里区与安溪县签订框架合作协议，正式开工建设厦门泉州（安溪）经济合作区湖里园。该园区位于安溪县南翼新城开发区官桥镇内，首期规划建设面积约100万平方米，已经开工建设一期启动区通用厂房，建筑面积约8万平方米。

30日　金山街道成立厦门市首个人大代表调解工作室——福伟调解工作室。叶福伟曾任后坑实业公司调解委员会主任，调解经验丰富，调解能力突出，自创旁敲侧击法、亲情融入法等矛盾纠纷调处方法，多年来有效化解各类矛盾纠纷700余件。

31日　湖里区对147家2013年度纳税先进企业进行表彰，并对48家作出突出贡献的总部企业和10家电子商务企业给予奖励。受表彰的纳税大户纳税总额53.24亿元，占2013年湖里财政总收入的50.23%。

※截至是日湖里区全民医保缴费人数突破10万人，比上年同期增长13.08%；缴费收入1240.66万元，比上年同期增长23.85%。

8月

2日　禾山街道邀请60名居民代表、7名专家，共同对14个“美丽厦门”以奖代补项目进行评审，全程约9个小时。上午，专家实地走访了14个项目。下午，每个参评社区逐一展示项目方案，推荐、讲解，接受专家质询和居民代表的现场评议。经过投票，11个项目获通过。

12日　湖里区首次采取积分入学方法安排外来务工人员子女就学，有2498名随父母来厦孩子被安排在湖里区公民办学校就读。

26日　“美丽厦门·创新湖里”——湖里区文化创意产业发展论坛在厦门湖里颐豪酒店举行。文创领域知名学者、优秀文创企业负责人等90余人出席论坛。此次论坛旨在推动湖里老工业区文化创意领域的创新以及发展，搭建文化创业产业平台，促进业界的交流协作，为厦门以及湖里的文化创意产业的发展提供经验。

9月

4日　湖里区召开城市管理委员会动员部署会议，这标志着湖里区率先全市各区正式启动“大城管”模式。

5日　2014“美丽厦门·创新湖里”文化旅游嘉年华活动开幕式在五缘湾启动。此次嘉年华活动涵盖了文化艺术、健康运动、婚纱摄影与浪漫爱情等方面内容。

8日　下午，新加坡工商联合总会代表团总裁傅春安先生一行16人到访湖里区。该会是新加坡最大的商会，其会员公司超过15000家。该会是连接政府与商家的桥梁，帮助商业团体扩大国际贸易规模，加强国际业务交流等。

9日 湖里区举行庆祝第30个教师节表彰大会，重奖13名本土培育的名校长、名教师。对于本区新培育的省级名校长、骨干校长、省级特级教师、省级学科带头人，分别给予一次性奖励15万元、10万元、10万元、5万元。为全市六个区中，重金奖励本土培育的名校长、名教师的第一个区。

13日 湖里区在特区纪念馆举行“国是家 我爱家”百万祝福献祖国传递接力活动。

15日 2014年第三届厦门国际武术大赛在海沧区体育中心顺利闭幕。比赛历时4天，共有来自俄罗斯、英国、美国、西班牙等15个国家及地区的222支队伍，近3000人参赛。湖里区高林中心小学共派11名武术健儿参赛，取得8金16银4铜的佳绩。

16日 下午，人社部劳动关系司巡视员、副司长吴文辉，省三方办常务副主任张勇等一行检查湖里区和谐劳动关系建设。

17日 召开高新技术园区二次招商推介会，500多家软件、建筑、设计、动漫、电子商务等新兴企业参会。长城宽带福建总部、红岭创投福建总部、北京网智天元科技福建总部、厦门新希阳中心、厦门合道工程设计集团等5家龙头企业在现场举行入园签约仪式。

19日 厦门嘉禾路福源公寓309号一家小吃店的煤气罐发生爆炸，致使现场5人死亡，16人受伤，小吃店附近4间店面被炸毁。

30日 湖里国投商务中心项目正式动工。该项目占地面积1.1万平方米，总投资逾6亿元，集办公和商业于一体。

是月 第一部全面、系统记载湖里区及其前身禾山自然变迁、经济和社会发展的地情书《厦门市湖里区志》出版。

是月 区妇幼保健院与中国妇幼保健协会合作，率先建立全国首批、全省首家音乐调理基地。引进专业的孕期音乐调理系统，运用音乐特有的心理、生理效应，使受调理（治疗）者在工作人员的指导和帮助下，通过专门设计的音乐内容，达到美好情绪调理的预期效果。

10月

13日 以共和国党议会党团副主席阿克纳扎罗娃为团长的吉尔吉斯斯坦五党联合考察团到金山社区参观考察。

14日 台湾龙邦集团开发建设的龙邦厦门妇产专科医院项目在五缘湾医疗区奠基并开工建设。大陆前海协会会长陈云林、台湾前海基会董事长江丙坤等为项目奠基培土。该医院系首家进驻厦门市的台湾妇产专科医院。

16日 湖里区与金圆集团举行战略合作框架协议签约仪式，区委书记刘育生、区长张毅恭、常务副区长王中，金圆投资集团有限公司董事长许晓曦、纪委书记黄威飘等参加了签约仪式。根据协议双方将合力在厦门两岸金融中心核心启动区建设高端甲级金融办公楼。

26日 由湖里区教育局、湖里区文体出版旅游局主办，厦门市康乐第二小学、厦门市健雄青少年体育俱乐部承办的2014年湖里区中小学生篮球锦标赛圆满落幕。本次比赛共有23所学校组队参赛，参赛男、女运动员400多人，经过7天近百场的激烈角逐，禾山中学获高中男子组第一名，厦门第三中学获初中男子组第一名，金尚中学获初中女子组第一名，湖里实验小学、康乐第二小学分获男子组、女子组第一名。

11月

7日 至12月中旬湖里区首届电子商务购物节启动。此次活动由湖里区政府，厦门日报社主办，推出多项购物优惠活动，其中包括万翔商城“壹百万助购金”、吉象吉送“疯狂星期五，疯狂0元购”、与狼共舞“限量1万份助购金”、瑞行户外“市民购买赠袜赠头巾”、名鞋库“暖冬购物节”、斯波帝卡“全场包邮2折—5折”等。

12日 区青少年法治文化教育基地建成并投入使用，该基地占地面积约300平方米，包括法律知识教育展厅和影视互动厅两大区域。

19日 区检察院与怡景社区居委会联合成立湖里区首个未成年人爱心帮扶基地，由天安工业园区内4家爱心帮扶企业组成。

22日 东渡第二小学的“凤凰花交响乐团”参加在北京航空航天大学晨兴音乐厅举办的“第二届中国青少年优秀鼓管乐队展演”，获得金奖、最佳演奏奖、优秀组织奖三个奖项。

26日 湖里区发布了扶持文创产业的一系列政策。政策规定，对于由国家文化部等相关国家主管部门认定的国家级文化产业示范基地，一次性给予100万元奖励，扶持金额较往年翻了一番；首次推出给予取得由省级主管部门认定的省级文化产业示范基地一次性50万元奖励的政策。

12月

2日 湖里区吴育娟、黄薇两名社区工作者赴台湾，在台北市忠顺里与台中市中达社区驻点半个月。湖里区通过派驻社区工作者赴台的方式，学习台湾社区营造、社区治理与发展的先进经验，更新治理观念，提高治理能力，有针对性地解决社区建设中遇到的问题，促进社区的建设和发展。

5日　湖里区侨联海外顾问、旅菲华侨钟武芳先生在菲律宾逝世。

18日　湖里地税局首次实施批量退库，为382家月营业额3万元以下未实际享受优惠的纳税人办理退税16万余元。

20日　厦门市跨境子商务产业园正式挂牌运营。产业园位于湖里寨上，毗邻象屿保税区，规划建筑面积近10万平方米，分两期建设。

12月30日　在“第十二届福建省音乐舞蹈节颁奖暨2015迎新晚会”上，五缘湾合唱团成为包揽合唱类所有大奖的唯一团队，一举拿下了优秀节目金奖、创作一等奖、优秀指挥奖、优秀伴奏奖；外来青年艺术团的舞蹈《绿叶对根的情意》获“优秀节目（金）奖”“创作一等奖”“舞美奖”三项大奖；男声独唱《湖边小屋的等待》获“创作一等奖”“表演一等奖”；中老年舞蹈团带来的舞蹈《春·阿里郎》获“表演三等奖”。

是月　区妇幼保健院在提高人口素质、保障妇女儿童身心健康方面表现突出，被国家卫生计生委授予“国家级妇幼健康服务工作突出集体”称号。

（张宪敏）

区情综述

建置区划

【位置　面积】 湖里区位于福建东南沿海台湾海峡西岸厦门岛的北部。东面濒临浔江港，与翔安区相对；北面通过高集海堤、厦门大桥与集美区毗邻；西面为厦门西港岸线，借助海沧大桥与海沧区相通；南面与思明区接壤。湖里区与思明区区界线西起湖滨北路西端入海处，向东依次穿越狐尾山、仙岳山、仙洞山山脊，连接嘉禾路后南折，至吕岭路后东进，接金尚路后南行，至东芳山后沿山脊往东，穿越古地石、虎仔山山脊，在五通东宅入海。2014 年，全区陆地面积 73.77 平方千米；海域面积约 30 平方千米。

【行政区划】 2014 年，湖里区有湖里、殿前、江头、禾山、金山 5（个）街道，共 52 个社区。

自然环境

【地质】 湖里区所在的厦门岛是中新生代断块岛，被数条深大断裂从大陆切割出来。湖里区地属厦门岛北部区域，地质构造位置属于“闽东燕山断坳带”的东缘，“闽东南沿海变质带”的西南部。东面濒临台湾海峡中新生代沉降带。辖区基本构架形成于燕山期。规模巨大的中生代燕山运动，改造了古生代华力西—印支运动形成的基底构造。早侏罗世时以褶皱造山运动作用为主，晚侏罗世至白垩世则以断块造山作用为主。喜马拉雅期构造特点以继承性断裂复活活动和断块差异活动较显著。第四纪以来，地壳运动以断块垂直差异升降运动为主。早更新世—中更新世的地壳以上升为主。晚更新世期间，地壳有两次升降运动，发生两次海进，第一次发生在距今 3 万—4 万年前，第二次发生在 1.6 万年前，沉积有上更新统上、下两段海陆过渡相地层，构成第二、三级阶地。全新世境内仍然有两次地壳升降运动，也出现两次海浸，第一次在距今 6000—7000 年前，第二次在距今 3000—4000 年前，从而形成下全新统和上全新统海相地层。构成现今的海蚀阶地（台地）及沿海海积阶地和滩涂。台地形成后经过长期风化，形成几米至几十米厚的红色风化壳（红土残积层），即红土台地。

【地貌】 湖里区地貌类型划分原则以形态和成因相结合，根据海拔高度和相对切割深度的差别，可分为 5 种类型。

高丘陵　海拔高度 200—500 米，相对切割深度 100—300 米。分布于辖区南部与思明区交界处，由火山岩和花岗岩构成，受构造和岩性的影响均较明显。由花岗岩构成的高丘陵常呈孤丘状，若地表植被遭受破坏，基岩裸露，山势陡峭。由火山岩构成的高丘陵坡度较为和缓，顶部浑圆，土层较深厚，植被覆盖度也较好。辖区的仙岳山属于火山岩高丘陵，为湖里区唯一的高丘陵。在湖里区与思明区交界处，海拔

2014 年湖里区行政区划表

表 1

街道名称	社区数（个）	社区名称
湖里街道	18	湖里、村里、徐厝、濠头、东渡、塘边、后浦、金鼎、南山、东荣、康乐、康晖、康泰、怡景、和通、新港、海天、兴华
殿前街道	7	兴隆、长乐、北站、神山、高殿、马垅、兴园
江头街道	9	江头、吕厝、吕岭、园山、金尚、江村、蔡塘、后埔、祥店
禾山街道	9	枋湖、坂尚、钟宅、岭下、围里、禾欣、禾盛、禾山、禾缘
金山街道	9	高林、五通、后坑、金山、金林、金安、湖边、金湖、金海

212米。

低丘陵　海拔高度50—200米，相对切割深度30—100米。辖区内的低丘陵有15座，分别是寨子山、仙洞山、狐尾山、虎山、园山、松柏山、牛头山、石头皮山、赤坡山、薛岭山、金山、风动山、双狮山、安兜山、钟山。

阶地（台地）海拔高度5—50米，相对切割深度3—30米。广泛分布于海拔高50米以下的山前地带、河谷两侧和沿海地区。辖区有2种类型阶地。二级河流台地高出河流平水位10—15米，分布零散，多属基座台地，上部由河流冲积层和残积层组成，下部由基岩构成，基座牢固，宜作为工程建设用地，如高崎、江头等地的红土台地。

海蚀台地　广泛分布于辖区北部。一般可分为三级：一级海蚀台地的海拔高度为5—10米，分布于沿海地区和平原外侧，如辖区境域的厦门机场就建在一级海蚀台地上；二级海蚀台地海拔高度为10—15米；三级海蚀台地的海拔高度为25—30米。在海蚀台地分布地区，由于流水的侵蚀作用。常形成一些浅坳谷或低洼地，是水土条件较好的耕作区。辖区内台地有15个，分别是马山、神山、鸡山、龙头山、关刀山、百果山、骑马山、虎头山、县后山、大石湖山、后尾山、澳头山、觉性院山、马垅山。

平原　海拔高度2—5米，相对切割深度1—3米。平原分布在钟宅至篔筜港一带。

海滩　海拔高度0—1米。海滩分布于滨海地带。20世纪80年代后，因建造港口、码头和湿地公园，滨海滩涂大部消失。

【土壤类型】湖里境内土壤类型分为砖红壤性红壤、红壤、黄壤、水稻土、风沙土、盐土和潮土等7个土类、19个亚类、34个土属、55个土种。境内土壤以红壤为主，分布区域自海拔数米低丘或台地以至200米左右高丘陵顶部之波状起伏丘陵。此外，另有盐渍土，主要分布于江头、钟宅、高林等地。靠近山丘周围的地区多覆盖着砂，系花岗石风化细矿碎粒形成，主要分布于钟宅、高林、五通等地。个别沿海地带有小片风积砂丘。江头的山麓地带及山沟由于长期受泉水浸润，土层糜烂而层次不明显。

砖红壤性红壤　又名“赤红壤”。

酸性岩赤红壤分布于狐尾山—仙洞山—圆山一带，侵蚀赤红壤分布于低丘台地，海拔小于50米，如五通角和钟宅岸段临岸海蚀红土台地。粗骨性砖红壤性红壤，是成土历史较短的幼年土壤。分布于由花岗岩构成的中屿、象屿、虎屿，由酸性火成岩或陆相碎屑岩构成的小岛，如大兔屿、小兔屿等。赤土是由砖红壤性红壤经人工开垦、旱耕熟化而成的旱作土壤。分布在马垅、小东山、枋湖、县后、后坑、钟宅、五通、高林等处台地上。

海滨盐土　为盐土属海积相土壤，分布在海岸带的平原海岸、港湾和海岸草木带上，可分为滨海盐土和埭土2个亚类。前者主要分布在辖区沿海原有红树林潮滩上，后者分布在辖区内围垦脱盐及旱作熟化发育的滨海盐土，土体上层已开始脱盐，只有咸土1个属。

风沙土　主要分布在滨海沿岸沙堤、沙丘及沙地上，发育在岛屿迎风浪岸段，是一种非地带性新生土壤，主要分布在五通村浦口、泥金一带至何厝村，长达数公里。该带土壤上生长着以木麻黄为主、台湾相思混交其中的海岸防风沙防护林带。

水稻土　渗育性水稻土主要分布于山地丘陵坡地或岗背上，多系梯田，可分为黄泥田、红土田、白土田、沙质田4个土属。沙质田零星分布在高殿村。潴育型水稻土主要分布在后埔、枋湖、蔡塘、县后、五通等地。盐渍型水稻土分布于北部的海积平原。

【土壤分布】辖区土壤类型空间分布的组合，从高到低垂直分布差异明显，从厦门岛中部湖里区与思明区交界处高丘向海岸呈环带状分布。大部分丘陵区为典型赤红壤和粗骨性赤红壤，耕作土壤有少量赤沙土和黄泥土田、灰泥田。台地低丘土壤带的海拔大多在50米以下，地面呈坡状起伏，向海岸倾斜，土壤以粗骨性赤红壤为主。耕作土壤分布于辖区内的旱作和果园，以赤土亚类为主；水田以渗育型水稻土为主，其中以黄泥沙田和红泥沙田居多，是主要水稻土类型。

【海域】湖里区海域包括西部海域、同安湾海域、钟宅湾。西部海域湖里西部海域属于厦门西部海湾的一部分，北起高集海堤，南至湖滨北路西侧同益码头水闸。该海域集中厦门市主要的码头，是厦门市开发程度最高的海域，沿岸经济发达，人口密度大，人类活动频繁，承纳排污量大。部分港域出现淤积，有些航段已成为碍航浅滩。

同安湾海域　湖里东部、北部海域南起五通—澳头、北至高崎、钟宅海面，属同安湾海域。该海域地处厦门岛东海岸，海岸较平直，海域开阔。受外海海水影响较大，盐度较高，营养贫乏，浮游生物量较低，风浪较大，属高能环境。辖区所在沿海区域属于岛岸开阔海域，与西海域海湾型海域有明显差异。湖里区在1949—1979年为“军事要区”，开发程度较低，不少岸段仍保持自然风貌。1980年后，厦门东海岸出现开发热潮，滨海旅游资源遭受不同程度的破坏，海岸普遍受到侵蚀，滨岸生态环境也遭到不同程度的污染和破坏。

钟宅湾　位于湖里区东北部，为外大内小的漏斗状海湾，海域面积约4平方千米。历史上海水可涨至洪水桥。1958年，在湾内建国营钟宅盐场，占用港湾面积约0.7平方千米。港湾内有厦门岛唯一出露温泉。1978年，前线人民公社钟宅大队在国营盐场之外再建大队盐场，占用港湾面积约1平方千米。90年代末，被规划为城市湿地公园，更名为五缘湾。

【自然资源】湖里区主要矿产为花岗

岩，有部分锰矿出现于花岗岩中，分布在湖里矿点，钼矿分布在圆山矿点，耐火黏土分布在辖区北部和东北部。辖区历史上出现过的陆地野生动物涵盖两栖、爬行、鸟、哺乳四大纲数十种，部分被列入国家重点保护野生动物名录。水生动物较之陆生动物丰富得多，有无脊椎动物，含环节动物、软体动物、节肢动物；脊椎动物，包括鱼等，总计数百种之多。湖里区野生植物主要分布在灌丛和草丛中，灌丛和草丛主要分布在山丘或撂荒地。次生林主要植物群落有马尾松林、相思树林、木麻黄林。野生植物群落红树林已基本绝迹。

（张宪敏）

气　候

【概况】 2014年，湖里区气候主要特征是：气温偏高，年平均气温21.3℃；夏季平均气温异常偏高，为有气象记录以来最热夏季；年内高温日数偏多。降水偏少，年降水量1084.5毫米；雨季开始早，结束正常；降水的主要特征是时空分布不均，表现在各季节降水量均与常年同期存在明显差异。日照正常，年日照时数1971小时。影响台风偏少，且程度偏弱，年内共有3个影响台风，其中1个为严重影响。

【气温】 2014年（1—12月），湖里区年平均气温为21.3℃，比常年高0.6℃，属偏高年景。极端最高气温为36.6℃，出现在8月1日，极端最高气温比常年高0.3℃，极端最低气温为4.3℃，出现在1月23日，比常年高0.2℃。夏季气温异常偏高，为历史最热夏季，秋季偏高，其他季节正常。

【降水】 2014年，湖里区年降水量偏少，降水时间分布不均匀。根据自动气象站资料统计显示，年内，湖里区年降水量为1084.5毫米，比常年（1335.8毫米）少251.3毫米（-18.8%），属偏少年景。雨日（日降水量≥0.1毫米）110天，比常年（118天）少8天。暴雨以上日数（日降水量≥50毫米）3天，较常年（5天）偏少2天，其中5月、6月和7月各1天。日最大降水量109.3毫米，出现在6月16日。在月份分布上，除7月、11月降水量正常外，其余各月的降水量与常年同期相比，均存在明显差异。降水季节分布不均，春雨季显著偏少，雨季偏多，夏季偏少。

【日照】 年内，湖里区年日照时数为1971小时，比常年（1878小时）多93小时，属正常年景。日照时数的年际变化整体呈减少趋势。年内，厦门各季节日照时数的主要特点是：雨季显著偏少，夏季异常偏多，为近40年日照时数最多的年份，其余各季正常。

【主要气候灾害】 暴雨　2014年，湖里区在非台风影响期间，共出现3次暴雨，其中5月2次，8月1次。暴雨日5月22日21时至23日20时日降雨量超过66毫米。

台风　2014年，影响湖里区的台风的主要特点有两个：一是影响台风数量少。全年共受3个台风影响，比常年约少一个，分别是第7号台风“海贝思”、10号台风“麦德姆”和15号台风“海鸥”。尤其8月没有影响台风出现，为历史比较罕见的情形。二是影响台风强度整体偏弱。除早台风“海贝思”外，其他两个台风影响均较轻，且没有造成明显灾害损失。

高温　2014年，厦门岛内高温日数（日最高气温≥35℃）12天，约为常年高温日数的3倍，是近三十年来高温日数第二多的年份，其中7月、8月和9月分别为7天、4天和1天。

大雾　2014年，湖里区大雾日数72天，比常年多31天，创历史大雾日数最多年份记录。尤其5月份只有3天没出现大雾。另外，是年大雾另一个特点是强度较强，严重影响了城市交通管理，迫使机场、高速公路、码头等关键交通枢纽关闭或停运。

【气候影响评价】 2014年，湖里区气象灾害有暴雨、台风、高温、干旱、大雾和霾。全年以暴雨、台风为典型的灾害性天气发生少、强度弱，尽管部分气象灾害也给农业、渔业、水利、电力、航空和保险等行业带来一定的负面影响，但和常年相比，整体程度偏轻，没有造成严重灾害损失。综合评价，2014年，湖里区气候影响属较好年景

说明：气候常年平均值以1981—2010年三十年为基准。

（张宪敏　金丰军）

人口民族

【人口】 2014年末，湖里区共有87530户，户籍人口269884人，其中当年出生4286人，出生率15.80‰；全年死亡860人，死亡率3.2‰；自然净增长人口3426人；户籍人口中，按性别分，男性136063人，女性133821人，性别比为102∶100。按年龄分，18岁以下52197人，占19.34%；18—35岁83730人，占31.02%；35—60岁103519人，占38.36%；60岁以上30438人，占11.28%；另有暂住人口788493人。

【民族】 2014年，湖里区户籍人口由14个民族组成，其中汉族240009人，约占97.07%；少数民族13个，共7144人，约占2.9%。人口数居前三位的少数民族是畲族4494人、回族1043人、满族428人。

（杨晓东）

2014年户口迁移情况统计

表2

单位：人

项　目	禾山所	殿前所	江头所	金山所	湖里所	五通所	高崎所	合计
一、户口迁移情况								
合计	3233	1116	1579	1734	2529	254	4	10449
其中：户口迁入设区市城区人数	3233	1116	0	1734	2529	254	4	8870
户口迁入城镇人数	0	—	1579	0	0	0	0	1579
二、户口迁移类型								
夫妻投靠	514	174	350	515	605	56	4	2218
子女投靠父母	175	72	119	136	190	2	—	694
父母投靠子女	164	45	168	294	339	15	—	1025
专业管理人才落户人数	876	0	—	89	218	0	—	1183
购房落户人数	1126	13	249	265	104	6	—	1763
投资落户人数	125	17	26	29	64	80	—	341
其他	253	795	667	406	1009	113	—	3243
三、户口迁往农村人数	0	33	—	0	0	—	—	33

说明：城镇是指县级市的市区和县城关镇以及县市以下建制镇区（建制镇区与人口年报口径一致）

农民工进城户口迁移情况调查表

表3

单位：人

项　目	禾山所	殿前所	江头所	湖里所	金山所	五通所	高崎所	合计
本省市、县、区农民工进城人数	2448	61089	23116	112066	251065	0	70	449784
其中：户口迁入城市、城镇人数	2448	447	1170	2529	1734	0	2	8330
户口迁移类型								
各类投靠人员人数	627	164	507	1134	945	0	2	3379
招工人员迁入人数	612	0	363	38	89	0	0	1102
进城购房落户人数	953	5	209	104	265	0	0	1536
进城经商办企业落户人数	92	11	17	64	29	0	0	213
其它	164	264	74	1189	406	0	0	2097
省外农民工到福建省城市、城镇人数	782	53860	17728	0	0	0	83	72453
其中：户口迁入福建省城市、城镇人数	782	669	406	644	522	0	2	3025
城市城镇居民回乡落户情况	0	0	2	—	—	0	0	2

说明：1. 城镇是指县级市的市区和县城关镇以及县市以下建制镇区（建制镇区与人口年报口径一致）

2. 农民工指在城市、城镇以外居住的人员

3. 回乡是指回原籍地

2014年直系亲属投靠户口登记迁移工作情况统计表

表4　　单位：人

		禾山所	殿前所	金山所	湖里所	江头所	五通所	高崎所	合计
户口迁移情况									
合计		853	291	945	1134	637	—	4	3864
其中：在设区市城区投靠人数		853	291	945	1134	0	—	4	3227
在县市城区投靠人数		0	—	0	0	637	—	0	637
在乡镇投靠人数		0	—	0	0	0	—	0	0
户口迁移类型									
夫妻投靠		514	174	515	605	350	—	4	2162
未成年子女投靠父母		166	69	123	177	112	—	0	647
成年的未婚子女投靠父母		5	2	10	7	7	—	—	31
已婚子女投靠父母（/）	户	4	1	3	6	0	—	—	14
	人	4	1	3	6	0	—	—	14
父母投靠成年子女		164	45	294	339	168	—	—	1010
未成年孙子女投靠祖父母或外祖父母		0	0	0	0	0	—	—	0
祖父母或外祖父母投靠未成年孙子女		0	0	0	0	0	—	—	0
儿媳、女婿投靠公婆、岳父母		0	0	0	0	0	—	—	0
现役军人子女随父母在部队驻地登记出生落户（人）		1	0	0	0	0	—	—	1

说明：统计时间从当年1月1日起，上报数据为累计数

宗教风俗

【宗教和民间信仰】 湖里区宗教有佛教、道教、基督教。佛教活动场所有觉性院、观音寺、天竺岩寺，基督教活动场所有新区堂、寨上堂、钟宅和南山路活动点。湖里区大大小小的民间信仰宫庙有161座，其中仙岳山土地庙、湖里凤和宫、泥金兴隆宫、濠头濠沙宫为市级民间信仰联系点，辖区内设有闽南文化保生慈济分会。影响较大的宫庙还有龙湫亭、高崎万寿宫、安兜青辰宫、钟宅澜海宫、后埔禾济宫、薛岭龙源宫、乌石浦洞炫宫、殿前东山寺、后门小厅宫、昭塘观音寺、后坑资福院、坂美五郎庙、霞边凤山宫、浦口瑞云宫。宫庙供奉的神灵五花八门，有佛教的如来、观音，道教的太上老君、王母娘娘、玄天大帝、张天师、土地神，历史圣贤五谷仙祖、关公、开闽王、三忠王，池、李、朱、邢、温、孙、赵、康等姓的王爷，本省俗神妈祖、保生大帝、三平祖师、清水祖师、广泽尊王，本地孙姓祖佛真异大师、林姓祖佛林希元，源自本地的俗神白鹤仙祖、耀生伯、三叔公。物灵信仰有虎相公和榕树王等。土地公在当地颇受尊崇，其次是妈祖、王爷、保生大帝、观音。仙岳山土地庙是全国规模最大的土地庙。居民住家多数设有“佛龛”，供奉观音、土地公、灶君。关帝被视为财神，店家供奉为多。当地宫庙建筑俗称“皇宫起”，前后殿之间有天井，大多为三开间燕尾翘脊典型的闽南建筑，少有山门牌坊。保存最完好的古建筑是薛岭龙源宫，最具纪念意义的是五通万人坑祖庙，奉祀被日寇杀害者的亡灵。祖灵信仰深植当地人心。住家中设有祖宗神位，前置香炉、烛台，清明、七月半、冬至和除夕“四节”以及祖宗的忌日进行祭拜。同姓聚居的村落建有陈、林、黄、孙、王、钟等19个姓氏的46座宗祠，俗称祖厝，奉祀开基祖以及列祖列宗，每年在固定的日子里祭祖，结婚的新人婚后要到祖厝里敬拜。乌石浦萧氏家庙、湖里杨氏宗祠、后浦陈氏宗祠列为市级涉台文物保护单位，两岸宗亲共同祭拜祖先。民间信仰中，祭品常见的是三牲（猪肉、鸡、鱼）和米龟、米粿。信众以掷筊杯俗称“卜杯”进行占卜，有的宫庙中还备有签枝和签诗。醮事多数是道教的科仪，意在祈福和消灾。许多宫庙在神诞日会组织信众前往祖庙参拜进香俗称请火，奉祀妈祖的三月廿三到湄洲岛或何厝香山妈祖庙请火；奉祀保生大帝的三

月十五到白礁、青醮保生大帝慈济宫请火。在元宵节、神诞日或是佐事时，宫庙举办庙会，请出神灵的神像巡游称为“巡境”，接受信众的敬拜俗称“吃香位”，同时设礼酬神、献戏娱神。其中较有特色的是湖里凤和宫、高崎万寿宫、殿前白鹤寺、后埔禾济宫的庙会，岭下、墩上、尚忠和坂上“王爷公坐任”，高林保安殿“妈婆出巡”，薛岭龙源宫“送王”，枋湖、梧桐“请丈公”。农历十月常有举办王爷佐事，请王爷巡境、敬王爷、送王爷，即“迎王、贡王、送王”。钟宅、枋湖、浦口等地还举行“送王船”活动。海峡两岸有着共同的“神缘”，当地许多民间信仰活动会有台湾信众参加。

【风俗】食俗　湖里区居民一日三餐以干饭为主。稀饭俗称“糜”，大多是番薯糜。也有用芋头、海蚵煮成或者掺有高丽菜、芥菜、南瓜的“咸糜”。除此之外，待客炒米粉、冬粉，坐月子吃面线，丧事吃咸糜、咸饭、红糟肉，小孩满月吃“戗油饭”，生日吃蛋，做寿吃面，婚嫁吃圆仔，清明吃薄饼，五日节、七月半吃粽子，六月半、冬至吃汤圆；八月半吃红米龟；年兜蒸咸粿、发糕；正月初九吃甜粿。

茶俗　本地把喝茶说成吃茶，茶叶俗称“茶心”，基本是用陶制的茶具泡出的“工夫茶”。本地以酒为礼。订婚办酒席，结婚办喜酒；生儿育女办满月酒；送行有“顺风酒”，迎归喝“接风酒”；祭祖敬神和丧事祭拜都要祭酒。但是饮酒不强求，节制自便为主。

服饰习俗　现在的男女服装呈时装化和个性化。妇女在节庆和喜事时头发插着用红线和金箔丝缠扎的“春花”。

称呼习俗　除非在单位里，人和人之间极少连名带姓一起直呼，祖先和长辈的名字不能直呼。

婚嫁习俗　结婚时吃喜饼、喜糖，本地俗称“糖仔饼”。出嫁时携带象征吉利的春谷、大麦、芋子、火炭、生铁等“12 项”。结婚当天，新郎、新娘都要进行“上头”。新娘出嫁乘坐用彩带花束装饰的花车。结婚时新房要摆汤圆、米糕，要让小男孩先在新床上“翻床”。喜筵之后，众宾客闹洞房，本地俗称“哗新娘”。婚礼之后新娘向长辈敬茶，长辈回之以礼品，叫“压茶盘”。

生育习俗　妇女怀孕叫“有身”，产前的一个月称“顺月”。婴儿诞生满月，雅称“弥月”，要修剪婴儿的胎发，所以满月俗称“剃头”。婴儿周岁俗称“度晬”，周岁开始，小孩要穿鞋了，所以周岁又叫“穿鞋”。

丧葬习俗　辖区内居民过世实行火葬，习俗由繁及简，但基本延续了旧时的初丧、小殓、大殓、出殡、下葬、孝祀，既烦且费。逝世本地称“过身”，净身后给死者换衣服叫“张穿”。丧眷围在逝者旁过夜，称“守丧”；封棺之后丧眷守灵柩而眠，叫着“守灵”。出殡本地称“出山”，灵柩移到公众场所，接受送葬亲友的祭奠，称为“谢拜”。来年的正月初三，逝者的家中“烧新床”，祭亡灵。之后逝世周年都要祭拜称“做祭”。

岁令节俗　时序节俗中，民谚称春节“初一早，初二早（早早就去拜年），初三睏到饱（不宜出门，可以在家睡懒觉），初四接神，初九天公生，十五上元暝。”大年初一不吃稀饭，不洗衣、不扫地，不汲水。初二女儿携女婿回娘家拜年，俗称“查某团日”。初四摆果品和“三牲”，上香“接神”。初九为“天公生日”，敬拜相当隆重。元宵节本地叫做“上元”，观灯而不吃元宵，近年来政府组织元宵文化踩街活动。本地有的在清明节，有的在三月初三“三日节”扫墓、“压墓纸”。钟宅钟姓扫墓之后在祖墓前架灶煮供品供大家分食，叫着“吃祖墓”。端午节用粽子祭祖先，在门户上挂艾草、榕叶辟邪。在旧观念中，七月是“鬼月”，忌办喜事、搬新居。七月十五俗称“七月半”，要祭祖，在此前后数日村社轮流“做普度”祭拜鬼神。中秋俗称“八月半”，在家中用红米龟祭拜祖先，近年来本区在仙岳山土地庙举办土地公信仰文化节。立冬和霜降吃药膳补身。冬节隆重地祭祖，主要祭品是汤圆。十二月二十四俗为送神之日。本地称除夕为“廿九暝”。用丰盛的饭菜和发糕、咸粿祭拜祖宗和神灵。吃年饭叫围炉，年饭中要有鱼和血蚶。除夕夜在供桌上摆红柑、春饭、发糕迎春祈福，上面都插红色的“春枝”。

（黄国富）

美丽厦门·共同缔造

【概况】2014 年，湖里区“美丽厦门·共同缔造”行动紧紧围绕“创新发展”这个主题，按照市委统一部署和全区的年度工作规划，把共同缔造行动与党的群众路线教育实践活动及“创新湖里”建设有机地结合起来，把工作的重点放在引导共同参与、形成缔造合力上，打造了一批示范点，涌现出一些特色品牌，初步形成了政府、社会、居民良性互动的社区治理体系。一是注重统筹谋划，明确开展方向。在全区部署开展“美丽厦门·共同缔造”“12580”行动，即一套制度框架、二个服务平台、五大缔造力量、八项主题活动和请“您”(谐音“0”)来参与，研究制定了“1+3”政策意见，“1”即《关于全面推进“美丽厦门·共同缔造”行动的实施意见》，“3”即“以奖代补”实施办法、多元共治实施意见、社区基础分类暂行办法三项配套政策。二是探索“以奖代补”，激发群众参与热情。在“以奖代补”项目推进过程中，群众积极投工投劳、出资让地、认捐认管，共投工投劳 12183 个工作日，出让土地 8801 平方米，9494 人参与认捐，共认捐 1439.21 万元，3064 人参与认管认养，115 家驻区企业捐资 1321.79 万元。三是探索分类考评，实现差异发展。湖里区积极探索社区分类管理考评新机制，依据《湖里区社区基础分类评定暂行办法（试行）》，采取社区自评、街道初评、区综

4 月 24 日，区四套班子领导考评马垅社区（区缔造办供图）

合考评三个步骤，评选出金尚社区金尚小区、马垅社区马垅社等 10 个典范社区（小区），为全区社区树立了榜样。

【制定湖里区开展“美丽厦门 · 共同缔造”行动“1+3”政策意见】 2 月，依据上级精神，立足湖里实际，先后制定下发了湖里区《全面推进“美丽厦门 · 共同缔造”行动实施意见》，明确了 2014 年共同缔造工作的指导思想和行动目标，将 30 项具体工作任务进行责任分解。为确保《全面推进“美丽厦门 · 共同缔造”行动实施意见》确定的目标、任务的顺利完成，2 月至 5 月，湖里区先后制定了《湖里区关于积极推进多元共治构建和谐美丽社区的实施意见（试行）》《湖里区“以奖代补”实施办法》以及《湖里区社区基础分类评定暂行办法（试行）》3 个配套政策，保证了全区共同缔造行动扎实有序推进。

【确定首批重点打造社区】 1 月，选择康乐、海天、马垅、枋湖、蔡塘、金尚、祥店 7 个重点社区，引导居民、商家、单位出资出力，通过房前屋后的改造，美化提升社区环境。5 月，兴隆社区被市委、市政府确定为全市社区治理体系现代化的试点社区，并形成了《兴隆社区开展同胞融合社区治理创新实施方案》，明确将“促进同胞融合，实现两岸一家亲”作为创新社区治理模式的目标。

【通过第一批“以奖代补”项目】 5 月 30 日，区委书记刘育生主持召开区“美丽厦门 · 共同缔造”领导小组专题会议，会议听取了区建设局关于 35 个宜居环境建设项目的汇报说明，对项目产生程序、项目评审原则、项目落实监管等进行了明确，审定通过了全区第一批“以奖代补”的 35 个项目，资金投入约 6689.8 万元，其中商家、企事业单位和居民出资 3000 多万元。

【省委常委、市委书记王蒙徽莅临湖里区调研】 8 月 1 日，省委常委、市委书记王蒙徽到湖里区调研，了解湖里区贯彻落实《美丽厦门战略规划》、全面深化改革、推进产业“退二进三”、加快转型发展等情况，视察了江头蔡塘社区共同缔造成果——蔡塘广场开发建设项目。王蒙徽用“定位准、转型快、干劲大、前景好”12 个字总结了湖里区的发展和共同缔造的成效，并对湖里区加快转型发展提出“加快思想观念转型、加快产业发展转型、加快城市建设转型”三点要求。

【召开湖里区“美丽厦门 · 共同缔造”行动暨创新社区治理工作总结推进现场会】 12 月 30 日，湖里区召开“美丽厦门 · 共同缔造”行动暨创新社区治理工作总结推进现场会。在前期组织相互观摩学习的基础上，对全区 2014 年“美丽厦门 · 共同缔造”行动的情况进行总结，对康乐、海天、马垅、兴隆、金尚、祥店、蔡塘、禾山、禾盛、金安“十个典范社区”及“十佳杰出贤达”“十佳参与之星”“十佳先锋党组织”“社区先锋之星”“百名美丽达人”以及百佳模范商户进行表彰，听取 4 个先进单位的经验介绍，市委副秘书长朱耀垠等市领导莅临会议现场指导，朱耀垠还亲自为湖里区、街、社区三级干部讲授社区治理创新课程。

（林虹）

12 月 30 日，湖里区“美丽厦门 · 共同缔造”行动暨创新社区治理工作总结推进现场会召开（区缔造办供图）

环境保护

【概况】 2014年，湖里区环保工作紧紧围绕美丽厦门战略规划，坚持在发展中保护、在保护中发展，全力打好污染减排攻坚战，积极推进清洁空气三年行动计划，加强污染防治，严格环评审批，强化环境监管，严控环境风险，不断提升环境质量，确保了全年环境安全。年内，湖里区水环境质量趋于稳定，部分指标略有提升。环境空气综合污染指数为3.84，环境空气质量优良率达95.64%，较上年有所好转。地表水水质稳中有升，湖边水库除氨氮、总磷两项指标略有下降，其余指标均有不同程度的提高，全年水体评价水质达到Ⅳ类水质标准，总体较上年有所改善。近岸海域水质维持稳定，与上年相比，五缘湾主要污染物无机氮浓度有所下降，活性磷浓度稍有上升，总体水质略有改善，其余近岸海域监测点该两项指标也未有明显变化，水质总体维持稳定。区域环境噪声为55.8分贝；道路交通噪声67.1分贝，优于功能区划标准。辐射环境质量保持正常水平，未发生辐射事故。废旧放射源、放射性废物依法安全处置，放射性同位素与射线装置辐射安全许可证持证率100%。

【环保监管】 湖里区全年批准建设项目245个，总投资近73.01亿元，环保投资4642.63万元，其中环境影响报告书项目6个，报告表项目48个，登记表项目78个，验收餐饮项目13个，对符合豁免条件的113个项目实施了环评豁免管理。同时严格执法，保障群众环境权益，对25家未批先建的违法企业实施行政处罚，取缔违法建设项目14个，维护了社会稳定。全年共接收处理商事信息3616家，甄别经营场所66个，落实与工商、行政执法局等相关部门的信息对接。建设项目竣工环保验收108件；发放排污许可证60家；审核年检排污许可证50家；审核并开具守法证明企业123家。

【环境监察】 2014年，湖里环保系统出动执法人员5847人次，检查企业1323家，立案32件，下达责令改正违法行为决定书43件，行政处罚决定书33件，申请法院强制执行8件，结案26件，罚款28万元。年内，共受理各类环境信访投诉575件，其中：大气394件、噪声116件、水28件、其他37件，出警率和处理率均为100%。年内无重大环境事故发生，无挂牌督办案件，无重大环境纠纷。

【环境监测】 2014年，湖里环保分局审核受理《监测业务委托协议书》199份，完成145家次验收监测、19家次排污监测和157家次监督监测，完成1个常规大气站点和14次常规水域的采样，累计完成监测样品及数据3101个，其中：噪声数据160个、污染源水样813个、大气样品数据543个、常规样品和数据1585个。

【印发《湖里区清洁空气行动计划（2014—2017）》】 4月10日，区人民政府办公室印发《湖里区清洁空气行动计划（2014—2017）》。计划分总体要求、目标指标、主要任务三部分内容。该计划规定到2017年清洁空气所要达到的目标为环境空气质量明显改善，城市环境空气质量达到或好于二级天数稳定达到96%以上，可吸入颗粒物浓度比2012年下降2%，二氧化硫、二氧化氮、细颗粒物年均浓度稳定达标，酸雨污染有所减轻，臭氧污染得到有效控制，区域大气管理能力明显提高。

【生态综合整治工作有序推进】 2014年，埭辽水库综合整治，康乐湖综合治理工程（5个点），环岛路（五通—乌礁）岸线之浦口1—2#和泥金排放口截流工程，牛头山及厦金码头排污口截流项目，五通灯塔排污口截流井、沉沙井、截流管道施工完工。湖边水库、天地湖、新丰水库基本完成整治，水质得到改善；高殿1—3#排洪沟截流工程土建部分已完工，电力工程施工中；五缘湾正抓紧内湾湾底水质改善工程；鑫海湾及和旭路排污口截流工程土建部分正在施工中。

【污染减排】 2014年，区环保分局制定并印发《湖里区2014年度主要污染物减排计划》和实施方案，细化工作目标，责任分解到各相关单位和部门。建立健全减排工作档案和台账、督促检查减排企业、协调组织相关部门开展工作，建立减排预警机制，强化对减排项目的监督力度，确保减排工程按时间节点正常推进。截至年底，湖里区工业企业基本实现年度减排目标，民兴工业完成油改气项目、汉伦纸业停产且生产设备已拆除，佰翔酒店建成中水回用项目、高殿片区1—3号排洪沟截流工程土建部分完工。

【污染防治】 2014年，区环保部门根据《湖里区清洁空气行动计划（2014—2017）》，先后组织开展锅炉（工业窑炉）污染、挥发性有机物污染、储油库、加油站及油罐车油气回收治理等专项行动。完成锅炉（工业窑炉）摸底调查，研究制定锅炉整治计划；太古飞机挥发性有机物污染治理工作基本完成；辖区23家储油单位，19家完成治理工作。年内，完成厦门二中五缘校区、吕岭小学等两个环境空气质量监测子站点位建设，积极协调落实国控点位调整工作。针对重点企业开展的清洁生产审核，5家企业中有1家通过评估，2家完成清洁生产编制任务，1家企业上报验收材料。对危废产生重点源企业进行专项检查，对跨省、市转移危险废物的21家企业进行转移报批初审。

（马晓萌）

国土资源与房产管理

【概况】 2014年，厦门市国土资源与房产管理局直属分局（以下简称市直属分局）紧密围绕市国土房产局以及湖里区中心工作，根据职能调整和工作实际，贯彻落实“马上就办，治庸问责”工作要求，加强土地收益金征收、土地卫片执法、土地批后监管、土地房屋权属登记等工作。

【土地卫片执法】 2014年，国土资源部下发湖里区土地卫片执法检查图斑共6个，总面积约63686平方米，合法图斑4个，面积33773平方米；违法图斑2个，面积29913余平方米，包括1个伪变化图斑，面积29133余平方米。经立案查处，两宗违法图斑非法建筑物均已拆除，履职到位率和整改到位率均为100%。

【航拍图斑核查和土地动态巡查】 年内，市直属分局完成湖里区航空摄影影像资料分析及调查工作。逐宗到现场对省测绘院航拍的疑似违法图斑数据信息进行核实，确定地块的状态和属性，并将核实后的违法图斑数据提交市国土房产局及省测绘院。配合市整治办及区行政执法局，现场核实湖里区22个违法图斑情况，并做好相关解释工作。做好土地违法动态巡查工作，及时函告相关部门，年度巡查发现27宗非法占地案件，占地面积39287.61余平方米。配合区行政执法局开展立案查处工作，拆除违法建筑，受理专业认定6宗。

【土地批后监管】 年内，市直属分局积极参与“三规合一”平台试运行工作讨论，配合市局相关部门做好辖区内“三旧改造”项目调查。启动对湖里区集体经营性建设用地情况摸底调查，理清湖里区集体性经营建设用地的审批、建设、经营及规划变更情况，为下一步开展集体经营建设用地流转工作奠定基础。配合市国土房产局做好省厅系统的预警项目，补录和更新建设用地历史开发情况的数据。年内，湖里区建设用地跟踪项目共计220宗，其中：未动工项目94宗，在建项目126宗。

【土地收益金征收】 2014年，市直属分局及时发现、掌握新的征收线索，充分挖掘新征收源，部署各片区管理员对已征收户开展动态排查，尽可能做到应征尽征；结合工作实际，制定《土地收益金征收管理工作细则》，进一步完善征收程序和文书格式，规范征收行为，按照一户一档的要求，建立健全土地收益金征收档案管理；制定下发切合工作实际的征收任务和考核标准，调动各片区征管人员的工作积极性；充分发挥部门沟通优势，促进征收工作开展，进一步理顺了到工商局查询被征收企业相关登记信息的工作，有力促进了征收工作开展。全年湖里片区征收土地收益金960万元，其中新征收面积6万平方米，新征收金额235万元。

【土地房屋权属登记】 2014年，市直属分局审核农村土地房屋权属登记20件，发证23本。针对当前信访件所涉及普遍是历史遗留的办证问题，采取实地勘察和详细查阅档案相结合的办法，依据政策法规，严格按信访事项“路线图”做好信访调查、回复工作，全年答复上级转办信访件6件。加强依法行政，做好协助司法查封工作，共受理人民法院涉及农村土地房屋权属查封、注销、转移等司法协助工作46件，依据政策法规向相关人民法院提出审查建议3件。及时为群众、拆迁公司等提供档案查询服务，全年共接受查档191人次，1745卷次，出具查档证明759份。

【地质灾害防治】 年内，市直属分局制定下发地灾点及地灾易发区域巡查制度、汛期24小时值班制度和险情上报制度等三个工作制度；配合湖里区政府有关部门介入地灾巡查和群策群防工作；会同厦门地质工程勘察院专家实地勘查辖区内重要地灾点，掌握各灾害点现状和治理情况；加强地灾点周边日常巡查，全年共对湖里区17个地质灾害点和9个新增地灾隐患点开展巡查156

人次，新发现3个地灾隐患点，均及时通报地灾治理部门并持续监控。对地灾点周边的违法建设，立即下发制止违法行为通知书，并通知执法部门拆除；加强汛期地质灾害值班，确保应急响应能及时到位。

（邱盛棠）

城市建设

【概况】 2014年，湖里区完成两岸金融中心东宅核心启动区土地招拍挂概念方案阶段成果，同时配合做好“多规合一”编制工作。累计公开出让4幅地块，总用地面积22.57万平方米，总建筑面积44.79万平方米。积极推动“三旧”（旧城镇、旧厂房、旧村居）改造，正在推进的项目有12个，拟改造用地面积13.81万平方米，计容建筑面积40.33万平方米，无偿供地面积5.17万平方米。基本完成蔡塘小学停车场施工，完成后埔—枋湖片区棚户区（枋湖村及部分薛岭村改造）改造任务。累计完成在建3个安置房项目投资约5600万元，同时针对富贵门花园等6个项目提出异地安置实施方案，已通过市政府专题会议研究确定，并完成评估。社区新发展用地项目竣工2个，在建2个，正在办理前期手续的9个。办理物业合同备案92件、建筑业资质初审49件、物业资质初审15件、建筑工程施工许可30件、建设工程竣工备案7件、建设工程质量安全监督申报33件、建设工程材料备案5件。区建设局继续执行湖里区住宅小区物业管理量化检查工作制度，组织对全区危房现状排查，督促采取解危措施，牵头制定《湖里区国有、集体土地私人住危房翻修改造建设审批管理实施办法》（厦湖委〔2014〕77号）。加大地灾工程治理力度，对6处新发生小型险情地灾（隐患）点启动应急抢险程序统一处置，对6处危害性较大地灾（隐患）点协调责任单位完成永久性工程治理。开展年度建安企业信用监管评价，并为施工企业办理工人工资保证金缴存430万元及返拨265万元。将5个小区纳入全市老旧小区改造范围，并完成9个老旧小区综合整治工程。将98个监管工程项目纳入“福建省建设工程质量安全监管动态信息系统”管理，受理质量安全监督申报工程项目33个（建筑面积123.09万平方米，工程造价15.81亿元）；完成952次质量抽查抽测、215次安全抽查抽测，发出231份质量安全问题责令改正通知单。存在的问题是：一些危险性较大的地灾隐患区域仍存在违章建筑，给地灾治理增加难度；仍有部分不符合私危房翻改建受理条件的危旧房屋威胁公共安全；物业公司、业主委员会的监督机制不完善，物业投诉信访量大。

规划编制

【概况】 2014年，着眼湖里区经济产业发展需要，区建设局主动对接市相关部门，完成两岸金融中心东宅核心启动区土地招拍挂概念方案阶段成果，并结合美丽厦门战略规划，对湖里辖区住房保障、公共设施及道路交通设施等类型的项目进行策划。同时配合做好“多规合一”编制工作，积极推进《塘边城中村整治提升的策划》《龙头山片区改造提升规划》《湖里区村庄空间布局规划》《湖里区工业区改造产业功能布局规划》等编制工作。

（洪盈盈）

土地房屋征收

【概况】 2014年，区土地房屋征收办公室（以下简称“区征收办”）积极推动“大包干”政策有效实施、规范资金管理流程；充分调动人力物力财力，主动服务重点项目；严格执行年度目标考核，强化征迁工作考核机制；积极协调相关单位，着力解决历史遗留问题；建立完善长效机制，加强联合执法力度。全年全区共完成征地约54.2万平方米，完成年度任务的114.30%，拆迁73.6万平方米，完成年度任务的105.46%。其中，五通—高林片区完成征地18.39余万平方米，拆迁25.97万平方米，后埔—枋湖片区完成拆迁16.21万平方米，江头街道片区完成征地14.64万平方米，拆迁3.34万平方米，湖里街道片区完成征地2.34余万平方米，拆迁6.22万平方米，殿前街道片区完成征地28.34余万平方米，拆迁9.39万平方米，均超额完成年度任务；五缘湾南片区在原十六冶宿舍楼拆迁工作中攻坚克难表现突出；五缘湾北片区墩上、岭下金福园返迁共完成685户1380套，返迁率达99.1%；轨道交通1号线湖里街道段完成拆迁3634平方米，率先交地。同时，三个市级重点项目征地拆迁也超额完成年度任务，拆迁总量列全市第一：两岸金融中心核心区完成征地近17.70万平方米、拆迁24.95万平方米；后埔—枋湖片区改造完成拆迁16.21万平方米；轨道交通1号线完成征地28.34万平方米、拆迁约9.20万平方米。

【出台《湖里区土地房屋征收包干费用管理办法》】 6月，湖里区经过征求多方意见和建议，研究出台了《湖里区土地房屋征收包干费用管理办法》，办法严格界定了包干费用的组成、使用范围和对象，对“大包干”项目中补偿安置费、不可预见费及促迁奖励、工作经费等资金的来源和使用进行了严格的规范。该办法既调动了征收一线工作人员的积极性，又确保了辖区内补偿政策标准的统一和平衡。

【乌石浦司法拆除】 乌石浦社60号位于乌石浦旧村改造范围内。为保障被征收户的最大利益，湖里区充分考虑其利益诉求，除按市里有关房屋征收政策标准给予补偿外，还按区里的拆迁配套奖励补助政策，给予其最大化的补偿，但被征收户拒不接受，仍提出超出政策标准的诸多不合理要求。经湖里区向市国土资源与房产管理局申请裁决后，仍协商无效，由市国土资源与房产管理局提请湖里区法院强制执行。4月11日，将乌石浦社60号依法拆除。

7月31日，轨道交通1号线（塘边站）商谈流水号抽签（轨道交通指挥部供图）

【十六冶宿舍行政拆除】 原十六冶厦门分公司租赁乡村企事业用地6000多平方米，建设一栋七层共42个单间的职工宿舍楼，位于市重点项目五缘医院的拆迁范围内。湖里区根据相关政策给予合理的安置，但个别住户提出不合理诉求，阻挠了项目征地拆迁工作的开展，致使五缘医院这个民生工程的建设进展缓慢。9月27日，湖里区通过法定程序，对拒不配合商谈的最后一户进行证据保全后，实行行政拆除。

【纵四路行政拆除】 “纵四路”为枋湖片区内的市政公建配套项目，道路建成后将连接枋湖路与枋湖南路，并延伸至金湖路，将极大方便该区域居民的出行。该项目用地已于2008年根据相关规定进行征收，并完成该地块上建筑物的补偿工作。但由于特殊原因，2014年该地块仍被违法占用。11月28日，湖里区组织多个部门，依法强制拆除这处违法占地上的建筑物。

11月28日，纵四路行政强制拆除（后埔—枋湖片区指挥部供图）

【轨道交通1号线湖里街道率先交地】 轨道交通1号线征收工作启动后，湖里街道办专门成立了工作小组，工作人员深入居民家中开展宣传工作，并与社区形成上下联动，按片区分配任务，每家每户做工作，完成征地1180平方米，拆迁房屋面积约2357.97平方米，并将土地移交给市相关部门。湖里街道提前5个月完成区政府下达的征地拆迁任务，也成为全市第一个完成轨道交通1号线征地拆迁交地任务的街道。

【5条下穿通道征地完成】 为缓解日趋拥挤的交通状况，利用厦门火车站改扩建、动车不进岛的有利时机，市委、市政府决定修建8条下穿铁路通道，打通一些断头路，其中马垅路、兴隆路延伸段、祥岭路西延伸段、禾山路、双浦路5条下穿通道位于湖里区辖内。湖里区在工期紧、任务重的情况下，顺利完成征地8280平方米，拆迁10406平方米，按期将用地交付施工，确保下穿铁路通道工程在动车恢复进岛前完成施工。

【五通—高林片区超额完成征地拆迁任务】 五通—高林片区作为土地房屋征收工作最重的一个片区，承担了两岸金融中心（核心区）、柔性直流变电站、高林居住区及配套道路等省、市重点项目的征地拆迁工作。年内，指挥部完成征地18.39万平方米，拆迁25.97万平方米，超额完成区政府下达的工作任务。

（连旭）

建 筑 业

【概况】 2014年，湖里区建筑业增加值41.83亿元，比上年增长6.8%。全区具有资质等级的172家建筑业企业完成建筑业总产值163.64亿元，比上年增长10.7%，其中，建筑工程产值155.88亿元，比上年增长11.9%；安装工程产值5.33亿元，比上年下降21.3%。全年房屋建筑施工面积1207.26万平方米，比上年增长1.1%。当年建筑企业新签合同价款169.33亿元，比上年增长6.1%。

【渣土车专项整治】 为响应“美丽厦门·共同缔造”的号召，有效抑制建筑砂土污染，全面提升环境质量和文明城市形象，湖里区根据市建设局《关于开展建筑废土砂石综合管理及渣土车安全整治专项检查的通知》要求，于1月10日，成立专项督查组，在全区范围内开展为期6周的在建工程建筑废土砂石污染综合整治专项检查。主要从《建筑废土处置证》是否取得、建筑工地是否按规定设置围挡、硬化道路、车辆进出口设置三级沉淀及高压冲洗设施、专人冲洗出工地的车辆等，建设单位、监理单位履职情况和施工总承包方在安全生产方面是否尽义务开展检查。通过查阅资料、现场检查等方式督促参建各方主动履职，认真落实主体责任，有效遏制砂土污染现象。

【枋湖社区发展中心项目（一期）正式开工】 枋湖社区发展中心项目（一期）桩基部分于2013年12月6日开工，2014年2月12日竣工验收，上部主体部分于2014年12月9日开工建设。该项目是继蔡塘社区发展中心和江村社区发展中心之后，湖里区第三个开工建设的社区发展中心项目。

【区建设局多举措开展在建建筑工地防汛防台风工作】 从3月14日起，为做好2014年防汛防台风工作，确保湖里区建筑工程正常施工、安全度汛，切实保障人民群众的生命财产安全，区建设局多措并举切实做好防汛防台风工作：一是通知区管21个在建工地的建设、施工、监理单位认真开展防汛安全自查自纠工作，做好各项防汛安全隐患排查，重点针对低洼地带、易发生山体滑坡周边工程的宿舍、围挡围墙等部位，以及深基坑、高边坡、建筑起重机械、脚手架等重大危险源开展安全检查，并采取有效措施及时消除安全隐患。二是督促各在建责任单位完善和落实防汛预案，成立应急救援小组，组织应急抢险演练，并督促部分在建单位在施工现场设置集水井、排水沟，配备足量的抽水设备，切实做好防堵塞、坍塌等工作，确保安全。三是成立专项检查小组，以处于“深基坑、高边坡”的在建工地为主要检查对象，对辖区21个在建工程项目进行全面排查，针对存在的问题，责令工地限期整改，并开展复查，确保整改落实到位，将安全隐患消灭在萌芽状态，做到有备无患。

枋湖广场主体施工现场（方晓玲 摄）

【建设行政审批事项进驻区行政服务中心】 3月，经过一段时间的试运行，区建设局行政审批事项整体进驻区行政服务中心。入驻行政服务中心的审批事项有7项，涵盖了区建设局绝大部分行政许可及公共服务事项，做到应入尽入。入驻中心后，区建设局驻行政服务中心办事窗口按照中心标准化建设总要求，压缩审批层级，实行充分授权，推行一个窗口收取件，最大限度方便企业人员办事。

【修订《湖里区国有、集体土地私人住危房翻修改造建设审批管理实施办法》】 2012年3月27日，《湖里区国有、集体土地私人住危房翻修改造建设审批管理实施（暂行）办法》公布实施。在实施过程中，发现辖区内仍有一些年久失修的私危旧房屋，存在较大的安全隐患，但因未完全符合“办法”规定的受理条件而无法申请私危房翻改建。为保障人民群众的生命财产安全，2014年4月15日，区建设局向区政府提交了《关于加强湖里区私人住危房翻改建管理相关问题的请示》，建议放宽私危房翻建审批条件。经区政府同意后，区建设局开展深入调研，在多方征询人大代表、各街道和相关部门意见、建议后，牵头起草了《湖里区国有、集体土地私人住危房翻修改造建设审批管理实施办法（送审稿）》，于5月4日报区法制办审查。5月13日，区法制办出具审查意见函。7月23日下发《湖里区国有、集体土地私人住危房翻修改造建设审批管理实施办法》，对侨房、无权属证照并自住的、产权不清的、拆迁公告发布区域内的等四类私危房放宽翻建审批条件。

【加强工地防溺水工作】 为有效防止工地溺水事故的发生，湖里区于4月中旬对辖区26个在建工程项目开展安全检查，特别是对校园周边的“湖里中学北校区拆除重建项目、县后小学扩建工程、五缘湾下忠学校一期工程小学部工程、高崎小学拆除重建项目、五缘湾下忠学校一期工程中学部、厦门三中食堂综合楼工程”等6个工程项目进行重点检查。一是要求各在建项目的建设单位要牵头组织施工、监理单位对建筑工地进行自查自纠，重点排查基坑是否积水、工地范围内有无可能导致人员溺水的水坑、水池、水槽、水渠等危险源。二是要求各建筑工地加强施工现场封闭管理和安全警戒值班工作，严禁中小学生在建筑工地出入玩耍，特别是节日休假期间须有专人值班。三是要求在建工地的建设主体责任单位加强安全宣传教育工作，在学校周边及居住区附近在建工地的有关建设主体责任单位要做好安全宣传工作，在建筑工地周边开展防溺水安全防范知识宣传，张挂醒目安全警示标志牌，防止学生进入建筑工地发生溺水意外事故。

【开展“三个出发，安全生产月”活动】 6月10日，为促进建筑工地安全生产，湖里区从安全生产的重要性、客观性出发，认知性、责任性出发，实用性和时效性出发，积极开展“安全生产月”活动。6月，联合市建设局等在辖区举办“2014年厦门市建设系统安全生产辩论赛”，组织200多名工地代表参赛，通过辩论赛深入宣传建筑安全生产知识。开展“送安全知识进工地”活动，邀请安全生产专家在全区各工地举办6场百人“安全知识讲座”，增强从业人员对安全生产法律法规的认知度，强化工作责任意识。同月先后开展4次消防、急救等安全应急演练，提高建筑从业人员的综合技术水平，强化其应对突发事件的自救能力。

【蔡塘社区发展中心开业】 6月20日，蔡塘社区发展中心项目竣工，入驻商业中心的商户陆续开业。7月17日，大润发超市开业，8月29日，东百百货试营业，并于9月6日正式开业，9月9日，中影数字梦工坊开业。蔡塘社区发展中心是市委、市政府改善民生、解决被征地居民后顾之忧的重要民生项目，是湖里区社区发展用地的试点。

【建材备案市级权限下放】 7月，市建设局将建设工程材料备案事项下放各区，此后建材生产或销售企业注册地在湖里辖区的，其材料备案事项均由区建设局负责办理，办理结果上报市建设局汇总后，可在全市范围通用。建材备案的范围不仅包括钢筋、水泥等主材，还包含工地常用的防水材料、建筑涂料等辅材。

【在建建筑工地公益广告宣传】 为更好地开展“讲文明·树新风”公益广告宣传工作，7月8日，湖里区成立专项工作领导小组，紧扣“中国梦”、培育社会主义核心价值观、弘扬雷锋精神、创建全国文明城市、规范道德行为、树立法制观念、建设生态文明以及与人民群众生活关系密切的安全生产、文明施工、低碳环保等主题，切实抓好“讲文明·树新风”公益广告宣传工作。一是要求各工地围挡须制作不少于三分之一面积的“中国梦”公益广告，内容涵盖“学习雷锋、奉献他人，提升自己”及与环境相适应的文明用语、温馨提示、安全警示等。二是制作发放一批与文明施工、安全生产等相关内容的内涵深刻、贴近生活、新颖美观、群众喜闻乐见的公益广告，以宣传手册、海报、横幅等为主。三是通过手机短信、彩信的方式，定期向各在建建设项目经理、项目负责人、总监等相关人员发送文明施工小常识。四是举办湖里区“讲文明·树新风”建筑行业公益广告征集制作活动，弘扬正风正气，激发奋进力量，着力提高建筑从业人员的文明素质。

【开展渣土车集中整治】 为进一步遏制渣土车超速、超载、超限、滴撒漏等违法违规运输乱象，根据全市开展渣土车集中整治行动统一部署，8月26日晚，区渣土办牵头组织市交通综合执法支队桥隧大队、区公安分局交警大队、区行政执法局等部门在环岛干道红星美凯龙路口开展第一次渣土车联合执法专项行动，行动当晚，共查处违规改装、超载行为的土石方车5辆，其中1辆未纳入市建筑废土砂石运输目录库管理，公安部门依据相关法规对车主和违章司机进行罚款、扣留车辆等处罚，相关媒体也到现场报道。

【开展在建工地防扬尘污染行动】 根据《湖里区人民政府办公室〈关于印发湖里区清洁空气行动计划（2014—2017）〉的通知》，从10月21日起，区建设局开展“清洁空气行动”，以三个督促和一个协调为抓手，加大防治及整治力度，防止建筑砂土污染，全面提升湖里形象。一是督促各在建工地建筑物外脚手架挂设整洁并符合相关规定密目式安全网，存在污染、破损、有损市容市貌的安全网必须及时更换。二是督促各建筑工地按相关规定硬化道路，工地大门车辆进出口设置三级沉淀及高压冲洗设施，设有专人冲洗出工地的车辆，并指定专人按规定对进出工地的建筑砂土运输车辆进行常规检查，确保净车上路。三是督促各在建工地根据市容卫生考评要求，做好防尘、绿化措施，针对裸露的土头、材料覆盖处理，并定期适时采取洒水措施，防止尘土飞扬。四是协调公安、交警、城市执法局等有关单位加强土方车管理，对废土处置、运输路线、消纳场点、特殊路段、车辆速度、特殊时段及驾驶员进行核准，对造成建筑废土砂石污染的建设工地源头和运输车辆源头开展专项整治和执法查处。

【湖里区旧村改造】 2014年，湖里区继续以改善城市环境、推进城镇化进程、构建和谐社会为目标，在对辖区内旧村改造进行系统研究的基础上，把“城中村”改造与城市规划和建设结合起来，会同相关主体及时开展旧村改造用地调查摸底，全面掌握每片“旧村”用地的土地、房屋、人口等现状情况，并分类列表造册、落图标注。在优先考虑基础设施、交通设施等前提下，完成《五通片区旧村改造》《高林片区旧村改造》等旧村改造规划方案的编制。除“整村拆迁、成片改造”外，湖里区还积极与社区探索“自求平衡、自我改造、自我约束、自我发展”的旧村改造思路。在钟宅旧村改造等项目中尝试推动社区为主体的旧村拆迁自我改造，创新土地利用、融资、补偿安置、社会保障、产权改革和流动人口服务新模式。

【旧厂房改造】 在坚持“政府指导、市场运作、积极推进”的原则下，湖里区大力推动辖区旧厂房改造工作进展。截至年底，获市政府批复工业仓储国有建设用地自行改造项目计4批次14个项目，扣除已取消的龙岩地区综合开发区地块和拟调整为临时变更的德大食品地块，正在推进的项目有12个，涉及土地产权面积21.44万平方米，拟改造用地面积13.81万平方米，计容建筑面积40.33万平方米，可无偿供地面积5.17万平方米。在市、区两级政府的指导和大力支持下，区建设局与湖里街道等相关单位积极推动湖里老工业区实施“腾巢换凤”战略，区域经济逐渐从偏重传统型工业转向大力发展文创型产业。以国家级闽台（厦门）文化产业试验园落户湖里老工业区为契机，湖里老工业区旧厂房将改造成为国家级文化创意产业实验园区，一批重大文化产业项目和园区正在布局建设。年内，园区重点打造的“海峡两岸建筑设计产业园”已基本建成运营，“华美空间时尚设计文创园”已基本完成主体工程建设。

【小额工程预选承包商专业库更趋完善】 年内，湖里区财政投融资小额工程预选承包商专业库新增建筑智能化及工程监理两个专业子库。至此，湖里区小额工程预选承包商专业库已涵盖房建、市政、装饰装修、园林绿化、建筑智能化、工程监理等六个专业，覆盖范围更广，专业设置更全，湖里区小额工程预选承包商制度更趋完善。湖里区财政投融资200万元以下小额建设工程承建及监理单位均从该专业库中选取产生。

民生工程建设

【大力推进公益项目土地出让】 为加快厦门市多元化办医格局形成，推动解决本岛看病难问题，满足东部地区百姓就医“刚需”，湖里区积极推动医疗项目落地，2014年，完成2014P05地块（五缘湾综合医院）、2014G02（厦门龙邦妇产专科医院）两个项目的土地挂牌出让工作。其中五缘湾综合医院项目建设被列为“美丽厦门战略规划”的主要民生工程项目和市2014年重点建设项目，确定由厦门建发集团投资成立的“厦门仁爱医疗基金会”负责开发建设。该项目将建成为“非营利性三甲水平综合医院”，计划建设床位1000张，首期建设500张，已于2014年11月动工建设。为引进台湾先进的医疗资源，落实《海峡两岸经济合作框架协议》，湖里区引进龙德健康控股香港有限公司投资建设厦门龙邦妇产专科医院项目，该项目为台商首次在厦独资打造的妇产专科医院。

【安置房建设与管理】 年内，湖里区在建安置房项目3个，总建筑面积为48.2万平方米，总套数3552套，累计完成投资约5600万元，其中上湖洪塘安置房在办理各项竣工手续；蔡塘古地石安置房一期已初验，正在办理配套工程前期手续；金林湾花园A区A1地块落架，A2地块在进行装修工作。金林湾花园B区、东宅安置房、美仑花园一期、乌石浦花园4个安置房项目正在开展前期工作。因集鑫A、马山安置小区建设装修及配套设施标准远低于正在建设的安置房，导致返迁工作迟迟未能推进。为顺利推进返迁工作开展，减少返迁阻力，减少逾期过渡费的发生，由区建设局作为业主开展集鑫A、马山安置小区形象优化工程的建设实施工作。两个安置小区相互毗邻，故作为一个整体提升改造。工程内容包含：地下停车场改扩建、外立面翻新、室内工程改造、室外工程改造等，项目总投资约9600万元，所需资金由区财政解决。马山安置小区地下停车场改扩建工程利用马山安置小区中庭的地下空间开发，扩建两层地下停车场，并连接原有地下室，新增地下室面积约2万平方米，新增停车位596个。该工程已进入施工

金林湾A区安置房鸟瞰图（陈晓懿　摄）

阶段。

【推行异地安置新模式】 为妥善解决好湖里区部分老项目逾期过渡安置问题，根据市政府《关于全市土地房屋征收资金结算遗留专题会议纪要》(厦府专题会议纪要〔2013〕308号)精神，区建设局对全区土地房屋征收资金全面梳理，针对老项目安置情况，提出《异地安置实施方案》，通过采用奖励安置面积、可多购买安置房、一次性给予2年过渡费以及给予装修补助等形式鼓励引导其异地安置到上湖洪塘安置房、金林湾花园A区等7个安置房项目，该方案已获得市政府同意。湖里区拟推动富贵门花园、成功大道二期、县黄路A3段、安墩路、仙岳路东段、环岛路三期等6个项目作为推行异地安置的试点。异地安置的推行不仅能解决好安置房逾期过渡安置问题，也可以解决安置房部分闲置问题。

【推进公共停车场建设】 2014年，湖里区公共停车场建设项目共5个，有车位1950个，总投资约3亿元。在建项目为蔡塘小学停车场，已基本完成；双十中学枋湖校区停车场正在施工。前期项目为高殿社区停车楼、金山公共地下停车场、刘厝祥店地块停车场等3个项目，正办理审批及项目策划。

【开展老旧住宅小区综合整治】 湖里区有一些20世纪八九十年代开发的老旧住宅小区，配套设施破损严重或配套不完善，缺乏专业规范的物业管理，存在较大的卫生、安全、消防、治安等隐患，严重影响了居民生活质量，也造成很多社会问题。2014年，在调研摸底、统筹实际、申报项目的基础上，将康乐新村二期、东辉小区、气象台宿舍、博士花园、枋湖新村等5个小区纳入全市老旧小区改造范围，投入财政资金1071.12万元，其中市财政承担642.67万元，区财政承担428.45万元；另外，区财政又安排资金438.5万元对9个老旧小区进行综合整治，进一步扩大湖里区老旧小区改造的涉及面。

【兴隆新村改造提升】 兴隆新村建成于1993年，有7幢441户1530名居民。改造前，小区道路路面坑洼不平，影响来往车辆通行和行车安全；化粪池经常堵塞，污水横流，影响居民正常生活；防盗设施破损，监控设施不全，无物业安保人员，盗窃案件频发，居民担惊受怕；空中各类管线杂乱、部分绿化带破损，黄土、垃圾乱堆乱放，居住环境脏乱差。2014年，湖里区在2013年对兴隆新村进行基础设施改造的基础上，又将兴隆新村列入“美丽厦门·共同缔造”改造提升项目，共投入资金145万元，其中社区、居民自筹资金105万元，区财政补助40万元，围绕煤气总管铺设及管网入户，污水管网改造及化粪池清淤，大门翻建及道路修建，防盗门更换及防盗系统智能升级，房屋墙面粉刷及绿化带美化，生活设施添置及宣传栏增设，雨棚更换及停车位重新设置等方面实施改造提升。

物业管理

【化解福满园小区停车位矛盾纠纷】 从5月起，福满园小区居民多次到区纪委、区实践办、区信访局上访投诉，反映江头街道福满园小区业委会、物业公司违规设置停车位问题。区长张毅恭接待信访人2次，区建设局也联合相关部门多次到福满园小区调查了解情况，对信访人认真开展思想疏导工作。6月25日，区建设局牵头区行政执法局、江头街道、区信访局、区法制办、区物价所等职能部门召开信访协调会，研究探讨信访人反映问题，并达成共识。6月26日，区建设局再次牵头组织相关部门前往福满园小区现场实地查看，责令小区业委会以及物业公司停止该停车场的收费，并按照法律法规要求召开业主大会征询业主意见，在小区公告栏公示表决结果，待业主大会表决通过后报市建设与管理局备案审批。7月15日，针对信访人不服处理结果的反复信访，区建设局又与相关部门工作人员前往福满园小区与信访人见面，耐心细致地与信访人沟通，取得有效进展。最终，小区业委会、物业公司按照法律法规相关规定重新对该小区停车场进行报备，并按大多数业主认可的分配方案对停车位重新分配。

【住宅小区物业管理现场量化检查】 2014年，区建设局继续完善和执行湖里区住宅小区物业管理量化检查工作制度，同时结合区城管办组织的市容考评工作，每月对辖区物业小区的环境卫生状况进行考评。全年共对辖区内40个居住小区进行现场量化检查，多数受检小区物业服务处均能按规范为小区提供优质服务，业主满意度高；但也发现个别小区物业服务处存在管理不到位、车辆随意停放、小区保洁不及时等问题。检查组现场责令物业企业限期整改，并将整改情况反馈区建设局。区建设局及时通报检查结果，对管理规范的先进物业企业给予通报表扬，对管理不到位且未按要求整改的物业企业给予通报批评，并上报市建设局，作为企业资质初审、升级、前期物业管理招投标、资信评估等工作的参考依据。

地质灾害防治

【金尚路林后社边坡崩塌地质灾害加固工程完工】 6月，金尚路林后社边坡崩塌地质灾害加固工程完工。因受2013年7月20日台风强降雨影响，位于岐山北路与金尚路“T”形交叉口处林后社边坡发生崩塌，严重威胁坡下行人车辆和坡上6栋房屋及270多名居住人员的安全。根据厦门市政府专题会议纪要精神以及“谁引发谁治理”的原则，金尚路路权单位厦门市市政园林局委托相关设计、勘测、监理、施工单位，立即组织抢险加固施工，于2013年12月开工，工程总投资303.8万元，由市区两级财政按6∶4比例分担。这是湖里区启动突发地质灾害应急预案，及时转移安置受威胁群众，有效落实应急处置措施，市区两级财政共同出资，市责任单位组织抢险加固施工的地质灾害险情处置成功案例。

（洪盈盈）

城市管理

城市综合管理

【概况】 2014年，湖里区城管办认真贯彻落实市、区关于美化市容市貌、提升城市品位的部署要求和紧紧围绕“美丽厦门·共同缔造”的主题，以巩固文明创建成果为工作重心，主动作为，破解行车难、停车难、行路难问题，大力推动辖区道路景观整治工作，全面推进宜居环境建设的各项工作，多举措实现城区功能和城市市容管理水平“双提升”。全年共办理市、区人大建议2件，按时办结，满意率100%；省长信箱1件，市长专线73件，各类投诉电话及信访件170余起，整改办结率100%；接“四百”活动5批87件，均已回复。

【二手车市场占道经营专项整治】 5月28日，由区城管办统一部署，由各街道办联合公安、工商、行政执法等部门对仙岳路海沧大桥下、园山南路乌石埔段、金山西路、后坑前社、金山小区周边、云顶北路、枋湖南路车管所段等二手车市场占道较严重的路段进行综合整治，共出动警力200多人，暂扣二手车4部，清理、劝离300多部占道二手车，二手车市场占道经营乱象得到有效遏制。

【各街道加大社区环卫设施建设】 2014年，湖里街道采购三轮保洁车53部；果皮箱2230个；大垃圾收集屋75个；小垃圾收集屋125个；殿前街道配备环卫设施，提高环卫设施标准，采用密闭式的垃圾容器及收集工具，新添置密闭式卫生容器3000个，电动收集车80部，取缔了20多个沿街垃圾池，建设部分环卫设施和道班房；江头街道购置环卫高压冲洗车、环卫电动扫地车及电动三轮车垃圾清运车30余部，各式垃圾桶近1000个；金山街道投入垃圾桶8435个，三轮车（板车）222部，电动四轮清动车、环卫车等共39部，后卷式垃圾转运车1部，双排自卸车1部，共建设完成清洁楼8座。

【加强市容市貌管理】 2014年，区城管办组织开展区级市容环境卫生考评10次，其中，明察6次，暗访4次；组织业务培训2次，日常市容管理巡查90余次。印发《考评通报》110份、《考评巡报》41期795份；下发《整改通知书》144份，整改内容3177余项，经逐一督查，问题整改率100%。

【市容管理考评创佳绩】 在厦门市对六个区各项市容和环境卫生考评中，湖里区的市容管理总体保持优秀水平。3月，湖里区的市容管理共同项目综合成绩位列全市第一名，其中，村改居、海岸线、居住小区、在建工地4个项目均位列全市第一；5月，市容管理共同项目综合成绩位列全市第一，其中，村改居、海岸线、物业小区、公园风景点位列全市单项成绩第一名。湖里区村改居市容和环境卫生项目全年6次市级考评，3次全市第一名，3次全市第二名。

【三个项目通过第一批“美丽厦门市容示范项目”验收】 8月，蔡塘社区、海天路、国贸蓝海小区在全市9个考评项目13家入选单位中脱颖而出，通过第一批“美丽厦门市容示范项目”验收。这3个入选项目将成为城市管理的范本，管理经验和模式将向全市推广。

【道路停车秩序整治】 4月29日，区城管办出台《关于印发湖里区查处违法停放机动车和查扣摩托车绩效考核办法的通知》（厦湖府办〔2014〕35号），明确了道路停车秩序整治考核的对象、内容、奖励、认定、处罚、资金保障等各项措施，建立整治违停工作长效管理机制。区城管办充分发挥协调功能，与区国投停车公司联合交警大队，携手整治长期占用停车位的汽车，共拖曳违停车辆6起。各街道月均查处违停4.43万起，月均查扣摩托车470部，特别是新考核办法执行后，月均查处违停5.7万起。协调市物价局把江头西路等路段由二类收费路段调整为一类、金泰路等路段由三类收费路段调整为二类，该收费标准自9月1日起执行。此外，城管办还定期对规范收费、文明收费、票据使用、安全生产等环节进行检查，发现问题及时下发整改意见书。划设南山西路、车管所周边120个道路临时停车位，南山小区、徐厝小区、海天小区180个停车位，有效缓解以上区域停车难的现状。

【城市道路景观综合整治】 4月10日，出台《湖里区道路景观综合整治工作方案》（厦湖府办〔2014〕28号），以整治“五乱”（乱悬挂、乱张贴、乱堆放、乱搭建、乱停车）为主要内容的城区道路景观综合整治工作全面展开。上半年完成吕岭路、园山南路景观整治，下半年对云顶北路、枋湖北二路等12条主要道路进行综合整治，完成投资600多万元。其中金尚路、仙岳路景观整治夜景工程完成工程量的80%，已试亮灯；金尚路林后村段立面景观整治基本完成；金湖路、SM周边景观整治工作完成前期调查摸底；湖边水库、五缘湾片区夜景工程完成前期调查摸底，已进行整治方案设计，整治方案已报市建设与管理局。

（柯溢珍）

名词解释

六有： 有一个社区综合服务站；有一个社区卫生服务站；有一个社区幼儿园；有一片室外活动场地；有一套完善的市政设施；有一套便捷的慢行系统。

五达标： 外观整治达标；公园绿地达标；道路建设达标；市政管理达标；环境卫生达标。

三完善： 组织队伍完善；社区服务完善；共建机制完善。

行政执法

【概况】 2014年，区行政执法局围绕推进"美丽厦门·创新湖里"建设，以服务和保障城市建设为中心，以加强队伍建设为主线，以"两违"综合治理和占道经营整治为重点，锐意进取，狠抓落实，较好地完成了区委、区政府赋予的各项任务，继续保持了辖区非法占地违法建设"零形成"和主次干道占道经营得到遏制的良好局面。

"两违"综合治理

【概况】 2014年，召开区"两违"综合治理专项行动动员部署会；先后下发《湖里区开展"两违"综合治理专项行动实施方案》《2014年"两违"综合治理工作目标》，明确专项行动的目标、重点、步骤和要求。研究制定了《湖里区查处违法建设工作网格管理补充规定》，拓展查处违法建设工作网格管理范畴，把小区楼顶搭盖纳入查处重点，明确相关单位的职责和具体措施；区"两违"治理办制定了《湖里区2014年"两违"综合治理宣传工作方案》，编印了《湖里区"两违"专项整治宣传资料汇编》手册。利用报纸、电视、微博、微信和大型户外广告等平台，通过互动知识问答、有奖竞猜、发放宣传物品等形式开展普法宣传；区"两违"治理办公室组织召开10次工作例会，通报工作进展情况，点评相关成员单位存在的问题，研究整改措施；同时，利用短信平台及时通报相关治理情况。年内，新发现"两违"59处，同比下降35.2%，已全部拆除。普查"两违"296处、51.1万平方米，拆除275处、47.3万平方米，完成年度拆违目标任务的157%，其中拆除"四重点、六先拆"历史遗留违建192处、27.83万平方米，实现"四重点、六先拆"拆除比例100%。

【非法占地违建保持"零形成"获市检查组肯定】 1月3日，市执法局副局长陈水带领市非法占地违法建设专项整治工作领导小组一行21人，到湖里区考评2013年非法占地违法建设专项整治工作情况。上午，市考评组首先听取副区长刘云标关于2013年非法占地违法建设专项整治工作情况汇报，以及区执法局局长范金炉的补充发言。下午，考评组分内页检查和实地考查两组，内页检查组重点抽查区政府和湖里、金山两个街道整治情况，实地考查组分别对5个拆除违建现场实地核查。考评后，陈水副局长对湖里区2013年非法占地违法建设继续保持"零形成"的好成绩予以充分肯定。

【召开"两违"综合治理专项行动动员部署大会】 3月21上午，湖里区召开"两违"综合治理专项行动工作动员部署大会，区委书记刘育生，区长张毅恭，市城市管理执法局党组副书记唐文建，区委常委、政法委书记钟伟东，副区长刘云标，区"两违"综合治理领导小组成员单位领导，各街道，社区党政主官，区执法局中层以上干部共150余人参会。区委书记刘育生要求，全区各级各部门要迅速行动起来，加强协作，齐心协力，坚决打好2014年"两违"综合治理攻坚战，做到宣传、措施、协作"三到位"。张毅恭指出，要在省市的统一部署下，切实抓好"两违"综合治理行动，做到进一步提高思想认识、进一步增强打击力度、进一步化解历史遗留问题、进一步落实工作责任。

3月21日上午，湖里区召开"两违"综合治理专项行动动员部署会（区行政执法局供图）

4月26日，在区长张毅恭（右二）等区领导带领下拆除辖区内4处顽固违建（区行政执法局供图）

【两天拆除违法建设6400平方米】 3月26—27日，全面启动“两违”攻坚战，掀起动员部署会后的首轮打击“两违”的高潮。区行政执法局联合各街道、派出所整治辖区内影响重点项目建设和市容市貌、存在严重安全隐患、侵占公共利益、社会影响恶劣的第一批典型违建项目。两天时间，共出动1000余人次，出动车辆50余辆次，大型机械8台，拆除违建10处、6400余平方米。

【区领导带队拆顽固违建】 4月26日，一支由湖里区区长、副区长带队的百余人执法队伍对区内湖里大道的一处厂房、南山西路马蜂山地质灾害点东侧的钢皮违盖、殿前四组南阳开泰维修厂、中埔水果市场对面800平方米的临时搭盖4处违建强力拆除。

【建立查处违建网格督查机制】 2014年，湖里区建立查处违建网格督查机制，由区行政执法局、监察局和行评代表组成区联合督查组，对全区查处违法建设网格化落实情况进行督查，对不作为、慢作为、乱作为人员给予问责，通过发出《监察督办单》，采取倒查倒逼方式，全面遏制违法建设。全年共有13名履职不到位的网格人员受到不同程度的处理。

【基本完成“数字城管”建设】 2014年，区行政执法局基本完成“数字城管”建设。“数字城管”系统搭建了以区执法局数字城管机房为中心，辐射六个中队、连接区政府、市行政执法局和湖里公安分局的有线光纤网络。同时搭建了由城管通终端组成的无线VPN专网。实现了与市行政执法局“数字城管”系统的对接和所属各基层中队的互联互通，形成一体化的城管执法平台。建立了岗位责任制、值班制度、交接班制度、学习培训制度和系统维护制度等各项制度。加强了“数字城管”系统应用的培训，是年先后组织8场培训，参训人员160人次。

燃气专项整治

【概况】 2014年，湖里区成立燃气安全专项整治领导小组，由区长张毅恭担任组长；出台了《关于举报查处燃气安全隐患奖惩办法》，建立“黑气”举报奖励制度。群众举报无证制作、生产液化气的窝点，经核查情况属实，举报人可获得奖励，最高奖5000元。区行政执法局加大日常巡查力度，一经发现，立即通报街道，并配合街道予以查处，全年共查扣无证经营燃气2400瓶。

【开展“黑气”专项整治】 9月中下旬，区行政执法局联合各街道安监办、派出所等部门在辖区内开展“黑气”专项整治行动。此次行动共查扣“黑气”348瓶，其中：湖里中队查扣20瓶、江头中队查扣58瓶，禾山中队查扣238瓶，金山中队查扣32瓶。

【禾山中队连端2处隐蔽型“黑气”窝点】 11月25日，禾山中队执法人员在尚忠、安兜接连查获2处隐蔽型无证液化气经营点，查扣无证液化气钢瓶43瓶，其中尚忠20瓶、安兜23瓶。

占道经营整治

【概况】 2014年，针对群众反映强烈的“三乱”、占道地锁、乱倾倒建筑废土、露天烧烤、占道经营等热点问题，区行政执法局与街道、工商、公安等部门开展专项整治和联合执法行动，累计纠正各类占道（跨店）经营14.3万起，纠正（含清理）“三乱”“门前三包”11172余起。

【禾山中队清理五缘湾沙滩占道经营】 6月27日，行政执法局禾山中队联合机动中队、禾山街道、禾山派出所对五缘湾沙滩占道经营进行集中整治，共取缔沙滩上无证摊点近20家，暂扣大量物品，并吊离一个在此经营的集装箱。7月4日，中队全体队员和协管员联合禾山街道综治办再次对五缘湾沙滩进行市容占道整治清理，取缔20多家占道无证摊点，暂扣帐篷13个，冰

7 月 4 日，禾山执法中队整治五缘湾占道经营（区行政执法局供图）

箱 10 台，自制餐车 3 辆，烧烤架 2 个，广告灯箱 2 个，桌椅 58 张等。此次整治，队员及协管员把木栈道及沙滩上的占道物品全部清除，并对小贩们进行相关法律法规宣传教育。

其他工作

【概况】 区行政执法局全年共受理各类信访举报 30351 件，办结率 100%，完结率 73.89%；共接待群众来访 95 批 151 人次、满意率 90%；办理人大建议、政协提案共计 11 件，满意率 100%。累计办理简易程序案件 1750 件，罚款 96834 元；一般程序新立案 456 件，续办往年案件 358 件，做出处罚决定 402 件，罚款 553.43 万。实施强制措施（停水停电、不予办理房屋转移登记等）1074 件；申请法院强制执行 167 件。编印、发放了《致居民朋友的一封信》《致学校老师、家长、学生的一封信》以及相关法律法规宣传材料 20 余万份，开展相关法律法规宣传咨询活动 12 场次，在市级以上新闻媒体刊登稿件 533 篇，监控跟帖网络舆情 171 条。编印《执法信息》12 期，下发《督查通报》12 期，发送各类宣传短信 15000 多条。

【湖里区率先在全市启动“大城管”模式】 9 月 4 日，湖里区召开城市综合管理委员会（简称城管委）动员部署会议，市城管委副主任、市城管办主任、市执法局局长吕庆端，区委书记刘育生、区长张毅恭等四套班子主要领导，区城管委 37 个成员单位和 5 个辖区街道负责人，各派出所所长、工商所所长，区行政执法局全体干部，各社区主官 160 人出席会议，率先在全市建立“大城管”模式。动员部署会由区委副书记黄炜主持，区长张毅恭从构建城市综合管理工作格局、加大城市综合治理力度、做好城市综合管理规范疏导服务、落实城市综合管理网格管理责任等四方面对湖里区城市综合管理近期工作作了深入部署。会上，市执法局局长吕庆端对湖里区“两违”治理、占道经营整治等各项城市管理工作走在全市前列给予了充分肯定，湖里区的“两违”专项整治和占道经营整治网格化管理的做法将在全市推广。区委书记刘育生对各街道和各职能部门就如何做好下一步工作做出了重要指示，提出了“怎么抓、网格抓、合力抓、落实抓”等四点要求。

【举办预防职务犯罪专题教育讲座】 4 月 2 日，区行政执法局邀请国家一级检

9 月 4 日，湖里区召开城市综合管理委员会（简称城管委）动员部署会议（区行政执法局供图）

4月2日，市检察院沈培峰和区检察院林剑铭，为全局党员干部、协查员等作预防职务犯罪专题教育讲座（区行政执法局供图）

察官、市预防职务犯罪宣讲团成员、市检察院处长沈培峰和区检察院预防科科长林剑铭，为全局党员干部、协查员正、副班长等130余人作预防职务犯罪专题教育讲座。沈培峰通过大量的典型反腐案例，深入浅出、生动形象地阐述了当前城管执法系统中容易出现的几种违法违纪现象、特点原因和怎样预防职务犯罪等三大方面的内容，使与会人员受益匪浅。

（李婷）

名词解释

四重点：违法占用耕地、影响公共安全和重点项目建设、严重影响城乡规划、交通干线两侧这四项违建要重点整治。

六先拆：党员干部的违建、安全隐患大的违建、影响“三边三节点”整治的违建、顶风突击的新违建、妨碍重点项目建设的违建、社会影响恶劣的违建这六种违建要先行拆除。

大城管：也就是城市综合管理，所管理的范围包括给水、电力、通信、垃圾收运处理、供水等城市基础功能，以及城市公共空间。

市容环卫

【概况】湖里区全年完成市政基础设施固定资产投资5110万元，其中：道路提升改造3000万元，绿化提升改造316万元，公园建设1794万元。至年底，全区完成160条市政道路的维护改造、121条道路绿化的养护管理、567余万平方米道路的清扫保洁、91座公厕和45座清洁楼的管理服务；新增园林绿地13.47余公顷，完成全年任务的113.06%，完成义务植树人数9.72万人，完成全年任务的100%，植树28.09余万株，完成全年任务的104.03%；在全市市容考评委组织的考评中，湖里区“村改居”社区两次获得城乡接合部环境卫生全市第一名的好成绩。

【道路提升改造】2014年，市、区两级财政投入3000万元，对华昌路（南山路—湖里大道）、枋湖东路（枋湖南路—枋湖北二路）、华泰路（南山路—兴隆路）等道路进行提升改造；投入3218万元，新建蔡塘一路、蔡塘二路、蔡塘学校东侧东路、蔡坑路、枋湖中路等5条道路。

【环卫设施建设】2014年，区环卫处完成了金尚小区、坂美公园、五缘湾桥下、林后、祥岭和安岭（二合一设施）等6座公厕，以及4个环卫爱心服务点的新建任务。新建中埔和县后两座钢结构清洁楼。同时做好原有设施的升级改造，完成墩上、岭下等7座清洁楼的设施设备改造。截至2014年底，湖里辖区已建成并启用清洁楼45座、公厕91座。为解决环卫基础设施建设选址难问题，改善湖里区公厕数量不足、分布不均的现状，区环卫处尝试采用公厕租赁的形式，由公厕生产厂家直接提供产品，区环卫处根据场地实际情况选择合适型号的公厕投入服务，年内有10座租赁公厕已开始对外开放。

【城区绿化提升改造】湖里区全年投入1000万元，对重点商业街、绿化景观品次低的海天路等8条路段及儿童医院等进行绿化提升改造。围绕创建园林城市及建设“美丽厦门”，着力提升道路绿地和公园绿地效果，是年，新增园林绿地约13.47公顷，植树近28.09万株，达到“四季常绿、四季有花、四季变化”的亮化、美化效果。

【市容综合整治】2014年，区市政园林局组织人员清理辖区绿化带、责任外卫生死角、无人管地带和沿街暴露垃圾约480处，海天路、嘉禾路、金彩街等路段，共清理垃圾废弃物、土头杂物300多吨；汇总上报辖区道路污染重灾区，针对市容污染易发路段，要求实行增人定点保洁，提高巡回保洁频率，及时清理摊贩遗留垃圾；组织人员对江头西路、竹坑路、枋湖北二路等70多处油污污染较重路段进行彻底的清洗；要求保洁公司每月上报清洗计划，对严重污染路面每周至少清洗1次。

【开展生活垃圾分类收集工作】2014年，区市政园林局投入59万元，选取几个社区开展生活垃圾分类收集试点工作。工作人员与试点社区相关责任人沟通协调，确定垃圾分类桶的规格样式、安放点及宣传牌的安置点，购置2000个家用垃圾分类桶、300个室外垃圾分类桶及20000个厨余垃圾分类袋，并配套分发给试点小区、居民；设计制作122块垃圾分类宣传设施（宣传牌、说明牌等）；制定垃圾分类积分兑换方案及具体操作办法，印制垃圾分类积分兑换办法宣传单4000份、垃圾分类积分兑奖卡2000张；与社区居委会、小区物业签订《垃圾分类入户宣传、二次分拣工作委托协议》《垃圾分类收集转运工作委托协议》，成立二次分拣督导员队伍；召开生活垃圾分类收集专项培训，对试点生活小区的保洁员、入户宣传员等进行宣传和培训；制作《垃圾分类入户问卷调查》（约2000份）、《垃圾分类意向书》（约2000份）、《致全体居民的一封信》（约3000份）、《湖里区生活垃圾分类指引》（约10000份）等垃圾分类宣传材料；组织入户宣传员进行垃圾分类试点活动宣传，让居民填写入户问卷调查表和签订同意垃圾分类意向书，入户宣传率100%。7月1日，举行垃圾分类试点工作启动仪式，8、9月进行垃圾分类二次入户宣传和垃圾分类积分兑奖。

【环境卫生网格化管理】 为进一步加强辖区环境卫生管理工作，9月，区政府下发《湖里区环境卫生保洁网格化管理工作方案》，在全区设置两级环境卫生保洁网格，5个街道建立一级网格，52个社区建立二级网格，实行环境卫生保洁网格化管理模式。建立各街道、社区及相关部门单位网格化管理责任人员信息，构建环境卫生管理网络；9月25日，区人民政府办公室印发《湖里区环境卫生网格化管理考评标准》，由区环境卫生保洁网格巡查监管协调小组办公室抽调人员成立日常巡查考评组，承担全区环境卫生保洁网格化管理日常巡查工作。区市政园林局组织区行政执法局、区城管办、各街道、区环卫处等相关部门及特邀考评人员进行业务培训，熟悉辖区环境卫生网格化管理考评范围及考评要求，并招收7名网格员于10月启动日常考评，包片挂钩每个街道进行巡查监督，强化行业指导。网格检查工作信息以微信平台及时通报，以街道、社区为单位建立53个环卫保洁网格化管理微信群，将街道环卫所人员、社区分管卫生人员、网格巡查人员纳入其中，形成以图文为载体的“即发现、即整改、即反馈”的高效反馈机制。同时，区环卫处先行在22条主干道设立道路清扫保洁责任监督牌，将道路的保洁责任人员及其监督电话公布在监督牌上，接受群众测评和社会公开监督。环卫保洁网格化管理工作实施后，各街道社区、区行政执法局、区环卫处、区市政园林服务中心等相关部门单位逐步建立起联动工作机制，整合资源协同运作，改变以往各自为政的环卫保洁监管局面，大环卫管理格局逐步显现，专项整治工作初显成效。

【完成仙岳公园景观改造（一期）】 2014年，湖里区完成仙岳公园景观改造工程（一期），该项目总投资1472.92万元，共划分成9个标段实施（含1个体育设施采购项目）。改造项目工程主体累计已完成总投资约1400万元。主要完成约1800立方米的挡土墙；1900多平方米的边沟盖板；长约1500米的卵石花坛、护脚砌筑；900平方米的儿童游乐场；长约2.3公里、18750平方米的车行道改为沥青铺设；15230平方米的道路沿线及部分节点绿化提升基本完成。新建1座观景平台、3座休闲亭、3座宣传栏，完善园区交通指示标牌和体育健身设施安装等。

【防汛减灾工作】 2014年，厦门市先后受3个台风和6次强降雨影响，湖里区共启动防暴雨应急响应Ⅲ级5次、Ⅱ级1次、Ⅰ级1次，防台风应急响应Ⅳ级3次、Ⅲ级2次，转移人员3553人次，动用2辆“龙吸水”1500排水抢险车强抽强排23小时，出动武警二大队人员30人次、地方抢险人员313人次。全年湖里区完成5个街道、52个社区防汛预案的修订；排查26处地质灾害隐患点、10处排洪内涝隐患点、13处（169幢）危房、6处在建工程工地、开发建设引发的内涝3处，全年共完成坂尚排洪泵站验收、围里蓄洪池清淤、西潘社西侧200米的排洪明沟的“明改暗”、洪水头新铺设排洪管的功能验收、湖边水库下游400米排洪明沟的疏浚和清淤、店里村庄排洪管沟的清淤、泥金—浦口排洪系统的部分整治改造、下湖排洪系统的整治改造和清淤、穆厝二河宫蓄水池及下游排洪管道的清淤和疏通、下边社北侧排洪管道的清淤疏通，

仙岳公园一期改造工程完工（区市政园林局提供图）

2014 年，埭辽水完成综合整治（区市政园林局供图）

枋湖社区林后滑坡带的治理，原旗山水库片区地下排洪管改造，凤头护岸修复工程。规范完善 56 处防汛物资器材仓库建设；调整充实抢险救灾分队 156 支 3183 人，其中，专业队伍 23 支。

【埭辽水库综合整治】 2014 年，埭辽水库综合整治工程完工，投资近 1 亿元。完成库区清淤 12.1 万平方米，清淤量 35.59 万立方米，沿湖安装 700 多米截留箱涵以及排水管道，实现污水截留。增设一条长 785 米的水源管线，引入九龙江原水激活库区水体，实现水流交换。新建滨水景观段 1500 米，约 22972 平方米，建成后的埭辽湖生态公园面积 13 万平方米。

【动物疫病防控】 2014 年，湖里区累计免疫家禽 6.7 万羽次，家畜 612 头次，群体免疫密度保持在 80% 以上，免疫抗体合格率达 100%；开展消毒灭源工作，总计投入消毒药 1.73 吨，消杀面积 126.3 万平方米；成立区重大动物疫情应急处置队伍，负责对病死畜禽无害化深层掩埋或输送至市政府规定的场所定点集中焚烧处理，强化了湖里区疫情监测及无害化处理工作。

【气象预警信息进社区】 2014 年，湖里区投入专项资金 235.7 万元，建设完成了 58 个（区级 1 个、街道 5 个、社区 52 个）基层气象服务站，每站配备 LED 显示屏和 LCD 综合显示屏各一块以及相关的办公设备，并且安排一名气象协管员。LED 和 LCD 显示屏即为气象预警信息发布终端系统，率先在全省实现了“全区防汛气象灾害预警信息发布三级全覆盖”。气象灾害信息发布终端系统采用滚动播报的形式，向社区居民及时提供气象信息和防御灾害的知识。

【区农业水利防洪事务中心挂牌】 3 月 14 日，区农业水利防洪事务中心正式挂牌办公。该中心成立于 2013 年 10 月 18 日，属正科级全额拨款的事业单位，核定编制 13 名，在职干部 13 名。中心承担湖里辖区的农业、水利防洪事务，“村改居”社区集体资产改制指导、动植物防疫检疫和疫病防控、农产品质量监管、水土保持、海域非法养殖和非法小渔船整治等工作任务。

（王伟玲）

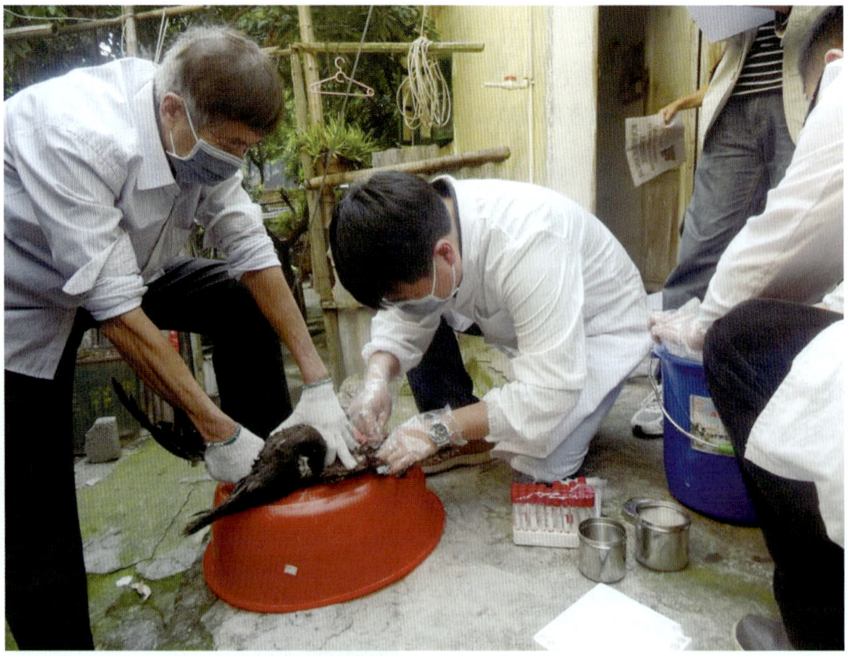

动物疫病防治（区市政园林局供图）

中共湖里区委员会

重要会议

【区委七届全体会议】 2014年，中共湖里区委共召开5次全体（扩大）会议。其中，区委七届十次全体（扩大）会议、区委七届十二次全体（扩大）会议、区委七届十四次全体（扩大）会议为研究人事问题。

区委七届十一次全体（扩大）会议 9月28日，区委召开七届十一次全体（扩大）会议。区委委员、区委候补委员参加会议；区纪委常委，非区委委员的区级领导，区法院、区检察院、湖里公安分局主要领导，区工商局、区国税局、区地税局、湖里环保分局、市质监第一分局主要领导，区直各部、委、办、局、各人民团体主要领导，各街道党政主要领导，区国投公司、天地公司主要领导列席会议。会议深入学习贯彻中央支持福建进一步加快经济社会发展的重大战略部署以及省委九届十一次全会、市委十一届八次全会精神。区委书记刘育生在会上讲话，强调要认真贯彻落实中央和省委、市委重大战略部署，坚持创新驱动、转型升级、高端引领和统筹协调，进一步解放思想、改革创新，埋头苦干、奋发有为，争取到2018年“美丽厦门·创新湖里”建设取得显著成效，把湖里区建成具有现代气质、创新活力、幸福包容的典范城区，努力在全省加快发展中勇当“排头兵”。

区委七届十一次全体会议 9月28日，区委召开七届十一次全体会议。区委委员、区委候补委员参加会议，区纪委常委列席会议。会议审议通过了《关于进一步加快湖里转型提升跨越发展的行动计划》和区委七届十一次全体会议决议（草案）。

区委七届十三次全体（扩大）会议 12月26日，区委召开七届十三次全体（扩大）会议。区委委员、区委候补委员参加会议；区纪委常委，非区委委员的区级领导，区级老领导，湖里公安分局、区人武部主要领导，区直各部、委、办、局、各人民团体主要领导，各街道党政主要领导、人大工委主任，各社区书记、主任，区工商局、区国税局、区地税局、湖里环保分局、市质监第一分局、区教师进修学校、厦门三中、禾山中学、湖里中学、金尚中学、湖里实验中学、厦门外国语学校湖里分校、蔡塘学校主要领导，区国投公司、天地公司主要领导列席会议。会议深入学习贯彻中共十八届四中全会、习近平总书记到闽考察重要讲话以及省委九届十二次全会、市委十一届九次全会精神，传达贯彻落实中央和全省、全市经济工作会议部署。区委书记刘育生在会上讲话，他强调要全面贯彻中共十八大和十八届三中、四中全会精神，深入学习贯彻习近平总书记系列重要讲话和来闽考察重要讲话精神，认真落实中央和全省、全市经济工作会议及省委九届十二次全会、市委十一届九次全会部署，围绕建设“美丽厦门·创新湖里”，主动适应经济发展新常态，坚持稳中求进，力求好中求快，以提高发展质量和效益为中心，狠抓改革攻坚，突出创新驱动，加快转型提升，加强民生保障，促进经济持续健康发展和社会和谐稳定，努力建设机制活、产业优、百姓富、生态美的新湖里。

区委七届十三次全体会议 12月26日，区委召开七届十三次全体会议。区委委员、区委候补委员参加会议，区纪委常委列席会议。会议审议通过了区委七届十三次全体会议决议（草案）和《关于深入贯彻习近平总书记来闽考察重要讲话精神的意见》《关于全面推进法治湖里建设的实施意见》。

【区委常委会议】 2014年，区委共召开27次常委（扩大）会议。会议传达学习了中共中央政治局常委、全国政协主席俞正声出席海峡论坛及在闽在厦考察时的重要讲话精神等，认定48家企业为2013年总部企业，讨论通过了《湖里区推进“党建富民强村”工程实施方案》《湖里区建立健全惩防体系2013—2017年实施方案》《湖里区推行“马上就办”、强化治庸问责工作的实施方案》《湖里区实行人才工作目标责任制的意见》《湖里区扶持“村改居”社区预留发展用地建设项目的若干意见》《湖里区积极推进多元共治构建和谐美丽社区的实施意见》《推进高新技术园招商引资和产业引导的实施办法》《关于支持湖里老工业厂房文创园区建设发展的实施办法》《关于促进两岸金融中心招商引资和产业引导的实施办法》《关于鼓励扶持引进高端商业品牌的办法》《区政府职能转变和机构改革方案》，修订了《湖里区“550”人才计划及实施细则》《湖里区招商引资考核办法》《区属企业国有资产监督管理办法》，研究建立健全区管干部廉政谈话提醒机制、建立落实党风廉政建设责任制报告制度、调整区纪委监察局机关议事协调机构、组建湖里区旅游开发公司等事宜，兑现2013年度电子商务专项扶持资金等优惠政策，有力保障了全区经济社会各项事业健康发展。

【区委工作会议】 4月22日，中共湖里区委召开区委工作会议。学习贯彻全国、全省、全市组织部长会议、宣传部长会议、统战部长会议精神。区委分管领导总结了2013年工作，部署了2014年工作。区委书记刘育生讲话，充分肯定了过去一年全区的党建工作，要求新的一年里认真落实党要管党、从严治党的要求，加强和改进组织、宣传、统战工作，为创新湖里提供组织保障，营造良好氛围，汇聚广泛力量，不断开拓党建工作新局面。

重大活动

【市委市政府工作检查】 4月29日，省委常委、市委书记王蒙徽与市长刘可清率市委、市政府工作检查组到湖里区检查工作。王蒙徽等市领导视察了厦门科华恒盛股份有限公司、名鞋库网络科技有限公司、趣游（厦门）科技有限公司等企业。检查组认为，要继续按照《美丽厦门战略规划》，强化创新驱动和绿色发展，壮大优势产业，加快产业转型升级，打造海峡西岸强大的先进制造业基地和最具竞争力的现代服务业集聚区。要着力深化改革、提升服务、优化环境，增强民营经济整体实力和竞争力。要进一步优化产业布局，整合发展资源，创新技术、平台和机制，积极扶持高科技产业及电子商务等新兴业态和现代服务业发展。

【省委省政府工作检查】 6月12日，省委书记尤权率检查组到湖里区检查工作。尤权等省领导视察了厦门机场T4航站楼等项目。检查组在机场T4航站楼建设工地详细了解厦门市相关重点工程进度及公共服务项目的规划管理等情况。检查组表示，公共基础设施重在管理和服务，厦门拥有厦航、建发、翔业等一批优秀企业，这些企业注重现代化管理，有一套完整的标准，把管理要求变成了全体员工自觉行动的企业文化，值得各地学习借鉴，提升管理服务水平。

区委办公室工作

【文字综合】 全年区委办公室共起草文字材料147篇，常委会议纪要27篇。其中，起草了区委七届十一次全体（扩大）会议、区委七届十三次全体（扩大）会议、区委工作会议等重要会议材料；起草了迎接省委和市委调研、检查、考评材料，区委主要领导参加区委书记季度座谈会等上级会议的汇报材料，以及在党的群众路线教育实践活动、“创新湖里”建设、“美丽厦门·共同缔造”、征地拆迁、文明创建、综治维稳、区“两会”等各类专项会议和重要场合讲话稿；起草区委工作要点、区委工作总结等文稿，以及省委办公厅、市委办公厅要求上报的材料；完成了老工业区成片改造、整治“脏乱差”工作情况、区域发展工作意见等专题材料，以及蔡塘社区发展中心建设模式、海峡建筑设计文创园改造模式、制止“两违”等调研材料。

【督查督办】 全年区委办共承办市主要领导批示件35件、市委督查室交办件47件、区委主要领导批示件589件，开展本级督办45件，全部办结。及时梳理群众集中反映、领导长期关注、工作推动困难等问题，强化“3+X”联动督查。联合区纪委、区委组织部、区政府办等部门，推动全区网格化管理责任制、党政领导班子实绩定量考核指标等工作的落实。围绕市级和区级重点项目建设、土地房屋征收与返迁安置等重点，开展滚动督查，实时跟踪进展，形成季报、月报、周报呈报区委主要领导。推动金福缘安置房返迁工作、厦门泉州（安溪）经济合作区湖里园建设等重点工作顺利开展。通过区委主要领导现场督查调研、召开区委专题协调会议、召开区重大项目领导小组会议等形式，推动完成了“美丽厦门·共同缔造”10个试点社区、仙岳山景观及海峡文创园的改造提升等工作。助推党的群众路线教育实践活动深入开展，针对区委主要领导走家入户“六百活动”收集的89个问题和区领导“四下基层”征集的108项“先整先改”问题，开展专项督查，打通枋湖中路，解决龙湖花园小区停车难等民生问题，畅通了联系服务群众的“最后一公里”。

【党建工作】 区委印发2014年全区党建工作要点，召开区委常委（扩大）会议和区委工作会议，部署全区党建工作，构建责任明确、保障有力、齐抓共管的党建工作格局。在全区深入开展党的群众路线教育实践活动，坚持把领导带头学、立学立改、解决问题贯穿始终，聚焦反对“四风”突出问题，从严从实推进“学习教育、听取民意，查摆问题、开展批评，整改落实、建章立制”三个环节工作，活动取得明显成效，有力推动了全区经济社会健康持续发展。贯彻落实省委、市委“党建富民强村”工作部署，坚持从加强农村基层组织建设、多渠道壮大集体经济、加大财政扶持力度等方面抓好工作落实，推动了蔡塘、后埔、枋湖等“村改居”社区发展中心的顺利建设和墩上、岭下民俗用地搬迁重建等问题的有效解决。切实加强对基层党建工作的督促落实，开展区属党（工）委书记抓基层党建工作述职评议，推进区域化党建和党建网格化，不断扩大党组织和党的工作覆盖面，健全直接联系服务群众的制度，巩固提升下基层活动成果，完善各领域党建工作机制，提高基层党建科学化水平。开展落实党风廉政建设责任制专项检查，对全区8个重点党委部门严格检查考核，督促整改问题52个，对未认真履行责任制的5个单位取消评先评优资格。

【党史研究】 2014年，区委办开展全区党史工作，协助市委党史研究室编撰《厦门经济特区建设（2002—2011）》湖里区部分的党史，《科学发展跨越发展　十年奋进更上层楼——记湖里区2002年至2011年十年巨变》一文最终被市委党史研究室采纳并全文刊登。

【信息服务】 2014年，区委信息工作围绕全面深化改革和全面推进共同缔造行动各项工作，突出重点、创新方法，积极为区委和上级党委统揽全局、科学决策提供准确、全面、细致的信息服务。全年编发《湖里简讯》76期，围绕“创新湖里”建设制作专刊18期；向上级党委报送信息2000余条，被采用400余条，其中多条信息得到省市级领导的批示，信息工作在省、市名列前茅。

（陈斌）

组织工作

【概况】 2014年，中共湖里区委组织部深入贯彻落实中共十八届三中、四中全会及总书记习近平系列重要讲话精神，紧紧围绕建设“美丽厦门·创新湖里”，突出工作重点，各项工作都取得了显著进展。截至年底，湖里区共有基层党组织1294个，其中党委39个。全区共有党员14910人，其中，女党员6367人，约占党员总数的42.7%；少数民族党员367人，约占党员总数的2.5%；35岁及以下6533人，36—45岁3213人，46—54岁1851人，55—59岁755人，60岁及以上2558人；研究生681人，大学本科6760人，大专3229人，中专1079人，高中、中技1432人，初中及以下1729人。

2014年，湖里区在深圳举办4期“打造国际一流营商环境和自贸区建设”研修班（区委组织部供图）

【干部教育培训】 湖里区全年组织各级各类干部参加上级调训216人次，举办各类专题辅导讲座10场次12个专题，培训党员、干部5500多人次。是年，举办事业单位负责人培训班、科级干部培训班、国企中层以上干部培训班、党外干部培训班和妇女干部培训班等5个主体班次，开展入党积极分子培训班和社区主干赴台培训班，共培训600多人次。推动干部参加网络学习和自主选学，更新干部在线学习学员信息1000多条，提高干部参学参训率。

【干部选任】 2014年，区委组织部在干部选任上，完善体现主体功能考评办法，突出湖里区各街道功能定位和区直部门重点职能划分，探索建立符合功能定位和职能划分的综合考评体系；强化干部年度综合考核，对5个街道，45个区直部门、8所区属学校的领导班子和领导干部进行年度综合考核，通过对1500多名干部谈话了解，共考察60个领导班子、215名领导干部；成立专项考察组全程参加全区16个区属党委、党（工）委民主生活会，现场观察领导班子团结和谐、沟通交流，领导干部负责担当、对待批评等11个方面的情况，对领导班子和领导干部逐个开展综合分析研判。针对考察中发现的突出问题，单独约谈4名干部，集体谈话3场25人次。在全面考核街道和区直部门班子及成员的基础上，对班子结构、团结协作、推动工作能力等进行分析，结合班子结构需要和干部个人特点，为5个街道、15个区直部门、12个事业单位配齐配强领导班子。全年提拔干部131人。

【干部管理】 2014年，区委组织部加强干部队伍精细化、规范化管理。(1)加强对“一把手”等关键岗位的监督管理。出台《湖里区区直部门、街道主要领导抓班子带队伍责任制暂行办法》《湖里区调整不适任现职干部暂行办法》，疏通不胜任、不称职干部“下”和“出”的通道。(2)健全考察结果反馈制度。制定《湖里区干部考核结果反馈暂行办法》，在新提拔调整干部的任职谈话时，如实反馈考察中了解到的问题和不足，并提出整改要求。年内，共向89名干部反馈考察结果。(3)开展摸底清查工作。联合区纪委、区编办、区人社局等部门严格落实编制、工资和人员在岗情况的监督审查，在全区机关事业单位中开展“裸官”“吃空饷”、在编不在岗以及干部在企业、社团组织中兼职情况的摸底清查工作，共清理党政领导干部在企业兼任11个职位、在社团组织兼任22个职位。清查出1名处级干部、1名科级干部、3名事业单位干部符合“裸官”条件，并按上级要求进行处置。(4)激发事业单位干部队伍活力。出台《湖里区关于加强事业单位干部队伍建设的意见》，优化街道事业单位干部队伍结构，开展首批16名街道事业单位干部交流任职工作。继续加大事业单位干部挂职力度，全年共选派27名事业单位干部挂职。

【干部挂职交流】 2014年，区委组织部注重丰富干部实践经验，激发干事创业热情，在充分考察了解的基础上，积极推进干部交流挂职工作。全年选派47名干部挂职，安排92名干部交流任职，其中对30名在同一岗位上工作多年的干部实行轮岗。接收15名上级机关干部到湖里区挂职。

【整顿软弱涣散党组织】 4月，按照中央、省委和市委的相关精神要求，湖里区对5个社区和27家非公企业软弱涣散党组织进行整顿，印发《关于做好软弱涣散党组织整顿工作的通知》，确定5名区委常委分别挂点联系5个待整顿社区党组织，制作印发《整顿软弱涣散基层党组织工作宣传手册》1万册，创新两帮、三问、两实、三不过关的“2323工作法”，扎实抓好整顿工作，受到省实践办调研组的肯定。整顿期间，区、街领导与社区两委谈话，查摆问题120多条，建立长效机制13项，推进14个为民服务重点项目，涉及总投资1048.89万元。同时，抓好其他领域27个党组织的整顿工作，建立各党(工)委领导帮扶机制和周报制度，截至年底全部完成整顿。

【非公企业和社会组织党建】 年内，区委组织部协调区工商联全面排查区属规模以上企业，新建9家规上企业及26家非公企业与社会组织党组织，撤销11家空壳党组织。加大“1+X”片区联建力度，全区共建70个联建片，覆盖非公企业、社会组织党组织394家。组织20家非公企业的237名党员到15个社区报到，开展社区义诊、关爱孤寡老人、捐建图书室等服务活动。指导欣贺股份有限公司党委、吉家家投资有限公司党支部创新党建载体，加强组织建设。按照“五个一”的标准重点打造国宇门诊、社会组织服务园、火炬学校、华悦学校、安兜医院等5家典型。做好禾山街道党群中心集中展示室的规划建设，指导新建坤驰出租车有限公司、合道品牌管理有限公司等9家党群活动服务中心。全年区、街共举办非公党组织书记培训班17期，培训1709人次。对外资企业党建工作开展调研，走访20家外企党组织、发放问卷200份。

【“一核多元”美丽社区缔造】 2014年，区委组织部先后起草《关于开展“美丽厦门·共同缔造12580行动”的通知》《关于积极推进多元共治构建和谐美丽社区的实施意见(试行)》等3份文件，积极推进“一核多元”的缔造新模式。选派52名机关党员到52个社区挂职为期1年的副书记，作为“美丽厦门·共同缔造”辅导员。举办试点社区两委专题培训班和共同缔造辅导员专题培训班，组织62名社区主干赴台湾学习社区营造经验，会同区民政局组织赴台干部召开学习体会交流和学习成果运用会4场。组织街道分管领导和10个重点社区主官赴云浮、广州学习，选派37名社区副职或两委到金尚、康乐、金安等社区挂职锻炼。举办“金色服务·情满湖里”社区工作者文化节，设置社区工作者才艺展示、演讲比赛、征文比赛、文艺晚会和专题交响音乐会5项内容。会同区民政局择优选聘60名社区专职工作者。

【党员教育和管理】 2014年，区委组织部严把党员入口关，按照统一培训、统一考试、统一颁发结业证书模式，组织305名入党积极分子培训。出台贯彻落实中组部《关于处置不合格党员的意见》的实施方案，选择9个社区作为先行试点。探索依托商会、同乡会等平台强化流动党员的教育管理，成立厦门市上杭商会流动党支部，指导重庆、温州、上杭三个商会开展流动党员管理服务试点工作。会同区人社局组织党员专场招聘会，开设烹饪等4个培训班，培训93名困难党员和流动党员。推进“户外视频党校”建设，已建成14个大型户外LED“视频党校”。是年，金尚社区党委等16家单位、陈苗珍等6人、曾敬礼等7人分别被省、市表彰为先进基层党组织、优秀党员、优秀党务工作者。全区表彰48个先进基层党组织、58名优秀党员、60名优秀党务工作者和9名非公有制企业党组织“非公之友”。

【人才队伍建设】 2014年，区委组织部根据人才工作实际，结合湖里区产业导向、教育资源紧缺等情况，修改完善“550”人才政策，适当调整引才标准、提高人才待遇、规范人才工作程序。印制2000本人才工作手册广泛宣传。会同区科技局、区发改局、区投促局联合

2014 年，湖里区深入开展“大学习、大讨论”活动（区委组织部供图）

评估“双百”项目，引进 5 名“双百”人才。组织区教育局、区卫生局、区民政局引进 16 名高层次教育人才、1 名高层次卫生人才和 5 名高层次社会工作人才。积极培育 14 名高层次教育人才，组织评选 15 名区第三批拔尖人才，推荐 8 名教育、环保、文创、社工等领域的优秀人才申报市第八批拔尖人才。推荐 4 人申报省“百人计划”，1 人入选。做好“550”人才年度考核工作，形成专题年度考核报告。兑现和协助兑现“550”人才扶持资金 1288.49 万元，发放区拔尖人才扶持津贴 13.5 万元，协助处理人才子女就学、配偶就业、公司迁移等问题共 8 人次。

（谢国任）

开展第二批党的群众路线教育实践活动

【概况】 2014 年，湖里区第二批党的群众路线教育实践活动从 2 月中旬开始，9 月基本完成。全区参加第二批教育实践活动的有 171 个单位、1234 个党组织、13145 名党员，其中县处级以上领导班子 57 个，县处级以上党员领导干部 199 名。主要任务是抓住反对“四风”，着力解决各级领导机关、领导班子和领导干部“四风”方面存在的突出问题。同时，回应群众关切，注重解决关系群众切身利益的实际问题，把改进作风的成效真正落实到党的基层组织和“末梢神经”。教育活动分三个环节：学习教育、听取意见环节，用时 4—5 周。全区共组织集中学习 4210 余次，领导干部上党课 352 次，举办专题辅导 132 场，征集到 5 批 2796 件民生难题。查摆问题、开展批评环节，用时 5 周。全区“四套班子”查摆问题 54 条、199 名处级以上党员领导干部共查摆问题 2488 条；区级党员领导自我批评 325 条问题，11 位常委相互之间提出的批评意见达 226 条。整改落实、建章立制环节，用时 5 周。修订完善《关于加强公务接待用餐管理的通知》《关于健全区委工作制度的意见》等制度 185 项，对制度缺位的，抓紧研究建立 283 项新制度；突出治庸问责，出台《马上就办、强化治庸问责工作实施方案》，梳理 213 项“马上就办”服务内容，实现 47 项行政审批中的 92 小项网上办理。

【全面推进“美丽厦门·共同缔造”暨深化服务型党组织建设工作会议召开】 2 月 27 日，全面推进“美丽厦门·共同缔造”暨深化服务型党组织建设推进会召开。会上，金尚社区党委书记陈素珍作服务型党组织建设经验交流，区直机关党工委常务副书记雷爱和以及五个街道党工委书记做表态性发言。区委书记刘育生对深化湖里区服务型党组织建设，全面推进“美丽厦门·共同缔造 12580 行动”提出要求。

【刘可清市长深入禾山街道调研】 4 月 1 日，市委副书记、市长、市委党的群众路线教育实践活动领导小组副组长刘可清到第二批群众路线教育实践活动联系点禾山街道调研指导。通过听取汇报、召开座谈会、走访慰问一线干部职工，深入了解湖里区及禾山街道经济社会发展和教育实践活动进展，广泛征求意见与建议。刘市长对湖里区及禾山街道的教育实践活动给予充分肯定的同时，提出：要坚持认真学习，提高思想认识；要坚持领导带头，做好示范表率；要坚持边查边改，确保不走过场；要坚持统筹兼顾，做好两手抓，两促进。

【湖里区全面启动“四百”活动】 4 月 1 日，湖里区召开“四百”活动部署会，全面启动“进百家门、见百家人、聊百家事、解百家难”的区街干部走家入户活动，主动铺好“最后一公里”党群连心路。四套班子领导带头走进社区居民家中，拉家常，问难事，当场研究解决问题。4 月 12 日、13 日，1117 名区街干部利用周末时间开展首轮走访，重点走访空巢老人、困难户、离退休干部等 2522 户，征集意见建议上千条。对于征集到的上千条意见建议，通过梳理、分类建立“问题台账”，分解到各职能部门一一解决，全力为居民群众排忧解难，1 个月之内无法解决的当面向群众反馈，解释清楚具体原因。

【举办基层党组织教育实践活动专题培训】 2014 年，湖里区举办了 3 期全区基层党组织开展教育实践活动专题培训。国有企事业单位、社区和非公企业等全区 975 名基层党组织书记参加培训。

【省委第二督导组到湖里区检查教育实践活动】 6月11日至12日，省委第二督导组第一组长、省政协原副主席潘心城，组长林鸿坚和副组长杨国清带领督导组全体成员莅临湖里区督导和检查教育实践活动开展情况。省委第二督导组实地走访金安社区和金尚社区。在金安社区，督导组仔细查阅了相关工作台账，并与社区"两委"、党员代表、居民代表等座谈，走访居民住户，直接听取社区群众对开展教育实践活动的意见建议。在金尚社区，督导组深入了解了湖里区"金服务"党建工作法，并现场检查工作成效。省委第二督导组领导还约谈了区委书记刘育生，区委副书记、区长张毅恭，对严格按照中央要求开好专题民主生活会进行指导，提出要求。

【区实践办深入各街道督导开好专题民主生活会】 7月10日至11日，湖里区委常委、组织部部长、区委教育实践活动领导小组副组长兼办公室主任林重阳和区委第一督导组组长陈耀辉，先后深入5个街道督查指导教育实践活动，采取调阅材料、听取汇报、座谈研讨、现场点评、书面反馈等方式，点对点督查指导各街道从严从实做好专题民主生活会各项准备，确保开出高质量专题民主生活会。

（张宪敏　谢国任）

宣传工作

【概况】 中共湖里区委宣传部是区委主管意识形态工作的综合职能部门，是主管全区思想政治工作的领导机构；区报道组是负责全区通讯报道工作的参照公务员管理的事业单位，由区委宣传部管理。2014年，区委宣传部核定编制6名（不含常委部长），在编6名（不含常委部长）；报道组规格定为正科，核定领导职数一正一副，核定编制7名，在编7名。

【组织理论学习】 2014年，区委宣传部紧紧围绕党的路线、方针、政策，紧扣发展主题，创新形式载体，推进全区理论武装工作不断深化。围绕党的群众路线教育实践活动，学习十八届三中、四中全会及习总书记系列重要讲话精神和"美丽厦门·创新湖里"等主题，举办辅导讲座、演讲比赛、征文比赛等多形式、全方位的学习活动，在全区上下形成浓厚的学习氛围。主动谋划改进区委中心组学习方式，建立"书记推荐好书"等学习机制，更好发挥理论学习示范引领作用，全区各级理论学习中心组集中学习147次，学习制度得到有效落实，学习效果显著提高。开展"百名书记讲党课"暨优质党课教案评选活动，综合运用专题报告会、悦读讲坛、辅导讲座等多种形式，激发党员干部学习主动性。加强学习型党组织建设，理论调研、舆情信息工作走在全省各县市区前列。创新市民教育学习新平台，以大众需求为导向，全力推进"湖里星期六"名家讲堂，共举办42讲惠及近万名群众，讲堂经验被《厦门宣传》刊发推广，并被列为全省学习型党组织建设创新案例，市委常委、宣传部部长叶重耕在全市领导干部专题报告会等多个场合为讲堂"点赞"。利用鹭江讲坛、社区市民学校和道德讲堂、社区学堂、工地学堂等多样化载体，充分调动党员群众的学习积极性。成立专家报告团和市民宣讲团，运用形势报告会、座谈讨论、文艺晚会、宣传材料发放等群众喜闻乐见的形式送理论进基层，促进理论宣传教育的普及化。

【社会主义核心价值观宣传】 2014年，区委宣传部在全市率先打造读书公园、核心价值观主题公园、诚信文明示范街等，精心策划组织"国是家　我爱家"百万祝福传递接力"阅读助力创新"湖里悦读季等社会主义核心价值观主题实践学习、宣传活动300多场，深受群众欢迎。

【舆论宣传】 年内，区委宣传部围绕区委、区政府的中心工作和重大决策，坚持以正面宣传为主，牢牢把握舆论导向，为"美丽厦门·创新湖里"建设营造声势保驾护航。一是抓全区宣传统筹、协调，建立部门、街道新闻线索征集制度，调动各方力量，及时发现全区工作亮点、特色，展示发展成果。服务中心，精心策划主题宣传，组织"聚焦湖里看创新"蔡塘模式新闻采风，开展湖里好新闻评选活动等，突出"创新湖

区委中心组学习（区委宣传部供图）

湖里公园社会主义核心价值观展板（区委宣传部供图）

里”、共同缔造、群众路线教育等主题，全年在电视、平面、广播等媒体播发新闻 1200 多篇，中央、省级媒体对湖里宣传报道的质和量都有明显提升，蔡塘发展模式先后被《光明日报》《福建日报》以头版头条的形式进行宣传，这也是湖里区近年来首次被中央级媒体在重要版位报道工作经验。二是拓宽宣传渠道，加强网上正面宣传，与厦门网、台海网、台海宽频等网络媒体进行合作，开设新栏目，进一步扩大新闻报道影响力。三是更加注重应用新媒体，在厦门广播电台两个频道开设“听湖里”广播专栏，积极推动区、街政务微博、微信开设，举办“厦门国际青年微电影节”等，构建多渠道、多形式、全方位、多角度的宣传格局。

【舆论引导】 年内，区委宣传部建立网络舆情监测、引导、督办、反馈工作机制，及时发现网络负面舆情，全年共编发《网络舆情专报》26 期，跟踪督促整改占道经营、停车乱收费等民生热点问题 27 件。成功处置湖里福园公寓燃爆案、东晖广场建设等突发事件负面舆情，及时稳妥、最大限度消除负面影响。舆论先行，为乌石浦依法强拆、轨道交通、五缘湾医院用地、枋湖纵四路等重点项目建设和整治黑煤气、占道经营、交通等重难点工作提供强有力舆论支持，赢得广大群众的支持与理解。

（徐晓曦）

统战工作

【概况】 2014 年，区委统战部指导各民主党派、无党派人士深入开展坚持和发展中国特色社会主义学习实践活动，支持非公经济人士开展理想信念教育实践活动。配合完成区人大代表和政协委员补选，落实区级领导与 33 名党外人士联谊交友工作。深入开展联合议政和课题调研工作，完成了 23 个课题调研报告，有 6 个联合议政课题转化为市政协提案。加强党外代表人士队伍建设，联合区委组织部举办 1 期党外干部专题培训班。成立以区长为组长的“湖里区民营经济工作领导小组”，积极推进民营经济健康发展，引进鑫裕成（卓越）股权投资基金合伙企业、大至成（福建）投资管理有限公司等内资 1 亿多元，促成厦门市民合集团落户湖里区，前期注册资金达 30 亿元。指导 7 个“两岸乡镇对接团”赴台交流，选派 2 名社区工作者赴台北民众服务社进行为期 15 天的驻点学习。通过“台交会”“海峡论坛”和“9·8 投洽会”等平台，接待基隆市长张通荣、桃园市长苏家明、台东池上乡政界人士王清坚等为团长的台湾嘉宾共 18 批 500 多人。组织召开湖里区第三届六次海外联谊会，接待以新加坡原政务部长曾士生为团长、王僊忠会长为领队的 27 名新加坡“厦门寻根探亲访问团”。统战部主要领导率团参加在台北举行的世界陈氏宗亲大会，指导湖里区孙氏宗亲会首次赴台湾开展宗亲交流活动，统筹协调做好在马来西亚槟城举办第七届福德文化节。协调党性院的迁建、龙湫亭组织机构调整，督促广福寺成为民间信仰场所、万福寺成为佛教场所。有效制止江头一处非法宗教活动。组织法律、医卫志愿服务队到钟宅畲族社区开展“同心”实践活动，联合致公党厦门市委会、殿前街道成立湖里区首家“社区致公‘同心’学校”。加强信息宣传工作，创建了“湖里统战”公众微信平台，获评“2014 年度福建省统战系统县（区）级信息宣传工作先进单位”和“2014 年度厦门市统战信息宣传工作先进单位”。深入开展党的群众路线教育实践活动，切实解决在“四风”方面存在的突出问题。加强机关作风建设和文明创建活动，被市区两级推荐参评“省级文明单位”。

【联合议政】 2014 年，区委统战部针对区级难以推动解决的重点难点问题，梳理出“加快推进深化两岸股权交易的调研与建议”等 10 个调研课题，组织协调市区各民主党派、工商联开展联合议政。各课题小组深入一线开展调查研究，按时按质完成了调研任务。各党派市委会、市工商联通过多渠道反映呼吁，有 6 个联合议政课题转化为市政协提案。

【举办第七届福德文化节】 9 月 13—15

第七届福德文化节代表团合影（区委统战部供图）

日，区委统战部统筹协调在马来西亚槟城举办第七届福德文化节，区福德文化联谊会积极邀请中国台湾、香港、澳门地区及东南亚国家等各地宫庙代表和知名人士6000多人共襄盛会。至此，“福德文化节”已连续第5次被国台办列为重点对台交流项目。

【开办第二期党外干部培训班】 9月27—29日，区委统战部联合区委组织部在市委党校举办了1期党外干部专题培训班，34名机关、企事业单位科处级党外干部参训。通过培训，党外干部对坚持和完善多党合作制度、推进民主党派自身建设有了更深了解，能力素质有了进一步提升。

【创新宗亲姓氏文化交流方式】 2014年，区委统战部建立姓氏文化研究联席会制度，积极指导陈氏、孙氏、萧氏、薛氏、钟氏、叶氏等宗亲与台湾开展交流活动；9月1—7日，协助湖里区孙氏宗亲会首次赴台湾开展宗亲交流活动，指导就寻根祭祖、编修谱志、经贸文化往来等事项进行协商；9月29日，率团参加在台北举行的世界陈氏宗亲大会，宣传引导广大宗亲巩固两岸和平发展大局。

【创建微信公众号】 10月8日，区委统战部创建“湖里统战”公众微信平台，通过公众微信号等新兴媒体及时宣传统战政策理论、区委区政府中心重点工作、区统战工作动态，进一步扩大统一战线的影响力。

【厦门民合集团落户湖里】 11月，在区委统战部领导积极协调、多方努力下，促成厦门市最大的民营企业集团——厦门市民合集团落户湖里区，前期注册资金达30亿元。

【开展“同心”实践活动】 11月8日，区委统战部配合市委统战部开展“同心”实践进少数民族社区活动，市委统战部副部长何秀珍带领市区民主党派医卫和法律2个志愿服务队，深入禾山街道钟宅畲族少数民族社区，为畲族居民解答涉法、涉诉问题近50件，为200多名畲族居民提供健康咨询和疾病治疗，免费提供价值近5000元的药品。

【社区致公学校成立】 11月18日，致公党厦门市委、湖里区委统战部、殿前街道联合在殿前街道办事处成立湖里区首家“社区致公学校”，致公党市委会主委徐平东，湖里区委常委、统战部部长陈国荣，殿前街道党工委书记林进春，致公党湖里总支主委颜伟民参加共建协议签订和成立揭牌仪式。致公学校开设社区居民需要的课程，定期开展各种知识讲座，以丰富居民群众的业余生活。

【湖里区选派社区干部赴台驻点培训】 12月2—16日，湖里区选派2名兴隆社区干部赴台湾共建社区开展为期15天的驻点培训，为大陆地区以社区工作者身份赴台驻点培训首例。2名社区工作者跟随里长上下班，参与社区日常工作，学习台湾在社区营造、社团组织、志工服务、社区养老等方面的工作经验。

（魏学寨）

纪检监察工作

【概况】 2014年，区纪检监察机关在市纪委和区委的领导下，认真贯彻落实中央和省、市、区纪委全会精神，围绕“美丽厦门·创新湖里”建设，以更加坚决的态度、更加有力的举措、更加健全的制度、更加务实的创新，全面推进党风廉政建设和反腐败各项工作。抓住重点领域和关键环节，严肃查处征地拆迁、行政执法、教育系统招投标、计生等领域的违纪违法案件，取得较好的成效。

【规范办理信访举报】 2014年，湖里区纪委制定出台《关于加强和规范信访举报工作意见》，创新工作机制，规范办信程序。坚持抓早抓小，及时开展信访监督，探索实行信访举报反映问题整改建议制度，不断拓展信访监督领域。全年共接访59批72人，受理信访举报157件次，业务内初信访63件，发出《信访举办反映问题整改建议书》9份，约谈批评13人次，其中处级干部6人

1月28日下午，中共湖里区纪委召开七届四次全体（扩大）会议（区纪委供图）

次，为23名党员干部澄清问题，教育或责令整改15件次。

【中共湖里区纪委七届四次全体（扩大）会议召开】 1月28日下午，中共湖里区纪委七届四次全体（扩大）会议召开。学习贯彻中央纪委十八届三次全会、省纪委九届五次全会、市纪委十一届五次全会精神，研究部署2014年党风廉政建设工作。

【案件查办】 年内，共立案19件19人，给予党纪政纪处分19人，其中，开除党籍5人，开除公职4人，移送司法机关5件5人，挽回损失近百万元。一举查办了金山街道党工委原委员、办事处原副主任姚于权以及区教育局黄文结等5人的受贿窝案。

【建立“月巡查”机制】 2014年，区纪委监察机关建立“月巡查”机制，加强对责任制落实情况、“美丽厦门·共同缔造”、区委区政府重大决策部署等贯彻执行情况的监督检查，共巡查108个单位部门，通过挂牌督办，督促各职能部门整改问题48个。

【征地拆迁监督】 湖里区全年开展征地拆迁补偿情况抽查抽审27次，现场核实建筑物数据225户，督促整改问题7个。协调组织52个社区685名党员干部签订《社区党员干部查处违法建设承诺书》，下达监察督办单3份，督促拆除违建4000多平方米，责成区行政执法局对3名执法队员、13名协查员进行问责处理。

【党风廉政建设】 年内，区纪委监察机关加强对落实中央八项规定、纠正“四风”的监督检查，紧盯春节、五一、中秋、国庆等重要节点，开展专项检查和明察暗访。坚持“双线”督查制度，即一条线由区纪委常委带队，联合区财政、审计、工商等部门，在重要时间节点对各单位、各部门进行专项严查；另一条线由监督员随机暗访，突击发现问题，强化警戒作用。全年共开展专项巡查8次、明察暗访20余次，严肃查处5起公车私用行为，处理违规人员5人。是年，全区“三公”经费支出大幅下降，比上年减少1276万元，同比减少36%。

【治庸问责】 2014年，区纪委监察机关完善治庸问责五项机制，即“存庸一律追究、上下一并追究、对事倒查倒逼、劝退、提拔任用否决”，为责任追究提供有力依据。着力开展“三难”（门难进、脸难看、事难办）、“五个作为”（庸作为、慢作为、乱作为、虚作为、不作为）等问题专项整治，通过广开渠道找问题、抓整改，治庸问责动真格、追责任，对问题背后的责任人进行严肃处理，并追究有关领导责任。全年共组织察访30余次，发现收集问题54个，办理纠风件81件，效能投诉件71件，约谈部门领导14人，通报问责53人，其中处级干部5人，科级干部14人。该项工作得到市纪委书记洪碧玲、区委书记刘育生、区长张毅恭的批示肯定，市纪委专门组成调研组到湖里区开展专题调研，湖里区还在全市现场工作交流会上作经验介绍。

【实行“马上就办”工作制度】 2014年，湖里区率先在全市制定机关办文办件落实“马上就办”的工作制度。全区162项内部事务办理在原基础上继续压缩30%时限。推行“五个零（服务受理零推托、服务方式零距离、服务事项零积压、服务质量零差错、服务标准零投诉）”特色服务，推进区人社局、区工业园区管委会等4个单位为市级“马上就办”示范点的创建工作。全面梳理行政审批事项46项，公共服务事项85项，即办事项347项，限时事项571项；压缩行政审批办理时限，平均办结时限压缩至法定时限的30%。

【建立再监督工作机制】 2014年，湖里区出台《进一步完善再监督工作机制的意见》，建立落实党风廉政建设主体责任、作风问题纠治、推进全区重点工作、解决群众关切问题等四项再监督机制，分别配套绘制4张再监督项目路线图，对监督主体、监督方式、监督内容、处理办法以及整改反馈等环节进行流程化、标准化的严格设定，确保监督检查环环相扣、力求实效。年内，通过再监督方式，发现和梳理问题36个，编发《监察建议书》《效能督办单》《监察专报》等13份，向相关职能部门提出整改建议43条，推动问题解决。该项创新得到省纪委副书记、监察厅长陈善光的批示肯定，在全市纪检监察系统工作务虚会上湖里区作了领题发言。

【制定湖里区2013—2017年惩防体系建设实施方案】 3月18日，区委下发了《湖里区贯彻落实中央〈建立健全惩治和预防腐败体系2013—2017年工作规划〉、福建省〈实施办法〉及厦门市〈工作方案〉的实施方案》。该方案提出了2013—2017年全区惩防体系建设的目标，并从深化作风建设、坚决惩治腐败、有效预防腐败等方面明确了30项具体任务措施，分解到12个牵头单位和39个协办单位。要求各牵头单位和协办单位切实负起责任，加强协调配合，形成工作合力，整体推进各项工作。

【加强勤廉教育】 2014年，区纪委以近年来发生在湖里区的违纪违法典型案件为素材，制作警示教育片《迟来的忏悔》，强化警示教育作用。组织任前廉政考试15场76人次。向全区副科级以上干部发送廉政提醒短信5000多条。在“勤廉之窗”播放廉政教育片8部，向有关单位分发廉政教育片40片，增强党员干部拒腐防变意识。建设“湖里清风”微信平台，以微提醒和微监督的形式，推送廉政信息92条。完善任职廉政谈话、案后整改谈话、信访谈话、廉政责任谈话等六项举措，共开展廉政谈话96人次，其中处级干部24人次。组织600多名党员干部观看“清风鹭岛　美丽厦门”文艺巡演湖里专场，举办湖里“清风廉韵”文艺晚会。

【加强基层党风廉政建设】 2014年，湖里区全面排查廉政风险点1990个，制定防控措施4268条，加强对项目、资金、审批等重大权力事项的风险防控，完善监督防控体系。开展基层执法规范年活动，清理规范8个执法单位行政职权，共梳理行政职权1469项，细化自由裁量权1290项，完善制度规定154项，有力地规范了行政执法依据和执法行为。用好湖里区网上办事公开综合平台，全区115个办事公开单位累计公开信息35460条。结合共同缔造“五共”（美丽厦门共同缔造引导群众共谋、共建、共管、共评、共享），制定“五要”（村里的事村民要知道、要参与、要做主、要监督、要满意）工程行动方案，强化社区民主管理和民主监督。出台《加强区属国有企业党风廉政建设意见》，增强国企从业人员的廉洁意识。对5个街道、2家国企575处房产全面清查，出台政府经营性国有资产管理办法，形成长效管理机制。巩固提升金山社区廉政文化示范点工作，完成江头廉政文化苑和高林廉政文化长廊建设。

（阮俊杰）

5月18日下午，湖里“清风鹭岛·美丽厦门文艺巡演”湖里专场在区行政中心大礼堂举行，全区600多名党员干部观看演出（区纪委供图）

精神文明建设

【概况】 2014年，湖里区精神文明建设工作围绕中心、服务大局，扎实推进社会主义核心价值体系建设，不断深化群众性精神文明创建活动，以优异成绩蝉联第四届全省文明城区桂冠。涌现全国孝友爱亲好人杨伟展，福建敬业奉献好人张丽、诚实守信好人张建平，2013年“感动厦门十大人物”郑立英、饶家德、游文晃。区文明办被评为“全省2013年度精神文明建设信息工作先进单位”“2013年度全市精神文明建设信息和网络文明传播志愿服务工作优秀组织单位”，辖区3名工作人员被评为“2013年度全市网络文明传播志愿服务工作先进个人”，另2位工作人员分别获“全省2013年度精神文明建设信息工作先进个人”“2013年度全市精神文明建设信息工作先进个人”称号。

湖里区精神文明建设取得较大成绩的同时，也存在着亟须解决的问题：基础设施维护滞后；仍然存在市容脏乱现象；交通秩序存在乱象；城管水平亟须提高；队伍建设有待加强；创建水平有待提升。

文明城区创建

【动员部署】 3月24日，湖里区组织召开全区文明委成员工作会议，传达中央、省文明办主任会议精神，回顾2013年度全区精神文明创建工作，全区100余人参加大会。6月9日，召开2014年全省文明城区总评动员会，全

6月9日，湖里区召开2014年迎接全省文明城区总评动员大会（林萍　摄）

区各级各部门负责文明创建工作领导、分管领导以及工作人员共450人参加会议。区委宣传部部长、区创建指挥部副总指挥潘少銮分析了当前全区的创建形势、存在的主要问题，并对全区下一阶段的迎检工作进行了全面部署。区委书记、区创建指挥部总指挥刘育生提出了要明确目的、明确要求、严格责任、统筹兼顾、作风扎实五项工作要求。

【责任分解与培训】 区创建办先后制定下发迎省检、国检城市（区）文明程度指数测评责任分解表、全省未成年人思想道德建设工作测评责任分解表。5月6日，召开全区迎接2014年省检书面材料收集工作部署会。5月26日、27日，分别面向社区和学校具体负责文明创建工作人员，举办两场迎接2014年全省未成年人思想道德建设考评培训会。

【综合整治】 3月下旬，区创建指挥部10个专项整治协调组启动综合整治工作。区创建办及时做好每周的整治情况收集汇总工作，通过向领导递送专报的形式让指挥部主要领导及时掌握全区创建工作进展。每月至少组织2次专项督查，对督查过程中发现的问题，由各工作组直接督促相关单位现场或限期整改。同时，充分发挥市民巡访团的明察暗访作用，将发现的各类城市管理问题按工作职责发给各责任单位整改。对全市文明指数季度测评和市创建办日常检查中发现的问题，通过督办函的形式责令相关单位限期整改，并及时反馈工作情况。区文明办发放156份整改通知。为进一步提升语音督导工作水平，自5月13日起，区创建办组织工作人员对全区各主要交通路口语音督导情况开展不间断巡查，对发现的问题实行全区通报。

1. 加强文明单位管理。5月8日召开企业文明单位届中考评工作动员部署会，辖区67家企业文明单位主要负责人、企业具体从事文明创建工作人员共100余人参加会议。8月12—14日，召开创建第十二届省级文明单位（学校、社区）工作汇报会，30个拟推荐的文明单位、学校、社区分别就2012年以来的文明创建工作进行汇报。10月30日，11月7日、10日，组织对第十四届市级文明单位（学校、社区）进行考评。同时，召开区文明委成员工作会议，组织对文明委成员单位进行2013—2014年度文明创建工作考评。

精神文明建设

【公民思想道德建设】 2014年，湖里区抓好道德讲堂下基层活动，推进首批7家机关文明单位和社区、公园、学校等基层单位共建道德讲堂，营造“崇德向善”的浓厚氛围。抓好诚信文明街建设工作，在蔡塘、祥店商业街整治工作基础上，开展“村改居”社区小街小巷综合治理工作，与街区商户签订诚信公约，定期组织相关职能部门开展诚信经营检查，发动志愿者队伍提供诚信帮助，并在街区添加诚信文明元素，营造文明守信经营的浓厚氛围。抓好文明餐桌工作，10月24日，厦门市“文明餐

1月21日，湖里区文明办召开关爱道德模范新春座谈会（林萍　摄）

桌行动工作”现场会在湖里区召开，全体与会代表现场观摩湖里区机关食堂，听取经验介绍。抓好“身边好人”建设活动，2014年，区文明办广泛发动文明单位、文明学校、文明社区干部职工参与好人建设活动，涌现全国孝老爱亲好人杨伟展，福建敬业奉献好人张丽、诚实守信好人张建平、孝老爱亲好人叶建平、助人为乐好人许志仁，2013年度“感动厦门十大人物”郑立英、饶家德、游文晃。

【关爱、宣传道德模范】1月15日，省委宣传部副部长、省文明办主任石建平在市、区领导的陪同下，看望慰问了第四届全国道德模范张涵、张辉和刘元飞三兄弟。1月21日，召开关爱道德模范新春座谈会，发动各级文明单位以不同方式对辖区道德模范、身边好人进行慰问。3月5日，召开道德模范、身边好人争当学雷锋标兵座谈会，辖区36位各级道德楷模齐聚一堂，重温雷锋精神、畅谈心得体会。著名评书表演艺术家田连元根据湖里区全国见义勇为道德模范张涵三兄弟的英雄事迹，专门创作了评书作品《英雄三兄弟》，并在全国道德模范故事巡演上表演。同时，制作书籍《人性的光辉》分发全区，供全区干部群众学习。

【推进社区志愿服务制度化建设】2014年，湖里区通过开展学雷锋志愿服务活动，开展扶老助残、帮困解难、便民利民等邻里守望志愿服务，与华侨大学牵手共建大学生志愿服务基地和社会实践基地，开启志愿者服务合作新模式。开展义务巡防“红袖标”行动，建立一支群众性义务巡逻队伍，统一佩带“厦门平安志愿者”红袖标，加强平安防范工作。召开网络文明传播志愿服务工作培训会，组织全区网络文明志愿者积极参与网上精神文明创建活动，共发表原创博文49篇，转发评论数80552篇。4月8日，全市志愿服务制度化现场推进会在金安社区召开。4月24日，全区志愿服务制度化建设现场推进会在金安社区召开。6月17日，全省推进志愿服务制度化建设暨社区志愿服务工作现场会在厦门召开，金安社区作为厦门市志愿服务制度化建设成果优秀社区供与会者参观学习。

【加强未成年人思想道德建设】3月14日，区文明办组织召开2014年未成年人思想道德建设工作联席（扩大）会议，部署全区未成年人思想道德建设主要工作。利用春节、清明、端午、国庆等重要节日，在全区中小学广泛开展“网上祭英烈”签名寄语、童心向党歌咏、网上向国旗敬礼、经典诵读等主题教育活动。开展“做一个有道德的人”“校园文化之旅”“校园文明博客节”、美德少年评选等活动，增强未成年人思想道德建设工作的针对性、主动性和实效性。指导心理健康辅导站多措并举，开展全方位的网络心理辅导服务，建立校园与社区心理辅导协作示范点。开展“扫黄打非”专项行动、“黑网吧”专项整治工作、出版物市场专项清查行动一系列活动，为未成年人营造良好的社会文化环境。

1月5日，湖里区文明办开展志愿服务活动（林萍　摄）

【“我们的节日”主题活动】2014年，湖里区和有关单位利用节假日，开展多种样式的主题教育活动。春节，区工会开展春节送温暖系列活动，为294名困难职工和单亲困难女职工送上总计38.8万元的慰问金，并且包下15部大巴车，免费送675名优秀员工和困难职工回家过春节。清明，区直各部门、各街道组织机关干部职工、社区党员干部和中小学生到烈士陵园祭扫，缅怀英烈事迹。端午，湖里区召开端午温情座谈会，组织“拥抱自然·开怀生活”情系端午五月五户外郊游，开展“粽绳系经典”和“粽香达爱心”活动，宣传端午节知识，让广大群众回顾历史渊源，接受传统文化熏陶，在节日中深化对爱国主义的认同。中秋，全区广泛开展送温暖、献爱心活动，全面营造关爱老人、尊重老人的文明氛围。国庆，社区结合“国是家·我爱家”——“百万祝福献祖国　美丽厦门共缔造”传递接力活动开展活动，增强和激发社区居民热爱祖国之情，表达中华儿女对国家的美好祝福之情。

【“湖里悦读季”主题活动】2014年，区文明办积极推动阅读进机关、进学校、进企业、进街道、进社区、进家庭，打造“书香城区”。通过《海西晨报》等新闻媒体收集整理市民的相关话题和讲堂名家，并根据社会热点以及群众的精神需求确定活动主题，再通过社区宣传栏、新闻报纸、广播等途径明确活动时间、地点，同时开放场地，鼓励围观群众参加活动。精心安排户外演出、说唱等有群众基础、接地气的活动形式，吸引群众参与。区直相关部门、学校、街道和社区通力协作，开展针对性强的读书主题活动。区文明办根据社区不同阅读人群，精心选购一批书籍，分别赠送给塘边、禾缘、金安社区。同时，在辖区企业中开展“悦读助力创业梦”活动，在青年中开展“悦读点燃青春梦”活动等，在全区营造了浓厚的学习氛围。

（张舒黎）

信　访

【概况】 2014 年，湖里区受理群众走访 218 批 2733 人次，上访批数、人次与上年相比分别下降了 19.26% 和 28.9%。其中：到京访 2 批 2 人次，到省集体访 2 批 50 人次，到市集体访 28 批 2156 人次，到区集体访 13 批 274 人次，到街道上访 173 批 251 人次；受理群众通过书信、电话、网络表达诉求 5069 件，占全区信访量的 95.88%，与上年同期相比上升 18.73%。是年，湖里区信访工作呈现出走访批次、人数及越级走访总量下降，通过电话、网络及信函表达诉求上升的“三升”“三降”的良好态势。群众信访所反映的合理诉求大都得到有效解决，突发信访事件得到妥善处理，信访态势总体平稳有序，各个重要节点、重要时期信访形势稳定，特别是在中共十八届四中全会和全国“两会”期间实现进京、赴省零集体访和零过激访的目标。

3 月 15 日，区委书记刘育生在信访大楼接访（区信访局供图）

【领导干部接待群众上访】 年内，湖里区领导干部接访实行定时接访、定点接访、定时定点接访相结合的方式。每月 15 日区、街主要领导在信访局和街道接待群众来访，每月 5 日区领导到街道接访，每周一上午区委常委、副区长到区信访局轮流接访，每周一上午各街道主要领导在街道综治信访维稳中心接访。全年区领导 63 人次在区信访信息中心定点接待群众走访，55 人次到各街道下访。

【领导干部带案下访约访群众】 为切实了解群众的诉求和建议，区领导以带案下访、重点约访的形式到信访人所在社区、小区、家里与信访人面对面交流协商信访事项的化解方案和步骤。必要时邀请信访事项利害关系人共同研究，做到有的放矢。8 月，在群众路线教育实践活动期间，区委常委、组织部长林重阳带领相关工作人员到吴彦胜家协调解决其工资待遇诉求问题，取得了吴彦胜的理解。

【推行日常排查预警制度】 2014 年，区信访局加强源头预防，推行信访事项排查预警制度，把大量信访问题发现在基层，化解在当地，落实“属地管理、分级负责”的工作原则；进一步整合现有资源，构筑区、街、居和企业、行业协会、群团组织的“三纵三横”排查网络，定期进行矛盾排查，把矛盾纠纷解决在早、解决在小、解决在苗头、解决在萌芽；对排查出来的矛盾纠纷，逐案落实包案领导、责任领导、责任人员、化解措施和办结时限。2014 年开工建设的厦门市轻轨一号线，途经江头街道福隆国际小区红线图范围内。街道、社区进行风险评估调研，根据该小区居民可能引发群体性上访情况，提前入户征求业主意见，加强法制宣传教育，经过耐心沟通，得到大部分居民理解与支持。

【加强重要节点和季节性排查】 2014 年，针对重点节点及季节性信访事项多发的特点，湖里区做到早布置、早预防，成功应对了全国两会、省、市两会期间的信访问题，实现了全国两会期间进京集体访为零的目标；为有效应对 8 月份可能出现的外来务工人员因子女入学问题而引发的信访事项，区信访局积极与区教育局沟通、协调，了解 2014 年小学新生的招生政策、区属小学能够提供的学位数与所需学位数的差距，制定了《关于做好因外来务工人员随迁子女入学问题引发的群体性信访事项的工作方案》，7月初，为区教育局提供场所设置小学招生咨询点，配合区教育局分发了《湖里区2014年进城务工人员随迁子女积分入学指南》，有效应对外来务工人员因随迁子女入学问题引发的群体性信访事项。

【建立矛盾纠纷排查分析例会制度】 从4月起，区信访局建立了信访事项排查分析例会制度，每月最后一周召集五个街道及平时信访量大的区属部门信访工作人员，排查各街道和各部门主管行业可能出现的引发信访事项的矛盾纠纷及需要重点稳控的人员，针对个案研究矛盾纠纷的化解方案和落实相关责任单位及责任人员。全年区信访联席办共制定下发9份信访事项预警排查通知，排查出矛盾纠纷136件次。

【涉法涉诉信访事项宣传】 2014年，根据国家信访局的统一部署，区信访局印制了涉法涉诉信访事项改革宣传册分发给信访群众，制作涉法涉诉信访事项改革宣传栏，利用交通路口的广播大力宣传涉法涉诉信访事项改革的重大意义，同时结合平时的接访工作进行宣传，取得了群众的理解和支持，年内，大部分涉法涉诉信访事项当事人能够依法向有权处理的国家机关提出建议和请求。

【大力宣传依法逐级走访】 4月9日，国家信访局印发《关于进一步规范信访事项受理办理程序引导来访人依法逐级走访的办法的通知》(国信发〔2014〕4号)，省、市也就贯彻落实国信发〔2014〕4号文件精神下发了通知，根据通知要求，区信访局充分利用各种渠道对“依法逐级走访”进行了广泛宣传。在信访接待大厅设置宣传栏，液晶显示屏滚动播放，在显眼位置放置宣传册及结合接访工作的实践积极宣传“依法逐级走访、合理表达诉求”的理念。辖区群众依法逐级走访的观念大大增强，6月起，湖里区没有出现群众进京、赴省越级访的现象。

【开通视频接访】 2014年，区信访局试行开通了远程接访系统，信访人在区信访局就可直接与省、市相关单位直接对话，方便信访人信访，减轻了信访人的负担。7月1日，翔鹭花城业主通过视频系统成功地向厦门市政府相关部门反映了他们的诉求和建议，福建省信访局领导通过视频做了指导，正在湖里区检查工作的国家信访局副局长范小毛一行现场观摩了接访情况。

7月1日，国家信访局副局长范小毛观摩视频接访（信访局供图）

【黄某某信访积案公开听证评议会】 2014年，为依法终结黄某某信访积案，经原承办单位区建设局申请，6月，区信访联席办根据《信访事项公开听证评议方案》的要求，组织信访人和信访事项承办单位，按5∶4的比例从在区的人大代表、党代表、政协委员和媒体记者及在职律师中抽取9名信访事项公开听证评议员，邀请区检察院检察官为记录员、在职律师和区政府相关部门的工作人员为咨询员、区纪检监察部门的工作人员及媒体记者为监督员，对公开听证评议全程监督。听证会在区联席办的主持下经过双方陈述、质询、答辩、评议员提问、评议员闭门磋商、无记名投票、计票、公布计票结果等环节，依法终结了历经五年的黄某某信访积案。

【处置孔雀河中铁海曦工地精装修开荒保洁公司员工上访事件】 2014年春节前夕，厦门孔雀河保洁服务有限公司中铁海曦工地精装修开荒保洁公司承包人赵艳军因与公司合同款有争议，带领其员工60多人到市政府缠访、闹访。1月29日晚上在市信访局过夜，并以跳楼相威胁。区委副书记黄炜，区委常委、政法委书记钟伟东，副区长夏长文、刘云标，区人社局、江头街道办主要领导，区劳动监察工作人员等到场处置，经耐心调解，至1月30日下午3点该信访事项得以化解。

（张涛　张宪敏）

机构编制工作

【概况】 中共厦门市湖里区委机构编制委员会办公室（区人民政府机构编制办公室）(以下简称区委编办)，主管全区行政管理体制、机构改革及机构编制工作，为区委机构编制委员会常设办事机构，负责处理区编委会日常工作，既是区委工作部门，又是区政府工作部门。2014年，设编制2个，实有2人，为正处级行政单位。下设事业单位“湖里区事业单位登记管理局”，设编制3个，实有3人，为副处级参公事业单位。是年，区委编办主要开展政府机构改革、事业单位分类改革，强化机构编制服务保障和日常管理工作，全年共办理机关单位人员增减编79人（次）、职务变动82人（次），办理事业单位人员增减编560人（次），办理工资审核639人（次），核准区属事业单位补充编内人员招考用编55名、人才引进用编36名，核增军转干部编制15名、法院政法专项编制4名，核准2家事业单位机构规格和领导职数，核增两院副处级领导职数4名、副科级领导职数6名，协调市编办核准湖里区公开招考公务员用编19名、机关跨系列调动用编6人，办理事业单位法人年检103家（次）、设立登记7家、注销登记5家、变更登记20家（次）。

【机构编制服务保障】 2014年，区委编办向市编办争取，为湖里区核增军转干部编制15名、法院政法专项编制4名，明确湖里区行政审批事务管理中心、信访服务中心等2家事业单位机构规格和领导职数，核增两院副处级领导职数4名、副科级领导职数6名，规范市政园林管理中心内设机构名称，协调核准湖里区公开招考公务员用编19名；配合区委组织部及时对机关跨系列用编按程序报批，协调市编办核准湖里区机关跨系列调动用编6人；加大盘活机构编制资源力度，及时收回退休、调动等核减的编制以及部分事业单位空编、工勤人员编制，研究核增区重点项目事业编制2名，核增区妇幼保健院人员编制30名。

【区妇幼建立“一院两制”管理体制】 2014年，区妇幼保健院核定为差额拨款预算事业单位，实行全额和差额经费渠道并存的管理体制。人员编制按“先急后缓”分步提请编委会研究解决，公共卫生保健人员编制优先保障，重新核定保健人员编制50名。

【创新教育系统用编管理】 2014年，根据湖里区新学年办学计划，区委编办提前介入，主动开展“预核编”工作，及时准确地对2014—2015学年教育系统教师招考用编计划进行科学预审，是年，共审核湖里区招考教师用编224名，其中：中学58名、小学110名、幼儿园56名。鼓励街道利用集体资产、经费举办公办性质幼儿园，列入二类事业单位，进行事业单位法人登记管理。年内，湖里区新增1家街道公办幼儿园（康辉幼儿园）。

【开展政府机构改革】 年内，区委编办按照中央、省、市部署精神，组织开展区政府职能转变和机构改革工作，深入区政府部门开展专题调研，认真听取各部门意见、建议，反复与市编办沟通，拟订《湖里区人民政府职能转变和机构改革方案》，提请区编委会、区政府常务会、区委常委会研究通过，报市委市政府批准。湖里区政府机构由原来的20个区政府工作部门、2个部门管理机构，改为只设20个政府工作部门，不再设部门管理机构；将区卫生局的职责、区人口和计划生育局的计划生育管理和服务职责整合，组建区卫生和计划生育局；将区卫生局承担的作业场所职业卫生监督检查、职业危害事故调查处理、职业卫生安全许可、职业病危害项目申报等职责划入区安全生产监督管理局；将区人口和计划生育局有关人口发展和人口政策方面的职责划入区发展和改革局；将区经济贸易发展局的商贸职责和区投资促进局的职责整合，组建区商务局；将区经济贸易发展局的工业管理、经济运行、经济技术协作等职责以及区信息化工作职责整合，组建区经济和信息化局；将区政府人民防空工作职责划入区建设局，区建设局加挂区人民防空办公室牌子；区教育局与区委教育工作委员会实行一个机构、两块牌子；区民族与宗教事务局、区机关事务管理局由部门管理机构调整为区政府工作部门。

【开展事业单位分类改革】 2014年，湖里区按照全市统一部署，对全区5个街道所属事业单位进行整合，将每个街道原有的4个事业单位整合为1个，有效精简机构，优化资源配置；按照国务院《关于分类推进事业单位改革的指导意见》以及省、市关于分类推进事业单位改革的通知精神，精心组织、认真开展事业单位分类工作，按单位申报、区法制办审核、区编委会研究等步骤，拟定区属事业单位分类意见，报上级审批。

12月9日，区委编办组织全区事业单位法人及经办人员培训（陈媛婷　摄）

【规范编制日常管理】 2014年，为确保“本届政府任期内财政供养人员只减不增”、事业编制不突破2012年底总量的有关要求，区委编办严格执行机构编制“五不准”和“三个一”的规定，健全协调约束机制，加强与纪检监察、组织、人事、财政等部门的联系和协调，不断规范各单位用编日常管理机制，全年办理机关单位人员增减编79人（次）、职务变动82人（次），办理事业单位人员增减编560人（次），办理工资审核639人（次）；加强对区属事业单位补充编内人员招考用编审核，保证区属事业单位干部招考工作有序开展，全年共核准区属事业单位补充编内人员招考用编55名、人才引进用编36名。

【事业单位登记管理】 年内，区委编办认真梳理事业单位登记管理服务流程，针对事业单位登记管理具体经办人员容易出现的“差、错、漏”现象，完善登记管理办事指南，制作“温馨卡片”提醒办事人员，实行“容缺受理”，推行“马上就办”，大大缩短了办理时限，提高办事效率。全年受理事业单位法人年检103家次、设立登记7家、注销登记5家、变更登记20家次，其中“容缺受理”比例达55%，有关做法被市编办作为先进经验向全市6个区推广。

【开展机构编制核查工作】 2014年，区委编办按照省、市统一部署，牵头联合区委组织部、区财政局、人社局、审计局，开展全区机构和人员编制核查工作，对全区机关、事业单位内设机构的机构设置、人员编制和职数配备及编外人员使用情况等进行全面核查，完善台账、厘清数据，实现机构清、编制清、领导职数清、实有人员清，进一步强化机构编制管理和组织人事管理、财政管理，建立部门间信息共享机制，促进机构编制实名制管理规范化、常态化。

（王声电）

名词解释

五不准：不准超编进人，不准擅自设立内设机构和提高内设机构的级别，不准违反领导职数配备的有关规定，不准越权审批机构编制，不准上级业务部门干预下级的机构编制。

三个一：机构编制事宜，由编委及其办公室一个部门承办，按审批程序和权限审批后由主管领导“一支笔”审批，编委及其办公室“一家行文”。

党委其他工作

老干部工作

【概况】 2014年，区委老干局发挥离退休老同志的作用，积极参与“美丽湖里、我能做什么”活动，为区委、区政府经济社会发展建言献策，努力做到“让区委放心、老干部满意”。老干局始终把加强离退休干部党支部建设和思想政治建设作为首要的政治任务和重要抓手，坚持理论学习和情况通报制度，适时组织离退休干部党支部开展活动，组织老干部在涉老组织中发挥余热。严格落实好老干部各项生活待遇，定期给老同志打电话问候，不定期上门看望，及时走访慰问病困老干部。组织离退休老干部参观市、区的重点项目建设，积极协助相关涉老部门组织开展老干部文娱健身活动。

【办好区老年大学】 2014年，湖里区老年大学全年共开设9个科目，设有32个班级，在校学员1300名。老年大学学员回到社区成为文艺骨干，节假日期间积极参与社区组织的演出。福建电视台公共频道《金秋》节目先后两次播出《立德树人、服务社会》节目，专题报道区老年大学的先进事迹。

【老党员志愿者服务队发挥余热】 区老党员志愿者服务队是由26名离退休老党员组成的。他们充分发挥离退休干部的政治经验、威望优势，积极参与社会公益事业。有的在慈善会、老年福利协会、关工委、老体协、老年大学等岗位上兼职，为党政分忧，为百姓服务。有的到社区宣传党的方针政策，参与创建文明城区等活动。老党员志愿者服务队与厦门市第二福利院结成对子，开展共建谈心活动，利用节假日到福利院教唱歌曲，与福利院老人们联欢。8月1日，老党员志愿者服务队联合老年大学文艺骨干到武警水电第六支队与官兵们同台演出，共同庆祝“八一”建军节，舞蹈《俏佳人》等节目受到官兵的肯定和好评。

（陈雯）

湖里老年大学建校五周年暨迎新春联欢会（区委老干局提供图）

保密工作

【保密工作督促检查】 2014年，区委保密局开展涉密中央文件保密管理专项检查，发现并撤销违规政务网站信息60余条。做好涉密网络和非涉密网络摸底调查，推动区纪委、区委组织部等单位涉密网络改造和测评工作，切实加强网络安全保密防护和管理。中高考期间，区纪检、区保密局、区教育局、湖里公安分局等部门组成联合检查组，对区招生办试卷保密室、各考点试卷存放室严格检查，确保中高考顺利进行。

【突出保密管理重点】 2014年，区委保密局认真学习《国家秘密管理暂行规定》及相关法规，组织涉密干部参加省、市组织的专门培训，加强定密责任人管理。制发《领导干部、涉密人员使用互联网计算机安全保密提示》，完善“红机”保密电话网络建设，不断完善人防、物防、技防措施。推动互联网接入口保密检测平台建设，投入13.28万元购置两套互联网保密监测系统，在全区机关单位办公电脑安装入网规范管理系统，落实政务外网实名登记、实名上网制度。将保密工作列入政府工作部门绩效评估指标考核范围，督促各单位认真落实保密责任制，确保保密工作有人管事、有人干事。

【保密宣传】 2014年，区委保密局将保密知识纳入区党政领导班子和中青年干部培训内容，督促涉密人员参加干部在线学习和保密知识网上测试。在“法治湖里网”开辟保密普法专栏，重点宣传国家保密法及其实施条例，提高机关干部学法用法积极性。在中国首个“宪法宣传日”，到怡景社区开展保密普法宣传，为各涉密单位订购《党政干部和涉密人员保密常识必知必读》《保密知识简明读本》300余册，广泛动员各单位征订《保密工作》和《保密科学技术》杂志137份。

档案工作

【概况】 2014年，区档案馆共接收各类文书档案3172卷、11452件，婚姻档案、社团档案、门牌档案、复退军人档案、文明城区创建档案、社区矫正等业务档案1685卷、4346件。全年为社会各界提供档案利用335人次，查阅档案资料376卷（册）、76件，复印1678页。5月20日，在江头街道三楼会议室召开全区档案工作专题会议。6月9日，区档案局联合禾山街道在禾盛社区举办以“走进档案”为主题的现场宣传活动。

【档案保管场所建设】 2014年，区档案局申请专项经费20余万元对档案用房、设备更新改造。更换档案库房自动灭火装置，整合和装修消毒室、查档室，在档案实体场所安装高清监控设备，更换档案库房防盗门，提高了档案保管场所安全指数。

（陈斌）

【干部人事档案工作】 2014年，湖里区对在职干部的人事档案全面自查，对照相关要求整改，顺利通过省委组织部干部人事档案一级达标目标责任制检查。加强区人社局、区教育局两家管档单位的干部人事档案宏观指导，编制《湖里区干部档案收集整理制度汇编》。开展档案工作人员业务培训，组织工作人员前往海沧区教育局参观学习干部人事档案工作先进做法。

（谢国任）

机关党建

【概况】 中共厦门市湖里区委区直机关工作委员会（以下简称“区直机关党工委”）为湖里区委的派出机构，领导湖里区直机关党的工作。2014年，下辖34个直属党组织，党支部25个，党委2个、党总支7个，党员1263名。年内，区直机关党工委被市直机关党工委评为“先进区直机关党工委”。

【开展党的群众路线教育实践活动】 3月18日，区直机关党工委召开党的群众路线教育实践活动动员大会，全面启动机关的教育实践活动。整个活动贯彻总体要求，落实主要内容，紧抓三个环节，扎实推进“美丽厦门·共同缔造12580行动”和在职党员进社区报到“12371”活动及“六百”走家入户活动，达到了预期目的。在学习教育、听取意见环节，所属党组织共组织集中学习1890余次，领导干部上党课122次，党工委举办专题辅导3场，开展交流讨论会183场。召开237场座谈会，

3月18日，召开区直机关党的群众路线教育实践活动动员大会（何春来　摄）

邀请“两代表一委员”、离退休老干部、民主党派、基层服务对象等568人次座谈，收集意见建议3127条。在查摆问题、开展批评环节，所属党组织党员领导干部相互之间提出有辣味的批评意见619条，达到了红红脸、出出汗、鼓鼓劲的目的。61个所属党组织按要求开展组织生活会和民主评议党员工作，899名党员被评为“好”，3名党员被评为“一般”。在整改落实、建章立制环节，所属党组织制定了《马上就办、强化治庸问责工作实施方案》，实现了“一站式”服务和网上审批，行政审批时限平均压缩在法定时限的35%以上，办结时限平均压缩在法定时限的30%。文电、会议平均减少30%；公务接待平均减少31%；纠正损害群众利益行为52件。所属党组织按照废、改、立要求，进行全面制度清理，共梳理了近年来出台的涉及“四风”方面的有关制度规定295项，废止制度6项，已修订完善制度159项，新建制度130项。开展“六百”走家入户活动，所属党组织共组织640余名机关干部集中入户62次，走访33326户，收集梳理意见建议1502条。同时，对收集到的意见建议，实行建账和销号办理制度，已全部办结销号。

【表彰“一先两优”典型】 2014年“七一”前夕，区直机关党工委召开2013—2014“金服务·一先两优”表彰会，共表彰7个“金服务”先进基层党组织、41名“金服务”优秀共产党员和18名“金服务”优秀党务工作者。另有4个基层党组织、8名党员、8名党务工作者被区委评为“金服务”先进基层党组织、“金服务”优秀共产党员、“金服务”优秀党务工作者。

【和谐机关建设】 2014年，区直机关党工委支持和指导机关工会、团工委、妇工委结合各自特点开展丰富多彩的文化体育活动，开展了迎新春拔河比赛、“三八”趣味运动会、“五一”健步行、羽毛球比赛、篮球比赛等。为会员及家属办理户外运动卡年审1254张，新办卡339张，并为每位会员办理一份职工医疗互助保障。各项活动开展均严格遵守中央“八项规定”和省、市相关规定。

（何春来）

党校工作

【概况】 区委党校全年举办各类专题辅导培训10期次，培训干部6300多人次；举办科级干部培训班、事业单位负责人培训班、国企中层以上干部培训班、党外干部培训班和妇女干部培训班等5个主体班次，培训学员180人次；协同组织举办了入党积极分子培训班、社区干部赴台培训班等5个班次，培训学员400多人次。

【开展专题培训】 2014年，区委党校大力开展专题培训。一是配合开展全区第二批党的群众路线教育实践活动，制定并组织实施处级以上领导干部集中学习具体方案。组织举办专题讲座4场次，培训党员干部2300多人次。二是制定湖里区处级干部学习贯彻总书记习近平系列重要讲话精神暨十八届三中全会精神轮训培训方案，组织完成系列专题辅导2场4课题，培训学员2000多人次。特别是邀请清华名师张银杰为全区科级以上干部和辖区拔尖人才、企业家作《当前我国宏观经济形势分析及十八届三中全会精神解读》专题辅导讲座，反响热烈。三是举办产业转型升级系列专题培训，举办电子商务、文化创意、宏观经济和现代金融与经济转型等4场专题辅导讲座。邀请朗亦网络公司和恒安集团两家厦门知名电子商务营运企业的高管现身说法、传授经验；邀请安信证券首席经济学家高善文一起探讨中国房地产向何处去及出口恢复与产能优化；特邀清华大学教授、博士生导师熊澄宇介绍全球文化产业发展现状、趋势，分析中国文创产业布局，启发湖里区文创产业发展方向；邀请中国人民大学财政金融学院货币金融系教授庞红辅导现代金融与经济转型。全年共培训机关干部、相关企业代表2000余人次。

【扎实举办主体班次培训】 2014年，区委党校举办事业单位负责人培训班、科级干部培训班、国企中层以上干部培训班、党外干部培训班和妇女干部培训班等5个主体班次，共抽调相关培训对象180多人次，安排到市委党校集中强化培训，培训时长在3—5天。此外，还举办2014年度全区入党积极分子培训班，以4天集中学习加5天自学及考试形式，培训入党积极分子319名。协同区民政局组织举办社区主干赴台考察交流培训班4期次近100人次。

（陈明忠）

11月13—15日，湖里区2014年国企中层以上领导干部培训班在市委党校开班（区委党校供图）

湖里区人民代表大会常务委员会

【概况】 2014年，湖里区人民代表大会常务委员会（简称区人大常委会）依法行使监督权、人事任免权和重大事项决定权，为建设“美丽厦门·创新湖里”、推进湖里区民主法治建设作出积极贡献。全年共召开常委会会议12次、主任会议15次，听取和审议区人民政府及其部门、区人民法院、区人民检察院专项工作报告17项，作出决定、决议8项，督促办理代表议案、建议、批评和意见49件，组织人大代表集中视察检查9场（次），开展专题调研19项，依法任免国家机关工作人员56人（次）。

1月9日，湖里区第七届人民代表大会第三次会议召开（黄绍义　摄）

重要会议

【区七届人民代表大会第三次会议】 湖里区第七届人民代表大会第三次会议于1月9—10日召开。会议听取和审议区长张毅恭作的《政府工作报告》；听取和审议区财政局局长辜琦皇作的《关于湖里区2013年预算执行情况和2014年预算草案的报告》；听取和审议区人大常委会主任梁美丽作的《湖里区人民代表大会常务委员会工作报告》；听取和审议区人民法院院长高碧青作的《湖里区人民法院工作报告》；听取和审议区人民检察院检察长林育清作的《湖里区人民检察院工作报告》，并表决通过各项决议。大会收到代表提出的议案、建议、批评和意见72件，其中区属职权范围内的建议、批评和意见45件。

【区七届人大常委会会议】 2014年，区人大共召开常委会9次。

区七届人大常委会第16次会议　3月5日，湖里区七届人大常委会召开第16次会议，常委会委员13人出席会议，区法院院长高碧青、区检察院检察长林育清、区政府办主任陈枫、各街道人大工委主任列席会议。会议审议通过《湖里区人大常委会2014年工作要点》。

区七届人大常委会第17次会议　5月29日，湖里区七届人大常委会召开第17次会议，常委会委员16人出席会议，区长张毅恭、区法院院长高碧青、区检察院检察长林育清、区政府办主任陈枫、各街道人大工委主任以及市人大代表王静、胡军、区人大代表曾清华、陈庆佳列席会议。会议听取市人大代表王静、胡军履职情况的报告，王倜傥、钟庆达、倪振年、卢汉平、庄岩5位代表向常委会提交了书面履职报告；听取和审议区检察院关于反贪贿赂工作情况的报告、区人大法制内司工委的调查报告；接受陈开惠辞去湖里区第七届人大常委会委员和办公室主任职务，并表决通过人事任免有关事项。

区七届人大常委会第18次会议　6月30日，湖里区七届人大常委会召开第18次会议，常委会委员15人出席会议，副区长王中、区法院院长高碧青、区检察院检察长林育清、区政府办主任陈枫、区财政局局长辜琦皇、区审计局局长吴淑真、区监察局局长纪华国、各街道人大工委主任列席会议。会议接受曾新周辞去湖里区第七届人大常委会委员职务，并表决通过人事任免有关事项；听取和审议区政府关于2013年决算草案报告和关于预算执行和其他财政收支情况的审计报告、区人大财经工委的调查报告，批准2013年决算；听取和审议市人大代表朱奖怀的书面履职报告。

区七届人大常委会第19次会议　7月31日，湖里区七届人大常委会召开第19次会议，常委会委员14人出席会议，副区长王中、戴宗垒，区法院院长高碧青，区检察院检察长林育清，区政府办主任陈枫，区教育局局长陈媛，区财政局局长辜琦皇，区审计局局长吴淑真，区监察局局长纪华国，区国资办负责人李清水，各街道人大工委主任以及区人大代表郑硕、杨旭清、林晞列席会议。会议表决通过人事任免有关事项；听取和审议区政府关于贯彻《义务教育法》工作情况的报告、区人大科教文卫侨工委的调查报告；听取和审议区法院关于人民陪审员工作情况的报告、区人大法制内司工委的调查报告；听取区政府关于区属国有企业存在问题整改情况的报告。

区七届人大常委会第20次会议　9月28日，湖里区七届人大常委会召开第20次会议，常委会委员11人出席会议，副区长王中、戴宗垒、刘云标，区法院院长高碧青，区检察院检察长林育清，区政府办主任陈枫，区人大办副主任余孙升，区财政局局长辜琦皇，区审计局局长吴淑真，区人口计生局局长李东，区行政执法局局长范金炉，各街道人大工委主任以及区人大代表范志金、王胜珠列席会议。会议表决研究有关补选部分市人大代表事宜；表决通过人事任免有关事项；会议听取市人大代表吴阿娇履职情况的报告，陈进春、吴旭、郑海雷、洪丰颖、黄勇民、胡盛6位代表向常委会提交了书面履职报告；听取和审议区政府关于2014年1—8月预算执行情况和预算调整草案的报告、区人大财经工委的调查报告，审查批准预算调整草案；听取和审议区政府关于推进计生网格化服务管理云平台工作情况的报告、区人大科教文卫侨工委的调查报告；听取和审议区政府关于数字城管建设情况报告、区人大城建环资工委的调查报告。

区七届人大常委会第21次会议　11月12日，湖里区七届人大常委会召开第21次会议，常委会委员16人出席会议，区法院院长高碧青、区检察院检察长林育清、区政府办主任陈枫、区人大办副主任余孙升、各街道人大工委主任列席会议。会议研究关于补选部分区人大代表有关事宜。

区七届人大常委会第22次会议　11月27日，湖里区七届人大常委会召开第22次会议，常委会委员16人出席会议，副区长王中、区法院院长高碧青、区检察院检察长林育清、区政府办主任陈枫、区人大办副主任余孙升、区市政园林局局长裴再生、区工业园区管委会副主任陈文约、区财政局局长辜琦皇、各街道人大工委主任列席会议。会议听取和审议区政府关于新建枋湖中路、蔡坑路、纵六路等9条道路进展情况的报告、区人大城建环资工委的调查报告；听取和审议区政府关于岛外工业园区开发建设和运营情况的报告、区人大财经工委的调查报告；表决通过人事任免有关事项。

区七届人大常委会第23次会议　12月15日，湖里区七届人大常委会召开第23次会议，常委会委员14人出席会议，区长张毅恭、区法院院长高碧青、区检察院检察长林育清、区政府办主任陈枫、区人大办副主任余孙升、各街道人大工委主任列席会议。会议审议通过代表资格审查委员会关于补选代表资格审查的报告；表决通过人事任免有关事项。

区七届人大常委会第24次会议　12月31日，湖里区七届人大常委会召开第24次会议，常委会委员13人出席会议，副区长王中、张家伟、戴宗垒，区法院院长高碧青，区检察院检察长林育清，区政府办主任陈枫，区人大办副主任余孙升，区政府办副主任左勇涛，各街道人大工委主任以及区人大代表章丽云、林建祥列席会议。会议表决通过人事任免有关事项；听取和初步审查区政府关于2014年预算执行情况和2015年预算（草案）的报告、区人大财经工委的调查报告；听取和审议区政府关于区七届人大三次会议代表建议、批评和意见办理情况的报告，区人大办公室的调查报告；审议区政府关于2014年民生工程建设情况的书面报告、区人大城建环资工委的调查报告。

【区七届人大常委会主任会议】　常委会全年共召开主任会议15次。会议的主要内容包括：研究补选部分区人大代表、七届人大四次会议筹备等重大事项，研究人事任免有关事项，听取“一府两院”有关工作汇报等。其中，8月29日召开的第30次主任（扩大）会议，听取区政府关于区七届人大三次会议代表建议办理情况工作进展情况的报告；10月28日召开的第32次主任（扩大）会议，听取区政府关于湖里区污水排放整治情况的报告、湖里公安分局关于打击经济犯罪工作情况的报告；12月10日召开的第34次主任（扩大）会议，听取区政府关于国有企业存在问题整改情况的报告。

主要工作

【监督经济运行】　2014年，区人大常委会紧紧围绕全区经济社会发展大局，高度关注全区经济运行情况。听取和审议2013年财政决算草案、2014年1—8月财政预算执行情况及年度预算调整草案的报告，作出批准2013年区级财政决算的决议和2014年度预算调整的决定。听取和审议审计工作报告，督促和支持区政府加强预算管理，提高财政资金使用效率。听取和审议2014年财政预算执行情况和2015年预算草案的报告，就2015年财政预算编制工作提出初步审议意见。积极探索全口径预决算监督办法，加强对区属国有企业经营情况的延伸监督，持续跟踪监督区政府抓好区属国有企业存在问题的整改。组织区人大代表视察国贸金融中心和两岸金融中心建设情况，就金融中心开发建设、拓展两岸经贸往来等提出意见建议。听取和审议区政府关于岛外工业园区建设和运营情况的报告，针对园区经营管理中财务收支缺口大等问题，要求区政府抓紧资产移交，加快项目决算，创新管理模式。组织区人大代表视察厦门市江平生物基质技术有限公司和厦门智中科技集团的经营情况，听取区政府关于科技资金扶持的企业经营情况的报告，要求区政府加强对科技扶持专项资金使用情况的跟踪监督，提高资金使用效率，支持和督促区政府结合“三旧改造”，加快“腾巢换凤”，促进产业升级，推动解决高新技术企业发展用地不足等问题。

【监督城市规划建设管理】 2014年，区人大常委会围绕市政府“多规合一”和区委关于“美丽厦门·创新湖里”发展定位，积极建言献策，推动区政府研究制定区域发展规划。听取和审议数字化城管建设进展情况的报告，督促区政府创新体制机制，充分运用高科技手段提高城市管理水平，构建“大城管”格局。关注辖区群众“出行难”“行车难”等问题，在组织代表视察检查辖区道路建设的基础上，听取和审议区政府关于枋湖中路、蔡坑路等9条道路建设进展情况的报告，针对新建道路进展缓慢等问题，要求区政府加大投入，抓紧推进。积极呼应群众改善生活环境的强烈愿望，组织区人大代表视察华昌小区、梅阳花园、源泉山庄等老旧小区改造情况，听取区政府关于老旧小区基础设施改造情况的汇报，支持和督促区政府统筹协调，有计划地推动对辖区内70个老旧无物业管理小区进行基础设施改造。常委会加强对重点建设项目的监督，常委会主任、副主任经常深入重点项目建设一线，与其他领导一道研究破解难题的思路和措施。积极配合市人大常委会督办五缘综合医院建设用地的征地拆迁工作，使项目12月顺利开工。组织市、区人大代表视察金福缘等安置小区，听取区政府关于安置房返迁工作情况的报告，督促政府相关部门加强和规范物业管理、完善公建配套、强化政策衔接，有力地推动了金福缘等安置小区返迁工作顺利进行。

【监督民生保障工作】 2014年，区人大常委会把教育、卫生、环保、居家

5月4日，区人大代表视察源泉山庄（黄绍义 摄）

11月26日，市、区人大代表视察湖里区安置房（金福缘小区）返迁情况（黄绍义 摄）

养老等作为监督工作重点。听取区政府关于2014年民生工程建设情况的报告，督促政府加大对民生领域的投入，切实抓好为民办实事工程项目的落实。听取和审议区政府关于推进计生网格化服务管理云平台工作情况的报告，支持和督促政府运用高科技手段提升计生服务水平。组织区人大代表视察湖里区就业和社会保障工作情况。推动区政府构建社区、家庭、企业“三位一体”的劳动就业保障平台。持续关注辖区适龄儿童入学难问题。听取和审议区政府贯彻《中华人民共和国义务教育法》工作情况的报告，组织市、区人大代表视察林边小学、下忠学校等重点教育项目建设情况，督促和支持区政府加大投入，增加学位数，一定程度上缓解了辖区儿童就学难问题。重视加强老年群体的服务保障工作。组织区人大代表视察东渡老年公寓，要求区政府重视养老问题。推动各街道建成一批社区居家养老服务站，支持和督促区政府将原本用于招商出租的“园山综合楼”改造为区老年活动中心。常委会积极呼应辖区群众对生态文明的新期待，把推进辖区水环境污染治理工作作为持续监督的重点，听取区政府关于辖区污水排放整治情况的报告，组织市、区人大代表视察五缘湾项目改造提升情况，就五缘湾内湖排污综合治理提出意见建议；组织区人大代表对康乐湖、埭辽水库整治工作开展视察检查，在各有关方面的共同努力下，康乐湖、埭辽水库的整治工作已完成，并成为周边居民群众休闲健身的好去处。

【监督司法工作】 年内，区人大常委会听取和审议区检察院反贪污贿赂工作情况报告，督促检察机关加强与纪检、公安机关、人民法院、审计部门等机关的协调配合，加强与金融机构、税务部门及电信企业的沟通联系，拓宽案源，提高反腐败工作效能。听取湖里公安分局关于打击经济犯罪专项工作报告，支持和督促公安机关对经济犯罪保持高压态势。

【人事任免】 2014年，区人大常委会依法任免国家机关工作人员56人（次）。详见下表

【保障代表履职】 2014年，区人大常委会重视加强代表履职能力建设，邀

2014年区七届人大常委会任免国家机关工作人员名表

表5

时间	会议	任免人员
5月29日	区七届人大常委会第17次会议	接受：陈开惠辞去区七届人大常委会委员和办公室主任职务 任命：于鲁燕、古汉民为区人民法院审判委员会委员
6月30日	区七届人大常委会第18次会议	接受：曾新周辞去区七届人大常委会委员职务
7月31日	区七届人大常委会第19次会议	任命：周智勇、张栃文、蒋艺超为区人民检察院检察员
9月28日	区七届人大常委会第20次会议	任命：陈茂和为区人民法院审判员、审判委员会委员、副院长（挂职），颜福成为区人民法院禾山人民法庭庭长，陈惠清、荀毅、邓剑斌、胡晓华、陈艳红、马菡菲为区人民法院审判员 免去：刘凯娟的区人民法院禾山人民法庭庭长职务，颜福成的区人民法院刑事审判第一庭庭长职务
11月27日	区七届人大常委会第22次会议	任命：林娜、唐雪阳、陈国树、王蕊、何双全为区人民法院审判员；陈筱婷、吴雪萤为区人民检察院检察委员会委员，黄文昌、王丽珍为区人民检察院检察员
12月15日	区七届人大常委会第23次会议	任命：林筱丽为区殿前街道人大工作委员会主任；肖平为区人民政府副区长（挂职），胡军为区经济和信息化局局长，李东为区卫生和计划生育局局长，黄伟为区教育局局长，吴淑真为区科学技术局局长，陈文约为区民族与宗教事务局局长，陈颢颖为区商务局局长，肖德良为区审计局局长；刘洲为厦门市湖里区人民法院刑事审判第一庭庭长，荀毅为区人民法院刑事审判第二庭副庭长，吴永福为区人民法院民事审判第一庭副庭长，邱烨为区人民法院民事审判第二庭副庭长，李艳斐为区人民法院禾山人民法庭副庭长 免去：王斌区殿前街道人大工作委员会主任职务；胡军区发展和改革局局长职务，李东区人口和计划生育局局长职务，吴淑真区审计局局长职务，陈颢颖区投资促进局局长职务，肖德良区卫生局局长职务，吴智明区经济贸易发展局局长职务，陈媛区教育局局长职务，王太兴区科技局局长职务，刘洲区人民法院刑事审判第二庭副庭长职务，张海强区人民法院执行庭副庭长职务
12月31日	区七届人大常委会第24次会议	任命：林丽玉、赵克潮、赵亮、黄城为区人民检察院检察员

请市委党校、厦门大学教授为代表作专题辅导，并安排96名代表参加省、市、区人大机关组织的业务学习培训活动。举办政情通报会，让代表全面了解湖里区经济发展和社会事业、民主法治建设情况。扩大和深化代表对常委会活动的参与，先后邀请8名区人大代表列席常委会会议，参与数字城管建设、人民陪审员工作情况等4个议题的审议。组织人大代表围绕湖里区经济社会发展中急需解决的重大问题和人民群众关注的热点难点问题开展视察调研活动，区人大及其各工委全年共组织视察调研28场（次），提出意见建议59条。

【议案建议办理】 2014年，区人大常委会重视议案、建议的办理，及时将代表建议整理归类，会同区政府召开建议交办会，明确任务要求、责任主体和办理程序；常委会会议、主任会议先后三次听取和审议区政府关于代表建议办理情况的报告，跟踪监督建议、议案办理进展情况；对群众反映强烈的热点难点问题，有针对性地开展"回头看"。区七届人大三次会议代表提出的49件建议，均全部办结并答复代表，其中，满意39件，占79.6%；基本满意10件，占20.4%。

【"高枝嫁接"议案建议】 2014年，区人大常委会借助市人大代表湖里团这个平台，提出代表议案、建议。在1月召开的市十四届人大三次会议，湖里代表团向大会提交代表建议106件，通过市人大机关交办和持续督办，引起市政府的重视，推动相关问题解决。

7月29日，湖里区召开2014年上半年政情通报会（黄绍义　摄）

重要活动

【召开政情通报会】 7月29日下午，区人大、区政协联合举办2014年上半年政情通报会。全区156名人大代表参加会议，听取区长张毅恭关于湖里区上半年经济社会发展情况和下半年主要工作安排的报告，以及区法院、区检察院关于2014年上半年工作情况的书面报告。

【补选代表】 11月12日，湖里区七届人大常委会第21次会议审议通过《关于补选区七届人民代表大会代表的决定》，决定在第12、41、55、78、90、98选区等额补选区第七届人民代表大会代表6名。12月13日，经过第12、41、55、78、90、98选区选民的直接投票，选举区委宣传部副部长杨运华、殿前街道办事处副主任林筱丽、区妇联主席张聪敏、区国税局局长张建华、区工会常务副主席林志荣、湖里公安分局局长曹卫国为湖里区第七届人民代表大会代表，至年底实有区第七届人民代表大会代表192名。

【信访工作】 区人大常委会重视信访工作，畅通民意表达渠道，全年共受理人民群众来信来访32件次，接待群众来访53批101人次，督促"一府两院"及时研究解决群众反映的各类问题和诉求。

（孙娟）

湖里区人民政府

重要会议

区政府常务会议

【区政府常务会议】 2014年，湖里区人民政府共召开21次常务会议，即区政府第七届第42次常务会议至第62次常务会议。

第42次常务会议　2月20日下午，第42次常务会议召开。受区长张毅恭委托，由常务副区长王中主持，议题有：区公共卫生综合楼二次装修工程变更及净化空调增补工程，建设蔡塘学校东侧规划道路有关问题，《湖里区工业园区专项维修资金使用管理办法》，修订《湖里区科学技术资金管理办法》，华通改制剩余资金处置等事宜。

第43次常务会议　3月20日上午，第43次常务会议召开。区长张毅恭主持，议题有：《湖里区2014年依法行政建设法治政府工作要点》，2013年招商引资考核结果及2014年招商引资责任目标任务分解，2013年各街道固定资产投资，财政收入考核情况及2014年任务分解，调整社区办公经费，新开办校（园）名称，2014年“三公”经费公开工作等事宜。

第44次常务会议　3月27日上午，第44次常务会议召开。区长张毅恭主持，议题有：湖里区2014年1—2月份经济运行情况及下阶段工作建议，《湖里区促进电子商务发展实施办法》，为80岁以上高龄老人发放固定生活补贴和增加社区老年协会工作经费，湖里区2014年度信访工作会议，《湖里区道路景观综合整治工作方案》，开发建设安溪经济开发区湖里工业园等事宜。

第45次常务会议　4月10日上午，第45次常务会议召开。区长张毅恭主持，议题有：《湖里区2014年进城务工人员随迁子女小学积分入学办法实施细则》《湖里区创建依法行政示范区工作方案》，钟宅畲族社区棚户区改造项目融资，与厦门大学附属第一医院合作共建，2014年教育附加费预安排计划及2014年教育事业费改善办学条件项目计划，垃圾分类试点工作等事宜。

第46次常务会议　4月23日上午，第46次常务会议召开。区长张毅恭主持，议题有：《湖里区促进工业增长的奖励办法》，湖里区2013年度绩效评估工作情况及2013年度“勤廉双优”示范单位，示范岗位评选情况，成立禾美（暂定名）社区居民委员会，确定美仑花园等安置房项目代建单位等事宜。

第47次常务会议　5月8日上午，第47次常务会议召开。区长张毅恭主持，议题有：修订《湖里区招商引资考核办法》，湖里区行政服务中心装修工程设计变更等事宜。

第48次常务会议　5月22日上午，第48次常务会议召开。区长张毅恭主持，议题有：《湖里区土地房屋征收包干费用管理办法》《关于弘扬特区精神，全面推进“美丽厦门·创新湖里”建设的实施意见》，表彰奖励2013年度纳税先进企业暨银企对接会，《湖里区区属企业国有资产监督管理办法》，厦门三中食堂综合楼、校门等配套工程追加投资，开办湖里实验幼儿园等7所公办幼儿园等事宜。

第49次常务会议　6月5日上午，第49次常务会议召开。区长张毅恭主持，议题有：天地金融港（2012P09地块项目）地下室基坑支护工程增加工程量，对口帮扶浦城县，《区政府领导班子征求“四风”方面存在的意见和问题责任分解方案》等事宜。

第50次常务会议　6月19日上午，第50次常务会议召开。区长张毅恭主持，议题有：《湖里区2013年度财政预算执行及其他财政收支情况的审计结果报告》《2013年湖里区财政决算报告》，2014年教师节评选表彰活动，下达2014年安全生产目标责任，拨付2013年度电子商务专项扶持资金，《厦门市湖里区行政事业单位会议费管理办法》等事宜。

第51次常务会议　6月27日上午，第51次常务会议召开。区长张毅恭主持，议题有：签订安溪经济开发区湖里园开发建设协议书，成立厦门国贸天同房地产有限公司等事宜。

第52次常务会议　7月10日上

午，第 52 次常务会议召开。区长张毅恭主持，议题有：2014 年全区消防工作主要责任目标，2013 年度湖里区协税护税工作及考核奖励方案，《湖里区国有，集体土地私人危房翻修改造建设审批管理实施办法》，2013 年度湖里区总部企业认定，湖里区市政道路清扫保洁作业市场化招投标，拟公布继续有效、修订、废止和失效的规范性文件目录，同安工业集中区湖里园办公楼拍卖出让，湖里高新技术园开展违规销售办公用房专项整治情况等事宜。

第 53 次常务会议　7 月 31 日下午，第 53 次常务会议召开。区长张毅恭主持，议题有：湖里区 2014 年上半年经济运行情况及下阶段工作建议，《湖里区城市综合管理试点实施方案》，《湖里区扶持“村改居”社区预留发展用地建设项目的若干意见》，《湖里区关于推进政府购买服务工作的实施意见》，两岸金融中心核心启动区 11—1 号地块合作开发，《关于积极推进多元共治，构建和谐美丽社区的实施意见（草案）》，引进 NPI（恩派）扶持培育湖里区社会组织，区政府领导班子查摆“四风”问题整改方案及专项整治工作方案等事宜。

第 54 次常务会议　8 月 15 日下午，第 54 次常务会议召开。区长张毅恭主持，议题有：《湖里区政府经营性国有资产管理办法》，举办 2014 年湖里购物节，扶持夏商（中埔）市场扩建项目，《湖里区工业园区管委会关于完善湖里高新技术园临时商业配套设施的实施方案》，《关于推进高新技术园招商引资和产业引导的实施办法》，增加埭辽水库整治工程清淤施工临时便道经费，增加湖里区职工文体中心概算，天地公司天成花园公开竞价招租方案，公开出版《湖里区志》等事宜。

第 55 次常务会议　8 月 28 日上午，第 55 次常务会议召开。区长张毅恭主持，议题有：《关于湖里区 2014 年 1—7 月财政预算执行情况及年度预算调整（草案）的报告》，湖里区第十八届“9·8”投洽会工作方案，《湖里区 2014 年度绩效管理工作方案》，补发和发放文明创建加班补助，回收四所幼儿园，给予郭志艺开除处分等事宜。

第 56 次常务会议　9 月 12 日上午，第 56 次常务会议召开。区长张毅恭主持，议题有：《关于盘活我区财政存量资金的方案》，《湖里区社区服务中心规划建设和管理使用暂行办法》，《湖里区困难家庭临时救助实施细则（暂行）》，禾山街道社区服务中心综合大楼工程竣工结算进入财政审核，更新环卫作业车辆等事宜。

第 57 次常务会议　9 月 24 日下午，第 57 次常务会议召开。区长张毅恭主持，议题有：《关于进一步加快我区转型提升跨越发展的行动计划》，《湖里区贯彻落实〈国务院关于支持福建省深入实施生态省战略加快生态文明先行示范区建设的若干意见〉的实施意见》，完善湖里区行政机关规范性文件管理制度，《湖里区人民政府关于支持湖里老工业厂房文创园区建设发展的实施办法》，扶持厦门吉比特网络技术股份有限公司上市，补足区国投公司资本金工作方案，县后小学更名，聘任第六届区政府法律顾问等事宜。

第 58 次常务会议　10 月 17 日下午，第 58 次常务会议召开。区长张毅恭主持，议题有：湖里区 1—9 月经济运行情况及下阶段工作建议，加快推进厦门泉州（安溪）经济合作区湖里园发展，提高湖里区编外补充性工作人员绩效考评奖励标准，《湖里区人民政府关于促进两岸金融中心招商引资和产业引导的实施办法》，侦查技术综合楼概算调整，扶持厦门极致互动网络技术有限公司，给予庄群开除处分等事宜。

第 59 次常务会议　10 月 31 日上午，第 59 次常务会议召开。区长张毅恭主持，议题有：《湖里区人民政府关于鼓励扶持引进高端商业品牌的办法》《湖里区民办中小学办学绩效评估奖励办法》《湖里区民办中小学绩效评估教师奖励办法》《湖里区集体办幼儿园管理办法》《关于推进高新技术园招商引资和产业引资的实施办法》等政策扶持期限，五缘湾片区产业提升策划方案，调整区青少年校外体育活动中心概算，厦门康桥学校高林校区办学，湖里中学北校区拆除重建工程追加投资，开办祥店幼儿园，禾山街道办公场所搬迁至社区服务中心综合楼等事宜。

第 60 次常务会议　11 月 21 日上午，第 60 次常务会议召开。区长张毅恭主持，议题有：《湖里区 2015 年元宵灯会组织实施方案》，第二批 24 小时自助图书馆项目建设，《湖里区社区社会组织登记与备案管理暂行办法》，组建湖里区旅游投资开发公司，申报兴园路等 3 条地名，区青少年校外体育活动中心大楼使用管理，给予两岸股权交易中心湖里区挂牌企业扶持补贴，建设区青少年交通安全宣传教育基地，两岸金融中心片区入驻企业设置销售监管条件等事宜。

第 61 次常务会议　12 月 4 日下午，第 61 次常务会议召开。区长张毅恭主持，议题有：学习新预算法及对湖里区财政预算管理新要求，《湖里区医疗机构设置规划（2010—2015 年）》，2014 年区科学技术资金计划安排，厦门市东林电子有限公司生产技改资金扶持，协调处理杨瑞盛等人信访要求归还原湖里村集体资产事宜，《关于湖里区人民政府职能转变和机构改革的实施意见》等事宜。

第 62 次常务会议　12 月 24 日上午，第 62 次常务会议召开。区长张毅恭主持，议题有：2014 年主要经济指标预计完成情况及 2015 年计划初步安排，2015 年财政性投资基建项目及重点项目安排建议，《湖里区安全生产“党政同责、一岗双责”规定》和《关于湖里区 2014 年预算执行情况和 2015 年预算草案的报告》，表彰区土地房屋征收安置工作先进单位及个人，区国防动员民兵训练中心项目建设筹建，湖里区人力资源和法律服务中心项目建设规模，天地公司申请以预售收入预估确认考核利润，开办五缘实验幼儿园，给予两岸股权交易中心湖里区挂牌企业扶持补贴，追加湖边水库蔡塘古地石安置房一期配套工程概算，提请审核申报湖里区高崎机场T4航站楼区域等11条道路命名等事宜。

【区长办公会议】 2014年，区长办公会分别于2月18日、7月21日及9月24日召开，主要研究区政府领导分工、省对区财政收入增长考核奖励分配等有关事宜。

【区政府党组会议】 2014年，区政府党组共召开4次会议，其中3月27日、4月10日、5月8日分别召开一次区政府党组开展党的群众路线教育实践活动专题讨论会，讨论议题分别为“美丽厦门·共同缔造我来做什么”“群众路线我践行”“特区发祥地精神我弘扬”；7月11日召开区政府党组专题民主生活会，区政府领导班子、党组成员依次进行对照检查。

区政府办公室工作

【办文办会】 2014年，区政府办公室（以下简称区政府办）共收到并传达各类文件4304件，其中：办件2954件、阅件1350件。接收并传达会议通知1841个。制发各类公文631件，公文运转严格做到高效及时、安全保密、规范有序。承办或协办“9·8”投洽会、区经济运行分析会、区政府全体成员会、区政府务虚会、湖里区燃气专项整治会等重要会议，保障召开区政府常务会议21场、协助区政府领导召集专题会等50多场。

【政务信息报送】 2014年，区政府办加强信息报送工作，编写并上报信息674条，被采用232条，位列全市各区政务信息报送工作第二名。

【政务督查】 2014年，区政府办加大项目督办力度，拓展政务督查方式，把关系全局、领导关注、群众反映强烈的难点、热点问题作为督查重点。共督办市、区两级人大代表和政协委员建议、提案173件，督办市、区政府工作报告中工作任务目标95项，督办群众路线教育实践活动第一批先行先整民生问题108项，区长张毅恭调研各社区收集的有关问题81项及领导批示件、“美丽厦门·共同缔造”项目、五缘湾专题会议定工作、城市网络化综合管理和发展总部楼宇经济事项等工作25件。

【人大建议办理】 2014年1月，在区“两会”期间，区政府办对初步受理的70件人大建议加强审查，将21件建议高枝嫁接为市级建议或作其他处理。“两会”结束后，及时分解交办区人大代表建议49件，在答复前每月跟踪督办，答复后每2个月重点跟踪督办26件建议并通报办理进展情况，同时反馈代表。对4件代表反馈不满意的建议，及时协调区政府领导、区政府承办单位重新办理，代表对建议办理情况表示满意的39件，占79.6%，满意率比上年提高23.9%。

【政协提案办理】 2014年1月，在区“两会”期间，区政府办对初步受理的99件提案加强审查，将47件提案高枝嫁接作为市级提案或作其他处理。“两会”结束后，及时分解交办区政协提案52件，在答复前每月跟踪督办、答复后每2个月重点跟踪督办，并反馈给委员。委员对提案办理情况表示满意的48件，占92.3%，满意率比上年提高13.7%。

【应急管理】 2014年，区政府办大力加强应急管理。一是不断完善应急体系建设，做好全区专项和部门突发事件应急预案的制定、修订工作，调整区应急委和区110社会联动工作领导小组成员，积极推动区级专项应急指挥机构和街道、部门、社区、企事业单位应急组织体系建设，已成立15个专项应急指挥机构。二是加大应急宣教和培训演练力度，更新区政府网站《应急管理》专栏内容，编印4期《应急管理情况通报》，制作发放1万本《居民应急手册》，大力普及公共安全知识。组织应急管理人员到市政府总值班室、兄弟区交流学习和参加全市应急管理工作培训，提高应急管理和突发事件应急处置能力。三是推进应急值守和信息报告，做好区机关干部值班和区领导带班安排，坚持并落实24小时值班制和领导带班制度，妥善参与处理湖里“9·19”福园公寓燃气爆炸事故等80多起突发事件的信息报告和应急处置工作。

行政服务

【概况】 2014年，区行政服务中心以优化经济发展环境、服务经济发展为目标，以幸福民生为归依，遵循“规范、公开、便民、高效”的服务宗旨，为社会各界提供优质、便捷、高效的行政服务。全年中心窗口累计办件323875件，其中：行政审批事项办件45902件，即办件705件，承诺件45197件；公共服务事项277973件，即办件254685件、承诺件23288件，即办率79.54%。办理网上预约事项13383件。每月满意度98%以上。

【审批事项梳理】 2014年，进驻中心的部门有21个，年内，区行政服务中心进行两轮公共服务、行政审批事项的梳理，共梳理出办理事项241项，其中：行政许可121项，非行政许可8项，公共服务112项。区工商局的商事登记业务、区人社局的社会保险业务、区卫生局的卫生许可业务、区建设局的建设行业管理业务、区投资促进局的投资审批业务实现整建制进驻，中心基本实现进驻事项应进必进。

【建章立制】 2014 年初，围绕“规范、公开、便民、高效”的服务理念，区行政审批中心完成了 408 项标准、规范、制度的建设，包括通用基础标准体系、提供标准体系、管理标准体系、工作标准体系，其中有 221 项审批及服务事项办理规程。根据中心实际运行情况及管理工作推进需求，结合标准化体系细则，制定窗口工作人员绩效考核暂行办法，考核包含工作纪律、服务质量、办事时效及群众评议四个方面。

【服务建设】 2014 年，行政服务中心设立中心政务服务热线，规范服务行为；发挥电子视频监控的监督职能，认真做好信访投诉工作；通过门户网站、意见箱、新闻媒体等平台，广泛收集群众意见建议。至年底，中心共受理网上咨询件 59 件、网上投诉件 21 件、现场投诉件 10 件、效能投诉转办件 2 件、市长专线转办件 3 件。咨询、投诉件做到受理及时，件件回复，并逐一电话回访。

【街道、社区服务平台建设】 2014 年初，行政服务中心根据省、市关于推进街道便民服务中心、社区便民服务代办点标准化建设的文件精神，整理便民服务平台标准化建设重点，并发送给各街道、社区参照。每月各街道将便民服务中心及下辖便民服务代办点标准化建设情况及业务受理情况汇总报送区行政服务中心，以便区行政服务中心掌握街道社区建设进度，提供指导依据。4 月，行政审批事务管理中心召开街道、社区便民服务平台标准化建设探讨会，就街道便民服务平台进驻哪些办理事项，设置几个对外办事窗口，如何增强便民服务中心对下辖便民服务代办点的工作指导进行讨论。确定湖里区五个街道便民服务中心应进必进的办理事项 55 项，需设置计生、劳动保障、民政、党员服务等四个类型窗口。截至年底，各街道及社区便民服务平台建成率 100%。

电子政务

【政府信息公开】 2014 年，湖里区政府在门户网站上主动公开信息 960 条，其中：区政府主动公开信息 136 条，区直各行政部门主动公开信息 652 条，各街道办事处主动公开信息 172 条，全文电子化率 100%。通过《区政府公报》公开政府工作报告、人大建议答复、社会管理和公共服务等文件，以及人事任免、机构设置、表彰等信息，全年累计公开政府文件 93 份。在区行政服务中心、各街道、图书馆等设立信息、公报公开查阅点，方便群众查阅主动公开信息。

【区政府门户网站改版升级】 2014 年，湖里区政府门户网站实施升级改造，优化办事服务，积极拓展网上办事业务，增强信息共享，整合资源，实现区属各部门单位信息共享及业务协同。新版网站设置 12 个频道，7 类查找办事方式，极大方便市民网上办事。截至 2014 年底，网站访问数 23.22 万次。

【日常保障服务】 2014 年，区政务信息中心做好短信平台、电视电话会议、协同办公系统、LED 大屏幕及网络计算机等系统管理及运维保障工作。全年共发送短信约 2.3 万条，保障电视电话会议 58 场，发布大屏幕信息 160 条，协同办公系统用户管理 500 人左右，系统收文 15663 条、发文 3176 条、电子公告 6274 条。完成网络及计算机维护 1300 余次，合格率 99%，保障各计算机系统及网络正常运行。

【三级光纤网络建设】 2014 年，湖里区完成区、街道、社区计算机的“三级光纤网络”项目，新接入社区终端 1188 台，新增华为（HUAWEI）S5700 交换机 54 台，无线宽带路由器 156 台；网络准入管理系统项目中已管理终端 3560 台，包括街道、社区等外联单位。新增互联网账号 3560 个、市政务外网账号 2081 个。通过网络准入管理系统对无线网络设备管理，确保网络信息的安全。

【网格化信息平台（二期）建设】 2014 年，湖里区在区网格化信息平台（二期）软件服务项目建设中，新增网格图 317 个，新增网格员账号 2200 个，创建楼栋 5.1 万条，居民数据 100 万条，业务数据 2.7 万条。整合来源于区网格化平台的居民、楼栋、房屋等 6 类，约 290 万条区级数据资源。5 个街道、52 个社区初步完成平台框架搭建、系统初始化工作，业务数据整理完毕，已具备试运行条件。完成 16 场网格化平台培训，4 场社区专场培训，培训 910 人次。

地方志工作

【首部《厦门市湖里区志》正式出版发行】 9 月，由湖里区政府主办，湖里区地方志编纂委员会承办的大型地情

（张宪敏　摄）

资料书《厦门市湖里区志》，由方志出版社正式出版发行。本志除序、凡例、附录、索引、编后记外，依总述、大事记、分志、人物为序设34篇，共约212万字，是湖里区有史以来第一部全面反映境域自然、社会、政治、经济、文化等方面情况的地情书。

【开展地方综合年鉴编纂】 3月31日，湖里区在区行政中心东辅楼1号会议室，召开《湖里年鉴（2014）》工作部署会议，湖里区首部地方综合年鉴工作启动。到年底，完成约80万字的初稿。

（张宪敏）

机关事务管理

【概况】 区机关事务管理局为区属机关后勤服务部门，局内设办公室、机关食堂、机关车队、房产管理、动力设备（物业）管理、会务保障中心。2014年，区机关事务管理局在区委、区政府的正确领导下，全面贯彻落实中共十八大、十八届三中全会精神，紧紧围绕中心工作，突出工作重点，科学管理、优化保障，圆满完成了年度各项目标任务，为确保机关正常运转提供了有力保障。

【区行政中心安全保卫】 2014年，区机关事务管理局本着“以人为本、安全第一、预防为主、综合整治”的方针，积极组织开展各项安全工作。加强巡查力度，每日巡查3—4次。加强应急突发事件演练，每月消防巡检1次，每季度消防演练1次，做到人防、物防、技防相结合。1月4日，邀请湖里公安分局治安大队、湖里消防大队干警为安保维序人员讲解专业知识，进行技能培训，促使安保队伍的综合素质不断提高。针对群访、闹访人员不断增加的情况，主动配合信访等部门，做好上访人员的疏导、劝说工作，有效制止上访人员的过激行为，维护机关正常运转。全年共协助处理大小上访136次，上访人数683人。

【机关食堂管理】 年内，机关食堂在确保食品安全卫生和就餐环境舒适温馨的前提下，积极探索机关食堂管理模式，不断在改进菜肴品种、质量、口味、营养、特色上下功夫，努力提高餐饮服务水平。机关食堂现有大、中、小餐厅和3个驻外小食堂，每天保障近千余名干部职工就餐，全年保障约30万人次用餐需求。此外，每周双休息日、节假日，安排值班人员，为机关加班的干部、职工供应餐点。

【开展“文明餐桌”行动】 2014年，湖里区积极响应上级号召，在机关食堂开展“文明餐桌”行动，成立了“文明餐桌行动”工作领导小组和督导组，以机关事务管理局牵头，机关事务服务中心、机关食堂具体负责和操作的模式，加强巡视检查，对浪费现象及时劝阻。机关食堂排队处设立了“文明排队、按量取食”的提示牌，餐桌上摆放温馨提示文明公约桌牌和标注“从我做起、光盘行动”的文明餐桌宣传单，同时，利用LED电子屏滚动提示“厦门文明餐桌公约”，普及文明就餐知识，带动广大干部职工积极参与到“文明餐桌”行动中来。

【厦门市“文明餐桌行动”现场会召开】 2014年10月，厦门市“文明餐桌行动”现场观摩会在湖里区召开，厦门市委文明办、市市场监督管理局、厦门日报社、厦门市餐饮同业公会的领导以及全市20多家第二批“文明餐桌示范点”的代表观摩了湖里区机关食堂，并听取区机关事务服务中心主任邵福洪关于创建文明餐桌的经验介绍。市委宣传部副部长、市文明办主任黄鹤麟称赞区机关食堂开展“文明餐桌行动”的措施实、氛围浓，取得了很好的效果。

【办公用房和外围房产管理】 根据《中共厦门市委办公厅、厦门市人民政府办公厅关于进一步做好我市党政机关停止新建楼堂馆所和清理办公用房工作的通知》（厦委办发〔2014〕2号）等相关文件要求，4月14日起，区机关事务管理局对办公用房调整、合并、腾退整改情况梳理登记，进一步提高办公用房集中统一管理水平，同时为干部职工提供良好的办公环境，调整有关单位的办公用房，年内，全区已整改的公用房共3650.59平方米，其中，调整合并办公用房共2433.78平方米。在外围房产的管理上，遵照“五统一（统一规划建设、统一产权登记、统一调配使用、统一维修管理、统一专业化物业管理）”的要求，外围房产水电费每月根据银行对账单及供电局开具的发票，核对后报账，严格落实财务管理。此外，根据相关单位的申请，制定修缮计划，年内，共完成联谊大厦、区信访楼、江头街道等8处房产修缮工程。

【加强公务车辆管理】 2014年，机关车队在车辆配备方面，严格按照《关于党政机关公务用车配备使用办法的通知》（厦委办发〔2012〕24号）文件的要求，配备、使用、管理，并按编制标准配备，严禁超标购置公务车、增加高档配置和装饰。在车辆管理方面，根据《关于加强公务车辆使用管理的通知》（厦管〔2014〕34号）和《关于重申厉行节约廉洁自律要求》（厦委反腐办〔2014〕1号）精神，加强日常车辆管理，坚持公务车辆统一入库，应急车辆填报《湖里区公务车辆在外停放申请表》，并与区监察局联合检查。节假日期间，各单位除值班值勤外，所有的公务车辆一律封存停放，封存期间驾驶员都将车辆停放在各单位报备的存放地点，车辆行驶证及钥匙交单位专人集中管理，并建立登记簿以备查验。在租用公车上，按照区纪委、区财政局、区监察局、区机关事务管理局联合下发的《关于规范全区机关事业单位公务车辆租用行为的通知》(厦湖财〔2013〕45号)文件，严格执行审批制度。

【公务用车保障】 2014年，区机关事务管理局共保障区主要领导参加各重大社会活动、调研等工作用车约250余台次；保障各部门、各单位参加社会活动，工作用车约500余台次。

【驾驶员培训】 2014年，为了提高驾驶员“安全行车，文明驾驶”，按照机关事务管理局年度教育培训计划，组织全区公务车驾驶员分期培训。邀请交警大队大队长王世伟、交管科科长刘毅，开展专题安全教育培训，共有220人参加培训。通过培训，更好地提升了驾驶员文明行车、安全驾驶意识，杜绝违章行车现象。

【会务保障】 年内，区会务中心严格按照中央八项规定简化接待、勤俭办事，召开各类会议一律不摆放鲜花、走廊不铺设红地毯、广场取消拱门、气球、彩旗等气氛布置，做好每场次会议保障工作，会前半小时到岗，完成会前卫生、音响、灯光、茶水等准备工作，会中按照合理时间加茶，调试空调温度，会后引导有序退场，并做好清场工作，及时将会场恢复原状。年内，共保障会议7748场次，其中，大中型会议1021场次，小型会议6727场次。

【推进公共机构节能减排】 2014年，区机关事务管理局进一步推进公共机构节能工作，把“节能减排”理念贯穿到日常工作中，发挥政府机关节能表率作用。一是充分发挥中水回收系统的作用，实现污水零排放，中水系统每月处理100多吨水，用于绿化灌溉、洗车、喷泉用水。二是完善微生物处理系统，减少有机垃圾的排放量，有效处理了机关食堂有机垃圾，转化的有机肥料用于绿地养护。三是公共场所灯光有效控制及空调温度的严格限制，有效降低电能损耗。灯光控制坚持定时开启，定时熄灭，依季节变化改变时间，并隔盏隔层亮灯。空调温度夏季不低于26℃、冬季不高于20℃，下班后统一关闭。四是响应“限塑”要求。制作并发放环保袋2000个，节能宣传画600余份。3月，湖里区机关事务管理局被国管局评为“第一批节约型公共机构示范单位”，5月，获市机关事务管理局、市建设与管理局评定的“厦门市公共机构节水型单位”称号。

（薛雅琳）

招商引资

【概述】 2014年，湖里区招商引资工作紧紧围绕“美丽厦门·创新湖里”发展战略，依托园区载体、总部经济和三维招商，致力于引导产业聚集、提升产业层次、优化产业结构，取得了一定成效。全年引进合同外资35427万美元，完成年度任务的110.71%。实际利用外资32113万美元，完成年度任务的100.35%。引进内资744亿元，完成市下达任务的496%（市下达给湖里区的任务是150亿元）。各项引资指标均超额完成，引进内资创历史新高。

引进外资方面，促成横跨两区的SM三期项目以SM商业城项目增资7600万美元；欣龙德置业斥资4800万美元建设龙邦医院；辽海港联、翊天泰两家融资租赁公司注册金4000万美元；金德安网络科技注册1500万美元。77个外资项目中，500万美元以下的小项目67家，其中，贸易类企业27家，制造、餐饮、科技类项目居多。这些中小项目落地快、频率高、见效好，为湖区合同利用外资的增长提供了稳健的保障。

项目到资方面，歌福斯特到资4206万美元，恒安投资到资4471万美元，集装箱码头到资2000万美元，法新置业到资4962万美元，鼎丰融资租赁到资1376万美元，鼎丰商业管理到资1512万美元，鼎丰集团到资980万美元，侨诚电子科技到资840万美元，SM商业城到资1000万美元，盛名吉成百货到资655万美元，这10个大项目合计到资22002万美元，占实际到资总额的68.5%。

内资引进方面，年内，湖里区新批内资项目10279个，引进内资530.7亿元，比上年同期分别增长131.6%和525.1%；增资2241户，投资总额达185.3亿元。新设立注册资本500万元以上项目1954个，合计注册资本457.5亿元，注册资本增资500万元以上项目593个，合计注册资本144.4亿元，仅这两部分占引进内资额的80.9%。500万以上新批企业主要集中在贸易、软件、物流、建筑和金融类企业，占比70%以上，其中，互联网软件和金融服务类约占企业总量的30%。

（黄灵玲）

【组建区商务局】 12月14日，根据《厦门市委办公厅、厦门市人民政府办公厅关于印发〈湖里区人民政府职能转变和机构改革方案〉的通知》精神，湖里区将区经济贸易发展局的商贸业管理服务职责与区投资促进局的职责整合组建区商务局，为区政府的工作部门，内设商贸科与投资促进科2个机构。区投资促进局不再保留。

（张宪敏）

园区招商

【两岸金融中心（湖里片区）招商】 年内，区投资促进局跟踪促进两岸金融中心启动区已出让十个地块的业主兑现入驻承诺事宜；协调推动鼎丰国际广场、鼎泰和国际金融中心、新景地、国际艺术品交易中心总部等相关项目建设进展；草拟两岸金融中心产业导向优惠政策，促进鼎泰和等项目空间的二次招商。在香港大东方自然资源有限公司成功摘牌两岸金融中心地块后，跟踪促进项目的注册落地手续；主动对接英蓝集团、复星集团、工商银行、平安银行、厦门国际银行、厦门银行、罗斯洛克等重点在谈核心区项目，其中英蓝集团、工商银行、平安银行、厦门国际银行已明确入驻意愿和意向地块；对接市总商会民合公司落地湖里区；配合两岸股权交易中心出台优惠政策，截至年底挂牌企业900余家；继续对接上市金融服务中心及其关联企业入驻湖里区相关事宜，使之成为厦门两岸股权交易中心的配套服务机构。

【厦门国际邮轮母港招商】 年内，区投资促进局继续跟进美高梅集团及香港招商局集团项目。其中，美高梅项目的监管协议已定稿，中储粮库收储协议已签订，正在进行项目公司注册的前期准备工作；与招商局集团就监管协议条款进行多轮谈判。两个项目均于2014年5月15日上市土管办会议讨论。

【湖里高新技术园招商】年内，湖里区紧紧抓住岛内软件园二期饱和岛外软件园三期开发配套尚未成熟完善的发展契机，集中力量规划高新技术园二次招商工作，将高新技术园打造为五缘湾信息港，重点培育互联网、软件、信息、传媒、电子商务、设计、会计等一系列新兴产业。制定《关于推进高新技术园产业引导和招商引资的实施办法》《关于在湖里高新技术园建立人才创业集中区的意见》等专门针对高新技术园的优惠政策，吸引新兴产业入驻。举办高新技术园招商推介会，邀请新兴产业企业300余家，详细介绍高新技术园情况及相关政策优惠，长城宽带福建总部、红岭创投福建总部等5家龙头企业在现场签订入园协议。截至年底，园区新入驻项目达310家，在谈项目70家。

三维招商

【概况】年内，湖里区通过台交会、海交会、投洽会及省、市民营企业产业对接活动等招商平台开展招商工作，拓宽招商渠道，积极对接大型央企、民企、世界五百强企业，提升产业层次。央企招商方面，赴北京、天津等地走访考察，主动对接中国工艺集团、中城建集团、中集集团、中国海运集团等重点在谈央企项目；世界五百强招商方面，大力推动美高梅集团、SM三期等项目落户；民企招商方面，湖里区申报民企投资总额为309亿元，开工率100%。

总部集聚区和展会招商

【总部集聚区招商】2014年，湖里区根据厦门市总部聚集区相关要求及时梳理并筛选出一批有望在区内设立总部的大型民企项目，积极宣传湖里区总部经济政策及空间载体，推动意向企业用好用足市、区促进总部经济发展政策。跟踪对接重点在谈项目12个，其中，中国城建拟成立区域总部运营公司并已基本确定入驻。

【筹建电子商务总部聚集区】年内，湖里区做好旗山物流园招商工作。该园区已整体移交给厦门弘信创业工场投资集团股份有限公司，投资方拟将其打造成云创业电商产业园。做好城东机械厂升级改造工作，已形成初步招商工作方案，拟引进软件和动漫企业、电商企业及企业结算中心等。规划建设海西电子商务园，打造集电子商务企业研发、办公、展示体验、销售、仓储、分拨配送、产业培训、金融服务等功能聚集的电商综合产业园区。

【“9·8”投洽会招商】2014年“9·8”投洽会期间，湖里区对接推进项目52个，投资总额448亿元；其中，纳入厦门团成果统计外资项目3个，拟利用外资1.41亿美元。

2014年，香港中华总商会一行考察两岸金融中心（区商务局供图）

社区发展用地招商

【概况】年内，湖里区利用多种渠道加大社区发展用地招商宣传力度。在湖里区招商项目手册、宣传影片、投资环境介绍PPT等宣传材料中给社区发展用地开辟介绍专区；利用互联网、微信等新媒体在区投资事务促进局网站、微信平台、相关行业微信群、QQ群发布湖里区社区发展用地招商信息，吸引意向企业对接；利用“9·8”投洽会、6·18民企对接会等大型招商对接平台，积极推介湖里区社区发展用地情况。针对社区发展用地特点对接意向企业。枋湖社区发展用地设计方案已明确，区商务局先后促成天虹商场、沃尔玛山姆店、麦德龙、日本永旺等高端商业与社区接洽，其中，天虹商场正在与社区对接中；同时促进六度空间（高端家居卖场）、湛江烹饪协会、巴西伊瓜苏市政府厦门联络处（拟做南美风情园）等高端服务业与社区接洽。同时还推荐意向企业对接高林社区发展用地现有厂房。由于社区发展用地的开发招商自主权完全在社区，招商入驻企业都要由村民大会研究讨论，所以大多意向企业对接进展缓慢。

招商服务

【行政审批提速增效】 年内，区投资促进局做好外商投资项目的设立、变更、延期缴资、减资、注销、加工贸易企业批准证、生产能力证明的审批和办理。全年共受理和办结外资审批项目142项，加工贸易批准证516项，内销批准证91项，生产能力证明100项。制作申请资料填写要点式指南，主动改变以往只有清单、材料、范本简单堆砌的办事程序导引方法，创造性地以场景式导航为制作思路，将所有办事所需书面材料分为《外商独资企业设立申请材料填写要点》《中外合资企业设立申请材料填写要点》和《外商投资企业变更申请材料填写要点》三部分，并作出详细填写示范，供办事人员参考，极大地提高了办事效率。在区直部门中首创单位业务电子化管理，即实现所有招商信息的电脑及手机客户端APP（应用）化。该客户端整合了区商务局所有对外服务事项的进展动态，根据不同授权级别，相关领导或工作人员可以通过手机或者电脑登录该客户端随时了解、掌握在谈项目的最新进展情况、已落地项目的设立、变更情况，湖里区现有的招商空间情况、优惠政策等，并可随时上报最新的招商信息，最大限度地实现了数据即时共享。

（黄灵玲）

政协湖里区委员会

重要会议

【区政协七届三次会议】 1月8日至10日，政协第七届厦门市湖里区委员会第三次会议在区行政中心举行。会议审议通过了主席林凡所作的常委会工作报告和副主席谭苏建所作的常委会提案工作报告；审议通过会议期间的提案初审报告以及大会决议；表彰2013年度区政协优秀提案和提案承办先进单位。会议期间，全体委员听取并讨论了“一府两院”工作报告、财政工作报告、国民经济和社会发展“十二五”规划中期评估报告。提案委员会共收到提案98件，确定立案85件。大会闭幕式上，区委刘育生书记讲话。

【区政协七届常委会议】 2014年，七届区政协共召开5次常委会。

第十三次常委会议 3月11日上午，主席林凡主持召开区政协七届十三次常委会议，审议通过区政协常委会2014年度工作要点。

第十四次常委会议 7月29日上午，主席林凡主持召开区政协七届十四次常委会议，听取湖里区2014年上半年经济运行情况及下半年工作建议的通报以及厦门泉州（安溪）经济合作区湖里园开发建设进展情况的通报；书面听取湖里区人才工作情况的通报。

第十五次常委会议 8月29日上午，主席林凡主持召开区政协七届十五次常委会议，协商《关于湖里区2014年1—7月财政预算执行情况及年度预算调整（草案）的报告》（征求意见稿）。区委常委、常务副区长王中以及区财政局局长辜琦皇到会作有关情况通报和说明，并听取协商意见。会议还审议通过了七届区政协委员会届中委员调整人员名单。

第十六次常委会议 10月30日上午，主席林凡主持召开区政协七届十六次常委会议，听取区政府关于区政协七届三次会议提案办理情况的通报。区政府副区长张家伟到会听取意见。

第十七次常委会议 12月29日下午，主席林凡主持召开区政协七届十七次常委会议，专题审议有关人事任免事项。会议审议通过《中国人民政治协商会议第七届厦门市湖里区委员会机关内设机构人事任免名单》《中国人民政治协商会议第七届厦门市湖里区委员会不再担任委员、专门委员会副主任名单》《中国人民政治协商会议第七届厦门市湖里区委员会委员增补名单》《中国人民政治协商会议第七届厦门市湖里区委员会专门委员会副主任名单》。

【区政协七届主席会议】 2014年，七届区政协共召开7次主席会议。

七届十四次主席会议 2月25日下午，主席林凡主持召开区政协七届十四次主席会议。会议协商了区政协常委会2014年度工作要点（草案），通过了提案委员会将《关于进一步改进我区“政府采购”招投标工作的建议》等4件提案确定为本年度重点提案，由区政协领导亲自督办的提议。会议还协商确定了区政协七届十三次常委会议的时间和议程。

七届十五次主席会议 4月4日上午，主席林凡主持召开区政协七届十五次主席会议，研究区政协信息表彰工作。会议确定了区政协2013年度优秀社情民意信息和反映社情民意信息工作先进个人、综合信息工作先进个人以及信息工作先进单位。

七届十六次主席会议 7月22日上午，主席林凡主持召开区政协七届十六次主席会议，研究区政协2014年“界别活动日”活动方案和区政协年度文明创建保障经费，并商定了区政协七届十四次常委会议的时间和议程。

七届十七次主席会议 8月18日上午，主席林凡主持召开区政协七届十七次主席会议，审议七届区政协委员会届中委员调整人员名单，确定区政协七届十五次常委会议时间和议程。

七届十八次主席会议 9月29日下午，主席林凡主持召开区政协七届十八次主席会议，审议七届区政协委员会届中新增补委员编组等事宜。

七届十九次主席会议 10月23日上午，主席林凡主持召开区政协七届十九次主席会议，商定区政协七届十六次常委会议的时间和议程。

七届二十次主席会议　12月23日上午，主席林凡主持召开区政协七届二十次主席会议，审议有关人事事项，商定区政协七届十七次常委会议的时间和议程。

主要工作

【协商议政】 2014年，区政协立足积极推进协商民主广泛多层制度化发展的总体要求，在扩大协商主体参与面，推进协商内容多层化方面作出了积极的探索。常委会坚持“三早一落实”的协商规则，规范有序地开展了区委关于“美丽厦门·创新湖里”建设实施意见，区政府工作报告，区财政预算执行情况及预算调整（草案）等5个议题的专题协商。同时，在全省率先推行专门委员会开放式专题协商，把专委会协商前专题调研题目和调研时间公开在政协委员履职平台上，所有区政协委员可选择有兴趣的课题自愿网上直接报名参加调研，不仅扩大了委员的参与面，还激发了委员的工作积极性和责任感，有非专门委员会委员25人次通过平台报名，涉及9个专题调研，并在参与中发挥了明显的作用。各专委会在组织委员深入基层开展调查研究的基础上，举行对口协商建言会，积极开展与对口联系部门的协商。政协领导继续通过分工督办重点提案，协调解决办理过程中存在的问题，不断提高提案办理协商的质量。推动以政协委员街道联络组为平台的基层协商，积极探索协商民主与社区自治管理相结合的有效途径，推进协商民主向基层延伸。各街道联络组共组织召开社情民意座谈会20余次，社区党务事务听评会10余次。协商民主向社区延伸，为引导基层群众有序的政治参与、促进社会和谐发挥了积极作用。区政协委员禾山街道联络组关于《协商民主在基层建设中的探索与实践思考》论文收入区政协年度专题调研报告汇编中。

【提案工作】 2014年，提案委共收到提案99件，经审查，区本级立案、并案的提案共55件（3件并案），其中：财政经贸方面17件，占32.7%；政法民政方面13件，占25.0%；科教文卫方面12件，占23.1%；城建城管方面10件，占19.2%。内容超出区本级权限，转市政协的提案21件，其中《关于建设五缘湾片区城中村污水系统的建议》等8件提案被市政协审查立案，并作为市政协十二届三次会议期间提案交有关部门办理；转为社情民意信息的22件，交由相关部门办理；有1件提案因不符合立案规定，不予立案。《关于进一步改进湖里区“政府采购”招投标工作的建议》等4件提案被确定为年度重点提案，得到区主要领导批示，并由区政协领导督办。4月，副主席林新荣带队走访区发改局、区经发局、区建设局，就《最大限度吸收轨道交通红利，进一步提升和完善湖里区中心城区功能》进行督办，副主席林世裕带队走访区投促局、区经发局、区文体出版旅游局等提案承办单位，就《对接厦门国际邮轮母港，促进湖里区邮轮产业发展》进行督办。5月，副主席谭苏建带队到区财政局督办重点提案《关于进一步改进我区“政府采购”招投标工作的建议》。重点提案的督办，有效强化重点提案的办理力度，带动了其他提案的办理。同时，提案委加大对委员意见落实情况的监督，加强与政府督查部门的合作，按月在区政协委员履职平台通报提案办理进展情况。改版提案办理情况反馈调查表，建立追踪落实机制，改进优秀提案评选办法，试行民主推荐、透明评选的评选方式，使评选机制更加科学规范。截至5月25日，区级交办的52件提案（并案后）均已按期向委员作出答复。其中，委员所提问题及建议已经采纳并解决或基本解决（A类）的有39件，占75%；已列入政府规划或部门工作计划，预计两、三年内可以解决的（B类）13件，占25%。截至7月3日，所有提案均已收到委员反馈意见，其中委员对办理情况表示满意的48件，占92.3%，满意率比去年提高13.7%；基本满意的4件，占7.7%。区政协常委会还专题听取区政府关于区政协七届三次会议提案办理情况的通报。

【专题视察】 2014年，区政协组织10

6月，区政协常委会开展湖里区“美丽厦门·共同缔造”工作情况专题视察（张毅　摄）

次视察，其中2次常委会专题视察。围绕美丽厦门建设和厦门自贸区批准设立，政协常委会在主席林凡的带领下，分别于6月和11月开展了湖里区“美丽厦门·共同缔造”建设情况、湖里区发展电子商务产业情况2个专题视察。5月，副主席林新荣带领区政协教科文卫委对湖里区青少年校外体育活动中心建设推进情况进行了专题视察。9月，主席林凡、副主席林世裕率经建委、经济界别委员和部分机关工作人员前往厦门泉州（安溪）经济合作区湖里园考察工业园区建设情况；副主席林新荣带领区政协教科文卫委对湖里街道社区卫生服务中心工作情况进行了专题视察调研。10月，副主席谭苏建带领社会法制委对湖里区人民法院审判综合改革工作情况进行专题视察。

【课题调研】 2014年，区政协常委会加强了课题专题调研。由各民主党派、工商联、政协专委会、界别活动小组、委员街道联络组组成的20个课题组，围绕确定的20个年度重点课题深入开展调查研究工作，在湖里区电子商务、文创、旅游、物流、信息消费、社会服务等各项产业发展情况和群众关心的一些重要民生问题方面提出可行性、前瞻性的意见和建议。同时，各专委会、街道联络组和界别活动小组开展了丰富多彩的调查研究和建言献策活动。全年在多领域的调研视察中，形成了《开发有特色的海上旅游，振兴湖里区旅游业的对策建议》等27篇调研报告，其中20篇被选入《湖里区政协2014年度专题调研报告汇编》。《统筹运作，共建共管，以机制建设推进老旧小区改造提升》等4篇报告被推荐为政协年会委员大会发言篇目。同时，区政协积极参与市政协关于“营造平等竞争环境，促进我市民营企业产业结构转型升级”协商前的调研工作以及“改善民营经济营商环境促进产业结构转型升级”的专题调研。区政协还与市政协联合对跨境电子商务产业发展的状况应对及若干问题、湖里区钟宅畲族民族文化的保护传承和发展两个专题深入的调研。

【民主监督】 2014年，区政协通过组织委员视察、提案督办、社情民意反映、行风巡察等形式，并选派政协委员参与全区行风效能监察评议工作，深化对行政机关履职情况和改进作风情况的监督检查，促进行政效率的提高。全年，派出委员监督法院庭审、参与检察院行评、参加效能巡查60多人次，推荐委员参与省对区教育督导、市对区绩效考评、生态文明建设考评及市政府工作报告征求意见等各类民主评议50多人次，充分发挥多种监督的整体效应。同时，继续实践政协独立组织开展的民主监督。组织委员巡查小组，对区民政局、区科技局、江头街道办事处的行风、效能及窗口单位服务情况进行为期4个月的巡查，形成巡察报告，及时向被巡查单位反馈，有效促进被巡查单位的行风效能建设。

【界别活动】 2014年，区政协指导各界别活动小组开展各具特色的界别活动，并组织深入到所挂钩联系的基层单位和界别群众中去多做合民情、顺民意、得民心的工作。各界别活动小组注重反映界别群众的意见和诉求。政协委员、信息员围绕群众关心的热点、难点问题报送了168件社情民意信息，内容涉及人民群众生活及湖里区经济、社会、文化建设等方方面面。同时，区政协利用周末时间在湖里公园以“践行群众路线，密切联系群众”为主题举办了“界别活动日”活动，开展各种形式的送法律、送政策、送科技、送健康、送文化、征民意系列专题活动。区政协民革、民盟、民建、民进、农工党、致公党、九三学社、台盟台联、文体医卫、工青妇、教育界别等活动小组和区政协机关各承办一个主题，活动比历年呈现了更多的亮点。在厦考察的全国政协常委、副秘书长朱永新和市政协副主席魏刚亲临现场观摩指导，并给予肯定。

【团结联谊】 2014年，区政协注重发挥民主党派、工商联和无党派人士在政协工作中的重要作用，充分听取和反映他们的意见建议，着力营造民主和谐、合作共事的氛围。坚持民主协商、平等议事、求同存异、体谅包容的原则，尊重和保障各民主党派、工商联、无党派人士在政协中的民主权利，创造条件、搭建平台，鼓励他们通过政协全体会议、常委会议、专题协商会议等议政平

区政协在湖里公园开展以“践行群众路线，密切联系群众”为主题的“界别活动日”活动（张毅　摄）

区政协在井冈山干部学院举办2014年暑期研习班（张毅　摄）

台阐述意见和主张。各民主党派、工商联和无党派人士提出的意见建议质量较高、针对性较强，得到有关部门的积极采纳。本年度确定的4件重点提案有3件是党派提案。

【编纂文史资料】 2014年，区政协发挥政协文史工作“存史、资政、团结育人”的作用，继续坚持立足本土，抢救、挖掘和搜集本地历史文化资源，从地名由来、历史变迁、传奇故事、人物春秋、姓氏源流、民俗文化等几个方面征集编辑18.8万字、131幅相关老照片的《湖里文史资料》（第19辑禾山卷）。

【宣传工作】 2014年，区政协组织委员参加省政协“美丽乡村”摄影大赛和市政协“厦门美同心建”书画影展。不断加大对政协工作的宣传力度，继续办好湖里政协网站、刊物，全年刊出《湖里政协》25期，被全国政协刊物和省《政协天地》、市《政协信息》《厦门政协》《厦门日报》及《湖里简讯》等刊物、简报刊用信息100余篇（条）。推出区政协微信公众平台，向委员推送20多条政协工作信息。密切与各级新闻媒体的联系，进一步完善宣传工作激励机制，提升宣传质量和档次。同时，召开信息工作会议总结表彰2013年度政协信息工作（10个信息工作先进单位、5名反映社情民意信息工作先进个人、5名综合信息工作先进个人以及10篇优秀社情民意信息）并部署2014年度工作，聘请新一批35名反映社情民意信息员。

【学习培训工作】 2014年，区政协以区政协党组、政协常委会学习活动为龙头，精心组织，周密安排，发动区政协各党派团体、界别和政协机关干部深入学习贯彻中共十八大和十八届三中、四中全会及总书记习近平到闽考察重要讲话精神，深入学习领会习近平总书记在庆祝人民政协成立65周年大会上的重要讲话精神和省、市相关会议对政协工作提出的具体要求。通过大会宣讲、专题辅导、座谈讨论等形式，持续开展学习研讨，增进对国际、国内形势的科学认识，增强与区委在思想上同心同德、目标上同心同向、行动上同心同行、工作上同心同力的责任感和使命感。还通过在井冈山干部学院举办政协暑期研习班，集中学习研讨“发挥人民政协在我国政党制度运行中的作用与优势”等理论和实践问题，强化了委员履职的思想理论基础。部分界别委员参加本界别举办的提升履职能力培训，参加“2014中国（厦门）流通经济与城市发展论坛”活动等。举办了“如何采集撰写社情民意信息”专题辅导讲座，邀请台湾问题专家作《新形势下台湾局势与两岸关系》专题讲座。

（方丽铃）

民主党派与工商联

民主党派

民革湖里总支

【概况】 2014年，民革湖里总支发展新党员6人，至年底，有党员83人，下设三个支部，其中科技界占10.84%，教育界占3.6%，医疗界占2.4%，公有制经济占16.88%，新社会阶层占38.55%，其他界别占27.81%，台、港、澳及海外关系达25.3%，拥有中级以上专业职称的占69.88%。党员中，妇女党员占56.63%；担任省政协委员1人，市人大代表1人，市政协委员2人，区人大代表2人，区政协委员6人。民革湖里总支党员在本职工作岗位认真工作，积极奉献，取得了突出成绩。总支党员、湖里区民事审判第一庭副庭长王迎春被福建省高级人民法院评选为“全省优秀法官”、被授予“厦门市三八红旗手标兵”称号。

【党员活动】 年内，民革湖里总支积极参加庆祝民革厦门市委成立60周年文艺演出，湖里总支党员洪艺玲担任演出的节目策划和主持人；总支精心策划，为老党员们专门举行别开生面的迎新春活动——学做手工丝网花。总支特别邀请到华侨大学花艺社的同学们前来为老党员传授制作手工丝网花的技艺，老党员们感受到了总支的特殊关爱，备受感动。是年，民革湖里总支还组队参加民革市委组织的2014年气排球比赛。

【参政议政】 2014年，民革湖里总支党员围绕区委、区政府中心工作，积极开展课题调研，相关调研成果转化为人大建议案、政协提案或通过社情民意直接报送有关领导。年内，总支获得“民革厦门市委2011—2014年度参政议政工作先进集体”称号；总支主委黄向阳获得民革厦门市委“2014年度参政议政工作先进个人一等奖”；黄向阳主委撰写的调研报告《关于发挥厦门优势，推动厦台中下层人士交流融合的建议被转化为市政协提案。

【社会服务】 2014年，总支成员积极开展社会服务活动，以实际行动为构建和谐社会而努力。总支党员、省政协委员、市人大代表、乔丹体育股份有限公司副总经理倪振年2014年公益捐助现金3000万元，捐助物资折合人民币约130万元。民革湖里总支副主委杨迎芳、湖里二支部宣传委员洪艺玲等，在湖里区残联工作人员陪同下，到禾山街道残疾人职业援助中心，代表民革湖里总支，为援助中心的26位学员送去爱

9月26日，民革湖里总支在湖里区界别活动周上开展法律咨询活动（民革供图）

心慰问金和新春祝福。年初总支还积极响应民革省委的号召，发动党员积极向贵州毕节老区人民捐赠8箱衣物。

（卢丽琴）

民盟湖里区基层委员会

【概况】2014年，民盟湖里区基层委员会（以下简称民盟）下设综合、科技、经济、火炬园区、电子职专、三中、禾山中学7个支部及调研宣传和老龄工作2个跨支部的工作委员会，年末共有盟员182人，其中，市政协委员1人、区人大代表1人、区政协委员8人（含常委2人）。在任主委林红星，副主委公维贵、郭素芬、吴金狮。2014年，民盟共向湖里区统战部、民盟厦门市委会等提交信息50余条，其中，报盟市委46篇，被盟省委采用3篇（省盟报、省政协综合采用2篇）；被市政协采用4篇（市政协报省政协3篇）；中央统战部《零讯》综合采用1篇；市委统战部党外建言采纳1篇。民盟获“2014年度湖里区统战信息工作先进单位二等奖”。

【组织建设】在2013年底完成支部重构后，组织建设稳步发展，2014年，民盟发展新盟员20人，比上年增长12.3%。各支部盟员情况如下，综合支部27人、科技支部31人、三中支部41人、火炬园支部23人、电子职专支部12人、禾山中学支部20人、经济支部28人。

【参政议政】在广泛征集课题调研线索的基础上，年初，民盟市委会、湖里区统战部和基层委共同商定了2014年调研课题选题方向。年内，基层委共完成调研课题7篇，其中《关于大力扶持厦门游艇产业发展的建议》《我市海水综合利用的对策建议》《关于我市轨道交通文化建设的建议》《规范发展厦门家政服务行业》4篇被民盟市委会转化为2015年市政协年会提案。《大力扶持游艇产业的调研建议》一文荣获2014年度湖里区政府、区委统战部联合议政“优秀调研课题”。另有《整合资源、优化配置，提升环岛路东北部旅游人气》《转变工业老区产业方向，积极发展湖里家庭服务业》《关于中学生幸福指数的调查》3篇转化为区政协提案或提交政府有关部门作决策参考。

【民主监督】2014年，民盟基层委有“特约监督四员”6人。其中：省级1人、市级3人、区级2人。“特约监督四员”在省市区纪检监察部门、纠风办和特约单位的领导下，积极开展工作、认真履行职责。

（陈施超　公维贵）

5月，民盟基层委深入辖区中学开展“青少年主观幸福感调查”（民盟供图）

民建湖里基层委

【概况】2014年，民建湖里基层委（以下简称民建）发展新会员15人。下半年有2位老会员去世，至年底拥有会员166人。其中区政协委员15人（含政协常委2人），区人大代表2人（含人大常委1人），市政协委员1人，市人大代表3人。此外，被特邀为厦门市土地与房产管理局监督员1人、厦门市人民政府机关效能监督员1人、厦门市劳动与社会保障局监督员1人、厦门市城市行政管理执法局监督员1人、厦门市人民检察院特约检察员1人，有1人任民建福建省委企业委员会副主任，1人任民建福建省委企业家联谊会副会长。基层委下辖5个支部、2个专业委员会。基层委与各支部重点组织会员参与湖里区经济建设和社会发展重大专题的调研和议政周活动。基层委每月或每2个月召开一次基层委常委会议或全委扩大会，结合社会和中央最新精神学习、讨论，研究和落实基层委的各项具体工作。下属各支部的政治学习，一年不低于8次。

【民建厦门市湖里区第四次全体会员大会召开】6月15日上午，民建厦门市湖里区第四次全体会员大会在湖里区政府二楼1号会议厅召开。民建湖里总支完成换届工作并更名为“民建湖里区基层委”。经民主选举，吴江彬当选为基层委主委；陈荣乐、蔡志滨、苏天胜、陈颢颖、蔡培植、刘蓓当选为副主委；杨映红、何典成、王森林、黄业峰、董婧、曾建华当选为基层委常委；王森林当选基层委秘书长，吴忠文、张万林当选基层委副秘书长（12月7日补选林明聪为基层委副秘书长）。

9月19日，“民建厦门市湖里区基层委”与“民建南昌市新建县支部”缔结友好基层组织签约仪式（民建供图）

【民建湖里区基层委与新建县支部结成友好基层组织】 9月19日，南昌市新建县支部熊振标主委一行与民建湖里区基层委在湖里区政府十楼会议室，举行“民建厦门市湖里区基层委与民建南昌市新建县支部缔结友好基层组织签约仪式”。民建厦门市委副主委蓝萍，民建南昌市委副主委黄清玉，中共湖里区委常委、统战部部长陈国荣，政协新建县副主席、县委统战部部长熊长春，民建厦门市委会秘书长柯明哲，民建南昌市委会秘书长康健，民建新建县支部主委熊振标，熊有炳、程伟川副主委和双方企业家会员一起见证了签约仪式。10月4日，民建湖里基层委秘书长王森林回访新建县支部，与熊主委和南昌市委秘书长康健就课题调研和信息工作进行交流。

【参政议政】 4月23日，湖里区政协民建界别小组苏天胜、王森林、黄业峰、林明聪、张燕宏等与区财政局联合走进区属国有企业天地公司，就如何破解拆迁难题，推进湖里区征地拆迁工作等开展专题调研。4月28日上午，在民建湖里总支主委吴江彬带领下，总支委员王森林、一支部支委王毅林、周国兴等一行走访了共建单位湖里街道办事处。湖里街道办副主任阳良彬、财经办副主任林志坚介绍了湖里大道B地块的拆迁和重置开发现状，双方就拆迁中碰到的难点和可能解决的三种方案进行充分的讨论。5月24日，民建湖里区总支部在主委吴江彬的带领下，与湖里区商会一行40人，到翔安区海峡现代城了解调研“城市产业综合体的开发和运营”。11月15日，民建湖里一支部一行在支部主委蔡志滨、副主委陈衍达、王毅林带领下，到五缘湾“上古文化艺术馆”进行文化调研。湖里基层委吴江彬主委、陈颢颖副主委到会指导。

【荣誉奖励】 3月21日，在中共湖里区委统战部召开的“湖里区统战信息工作会议”上，民建湖里区总支部获“2013年度信息工作集体二等奖”；总支副主委陈荣乐同志获“2013年度信息工作先进个人二等奖”。3月26日，在中共湖里区委统战部召开的湖里区2013年优秀调研文章表彰大会上，民建湖里总支部课题组的调研文章《对接厦门国际邮轮母港，促进湖里区邮轮产业发展的对策建议》获“湖里区2013年优秀调研文章”；课题主要执笔人黄业峰获“2013年度信息工作先进个人三等奖”。12月26日，民建福建省委八届五次全体会议在福州召开。会上，湖里基层委会员王森林获“2013—2014年度全省新闻宣传工作先进个人”称号。

（王森林）

民进湖里总支

【概况】 2014年，中国民主促进会湖里总支（以下简称民进）发展罗家永、杨喜爱、路宽银等3名新会员，至年底，总支共有会员94名，其中：经济界会员40名、教育界31名、科技界9名、法律界4名、其他界别10名；女性会员35名，已退休会员9名，中青年会员占多数。总支下设湖里经济（会员21名）、湖里科技（会员26名）、湖里综合（会员30名）和厦门电子职业中专学校（会员17名）等4个支部。

【民进2014年度工作会议暨参政工作会议召开】 3月16日，召开民进2014年度工作会议暨参政议政工作会议，全面总结2013民进工作情况，安排2014年度工作，通报总支2013年度经费收支情况。民进厦门市委会副主委吴丽冰莅临会议给予指导。

【民进信息工作专题会议召开】 7月22日，民进湖里总支信息工作专题会议召开，回顾总结2013年信息工作，部署2014年下半年的信息工作，同时总支对2013年信息工作突出的邱晓龙、王平、周秀琼等11名会员进行表彰。

【学习培训】 12月6—7日，民进组织全体会员学习十八届四中全会精神，针对自贸区建设热点问题，邀请总支专家象屿保税区管委会招商中心主任赖建设为全体会员介绍上海自贸区具体做法和成功经验以及福建省厦门市自贸区筹备申请、先行先试情况。邀请对口共建单位区经发局副局长蔡卫国为全体会员通报湖里区2014年经济发展状况，让总支会员知情知政，能更有针对性围绕湖

12月6日，民进湖里总支组织会员学习自贸区相关知识并进行讨论（民进供图）

里区经济发展问题深入调研思考，建言献策，深入讨论2015年市区两会提案建议征集议题。

【参加政协委员活动日】 9月26日，民进组织会员参加湖里区政协委员活动日活动。区政协民进界别会员开展了“保护生态环境”为主题的宣传活动。民进中央副主席朱永新在厦门期间专门到现场看望参加活动的民进会员。

【参政议政】 政协提案 2014年初市、区两会期间，由总支提交并转化为市政协民进市委会或民进界别提案的有《关于进一步提升我市食品安全水平的几点建议》《关于加速产业向岛外转移，进一步提高我市综合承载力的几点建议》《关于实施积分入户政策探索推进户籍制度改革的几点建议》等9个提案，其中《关于进一步提升我市食品安全水平的几点建议》被列为市政协2014年重点提案并被评为市政协优秀提案。由总支完成的《最大限度吸收轨道交通红利，进一步提升和完善我区中心城区功能》的调研成果被选为2014年区政协大会口头发言，并于2014年4月被区政协和区委统战部评为2013年度“优秀调研文章”。区两会期间，民进界别政协委员、人大代表还提交了《以信息消费城市建设为契机，进一步加快我区电子商务产业发展的建议》《关于规划建设高崎通航总部经济区的建议》等7件提案和建议。

9月26日，民进中央副主席朱永新、厦门市政协副主席魏刚、湖里区政协主席林凡视察民进界别小组开展的“维护生态环境”为主题的宣传活动（民进供图）

调研课题 年内，民进主持完成《大力发展音乐文化创意产业，将厦门打造成音乐文化艺术之都》《关于我市卫星应用产业的调研及建议》《关于发展我市临空产业的调研及建议》《当前推进“区管校用”教师管理制度存在的问题及建议》《对我市推进垃圾分类工作的建议》等5个民进厦门市委会课题，《大力发展音乐文化创意产业，将厦门打造成音乐文化艺术之都》课题成果，被市民进推荐作为2014年市统战“同心”建言献策论坛书面发言；作为主要完成人参与民进厦门市委会课题5个，其中《关于推动政府向社会购买公共服务的建议》课题调研成果获书记王蒙徽批示，推动市政府出台《关于推进政府购买服务工作的实施意见》《美丽厦门生态文明建设工作建议》课题调研成果被市民进推荐作为市委与各民主党派座谈发言材料。完成《关于推动我区政府购买公共服务的调研、分析及建议》《关于推动信息消费，促进街区财政收入增长的建议》（与江头街道合作）2个区政协、区委统战部联合下发的调研课题，完成联合议政（区委统战部与民进市委）调研课题《关于进一步加强我市岛内中心城区精细化管理的调研和建议》。

信息工作 全年总支向民进市委、区委统战部和区政协提供100多条信息，被全国政协、中央统战部、省政协、民进福建省委、市政协、市委统战部、民进市委等各级部门采用的有50多条（次）。其中，《建议银行结算账户年检制度应取消》为中央统战部《零讯》独篇采用,《混合制经济约稿:发展混合所有制经济初期应着力解决“民企混国企”“一混就灵”“为混而混”等认识问题》为全国政协采用。

【荣誉奖励】 2月22日,在民进市委召开的2013年调研工作总结表彰大会上,民进湖里总支获评“2013年度调研工作先进集体突出贡献奖”,邱晓龙、董清木、林桂兰、陈志鸿、胡小进获评“调研工作先进个人”;在5月区委统战部召开的2013年信息工作会议上,民进被评为“2013年度先进单位三等奖”,邱晓龙被评为先进个人。6月14日,在民进厦门市委召开的2013年信息工作表彰大会上,总支获“信息工作先进集体二等奖”,邱晓龙、董清木获评先进个人二等奖,王平、周秀琼、林木本获评先进个人三等奖。

【社会服务】 8月7日,在厦门市政协副主席潘世建带队下,民进湖里总支和厦门市观鸟协会,共同为翔安爱心孤儿院送去鸟类挂图、宣传画和书籍,在为孤儿们送去温暖的同时,也从小培养他们保护生态环境的意识。本次活动的所购物品由会员刘伯凯出资,会员陈志鸿精心准备。总支积极响应江头街道“凤凰绿荫助学”行动倡议,发动会员为困难家庭捐献助学爱心款,会员们积极响应,在夏季新学年开学之际湖里总支、湖里科技支部为吴立香、肖颖两家庭分别送上3000元助学爱心款。

(董清木)

农工党湖里基层委

【概况】 2014年,农工党湖里基层委(以下简称农工)共有党员205名,其中,男党员95名,女党员110名,拥有高级职称96人、中级职称72人,医疗卫生界党员88人,全体成员平均年龄55.3岁。基层委有支部7个,分别是中医院支部、湖里医院支部、卫计支部、综合支部、教科支部、双十中学支部、六中支部。主委王萍萍,基层委委员9人。党员中有市人大代表1人,市政协委员2人,区人大代表1人,区政协委员8人。年内,农工发展新党员8名。

【参政议政】 调研课题 2014年,农工围绕食品安全、职业病防治、心理咨询、两岸保健品合作以及经济发展等领域开展调研活动,圆满完成调研课题任务,其中《关于发展我省/我市(森林)碳汇市场》获农工党省委“2014年优秀调研文章二等奖”,农工市委“2014年调研文章二等奖”,并转化为市政协提案。《关于完善老湖里工业区文创园的建议》获农工市委“2014年调研文章一等奖”;《近五年厦门血液与免疫系统罕见病的初步调查》获得农工市委“2014年度优秀调研文章二等奖”;《关于加强食品安全薄弱环节(如滥用食品添加剂和非法添加剂)监管的研究》获得农工市委“2014年度优秀调研文章三等奖”;《厦门出租车行业管理建言》获农工市委“2014年调研文章三等奖”;《如何盘活和提升辖区企业用房的使用功能》获“2014年度区委统战联合议政优秀调研课题”和“2014年农工市委调研文章三等奖”;《关于加强五缘湾旅游开发进程的建议》获农工市委“2014年调研文章三等奖”;《关于完善闽台(厦门)文化产业园运作的建议》获区委统战部“2014年优秀调研文章”;《关于打造电子商务强区的建议》的提案获区政协“2014年优秀提案”。

信息工作 2014年,农工党员积极反映社情民意,多条信息被农工市委、区委统战部、区政协采用。农工湖里基层委被区委统战部评为“2014年度信息工作先进单位三等奖”;区政协农工党界别活动小组获“区政协先进单位”;柳咏枝被区政协评为“2014年信息工作先进个人”。

【社会服务】 2014年,基层委发挥各支部专业优势,拓展社会服务方式,使社会服务工作贴近基层,贴近社区,帮助居民和群众解决实际困难。共开展10次义诊活动,义务诊治病人1000多人,还深入到20多家残障病患者家中为病人诊疗。是年,支部党员王玉斌突发重病,农工发挥党员互助精神,发动党员为王玉斌捐款23536元作为治疗费用。

(吴屹林)

致公党湖里总支

【概况】 中国致公党厦门市委会湖里区总支部下设三个支部,分别是湖里第一支部、湖里第二支部和湖里第三支部。2014年,湖里总支共发展新党员2人,共有党员76人。有5位党员进入人大、政协组织,其中湖里区人大代表1人(常委),湖里区政协委员4人(1人常委)。有3人进入致公党福建省委和厦门市委,其中省委委员1人(常委),市委委员2人(1人常委),市委副秘书长1人;4人担任厦门市委各专门委员会主任和副主任。湖里总支下属湖里第一支部、湖里第二支部获“致公党厦门市委会参政议政工作先进集体”,3人获“致公党厦门市委会课题和提案工作先进个人”,2人获“致公党厦门市委会社情民意和信息工作先进个人”。

【组织建设】 致公党湖里总支共有博士3人,硕士13人,本科35人,大专32人;高级职称18人,中级职称29人。2014年,总支部增选1名委员,领导班子得到了进一步加强。

【参政议政】 2014年,致公党湖里总支及所属各支部积极发挥民主党派职能。

政协提案 致公党湖里总支在区两会上提交人大代表建议1份,政协委员团体提案6份,委员个人提案2份。在政协第七届三次会议上,致公党湖里总支主委颜伟民代表党派和界别提交的《关于对新一轮区街财政体制调整的建议》(被列为湖里区2013年政协第七届二次会议的重点提案之一)和梁菲力提交的《进一步扶持民办社工机构，打造"幸福湖里"的建议》被评为优秀提案。总支部主委颜伟民在政协会上作了《湖里区污水处理现状及建议》的大会发言。委员林剑铭撰写的《关于进一步完善湖里区政府采购的建议》的提案被列为区政协重点提案。

调研课题　2014年，致公党湖里总支参与完成区级调研课题3项。完成区政协调研报告《以社区治理为载体　构建两岸同胞融合最温馨家园》，完成湖里区联合议政课题《关于如何合理配置街镇派出所资源　提升社会治理能力和水平》。

信息工作　2014年，致公党湖里总支报送的《总结推广厦门经验，推进社会治理创新工作的建议》《构建两岸航运信息服务新平台推动两岸经贸合作交流新进展》《基层群众对治理雾霾及大气污染的建议》等3条信息被省政协专报件采用；《关于推动两岸联合申报红砖建筑文化为世界文化遗产的建议》《基层群众对治理雾霾及大气污染的建议》被福建信息采用；《关于治理雾霾的几点建议》《将火烧屿打造成国际邮轮城的后花园》等2条信息被《厦门政协》采用；《关于健全家政社会保障机制的建议》被福建省政协单篇采用；《建议在厦门轨道交通建设中规划科普宣传画廊》的建言专报件被市委统战部部长黄菱批示。

【湖台及海外联谊交流】　2014年，致公党湖里总支广泛开展海外联谊交流。颜伟民、胡朝阳等人多次接待台湾高雄洪门山主杨掌朝及夫人；胡朝阳接待"台湾全国开发食品事业有限公司"董事长陈荣松、美籍华商陈瑞林先生等五人，并就两岸农业品牌的知识产权保护问题进行交流。党员个人也开展了形式多样的交流活动。郑一泓于"9·8"厦门国际贸易洽谈会期间，代表福建省象棋协会赠送非洲加纳代表团中国象棋、棋谱等礼品，出席第十八届亚洲象棋锦标赛(亚洲杯)并担任仲裁执法比赛；梁菲力9月赴台湾与航空界人士联谊；周东昕11月赴金门参加宗亲会。

【荣誉奖励】　2014年，致公党湖里总支会员关琰珠被评为厦门市政协"优秀公务员"，厦门市直属机关妇女工作委员会"巾帼建功标兵"，湖里区统战系统"优秀信息员三等奖"，厦门市政协信息工作先进个人；黄霓裳被评为湖里区政协优秀信息员、湖里统战部优秀信息员；杨扬名获中国海警颁发的个人三等功；郑一泓时隔五年重新组队厦门海翼队参加全国象棋锦标赛，并以团体冠军身份取得参加全国象棋甲级联赛的资格，成功主办2014年"翔安杯"象棋国际邀请赛，共有包括美国、加拿大、澳大利亚等国家和地区的12支代表队参加比赛，是福建省迄今为止举办的最大规模的国际赛事。海翼队代表福建翔安队获得团体、个人两个冠军；沈仲藩获"第三届湖里区杰出教师"称号；张庆良的学术论文获国家级一等奖一篇，二等奖一篇，CN一篇，市汇编一篇；张碧红指导本校学生经典诵读，《千古唐诗》获市诗歌比赛二等奖，指导学生参加湖里区"我的中国梦"主题演讲获一、二、三等奖。

【主要活动】　2014年，致公党湖里总支部组织9次活动。2月23日，通报湖里区"两会"情况以及2014年市委会、湖里总支工作安排，并参加"致公讲坛"活动。4月9日，市委会宣调处深入基层与湖里总支和殿前街道探讨联合议政课题。4月19日，湖里总支部代表致公党青年志愿者参加"美丽厦门·微孝助老行"湖里区助老志愿者联盟仪式。7月29日，参加湖里区政情通报和学习培训活动，听取湖里区"一府两院"2014年上半年工作情况的通报，并听取厦门大学台湾研究中心副主任李非教授作《新形势下台湾局势与两岸关系》专题讲座。8月22日，湖里总支召开总支部会议，学习市委会的有关文件并讨论和修订了《致公党湖里总支的若干规定》，明确了财务要求。9月27日，参加湖里区政协界别活动周，推出涉侨法律咨询、致公党知识有奖问答等活动，并邀请本党党员中国象棋特级大师郑一泓表演中国象棋"破残局"。10月18日，湖里总支主办，致公党市委妇委会和思明基层委等1个专委会、1个基层委和13个支部共194人举办"开展坚持和发扬中国特色社会主义实践活动暨重阳节敬老联谊活动"。11月18日上午，在殿前街道举办湖里区殿前街道社区致公学校挂牌和签字仪式，11月29日下午，在殿前街道社区致公学校上第一堂课。

(颜伟民　孙怡)

九三学社湖里区委

【概况】　2014年，九三学社湖里区委(以下简称九三学社)共有10个支社，社员245人(发展新社员10人)，平均年龄54岁，本科以上学历212人，占86.5%，高级职称以上社员156人，占63.7%，社员主要分布在科技、教育、医卫等方面，界别分布符合九三学社以科技界为主的特点。

【科研工作】　2014年，杨槐的《卫星遥感影像综合服务平台》获"2013年度厦门市科技进步二等奖"，孙龙喜的《科拓停车场智能车位综合信息系统》获"2013年度厦门市科技进步三等奖"和市首批青年创新创业人才计划B类；省水产所支社陈世杰参加编写的《海洋生物活性物质—潜力与开发》出版；刘敏(第一作者)参与编写的《中国福建南部海洋鱼类图鉴》(第二卷)，由海洋出版社出版；吴建绍在《福建水产》等刊物发表系列论文。湖里区第二支社赵蔚东在《内蒙古水利》2014年第5、6期发表论文《水泥在水下桩基清孔中的运用》《关于桥梁混凝土标准试件强度能否代表构件实体强度的探讨》；思明区第五支社杨槐、郭常斐、唐仕斌等社员的文章发表在《科技资讯》《现代计算机》《测绘地理信息》《厦门城市职业学院学报》《中国水利》《中国防汛抗旱》等国内外刊物。

【参政议政】 2014年，九三学社湖里区委紧紧围绕中心，积极参政议政。

政协提案　湖里区九三界别共有七名区政协委员，委员们认真履职，多次参加政协湖里区的各项会议，在政协湖里区七届三次会议提交10件提案，其中《关于改善湖边水库周边环境，建设美丽湖里的几点建议》被区政协列为重点提案。委员们在各单位的提案办理过程中，多次参与各提案办理单位的座谈会和调研工作，促使各项建议落到实处。《关于在我区率先建立居民小区灾害预警信息发布终端的建议》作为区政协七届三次会议201401号提案，得到区政府的高度重视，并促成区财政2014年投入235万，在湖里区政府本级、5个街道和52个社区布设气象灾害预警信息发布终端，达到区、街、社区三级气象灾害预警信息的全覆盖，全面提升了湖里区防灾减灾工作效率和覆盖率，被区政协评为优秀提案。九三学社界别的《积极参与自贸区建设，加快湖里经济建设》和郭清墩《关于尽快开办祥店片区公办幼儿园的建议》提案也被区政协评为优秀提案。杨槐和洪毅的《建立机制开放式信息服务大平台，创新性发展福建旅游大格局》转化为省市政协提案，《整合资源创新应用，大力推动厦门物联网应用产业发展》转化为市政协提案。

课题调研　2014年，九三学社报送并完成区政协调研课题4项：《关于在湖里区建立双百产业园的建议》（陈重）、《关于湖里区中小学门口交通设施情况的调研及建议》（张跃平）、《建立区级创新中心帮扶小微企业创新升级》（刘榕和）、《关于完善我区建筑行业用工安全的建议》（蔡月圆），其中3篇调研报告被区政协选用和收录。年内，湖里区各支社社员向九三社市委申请并得到立项，完成调研课题15项。

信息宣传　2014年，九三学社报送区委统战部信息稿件13篇，被采用3篇。报送九三厦门市委员会并被采用的稿件30篇。其中，徐长青撰写的《社区医院周末停诊，弊端显现不容忽视》的信息，形成专报件，获得市委统战部部长黄菱批示，并被《建言专报》采用。此外，万峰、王耀立、洪丽萍、郭清墩、郑国防等社员创作了大量的书画、摄影、诗文等作品，稿件分别被《福建信息》《厦门信息》《福建九三》《厦门九三》等刊物录用。

2014年度区政协优秀提案表彰大会上，区政协委员魏锦成、陈重、郭清墩等受表彰（九三学社供图）

【社会服务】 九三学社市政协委员参加市人社局等2014年文明行业、效能建设、政风行风检查和督导工作；福建省海洋研究所支社组织了气象防灾减灾宣传活动；福建省亚热带植物研究所支社的洪丽萍等参与科技下乡活动，在翔安区大宅村开展火龙果种植技术讲座，指导农民合理种植火龙果，并多次到同安汀溪镇指导航空繁育新品种栽培适应性指导；医卫支社在10月10日“世界精神卫生日”组织义诊；思明区第五支社杨槐、黄志坚参访并调研厦门4所自闭症儿童学校，参与在中山路举办“第七个世界自闭症日主题宣传活动”，现场通过视频播放、派发宣传手册、科普板报、互动体验等多种活动形式，向市民和游客宣传自闭症相关知识。

【荣誉奖励】 年内，社员魏锦成、刘榕和、张跃平、郭清敦、郑国防、林学钦、杨章武等获九三学社厦门市委组织、宣传、信息、调研等方面先进个人；杨槐获“市科技创新杰出人才奖”；孙龙喜获“首届火炬优秀青年企业家称号”“厦门青年五四奖章”标兵称号；郭常斐获“第五届全国高校社科期刊优秀编辑称号”；刘斯获“市教育系统职业教育振兴奖”“省优秀教师称号”；郑国防获“市中职学校信息化教学大赛教学设计一等奖”，指导学生参加全国、省、市征文比赛，获“优秀指导教师称号”。

（郑国防）

台盟湖里支部

【概况】 2014年，台盟湖里支部有盟员25人，高级职称2人，中级职称15人。担任区人大代表1人，区政协委员5人。

【参政议政】 2014年，台盟湖里总支完成并提交台盟市委1篇调研报告，即《进一步推动厦门冷链物流发展的建议》，该调研报告被转化为台盟厦门市委2015年提交市政协大会的党派提案。在区两会中，报送谢益民撰写的《进一步发挥社会组织在社区治理的作用》议案，刘锦莹撰写的《关于教育的均衡发展与整体提高的建议》。5月，台盟湖里支部会同区环卫部门对全区基础环卫设施的现状、存在的问题开展联合调研，并提出建议。

【社会服务】 2014年，在台盟市委的组织下，台盟支部部分盟员在“六一”儿童节前夕，到溪声小学与师生们共度“六一”儿童节，并为10位品学兼优的困难学生送上书包、文具等慰问品，勉励同学们刻苦学习，奋发向上，长大成为社会的有用之才。是年，湖里台盟支部代表随区台办、台联走访湖里辖区内5个街道32户台（金）胞、台属，了解困难台（金）胞、台属的实际生活情况，进一步加深台盟湖里支部与辖区台胞、台属的联系。

【学习培训】 年内，台盟湖里支部参加台盟厦门市委组织的培训班，听取厦门大学台湾研究院教授唐永红作题为《新形势下大陆对台工作之因应与厦门之作为》台情报告，了解两岸新形势。参加台盟市委举办的2014年暑期盟员培训班，参加《两岸关系和平发展的机遇与挑战》《厦门市产业结构与转型升级》和《厦门市创建国家信息消费示范城市》等讲座。青年盟员积极参加读书班活动，学习中共十八届四中全会精神、习近平总书记在政协成立65周年、人大成立60周年讲话以及中共厦门市委十一届八次全会会议精神。读书班还前往龙岩参观古田会议旧址、古田会议博物馆、主席园以及光荣亭，对古田会议的历史使命和对党建、军队建设的重要意义有了较为直观的了解。

台盟盟员在大嶝参观学习（台盟供图）

【荣誉奖励】 2014年，在台盟年终总结会上，多名盟员被表彰。吴维超被评为“参政议政先进个人”，林小懿被评为“基层工作先进个人”，刘锦莹、许文懿、张蓁在参盟学习实践活动征文中分别获一等奖、二等奖、三等奖。

（刘锦莹）

区工商联（区商会）

【概况】 2014年，湖里区工商联（区商会）继续围绕区委区政府中心工作，围绕“美丽厦门·创新湖里”目标定位，充分发挥桥梁纽带和参谋助手的作用，认真履行职能，主动服务会员，有效地促进非公有制经济健康发展和非公有制经济人士健康成长，为推动湖里区经济社会发展做出积极的贡献。年内，区工商联积极引导非公企业加强党建工作，建立了《非公企业及党组织工作电子台账》，实行动态管理，联合区委组织部、区委统战部三家共同向全体非公企业发出“致非公有制会员企业主的一封信”，物流、建材和建设行业公会相继成立了联合党支部。引导会员企业感恩回报社会，积极投身慈善事业，在云南鲁甸地震、区慈善募捐等捐助活动中，会员企业踊跃捐资捐物达2000多万元。积极围绕经济中心，组织10多场政银企对接会，宣传湖里区新近出台的促进经济发展政策，搭建企业与金融行业合作舞台，引导加强合作，共同发展。帮助40多家企业申请了奖励补贴和贴息贷款，协助100多家中小型企业在两岸股权交易中心挂牌等。牵头引进了厦门民合投资有限公司等10多家内外资企业，共引进内资37亿多元，外资1200多万美元。组织会员企业参加10多场培训讲座，帮助企业经营者了解自贸园区有关知识，提升应对市场变化能力和企业管理水平。

【湖里区民营工作领导小组成立】 7月30日，为深入贯彻落实全市民营经济

11 月 25 日，区商会青年工作委员会成立大会（区商会供图）

工作会议和市委、市政府《关于促进民营经济健康发展的若干意见》的精神，推动湖里区民营经济健康发展，由区商会牵头，以区委办、区政府办名义印发《关于成立民营经济工作领导小组的通知》厦湖委办〔2014〕78 号，领导小组由区长张毅恭任组长，区政府相关职能部门组成，办公室设在区工商联（商会）。

【区商会青年工作委员会成立】 11 月 25 日，湖里区商会青委会成员举行成立大会。厦门新景地集团有限公司董事长助理钟森鑫担任青委会主任，商会青委会多以湖里区具有代表性的非公有制企业的二代接班人为主。首批入会的青年委员 41 名，包括恒兴集团董事长柯希平、银鹭集团董事长陈清渊、厦门泉舜集团有限公司董事长吴泉水、大顺集团有限公司董事长柯辉从、厦门宏益华集团有限公司钟奕南等大型民营企业家的子女。

【区商会组织乒乓球邀请赛】 10 月 18—19 日，区商会联合副会长企业——厦门维觉电子科技有限公司在厦门第三中学体育馆举办乒乓球邀请赛。来自会员企业以及相关单位共 35 个代表队 300 多名队员参加。分为男子团体赛、男女个人及邀请嘉宾赛四项。厦门维觉电子科技有限公司、厦门轨道交通集团有限公司、厦门银鹭食品集团有限公司分获男子团体比赛前三名。

（刘水荣）

【组建商业行业公会联合支部】 12 月 18 日，区商会物流、建材和建设行业公会先后成立联合党支部，各行业党支部由行业会员企业中的零散小企业的党员联合组成，这是湖里区商会在新形势下加强和探索非公有制企业党建工作的有益尝试。

（刘水荣）

群众团体

湖里区总工会

【概况】 2014年，区总工会围绕全市工会基层基础建设“三年行动计划”和区委、区政府建设“美丽厦门 · 创新湖里”的中心工作，全面提升工会工作水平。推进基层基础规范化建设，共组织743家基层工会报名参加达标活动，113家参加创优活动，参与率为67.6%。促进324家企业独立开展工资集体协商，12262家企业被行业性、区域性工资集体协商覆盖；湖里区培养的区域性工资集体协商先进典型吉家家世界联合工会在市总工会召开的全市工资集体协商现场推进会上作经验交流。年内，湖里区共有13人获市劳模称号，1人获省五一劳动奖章；新创建劳模创新工作室6家。深化“工人先锋号”创建活动，厦门东林电子有限公司技术中心获全国“工人先锋号”称号，厦门盈众控股集团有限公司售后服务部、厦门中外运裕丰冷冻工程公司干箱工程部租箱一组获省级“工人先锋号”称号。204个先进集体获评市级工人先锋号。推荐35项优秀技术改进革新、先进操作法和优秀合理化建议等项目申报市职工优秀技术创新成果评选。做实工会服务职工品牌活动，举办形式多样的职工文体活动，丰富职工精神文化生活。推进工会会员服务卡和职工医疗互助保障工作，全年采集工会会员信息5.4万名，比上年增长344.81%；组织5.06万名职工参加医疗互助保障，比上年增长130%。

【区工会改设区总工会】 7月15日，区工会按照《厦门市总工会关于我市各区工会改设为区总工会的通知》（厦工〔2014〕44号）和《关于区工会改设区总工会有关问题的函》（厦委编办函〔2014〕38号）两份文件的要求，将厦门市湖里区工会委员会正式改设为厦门市湖里区总工会。改设后，区总工会机关其他机构编制事项不变。同年8月，完成区总工会牌子、印章、法人证件及时更换的工作，并向区委及组织人事部门报告改设情况。9月10日，中共湖里区委办公室印发《关于启用湖里区总工会印章的通知》（厦湖委办〔2014〕90号）。区总工会及时做好上传下达的工作，以工会宣传刊物、会议、文件通知等方式，告知上级工会和基层工会。至此，湖里区工会委员会正式改设为湖里区总工会。

【工会经费实行地税代征】 1月1日，工会经费地税代征政策正式实施。工会经费全年征收近2459.21万元，比上年增长719.27%。

【基层工会建会工作取得突破性进展】 年内，区总工会主动宣传、热情服务，推动符合条件的企业单独建会，以职工数25人以上的非公企业等为重点，努力实现工会组织的广覆盖。截至12月底，基层工会新组建独立基层工会1357家，比增649.72%。

【工会职工医疗互助保障经费实施全额补助】 2014年，为进一步帮助患病职工减轻医疗负担，营造良好的就业环境和优惠条件，吸引更多的外来务工人员为湖里区服务，解决企业用工问题，区总工会就职工医疗互助保障补助向区政府提出全额补助的申请。11月7日，区政府批准该申请。全年共有5.06万名职工参加了职工医疗互助保障活动，补助金额约151.91万元。

【区总工会面向社会公开招聘工会专干】 5月19日，根据厦工〔2014〕73号文，将工会组织员改称为社会化工作者，简称工会专干。为满足人员配备需要，由区总工会统一面向社会公开招聘6名专职工会专干，并根据实际分配到各个站点。湖里区各个职工服务站工会专干配备人数达3人。

【推进企业工资集体协商】 2014年，区总工会认真贯彻执行市政府《关于进一步推进企业工资集体协商工作的通知》，周密进行部署安排，积极开展“要约行动”，加强指导员培训，提升促进规模以上企业、行业性、区域性集体协商工作。6月3日，在市总工会召开的全市工资集体协商现场推进会上，湖里区工会推荐的吉家家世界联合工会作为区域性工资集体协商先进典型作经验交流。截至年底，湖里区324家企业独立开展工资集体协商，12262家企业被行业性、区域性工资集体协商覆盖。

【参加市职工服务站规范化竞赛活动】 年内，按照市总工会要求，区总工会积极组织5个街道和2个工业园区职工服务站参加全市职工服务站规范化建设竞赛活动。8月，辖区参加竞赛活动的7个职工服务站根据竞赛相关要求完善整改。11月，区总工会组织检查小组对职工服务站走访督查。12月28日迎接市总工会考评。殿前街道职工服务站获得一等奖，金山街道职工服务站获二等奖，环东海域湖里工业园职工服务站和同安工业集中区（湖里园）职工服务站获得三等奖。

【加强工会干部培训】 区总工会全年开展规模在50人至200人的企业工会干部轮训工作，举办了新任基层工会主席培训班4期，535人次参训；组织经审工作培训班3期，553人次经审委员参训；举办工会卡、职工医疗互助、工资集体协商等重点工作培训4期，347人次参训。开展女职工、信息工作培训，培训149人次。各街道工会开展了社区兼职工会干部、规模在50人以下小微企业的工会干部轮训工作。

【强化工会"四送"服务】 2014年，区总工会深化工会"四送"服务，全面提升服务工作品牌。开展"春送岗位"活动，全年共服务440家企业招聘2.3万名职工，其中企业主要以电子、纺织和餐饮、服务类为主。开展"夏送清凉"活动，走访慰问254家高温作业企业，发放凉茶等慰问品，价值50.6万元，同比增长351.78%。开展"秋送助学"活动，向150名困难职工子女发放助学金43万元，同比增长147.12%。开展"冬送温暖"活动，春节前夕，包租15部大巴车免费送675名基层优秀员工会员和困难职工返乡过年。慰问294名困难职工，发放帮扶专项资金38.8万元，同比增长10.85%。

（张珠玲）

2014年，区总工会开展金秋助学活动（区工会提供图）

共青团湖里区委员会

【概况】 2014年，共青团湖里区委员会下设基层团组织651个，团委23个、团总支31个，有共青团员12182人。全区共有先进基层团组织6个，先进个人10名，分别获得团省委、市委授予的"五四青年奖章""五四红旗团委""五四红旗团（总）支部""优秀共青团干部""优秀共青团员""青年安全生产示范岗"等荣誉称号。

【积极开展各项志愿服务活动】 2014年，团区委在全市率先开展团支部和团员到社区报到服务，厦门港务船务有限公司团总支、象屿集团股份有限公司团总支等一批团组织纷纷到所在社区报到，参与房前屋后美化和社区多元共治。组织开展共青团星期六社区志愿服务日活动，牵头举办"3·5"学雷锋志愿服务活动、"12·5"国际志愿者日表彰活动。与厦门残疾人福利基金会共同打造"美丽厦门·阳光伴我行"脑瘫儿童系列关爱项目。为"9·8"投洽会、诵读节、马拉松赛、春运等重大活动招募6000人次青年志愿者。加强与华侨大学、集美大学等高校的合作，设立了青年志愿服务和社会实践基地，打造了蔡塘学校、文心小学等一批关爱农民工子女示范基地。组织青年企业家开展公益活动，引导青年企业家为湖里发展做贡献。

【与海西晨报联办征文比赛】 8月下旬，由团区委、海西晨报社联合举办的"国是家　我爱家——我与特区共成长"征文比赛启动，比赛历时1个月，参加征文的作者有普通来厦打工者、老人、大学教授、环卫工人、消防员、中学生等，组委会共收到155篇作品，经过5名专家评委认真评选，评出一等奖2篇、二等奖5篇、三等奖8篇、佳作奖10篇。冯珊萍的《凤凰花开的地方》和沈玲的《幸福的尾巴》两篇获一等奖。

【承办机关青年演讲比赛】 4月8日，团区委承办“党的群众路线教育实践活动”演讲比赛，来自辖区各党（工）委推选的19名参赛选手展开激烈角逐。最终，湖里区委办刘芳、禾山街道范有钦获一等奖。

【举办夏令营】 7月7日上午，由湖里团区委、区妇联、殿前街道办事处等联合举办的湖里区“生活即教育”夏令营在厦门外国语学校湖里分校正式开营，50名中小学生参加夏令营。在为期三天的夏令营期间，小学生们先后参观海堤纪念馆、高殿水厂、特区纪念馆、亚热带植物研究所，通过团队合作增进集体荣誉感，通过生活教育体验，引导青少年关注民生，关注社会，深化未成年人思想道德建设的实效性，帮助青少年逐步树立社会主义核心价值观。7月7日至9日，由湖里团区委、区台办、区侨联、厦门市火炬学校联合主办的2014年湖里区两岸青少年“用知识和智慧守护生命”夏令营成功举办。7月8日至11日，厦门市教育局德育处、厦门团市委学校部、湖里团区委等单位联合举办厦门市中学生“美丽厦门·我们在行动”团干夏令营，40多名学生团干参加。夏令营以“美丽厦门·我们在行动”为主题，先后听取团知识报告，观看励志电影，到社区参观学习做志愿服务，举办心理拓展与团队才艺表演等。

【成立青年干部读书会】 4月23日，2014年湖里区青年干部能力训练营开营式暨青年干部读书会启动仪式在区信访大楼四楼会议室举行，全区35岁以下青年干部百余人参加启动仪式。区青年干部读书会倡议全体成员要勤读书、善读书、读好书，在“美丽厦门·创新湖里”的建设中谱写属于当代特区发祥地年轻人的新篇章。

【帮扶青年创业就业】 2014年，在星光金属有限公司、华茂光学有限公司建立了见习基地，积极联系太古可口可乐、夏商民兴超市、五润餐饮管理等企业为辖区青年提供就业岗位；积极向农商行推荐优质青年创业贷款，帮助青年争取到创业贷款260万元，促进青年创业致富；开展青年就业创业培训，接受培训人次达1500人次，提高了青年就业创业能力；扶持光彩两岸（厦门）青年创业园发展壮大，已入驻企业1200多家。关注青年素质提升，继续办好高殿社区大学，为外来青年加强学习提供了平台；完成围里、县后、坂尚等鸟巢图书馆的设立和管理，通过自行借阅、自觉管理、自发捐书的模式，激励青年学习成才。

【巩固基层团建工作】 2014年，团区委积极组建各街道团工委、各系统团组织微信群、QQ群，打造团员青年乐于参与、便于参与的“网上之家”，努力使网络新媒体成为联系和组织青年的重要手段。推进非公企业、新社会组织团建工作。全年新组建了华信（福建）石油有限公司团支部、美溢广告有限公司团支部等36家非公团组织。与区委党校联合在市委党校举办了基层团干部“美丽厦门共建设，创新湖里我先行”专题培训班，全区52名社区团干部参加培训。

【积极开展特色活动】 2014年，湖里街道团工委将18个社区划分为4个片区开展区域化团建；殿前街道团工委持续打造了“殿前梦工厂”青年圆梦舞台；江头街道团工委启动久久爱心团队“温暖星期三”服务项目；金山街道团工委“四点钟学校”项目入围全国基层团建特色项目100强；禾山街道团工委收集社情民意为街道开通社区单车出谋献策；区直机关团工委组织青年干部到禾山社区参与共同缔造；教育团工委组织全体师生开展校园祝福祖国网上寄语活动；卫生系统团总支开展“五四”青年节义诊进社区活动；法院团总支在国宇门诊部设立“青年法官工作室”。

【“守望青春”重点青少年服务项目】 2014年，为了更好地贯彻落实党中央关于加强和创新社会管理、深化平安建设的精神，进一步深化预防青少年

4月23日，在区信访大楼四楼会议室，举行湖里区青年干部能力训练营开营仪式暨青年干部读书会启动仪式（团区委供图）

5月17日，湖里区与华侨大学在合作共建启动仪式上为大学生专业志愿服务队授旗（团区委供图）

违法犯罪工作，团区委在征求金山街道、区民政局意见的基础上，并结合湖里区实际情况，选取金山街道开展湖里区重点青少年群体服务管理和预防犯罪试点工作，并通过政府购买社会服务的方式，加强对重点青少年群体的服务管理，预防和减少青少年违法犯罪。8月，以湖里区五类重点青少年群体（即闲散青少年、不良青少年、服刑在教人员未成年子女、农村留守儿童和流浪乞讨未成年人）为服务对象，面向辖区部分社工机构征集“重点青少年社工服务项目”方案。9月，召开方案审定会，该项目确认由培善社会服务中心承接，项目内容为青少年综合服务、学校社会工作和外展社会工作。

【湖里区与华侨大学合作共建“大学生志愿服务基地·社会实践基地”项目】 5月17日，湖里区与华侨大学合作共建“大学生志愿服务基地·社会实践基地”项目。该项目的主要特色是华侨大学与湖里区遵循“优势互补、资源共享、工作互动、互惠互利、实现共赢”的原则，湖里区利用自身志愿服务工作的领先优势，为大学生志愿服务活动提供服务项目，华侨大学从学生的专业特长和实际情况出发，为湖里区提供支教帮扶、社工服务、心理辅导咨询、服务大中型活动现场等突出专业特长、高校特色的志愿服务活动，鼓励大学生深入基层、联系群众、服务社会，积极践行社会主义核心价值观。截至年底，“U·I”创意环保志愿服务队、归根情·情暖归国华侨侨眷志愿服务队等8支大学生专业志愿服务队，共计480余名志愿者与湖里区合作开展了创意环保、艺术展演、爱心支教、关爱归侨、手绘宣传、文化建设等突出专业特长、侨校特色的志愿服务活动，积极为“美丽厦门·创新湖里”出谋献策，奉献青春力量。

【区域化团建】 2014年，为确保湖里区区域化团建工作顺利开展，发挥好团区委的枢纽作用，实现区域内组织共建、资源共享、阵地共用、工作联动的目标，湖里区5个街道分别组建了一个以街道团工委为核心的共建委员会，并结合实际需求整合服务资源，设计活动项目，打造区域品牌亮点。为便于工作开展，增强区域化团建实效，在行政区域大、社区数量多的街道，进一步将街道按照地域和特点划分成几个片区，每个片区由若干社区组成，街道青年工作共建委员会牵头在每个片区选择一个骨干社区团组织建立联系点。每个片区都根据各自实际，因地制宜开展特色工作。

（杨玉萍）

区妇女联合会

【概况】 2014年底，全区有街道妇工委5个，社区妇联52个，区级机关妇工委3个，专兼职妇联干部74人。创建“巾帼文明岗”115家，其中全国级3家，省级25家，市级87家，“最美家庭”全国级1户、省级1户、市级1户，2户获提名，五好文明家庭22690户。年内，区妇联结合群众路线教育实践活动，加强机关效能建设，健全马上就办、办公室内部管理制度等，以建设“美丽厦门·创新湖里”为契机，以“巾帼六大”行动为载体，大力开展“家庭建设年”活动，各项妇女工作取得新成效。12月，区妇联获市“寻找最美家庭工作组织奖”，12月24日，举办来厦探亲“留守流动儿童快乐成长营”被授予厦门市“妇女工作创新项目”。

【儿童思想道德教育】 2014年，区妇联以“我与中国梦”为主题，开展丰富多彩的儿童道德实践活动。结合群众路线教育实践活动及“娘家人三进三送”（进社区、进农村、进企业；送法律、送健康、送知识）活动，6月，市、区妇联在江头中心小学联合举办“共享蓝天·关爱成长”——庆“六一”文艺表演暨游园活动。市妇联主席吴亚汝、区政府副区长戴宗垒等领导参加活动，并为现场31名辖区困难儿童及流动儿童代表送去慰问金及礼物。7月，江头街道妇工委、塘边社区妇联等举办“大手牵小手”“放飞新厦门人活动”。

【特色家庭创建活动】 2014年，区妇

6 月 5 日，市级“最美家庭”“十佳母亲”颁奖仪式（区妇联供图）

联通过层层宣传、发动，创新开展寻找“最美特色家庭”，即“最美外口家庭”“最美台胞家庭”“最美特区建设者家庭”，更好地为“美丽厦门·创新湖里”凝聚力量。在创建“最美家庭”活动中，许志仁家庭分别获全国、省、市“最美家庭”称号，钟庆达家庭获全国“五好文明家庭”称号，汪如全家庭、张三海家庭获市“最美家庭”提名奖，赵永良等 16 户家庭被授予市“文明家庭”。苏丽梅被评为市“十佳母亲”。“三八”节期间，区妇联、区文明办联合表彰 200 户区级“五好文明家庭标兵户”。

【巾帼创先争优活动】 年内，区妇联以“巾帼创新业·共圆中国梦”为主题，引导各级“巾帼文明岗”充分发挥品牌效应，为建设“美丽厦门·创新湖里”争创佳绩；鼓励广大妇女立足岗位，创先争优，涌现出一大批先进集体和个人。区妇幼保健院荣获全国“巾帼文明岗”，湖里街道兴华社区等 6 个单位荣获省级“巾帼文明岗”。

【妇女创业就业培训】 2014 年，区妇联加强与区人社局、市妇女儿童活动中心合作，开设“妇女创业就业培训超市”，推进妇女就业及创业培训。年内，区各级妇联组织通过培训超市，共举办手工编织、烘焙、调酒师、美容、物流、烹饪、家庭网上行等各类培训班 35 期，1396 人参加培训，推荐就业 393 人。同时，协助市妇联为 100 名辖区困难妇女开展免费的化妆、西点、网店培训。与区人社局等联合举办“2014 年 2 月湖里区春季企业用工招聘会”，共有 232 家企业到场，推出招聘岗位 1.4 万个。

【巾帼志愿服务】 2014 年，区妇联利用元旦、春节之机，开展“邻里守望·情暖湖里”新春巾帼志愿服务活动，为空巢老人、留守流动儿童、农民工、残疾人、单亲特困家庭献爱心。结合纪念“三八”活动，开展“美丽厦门·幸福湖里·妇女共建”系列行动。东荣社区妇联在妇女共建行动中，成立了“社区联建联勤互助队”，市妇联主席吴亚汝为互助队授旗。在区各级“五好文明家庭”中，创新开展“1+N”志愿服务活动，以“1+N”的模式，即 1 个家庭带动其他家庭、带领家庭成员在辖区开展送爱心、送温暖、洁净家园、绿化美化环境、关爱空巢老人等志愿服务，推动湖里区志愿服务及各项和谐家庭创建工作蓬勃发展。截至年底，已组织妇联机关和 600 名区巾帼志愿者参与大型志愿服务活动 8 次，其中，“洁净家园”义务劳动 1 次、“绿化美化湖里植树活动”1 次、“学雷锋巾帼志愿者入户宣传家庭美德活动”1 次、“关爱服务行动”5 次。3 月，李飞被省妇联授予第一届省“优秀巾帼志愿者”。

【关爱辖区妇女儿童】 2014 年，区妇联联合卫生等部门继续做好低保妇女妇科病检查的组织、宣传和动员，做好贫困妇女“四癌”和其他大病救助工作，共计协助上级妇联为 8 名特困妇女、5 名“四癌”妇女提供 9.5 万元大病救助。利用春节、母亲节、“六一”等节日，关心慰问贫困母亲、困难女童，携手特困妇女家庭共渡难关。春节期间，共计慰问 120 多名贫困妇女及家庭。母亲节期间，副区长丁红斌带领区妇儿工委成员单位领导走访慰问 17 名贫困母亲，并组织区各级妇女干部及执委参加妇科病免费检查。“六一”期间，共计慰问 113 名孤儿及贫困儿童。5 月 29 日，协同市妇联在金安社区开展“娘家人三进三送”巾帼志愿便民服务，为辖区居民送健康、送知识、送温暖。

【实施妇女儿童发展纲要】 7 月 22 日，召开区妇儿工委全委会及“两纲”监测统计会议，会上研究、讨论了 2012—2013 年区妇女儿童发展纲要监测统计体系，协调各成员单位完成“两纲”监测统计任务，并采取有效措施完成新“两纲”目标任务的责任分解。5 月，国务院妇儿工委办公室副主任宋文珍、省妇联副主席包方一行莅临湖里区妇幼保健院调研儿童早期教育综合开发工作，并给予充分肯定。

【维护妇女儿童合法权益】 2014 年，区妇联全面推广妇女维权“三制”，即：妇女议事制、妇女信访代 / 协理制、妇女帮扶互助制，积极培塑一批示范典型。兴华社区妇联成立首个以女性命名的“赵树霞调解工作室”，受到妇女群众欢迎。利用各种形式宣传贯彻妇女权益保障法和未成年人保护法。各级妇联组织积极开展“三八”维权月活动，认真制作“平安家庭”及妇女维权宣传栏版，参与区“综治宣传月”“六五”普

5月15日，国务院妇儿工委办公室副主任宋文珍、省妇联副主席包方一行莅临湖里区妇幼保健院调研儿童早期教育综合开发工作（区妇联供图）

法宣传、禁毒等大型法制宣传活动。至12月底，共计分发各种宣传材料5.5万余份。做好妇联信访工作，领导接访，为来访妇女排忧解难。省妇联主席吴洪芹、市妇联主席吴亚汝等省、市妇联领导到湖里区参加“妇联主席下基层接访”活动。截至年底，区各级妇联组织共受理来信来访309件。

【提升妇女干部能力】 8月28日，与区委组织部联合举办区处、科级女干部培训班，有30名女干部参加。积极选派2名处、科级妇女干部在9—10月期间参加省组织部、省妇联举办的女干部能力提升班。开设“魅力女性心灵成长”系列修炼课堂。（详见“魅力女性心灵成长修炼系列培训”条目）

【开展妇女联谊交流活动】 2014年，区妇联与相关部门开展了一系列妇女联谊交流活动，与区台办联合组织女台商“三八”联谊交流活动，和台商子女组队参加海峡论坛家庭广场舞展示。积极开展妇联执委及女干部“五缘漫步行　观美丽湖里”联谊活动，组队参加女领导气排球赛、举办插花艺术培训等。举办“美丽厦门·幸福湖里·妇女共建”千名妇女五缘湾健步行活动；与区工会、区工业园区管委会等联合在同安工业园区举办湖里区外来女员工庆“三八”拔河比赛，有13支园区企业代表队参赛；与区老体协联合举办湖里区第九届“巾帼杯”门球赛，有10支代表队参赛；组织150人参加市妇联健步行活动。湖里街道妇工委等举办“美好家园共同缔造巾帼在行动”大型宣传游园活动，各社区妇联举办了“和谐邻里大家乐”活动（包括妇女运动会、家庭才艺表演等）。

【“妇女之家”建设】 年内，区妇联认真拓展“妇女之家”服务范围、创新工作载体、丰富工作内容，切实推进“妇女之家”建设。东荣社区“妇女之家”的创建案例被推荐参评全国“妇女之家”案例评选。省妇联主席吴洪芹两次来湖里区金尚、东荣社区调研社区妇联工作，对湖里区开展社区“妇女之家”及关爱流动妇女儿童工作等给予充分肯定。

【举办“流动留守儿童快乐成长营”】 2月，区妇联在塘边、马垅、后坑、钟宅、后浦等流动人口较多的社区，举办“流动留守儿童快乐成长营”，区妇联联合街道为来厦探亲的留守流动儿童开展了一系列主题鲜明的成长营活动，包括参观特区纪念馆、亚热植物园、走进厦门大街小巷、感受湖里区风采等，还有剪纸艺术、畅游科普、水上安全、快乐折纸、小组活动、文明餐桌等系列活动。截至年底，已举办12场，有500多来厦探亲的留守流动儿童参营。

【设立婚姻家庭辅导工作室】 12月，区妇联联合区民政局，在区婚姻登记中心引进社工服务，设立区婚姻家庭辅导工作室，一方面为新婚夫妇提供婚姻家庭知识咨询服务，另一方面也为离异夫妇提供调解及法律咨询服务，并为离异子女提供家庭教育方面的便利服务，受到上级妇联的充分肯定。

【魅力女性心灵成长修炼系列培训】 4月至12月，区妇联与心理咨询机构精心策划设计了《魅力女性心灵成长修炼》系列课程，共举办10场，培训课程包括魅力女性十项修炼、工作与生活平衡、职业女性阳光心态、关爱自己呵护心灵、建立和谐婚姻关系等系列课程。参加对象为区、街、社区妇联干部、执委，微组织女性负责人，社区女性居民，共有1200多人次参加学习。此次系列培训既为各级妇联干部提供心理咨询知识，又为各社区妇联培养了一批婚姻家庭工作志愿者。

（刘艺梅）

区计生协会

【概况】 2014年，全区共有各级各类计生协会组织323个，其中街道协会5个、社区协会52个、企事业流动人口协会266个，会员30892人，其中流动人口会员15176人。经区计生协会评定，全区有32个社区被评为一流社区计生协会，占全区社区的61.5%。基层810个社区协会小组中，有612个小组被街道计生协会评定为“五好小组”，占社区小组总数75.6%，成为湖里区计划生育工作中一支重要的群众工作队伍。12月22日，召开区计生协会六届

5·29会员活动日（黄文选 摄）

三次理事会，选举王斌为常务副会长，施育德为专职副会长，区计生协会全年活动经费50万元；“四联创”评估验收经费10万元，下拨7.28万元。

【亲情慰问】 2014年节日期间，计生协会开展“情暖计生困难家庭”和“情系基层计生工作者”送温暖慰问系列活动。春节期间，区协会投入50.1万元慰问891个困难家庭，其中慰问751个计生困难家庭（含失独、伤残特殊家庭）和140名基层困难计生工作者。“母亲节”期间，湖里区共投入10.75万元，走访慰问计生贫困家庭，慰问215名计生贫困母亲。

【金秋助学】 2014年，湖里区继续开展“生育关怀——计划生育困难家庭子女金秋助学”活动。对计划生育困难家庭子女中考录取新生每人一次性资助1000元，高考录取新生每人一次性资助2500元。按照社区、街道对计生困难家庭子女参加中、高考和录取情况的摸底，分别对录取中考新生46人、高考新生50人给予助学金补助，共投入专项经费17.1万元帮助96名学子继续就学。

发放金秋助学款（黄文选 摄）

【计生保险】 2014年，湖里区全面开展计生家庭（0—14周岁）意外伤害保险投保工作，全区投入79.29万元为15563个独生子女家庭成员办理了家庭意外伤害险（每户50元）。此外，为全区98个失独、伤残家庭成员办理了以住院陪护为主要内容的家庭意外伤害险保险，标准提高至每户200元，进一步提升了计生特殊家庭抵御风险的能力。

【开展“幸福工程”项目】 2014年，湖里区在全省首创自筹资金，按照“小额资助、直接到人、滚动运作、劳动脱贫”的救助模式，开展“幸福工程”项目。全年新投入60万元帮助60个贫困计生家庭发展生产（其中流动人口13户）。截至12月底，全区累计投入帮扶资金315万元，救助贫困母亲393人（其中流动人口55人），覆盖全区5个街道所有社区，直接惠及人口1300多人。

【创“爱之屋”活动】 2014年，湖里区创立“爱之屋——生育关怀基金”，推行一个“爱之屋”一日捐一元活动，用于帮助本社区计生困难家庭。全区52个社区全部参与创“爱之屋”活动，全年共募集善款43.7万元，除20%用于区统筹救助重特大病计生家庭外，80%用于社区计生困难家庭，已先后救助318个计生困难家庭，发放慰问款22.46万元。

（黄文选）

区关心下一代工作委员会

【概况】 2014年，区关心下一代工作委员会（以下简称关工委）以开展主题教育活动作为青少年思想道德建设的重点，在青少年中广泛开展社会主义核心价值观教育。区关工委宣讲报告团围绕“老少共筑中国梦”“美丽厦门·共同缔造”等主题，深入学校、社区，举办宣讲报告193场，受教育的未成年人达1.83余万人次。关工委把握“学校放假，社区开学”的契机，办好暑期夏令营。年内，全区各级关工委共举办夏令营331个，有1.4万余名青少年参与。积极推进非公有制企业关工委的建设，成立区非公有制企业关工委组织建设领导小组，出台加快非公企业关工委建设的若干意见，全年新建非公有制企业关工委16家。

【关爱“五失”青少年】 2014年，区关工委全力推进关爱辖区“五失”（失学、失管、失亲、失足、失业）青少年工作。针对“五失”特殊群体，区、街关爱工作团通过调查摸底，建档，分析原因，开展针对性的关爱活动。举办关爱“五失”青少年工作现场交流会，与会者到市强制戒毒所与失足青少年面对面交流座谈，并为他们发放了生活用品。

【募捐助学】 年内，区关工委积极参与区慈善会、区红十字会的关爱联盟工作，与爱心企业和人士深入座谈，了解关爱意愿，对拟确定关爱资助的对象发动“五老”（老干部、老战士、老专家、老教师、老模范）人员调查了解，提出建议，提供平台，举办大型的捐款资助仪式。全年，共募集、付出捐资助学金额112.5万元，有983名贫困学生获得资助。

（陈雯）

湖里区慈善会

【概况】 2014年，区慈善会共募集慈善款物3151万元，发放慈善款物近1325.25万元，帮扶各类困难群体达1.6万余人次。区慈善会荣获中华慈善总会颁发的“第二届中华慈善突出贡献（组织）奖”，并连续四年成为厦门市第一批公益性捐赠税前扣除资格的区级公益性社会团体。

9月6日，慈善一条街揭牌仪式在金湖路中央美地广场举行（陈筱婷　摄）

【扶贫济困】 年内，区慈善会结合中秋节、重阳节、春节等传统节日，开展“第三届情暖湖里迎新春”“困难户新春慰问金发放仪式”“爱心年夜饭”“中秋、国庆敬老节慰问仪式”等系列慰问活动，为低保、边缘户、孤困儿童、湖里区特教学校、福乐家园等多类对象发放款物579.38万元。区慈善会为380名困难老人、高龄老人、失能半失能老人发放慰问金和物资99.15万元，支出45.24万元购买居家养老专业服务。通过“雨露育青苗”活动为199名孤残儿童发放44.81万元扶助金和礼品；欣万兴商贸有限公司为900名困难户婴幼儿捐赠价值135万元的奶粉。

【助学奖学】 2014年，区慈善会为全区542名学生及三所学校发放助学、奖学奖教金共计155.97万元。金秋助学活动支出助学金95.97万元；“方庆明奖学金”为150名优秀中小学生颁发30万元奖学金；“新景地奖教奖学基金”为江头第三小学等3所学校的优秀教师和学生颁发30万元奖励金。

【医疗救助项目】 2014年，方庆明医疗救助金首期支出60万元，救助全市21名重病患者；日常大病救助项目支出47.3万元，救助121名患者。

（陈琴）

科　协

【概况】 2014年，湖里区继续实施“社区科普益民计划”，祥店、金山社区受到中国科协和财政部表彰，获“2014年全国基层科普先进单位”称号，得到奖补经费各20万元。金安社区获省级“社区科普益民计划先进单位”称号。区、街科协科普专项经费有所增长，区级安排科普专项经费180万元。年内，区科协继续安排专项补助经费，在金安、吕岭、兴园、怡景、禾欣社区启动省级“社区科普益民计划”试点工作。

【建设青少年科学工作室】 2014年，区科协着力于科普场所（设施）的建设，投入30多万元建设海天、祥店、湖边、禾缘、兴隆区级青少年科学工作室。全区5个街道52个社区有18个工作室，其中：市级有10个，区级有8个。各青少年工作室各自形成特色，如金尚动漫，怡景陶艺制作，金海航（空）模，湖边航（海）模，禾盛车模，禾缘魔术，兴隆电子机器人，兴园电子互动，江村、金山万能机床，吕岭创意搭建等。

【建设社区科普大学】 湖里区全年投入10多万元新建市级科普大学江头街道吕岭社区、殿前街道兴园社区办学点。在市科协支持下，金安社区区级科普大学升格为市级科普大学金山街道分校金安办学点。截至年底，湖里区共有4所市级科普大学分校、3所区级科普大学、2所区级科普学堂，实现5个街道全覆盖。

【科普活动】 2014年，湖里区继续开展科技活动周、防震减灾日、科普日、食品安全周、科技下乡等大型活动，同时还组织开展一系列日常性科普活动。全年共举办科普讲座152场，听众达5469人次；赠给52个社区科普图书、科普挂图、科普墙报5000余册；更换52座宣传画廊的科普内容；全区科普基地向社区开放，参观人数达800人次；社区青少年科学工作室开展活动40场，接待青少年1200余人次；组建10个市级社区代表队参加市“青少年科学工作室趣味机器人竞赛”；全年共举办12场“科普超市”，走进5个街道的12个社区；组织社区开展25场夏、冬令营活动，900人次参加；组织区防震减灾演练，300人次参加。

【青少年科学工作室竞赛】 年内，区科协分别举办5场青少年科学工作室竞赛，内容涵盖创意搭建、创意机床模型制作、航模、电子百拼、机器人。先由5个街道组织社区举办培训比赛，选出优胜者参与区级竞赛，将场地从社区搬到学校、购物中心，有效地扩大青少年科学工作室的影响。

（柯慧玲）

湖里区红十字会

【概况】 2014年，湖里区红十字会基层组织进一步壮大，成立社区红十字会6个，青少年红十字会3个，专业志愿服务队1支（湖里区红十字会学雷锋应急救护师资队），社区应急救护志愿服务队26支。至年底，全区共有红十字基层组织88个，专业志愿服务队3支，社区应急救护志愿服务队35支。是年湖里募集各类款物折合人民币107.34余万元（其中鲁甸地震募集款物折合人民币16.20余万元）；对辖区183名急、危、重症疾病患者施行大病救助，救助金额共计人民币46.1万元；大力开展节日慰问，共救助困难群众2203人，救助金额82.78万元；宣传工作方面，共制作板报63版，投稿23篇，发送彩漫8万条，发放宣传彩页近5000份；共举行各类培训55场，近万人次接受培训。

【“三救”（救护、救助、救援）工作】 2014年，区红十字会深入开展应急救护培训进社区、进学校、进重点行业活动，全年共举行各类培训55场，近万人次接受培训。其中，初级应急救护持证培训10场，培训初级现场急救员471名；在15个社区开展应急救护普及培训15场，近2000名群众参加；在中小学校组织了18场培训，6千多名的师生参加培训；培训驾驶员近3000人，使汽车驾驶员掌握应急救护常识。

区红十字会全年共救助困难群众2203人，救助金额为人民币82.78万元。节日期间，为全区2000户困难群众、残疾人发放油、米、面等价值人民币21.98万元的物资。每季度为五个博爱超市发放备灾救灾物资，依托区红十字会备灾救灾仓库，发放油、米、面等物资共计人民币7.2万元。在日常工作中，对本区常驻的特困危急重症疾病患者实施应急人道救助，共救助辖区患大病群众183名，救助金额共计人民币46.1万元，同时帮助申请市级、省级救助24人，救助金额共计人民币8.4万元。

是年，区红十字会建立区级备灾救灾仓库（二级），有救灾物资326份，救援器材82套，救急药品328份；云南鲁甸地震后积极开展募捐救灾工作，发放倡议书3000多份，共募集善款（按上级要求此次仅募善款）16.20余万元。

【“三献”工作】 “三献”是献血、献造血干细胞、献遗体（器官），区红十字会的主要职能是广泛宣传和为志愿者登记。通过宣传和推动，截至年底有42例志愿者办理了遗体（器官）捐献登记手续。

（李汪洋）

侨　联

【概况】 2014年，湖里区归国华侨联合会（以下简称区侨联）按照区委、区政府的工作部署和上级侨联的要求，认真做好“群众工作、参政议政、维护侨益、海外联谊”等工作。开展了一系列惠侨活动——走访慰问、扶贫济困、志愿服务、文体活动和组织建设加强年活动；还开展了侨情民意课题调研、普法宣传教育、台港澳侨联谊交流交往等活动。

【惠侨活动】 2014年，区侨联关心归侨侨眷中的困难群体，切实为侨界群众排忧解难，利用助侨基金对辖区内的孤、寡等16户特困归侨给予每个月200元固定生活补助，全年发放定补金3.78万元。在主要节日开展慰问活动，春节期间，区侨联走访慰问60户贫困归侨，发放慰问金3.6万元；“六一”

6 月 6—10 日，新加坡禾山公会一行到湖里区寻根问祖，与湖里区部分领导合影（区侨联供图）

儿童节，慰问 10 户贫困归侨侨眷子女；中秋节走访慰问 32 户贫困归侨，给予每户 500 元慰问金；重阳节慰问 18 位 89 岁以上的高龄老归侨，并送去老人生活用品。主动帮扶残弱家庭，与康辉社区特困户黄明琴结成帮扶对子，给予 3000 元帮扶金，资助其女儿顺利完成学业；5 月，组织辖区内 10 名困难老归侨参加市侨联、提供的免费体检；指导东荣社区为重病困难归侨开展爱心募捐活动；帮助金山街道困难归侨家庭在读大学生范贤君申请到市侨联“侨爱心基金”5000 元助学金。配合省、市侨联发起的“百侨助百村·共建美丽乡村”活动，与湖里街道濠头社区结成帮扶对子，开展送文化、送法律、送医疗和送温暖活动。

【接待新加坡禾山公会访问团】 6 月 6—10 日，湖里区接待了以王偶忠会长为领队的新加坡禾山公会 27 名会员组成的“厦门寻根探亲访问团”。统战部部长陈国荣向团员们介绍湖里区经济建设发展情况，并邀请客人到湖里区高科技园、五缘湾游艇码头、帆船码头、湿地公园、区侨联会所等地参观。

【参加市侨联组织的赴台交流活动】 7 月和 9 月，区侨联两次派人员参加市侨联组织的赴台交流活动，分别拜访中侨联总会、华侨协会总会、台北同安同乡会、缅甸归侨协会等台湾侨界重要社团。

【开展“归根情·情暖归国华侨”活动】 11 月 2 日，湖里区侨联与华侨大学共同开展“归根情·情暖归国华侨”志愿服务活动。来自印尼、缅甸、老挝等地的华侨大学学生志愿者 105 人，分赴湖里区 5 个街道 18 个社区，走访 46 户贫困归侨家庭，在走家入户中，海外学生志愿者用母语与归侨老人亲切交谈，主动帮助整理家务等等。在弘扬志愿服务精神的同时让老归侨感受到社会大家庭的温暖。

【侨界参政议政】 年内，区侨联深入基层和侨资企业开展侨情民意调研，完成《加强社区治理体系和治理能力现代化建设》《基层侨联在推动缔造美丽厦门的实践与思考》《如何更好地做好流动归侨侨眷的服务工作》3 篇调研报告。湖里区的福建省侨联特约侨情研究员反映 3 件侨情民意《关于治理雾霾的几点建议》《大力培养新生代民营企业家，支持非公经济持续健康发展》《建议将火烧屿打造成国际邮轮城的后花园》分别被福建省侨联作为侨情专报件，1 件被省委采用，1 件被省政协单篇采用，2 件刊登于《厦门政协》杂志，1 件获市委常委统战部部长黄菱批示。

【接待省侨联组织的参观团】 12 月 12

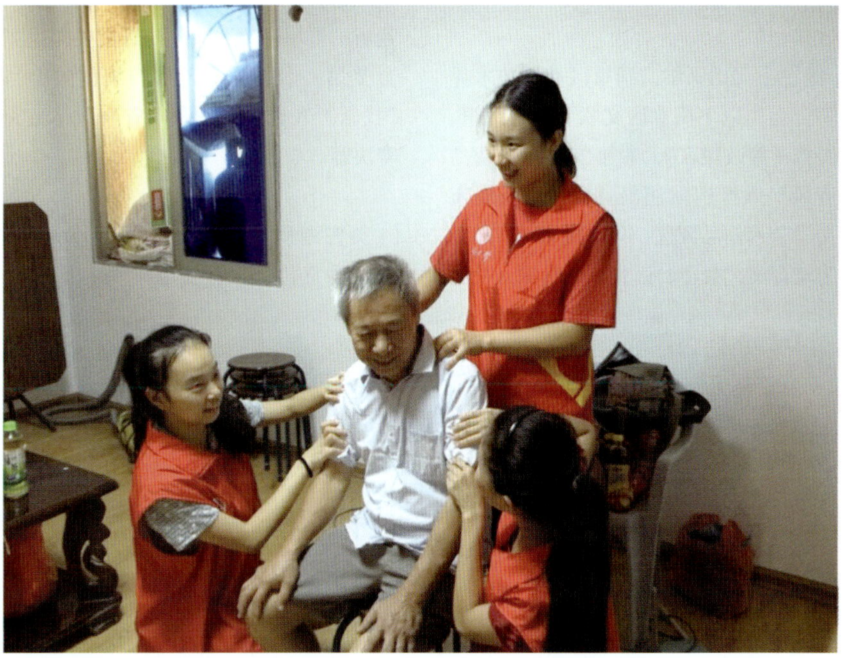

11 月 2 日，华侨大学海外学生志愿者走访归国华侨（区侨联供图）

12 月 12 日，省侨联主席谢小建及各设区市侨联主席在濠头社区参观（区侨联供图）

日，省侨联副主席谢小建率全省各设区市侨联主席及部分县、乡镇（街道）、村（社区）侨联负责人等 60 多人到湖里区濠头社区，参观社区“组织建设加强年”活动开展情况。

（黄霓裳）

湖里区文学艺术界联合会

【概况】 2014 年，湖里区文学艺术界联合会（以下简称区文联）精心组织、编排《廉政箴言》，参加 2014 年“鹭岛清风”六区巡回演出。参加第五届市文学艺术作品评选，共上报 40 件作品。为培育文艺骨干，区文联先后深入社区和学校，举办培训、沙龙、讲座等活动 120 期，受众 4600 余人次。

【文艺创作】 年内，区文联成员积极参加各类比赛、交流，取得了较好的成绩。由高国静作词，黄小鹭作曲的二重唱《中华情》入选《广播歌选》2014 第 9 期；会员林庆辉参加在中国美术馆举办的“人道主义的呼唤”首届全国助残美术作品展。会员陈美云和宋生娣以爵士风格打造的《请到厦门湖里来》获福建省“群星璀璨”文化协管员技能比赛金奖第一名；朱玉玲参与编创的小品《找爹》入选本届华东六省一市小品大赛决赛。

【《美在湖里》摄影集出版】 9 月初，由区委宣传部、区文联牵头，区摄影协会精心组稿的《美在湖里》摄影集出版。此摄影集精选了 96 幅摄影作品，从五缘情怀、创新发展、和谐宜居、温馨社区、同根同缘五个方面彰显了湖里的创新之美、自然之美、和谐之美、细节之美、文化之美。

（陈思成）

区社科联

【概况】 2014 年，区社会科学界联合会（以下简称区社科联）有行政编制 1 个。年内，打造“湖里星期六”名家讲堂，举办了湖里星期六·科普大讲堂、湖里星期六·妇幼大讲堂、湖里星期六·教育大讲堂等，就家庭教育、亲子关系、医疗保健、经济文化等群众关心的问题开展专题讲座。全年举办各类讲座 48 次，8100 余人听讲，受到社会各界的广泛欢迎。

【社会科学普及周活动】 10 月 19—25 日，配合厦门市第十届社会科学普及宣传活动，开展了社会科学走进金安、社科普及电影周等活动，在湖里街道、江头街道、禾山街道举办“鹭江讲堂”解读培育和践行社会主义核心价值观，各文明单位道德讲堂、社区学堂也结合实际开展了经典诵读培训、古诗词鉴赏、道德建设有关知识讲座等。

（徐晓曦）

法 治

政法及综治工作

【概况】 2014年，湖里区政法系统认真贯彻落实“美丽厦门·共同缔造”的决策部署，以平安湖里、法治湖里建设为主线，以创新社会治理方式、推进社会治理体系和治理能力现代化为重点，以提升群众安全感满意度为导向，坚持源头治理、系统治理、综合治理、依法治理，扎实推动综治各项措施的落实，积极有效化解矛盾纠纷，着力解决影响和谐稳定的突出问题，全年有效防止群体性上访47件2318人，实现了辖区重要时期无非正常上访的目标，辖区社会大局保持总体平稳，全区社会治安持续向好，刑事报警数同比下降14.9%，降幅居全市各区首位，连续十一年被评为全市综治工作优秀区。据省城调队2014年底测评结果，辖区群众安全感排名位居厦门各区首位，并首次跻身全省各县（区）前十名。

【完善立体化治安防控体系】 2014年，辖区进一步完善立体化治安防控体系，新安装区级监控系统视频探头800个，完成建设出租房屋智能指纹门禁系统1612套，所有安装户实现入室盗窃案件零发案，防控设施现代化水平显著提升，促进辖区治安形势持续向好。年内，全区共接报“110”刑事类警情12292起，同比下降14.9%，降幅居全市各区首位。

3月，区委常委、区委政法委书记钟伟东（左二）查看辖区学校安保情况（政法委供图）

【积极推进司法体制改革试点工作】 年内，区政法委积极探索民主法治领域改革，推进区法院审判综合改革全省试点工作，筹备区法院、检察院司法改革全市试点工作。成立湖里区审判综合改革领导小组，由区委书记刘育生亲自担任组长，增加13名非在编审判辅助人员，调整财政预算，为深化改革提供保障。改革审判权运行机制，设立办案团队，试行类型化案件集约审理工作模式，完善法律文书签署制度，改革审判委员会制度，设立刑事行政执行和民商事两个审判长联席会；探索人员分类管理，在试点团队试行法官助理工作新模式，确保裁判尺度统一，提高办案质量；成立审判辅助中心，将审判核心事务和审判辅助事务进行适度剥离，推进审判专业化进程。

【推进依法行政】 年内，湖里区重视政府法律顾问团建设，聘请8名知名律师，成立区政府的非常设法律咨询组织，在重大行政决策方面充分听取法律专家的意见和建议；进一步优化行政审批程序，提高行政效率和服务质量，压缩行政审批时限98项；积极探索行政争议解决机制，扎实推进行政复议规范化建设，持续做好行政应诉工作，全年共应诉5件；坚持开展行政执法案卷质量评查，对检查发现的问题及时反馈并责成改正。强化行政综合监察“回头看”，去年先后对区建设局、环保分局等单位开展监察检查，共抽检各类案卷26件，发现问题10个，提出整改建议4条，切实规范行政权力运行。

【群防群治队伍建设】 年内，湖里区深化基层综治平台建设，全区社区网格化信息平台升级改造工作圆满完成，实现区、街、社区三级信息网络互联互通。各街道和社区均建立起了治安巡防队伍，目前全区专职治安联防队员1365名，“红袖标”平安志愿者2.5万人，路面治安防控能力显著增强。高殿社区还在巡防队伍基础上组建志愿消防队，将治安巡防与消防安全排查相结合，年均消除火灾隐患40余起。

【规范协警队伍建设】 2014年，湖里区强化街编协警规范化管理，由湖里保安公司负责招聘、培训，派出所负责日常管理，街道办定期检查，明确各方职责，有效提高街编协警管理效能。确定街编协警编制408名，增加投入870万元，统一区编、街编协警工资待遇水平，改变了区编、街编协警同工不同酬的现象，调动了街编协警队伍积极性。全年，街边协警共协助破获各类刑事案件1054起，破获查处各类治安案件1198起，有效解决了辖区警力不足的问题。

【特殊人群服务管理】 年内，湖里区强化戒毒人员、易肇事肇祸精神病人和社区服刑人员等特殊人群服务管理。建立早期识别双向转诊制度，开展健康体检，认真规范填写《个案管理记录服务手册》，落实患者健康管理，为新发现的精神疾病患者建档，每季度一次对接受管理的患者进行随访及用药指导。发现具有肇事肇祸倾向的精神病人时，及时通报公安、街道、精神专科医院等相关部门，切实做好易肇事肇祸精神病人等重点人员的管控工作。是年5月，依托厦门市曙光管理教育服务中心建立湖里区社区矫正中心。7月，制定并下发《湖里区社区服刑人员再犯罪风险评估与心理矫正实施办法（试行）》。在社区服刑人员报到、社区服务、学习教育等活动中，启用人脸指纹识别仪自动识别和签到，实现了人脸、指纹识别的双重保障，防止冒名顶替等情况的发生。

【深化司法公开】 2014年，湖里区探索实行立案预登记制度，注重完善司法管理体制和司法权力运行机制，规范司法行为，加强对司法活动的监督，努力让人民群众在每个司法案件中感受到公平正义。主动适应人民群众对司法公开的新期待，5月30日，在全省法院系统首邀官方微博“粉丝”旁听庭审，社会反响热烈。健全便民利民服务举措，区检察院对3起案件启动审查逮捕案件公开审查工作，司法公信力得到提升；诉调对接中心，聘任6名常驻中心调解员和35名特邀调解员。

【政法队伍作风建设】 年内，湖里区以深入开展第二批党的群众路线教育实践活动为契机，组织政法队伍建设年活动，聚焦“四风”（形式主义、官僚主义、享乐主义和奢靡之风）突出问题，坚持开门整风，特别是开展“人情案、金钱案、关系案”专项整治，有力推动了政法机关转作风提效能，政法队伍活力得到激发，涌现出区检察院控申科和“厦门市特级优秀人民警察”李振郁、张健民等一批先进集体和个人。着力加强队伍作风建设和执法规范化建设，湖里公安分局开展治安防控竞赛，通过约谈“后进”的方式加大考核倒查力度，落实防控责任；区检察院开展“办案质量年”主题活动，确保队伍政治过硬、业务过硬；区法院成立12个专业化办案团队，实行类型化案件集约审理工作模式，办案质效明显提升。

【创新道路交通事故调解机制】 建立人民调解与行政调解、司法调解相衔接的“一站式”交通事故纠纷解决平台。全年，区交调委成功调处矛盾纠纷639件，涉案金额共计2088.8万元，向交通巡回法庭申请司法确认288起。8月14日，湖里区制定出台《厦门市湖里区轻微人身损害道路交通事故快速处理办法（试行）》，有效破解“小事故、大拥堵、长扣车”难题。

【信访“联动反馈”机制】 年内，湖里区建立涉法、涉诉信访案件工作联席会机制，由公、检、法按季度轮流负责召集和主持，共同研究疑难复杂信访案件。主要采取“三明确（明确涉法涉诉信访案件处理原则，明确涉法涉诉信访案件管辖制度，明确重大异常信访案件处理方法）一机制（信访联动反馈机制）”，信访“联动反馈”机制是湖里区公、检、法机关深化三项重点工作的有益尝试，畅通公、检、法三机关信访信息沟通交流渠道，减少重复信访，避免交叉办案和互相推诿现象，维护当事人合法权益，对强化重大复杂信访案件处置力度，提升社会矛盾化解工作质量、效率起到推动作用。全年区检察院与湖里公安分局联动化解疑难涉法涉诉信访6起。

【湖里特色大调解体系形成】 年内，湖里区不断拓宽行业性、专业性调委会覆盖面，强化对领域、行业和群体的细分，从群众最需要、发展最迫切、条件最成熟的行业和领域入手，因势利导统筹推进调委会建设向全方位发展。全区行业性、专业性调委会已达50家，涵盖了25个行业、领域和商贸中心区、外口聚居区等特定区域，全区专业性、行业性调委会网络体系初步形成。是年，全区各级调解组织共化解纠纷

4734件，成功调处4716件，调处成功率为99.62%。

【平安和谐社区建设】 2014年，湖里区积极运用“美丽厦门·共同缔造”的理念和方法推动社会治理创新，变管理为服务，以服务促治理。平安和谐社区建设进一步深化，5个市级示范社区和5个区级示范社区的样板效应明显。加大平安建设宣传力度，7月，禾山司法所自编、自导、自演全市第一部社区普法微电影《阿呆租房记》，多渠道向群众宣传法律知识；通过“小喇叭”循环播报安全防范知识，平安建设知晓率有所提高。继续提升“城中村”治理科学化水平。马垅、蔡塘社区创新“城中村”封闭式管理、物业式管理等手段，禾山社区建立社区、物业、业委会“三方联动”机制，有效提高了平安建设的社会化动员能力。

【完善流动人口服务管理】 2014年，全区已建成流动人口“一站式”服务工作站50家，流动人口登记办证率90%以上。还在自然村设立11家办证点，流动人口均等化服务进一步深化；推行房东联创管理模式，建立社区、房东、流动人口家庭“三位一体”的管理体系，流动人口管理机制进一步健全。

【扎实推进法律服务惠民生工作】 年内，湖里区组织联合信实律师事务所与辖区52个社区签订开展“律师进社区”法律服务合作协议书，实现社区律师全覆盖。开展和谐劳动关系示范工程建设，打造了殿前街道长虹路“和谐劳动关系示范街”。积极运用法律服务经济建设，区公证处为高林居住区的经济适用房建设、乌石浦旧村拆迁改造等重点项目提供了证据保全等公证服务；区法院成功拆除乌石浦村60号房屋，成为厦门司法强拆第一例。2014年，区法律援助中心共援助农民工1356人次、未成年人145人次。

【落实综治责任】 2014年，各街道及成员单位把综治工作和平安建设纳入重要议事日程和领导责任内容，坚持把综治和平安建设工作与经济发展同决策、同部署、同落实，组织领导更加有力，责任落实更加到位，保障措施更加扎实。湖里街道分别与18个社区、584个企事业单位签订了综治责任书，建立了横向到边、纵向到人、上下联动的责任制；禾山街道全年综治经费总投入4629万元，占街道财政总预算的三分之一以上；金山街道新增投入180万元用于提高200名治安巡逻队员工资待遇，投入500万元用于建设街道治安监控系统；江头街道将社会治理创新纳入年度《社区千分制考评细则》，不断提升平安和谐社区建设水平。

【检调对接】 2月19日，湖里区检察院联合区司法局共同发文《关于开展检调对接工作的实施意见》，进一步规范“检调对接”，在办理轻微刑事案件、民事检察案件、行政赔偿检察案件的和解过程中，可由当事人自主选择适用“检调对接”，依托人民调解组织纠纷调处工作平台调处案件，提升执法公信力。3月12日，首次利用检调对接机制成功解决一起故意伤害案。是年，共受理“检调对接”案件并调解成功5起。从审查移送到调解成功不超过7日，案件办理效率高、公信强、成效好。

（曹梅媛）

法制政府建设

【概况】 2014年，湖里区法制工作以提高法律服务水平为目标，以创建依法行政示范区和政府权力公开透明运行试点为抓手，健全科学民主决策机制，规范行政权力运行，加强行政执法监督，依法解决行政争议，着力抓好各项法制工作任务的落实。制定行政复议工作十项配套制度；起草《湖里区行政机关规范性文件合法性审查工作规程》，完善规范性文件备案审查工作制度；起草《湖里区行政机关规范性文件管理办法》《湖里区行政机关规范性文件合法性审查工作规程》，完善规范性文件备案审查工作制度。共梳理区政府和区直部门权力2000多项，事前审核区规范性文件13件，事后报送备案审查11件，办理各类非诉讼类法律服务22件，涉及标的20亿元，代理行政和民事诉讼89件，检查区各行政执法部门执法案件120多卷，审查受理行政复议10件，办理信访复查复核12件次。

【执法监督】 2014年，湖里区开展2013年依法行政绩效评估工作，通报2013年行政执法检查情况。对区行政执法局、区卫生局、区安监局等57件重大行政处罚案件备案审查。开展“基层执法规范年”活动，对8个执法单位执法情况、行政职权梳理、行政执法责任制的建立和规范执法行为等加强指导、监督。在区行政执法局召开现场会，展示制度建设、案卷质量评查、行政职权梳理等阶段性成果，由区卫生局、区人社局、区行政执法局等三个示范单位介绍经验，区法制办通报行政职权目录梳理工作情况。区法制办与区监察局对区民政局“回头看”，对区教育局开展行政执法综合监察。根据《湖里区关于推进廉政风险防控标准化工作的实施意见》（厦湖惩防办〔2014〕1号）要求，对10个行政执法部门的廉政风险防控标准化工作实施方案收集汇总；区法制办配合区监察局对各部门、各街道开展廉政风险绩效检查。指导区人社局、区文体出版旅游局、区安监局、区卫生局等行政执法部门的重大行政处罚案件；备案审查重大行政处罚案件134件。

【依法行政】 2014年，湖里区共实施行政处罚2257件，其中，警告19件，罚款2201件约468.23万元，没收违

湖里区行政执法基本情况表

表 6

序号	项目		实施或受理数（件）	金额（万元）
1	行政处罚	警告（书面）	19	—
		罚款	2201	468.23
		没收违法所得及非法财物	27	4.13
		责令停产、停业	10	—
		暂扣或者吊销执照、许可证	—	—
		其他行政处罚	—	—
2	收到许可申请		5304	—
	受理许可		5304	—
	不予受理		—	—
	准予许可		5300	141.22
3	行政强制		712	1309.57
4	行政征收		331	5226.92
5	行政确认		6208	4.354
6	行政给付		12179	3275.27

法所得及非法财物 27 件约 4.13 万元，责令停产停业 10 件；收到行政许可申请 5304 件，受理许可 5304 件，准予许可 5300 件 141.22 万元；行政强制 712 件约 1309.57 万元；行政征收 331 件 5226.92 万元；行政确认 6208 件 4.35 余万元；行政给付 12179 件（次）3275.27 余万元。上述六类具体行政行为共计 26991 件。

【规范性文件备案审查与清理】 2014 年，区法制办共审查《湖里区重度残疾人员求助办法》《湖里区科学技术资金管理办法》《禾山街道财政性投融资小额建设工程项目监督与管理暂行办法》《湖里区国有土地、集体土地上私人住危房翻修改建审批实施办法》等 22 件规范性文件。对全区 2012 年以来的规范性文件进行清理，清理 2012 年 7 月至 2014 年 6 月 30 日的规范性文件 50 件，其中：保留 39 件，修订 1 件，失效和废止 10 件。

【行政复议与应诉】 2014 年，区法制办审查受理孔令强不服公安机关作出的行政处罚决定的行政复议、厦门市后埔经济发展公司不服区行政执法局作出责令拆除违法建设决定书的行政复议、许太忠不服厦门市湖里区行政执法局作出行政处罚决定书的行政复议等 11 件行政复议案件。对陈金荣诉湖里区政府承包地征收补偿费用分配纠纷一案提出应诉意见，做好浦口村民诉区政府征地拆迁补偿纠纷 89 件系列案件的应诉工作。

（张宪敏）

公 安

【概况】 2014 年，湖里公安分局主动参与排查调处各类矛盾纠纷 196 件，协助党委政府成功处置群体性事件 202 起，顺利完成国际马拉松赛、元宵民俗踩街、“台交会”、海峡论坛、“9·8”投洽会、“APEC 海洋部长会议”等 215 场次大型活动安保工作。在人员密集场所创新建立“多位一体”警民联防机制，成功处置了 SM 商业广场纵火案。积极开展社会治安综合整治“剑盾”系列行动、“猎狐捕鼠”及“亮剑扫毒”会战等专项工作，共破获刑事案件 4852 起，逮捕 855 人，移送起诉 1405 人，抓获逃犯 585 人；侦破现行命案 12 起，命案破案率达到 100%；摧毁涉恶犯罪团伙 14 个，打掉各类侵财团伙 94 个；破获毒品案件 154 起，缴获各类毒品 4100 多克；破获经济案件 78 起。在“猎狐捕鼠”专项行动中，打掉团伙 51 个，破获案件 1641 起，抓获犯罪嫌疑人 576 人，追赃 385 万元。湖里公安分局不断健全完善社会治安防控体系，全面推广安装出租房屋智能指纹门禁系统，加快推进视频监控系统——“天网工程”建设，组建社区专职巡防队 33 支 1260 人，首创推广应用“散装汽油购销监管信息系统”“旅馆业访客登记系统”，持续增强社会治安管控能力，全年 110 刑事类报警总数比上年下降 14.9%，降幅位居全市第一。以“城中村”为重点不断加大治安整治力度，扎实开展禁娼禁赌、缉枪治爆等专项行动，创新开展“围村、围楼、围点”整治工作新模式，殿前、后埔、钟宅、马垅等 8 个“城中村”通过一级达标验收，“五四三”工程建设经验被全市推广。大力推广“摩托化”“驻勤化”交巡勤务模式，积极跟进轨道交通 1 号线、仙岳路跨线桥、莲岳隧道等三大工程建设，努力强化交通疏堵保障能力，始终保持对辖区突出交通违法高频率严查严打，全年共查处交通违法 65.78 万起、违法停车 53.4 万起，查扣汽车 2417 辆、摩托车 6287 部，电动自行车 4033 部，辖区交通秩序得到明显改观。随着湖里区经济建设的持续推进，实有人口不断增长，机动车保有量的快速增加，社会治安综合治理的难度不断增大，维安维稳措施有待进一步完善细化，针对虚假信息诈骗等新型犯罪打防手段的有效性还需进一步增强，交警职能配置优化和社区民警专职化工作有待进一步加强，以流动人口管理为重点的基层基础工作还需进一步夯实。

【打击刑事犯罪】 全年共接 110 刑事报警 12292 起，立刑事案件 14803 起，破获年内刑事案件 4859 起，刑事拘留各类犯罪嫌疑人 1833 人，提请批准逮捕 941 人，移送审查起诉 1504 人，打掉各类犯罪团伙 119 个，追缴赃款赃物价值 583 万余元。其中，命案案发 12 起，破 12 起，命案破案率达 100%。

【打黑除恶专项行动】 2014年，根据省公安厅、市公安局统一部署结合辖区突出警情，湖里公安分局适时开展各类专项打击行动，严打各类违法犯罪活动。在打黑除恶专项中，提供涉黑案件线索1条，打掉恶势力团伙14个，抓获“九类”案件犯罪嫌疑人408名，“九类”犯罪生效判决198人，综合绩效考评排名全市第一。

【春季侦破会战】 3—5月，湖里公安分局开展为期3个月的春季侦破会战。累计破获年内刑事案件1302起，抓获犯罪嫌疑人417人，打掉侵财团伙37个。

【“猎狐捕鼠”专项行动】 3—12月，湖里公安分局组织开展了以“打团伙、打系列、打流窜”为重点的“猎狐捕鼠”专项行动。累计打掉各类侵财团伙93个，侦破侵财案件3512起，辖区侵财案件发案率同比下降15.5%。

【“剑盾”行动】 6—12月，湖里公安分局组织开展社会治安综合整治“剑盾”行动，先后发起打击暴力犯罪团伙集中行动、打击“伪基站”犯罪集中行动、追逃第一次、第二次集中统一行动等四个战役，累计破获年内刑事案件3338起，抓获刑事作案成员1191人，追缴赃款赃物358.47万元，抓获在逃犯罪嫌疑人348名。

【打击经济犯罪】 湖里公安分局深入开展各项经侦专项行动，全年共受理各类经济案件269起，立案257起，破案78起，查处涉案总值近亿元，挽回经济损失227万元。在“打击假冒伪劣犯罪”专项活动中，侦办了林瑞炳涉嫌销售假冒注册商标的商品案、方永春等销售假冒注册商标的商品案、“7·10”销售假冒注册商标的商品案等多起假冒伪劣犯罪案件。在“打击信用卡诈骗犯罪”专项活动中，破获信用卡诈骗系列案件12起，涉案金额73万余元。全年共打击处理经济犯罪嫌疑人52人，其中刑事拘留29人，直接取保15人，移送起诉28件40人，抓获上网追逃犯罪嫌疑人33名，协助兄弟公安机关侦办经济犯罪案件23起，涉案总值近3亿元。

【禁毒宣传】 2014年，湖里公安分局积极开展全民禁毒宣传教育。联合区教育局发文《关于进一步深化毒品预防教育进学校活动的通知》，深入抓好在校学生的禁毒教育；以区禁毒办的名义，首次尝试在公交候车亭发布禁毒广告；参与拍摄的禁毒微电影《禁吸戒毒采访摘录》，在全国禁毒公益微电影大赛中获得“优秀影片奖”，并在网络上公开上映。

7月24日，湖里公安分局局长曹卫国在湖里警方在线平台上参加“剑盾”行动全省公安局长系列微访谈活动（刘海燕　摄）

【打击涉毒违法犯罪】 湖里公安分局不断加大对涉毒违法犯罪的打击力度，按照上级统一部署于10月启动了为期半年的“亮剑扫毒”会战，在历时2个多月的扫毒行动中，破获毒品刑事案件71起，缴获各类毒品3626.8克，查处吸毒人员188名，有效遏制了毒品蔓延，实现了第一阶段会战目标。全年共破获毒品刑事案件157起，抓获毒品犯罪嫌疑人165名，缴获各类毒品4669克，查处吸毒人员580名。

【出租房屋指纹门禁系统获著作权】 5月26日，中国国家版权局授予湖里公安分局自主研发的平安湖里居住人信息综合管理系统V1.0（即出租房屋指纹门禁系统）计算机软件著作权。该系统主要由智能门禁（指纹、手机遥控、防复制卡、人脸、身份证等集成一体开门方式）设备与信息采集器（身份证、手机号码、卡号、人脸等信息）两大部分组成。该系统实现了流动人口暂住、婚育、劳动就业等信息的“一站式”采集，并做到公安、计生、劳动、教育等部门的信息共享。

【安装出租房屋指纹门禁系统】 2014年，全区共安装指纹门禁系统1012套，覆盖了13个城中村社区以及翔鹭三期、古龙小区、宸鸿宿舍楼、冠宏花园、裕兴大厦等商品住宅小区。安装门禁系统的地区实现了入室盗窃零发案。

【社区警务工作】 2014年，湖里公安分局以社区民警专职化为着力点，组织编印了《社区警务手册》，开展社区警务“新三率”（辖情知晓率、重点人员管控率、提情提线成案率）考核，扎实推进社区警务“五化”（基层勤务实战化、社区警务信息化、群防群治社会化、工作创新常态化、社区警务规范化）工作，派出所基层基础得到有效加强。湖里区在2014年流动人口增至80.4万人的情况下，“110”刑事类报警总量比上年下降了14.95%。11月24日至25日，福建省公安厅在晋江召开全省城乡社区警务建设现场推进会。湖里公安分局《着力社区警务五化建设扎实推进社区基础工作》的经验介绍，得到了与会领导与代表的充分肯定。

【建立“多位一体”警民联防机制】2014年，湖里公安分局先后在万达广场、高崎火车站、高林中心小学、湖里实验小学等人员密集单位开展“站店联防”“店店联防”“校店联防”等多种形式的警民联防试点。从3月开始，湖里公安分局会同区综治办、区教育局、铁路公安处及各街道和社区居委会，先后组织在湖里实验小学、湖里实验中学、高林中心小学和高崎火车站、万达广场、SM商业广场等重点人员密集场所及周边场所开展反恐防暴演练近20场。通过教师、学生、商铺业主的亲身参与和家长、群众的观摩参观，有力提升了反恐防暴处置能力和自防自救水平。年内，辖区共有35家学校与校园周边195家店面建立“校店联防”机制，9家大型商场与660家商店建立了“店店联防”机制，高崎火车站、枋湖客运中心与车站周边76家商家建立“站店联防”机制。

【“护校安园”行动】年内，湖里公安分局大力强化“校园内部安全管理、校园安全隐患排查整改、校园周边巡逻防控、涉校园高危人员排查管控、校园安全督导检查机制”等工作措施，全面提升校园及周边治安防控能力和水平。积极组织全区校园开展以反恐、防火、防空、防震、防汛等为背景的综合应急演练；选聘49名优秀干警担任学校综治副校长，按照每学期“五个一”的要求，帮助学校协调解决综治安全问题；开展校车及学生交通安全隐患排查整治百日行动，联合区道安办排查整改61所校园周边交通标识，进一步完善校园周边交通安全设施；严格在用校车的安全监管，通过不定期进校督查和上路执法，严格办理校车许可手续和校车驾驶员资格审核，积极推进校车安全工程，更新21部国标校车，淘汰停用69部旧校车。

【禁娼禁赌专项行动】年内，湖里公安分局先后组织开展“春雷行动”、夏季禁娼禁赌和打击赌博违法犯罪等专项行动，健全完善群众举报线索督办制度，确保群众举报线索都能得到及时有效查处，推动禁娼禁赌专项行动扎实有效开展。全年共查处卖淫嫖娼案件251起，查处赌博案件801起，收缴赌博机156台，查获涉黄涉赌违法犯罪嫌疑人3620名。

3月19日，湖里分局在厦门湖里万达广场组织2014年预防恐怖袭击实战演练（刘海燕　摄）

【“打四黑除四害”专项行动】按照公安部、省公安厅统一部署，从1月起，湖里公安分局持续以打击“瘦肉精”“地沟油”“病死猪肉”“制售假药”犯罪为重点，积极会同农林、工商、质监等部门对辖区生产经营食品药品、建材农资、爆炸物品、旧货回收等企业、加工点进行“地毯式”排查，集中开展打击食品药品犯罪、打击“制假贩假”等统一行动，全力推动“打四黑除四害”专项行动深入有效开展。全年共侦办假食品药品案件19起。11月20日联合市商务局、区食安办等相关职能部门成功捣毁一处位于金山下湖社未经检验检疫的私宰生猪窝点，查获生猪32头，案值7万余元，抓获涉案人员12名。

【危险物品管控】2014年，湖里公安分局大力加强涉危涉爆企业安全监管，紧紧抓住人员资格审查、民爆物品使用保管等关键环节，经常性组织开展对辖区涉爆工地的抽查检查，督促整改安全隐患，严防发生安全事故；严格辖区内公务配枪单位的检查管理，确保枪弹底数清、情况明。全力整改消除各种隐患，有效防止各类安全事故发生，全年共收缴枪支4把，子弹508发、废旧炮弹7枚，仿真枪2支，管制刀具563把。

【排除力拓航弹安全隐患】9月25日，在湖里高新园区力拓国际工地发现一枚特大航弹，湖里公安分局一方面积极联系上级部门加快处置进度，另一方面加强做好力拓国际工地航弹的现场保护工作，确保航弹不发生任何安全问题，12月25日，圆满完成销毁航弹安保任务，及时消除了安全隐患。

道路交通管理

【开展交通勤务“见警率和管事率”整治竞赛】 面对全市路网大改造背景下繁重复杂的交通形势，为进一步提高道路交通疏堵保畅效能，湖里公安分局于3月1日正式开展交通勤务“见警率和管事率”竞赛活动。把竞赛元素融合进日常公安工作，选定枢纽地位明显、人流车流密集、堵情事故多发的6个交通复杂路口和6条交通复杂路段，作为各派出所管理成效评比的重点区域。通过每日高峰短评、每周警情简评，跟踪掌握路面民警执勤、巡查及接处警情况；并把“三车一行人”违法行为列入竞赛活动加分项目。此次竞赛充分调动所队攻坚斗志，促进交通管理模式优化，引导一线民警养成主动作为管理习惯，有力推动了辖区交通疏堵保畅效能提升。

【开展“反违章、压事故、保平安、优服务”竞赛】 湖里公安分局积极策应运输行业“标准化、联动化、信息化”建设工作，围绕省交通运输服务八条措施，于8月起开展了全区道路运输安全“反违章、压事故、保平安、优服务”竞赛，聚合14个相关政府职能单位力量，通过“逐企摸排查隐患、见人见车见台账”方式，在区、街两个层面同步展开为期11个月的运输源头查危治漏活动，着重加强“路面秩序整治、企业走访检查、窗口违法受理”等环节中的运输车辆信息核查抄告程序，及时对日常交通执法行动、运输安全走访检查中发现的违法运输企业进行限期整改，以竞赛杠杆推动辖区道路运输安全监管效能提升，形成政府力量参与、全面覆盖管理的良好格局。

【国际邮轮城厦鼓轮渡交通管理】 东渡国际邮轮城于10月20日正式开通。开通后随着原厦鼓旅客渡轮转移至国际邮轮城接驳，邮轮城每日进出旅游客流、车流大幅增长，给周边区域道路交通带来明显影响。为此，湖里公安分局在提前制定局部交通疏堵保畅预案的基础上，充分考虑厦鼓渡轮接驳后局部交通流量骤增问题，把区域交通管理维护纳入属地交通警务任务的“新重点、新常态”，成立了4支摩托化应急小组、1支高峰事故应急小组和1支施救小组，着重明确六处区域交通应急稳控点位及五类突发交通堵情疏解对策，提前理顺区域交通。并于国际邮轮城靠前设立驻勤安保岗点，成立“专班组”，增配100名专职协警加强国际邮轮城区域综合管控，全方位强化局部道路交通治安秩序保障，为国际邮轮城开通使用营造良好环境。

【《轻微人身伤害事故快速处理办法（试行）》启动】 湖里区于5月1日正式启动轻微人身伤害事故快速处理办法（试行）。通过法院认证生效，确保未立案自行协商交通事故中的小额损失同样可以取得保险赔付，有力维护了广大交通参与者和交通事故当事人的合法权益。全年湖里区调处中心共调处交通事故纠纷案件2063起、总调结1998起，调处金额达到6476.96万元，其余65起正依法进入调解审理程序，其中轻微人身损害交通事故1224起、落实保险理赔44万元。此办法推出后，深受辖区交通参与者欢迎，因小事故处理慢、理赔难引发的信访投诉明显减少。

（杨晓东）

名词解释

“城中村”整治“五四三”工程出租房屋管理“五个一”、治安防控“四平”、社会管理“三化”：“五个一”即一名专职管理员、一本人员登记簿、一块民警提示牌、一套视频监控系统、一扇技术入户门；治安防控“四平”即平安眼、平安铃、平安员、平安街；社会管理“三化”即治安管理网格化、出租房屋管理等级化、热点整治常态化。

打黑除恶九类案件指非法拘禁、聚众斗殴、寻衅滋事、强迫交易、开设赌场、组织卖淫、敲诈勒索、强迫卖淫、故意毁坏财物。

“护校安园”综治副校长每学期“五个一”要求：一次走访、一次分析、一次教育、一次排查、一件实事。

消　　防

【概况】 2014年，湖里消防大队共接警出动1106起，出动车辆1989辆次，出动警力11975人次，疏散被困人员2979人，抢救被困人员284人，抢救财产价值10630.8万元。其中，火灾262起，无人员伤亡，直接财产损失523.11万元；较2013年火灾起数下降24.1%，伤亡人数下降100%，直接财产损失下降20.5%。集中开展燃气场所、劳动密集型企业、公众聚集场所、私房出租屋和“三合一”等火灾隐患突出领域和场所的专项治理工作，全区共出动检查人员9868人次，检查7278家单位，督促整改火灾隐患和消防违法行为9467处，临时查封一般场所22家，燃气场所47家，对存在消防违法行为的119家单位处以行政处罚，其中责令“三停”22家，罚款金额合计144.75万元；举办年度消防志愿队伍业务技能竞赛，以提升38支社区多种形式消防队伍训练执勤热情。全面启动“消防宣传进社区”，充分发挥区政府投入90万元购置的消防宣传车功能，深入43个社区开展170次社区宣传活动。消防检查发现且难以解决的问题有：城中村火灾隐患集中且顽固难除，“三合一”违法行为仍是最大威胁；老旧小区消防设施已到维护周期，但维修资金难以保证，消防管道破损、漏水，导致关闭给水系统所引发的纠纷增多；基层各级消防组织整合不到位，排查隐患和处置初起火灾的能力有待提升；群众信访、举报事项反映政策法规的宣传力度不够，且现行消防法律法规顶层设计滞后于社会发展。

【“9·19”福园公寓燃气爆炸事故救援】 9月19日11时28分，嘉禾路福园公寓一楼沿街家乡瓦罐店发生燃气泄

9月19日11时，嘉禾路福园公寓一楼沿街店面燃气泄漏爆炸消防官兵救援现场（詹智琼　摄）

漏爆炸，5人不幸遇难。接到厦门市消防支队指挥中心调度后，11时32分，大队所属江头中队、马垅中队、华荣中队赶赴事故现场处置。爆炸产生的冲击波使福园公寓一至二层建筑局部受损、周边建筑玻璃幕墙破碎，现场一片狼藉。消防官兵立即对家乡瓦罐店周边建筑倒塌区域进行搜救，组织官兵逐层逐户疏散福园公寓居民，利用消防云梯车清理所有破碎玻璃的楼层，防止高空破碎玻璃掉落伤人。在长达近3小时的持续救援过程中，消防官兵现场救治重伤人员8名，疏散群众150余名，现场搬出14个液化气罐，充分体现了厦门消防官兵“特别能战斗”的精神。

【高殿社区志愿消防队获“第二届全国119消防奖先进集体”称号】 11月5日，公安部消防局召开第二届全国119消防奖表彰大会，高殿社区消防队被公安部授予“第二届全国119消防奖先进集体”。全国共有33个单位被表彰，高殿社区志愿消防队为福建省唯一的被表彰单位。

（蓝淳）

殿前街道高殿社区志愿消防队开展消防灭火演练（张俊强　摄）

边　防

【概况】 2014年，厦门市公安边防支队湖里边防大队（简称区边防大队）针对地方经济飞速发展、辖区人口与日俱增等形势，稳步推进重点项目建设，全面强化治安防控，取得了显著成效。全年接处警2106起，比上年多860起，其中交通警情641起，比上年多406起。刑事类报警20起，比上年下降20%。

【区边防大队工作做法获公安部专题推广】 年内，区边防大队积极争取金山街道拨款96万元，新建29个社区监控；争取3万元在砸车窗案多发地新建20块治安防范宣传提示牌；协调五缘湾片区10家物业分司安装“一呼百应”协防联动装置，并将高层楼宇治安防控模式拍摄成专题示范片，做成PPT。区边防大队治安防控工作做法被公安部《科技强警》栏目组专题推广。

【五缘湾游艇智能化防控平台启动】 2014年，高崎所积极推进游艇全自动系统的开发，完成全自动系统与公安网对接软件的开发，经数月调试，于10月正式启用，此平台解决了游艇出海后行踪难以掌握的难题，实现从有到精、从“管人”到“管船”的突破。

【完善沿海管防】 2014年，边防大队完成高崎闽台渔港升级改造并投入使用，与各涉海部门建立联勤联动协作机制，齐抓共管，并将小型无证船舶全部订制识别牌号，纳入日常管理。严厉打击各类海上违法犯罪行为，区边防大队全年查处违法违规船舶126条，查获走私香烟1起，抓获犯罪嫌疑人2名，缴获无合法手续香烟3178条，案值40余万元人民币。

（张宪敏）

检　察

区检察院积极做好辖区内重大工程同步预防工作（陈明财　摄）

【概况】 2014年，湖里区人民检察院（以下简称区检察院）在区委和上级院的领导下，认真贯彻落实党的十八届三中全会、四中全会精神，立足基层实际，通过抓常、抓细、抓长，扎实开展“办案质量年”活动，推动各项检察工作均衡发展，努力让人民群众在每一个司法案件中感受到公平正义，积极为建设“美丽厦门·创新湖里”创造良好的法治环境。是年，区检察院集体和个人共受到国家级表彰2次，省级表彰9次，市级表彰17次，区级表彰7次。

【刑事检察】 区检察院全年批准逮捕各类刑事犯罪案件655件871人，起诉1057件1418人，批捕案件、公诉案件结案率均为100%。始终保持对黑恶势力犯罪、严重暴力犯罪和“两抢一盗”等多发性侵财犯罪的高压态势，批准逮捕“三类”犯罪案件450件601人，起诉452件686人，严厉打击了黄某飞等人在辖区内多次冒充协警，以查车名义勒索被害人财物的恶势力团伙。密切关注公共安全领域新动向，迅速介入调查“9·19”福园公寓爆炸案，依法批捕2名涉案嫌疑人。密切关注新型犯罪案件，批捕电信诈骗、网络诈骗等利用新兴通讯传媒实施的犯罪案件28件50人，起诉11件50人。认真落实宽严相济刑事政策，充分运用不批捕、不起诉和量刑建议等柔性司法手段，帮助修复社会关系，共依法不捕118人、不起诉28人。

【查办和预防职务犯罪】 全年区检察院共初查涉嫌职务犯罪线索17件，立案侦查职务犯罪案件11件11人，其中处级干部1人，科级干部3人，侦查终结案件起诉率100%，涉案总金额近600万元。从惩治“校园腐败”入手，先后侦破了辖区教育系统工作人员在设备采购及校园工程建设招投标等环节收受贿赂案件4件4人。严肃查办利用执法权徇私枉法案件，立案侦查涉嫌职务犯罪的行政执法人员2人。坚持预防在先，积极开展职务犯罪预防，强化基础工作，共向有关单位提供预防咨询166人次，通过行贿犯罪档案查询取消招投标资格8件。与区委组织部共建任前意见征求机制，干部提拔任用前由检察机关根据候选干部是否有职务犯罪记录提出任用意见。创建行业化预防机制，先后到禾山街道、区国税局、区教育局、SM集团等单位开展法制讲座26场，努力从源头预防和减少职务犯罪的发生。

【法律监督】 年内，区检察院针对司法机关在案件处理过程中出现的违反刑事诉讼行为，加大监督力度，制定《关于办理对司法机关违反刑事诉讼行为的控告申诉实施办法（试行）》，明确受理范围、受理部门、审查措施、风险评估及办结答复等具体规定，确保刑事司法程序合法、合理运行。针对侦查机关在侦查环节中存在的问题，向公安机关发出羁押必要性审查建议书5份，检察建议8份，口头纠正违法记录19份，追诉漏罪8件，追诉遗漏事实9项，改变定性31件58人。经羁押必要性审查，改变强制措施7人。强化刑事审判监督，深化量刑规范化改革，共向审判机关提出量刑建议638件708人，被采纳已判决484件527人，利用检察意见书，监督判决书中适用法律错误问题。同时，强化刑罚执行和监管活动监督，深入开展暂予监外执行和审前未羁押判实刑未能交付执行案件专项清理工作，对湖里区在册的上述案件人员逐一核实清理，共监督法院作出收监决定9人，已逮捕并收监4人。

【司法改革】 10月，区检察院被确定为厦门市检察机关开展司法体制改革的试点院后，成立司法体制改革领导小组，由检察长林育清任组长，从各内设机构抽调15名干警成立院司法改革办公室，与市检察院司法改革办公室、区委司法改革办公室工作对接。院司法改革办公室组成6个调研小组，立足基层院实际，就如何完善司法人员分类管理制度、健全司法人员职业保障制度、完善司法责任制等方面进行深入调研，并专门召开党组会、院务会及全院干警大会，做好干警的思想政治工作，确保改革平稳有序推进。同时，将司法改革中的体制性改革与刑事速裁程序、代理主诉检察官制度等机制性改革有机结合。区检察院联合区法院、湖里公安分局、区司法局等部门研究制定《关于开展刑事案件速裁程序试点工作的实施细则（试行）》，11月至年底，共建议法院适用速裁程序审理案件21件，全部案件均能在规定的8个工作日内审结，有效提高办案效率。代理主诉检察官带领办案组全年共承办公诉案件857件1148人，占案件总数的95.6%。

【未成年人检察工作】 年内，区检察院稳步开展未成年人检察工作，全年共办理涉及未成年人犯罪案件147件260人，其中，批准逮捕未成年犯罪嫌疑人46人，不捕10人；提起公诉未成年被告人59人，不起诉7人，附条件不起诉2人。强化未成年被害人权益保障，设立未成年人爱心接待室和沙盘治疗室，为言语表达有障碍的被害人进行沙盘心理治疗。依法维护涉罪未成年人合法权益，完善合适成年人制度，组织28名合适成年人集中学习相关法律法规和心理学基础知识，其中邀请了6名人大代表参与讯问15人次。完善未成年人轻罪记录封存工作，将52名涉罪未成年人的轻罪、不诉等记录全部规范封存，为其顺利就业、学习提供保障。创新开展未成年人帮防工作，与怡景社区居委会联合成立湖里区首个未成年人爱心帮扶基地，与区属16所学校试点开展团体心理辅导、团体心理拓展活动，构建未成年人心理疏导网络。

【预防和化解社会矛盾】 年内，区检察院严格落实执法办案风险评估、法律文书说理等制度，在全市创新开展刑事申诉案件公开答复、审查逮捕案件公开审查等亲民、便民措施，通过公开透明办案与释法说理，引导人民群众理性表达合理诉求。制定《关于办理对司法机关违反刑事诉讼行为的控告申诉实施办法（试行）》，规范涉法涉诉信访案件办理，促进快速分流，全年共处理各类信访187件，其中导入司法程序50件。不断完善控申举报接待候访大厅、安检系统及便民通道等设施，完善来信、来访、电话、网络“四位一体”群众诉求表达机制，坚持完善首办责任制、检察长接访制和初访化解制，促进工作质量和效能的提升。全年开展下访、巡访4次，检察长亲自接访35批次，促成和解10件，给予2名确有困难的刑事被害人提供救助，该院控申接待室连续5届获评“全国文明接待室”。

【综合治理】 年内，区检察院针对仙岳山公园发生多起严重暴力犯罪等问题发出检察建议9份，帮助其健全内部管理。充分发挥综治副校长、法治辅导员作用，与学校联合开展“青少年与法”法制夏令营、“法制讲课进校园”、假期安全知识讲座等活动，与湖里区最大的民办学校——华悦学校签订“成长蓝天、你我共筑”共建方案，推动流动未成年在校生普法教育。开展“美丽厦门·共同缔造、平安建设伴你同行”综治及平安建设宣传月活动，展示近年来参与辖区平安建设成果。深入社区、机关、企业，围绕职务犯罪预防、诈骗犯罪预防、热点民事法律问题等内容作专题讲座，全年共开展各类义务法律咨询7场，努力营造良好法治氛围。4月，区检察院被全国普法办公室授予全国“六五”普法中期先进单位。

【检务公开】 2014年，区检察院编发《社区检察官便民手册》，开展防盗防骗以及自我权益保护等法制宣传。扎实推动案件信息公开工作，10月，案件信息公开系统正式上线运行，依托“人民检察院案件信息公开网”公开法律文书39份，案件程序性查询信息471条。注意为律师执业提供保障和便利，全年共接待律师阅卷323次，接待申请变更强制措施律师38人，听取律师意见41次，提供电子阅卷49件。每季度举办“检察开放日”活动，邀请人大代表及政协委员参与嫌疑人提审及案件公开审查。是年，区检察院向区人大常委会专题报告了2012年以来反贪污贿赂工作情况，累计走访代表、委员187人次，征求意见46条，邀请代表、委员参与各类检察工作17次。

【队伍建设】 2014年，区检察院以开展“办案质量年”活动为载体，通过举办“优秀检察法律文书”“优秀法律监督案件”“优秀评议庭”评选活动，面向全体青年干警开展侦查监督、侦查业务实训；组织全体干警、职工进行应对突发事件培训演练，提升队伍业务技能和实战能力；扎实开展“队伍建设年”活动和整治“人情案”“关系案”“金钱案”等损害群众利益行为专项工作；对新进人员、新提拔任用干部开展任前廉政谈话。

（林菁）

法　院

【概况】 2014年，区人民法院围绕“让人民群众在每一个司法案件中感受到公平正义”的目标，坚持司法为民、公正司法工作主线，秉承“诚意、正心、崇法、唯民”院训精神，以“审判综合改革年”为工作主题，大力推进执法办案，大力深化司法改革，大力强化司法便民利民，大力加强司法公信建设，为湖里区经济社会发展提供了有力的司法保障。区法院“审判权运行机制改革”被评为全省法院司法品牌项目，“听庭微博征集站”被评为全市法院司法品牌，禾山法庭成为全国法院系统唯一获“全国示范青年文明号集体”称号的集体。全院共有21人次干警受到市级以上表彰。全年共受理各类案件11266件，办结9897件。其中，审结刑事案件1052件1383人，判处五年以上有期徒刑77人，判处非监禁刑或免予刑事处罚471人；审结民商事案件6104件，结案标的额10.95亿元，其中调解撤诉率60.54%；审结行政诉讼案件24件，审查非诉行政执行案件309件，58.33%的行政案件经依法协调原告自愿撤诉，执结违法建设非诉行政案件158件；执结各类案件2401件，执行到位标的额 1.47 亿元。区法院牢牢把握作为全省法院审判综合改革试点的重大契机，坚持“专业化审判、扁平化管理、精英化法官”的改革思路，全面推行 30 多项改革措施，具体包括：一是按照“庭长（副庭长）+ 法官 + 审判辅助人员”的模式，在立案、刑事、民商事、庭组建 16 个专业化办案团队，实行以审理特定类型案件为主、调剂案件为辅的办案模式，统一裁判尺度，提高办案质量；二是推行法官全员办案制度，院长、副院长、审判委员会委员编入办案团队审理重大复杂疑难案件，全年共办案 342 件；三是改革裁判文书签发规则、改革审判委员会工作规则、成立审判辅助中心、试行法官助理制度、健全办案绩效考核机制等，进一步健全完善了审判权力运行机制，赋予主审法官、合议庭相对完整独立的审判职责，强化了审判责任，审判质量和效果逐步提升。司法改革使案件生效裁判服判息诉率 99.83%，同比上升 0.14 个百分点；一审判决案件改判发回重审率 8.35%，同比下降 2.26 个百分点；法定审限内结案率 99.99%，同比上升 0.28 个百分点。

在司法便民利民方面，区法院不断健全完善便民诉讼举措。增设殿前人民法庭，方便院部东移后湖里、殿前两个街道群众诉讼。设立法援律师工作室，完善《诉讼服务指南》，制作“菜单式”立案材料补充告知书。不断拓展诉调对接渠道，与区工商局、街道调委会、司法所、区劳动争议人事仲裁院签订诉调对接协议，诉前化解消费、物业、劳动纠纷 100 余件，受理确认人民调解协议案件 15 件，涉案标的额 615 万元。推行“法庭义工”、夜间法庭、周末法庭等便民机制，满足当事人的差异化需求。加强司法救助，依法为当事人缓减免诉讼费 20.4 万元，为执行案件特困当事人发放救助金 49.5 万元。完善院领导、中层领导、法官“三位一体”接访机制，接待群众来访 171 人次，全年无新增信访积案。开通干警办公电话呼叫转移手机服务，促进法官与当事人沟通。

在落实司法公开民主方面，强化审判流程、裁判文书、执行信息三大公开平台建设，开通法院互联网站、官方微博，及时向社会发布、公开审判执行信息，方便群众通过新媒体了解法院工作。全年在互联网公布生效裁判文书 5579 份，对 2379 次庭审进行同步录音录像，对 5 次庭审进行互联网直播。在全省法院系统首次公开征集微博粉丝作为“听庭达人”旁听庭审。举办法院开放日活动 7 场次，参加群众 165 人次。增选人民陪审员 64 名，人民陪审员共参审案件 1138 件，占普通程序案件的 98.7%。

【审结全市最大的黑社会性质组织犯罪案】 被告人林小东、唐万云、张剑等 27 人有组织地实施了一系列聚众斗殴、开设赌场、放高利贷、收取保护费、暴力讨债、介入民间纠纷等违法犯罪活动。11 月 5 日，湖里区法院依法以组织、领导、参加黑社会性质组织、聚众斗殴、敲诈勒索、开设赌场、寻衅滋事、非法拘禁、故意伤害等罪判处林小东等 27 人三年十个月至二十三年不等的有期徒刑。被告林小东等不服提起上诉，市中院维持一审判决。该案系全国“打黑办”督办、全市最大的黑社会性质组织犯罪案件。

【审结邱志勇食品监管渎职案】 被告人邱志勇在担任工商高崎段段长期间，未按规定监管辖区内的食品经营主体及其经营行为，导致 4.93 余万公斤未经检验检疫的猪肉冻品流入市场，给人民群众的食品安全造成重大隐患。此外，被告人邱志勇利用职务之便，非法收受管辖区域内商户的财物，价值共计人民币 4.09 万元。1 月 23 日，湖里区法院依法以食品监管渎职罪及受贿罪数罪并罚，判处邱志勇有期徒刑二年六个月。邱志勇不服提起上诉，市中院维持了一审判决。该案系全市法院审结的首例食品监管渎职案。

【调结湖里区教育局收回原金尚幼儿园等民办幼儿园系列案】 2009 年 8 月，湖里区教育局将原金尚幼儿园、原禹州幼儿园等场地、园舍有偿提供给他人承办民办幼儿园使用。2014 年 8 月 11 日，合同约定的合作期限及腾迁期限届满，举办者拒绝返还场地和园舍，区教育局遂诉至湖里区法院。湖里区法院经过 4 天调解，圆满调结全部案件，确保区教育局收回场地、园舍，使公办幼儿园如期开园。

11 月 5 日，林小东、张剑等涉黑案开庭（区法院供图）

【妥处乌石浦旧村改造征地拆迁案】乌石浦旧村改造项目是湖里区“民心工程”之一，因有7户被拆迁户拒不搬迁，影响了厦门城市轨道建设和项目安置房建设，4月，市土房局依法向区法院申请对周世堆（已故）之合法继承人房屋强制执行。区法院经审查，依法裁定准予强制拆迁。为确保案件顺利执结，区法院通过参加协调会、组织执行听证、上门寻访、电话沟通等方式充分听取各方意见，对公然当场撕毁法院公告的被安置人黄某园（系本案被执行人家属）等依法进行司法拘留并予以耐心教育，由主要领导及办案法官到执行现场监督、保障依法执行。最终，该房屋拆迁行政裁决案顺利执结，并促成另一申请执行案的被拆迁人与拆迁公司达成拆迁补偿协议，促成市土房局未申请执行的其他未搬迁户全部签订搬迁意向书。

【审判综合改革试点工作】2013年8月，湖里区法院被省高院确定为全省法院审判综合改革两个试点单位之一，同时也是福建省沿海地区唯一试点法院。2014年1月1日，湖里区法院正式实施改革工作。湖里法院坚持“专业化审判、扁平化管理、精英化法官”的总体思路，围绕法院内部影响司法公正、制约司法能力的体制机制问题，立足实际，先行先试，积极探索符合司法工作规律和法官职业特点的资源配置方式、审判权运行机制、人员管理模式等综合改革措施，为全省法院全面深化司法体制改革提供了有益的实践样本。12月5日，省高院院长马新岚亲临湖里法院专题听取审判综合改革试点工作汇报，充分肯定了该院改革方向正确，改革思路清晰，改革措施重点突出。

【开展“我要听庭”活动】5月30日，区法院以新浪官方微博（@厦门湖里法院）为平台，在全省法院系统首邀官方微博“粉丝”作为“听庭达人”旁听庭审，中央人民广播电台、《人民法院报》、福建电视台、法制网等媒体对活动进行全方位报道。年内，湖里区法院累计举办“我要听庭”活动4次，共有77名“粉丝”参加活动。

5月30日，区法院开展“我要听庭”活动（区法院供图）

【完成人民陪审员“倍增计划”】2014年，湖里区法院根据最高法院关于全国各级法院在两年内实现人民陪审员数量翻一番的部署要求，及时成立专门领导小组，制定落实《湖里法院关于组织实施人民陪审员“倍增计划”的实施方案》，有效推进人民陪审员选任工作。在湖里区政府网站及《海峡导报》登载增选公告，并向社区、企业、学校、医院等单位组织发出80份增选函，会同区司法局对报名人选进行资格审查、政审，确定候选人名单并提请区人大常委会审议。6月，区人大常委会任命64名人民陪审员，湖里区法院顺利完成“倍增计划”。

【实行法院值班律师制度】3月15日，湖里区法院正式启用法院值班律师制度，安排法律援助律师每周一、三上午进驻法院，协助做好对基层群众的诉讼指导等工作，确保其充分行使诉讼权利。法院值班律师提供的服务包括：一是提供法律咨询服务。接待来访群众，免费提供举证规则、诉讼风险、诉讼注意事项、诉讼文书撰写等诉讼咨询，对每件来访做好详细记录。二是提供法律宣传服务。在工作中普及国家法律法规，在法院安排下参加法律宣传活动。三是协助做好疏导工作。对群体性来访案件，及时参与院庭应急预案处理机制运作，在法院指导下共同做好理诉息访工作。四是参与调解工作。对部分权利义务清晰、标的额不大的案件直接进行诉前调解，在诉讼中依法接受法院邀请或委托进行调解，以法院特邀调解员身份主持调解当事人主动申请庭外调解的案件。

【区法院与区政府签订《关于建立依法行政与行政审判良性互动机制的意见》】5月30日，区法院与区政府签订《关于建立依法行政与行政审判良性互动机制的意见》，建立府院联席会议制度，开展联合培训和调研，设立联络员负责日常联系工作，有效统一执法标准。在上述意见的框架下，湖里区法院将围绕新颁布的重要规范性文件、行政诉讼败诉率、行政审判中发现的具体行政行为的普遍性突出性问题、非诉行政执行案件情况，以及全区行政执法案件相关情况、重大行政复议案件办理情况等，与湖里区政府加强信息通报，实现信息共享。同时，湖里区法院还将推行重大决策听取意见制度，建立重大行政决策执行和重大案件审理协调配合机制，深化行政机关负责人出庭应诉制度建设，充分发挥法院司法建议作用，合力预防和化解行政争议。

【成立全省首个审判辅助中心】 为进一步深化审判综合改革试点工作，4月24日，区法院设立全省法院首个审判辅助中心，积极探索审判辅助性事务集中处理的工作机制，推动庭前准备程序制度化、流程管理科学化和辅助事务专业化。中心成立至12月，一般案件平均送达周期环比缩短14天，直接送达率环比提高28.9个百分点，财产保全周期环比缩短15天，保全财产标的额环比提高45.6%。

【启动“法庭义工”项目】 9月29日，区法院正式启动“法庭义工”项目。共青团湖里区委副书记杨盛出席启动仪式。“法庭义工”项目实施过程中，区法院与厦门当地高校建立长期合作机制，探索义工服务与法律实践、理论课程安排相辅相成、相互协调的合作模式，引导青年学生树立“奉献他人，提升自己”的高尚品质；同时完善“义工自我管理为主、法院协助管理为辅”的管理模式，让义工真正成为项目的主人翁，区法院就司法礼仪、义工工作规范、基本法律素养等方面内容对义工进行岗前培训，协助做好台账整理归档、业务培训指导、服务场所布置、服务材料制作等工作，为义工专心服务群众提供充分便利。

【创设圆桌审判模式】 2014年，湖里区法院将普通审判模式中高台式的审理方式改为圆桌式的审理方式，审判人员、书记员、公诉人、被告人、法定代理人、辩护人平行围坐在椭圆形的审判桌周围进行庭审，营造与未成年被告人年龄、心理相符且相对宽松的庭审氛围，减轻未成年被告人的心理压力，更好地保护未成年被告人的权益。年内，审结未成年人刑事案件40件61人。

【“淘宝网”消费维权案件】 2014年，原告林某向淘宝网上的商家购买商品后，未收到商家发货，因向商家主张权益未果，林某要求淘宝网客服提供商家真实名称、地址和有效联系方式，被淘宝网拒绝。林某遂向区法院提起对浙江淘宝网络有限公司的维权之诉。在案件审理过程中，被告浙江淘宝网络有限公司向原告提供相关商家真实名称并协助林某追回货款，林某撤诉。

（陈慧琳）

司法行政工作

【概况】 2014年，区司法局紧紧围绕区委区政府中心工作，大力推进法治湖里、平安湖里和过硬队伍建设，较好地完成了全年工作任务。区司法局获全市司法行政系统工作综合考评第一名和区直部门社会综合治理考评第一名，殿前司法所获全市规范化司法所考评第一名的佳绩。是年，全区各级调解组织共受理纠纷4734件，调处成功4716件，调处成功率99.6%；累计接收社区服刑人员934人，累计解除社区矫正630人，新入矫338人，解矫307人，截至年底在册309人，重新犯罪率控制在2%以下。在册安置帮教对象492人，帮教率100%，安置率95%以上；办理法律援助案件2039件，其中群体性援助案件60件1481人次；办理各类公证3504件，较上年同比增长6.1%。

【湖里区社区矫正中心成立】 2014年5月，成立湖里区社区矫正中心，中心依托厦门市曙光管理教育服务中心建立，内设宣告室、心理矫正室、多媒体教室、会议室等，打造了集管理、教育和服务于一体的多功能工作平台。年内，举办20场集中教育活动。

【成立心理顾问团】 7月1日起，区司法局采取政府购买服务的形式，成立了由10名律师和5名心理咨询师组成的纠纷化解顾问团，为全区重大疑难矛盾纠纷提供专业调处意见和调处方案，至年底，顾问团有效调处涉及30家店面的群体性合同纠纷及非正常死亡赔偿纠纷15起，涉案金额604万元。

【成立5个以个人名字命名的调解工作室】 2014年，湖里区先后以个人名字成立了树霞调解工作室（5月9日）、福

福伟调解工作室（区司法局供图）

伟调解工作室（7月30日成立）、金源调解工作室（8月12日成立）、金牌调解员工作室（8月底）、林丰调解工作室等5家个人调解工作室，自第一家调解工作室成立至年底，共调处矛盾纠纷596起。

【建立“一社区一律师”模式】 2月，区司法局牵头组织福建联合信实律师事务所与辖区52个社区签订“律师进社区”法律服务合作协议，采取“一对一”“结对子”“随时帮”的形式，共同推进“律师进社区”活动，将律师联系方式放置在社区居委会办事大厅醒目处，方便居民寻求法律帮助。律师承诺协助社区参与调解居民重大、疑难矛盾纠纷；为社区居民提供免费法律咨询，为符合条件的困难群众提供法律援助；定期举办法律知识讲座，宣传法律知识，提高社区居民的法律意识。

【建立社区服刑人员再犯罪风险评估体系】 2014年7月初，湖里区运用“打开心墙”心理矫正系统，通过综合社区服刑人员的社会调查、再犯罪风险自评、犯罪人格与心理健康测试及日常监管表现等情况，对其再犯罪风险进行动态评估、预警和重点监控，实现了对重点社区服刑人员再犯罪评估的全覆盖，有效地提升了监管的针对性、科学性。

【普法宣传】 2014年，区司法局在普法宣传方面一是强化重点对象普法，继续办好“湖里区外来务工人员法制夜校”，共开课22次，听课总人数达到875人次。印发进城务工人员法律知识读本3万册，服务外来务工人员。在康乐二小建立了湖里区青少年法治文化教育基地，进一步推动法律进校园。举办台资企业专题法制讲座，增强法律意识。二是强化普法阵地建设，在全区实现“百姓法治讲堂”全覆盖，制定《湖里区百姓法治讲堂管理制度》，规范运作，每半年开展一次“最佳讲堂”评选活动，调动办好讲堂的积极性。利用“厦门湖里普法在线”新浪微博和法治湖里网等平台，扩大平安综治宣传覆盖面。利用街道、社区法制宣传栏等普法阵地，积极宣传“两违”综合治理专项行动政策法规和先进典型，为平安创建营造良好氛围。三是搭建宣传新平台，开发了“湖里法律在线”APP手机软件，为群众提供随时随地、自助便捷的法律服务，推广精细化、智能化的自助式、互动式普法。建立了湖里区法治动漫文化教育基地，推出了全区首个普法卡通吉祥物“湖娃”，拍摄了全市首部“社区普法微电影”——“阿呆租房记”，运用群众喜闻乐见的方式宣传法律法规，弘扬平安理念。

法律援助进社区（区司法局供图）

【区法律援助中心推出“五免”服务】 年内，区法律援助中心推出“法律援助服务卡”，通过与民政部门信息共享，为低保户等弱势群众申请法律援助提供“五免”服务，即免交经济状况证明、免除法律援助范围限制、免除法援案件的多个审查程序、免除法律援助全程费用、免除现场排队等候，已有5户低保户凭此卡获得了又快又优质的法律援助。

【公证工作】 2014年，区公证处共为民众办理公证3738件，其中，国内公证1856件，涉外公证1754件，涉港澳公证27件，涉台公证101件。全年办理公证收费近258.05万元，其中，国内公证收费约224.88万元，涉外公证收费33.16余万元。

（张宪敏　涂黎）

2014年区公证处办理公证具体情况表

表7

单位：件

国内公证	件数	涉外	件数	涉港澳	件数	涉台	件数
继承	118	继承	1	声明	1	委托	5
保全证据	441	委托	77	婚姻状况	6	婚姻状况	4
公司章程	12	声明	21	亲属关系	1	亲属关系	8
亲属关系	14	婚姻状况	41	出生	6	出生	1
证书（执照）	1	亲属关系	104	学历	3	死亡	4
签名·印鉴	82	出生	217	未受刑	3	身份	1
提存	1	死亡	2	文本相符	3	学历	18
买卖合同	1	学历	568	签名（印鉴）	1	经历	1
委托合同	1	身份	44	其他	3	未受刑	6
财产分割协议	3	未受刑	99	—	—	纳税状况	12
财产约定协议	27	证书（执照）	95	—	—	证书（执照）	5
委托	666	签名（印鉴）	46	—	—	签名（印鉴）	1
声明	152	文本相符	177	—	—	文本相符	35
赠予	100	其他	262	—	—	—	—
遗嘱	24	—	—	—	—	—	—
学历	6	—	—	—	—	—	—
经历	11	—	—	—	—	—	—
其他	196	—	—	—	—	—	—
合计	1856	—	1754	—	27	—	101

人民武装

【概况】 2014年，湖里区人武部紧紧围绕“能打仗、打胜仗”这一目标任务，以《人武部规范化建设实施细则》为依据，确保安全稳定，加强国防动员和民兵预备役建设，较好地完成各项工作任务。全年投入13万余元加强国防宣传教育。是年，第一次全面实行网上报名应征，全区有75名新兵应征入伍。

【应急民兵配合湖里公安分局治安巡逻】 1月1日至18日，湖里区人武部抽调五个街道300名应急民兵，配合辖区公安力量开展“大宣传、大巡逻、大防控”专项行动，共配合民警盘查可疑人员1014人（次），抓获违法犯罪嫌疑人69人（次）。确保“两会”“国际马拉松”赛期间辖区安全稳定，遏制了年终岁末案件高发势头。

【民兵组织建设】 2014年，警备区下达给湖里区的基干民兵整组任务是1073人，比上年下降33.31%。全区参加民兵整组有5个街道、52个社区、9个企事业单位，编成3大类39支民兵分队。

【开展枪支弹药和民兵仓库专项整治】 9月19日至12月中旬，根据《省军区枪支弹药和民兵武器装备仓库专项整治方案》和《警备区枪支弹药和民兵武器装备仓库专项整治方案》文件精神，区人武部开展了辖区内枪支弹药和民兵武器装备的专项整治行动。此次行动以收缴枪支弹药，清查枪弹底数、看管人员、私存私借、制度落实、安全防范为重点，对辖区副团职以上现任军官走访，了解个人私存枪支弹药情况，填写“个人存放枪支弹药排查登记表”15份，填写“收缴个人存放枪支弹药情况登记表”15份，签订《枪支弹药零持有承诺书》15份。实现账物底数相符零差错、人员可靠得力零问题、制度规定落实零隐患、枪支弹药无关人员零持有、安全防范措施可靠的总体目标。

【“9·19”煤气爆炸事故应急处突】 9月19日11时28分，湖里区江头福园公寓一层小吃店内发生煤气爆炸，区人武部积极协助地方处置“9·19”煤气爆炸事故，部长、政委至现场查看、指挥，组织民兵应急连59人（江头20人、殿前39人）参与抢险救灾，受到警备区通报表扬。

【征兵工作】 2014年征兵期间，区人武部购印3000多份宣传画和宣传手册，组织5台宣传车，张挂横幅26条，制作宣传板报23块，真正做到征兵工作家喻户晓、人人皆知。9月，征兵工作进入定兵走访阶段，定兵坚持“高学历人员优先、‘双合格’人员优先”的原则。顺利完成年度征兵任务。

【国防宣传教育】 2014年，结合第十四个“全民国防教育日”，区人武部组织国防教育机构的成员单位负责人，区各中小学校长、书记，各街道社区的书记和国防教育负责人，统一召开国防教育工作会议，并收看《甲午甲午》教育录像片。在是年的国防教育经费中拿出近13万余元，给安兜小学购置一批国防教育书籍和各种新型战机、航母、坦克、航空航天模型，并建立安兜小学国防教育图片展览点；给金山社区新换一批国防教育图板；给金安小学建设一条国防教育长廊。为街道定购《东海民兵》《中国民兵》和《国防》等期刊180多份。依托这些国防教育宣传平台，联合区委宣传部、教育局、团委等部门搞好中小学国防教育。在基层民兵组织中，下发《2014年度民兵整组政治工作指示》和民兵整组教育提纲100多份；在街道人武主任培训及民兵整组训练期间，对人武部主任及民兵开展人民战争思想、民兵性质和任务、形势战备、爱国主义、革命英雄主义及社会主义荣辱观等国防教育。

（潘大权）

人民防空

【概况】 2014年，湖里区积极做好人防宣传教育，制作挂图26幅，向中学生发放《人民防空》教材5885册；更新防空警报电源管理控制器15台；检查5处结建人防工程。

【人防宣传教育】 2014年，湖里区加强了人防宣传，采用出专栏、做移动宣传栏板、有奖竞答等多种方式加大对人防业务的宣传，扩大宣传教育影响面。组织防空防灾知识宣传入社区活动，制作宣传挂图26幅分发至5个街道。开展“三防”知识入校园宣传活动，携手高林中心小学开展防空、防震、防灾知识系列宣传活动。区人防办还为区属中学及市属中学初中一年级学生分发《人民防空》教材5885册，并指导学校开展人民防空课程教育。利用“5·10”活动契机，在全区普及人防知识和防灾减灾宣传，在和通社区现场发放防灾减灾宣传材料3000余份。组织社区制作人防宣传专栏40版，并开展栏板评比活动。

【升级改造防空警报电源管理控制器】 由于湖里区现有的警报控制器多为旧款，与拟加装电源管理控制器无法匹配，2014年，在市办管理站的支持下，湖里区共拆除15台旧警报控制器，寄往郑州欧丽公司进行升级改造后，与新装的电源管理控制器组成一个完整的防空警报器控制系统。区人防办利用旧警报控制器拆除期间，全面检修原有的线路设备。

【人防工程检查】 年内，区人防办配合市人防办对湖里辖区竣工的防空地下室进行验收。派出20人次，对5处结建工程验收，验收面积达到17189平方米。配合市人防质检管理站对湖里辖区内的1个人防在建工地进行质量检查，开展前期质量监督，开出整改通知书2张。加大对辖区内人防工程的监管力度，对违规违章、私改用途的人防地下室，按有关规定严肃处理。

【警报试鸣暨居民疏散演练】 5月10日下午，在湖里街道和通社区举行警报试鸣暨市民防灾应急疏散演练，全区46台警报器全部自动鸣响。社区组织3000多人参加防空防灾疏散演练，市、区分管领导及区人武部领导到演练现场指导，并为居民发放防空防灾知识宣传材料。同时，区人防办还携手区教育局以高林中心小学、翔鹭小学为观摩点，进行应急救灾疏散演练。

【修订《人口疏散地域规划》】 2014年，区人防办根据湖里区人口变化、人防工程分布等实际情况，组织各街道和社区进行第一次《人口疏散地域规划》修订，对辖区300个人防工程分布情况调查摸底，为52个社区居民编组，并指导制定了本辖区的应急行动方案。

【开展准军事化训练】 4月，区人防办组织人员参加市人防办在南昌陆军指挥学院举办的“准军事化”培训班，学习人员防空就地疏散隐蔽方案制定、人防工程平战转换的组织指挥程序等项课目。11月，按照市人防办的部署和安排，人防办组织全办工作人员参加为期5天的“准军事化”学习，学习人民防空理论，进行队列和体能训练和射击练习。

（张宪敏）

教　育

区属教育

【概况】2014年，全区教育系统深入学习贯彻中共十八大和十八届三中、四中全会精神，围绕“美丽厦门·创新湖里”战略规划，不断创新工作机制，扎实推进素质教育，全区教育工作再上一个新台阶。以全省16个受检县第一名的成绩通过国家“义务教育发展基本均衡县”评估认定。开办了湖里实验幼儿园等7所公办幼儿园及1所集体办幼儿园，增加学位2160个，极大地缓解了辖区幼儿“入园难”问题。金安小学、蔡塘学校、湖里中学、厦门三中、进修二附小、高崎小学、东渡小学等新建、扩建校舍均投入使用，新增公办中小学学位6360个。投入2600万元，完成厦门外国语学校湖里分校等4所学校运动场的改造及金尚小学等24所学校的综合改造和修缮工程；投入1307万元，用于新办幼儿园的设备采购；投入7196.4万元，用于7所新扩建中小学的设备采购。截至年底，全区有公办幼儿园20所，集体办幼儿园7所，民办幼儿园83所。率先出台与实施《湖里区集体办幼儿园管理办法》，鼓励支持街道、社区举办普惠性集体办幼儿园。厦门三中顺利通过省一级达标高中评估验收。禾山中学特色办学模式取得明显成效。厦门三中、禾山中学两所高中校高考均超过市教育局预期指标，取得新的突破。进一步完善《湖里区民办中小学办学绩效评估奖励办法》，对17所民办学校进行定级、绩效和年检三项评估。投入255万元为17所民办校各配备一间标准电脑室，使民办学校校园环境、硬件设施、办学质量都有明显改善。在全市率先启动家长素质提升工程，参与家长人数达2000多人，整个活动得到社会的广泛好评。扎实推进社区教育，学习型家庭、社区、街道、机关的创建工作持续深入。

年内，组织参加全国及省市科技比赛，区教育局被授予福建省“卢嘉锡科技教育奖”“第29届厦门市青少年科技创新大赛”组织奖。成功举办“唱响2014中小学生合唱比赛”，选送的优秀节目在市比赛中获得2个金奖、4个银奖。少体校游泳队在全国全省游泳赛事中获得多个一等奖的好成绩，乒乓球队在全国性乒乓球比赛中获得团体比赛第三名。在全国青少年五好小公民“美丽中国，我的中国梦”主题教育读书活动中，湖里区获得优秀组织奖及1个特等奖。参加市组织的“走复兴路，圆中国梦”演讲与讲故事比赛，获得4个二等奖、4个三等奖的好成绩。

是年，湖里区公开招聘新教师212名，引进高层次教育人才16人（其中省特级教师4名）。选拔确认第三批区级学科带头人培养对象、骨干教师培养对象及教坛新秀414名。申报的25名“小中高”教师职称全部通过省级评定。召开第30个教师节表彰大会，表彰第三届湖里区优秀校长5名、杰出教师20名等。同时，按“550”人才优惠政策，兑现省级骨干校长每人10万元和省级学科带头人每人5万元的一次性奖励金，营造尊师重教浓厚氛围。组织校长、新教师、骨干教师、学科教师及教师全员培训，共24期、726学时、2380人次，有效提升教师业务水平与专业素养。开展教师全员岗位练兵活动，湖里区教师在全市第三届教师技能大赛中取得优异成绩，共有47人获奖，获奖率居全市各区首位，区教师进修学校获“优秀组织”奖。

【湖里区通过“全国义务教育发展基本均衡区”评估认定】5月15日，国家义务教育均衡发展评估组对湖里区“义务教育发展基本均衡区”创建工作进行评估认定。评估组通过召开座谈会、个别访谈、查阅资料、数据汇总、资料分析、实地走访等方式对湖里区义务教育均衡发展工作进行评估验收。评估期间，共召开人大代表、政协委员、学校校长、教师代表、家长代表等4场座谈会，发放问卷调查表642份，实地检查6所中小学。在省教育厅召开的督导评估反馈会上，督导评估组对湖里区义务教育均衡发展工作的做法与成效给予高度评价，肯定了湖里区委、区政府在推进区域义务教育均衡发展工作中组

2014 年 9 月 1 日，举行金安小学揭牌仪式（张舒　摄）

织到位、制度保障、措施有力、成效显著，辖区义务教育均衡发展公众满意度高。湖里区以此批 16 个受检县区第一名（95.8 分）的优异成绩通过了“全国义务教育发展基本均衡区”评估认定。

【金安小学开办】 9 月 1 日上午，厦门市湖里区金安小学举行了“感恩父母情、成长更出色”金安小学开办典礼。湖里区副区长戴宗垒偕市住宅办、区教育局、金山街道办等相关领导出席典礼，校长林华强致辞。厦门市金安小学地处厦门岛内东部，紧邻五缘湾湿地公园及环岛路、观音山风景区，毗邻高林居住区，南靠金钟路，北依建设中的两岸金融中心湖里片区，西靠湖里万达广场，是 2014 年岛内新开办的唯一一所全日制公办小校，招生片区覆盖金安社区和金林社区。占地面积 24150 平方米，学校拥有优美的校园环境和现代化的软硬件设施，配备了 1 栋行政办公楼、4 栋教学楼、1 栋体育馆和食堂、1 栋实验楼。还配备了 200 米标准跑道的操场，以及心理活动室、声乐、舞蹈教室等教学设施。随着学校的开办，校园文化建设也在逐步完善。

【厦门三中顺利通过省一级达标高中评估验收】 12 月 16 日，厦门三中迎来省一级达标高中现场评估。评估组专家通过听取汇报、查阅档案材料、查看教育教学设施、随机听课和访谈了解等形式对厦门三中进行现场评估。评估组从三中办学行为规范、学校管理有序、德育心育扎实、课程改革到位、队伍建设有效、办学特色初显、硬件设施齐全等方面给予充分肯定。三中顺利通过省一级达标高中评估验收。

【厦门三中庆祝建校九十周年】 2014 年，厦门三中迎来九十岁生日，几千名师生和校友欢聚一堂，参加建校九十周年系列纪念活动。11 月 15 日上午，举办了以“凝心聚力，提升发展”为主旨的校友·校长论坛。20 日下午，部分知名校友返校作励志报告，为学生们的成长、励志、就业做引导。22 日，召开庆祝大会，校总支书记、校长陈增武致辞后，湖里区副区长戴宗垒致辞，代表区委区政府对三中九十周年校庆表示热烈祝贺。会后，各届校友和领导来宾观看了一场由校友、学生共同演出的“岁月如歌，九秩风华”文艺会演，参加体现三中科技教育办学特色的科技游园活动。之后，还举行了校友杯篮球友谊赛和学生嘉年华活动。

【金尚中学获省级心理健康教育先进单位】 金尚中学在 2014 年福建省中小学心理健康教育研讨会上获得了“2014 年福建省中小学心理健康教育先进单位”称号。学校将“以人为本，育人为本，阳光心理，和谐成长”的心理健康教育作为学校的办学特色，通过各种渠道和活动培养学生的积极心理品质。学校曾承办全国首届中学校长心理健康教育论坛、全省首届中小学心理健康教育研习会、海峡两岸学校心理健康教育论坛等活动。学校拥有全市最大、功能最齐全的心理健康教育中心，开发了全国首创的大课间心理游戏，开设了“幸福

12 月 16 日，省一级达标高中评估组至厦门三中评估验收（俞锦辉　摄）

蓝叶书屋一角（骆汉彬　摄）

心学堂”心理健康教育网站。中央电视台、《中国教育报》等全国及省市主流媒体都报道过学校的心理健康教育办学特色，以及所取得的优秀成绩。

【安兜小学蓝叶书屋被授予“福建省示范图书馆”称号】 11月24日，厦门市安兜小学“蓝叶书屋”被省教育厅授予“福建省示范图书馆”称号。“蓝叶书屋”集藏书、借阅、阅读于一体，有宽敞明亮、整洁优雅的借阅环境；有现代化的计算机管理方式；有各类藏书36404册，人均31册。藏书室132.2平方米，纸质阅览区139.8平方米，学生阅览座位80个，电子阅览区40平方米，学生阅览座位11个，老师阅览座位25个。“蓝叶书屋”开放时间为每天上午8点至下午5点。每班两周安排一节课，进入书屋上阅览课。

【湖里区首次举行少先队队仪式规范评比大赛】 10月24日，在湖里第二实验小学的操场上，全区46所学校的中队代表轮番上场，进行少先队队仪式规范比赛，这是厦门市首次举行少先队队仪式规范评比大赛。活动由湖里区教育局、湖里区少工委主办，湖里第二实验小学承办。共有公办中学7所、小学26所，民办小学13所参赛。最终，厦门市第三中学、蔡塘学校获得中学组一等奖，火炬学校、启泰学校、国光学校夺得民办校组一等奖，公办小学组的一等奖则由钟宅民族小学、东渡第二小学、康乐第二小学、湖里第二实验小学、湖里实验小学以及翔鹭小学共享。

【湖里区举行名师工作室三年工作成果交流展示】 12月29日下午，在区教师进修学校的组织下，开展了湖里区中小学幼儿园名师工作室三年工作成果交流展示活动。湖里区教育局副局长吴雪慧、区教师进修学校校长张清高、副校长黄巨昌以及16个名师工作室73位成员全程参加。展示交流会由黄巨昌主持。张清高校长代表湖里区教师进修学校全面总结湖里区名师工作室工作成果：2012—2014年名师工作室主持区级以上课题147项；开设区级以上讲座214场、区级以上公开课332节；发表CN论文212篇；出版教育教学专著18本；开展校级以上活动991场；参加学历提升进修44人次，参加骨干教师培训271人次。

【集体办幼儿园管理办法出台】 10月31日，湖里区出台了《湖里区集体办幼儿园管理办法》，该办法明确了区、街两级财政将对集体办幼儿园予以专项经费补助：一是补助开办费用。按不同规模一次性分别给予200万元、140万元、100万元的开办补助，另外拨付不少于同等金额的开办经费作为补充。经区教育局评估定级的，还给予相应的分级财政补助专项资金。二是补助生均共用经费。参照公办园标准，由区、街财政各承担50%。三是补助专任教师工资。按照每所幼儿园核定的专任教师数，每人每年补助1万元。四是补助修缮采购经费。按规模每年分别给予20万元、15万元、10万元的补助。

【湖里区出台积分入学实施办法】 为切实保障进城务工人员随迁子女平等接受义务教育的权利，按照厦门市教育局的要求，4月30日，湖里区出台了《湖

12月29日，湖里区举行名师工作室三年工作成果交流展示活动（陈辉　摄）

里区2014年进城务工人员随迁子女小学积分入学办法实施细则》，细则规定积分入学的基本条件：一是随迁子女父（母）近两年在厦门市连续暂住，且目前在湖里区暂住；二是随迁子女父（母）近两年在厦门市务工，且目前仍在厦门市务工；三是随迁子女父（母）近两个年度在厦门市连续缴交社会保险，并且社保缴交单位应与务工单位一致；四是随迁子女符合计划生育政策，或者虽违反计划生育政策，但已接受处理的。符合基本条件的可得30分基本分，其余按照年限累计加分，社保缴交、暂住和务工时间越长的积分越多，积分靠前的可以派入公办小学。这是湖里区首次采用积分制办法来安排小学一年级学位。

【区教育系统获“美丽中国　我的中国梦”主题教育活动多项大奖】 年内，在全国青少年五好小公民“美丽中国，我的中国梦”主题教育读书活动中，湖里区教育系统取得丰硕成果。区教育局被评为全国“先进集体”；金尚小学、东渡小学、火炬学校再次获全国“示范学校”；湖里中学、康乐小学、寨上小学、乌石浦小学、钟宅民族小学、湖里实验小学、启泰学校和育青学校获厦门市组织奖。全区有142位学生的征文荣获国家级奖励，其中，湖里实验小学韩越同学的征文《梦想，心中的那一抹绿》获得特等奖，另有14名同学获一等奖，51名同学获二等奖，76名同学获三等奖，120多名教师获征文活动指导奖。

【区少体校在全国、省级比赛屡创佳绩】 在2014年全国少儿游泳分区赛（武汉体院赛区）中，区少体校运动员王子豪获10岁组4×50米混合泳接力第一名、100米蛙泳第二名、200米混合泳第三名、自由泳接力第三名。在2014年“体彩大乐透杯”全国少儿游泳分区赛（广东赛区）中，区少体校运动员陈彦安获男子50米自由泳、100米自由泳第一名，200米自由泳第二名；王子豪获50米蛙泳第二名，100米蛙泳第二名。在参加全国“红双喜·开拓杯”乒乓球比赛中，乒乓球队队员刘思琳代表厦门队参赛，获2003年组团体比赛第三名；在参加“红双喜·奥星杯”全国少儿乒乓球比赛中，少体校代表队获女子D组团体第三名，叶婷获女子D组单打第三名，男子F组获团体第三名。在福建省第十五届运动会中，少体校武术队张伟强获刀术第一名、棍术第二名；叶珍羽获南拳第一名；江凡获太极拳第一名、刀术和棍术第二名；李丹琪获长拳、规定拳第一名。湖里区少体校代表福建省参加全国青少年户外体育营地夏令营比赛，获团队优胜一等奖。

【湖里区率先启动家长素质提升工程】 4月12日，湖里区教育局与禾山街道联合举办的家长素质提升工程，在湖里区进修学校附属小学正式启动。在立足区情的基础上，采取政府购买服务的方式，委托教育部福建师大课程研究中心厦门研培基地——厦门市湖里区新方式教育研培中心开课，致力于帮助辖区学生家长切实提升家庭教育的能力与水平，使孩子得到健康、全面发展。工程前期整体工作分为6期开展，采用聘请专家、分类教程、互动教学、项目评定等方法，对禾山街道辖区7所公民办学校的家长分期分类培训，对不同年级、不同类型的家长分类施教，每期培训4天，施教持续4个多月，参加家长约5000人次。

【蔡塘学校获教育部基础教育教学成果二等奖】 12月25日，湖里区教改汇报会在蔡塘学校举行。到会的领导和专家有教育部福建师范大学基础教育课程研究中心主任、福建师范大学教师教育学院院长、博士生导师余文森及其带领的一行九位专家团队，厦门市教科院副院长傅兴春和七位教研员等，以及本区各校及“五校教改研究共同体”的学校领导。蔡塘学校此次汇报会精心准备了12节研讨课，64节展示课，覆盖了语文、数学、英语、物理、化学、历史、地理、生物、思品等学科。“多维互动，动态生成”是此次汇报会的主题。所有课堂均依托于新课标理念，展示了蔡塘学校“三二一长效教学机制”和小组合作学习的教学模式，傅新春高度肯定了蔡塘学校课堂的新特征——特别是以学生为主体的理念催生了民主、互动的现代课堂生态。经专家评审，蔡塘学校“先学后教，反馈矫正”成果获教育部基础教育成果二等奖。

（卢欣欣）

名词解释

三二一：“三”指的是有效教学的理论、教学案课堂理论、学习型展示理论；“二”是指学生习惯养成教学及教学案课堂模式；“一”指的是一个管理保障，即实行班级小组互助制。

驻区学校

【概况】 2014年，湖里区驻区学校有双十中学（高中部）、厦门二中（高中部）、厦门六中（高中部）、厦门五缘实验学校、厦门市音乐学校、中央音乐学院鼓浪屿钢琴学校、厦门信息学校7所。

福建省厦门双十中学（高中部）

【概况】 2014年，福建省厦门双十中学（高中部）(以下简称双十中学）招新生955人，毕业生940人。学校编制内教职工379人，其中专任教师346人，包括特级教师7人，高级教师115人。年内，继续与湖里实验中学开展友好合作，办好“厦门双十中学漳州分校”。积极帮扶石狮中英文学校、石狮一中、平和一中。是年，学校获全国青少年五好小公民主题教育活动示范学校、全国信息学奥林匹克特色学校、福建省文明学校、福建省体验式生命教育示范学校、IFAW 国际爱护动物行动周优秀组织奖、卢嘉锡科技教育奖、厦门市青少年科技创新大赛优秀组织奖、厦门市第三届教师技能大赛优秀组织奖、厦门市中招考务工作优秀学校、厦门市美丽校园行试点学校、厦门市学校综治安全目标管理考评优秀单位等荣誉称号。

【规范养成教育】 2014 年，双十中学为切实抓好学生行为规范训练和基本道德素养的养成，紧抓学生一日常规管理与教育。开展学生日常行为规范量化考评，在年段中实行风纪评比，并按月汇总，将风纪评比结果与星级班级评比相结合，与先进班级评比结果挂钩，不仅将考评结果作为学生综合素质评价的重要依据，同时也将其作为班集体评价的重要依据，以此激励学生自觉遵守校规校矩。开展“爱国守法，知礼诚信”活动，通过国旗下讲话，面向全体师生进行爱国主义教育和诚信教育，积极创建诚信校园。开展节约水电、珍惜粮食教育，教导学生从点滴做起，关注资源浪费问题。开展班级文化建设，按照学期初计划，各年段每月绘制不同主题黑板报，加强对学习园地、墙报、读书角、公告栏和卫生角的建设管理。

【深入开展价值观教育】 年内，双十中学结合“做一个有道德的人”主题活动，开展了“美丽厦门 · 我的梦”学生圆梦行动。举办“中国梦 · 双十梦 · 我的梦”为主题的学校文化艺术节，开展集体舞、合唱、经典诵读和硬笔书法比赛。举办新生入学典礼和毕业典礼。组织学生参加以“走复兴之路 · 圆中国梦”的主题征文、演讲活动。参加第二届（2014）厦门市中小学网络“微拍”大赛。结合各类节日，开展一系列的主题教育活动，引导学生关注社会发展，感悟身边的新变化。

【教师比赛获奖】 2014 年，双十中学积极组织教师参加各级各类比赛，获得多项大奖。许波代表福建省参加全国高中青年数学教师优秀课展示，获全国一等奖。李洪金参加第五届福建省高中通用技术教师教学技能大赛，获一等奖。在厦门市中小学班主任专业能力大赛上，涂伟宁获现场比赛三等奖；在教育故事评选中，高艺老师获一等奖，涂伟宁老师获二等奖，范庆和叶敏城获三等奖；在主题班会课教案评选中，洪燕飞、蒋静、孙雪玉获一等奖，涂伟宁和唐传琛老师获三等奖。

【高考创佳绩】 2014 年，吴小媛夺得厦门市高考理科状元；15 位同学被北京大学录取，占北大在厦门招生总数的 56%，占北大在福建招生总数的 15%；11 位同学被清华大学录取，占清华在福建招生总数的 10%；18 位同学分别被香港大学、香港中文大学、香港理工大学、香港浸会大学等香港知名大学录取。此外，还有一批同学被外国名校录取。2 名学生分别获福光奖学金和宋庆龄致远助学金。

【学科竞赛获奖】 年内，双十高中学生在五大学科竞赛中，有 72 人次获得省级以上奖项，其中 22 人次获得国家级奖项，33 人次获得省一等奖。在中国化学奥林匹克福建省赛区竞赛中，有 9 名同学获得省一等奖，另有 3 名同学获得二等奖，1 名同学获得三等奖。在全国高中数学联赛福建赛区竞赛中，有 8 名同学获得一等奖，2 名同学代表福建省参加全国中学生数学冬令营，另有 4 名同学获得二等奖，2 名同学获得三等奖，学校荣获团体总分第一名。在全国信息学奥赛中，5 名学生参赛，获得 2 金 2 银 1 铜，2 名同学入选国家集训队并获得保送清华大学资格。

【科技创新】 2014 年，第十二届“赛莱默”杯全国中学生水科技发明比赛暨斯德哥尔摩青少年水奖中国地区选拔赛中，双十中学选送的发明项目，获得 1 个二等奖，1 个三等奖。在第八届国际发明展览会上，获得 1 金 2 银 4 铜。双十中学有 4 名同学获得第十三届“福建省小科学家”荣誉称号。在第 29 届福建省青少年科技创新大赛中，3 名同学获得二等奖，2 名同学获三等奖。在第 30 届厦门市青少年科技创新大赛中，2 个项目获市一等奖，1 个项目获市二等奖，5 个项目获市三等奖。高二学生获卢嘉锡科技发明奖和第六届厦门市十佳青少年学生优秀发明创造奖。7 名同学因在各类学科、科学竞赛或高考中取得优异成绩，获得 2014 年度“ABB”奖学金（杜曼教育扶贫基金），获奖人数位列全市第一。

【教育科研成果】 2014 年，双十中学教师有 53 篇论文发表在 CN 级学术刊物，16 篇论文在各级比赛中获奖，22 人次在其他各类评比中获奖。有 7 个课题被立项为市教育局直属校课题，9 个课题被立项为省级课题，陈温柔主持的课题获全国教育科学“十二五”规划立项，该课题是教育部重点课题。年内，双十中学继续编好《课改动态》《德育动态》《高考改革动态》《海峡教育时论》等校刊，及时为教师提供各方面的教育教改信息；出版《同学答记》《心灵的雕塑——社会主义核心价值观教育故事 100 则》等教师专著以及校本教材《精选唐宋诗 100 首》(闽南语注音本)。有 13 名教师被认定为“厦门市第二批市属学校市级骨干教师”，2 名教师被评为“厦门市第三批中学专家型教师”。赵祥枝获“2014 年福建省特级教师”称号，被评为福建省首届百名名师。阙锦南被授予“第十三届福建省青少年科技教育突出贡献奖优秀科技辅导员”称号。在“全国信息学奥赛 30 周年庆典”活动上，曾艺卿、叶敏城获“优秀教师奖”。

（黄强）

福建省厦门第二中学（高中部）

【概况】 2014年，福建省厦门第二中学（高中部）（以下简称二中）设有38个教学班，2000余名学生。有教师176人，其中正高级教师1人、特级教师2人、国家级骨干教师3人、省市级学科带头人12人、省市级骨干教师50人次。9月，二中成为厦门市首个“福建省教育科研基地校”、集美大学音乐学院教育实习基地；11月，国家体育总局、教育部授予二中“国家级体育传统项目学校”称号；12月，二中成为福建省高中政治思想学科教学研究基地校和福建省高中生物学科教学研究基地校。

【学生竞赛】 2014年，在各项学科竞赛中，厦门二中共有76人次获得市级以上三等奖。5月，在厦门市中学生合唱比赛中，学校女子合唱团与小合唱双双夺得厦门市中学生合唱比赛一等奖；10月，学校获得厦门市中小学艺术节直属中学舞蹈曲艺小品校园剧比赛群舞三等奖；在11月19日举办的第30届市科技创新大赛中，张宇辰的科幻绘画作品《空气净水器》获一等奖，叶国祥的青少年科技创新项目《野外工具型火药及其应用》获二等奖，史晨露、杨芯诺的科幻画作品《“采花蜜”—未来昆虫高手》《未来城市》获二等奖，徐轩怡的《未来城市》获三等奖，李杰的青少年科技创新项目《利用自制简易装置检测PM2.5与高度的关系》获三等奖，格物致知小组的实践活动《传承文化　缔造美丽厦门—关于城市建设融入传统国学文化的研究》获三等奖。11月，高中足球队获得福建省校园足球布局城市高中组足球赛冠军；在10月25日—11月2日举行的第十五届省运会上，高一（7）班杨杰同学获福建省网球（青少年甲组）男子双打比赛冠军，男子单打第四名，高一（11）班黄子回同学获得男子少年甲组1500米自由泳铜牌，200米蝶泳第六名，高二（3）班周政霆同学在100米蝶泳、50米自由泳比赛中均获得铜牌。

【高考成绩】 2014年，厦门二中高考取得了优异的成绩，本科上线474人，上线率94.23%，其中，本一批上线156人，上线率30.9%，比2013年增加38%；首届足球班21名体育特长生全部上本科线，其中11人已被北京体育大学、福建师范大学、江西师范大学、集美大学等院校录取；艺术类考生58人，其中56人上本科线，多人被中国美院、江南大学、四川美院、厦门大学等院校录取。

2014年5月，二中合唱团参加厦门市中学生合唱比赛，获一等奖（厦门二中供图）

【师资队伍建设】 2014年，二中着力培养和锻造名师队伍，加强教师业务学习培训，建立教学观摩研讨制度，促进教师在校本教研的实践中迅速成长。教师积极参与教学练兵、课题研究和撰写论文，提升专业素养，在CN刊物上发表论文24篇，专著2篇，市级公开刊物发表论文或论文获市二等奖以上奖项8篇，在报纸上发表文章15篇。在市第三届中小学幼儿园教师教学技能大赛中，许秉乙获得生物组第一名，综合能力测试获得厦门市特等奖，孙玉旻、王芳、蔡秀文获二等奖，邓樱菡、沈备、陈建裕、李彩虹、张小梅、沈诏钦、方旭琼、周美娜获三等奖。在各类评优评先中，王守琼、苏晶等6人获2014年度市教育系统单项奖表彰；吕明获“2014年厦门市中小学优秀班主任”称号，王军获“2014年厦门市中小学优秀段长”称号；汤瑾被授予厦门市第三批“专家型教师”称号。在省第29届青少年科技创新大赛中，语文组老师指导的高二、高三年级语文研究性学习项目，分别获得二、三等奖。

【德育教育】 年内，二中坚持开展“中国梦”系列主题教育活动，积极构建“每月一主题”，通过开展“告别不文明行为——校园不良行为习惯专项矫正活动”，培育学生的文明素养，形成浓郁的文化氛围和健康向上的精神风貌。此外，二中还深入开展社会主义核心价值观系列道德讲堂活动，通过开展“诚信”和“友善”主题道德讲堂活动，加强学校师生的思想道德建设，学校团委积极组织各班团支部利用班团队课时间，集中开展学习、践行社会主义核心价值观班团队活动；11月，学校承办了由中国青少年发展服务中心指导，福建青年杂志社、教育评论杂志社主办的全国第一个针对青少年责任感设计的主题教育活动“大德兴邦·十六岁公民责

12 月 30 日晚，厦门二中举办 2015 年“我们正年青”校友新年音乐会（厦门二中供图）

任感教育活动”。

【校友活动】 3 月，由学校参与主办的“春之声 · 荣耀与绽放”厦门二中校友音乐会在鼓浪屿音乐厅举办，几代校友齐聚一堂，共同追忆往昔。市政协原主席蔡望怀，市委常委、宣传部部长叶重耕，市教育局局长赖菡也以校友的身份参加此次音乐会；4 月 27 日，厦门二中（英华 · 毓德）校友会第八届会员代表大会召开，各届 50 多位校友理事齐聚一堂，原市人大教科文卫主任、原厦门二中校长、书记邱章开及退休领导汪金煌应邀出席会议；11 月，64 届校友回到母校举行毕业 50 周年庆典，为母校捐送碑石和树苗，何丙仲校友为母校撰写“百友园赋”，刻于碑石上，植物园老园长陈榕生也赠给二中 10 棵 5 个珍稀品种的南洋杉；12 月 30 日晚，厦门二中举行 2015 年“我们正年青”校友新年音乐会，表演人员集合英华、毓德、二中 30 年代、40 年代、50 年代、60 年代、70 年代、80 年代直至 90 年代的校友，他们通过合唱、男女声小组唱、舞蹈、乐器独奏等多种表演形式，轮番登台表演。

（黄晓佳）

厦门第六中学

【概况】 福建省厦门第六中学（以下简称“六中”）创办于 1953 年，1993 年被认定为福建省二级达标中学，1998 年被认定为福建省一级达标中学，2004 年在厦门市率先通过示范高中市级验收。校园占地 96748 平方米，总建筑面积约 8.5 万平方米。学校有普通教室 120 间，配备空调、多媒体等设备。心理咨询中心配有心理辅导室、阅览室、咨询室、宣泄室、沙盘室等专业教室，音体美、信息通用技术等学科均设有专用教室或场所。2014 年，全校有教职工 396 人，其中教师 363 人。有特级教师 5 名，正高教师 1 名，高级教师 128 名，一级教师 162 名；省、市学科带头人 20 名，省、市骨干教师 64 名，硕士 44 名。有教学班级 102 个，在校学生 4717 名。

教育教学

【高考成绩】 2014 年，六中有 792 名学生参加高考，本科共上线 772 人，本科上线率 97.5%，其中：理科 520 人，上线率 97.6%，文科 252 人，上线率 97.3%。本一上线 461 人，上线率 58.2%，其中：理工类 328 人，比 2013 年增加 45 人，上线率 61.5%，比上年提高了 5.6%；文史类 100 人，比 2013 年增加 24 人，上线率 38.61%，比上年提高 8.6%；理科艺体类 11 人，文科艺体类 22 人，在毕业艺体类生数比 2013 年减少 25 人的情况下，本一总人数比 2013 年增加 49 人，上线率比上年提高 4.13%。

【厦门六中在第十二届福建省机器人比赛中取得优异成绩】 在 5 月 1—3 日举行的第十二届福建省机器人比赛中，厦

厦门六中（六中供图）

门六中代表队取得了辉煌的成绩。本次比赛，六中有 6 支代表队（12 人）分别参加了高初中两个组别的机器人综合技能和 FLL（国际机器人比赛）两个项目的比赛。取得一等奖 3 项，二等奖 2 项，三等奖 1 项。

【《人民教育》杂志刊登厦门六中教育创新纪实报道】 由教育部主管的《人民教育》杂志 2014 年第 7 期，刊登了《人民教育》杂志记者冀晓萍、《中国教育报》记者熊杰采写的特别报道。报道以“把梦做到最巅峰”为题，详细介绍厦门六中在创造教育、艺术教育、心理健康教育和少教多学教学改革等方面的教育创新实践探索与成果。

【厦门六中在第 29 届福建省青少年科技创新大赛复赛中创佳绩】 第 29 届福建省青少年科技创新大赛复赛于 3 月 20—23 日在三明沙县举行，厦门六中选送的 4 个项目获奖，其中：高二 4 班陈增杰的项目《城市下穿隧道及地下车库积排水问题研究》获环境科学类二等奖，教师陈宙锋的项目《无外机低排放空调》获科技辅导员创新项目一等奖，并被推荐参加全国赛。

【六中获第八届国际发明展多项奖项】 11 月 19—22 日，在上海昆山花桥国际博览中心举办第八届国际发明展。本届展会有来自 30 多个国家和地区以及国内各省市展团和解放军展团等团体的参展项目近 3000 项。六中选送六件优秀项目参加本次展会，获得 2 金 2 银 1 铜的优异成绩。

对外交流

【概况】 2014 年，厦门六中采用“请进来，走出去”的形式，加强与国内外各学校的交流与合作，全年共邀请国内各地名师到校指导与开办讲座 5 场；有 12 个参访团到六中学习交流，其中 3 个团为国外团，六中也应邀到青海省民和县、诏安县、深圳等地学习交流。

【新加坡光伟中学师生到六中交流】 6 月 3—4 日，新加坡光伟中学师生一行 22 人到厦门六中参观交流。客人们观看了学校的宣传片《弦歌不绝，梦想飞扬》，并与部分学生代表座谈，了解中国中学生学习生活情况。还欣赏了六中在各级大赛上获奖的部分精彩舞蹈视频，了解六中艺术教育情况。4 日上午，来访的学生们还到初一年段各班级随堂听课，并参观六中音乐广场。

【厦门六中与澳大利亚西澳洲珀斯市坎宁学院签订友好学校合作协议书】 厦门六中与澳大利亚西澳洲珀斯市坎宁学院经过友好协商，双方达成共识，一致同意加强两校间的国际教育交流与合作，建立友好学校。4 月 2 日，六中校长刘卫平与澳大利亚西澳洲珀斯市坎宁学院 Alan Genoni 院长代表两校签订友好学校合作协议书。

【加拿大枫树岭教育局亚洲区执行官到六中参观访问】 3 月 28 日，加拿大枫树岭教育局亚洲区执行官 MARC.Andre. Page 先生携加拿大枫树岭教育局国际老师 LEE 一行到厦门六中参观访问。加拿大参访人员在副校长黄达平的陪同下，参观六中校两个校区。黄达平向参访人员介绍了六中的办学历史、办学理念、办学特色及近年来学校的办学成果。厦门六中先进的办学理念给加拿大参访人员留下深刻的印象。

（张宪敏　许雅真）

厦门五缘实验学校

【概况】 厦门五缘实验学校位于厦门本岛东北部五缘湾畔。学校占地 5.05 余万平方米，建筑面积 2.50 余万平方米，由“树人堂”和“育才阁”等教学楼群组成。截至 2014 年底，1—9 年级共有 54 个教学班，在校学生 2613 人，在职在编教职工 156 人，新加盟教师 9 人，外出支教 2 人。

【推进社区参与学校管理】 2014 年，五缘实验学校与社区定期举行联席会议，听取社区对学校管理的改进意见。主动邀请社区有关人员参加学校重大节庆、主题展示、教育教学公开活动等，让社区人员亲身感受学校的发展。引导社区等有关单位参与学校安全管理，开展法制宣讲。借助社会资源和力量，改善学校周边环境。12 月，五缘实验学校党总支与禾缘社区党支签订共建协议，在鑫海湾沿街绿化带开展“认捐认建认养”志愿服务活动，携手禾缘党支部，共建美丽社区。

德育工作

【社会主义核心价值观教育】 2014 年，五缘实验学校德育课程的构建和实施，紧密结合社会主义核心价值观，走出核心价值观培育和践行的新思路。在“厦门市社会主义核心价值观教育研讨会”上，学校展示了学习和践行社会主义核心价值观的具体做法，得到与会的市、区宣传部门、教育部门、文明办的肯定。承办了由中共厦门市委文明办、厦门市教育局、共青团厦门市委、厦门市妇联、厦门市关工委、厦门日报社主办的厦门市中小学生争当“文明小白鹭”活动启动仪式，作为全市第一个倡议学校，积极组织学生参与“争当文明小白鹭”志愿者行动等社会公益活动，做到“班班有志愿者”，学生参与面达 90% 以上。学校将“争当文明小白鹭”活动纳入暑期作业中，鼓励全体同学积极投入志愿者行列。志愿者活动内容形式多样，既有参与校外的公益活动、也有校内的志愿者行动，既有班级形式，也有在校家委、家长协助下的小组、个人形式等。2014 年寒假，学校开展“核心价值观进教室”宣传画设计大赛。比赛共收到各班级代表作品 57 幅，个人代表作品 80 幅。其中，二年四班、三年六班等 11 个班级荣班级组一等奖；二年四班毕昱、一年七班崔瀚之等8名同学获个人组一等奖。组织广大师生和家长参加“图说社会主义核心价值观”宣传画设计大赛，正确引导广大青少年学生了解和掌握社会主义核心价值观的基本内容和实践要求，鼓励大家以自己的亲身经历或所见所闻为素材，用生动、朴实、优美的文笔，记录和讲述具体、鲜活、感人的践行社会主义核心价值观的典型故事，把青少年学生培养成社会主义核心价值观的践行者和传播者。

【五缘实验学校获厦门市未成年人思想道德建设十佳特色品牌项目奖】 12月19日，厦门第三届“美德少年”表彰大会在市青少年宫举行，五缘实验学校《美丽五缘·我的成长梦》获厦门市未成年人思想道德建设十佳特色品牌项目奖。此次厦门市未成年人思想道德建设特色品牌项目评选活动由市委文明办、市教育局、团市委、市妇联联合开展。

【学生助理竞聘】 9月，五缘实验学校举行“首届学生助理授牌仪式”。学校全年共举行4次“学生助理”报名，近200名学生参与竞聘。学生助理按照校级、中层、年段、班级分为四个层级项目，分别设置“校长助理”，指导教师是校长；“主任助理”，指导教师是德育处主任（副主任）；“年段长助理”，指导教师是年段长；“班主任助理”，指导教师是班主任。其工作内容，就是在指导教师的引导下，完成相应岗位的一些工作。这是五缘实验校贯彻“实践育人”办学理念的一项新举措。它通过岗位体验，培养学生组织管理能力和协调能力，提高学生的社会责任感。

教学教研工作

【2014年全国初中数学联赛多名学生获奖】 五缘实验学校在2014年3月举行的全国初中数学联赛中取得优异成绩，共有3人次获得全国一等奖，其中陈雨菲、庄一豪同学获得八年级组一等奖，卢镜仙同学获得九年级组一等奖。另有多名学生获二、三等奖。

【参加市级比赛获奖】 2014年，五缘学校组织教师参加“厦门市第三届中小学幼儿园教师教学技能大赛”，林纾等18位老师分获一、二、三等奖；参加“厦门市第二届优质基础教育数字资源征集评选活动”，选送73件作品参评，有44件作品分获一、二、三等奖，其中马丽克等9位教师作品获一等奖，陈海烽老师获先进个人奖（第一名）学校获优秀组织奖（全市第三名）。

【彭雅逸老师获第八届全国小学英语基本功大赛一等奖】 5月18—23日，第八届全国小学英语教师教学基本功大赛暨教学观摩研讨会在云南昆明市召开。经市、省层层选拔，五缘实验学校小学英语组的彭雅逸老师作为福建省唯一教师代表参赛，与来自全国各省、自治区、直辖市的32名选手同台竞技、一争高低。彭老师凭借丰富的肢体语言，引导学生在语境中运用英语，新颖的教学设计，充满趣味的教学活动，最终获得此次大赛的一等奖及最佳教态奖。

对外交流

【校长石锡伍赴美研修】 9月24日至11月24日，五缘实验学校校长石锡伍以“福建省中学英语学科名师培养对象”身份前往美国罗得岛州布莱恩特大学和梅德韦学区所辖的中小学参加研修，并顺利完成了研修任务。

【香港教师专业考察交流团到五缘实验学校参访】 12月11日上午，香港教育局总学校发展主任曾陈美芳女士（团长）带领“香港教师专业考察交流团”一行40人到五缘实验学校参访，副校长施素玲、杨毅清代表学校热情欢迎他们的到来，并陪同参观学校，向来宾简要介绍学校情况。交流团教师在第二节和第三节分别进入课堂观摩柯静缘（中学美术）、王婉琳（中学语文）、彭雅逸（小学英语）、郑璇璇等四位教师（小学语文）的示范课。课后，交流团教师与相关学科教师座谈交流，分享教育经验，相互学习借鉴。交流团教师还观看了学生丰富多彩的大课间活动。

（马丽克）

中央音乐学院鼓浪屿钢琴学校

【概况】 中央音乐学院鼓浪屿钢琴学校（以下简称钢琴学校）是厦门市人民政府和中央音乐学院合办的全国仅有的一所财政全额拨款钢琴专业为主的公立学校，正式创建于2006年。2014年，有在校生273人，设置14个班级，开设钢琴、音乐教育、录音、电子制作、电子作曲、乐器制作六个专业。是年，有教职员工89人，其中，钢琴专业教师26人，综合学科教师20人。全年有28人获奖，其中，有5项获国际性奖项，3项全国性奖项。全年举办大师班17次。

【2名学生获得全国职业院校技能大赛决赛一二等奖】 在6月27日结束的全国职业院校技能大赛（键盘乐器类）决赛中，钢琴学校派出的两名学生缪东君、吴芮分获一等奖和二等奖，实现了福建省选手在此项目中零的突破。全国职业院校技能大赛是由教育部发起，联合国务院有关部门、行业和地方共同举办的一项年度全国性职业教育学生竞赛活动，是专业覆盖面最广、参赛选手最多、社会影响最大、联合主办部门最全的国家级职业院校技能赛事。是年，全国职业院校技能大赛首次开设键盘乐器类，钢琴学校2名选手以福建赛区第一名的资格参赛。

【举办电子音乐及原创作品音乐会】 12月26日晚7点，由钢琴学校综合学科主办的电子音乐及原创作品音乐会如期在五缘湾音乐厅举办。整台音乐会全部由综合学科的学生自行作词、作曲、制作、演奏及录音、录像。

【2 名学生在第一届上海喜马拉雅全国钢琴公开赛总决赛中获奖】 在 11 月 30 日结束的第一届上海喜马拉雅全国钢琴公开赛总决赛中，钢琴学校李诗洋获得少年 B 组特等奖，方雅欣获得少年 B 组一等奖。李诗洋演奏的是李斯特《匈牙利狂想曲第八首》，她凭借娴熟的演奏技术和对乐曲的深刻理解，展现了乐曲的原汁原味。方雅欣演奏的是拉威尔《小奏鸣曲》，她在演奏的灵感，音乐组织，演奏速度、力度等方面表现近乎完美。

【严瑾获 2014 马耳他国际音乐节及钢琴比赛第一名】 5 月 12 日，在 2014 马耳他国际音乐节及钢琴比赛颁奖典礼上，钢琴学校小学六年级学生严瑾获得第一名。严谨演奏了李斯特音乐会练习曲《森林细语》、美国现代派音乐家格雷・菲尔的作品《保罗的喷泉》，以及柴可夫斯基《杜姆卡》这三首风格迥异的乐曲，她出色的音乐表现力、控制力以及娴熟的演奏技巧打败来自俄罗斯、土耳其、捷克斯洛伐克、保加利亚、瑞典、芬兰、乌克兰、韩国、日本等多个国家的专业选手，取得优异成绩。

【世界著名钢琴大师托马斯・翁嘎在钢琴学校举办大师班】 5 月 15 日，美国克莱本钢琴学院院长、世界著名钢琴大师托马斯・翁嘎莅临钢琴学校举办大师班。教学时托马斯・翁嘎强调忠实于原版，还原当时音乐的味道和特点。他要求学生要了解作曲家所处的时代特点。

（庄岩岩）

科学技术

【概况】 2014年，区科技局按照区委、区政府提出的“全面深化改革，建设民富区强”的工作目标要求，坚持“四个发展”，即统筹发展、创新发展、绿色发展、为民发展。抓好“四个落实”，即落实美丽厦门战略规划，落实“五位一体”建设（经济建设、政治建设、文化建设、社会建设、生态文明建设），落实项目带动战略，落实共同缔造行动。区科技局进一步增强服务企业的意识，提高服务企业的质量。支持企业科技自主创新，增强企业核心竞争力，为湖里区提高经济增长质量和效益做出贡献。是年，全区累计专利授权量1809件，其中发明专利155件。区高新技术企业278家，规上工业高新技术企业99家（含湖里火炬园55家），总产值595.17亿元，占全市1983.97亿元的30%。

【重新修订《湖里区科技资金管理办法》】 2014年，湖里区重新修订了《湖里区科技资金管理办法》，重新修订的《湖里区科技资金管理办法》侧重支持经济结构调整和产业升级的项目、发明专利的研发和产业化项目，文件已于3月正式开始实施。

【实施科技计划项目】 2014年，湖里区鼓励企业积极申报国家创新基金和市、区各项科技计划项目，安排科技预算资金6200万元。下达科技项目20项、资金1482万元，其中，企业项目10项、资金690万元；配套国家创新基金项目4项，资金230万元；社会发展项目6项、资金562万元。科技法庭建设经费120万元。创建出口电光源及灯具质量安全示范区网站平台建设经费41万元。区网格化信息平台建设升级改造经费389万元，区网格化信息平台建设升级改造二期经费346万元。科技发展资金3140万元。

【积极配合“双百计划”项目落地湖里】 年内，湖里区签订4家“550高层次创业人才”扶持协议。厦门爱思康新材料有限公司落户禾山街道，厦门耀税健康科技有限公司落户殿前街道，意度思信息科技（厦门）有限公司落户金山街道，英麦科（厦门）微电子科技有限公司落户江头街道，兑现12家双百计划项目（计划用5—10年引进100名海外高层次人才和300名领军型创业人才的企业）和个人政策性补贴432万元。

【积极开展校企对接活动】 2014年，区科技局积极配合区发改局组织5个项目参加福建省“6·18”展览。筹备校企对接会，收集企业项目和人才需求，与相对应的高校联系，举办“湖里区第六届校企科技项目对接会”，12月，厦门大学、华侨大学、集美大学的领导和专家以及湖里区20多家企业参加此次对接会，共有6家企业与高校的项目合作签约，4家企业与高校达成合作意向。

12月5日上午，校企第六届科技项目成果对接会在华侨大学厦门工程技术研究院洽谈室举行（区科技局供图）

【加强科技园区管理】 2014年，高新技术园新进企业10家，离园10家，在孵企业总数33家，实现销售收入5219万元，税收138.4万元，提供就业376人；已完成租金收缴101.2万元，无欠缴未收现象。推动在园孵化企业申报科技项目，共有2家企业（卫人、宇洲）成功申报国家创新基金，市、区各项资金150万元。牵头举办“高新技术企业申报辅导会”“多层次资本市场体系与科技企业融资”“科技企业产品技术创新和升级”“创业中心重点推荐申报高新企业辅导会”“企业消防知识普及及演练”5场培训会，参训人数254人。开展产、学研合作，与华侨大学创业班交流互动，促进高校科研项目来湖里区产业化。完成新进9家企业的档案建档工作。接受咨询120人次，提供项目技术服务3个。继续完善“创业导师行动”，新聘高新技术企业的成功企业家5人为中心创业导师，使中心创业导师库达到10人；共对接企业9家（新增2家）。开展百日安全大检查，完成了中心安全管理制度、日常巡检制度、安全责任人制度的建设。开展1次安全大检查，督促30家企业建立完善企业安全生产制度。巡查发现梳理12个问题与建议，整改完成12个问题。

【知识产权管理】 2014年，区知识产权专利申请量为3072件，专利授权量为1809件，发明专利数为155件，实用新型1125件，外观设计529件。

【开展科技周活动】 2014年科技周以“科学生活·创新圆梦”为主题，在全区各街道举办科技周启动仪式，各街道组织举办社区科普知识竞赛，选送优胜者参与全区街道科协科普知识竞赛，将科普知识竞赛活动从街道覆盖全区。在科技周活动期间，向52个社区赠送科普图书、科普挂图、科普墙报2500余册；更换52座宣传画廊的科普挂图。

【开展特色青少年科学工作室】 2014年，全区5个街道、52个社区有18个青少年科学工作室，其中市级10个，区级8个。各青少年工作室各具特色，金尚动漫、怡景陶艺制作、金海航（空）模、湖边航（海）模、禾盛车模、禾缘魔术、兴隆电子机器人、兴园电子互动、江村和金山万能机床、吕岭创意搭建等。年内举办5场青少年科学工作室竞赛，内容涵盖创意搭建、创意机床模型制作、航模、电子百拼、机器人比赛等。

【“社区科普益民计划”取得成效】 年内，祥店、金山社区受到中国科协和财政部表彰，荣获“2014年全国基层科普先进单位”称号，获得奖补经费各20万元。金安社区获“福建省社区科普益民计划先进单位”称号。同时区科协继续安排专项补助经费，在金安、吕岭、兴园、怡景、禾欣社区启动实施了省级“社区科普益民计划”试点工作。

（柯慧玲）

2014年“兴园杯”电子百拼竞赛（科技局供图）

驻区科研单位

福建省水产研究所

【概述】 福建省水产研究所成立于1957年，隶属福建省海洋与渔业厅，是一个公益型、多学科、综合性的省级海洋与渔业研究机构。2014年，有职工121人，专业技术人员104人，其中，高级研究人员47人，中级研究人员45人，享受国务院政府特殊津贴3人，入选福建省“百千万人才工程”7人。研究所主要研究领域涉及海洋生物技术、海水养殖新品种繁育和养殖技术、水产养殖病害监测和防治、海洋渔业资源调查与开发管理、渔业环境调查与监测、渔业工程与装备、海洋工程勘察与可行性调查研究、海洋功能区划与海域使用论证、水产品综合加工和水产品质量安全等学科。随着科研业务发展的需要，经有关部门批准，福建省水产研究所先后设立了国家海水鱼类加工研发技术分中心、农业部渔业产品质量监督检测测试中心、东海区渔业资源动态监测网福建省监测站、福建省水产养殖病害防治中心、福建省水产品质量监督检验站、福建省渔业环境监测站、海洋与渔业司法鉴定中心、环境影响评价中心、福建省海洋与渔业厅海水水产良种场、福建省海水鱼类苗种繁育科研中试基地等多个公益性机构。研究所持有海域使用论证甲级（国海论字第1204号）、测绘乙级（测资字35102033）、建设项目环境影响评价乙级（国环评证乙字第2233号）、司法鉴定许可（许可证号：350206011）等多项技术服务资质，是海洋功能区划编制单位（第0830号）、海岛保护利用规划编制单位（国海岛字〔2013〕125号）、海岛使用金评估推荐单位（国海岛字〔2013〕126号）和无居民海岛使用论证推荐单位（国海岛字〔2013〕127号）。

【新增科研项目及经费】 2014年，福建省水产研究所新增各级各类科研项目40项，其中：国家海洋局公益专项1项，省种业创新与产业化工程项目1项、省自然科学基金1项、市科技计划项目1项、厅长基金1项、所青年创新基金5项、省渔业保护与发展专项5项、省渔业结构调整专项6项、省科技厅公益基本专项15项、省海洋高新产业发展专项4项，另有多项资源、环境、病害、水产品检测等专项任务。实现新增科研经费3784.04万元。承接科技服务项目136项，实现新增项目经费2629.48万元。

【科研成果】 2014年，福建省水产研究所全年全所共发表论文48篇，其中SCI（科学引文索引）3篇，EI（工程索引）2篇。申请专利16项，授权专利8项。主持完成的科研成果获福建省科学进步二等奖1项、三等奖1项，国家海洋局海洋科学技术二等奖2项，作为第四完成单位获国家科学进步二等奖1项。

【石斑鱼种业创新与产业化工程项目获省科学技术进步二等奖】 2014年，福建省水产研究所承担的“石斑鱼种业创新与产业化工程”项目获省科学技术进步二等奖。该项目构建了石斑鱼苗种规模化培育的技术体系，建成4个省级良种场，提供2800公斤优质受精卵，累计培育石斑鱼苗种7116万尾；首次实现福建省石斑鱼养殖从原先冬季间断的“C”形模式到现在的全年不间断的“O”形模式转变；示范推广养殖面积59.37万平方米；项目实施三年示范推广总产值22.17亿元，利润8.62亿元；建立“石斑鱼生态优化及病害防控人工育苗”新模式，形成一套有效的防控病毒培苗技术，使苗种培育成活率提高25%以上；构建多种石斑鱼的种质资源库和信息资源数据库；建立石斑鱼公共信息化服务平台、石斑鱼产业化技术培训体系以及专家在线咨询、远程病害诊断在线服务系统，推动了石斑鱼养殖产业化的发展。

【东海区重要渔业资源可持续利用关键技术与示范项目获国家科技进步二等奖】 福建省水产研究所作为第四完成单位的“东海区重要渔业资源可持续利用关键技术与示范”项目获2014年国家科技进步二等奖。该项目应用空间地理信息系统（GIS）技术、生态系统建模技术和群落多样性解析方法，掌握重要渔业资源变化规律；揭示重要经济种类的补充机制；评价重要渔场生态系统稳定性；开发新渔场新资源。为制定积极稳妥的利用政策、科学合理的养护政策以及涉外海域的渔业谈判等提供了重要科学依据。针对东海区重要渔业资源衰退与近岸海域生境退化现象，优化增殖放流关键技术；突破标志放流关键技术；发展人工鱼礁建设关键技术；研发人工藻场建设关键技术；实施规模化增殖放流与生境修复示范区建设。有效恢复渔业资源补充能力，改善近岸海域生境健康状况，显著缓减了渔业资源衰退和近岸海域生境退化现象。针对东海区重要渔业资源特点及渔业管理现状，确立中国东海鱼源国主体地位；完善东海区伏季休渔制度；建立国家级水产种质资源保护区；制定《重要渔业资源品种可捕规格》与《海洋捕捞渔具准入制度》。为重要渔业资源的精准化管理和可持续利用提供了重要政策保障。

【建立“葡萄牙牡蛎高效健康养殖技术”核心示范区】 2014年，国家贝类产业技术体系福建综合试验站福建站在石狮深沪湾建设“葡萄牙牡蛎高效健康养殖技术”核心示范区。在深沪湾建造面积400平方米的单体牡蛎示范养殖排一个，收集保存野生葡萄牙牡蛎种质资源300份，葡萄牙牡蛎壳宽家系23个、壳色家系42个、2011—2014年速长黄壳色群体选育系（“金蛎1号”）及速长群体选育系（“福科1号”）累计3000份以上。剥离速长黄壳色牡蛎（金牡蛎1号）新品系进行单体养殖，开展三批次葡萄牙速长黄壳色群体选育系及速长群体选育系种苗繁育。福建站多次赴深沪湾采苗场，提供技术培训与技术服务。

【研究所入选首批部级农产品质量安全风险评估实验站】 1月6日，经专家评审及综合考核，福建省水产研究所被认定为首批农业部农产品质量安全风险评估实验站，具体承担授权主产区范围内相应农产品质量安全风险评估的定点动态跟踪和风险隐患摸底排查等工作。福建省水产研究所质检中心增加了水产质量安全风险监测方面的工作，在检查样品数量和监测领域范围方面进一步拓展，检测对象从养殖水产品延伸至大宗的捕捞水产品；强化对养殖基地的监管，水产品异地交叉监督抽查和本地监督抽查并举；向业务对口的行政主管部门及时汇报相应的监测结果，识别风险隐患，为各地加强监管、防患中毒事件发生，提供强有力的技术支持。

【开展海洋与渔业司法鉴定】 2014年，福建省水产研究所海洋与渔业司法鉴定中心共接受来自省内法院、海关、地方政府、海洋与渔业局、食品与药品监督管理局等单位委托的司法鉴定案件6起，范围包括渔业污染事故鉴定、水生生物物种鉴定、渔业产量评估、高铁施工对养殖鳗鲡的影响、电厂热水排放对牡蛎养殖的影响及养殖户的损失评估等。相应的专业评估鉴定保证了诉讼和行政执法活动的顺利进行，对维护社会和谐稳定发挥了重要作用。福建省水产研究所开展海洋与渔业司法鉴定，在各类涉海纠纷中向社会提供可靠的调查方法和司法证明的科技手段，不仅为司法部门查清事实，还原真相、处理案件提供了科学依据，也为政府执法部门化解社会矛盾提供强有力的技术保障。

【建立科技扶贫基地】 2014 年，福建省水产研究所为促进科研成果对接生产第一线，与霞浦县金泉泰生物科技有限公司进行科技扶贫合作对接，建立一个科技扶贫基地。双方以研究所的水产生物空间诱变专利技术为依托，以公司的水产养殖场为基地，在霞浦县合作开展科技扶贫项目，选择大鳞副泥鳅进行模拟太空环境的离子轰击诱变选育试验。已初步诱变出生长速度快、个体大、体长长的泥鳅新家系及金黄色观赏泥鳅，在该县的贫困农户中推广养殖泥鳅新家系。

【成立院士工作站】 6 月 18 日，福建省水产研究所与中国工程院院士、中山大学生命科学学院林浩然院士签订“石斑鱼种质创新建设”项目合作协议，并挂牌成立福建省院士专家工作站。该工作站引进林浩然教授及其团队的技术力量和技术成果，合作开展中国南方石斑鱼多样性种质平台建设、珍稀优质石斑鱼类苗种繁育规模化培育、速长抗逆优良品种选育、无神经坏死病毒高抗病力石斑鱼苗种培育等研究。

（宫照庆）

福建省亚热带植物研究所

【概况】 2014 年，福建省亚热带植物研究所（以下简称“省亚植所”）承担运行各类研发项目 43 项，总运行经费 1933 万元。其中，国家级科研项目 9 个、省级研发项目 8 个、市级重大科技创新平台项目 1 个、市级研发项目 14 个、其他单位委托项目 3 项、自选课题 13 项。年度新增各级政府下达的纵向项目 15 个，横向委托项目 1 项，新增研发经费 317 万元。“莲雾种苗快繁袋装型基质及其使用方法”等 11 项技术申请国家发明专利、3 项技术申请国家实用新型专利。“一种用于污泥发酵有机肥的调理剂及制造和使用方法”“蝴蝶兰试管开花诱导方法”等 2 项专利获得国家技术发明专利授权，“一种植物组培外植体切割用盒”等 3 项技术获国家实用新型专利授权。“一种具有双层结构的生物污泥有机肥料及其制造方法”发明专利已经向企业转让。“新型纳米农药杀菌剂——井冈霉素纳米胶囊的研制”等 23 个项目完成结题验收。全年发表论文 31 篇，其中核心及一级刊物 13 篇，参编著作 6 部，6 篇论文被《科学引文索引》（SCI）收录。

【胡萝卜新品种及种苗推广】 2014 年，经省亚植所选育的胡萝卜新品种亚植所 1 号以及引种选育的红运 1 号种苗，在翔安扩大试种与适应性研究面积，积极为翔安的胡萝卜生产寻找新的、有本市知识产权的替代品种。

【有机农业新技术的应用项目获国家资助】 2014 年，省亚植所“有机农业新技术的应用”项目获国家科技成果转化资金资助，获得资金 60 万元。省亚植所研制出的污泥快速堆肥发酵及双层结构的生物肥料，技术达到国际先进水平。该项目获国家科技成果转化资金资助后有助于大面积推广使用，为厦门建设生态农林业提供技术保障，并带动发展环保、生物产业，形成产业链。

【厦门市生态园林信息平台初步建成】 2014 年，省亚植所承担厦门市信息化局的“厦门市生态园林信息平台”建设任务，搭建“厦门绿境趣向站”，开设厦门生态景观预报、虚拟植物园、标本库展示、动漫简易教程、市民互动等栏目，可长期为市民提供生态园林知识服务。该平台软硬件已经基本建设完工，部分已验收。

【两季葡萄反季节栽培新技术取得新进展】 2014 年，省亚植所与台湾益生种苗有限公司和厦门久安股份有限公司合作，在厦门共同开发与推广两季葡萄反季节栽培新技术，克服南方高温多湿的不利气候，在厦门实现葡萄的温室高效栽培，推广现代都市农业新技术，建成葡萄观光果园，获得可观的经济效益。

【产学研合作】 2014 年，省亚植所与福建农林大学研究生工作站继续进行产学研交流合作；与华侨大学联合做好研究生培养工作。截至年末，研究生工作站累计 3 名在读博士生、12 名硕士研究生。研究生科研方向与进驻所内企业相结合，项目与台湾联合研发，在金线莲、牛樟等组织培养与细胞培养领域取得研发成果，发挥对台科技合作交流基地作用。

【为社会提供技术服务】 2014 年，亚植所继续完善实验室计量计证管理体系，建立标准化分析测试实验室。全年为同安区农业技术推广中心、市绿化管理中心、湖里区市政园林管理中心、市路桥管理公司、东海洋等 15 个单位提供氮、磷、钾、有机质、pH 值、重金属元素、牛磺酸等检测分析服务，完成 40 批次分析测试任务。

（李影）

福建海洋研究所

【概况】 2014 年，福建海洋研究所（以下简称“研究所”）新承担科研与技术服务项目 126 项，科技项目合同经费 4019.66 万元；全年发表论文 7 篇、专著 2 本，提交技术报告 81 份，获得专利 2 项；研究所连续第 6 年获评“厦门市直机关文明单位”，省重点实验室海岛与海岸带研究中心被授予“厦门市工人先锋号”光荣称号。

【省重点实验室提升科研与服务水平】 年内，《福建台山列岛典型海洋生态综合调查研究》《厦门市海洋生态红线划定》《晋江市海洋生态文明示范区建设规划》，以及省重大项目用海《福建省海洋功能区（大嶝机场海域）修改方案》《福建省海洋功能区划（漳州核电工程海域）修改方案》等编制完成。《福建省沿海港口航运资源的保护和利用评价》和《福建典型海岛生态系统评价》两本专著出版。11月，省重点实验室海岛与海岸带中心承担开展的《福建省产业用海面积控制指标研究》《福建省围填海项目用海实施情况跟踪调查研究》通过评审验收。

【福建海域和厦门海洋区域地质调查项目通过验收】 省重点实验室海岛与海岸带中心首次承担中国地质调查局委托的福建海域和厦门海洋区域地质调查项目，在“延平2号”配合下，历时5个月，完成项目全部工作任务，于10月18日通过中国地质调查局验收评审，项目成果得到验收专家一致认可，质量评定为优秀。

【援外培训】 2014年，研究所国际交流与培训中心承担完成国家商务部下达的6个海洋领域国家援外培训项目，包括1个部级研讨班、4个官员研修班、1个技术培训班。是年，共有53个国家141位政府官员应邀参加培训，其中，卢旺达、刚果（金）、巴西、圣多美和普林西比等4个国家首次派官员参加。

【首次承担联合国工业发展组织调研项目】 2014年，研究所国际交流与培训中心完成《中国非洲渔业合作的现状与前景》报告中英文版，并在联合国工业发展组织中国投资促进处首席代表博士胡援东推动下，参与5月6日在福州琅岐举办的“海上丝绸之路·21世纪中非海洋对话—中非渔业合作项目说明会”暨中非渔业总部基地（琅岐）考察活动。

（张宪敏　陈子辉）

文化出版 旅游 体育

文化出版

【概况】 2014年，湖里区文体出版旅游局认真落实区委、区政府各项重大决策及工作部署，紧紧围绕转型提升跨越发展和“美丽厦门·创新湖里”，致力打造文化活动品牌，积极开展群众文化活动，全力确保文化市场健康有序，加强文化遗产保护工作，促进文化产业提升发展。是年，全区共有文化馆1个、图书馆1个、文化站55个、社区文化活动室50个、网吧经营单位49家、“24小时街区自助图书机”35台。有文化产业法人单位1533家。

公共文化服务方面 一是圆满通过全国文化先进区复查。二是继续深化公共文化服务体系示范区创建工作。提前完成《湖里区2014年落实厦门市基层文化设施建设三年提升工程目标的实施方案》要求，进一步宣传推广基层文化场所“自助式”管理模式，鼓励专业文化工作者和社会各界人士参与基层文化建设和群众文化活动，形成专兼结合的文化志愿者队伍。三是做实文化惠民服务工作，认真完成文化下乡工作任务，组织基层优秀文艺节目前往各街道社区进行巡回展演，组织辖区书法家为居民和广大外来员工义务书写春联，继续推广“幸福广场秀”活动，加大对辖区文艺团队的扶持力度，因地制宜打造文化品牌活动，形成“一街一品”，提升社区活动水平，进一步推动基层文体活动向纵深发展。

文化产业方面 推动闽台文化产业试验区暨湖里老工业区文创园的规划和项目生成，制定出台《关于支持湖里老工业厂房文创园区建设发展的实施办法》。对接华美文创园、闽南古镇、海峡收藏品交易中心、海峡建筑设计文创园等重点文化创意产业项目，促进文化与旅游、设计等的深度融合发展。做好产业服务，开展省重点文化产业示范基地、市重点文化企业申报推荐工作；开展以“美丽厦门、创意湖里”为主题的湖里文化创意产业发展论坛；组织辖区文创产业参展第七届海峡两岸文博会。

文化市场方面 全面梳理行政审批和公共服务事项18项，完善各事项的办事流程。2014年，完成出版物零售经营单位年审换证49件，办理行政许可40件，召开行政许可听证会8场，信息公开10件。进一步规范行政执法，梳理规范文化行政处罚职权200项。继续落实网格化管理模式，紧绷安全生产之弦，先后出动执法人员2442人次，检查各类文化经营场所1097家（次），立案查处违规行为3起，办理投诉156件，联合各种力量深入开展各类专项整治工作，有效确保湖里区文化市场规范有序。

文化遗产保护方面 文物保护工作常抓不懈，及时充实文物保护单位社会网络管理员队伍，加强文保单位消防安全管理，开展全国第一次可移动文物普查。结合《闽南文化生态保护实验区总体规划》的要求，扩大闽南文化的普及，殿前街道被列入福建省2014年正式公布的《闽南文化生态保护实验区总体规划》的重点保护区域范畴，惠和园区被列入厦门市闽南文化生态保护实验区第二阶段方案的新增保护试点。由湖里区文化馆组织编印的湖里非物质文化系列丛书完成第4辑《湖里民间故事和传说》的出版工作；完成湖里区宗祠文化普查工作，湖里区宗祠普查数据库共收入湖里区42家宗祠的基础数据。湖里区文化馆、仙岳山福德文化联谊会、惠和腾飞园林古建工程有限公司3家单位获厦门市闽南文化生态保护实验区建设工作“先进集体”，另有6人获“先进个人”。

【基层文化设施建设】 2014年，湖里区持续巩固提升全国公共文化服务体系示范区创建成效，提前完成《湖里区2014年落实厦门市基层文化设施建设三年提升工程目标的实施方案》要求，五个街道文化站的室内总建筑面积合计7284平方米，室外活动面积合计2.25万平方米；53个社区文化室室内总建筑面积合计2.45万平方米，平均每个社区有460平方米，室外活动面积合计9万平方米，平均每个社区有1700平方米。

【大力打造文化品牌“幸福广场秀”】年内“幸福广场秀”列入湖里区第一批“美丽厦门·共同缔造”活动项目，制定出台《湖里区“幸福广场秀”活动指导性意见》，协调化解扰民问题，召开湖里社区文化工作现场会，推广金山街道金安社区“幸福广场秀”示范点建设典型经验，下拨街道扶持资金100万元，在每个街道建成2个具有一定规模、设施齐全、环境优美的示范点，加大对各活动点骨干人员的培训力度，建立各活动点之间的交流平台，让更多的百姓主动融入到“幸福广场秀”的活动中来。截至2014年底，全区有“幸福广场秀”活动点172个，每天参与活动的有6300余人。

4月26日，湖里区第六届社区文化艺术节在五缘湾乐都汇广场正式启动（陈冰 摄）

【文艺创作结硕果】2014年，在第十二届福建省音乐舞蹈节上，厦门五缘湾合唱团成为包揽合唱类所有大奖的唯一团队，混声合唱获“优秀节目（金）奖”，《五缘月夜》（阙全安词曲）获“创作一等奖”，阙全安获“优秀指挥奖”，林晨获“优秀伴奏奖”。湖里区外来青年艺术团的群舞《绿叶对根的情意》获“优秀节目（金）奖”“创作一等奖”“舞美奖”三项大奖；男声独唱《湖边小屋的等待》获“创作一等奖”“表演一等奖”；舞蹈《春·阿里郎》获“表演三等奖”。由舞蹈干部陈美云为主创，禾缘社区文化协管员钟娟娟为代表的16名舞蹈演员以广场舞《请到厦门湖里来》获得福建省第三届村级文化协管员技能大赛一等奖。由湖里区文化馆朱玉玲副馆长参与编创并参演的小品《找爹》荣获第十二届华东六省一市戏剧小品大赛金奖。

【举办第六届社区文化艺术节】4月26日，湖里区第六届社区文化艺术节在五缘湾乐都汇广场正式启动。为期半年的第六届社区文化艺术节举办了音乐类、舞蹈类、戏剧曲艺类文艺调演、“幸福广场秀”展演等活动，通过搭建“草根”舞台，鼓励群众参与，让广大社区居民展示文艺风采，进一步创新了基层公共文化服务体系，促进了全区群众文化活动蓬勃发展。作为社区文化艺术节的一项重要内容——基层文体活动项目评比，推动了基层群众文化活动的全面覆盖，2014年湖里区各街道、社区完成基层广场文化活动1054场次。2014年新增设“湖里十佳文化社区”“优秀广场舞文化志愿者”的评选。开展湖里区社区文化艺术节活动，对于推进湖里基层群众文化活动，丰富社区居民群众的业余文化生活，挖掘和培训湖里区基层文艺骨干起到了十分重要的作用。

【文化馆辅导部成立】文化馆于2014年年初新成立辅导部，负责湖里区文化志愿者和文化协管员的培训和辅导。年内，举办的湖里区文化协管员培训班，已完成摄影技巧、简讯写作、活动策划与实施方法、舞台后幕背景设计（Photoshop）、舞蹈审美、书法鉴赏等培训。

湖里区第六届社区文化活动安排表

表8

序号	活动内容	活动时间	活动地点
1	社区文化艺术节开幕式	4月下旬	五缘湾乐都汇购物广场
2	音乐类（中青年组）专场比赛	5月下旬	金山街道万达广场
3	音乐类（老年组）专场比赛	6月中下旬	金山街道湖边社区广场
4	舞蹈类（中青年组）专场比赛	6月下旬	江头街道后埔社区广场
5	舞蹈类（老年组）专场比赛	7月中下旬	江头街道金尚社区广场
6	戏剧曲艺类专场比赛	7月下旬	殿前街道高殿文化活动中心广场
7	“美丽厦门·创新湖里”广场舞蹈比赛	8月下旬	湖里街道仙岳山公园
8	“我的祖国”——湖里区庆祝建国65周年暨第六届社区文化艺术节闭幕式	9月下旬	五缘湾商业街B区红十字文化广场

【举办公益讲座和培训】2014年，湖里区文化馆面向文化志愿者和居民群众举办业余文艺团队化妆讲座，深入浅出地讲解了生活妆及舞台妆的基本常识，提高文艺团队的活动水平；举办音乐讲座3场，为声乐爱好者普及了声乐理论，提高了音乐技巧；举办4期厦门题材广场舞培训，对各街道的文艺骨干进行培训，以骨干带动的方式让具有厦门特色的广场舞走进千家万户，有利于“幸福广场秀”活动在基层的推广；4月13日起每周日举办一期诵读沙龙，以基本功训练、诵读经典等形式让诵读爱好者学习诵读技巧、感受诵读的魅力；举办书法讲座2场，为书法爱好者提供沟通交流的平台；举办湖里区老年人公益性钢琴培训及辅导，丰富老年人的退休文化生活。

【开展主题活动】年内，区文化出版旅游局组织开展了多项主题活动。1月，开展“我们的中国梦·美丽厦门幸福湖里”文化进万家活动，走进5个街道10个社区，为居民群众带去形式多样的文艺节目；承办“我们的中国梦·美丽厦门幸福湖里”达人才艺秀，200余名成人选手参赛。4月，承办“美丽厦门，最美湖里”摄影展，在忠仑公园展出的100余幅作品记录了湖里日新月异的建设成就；5月，承办湖里区“走复兴路，圆中国梦”讲故事与演讲比赛（幼儿组、小学组），辖区各所幼儿园、小学的60余名小选手踊跃参赛；7月，举办湖里区第三届外来员工子女艺术夏令营，本届夏令营为期5天，全程免费，开设了舞蹈、美术、唱歌和小主持人4个班，共有90名来自湖里区民办小学的学生参加；10月，承办“美丽五缘湾”湖里区第21届少儿现场绘画比赛，200余位小选手参加比赛；11月，举办第十四届湖里区少儿现场书法比赛，来自湖里区公、民办35个中小学校的近两百名小选手参加比赛；11月14日—12月8日，在湖里区政府一楼举办社区工作者文化节系列活动之才艺作品展示，共展示作品176件；12月6日，历时几个月，湖里区文化馆展览厅改造完成正式对公众开放，并举办了第一场展览——“湖里区2014年金秋书画展”，展期14天。

【举办节庆活动】2014年，区文化出版旅游局结合不同的节日，开展了形式多样的庆祝活动。2月，承办厦门市第十届元宵民俗文化节之民俗踩街活动。组织湖里区芳草越剧团参加在园博苑音乐喷泉广场举行的2014年厦门市元宵灯会越剧专场文艺演出，吸引了近千名观众观看；8月，为庆祝“八一”建军节，开展湖里区书画进军营笔会，区书画协会6位知名书画家走进军营现场挥毫泼墨，以贯彻中共十八大、十八届三中全会精神，促进军营文化繁荣发展为主题，创作作品50余幅；9月，为庆祝建国65周年，举办“湖里区庆祝建国65周年书画作品展”；举办“我们的节日　重阳”——音乐诗会，以尊老敬老为背景，为现场近千名观众献上了一场诵读艺术的听觉盛宴。

【文化创意产业发展态势良好】是年，湖里区文化创意产业蓬勃发展。海峡建筑设计文创园已基本建成运营，有60家优秀设计创意企业入驻。年内，园区企业共创收61211.34万元，上缴利税2109.74万元；联发华美文创园投资1.3亿元，改造面积5.5万平方米，定位为南中国时尚设计中心，截至年底招商近2万平方米；东渡“厦门文化园”已有70多家企业入驻，总投资约1.3亿元；湖里老工业厂房文创园区已明确由北京品信时代文化传播公司（798时代空间）进行园区的产业发展规划方案的编制工作，园区运营公司即“厦门湖里1981文创园运营管理有限公司”已于2014年12月由联发集团投资500万元注册成立。闽南古镇项目主体建成，正在内部装修，招商工作进展顺利。

【举办“美丽厦门·创意湖里”文化创意产业发展论坛】为把脉湖里文创产业前景，探究闽台文化产业园实施路径，由湖里区人民政府、厦门市湖里老工业区厂房文创园区协调管理办公室主办，湖里区文体出版旅游局、厦门湖里1981文创园运营管理有限公司（筹）承办的文化创意产业发展论坛于6月下旬开幕。该论坛分为两个阶段，第一阶段：6月20日下午，邀请国内首席文创专家、清华大学国家文化产业研究中心主任熊澄宇教授，为湖里区全体公务员和文化企业中高层管理干部做专题讲座，市委常委、宣传部长叶重耕莅临讲

8月26日，湖里区举办文化创意产业发展论坛（区文体出版旅游局供图）

座现场并在讲座结束后与熊澄宇教授交流；第二阶段：8月26日举办了湖里区文化创意发展论坛。重点围绕国家级闽台文化产业核心区的建设，特别邀请了中央财经大学文化经济研究院院长魏鹏举、厦门市文广新局巡视员许向明、元和1916创意集团董事长江盛松等知名人士参加论坛，通过论坛传递国内文化产业界的最新发展动态，多维度把脉湖里区的文创产业发展，促进国家级闽台文化产业试验区的招商对接。

【参加第七届海峡两岸文化产业博览交易会】 10月24日，第七届海峡两岸文化产业博览会在厦门国际会展中心开馆。湖里区共组织文化产业参展展位76个，创历史新高，比上届增长28个，签约交易总金额20.3亿元。开办优必德·柒宝斋、惠和石文化园、厦门牛头山古玩城、海峡建筑设计文创园四个文博会分会场，分会场呈现三大亮点：一是惠和石文创园、厦门古玩城运用微信、微电影等新媒体营销手段取得了较大造势效果；二是厦门古玩城与海峡文化艺术品保护基金、海峡两岸文交所、海峡文化艺术品投资运营中心三家机构签订5000万元金融合作协议；三是海峡文创园采取多元化合作，与北京798艺术中心合作开展壹壹生活美学展，与福州工艺美院合作开展毕业设计展，与白山市潜龙松花石公司合作举办江源松花石展。

【文化产业申报】 2014年，趣游（厦门）科技有限公司获第八批省级文化产业示范基地称号。年内，厦门市评选的50家重点文化企业中，湖里区申报的有13家入选，包括法兰瓷实业、优必德工贸、惠和腾飞园林古建工程有限公司3家工艺美术类，辉煌装修、智为建筑装饰设计、威扬广告、凤飞服饰4家创意设计类；吉比特网络技术、趣游（厦门）科技、小牛网络科技3家数字类；盈拓商务会展服务类。此外还有2家位于湖里辖区内的市属企业，分别是厦门外图集团、厦门航空文化传媒。

【文创园政策发布暨招商推介会召开】 11月26日，湖里老工业厂房文创园政策发布会暨湖里文创园招商推介会在悦华酒店馨悦楼举行。市文发办、市文广新局、湖里区各相关部门领导、嘉宾，湖里老工业区厂房业主，以及来自全国各地的文化创意产业运营商、文创企业家、艺术家等500多人，出席了这场盛会。区长张毅恭致欢迎辞，市文广新局副局长许向明介绍闽台文化产业园概况，区文体出版旅游局局长郭漳楚解读《湖里区人民政府关于支持湖里老工业厂房文创园区建设发展的实施办法》。本次发布的扶持政策分为产业转型补助、公共服务补助、文化企业入驻园区补助、文化产业高端创意人才和优秀管理人才奖励、文化产业示范基地奖励、重大项目或产业活动补助六大内容，辐射面覆盖到了文创产业链上下游的方方面面。区长张毅恭同市文广新局、国开行厦门分行、联发集团以及区直部门和湖里街道的领导一起在现场见证了10个项目签约。

【开展“扫黄打非”专项行动】 2014年，组织开展了“清源2014”“净网2014”“秋风2014”“2014剑网”“查处无证无照经营八闽出击”和黑网吧集中整治等专项行动。先后出动执法人员2442人次，检查经营场所1295家次，立案查处3起，办理投诉156件，劝导关停黑网吧62家次。

【出版物市场专项清查】 “4·26”版权日集中销毁宣传行动后，5月起开展了全国、全省“扫黄打非”督查、“两会”期间和暑期校园周边出版物市场清查行动。行动累计共清查收缴侵权盗版及非法出版物1064件（其中图书27册、音像制品1037张）。

【开展校园文化共建活动】 2014年，区文体出版旅游局关工委分别与辖区内5所学校开展共建活动，先后举办了4期“暑期夏令营”，近300名学生参加，开展“捐资助学”活动，捐助学生6名，举办5场宣讲团进校园活动，取得良好的社会影响。

图　书

【概况】 湖里区图书馆是由湖里区政府主办的国家一级公共图书馆，1997年起对公众开放，2004年图书馆独立建制。设有图书外借室、报刊阅览室、漫画阅览室、少儿图书室、共享工程多功能厅、电子阅览室、特藏室、盲人阅览室、培训辅导室、读者自习室、24小时自助图书机，为读者提供各种完善的文献借阅和信息查询服务。2014年，湖里区图书馆拥有藏书31.8万册，计算机61台，宽带接入10Mbps，选用Interlib图创集群管理系统。现有禾山街道分馆、钟宅分馆共2家联网分馆和90家图书流通点。

【图书馆藏及借阅】 是年，湖里区图书馆借阅量保持稳步增长，年内新增文献34325册，其中，中文图书30995册、期刊3330册，馆藏文献总量达到31.8万册。借阅图书54.93万册，其中，馆内借阅28.77万册，24小时自助图书馆借阅26.16万册，办理读者证2066张，全年共接待读者47.81万人次。

【开展“美丽厦门·创新湖里”全民阅读主题活动】 年内，区图书馆结合本馆特色，重点抓好本馆承办的“湖里阅读季·读书公园”主题活动、全民读书点建设，围绕每个节日和节庆活动，针对不同人群，利用周末时间在读书公园举办少儿阅读等各种群众喜闻乐见的读书活动，全年共举办读书活动15场次。

【区图书馆禾山街道分馆开馆】 9月1日，湖里区图书馆禾山分馆正式对外开放。禾山分馆位于禾山街道办事处内，面积600平方米，设有电子阅览

2 月 15 日，区图书馆举办“喜闹元宵游园”活动（裴慧龙　摄）

室，成年阅览室，少儿阅览室。分馆藏书 23000 册，有文学、动漫、教育、经济、哲学、历史、自然科学，社会科学、综合类图书和报纸杂志。每个月定期举办 2 场次亲子读书活动。

【节假日读书活动】 年内，区图书馆举办新春送书下部队活动、参加“五下乡”活动、举办“迎元宵猜灯谜游园活动”、组织开展“4·23 世界读书日”系列活动、开展“爱在金秋　情暖重阳”关爱老年人志愿服务活动。全年开展读书活动 13 次，服务 16520 人次。重点抓好本馆承办的湖里阅读季·读书公园主题活动、全民读书点建设，围绕每个节日和节庆活动，针对各种人群，利用周末时间在读书公园举办少儿阅读等各种群众喜闻乐见的读书活动，全年共举办了 15 场次。

【组织未成年人课外活动】 2014 年，“世界读书日”期间，湖里区图书馆开展“走进图书馆”阅读系列活动，组织小金星幼儿园、新禾幼儿园、金山幼儿园的小朋友们到图书馆参观、阅读图书。举办儿童趣味画、少儿讲故事比赛。开展普法夏令营、儿童剪纸、石头彩绘 DIY（自己动手做）、亲子共读等活动。全年共开展少儿活动 22 次，服务少儿 2035 人次。举办青少年课外公益培训。是年，湖里区图书馆共开展 6 期纸雕艺术培训班、9 期亲子美厨艺术培训班、5 期魔术游戏培训班，2 期播音主持培训。

【举办图片展览】 年内，湖里区文化馆在湖里区文化中心一楼大厅开辟展厅，先后举办“福建省第二届美德少年”“中华传统佳节”“新时期青少年伤害防范”“文化强国之华夏之光”“五四运动”“树立道德新风”“纪念建党 93 周年”“纪念邓小平同志诞辰 110 周年”“走向复兴——庆祝中华人民共和国成立 65 周年”“中华人民共和国宪法”“学习贯彻习近平总书记系列重要讲话”图片展。全年共举办图片展览 11 期，服务 111315 人次。

【举办讲座培训】 2014 年，湖里区图书馆共举办 17 期周末知识讲座，1464 人次听讲。讲座和培训内容有“消防安全知识”“两会”主题、“家长如何给孩子讲故事”“卓越父母——青少年成长伙伴”“有效地帮助孩子成长”“你帮我助”NLP 教育公益讲座、“青少年高效学习训练”“石头彩绘”“让孩子在家开心读经典”公益讲座；举办鹭江讲坛“正确认识亚健康”“父母怎样教育孩子更轻松”“闽南文化”公益讲座。是年举办 4 期“计算机基础知识培训班”，80 人参加培训。

【流动图书车下基层】 2014 年，区图书馆流动图书车继续开展送书下基层服务。流动图书车每月定期送书到社区、部队、学校、企事业单位，现场提供办理借书证、图书借还、阅览服务。全年共开展送书下基层活动 78 场次，服务 15266 人次。

（翁钰）

11 月 22 日，图书馆邀请台湾著名儿童文学作家子鱼开展“阿凡提的机智培训班”专题讲座，并举办签售活动（裴慧龙　摄）

厦门经济区纪念馆

【概况】2014 年，厦门经济特区纪念馆（以下简称纪念馆）内设宣教部、办公室、资料室，有工作人员 12 名。纪念馆重点收藏与厦门经济特区发展历史有关的实物、文献、照片等资料，有实物藏品 300 余件，档案文件 700 余份，照片资料 1 万多张，图书 1000 余册。纪念馆不断发挥爱国主义教育基地作用，被命名为“市第四批爱国主义教育基地”“市第二批社会科学普及教育基地”“福建省党史教育基地”和“湖里区爱国主义教育基地”。年内，纪念馆免费接待 88578 人次参观，其中，未成年人 23400 人次；各机关事业单位、学校、部队、社区团体 137 场次。纪念馆的陈列以特区初创和邓小平、江泽民、胡锦涛三代党的领导人先后视察厦门经济特区为标志，共分为四大部分，即厦门经济特区开创阶段（1981—1984）、发展阶段（1984—1991）、争创新优势阶段（1992—2005）和科学发展新跨越阶段（2006—2008）。展览以大量珍贵的历史图片和史料实物，结合场景、模型制作和多媒体声光技术，向人们全方位地展示了厦门经济特区建设以来翻天覆地的变化和取得的辉煌成就。馆内附设有“厦门市重点建设成就展”“厦门海堤建设历史陈列”“小平同志视察厦门陈列室”和“鹭江号游艇陈列”四个展区。

【举行纪念邓小平题词三十周年活动】2 月 9 日上午，为纪念邓小平同志为厦门经济特区题词 30 周年，省委常委、厦门市委书记王蒙徽一行，来到厦门经济特区纪念馆参观及调研。王蒙徽一行参观了小平同志视察厦门陈列室及其曾经乘坐的“鹭江号”游艇，瞻仰了小平同志题词塑像，深切缅怀小平同志对厦门经济特区建设发展的亲切关怀和殷切嘱托。随后，由市委书记王蒙徽主持召开邓小平同志题词 30 周年纪念座谈会，市领导刘可清、郑道溪、陈修茂、钟兴国，老领导邹尔均、洪永世、朱亚衍、李秀记、蔡望怀、江平等参加座谈。

（谢典均）

旅　游　业

【概况】2014 年，湖里区主动融入全市旅游大局，以建设“新兴生态休闲旅游基地”为区域功能定位，打造“湖里高端休闲度假游”品牌，一手抓特色景区景点和重点旅游项目建设，一手抓精品旅游线路的打造提升和营销推介，着力推动海上旅游、高端旅游、会展旅游，旅游购物发展迅猛，免税、SM 商业广场、万达、特易购等大型商贸中心保持快速增长势头。是年，湖里区共接待国内外游客 900 多万人，旅游总收入约 15.40 亿元，比上年同比增长 16.54%。牵头组建湖里区旅游开发公司，加强与五缘湾运营公司等旅游企业、单位的互动合作，签订战略合作协议，提升五缘湾文化旅游品味。制作湖里旅游宣传手册，扩大旅游宣传效果。加强旅游市场监管，做好节假日旅游市场安全检查和整治工作，营造良好的旅游环境，是年，湖里区未发生一例乱宰客现象、未发生一例旅游安全事故。

【旅游产业发展】2014 年，湖里区共接待国内外游客 900 多万人，旅游总收入约 15.40 亿元，比 2013 年同比增长 16.54%，其中住宿业 3.76 亿元，旅游餐饮业 3.42 亿元，旅游购物 7.97 亿元，辖区 A 级景区（点）接待旅游人数 90 多万人次、门票收入 1350 多万元，有 2 万多人参加游艇、帆船体验，收入 600 多万元，直升机空中游飞行 500 多架次，收入 500 多万元。

【加快旅游项目建设】年内，区文化出版旅游局积极指导景区参评 A 级景区，上古文化艺术馆、惠和石文化园先后获评 AAA 级景区，实现湖里区 AAA 级景区“零的突破”。闽南古镇项目是年投入资金 3.6 亿元，妈祖文化中心已建成。对接区投资促进局、禾山街道、湖里街道，洽谈引进海上游旅游项目，对接重庆世纪游轮公司和日本东京福建商会“海上游”项目落地，依托东渡邮轮母港和湖里大道周边商务酒店，大力发展会展旅游业。联合禾山街道、金山街道和相关机构联手打造“激情五缘湾”和“情定五缘湾”系列活动，深入推进热气球、自行车休闲游项目规划，配合做好正阳直升机项目拓展工作。

【旅游市场营销】年内，湖里区加强与五缘湾运营公司等旅游企业、单位的互动和合作，签订战略合作协议，通过政府购买服务的方式，授权或委托开展旅游营销和宣传推荐等活动。制作湖里旅游宣传手册，对辖区旅游资源进行整合、宣传，首批印制 10000 份在各主要景区（点）和三星级以上酒店投放。组织湖里区旅游企业参加国内旅博会，福建省旅游局、厦门市旅游局组织的“休闲旅游季”“华中旅游博览会”等各类营销、推介活动。与路桥五缘湾运营公司合作，共同实施五缘湾旅游宣传推广活动。策划举办旅游营销宣传、推介会、赴外宣传推广等营销活动，进一步做好湖里区旅游资源的整合利用，加大旅游宣传推广力度，提升五缘湾片区的人气。

【参加第十届海峡旅游博览会】9 月 6 日，第十届海峡旅游博览会在厦门开幕。本次展会湖里区共设 2 个展位，有博饼民俗园、上古文化园、惠和石文化园、路桥五缘湾运营公司、正阳直升机公司、和悦酒店等旅游企业前往参展。湖里区精心组织旅游推介，编排策划精彩闽南特色节目在中心舞台展示亮相，吸引大量观众驻足观看。

体育事业

【概况】 2014年，湖里区以“科学锻炼，全民健身，活跃身心健康，增强身体素质”为宗旨，大力指导、开展全民健身活动。文体出版旅游局与工会、妇联等部门合作，组织开展拔河赛、羽毛球赛、乒乓球赛等区级职工体育活动，参与企业200多家、2000多人；发挥湖里区体育总会作用，加强对体育社团和俱乐部的指导和管理，充分发挥他们在全民健身活动中的作用；协助湖里区老年人体育协会开展健步行、门球等体育交流活动，组队参加市第九届老年人体育健身大会，取得全市奖牌总数第一的佳绩；与区教育局联合举办中小学乒乓球赛、羽毛球赛、田径运动会和中、小学生篮球嘉年华等活动，选拔优秀运动员参加各级比赛，取得较好成绩，促进全区体育全面发展和对外交流交往；指导各街道、社区举办篮球赛、广场舞、棋牌类等各类比赛30多场次，有3000多人参加。

【大力开展全民健身工作】 2014年，湖里区下拨1300余万元体彩公益金建设完善一批基层体育设施，并完成了是年项目申报工作。建成湖里区青少年校外体育活动中心。圆满完成全国第四次国民体质监测工作。大力扶持湖里区少体校工作，已登记在册运动员181名，2014年共向上一级体校输送运动员200多人。举办三级社会体育指导员培训班，进一步发展壮大湖里区社会体育指导员队伍。

【马拉松比赛赛事保障】 2014年，为保障2015建发马拉松比赛的顺利举行，湖里区制定了一系列的保障措施：一是高度重视，加强组织领导。成立了以区委副书记、区长张毅恭为组长，区委常委、政法委书记钟伟东、副区长戴宗垒为副组长，区委办、区政府办、区委宣传部、区委政法委、区文体出版旅游局等16家单位和5个街道办负责人为成员的2015建发厦门国际马拉松赛湖里区工作领导小组。12月，区领导多次召集会议，研究工作方案，落实责任分工。各成员单位和各街道根据各自职责，广泛组织发动，纷纷建立了各类保障、服务队伍。二是严密防控，维护社会稳定。三是精细保障，确保安全有序。成立安全保卫领导小组、交通安全保卫领导小组；安排区卫生监督分所加强对赛道两侧和周边餐饮业及宾馆、酒店等公共场所的监督检查。四是营造氛围，展现良好形象加强市容整治；做好保洁绿化；活跃比赛气氛。

【职工体育】 2014年，湖里区文体出版旅游局与工会、妇联、同安工业园区管委会、湖里公安分局等部门先后开展了“迎新春”拔河赛、庆“三八”外来女员工拔河比赛、庆“五一”企业职工拔河比赛和趣味运动会等区级有规模、示范性强的职工体育活动，参与企业200多家，2000多选手参赛。湖里区机关举办了羽毛球等竞赛活动，有2000多人次参加。

【社区体育】 2014年，湖里区各街道、社区举办篮球赛、广场舞、乒乓球、棋牌类等各类比赛30多场次，3000多人次参加。在春节期间，湖里街道举办“海天杯”门球邀请赛，殿前街道举办武术比赛，江头街道举办拔河比赛等，禾山街道举办冬泳活动，金山街道举办“金山杯”羽毛球赛。

【老年体育】 2014年，湖里区老体协根据老年人的需求，开设了健身操、太极拳、棋类、乒乓球、门球、气排球、登山等固定活动项目，提高了老年人的身体素质。举办了各类健身知识讲座，增加老年人的健康知识。全区老年人体育健身队伍日益壮大，仅元宵节健步行、重阳节登山活动，参加活动的老年人就有1000多人。湖里区组队参加厦门市第九届老年人体育健身大会，选派87名运动员参加23个项目的比赛，共获得金奖20枚、银奖9枚、铜奖7枚，奖牌总数全市第一。

【第十届中国俱乐部杯帆船挑战赛】 9月19日，2014年第十届中国俱乐部杯帆船挑战赛在五缘湾海域开赛。比赛分9月和11月两个赛段，共吸引了来自内地和台湾等地近31支队伍200多名帆船选手参赛。北京游艇业帆船队最终夺得本届赛事的冠军。

【家庭趣味海钓赛开赛】 2014年厦门“通仙杯”家庭趣味海钓赛于11月中旬在五缘湾休闲海钓基地举行。赛事共设家庭总重量赛、定点抛竿赛、天才小钓手等9个组别，50个家庭共150人参赛。

（翁珏）

2014第十届帆船赛参赛队伍合影（区文体出版旅游局供图）

卫生·计划生育

卫　生

【概况】 2014年，湖里区卫生工作以创建国家级慢性病防控示范区、健康服务走进社区、公共文明指数测评、廉政建设为主要任务，进一步完善公共卫生服务体系和医疗服务体系，加大重点疾病和突发公共卫生事件的防控力度，强化卫生监管，优化卫生资源配置，规范医疗机构管理，不断提高全区卫生服务质量，各项工作均取得了一定成就。年末，全区共有医疗卫生机构285家，其中：区级公共卫生机构3家（区卫生监督所、区疾病预防控制中心、区妇幼保健院），民营医院6家、门诊部33家、诊所172家、医务室卫生所71家。区属医疗卫生单位共有事业编制124名，在编86名。另有市口腔医院总院、市儿童医院、市眼科中心扩建工程、弘爱医院、龙邦妇产医院、复旦大学附属中山医院厦门医院相继建成开诊或开工建设。年内，湖里区成功创建“国家慢性病综合防控示范区”；区妇幼保健院被国家卫生计生委评为“妇幼健康服务工作表现突出集体”。

【与市第一医院签署合作共建协议】 为积极践行“美丽厦门·创新湖里”，加快提升湖里区医疗服务水平，区卫生局、区妇幼保健院、湖里国宇门诊部于5月27日分别与市第一医院签署合作共建协议，实施为期三年的合作共建。市第一医院将在医院管理、学科建设、人才培训、应急救治及医师多点执业等方面对湖里区予以支持，帮助提升辖区医疗机构的管理质量和医疗服务水平，加快促进辖区内医疗机构的发展，更好地满足群众对优质医疗资源需求。

【卫生人才培训基地首期培训班正式开课】 3月18日，湖里区卫生人才培训基地挂牌成立。同日，为期一天半的首期培训班正式开课，主要包括医学人文建设、门诊病历书写规范、卫生部13项核心制度、医事法律法规、突发公共卫生事件处理等培训内容。课程设置结合湖里区民营医疗机构多、医疗质量不高和人员技术力量偏弱，为参训学员提供大量实用有效的新知识、新技能。第一场培训内容是“医者仁术”，由市卫生局副局长王挹青主讲，市第一医院副院长罗琪、中山医院副院长李永忠、中医院副院长吴耀南、口腔医院副院长许德文、市妇幼保健院主任欧阳长安等多位专家应邀出席，全区卫生行政部门、社区公共卫生中心、民营医院、门诊部等200多名卫生服务工作人员参加培训。

【持续开展“健康服务走进社区”活动】 2014年，湖里区继续深化“健康

5月27日，区委书记刘育生、区长张毅恭、第一医院院长姜杰、书记童绥君为区妇幼“协作医院”揭牌（朱春雷　摄）

3 月 18 日，湖里区卫生人才培训首期培训班开课（林建雄　摄）

服务走进社区”活动，卫生系统工作人员利用周末时间，每 2 周安排一次现场活动，深入居民较集中、离固定医疗机构较远、群众就医不便的社区（居民区），为居民提供专家诊疗、免费测血糖、量血压、健康咨询，发放健康知识材料，将健康服务送到社区居民家门口。全年共开展活动 50 场次，派出市级医院专家 40 人次，医务人员 320 余人次，服务群众 6500 余人次。

【着力解决优质医疗资源不足的问题】 2014 年，湖里区主动作为、积极协调，全力推进市级医疗卫生建设项目在辖区落户。大力配合市儿童医院投入运营及后续工作，密切跟踪厦门眼科中心扩建工程建设进度，协助解决施工过程中存在的问题，主动协助五缘综合医院筹建；积极推动基层医疗机构新建和拓展，按“成熟一个建设一个”原则，做好社区卫生服务中心延伸站建设，年内，区卫生局重点协调五通社区、湖边花园社区、康乐社区及嘉福花园等 4 个点作为首批建设的社区卫生服务中心延伸站；积极鼓励和引导民间资本投资医疗机构，支持兴办老年、康复、临终关怀医疗服务等非营利性医疗机构，扩大服务供给，满足人民群众多层次、多元化的医疗服务需求。

【快速应对“9·19”燃爆事故】 “9·19”燃爆事故发生后，区卫生局领导带队赶赴爆炸现场，安排人员分赴市中医院、市中山医院和解放军 174 医院，与各医院对接，摸清各大医院收治伤员情况，参与救治方案的制定。抽调局机关、卫生监督所工作人员分别进驻市中医院、市中山医院和解放军 174 医院，收集伤员救治情况，及时汇总上报，并协助安抚受伤人员及其家属。及时安排医务人员，做好对遇难者家属的医疗救护保障和心理疏导工作。向区政府申请经费 100 万元作为伤员救治暂付款，转交给市卫生计生委，由市卫生计生委对各家医院所产生的费用进行审核把关并拨付，确保伤员能够得到有效救治。

【干部保健】 2014 年，湖里区加大保健知识宣传力度，为每个保健对象征订一册《厦门干部保健》及《新保健》等刊物。根据季节变化为保健对象配备常用保健药品。邀请市第一医院主任医师陈焕章到湖里区为保健对象开设题为“心血管疾病与‘三高’”的保健讲座。组织保健对象参加年度健康体检，主动为保健对象联系体检医院、预约体检服务、刷卡取单、领取体检报告，共有 40 位保健对象完成年度健康体检。认真执行干部保健对象的疗养制度，分期分批参加市委保健办组织的各种形式的疗养。共有 29 位保健对象报名参加本市疗养，13 位保健对象选择参加周末疗养。为 2 位提前退休享受正处（副局）级工资待遇的干部办理参照三级保健对象享有医保目录内自付医药费用报销比例事宜。

【深入开展爱国卫生运动】 年内，湖里区制定了《湖里区 2014 年病媒生物防

健康服务进社区（林满治　摄）

制工作方案》，按阶段、分行业、划重点，明确了工作目标、防制范围、控制标准和技术措施，强力推动病媒生物防制工作有效实施，圆满完成第一轮除四害统一行动（5.5—6.5）、外环境灭蚊蝇统一行动。夏秋季爱国卫生除四害专项行动、第二轮除四害统一行动（9.1—9.30），共发放灭蟑药物40万包、凯素灵粉2.33万公斤、黏鼠板1.56万个，高效氯氰菊酯540瓶、大隆鼠药5200公斤，投药消杀总面积260万平方米。大力宣传爱国卫生运动，举办“湖里区中小学生灭鼠灭蟑海报制作比赛获奖作品巡回展”，分别在区政府大楼、禾山社区等地开展巡回展活动；各街道、社区通过微信、微博、宣传栏、LED屏、宣传横幅、发放宣传资料等形式，大力宣传病媒生物防制及登革热防控的有关知识、投药的时间节点等内容；着力开展第26个爱国卫生月活动，开展了以“爱国卫生人人参与、健康生活人人享有”主题活动。活动期间开展了除四害、健康教育、劝阻乱吐乱扔陋习等方面的宣传和义诊活动。第26个爱国卫生月与第64个世界卫生日，共发放除四害宣传折页等材料4万多份。积极开展环境卫生整治，推动以预防人禽流感、流行性出血热、登革热为主要内容的爱国卫生运动，组织开展环境卫生大整治，清除卫生死角，消灭蚊蝇孳生地，大力治理存在的脏、乱、差现象，共出动5389人次，清理卫生死角1038处，修剪绿化带、花圃约1.36万平方米，清洗乱张贴1.02万余张，清理乱堆放杂物、废土等约350余车，翻盆倒罐清除各种积水10980处，疏通沟渠、下水道5300余米，整治规范垃圾容器600余处，环境卫生取得明显成效。截至年底，全区无一例本土型登革热病例。此外积极开展无烟单位、无烟学校的创建和复查工作，2014年共有长乐社区、东渡小学等6家单位获评2013年度全市“无烟单位”或“无烟学校”。

（丁玮）

卫生监督

【概况】 2014年，区卫生监督所有在编卫生监督员37人，非编卫生监督协管员56人。全区有各类被监督单位8265余户，其中：餐饮经营单位6437家、公共场所1255家、医疗机构251家、学校卫生30家、职业卫生77家、二次供水211家、集中式餐饮具消毒单位4家。全年完成许可申请审查4839件，其中：餐饮2303件、公共场所274件、二次供水190件、医疗机构411件、医师注册733件、护士注册928件。

【卫生监督】 2014年，区卫生监督所以文明城区创建为契机，开展监督检查。全年检查餐饮、公共场所等经营单位2.4万余家次，检查从业人员11万人次。为方便经营者，现场办公52场次，体检从业人员8400余人次，发放办证通知6000余份。开展严厉打击食品非法添加和滥用食品添加剂及食用冰专项整治工作、集中式消毒餐具专项检查等各类专项整治行动15场。开展在元旦、春节、中秋、国庆等节日期间和中高考期间校园及周边餐饮安全保障工作，完成台交会、海峡论坛、“9·8”国际投洽会、福德文化节等全市重大活动期间餐饮安全保障任务，保障市民群众和外地游客的餐饮安全。开展餐饮服务食品安全监督抽检工作。对集中式消毒的餐饮具、餐饮服务环节的皮蛋、自制食用冰、生食海产品和腌制生食水产品、辣椒酱等产品进行卫生监督抽检。对2家经抽检自制食用冰不符合卫生标准的餐饮单位予以立案查处。对全区范围内的所有餐饮服务单位的食品安全状况进行量化评分及等级评定，量化分级管理率100%。秉持监管和服务并重理念，在巩固已创建的万达示范街品牌成果的基础上，着重加强对万达广场金街、SM城市广场、华嘉路、江头南路、枋湖客运中心、兴隆路等重要商业大街的餐饮单位业务指导，由重点路段的示范店培育开始，以点带面，培育成示范街。针对住宿场所、沐浴场所、美容美发场所、游泳场所开展5场重点监督检查和专项整治行动，对各类经营性公共场所存在的卫生问题责令限期整改，并在限期后检查整改效果。年内，对辖区内的24家游泳场所的游泳池水质抽检，19家水质合格，对5家检测指标超标的游泳场所予以立案查处。开展辖区二次供水单位卫生管理及设施维护等日常监督检查，每年在辖区内选定15个末梢水监测点和60个二次供水监测点，每个季度对监测点的水质监督监测，共抽检水样120份，合格91份。开展职业卫生重点监督检查，先后开展石英砂

7月，湖里区卫生监督所开展辖区内游泳池卫生专项监督检查和水质抽检（刘晓亮　摄）

加工等4个领域专项整治、铝镁制品机加工企业专项整治、职业病危害隐患和涉重企业专项整治，深入企业生产现场检查监督，及时发现问题和隐患，督促落实企业整改。

【医疗机构监管】 年内，区卫生监督所对湖里区医疗机构加强日常监管，重点从诊疗科目设置、人员资格、医疗广告、医疗文书、院感、药品质量等方面规范医疗机构的执业行为。对跨科行医、使用非卫生技术人员、擅自开展终止妊娠手术等违法行为予以严厉打击，查处医疗机构违法案件31件，罚没10.68万元。开展非法行医及“两非”（非医学需要的胎儿性别鉴定、非医学需要的人工终止妊娠）集中整治行动。先后19次联合区效能办、区计生局、所在街道及辖区派出所，对非法行医窝点开展不定期、不定点执法行动。同时加强日常监督巡查，及时发现及时查处，取缔无证行医窝点48处，没收药品器械126箱，其中，立案查处20件，罚款8.1万元，没收违法所得1.29万元，共计9.39万元；立案查处“两非”案件14件，罚款24.6万元，没收违法所得1.56万元，共计26.16万元，没收B超机14台。对1名无证行医屡教不改的人员以涉嫌非法行医罪移送司法机关追究刑事责任。清理整顿违法医疗广告，检查医疗机构890家次，发现发布违法医疗广告的医疗机构12家150处，对3家整改不力的机构予以行政处罚，收缴非法印制的医疗广告杂志2200本。

【举报投诉及案件处理】 全年区卫生监督所受理食品投诉221件，公共场所投诉34件，医疗机构投诉144件，无证行医投诉38件，餐具消毒投诉2件，二次供水投诉3件，社情民意3件，做到件件有回音。年内，查处案件109件，罚没金额88.13万元。其中餐饮服务10件、金额6.34余万元（均为立案查处）；医疗机构65件、金额46.24余万元（当罚24件、金额2万元，立案查处41件、金额44.24余万元）；无证行医20件，罚没9.39余万元；“两非”案件14件，罚没26.16万元。

3月9日上午，区卫生监督所27名党员到湖里区殿前街道北站社区开展卫生法律法规知识宣传咨询活动（陈娴杰　摄）

【宣传培训】 2014年，区卫生监督所结合文明城区创建工作，在全区范围内举行多种形式的餐饮服务食品安全宣传，充分利用各种宣传手段，以悬挂横幅、印发宣传材料、启用宣传专用车、举办道德讲堂、创建餐饮服务安全示范街、组织对食品安全示范单位现场观摩、新闻媒体报道、现场咨询等多种形式，进行全方位、多视角、多角度的宣传，以吸引广大人民群众的关注，提高众多餐饮服务经营者和从业人员的重视，最大程度的扩大宣传面，大力营造人人关心、重视食品安全的社会氛围。年内召开与餐饮、住宿场所、沐浴场所、游泳场所、文明创建等相关的培训会或动员会10场，包括“基层执法规范年”活动部署会、学校卫生集中整治活动动员培训会、学校卫生集中整治活动部署会、文明创建现场动员会、预防食物中毒专题培训等，共有922家单位参会。区卫生局成立了区卫生人才培训基地，使医务人员各类培训成为常态，先后开设“医疗法律法规”“核心制度”“消毒灭菌技术新发展”“违法医疗广告案例评析”“心肺复苏术”等10多个专题讲座和消毒供应室现场观摩交流，全区1000多名医务人员参加培训。

（谢玉霞）

区疾病预防控制中心

【概况】 2014年，湖里区疾病预防控制中心（以下简称称“区疾控中心”），下设办公室及8个科室。有编制37个（2个为卫计局干部保健编制），实际在编31人，有卫生专业技术人员高级职称6人、中级职称12人，硕士学位5人、本科及以上学历25人，本科以上学历占80.6%。

传染病防治

【概况】 2014年，全区各级医疗机构共上报本辖区3258例法定传染病病例，发病率为330.81/10万，其中，乙类传染病计15种1538例，发病前三位的乙类传染病是肺结核、梅毒、淋病；丙类传染病计6种1720例，发病前三位的丙类传染病为手足口病、其他感染性腹泻、流行性腮腺炎；无甲类传染病、非典型肺炎、人禽流感、炭疽等及以上疑似病例报告。

【霍乱防治】 2014年，湖里区加强医院肠道门诊监测。市中医院、市儿童医院上报肠道门诊188例，粪检数175例，粪检率93%，未发现霍乱弧菌阳性患者。加强外环境水产品监测，在辖区各市场共采集264份水产品和180份养殖水进行霍乱弧菌检测，其中7份水产品检出O1群稻叶型霍乱弧菌，外环境水样中检出1株稻叶型霍乱弧菌，经市疾控实验室进一步检测后排除霍乱产毒株。

【艾滋病防治】 湖里区全年共接受757人咨询，其中采血757人，经检测，12例初筛阳性，均确认为艾滋病感染者。年内，存活的艾滋病病例231例，区疾控中心定期开展随访。死亡18例，转出病例214例，查无此人8例。全年随访率98%，抗病毒治疗率92%。暗娼干预3832人次，男男同性恋人群干预1820人次，性病就诊者干预146人次，监管场所羁押人员干预190人次，外来务工人员干预19400人次。

【结核病防治】 2014年，湖里区发现活动性肺结核病人442例，其中初治涂阳肺结核病人157例，复治涂阳18例，涂阴259例。各级非结核病防治机构综合医院上报疑似肺结核病人840人，转诊到位率60.3%；需要追踪346人，结核病防治机构开展追踪346人，追踪率100%；追踪到位325例，追踪到位率93.9%。筛查新发涂阳病例的密切接触者279人，筛查率100%。

【人感染高致病性禽流感防控】 1月，疾控中心处理辖区医疗机构上报1例不明原因肺炎病例，按照相关预案，中心及时对病例开展相关应急处置工作。经省、市疾控中心对病例标本进行非典型肺炎、中东呼吸综合征病毒核酸、H7N9核酸和甲型流感检测，结果均为阴性，指导医院订正该病例。1—2月，对高崎活禽交易市场进行人感染高致病性禽流感血清学和外环境标本采样，共采集20份血清学标本和20份外环境标本送市疾病预防控制中心检测。定时搜索国家卫计委网站、省卫计委网站上关于人感染H7N9禽流感疫情和防控工作的相关信息，按月汇总分析。

免疫工作

【概况】 2014年，全区报告麻疹监测病例30例，经流调实验室检测麻疹阳性病例3例，发病率为2.13/10万，全部符合疑似麻疹病例监测指标。全区报告15岁以下儿童疑似乙肝病例10例，确诊病例5例，及时调查率100%。无新生儿破伤风病例，无发生百日咳病例。医院报15岁以下儿童急性弛缓性麻痹（AFP）3例，均及时流调，经实验室检测排除脊髓灰质炎病例，采集率、及时率均达到监测指标要求；每旬主动搜寻辖区医院急性弛缓性麻痹、乙脑、新生儿破伤风、麻疹，未发现漏报病例。

【疫苗接种】 2014年，本地户口儿童基础免疫疫苗接种率在99.41%以上；流动儿童基础免疫疫苗接种率在99%以上。年内，开展儿童脊髓灰质炎疫苗、麻风疫苗强化免疫查漏补种活动，优先补种麻疹、脊髓灰质炎疫苗，后补种其他疫苗。接种率超过95%。是年，全区报告预防接种疑似异常反应43例，其中异常反应7例，偶合症4例，其余为一般反应。5例提交预防接种异常反应专家诊断组讨论，其中：2例提交市级专家诊断组讨论，3例由区专家诊断组讨论。3例排除接种疫苗异常反应，2例符合异常反应。诊断结论书均送达患者家属手中，并取得患者家属认可，未造成不良影响，无发生异常反应投诉。

【接种率调查】 2014年，湖里区开展接种率调查，抽查对象为湖里区2012年及2007年出生的本地儿童及居住满三个月以上外来儿童（除湖里区户口儿童，其余均视为外来儿童）。调查结果显示，所有免疫规划疫苗接种率均达到

6月，区疾控中心工作人员在钟宅社区居委会开展结核病流行病学抽样调查（区疾控中心供图）

国家要求。

地方病及自然疫源性疾病防控

【自然疫源性疾病防控】年内，全区报告3例输入性登革热病例，1例输入性恶性疟疾病例，及时采取病例流行病学调查、密切接触者随访、病例居家消毒和健康教育宣传等措施。针对周边省市发生的登革热暴发疫情，严密监视，积极布控，协同相关部门广泛开展登革热防控知识宣传工作，发动群众采用翻盆倒罐、清除积水、药物灭蚊等防蚊灭蚊方法，加强辖区医疗机构登革热疑似疫情监测和湖里区蚊密度监测工作。是年，厦门市疾控中心通报湖里区1例埃博拉出血热留院观察病例。区疾控中心按照市疾控中心的工作部署，及时联同市消毒站对病例住家消毒处置，并对病例所在社区居民发放宣传折页进行健康宣传教育。后经省疾控中心检测，排除埃博拉病毒，确诊为恶性疟疾。检查发热病人血液，及时发现疟疾病人，完成“三热”病人（临床诊断为疟疾、疑似疟疾或不明原因的发热病人）血检280例，未发现阳性病例，通过市级消除疟疾行动考评。

慢性非传染性疾病防治

【慢性病死亡报告及随防】2014年，全区死因监测启动网络直报，全区二级以上医疗机构及社区卫生服务中心开展此项工作，全年累计报告死亡病例913例，其中湖里区户籍病例594例。累计报告肿瘤新发病例494例。随访2013年病例570例，其中失访76例，随访的494例中存活394例，死亡80例，转其他区20例，根据死因监测，肿瘤死亡补报发病219例。

【慢性非传染性疾病综合防控示范区创建】年内，湖里区在省级慢性病综合防控示范区基础上，继续创建国家慢性病防控示范区。以创建慢性病防控示范区为契机，湖里区采用多种形式广泛宣传慢性病知识及健康行为生活方式。结合各种卫生宣传日深入学校、社区、企业和公共场所等，采取健康教育专栏、LED宣传标语、宣传拱门、义诊活动等多种形式，广泛宣传慢性病防控知识；组织开展免费义诊活动，举办健康讲座，宣传健康知识；先后发放宣传海报、折页、纪念品和宣传单等健康教育资料31种20余万张，不断扩大宣传的覆盖面，增强居民的防病意识和能力，提高居民相关健康知识的知晓率。7月21—23日，国家卫计委组织专家考评组对湖里区创建国家级慢性病防控示范区考核验收。12月26日，经国家卫计委专家组综合评定，湖里区以良好的工作机制、扎实的工作基础和创新的工作方法获“国家慢性病综合防控示范区”称号。

监测工作

【碘盐监测及宣传】2014年，湖里区完成辖区碘盐监测任务，共采集盐样300份，现场检测未发现非碘盐，实验室检测出3份不合格碘盐。碘盐食用率100%，碘盐合格率99%，合格碘盐食用率99%。

【伤害监测】2014年，在市疾控中心的业务指导下，全区产品伤害监测工作顺利开展，累计报告36254例，其中：中医院报告33231例，厦门市儿童医院报告3023例，报告典型案例58例。4月，开展全区小学儿童安全步行主题教学活动，向全区小学生开展步行安全知识培训，提高其安全防范意识，减少伤害事故发生。

【精神类疾病监测】2014年，全区累计检出重性精神疾病患者1783例，检出率为1.91‰，在管患者713人，检出患者管理率为92.71%。各街道检出率由高到低依次为湖里3.00‰、金山2.73‰、江头1.61‰、殿前1.58‰、禾山1.26‰。

【卫生监测】年内，全区完成食品检测283家572份，合格率96.33%，其中碘盐检测300份，合格率为99%；完成餐具委托检测313家，采样3544件，合格率为87.64%，与上年基本持平，检测家数比上年上升65.58%；完成公共场所经营单位委托检测289家，检测采样1660件，合格率95.96%；接受职业危害因素检测委托21家，完成检测21家，检测131个作业点，出具检测报告17份；对辖区14所公办、民办学校开展学校教学环境监测，每所学校监测6间教室。监测项目包括教室人均面积、玻地面积比、教室及课桌采光照明、黑板面积及采光照明、学生课桌椅分配符合率、微小气候及噪声、学校餐具消毒效果监测、生活饮用水卫生监测、厕所卫生等方面内容。完成生活饮用水水质检测582份，合格率97.08%；泳池水水质检测52家105份，合格率72.38%。梅毒检测共1416人份，其中22例阳性，丙肝检测共800人，无阳性样本。麻疹/风疹检测，全区报告疑似麻疹病例24例，经实验室检测，其中麻疹阳性标本4份，风疹阳性标本3份。

【率先在全市区级机构开展突发公共卫生事件风险评估】从3月起，疾控中心每月月初对已有监测数据深度分析和整合研判，并组织相关专家针对本区当月的传染病流行态势与食源性疾病发生的可能性等运用专家会商法、风险矩阵法等评估方法开展突发公共卫生事件风险评估，确定当月湖里区应重点警惕的病种并提出相应的风险管理建议。

【健康教育宣传】年内，中心通过各种渠道，并采取多种形式，深入社区、学校、医院、企业和公共场所等，大力开展卫生防病知识宣传，不断扩大宣传的覆盖面，增强居民的防病意识和能力，提高居民相关健康知识的知晓率。

12 月，区疾控中心开展世界艾滋病日宣传活动（区疾控中心供图）

先后发放各种宣传海报、折页、纪念品和宣传单等健康教育资料 31 种 20 余万张。在中心健康教育专栏出宣传栏 10 版、LED 电子屏幕宣传标语 3 条，拱门 3 个，横幅 6 条，大型宣传广告 5 块。结合创建慢病示范区的工作为辖区居委会提供宣传版 25 版。全年中心开展了十多个卫生宣传日活动，主要有世界防治结核病日、全国碘缺乏病防治日、世界卫生日、全国儿童预防接种日、全国疟疾日、世界无烟日、爱牙日、高血压日、糖尿病日等。通过宣传日活动发放各种宣传单宣传品累计数万份，并在活动中开展问卷调查、咨询义诊等。

（柯素容）

湖里区妇幼保健院

【概况】 2014 年，湖里区妇幼保健院（以下简称区妇幼）有在职职工 230 人，其中，医务人员 195 人，中高级职称 71 人，初级职称 124 人，承担着湖里区约 110 万人口的医疗保健任务。是年，门诊量达 63.8 万人次（含集体保健），比上年增长 26.76%；创收 6873 万元，比上年增长 41.57%，门诊量获全国无病房区级妇幼保健院第一名，连续五年获得全省区级妇幼保健院门诊量第一名。区妇幼先后获“国家级妇幼卫生工作突出集体”“厦门市女职工建功立业标兵岗”“厦门市女职工保健工作达标单位”“厦门市药品不良反应监测工作先进单位”“湖里区行政事业单位资产管理先进集体”“湖里区 2011—2014 年尊师重教先进单位”等称号。

【创建“二级甲等妇幼保健院”】 6 月 18 日，区妇幼正式启动创建“二级甲等妇幼保健院”工作，召开全院职工创建二级甲等妇幼保健院动员大会。组织人员参观学习龙岩、长汀、芗城区妇幼保健院创等工作经验。严格按照《福建省二级妇幼保健院评审实施方案》的要求，成立行政组、后勤组、医疗组、保健组、护理组、院感组、医技组等 7 个评审工作小组，并由专人负责，细化工作任务，认真做好各专业组创建实施、自查整改、评审迎检等工作。医院成立了医疗保健质量、药事、院感、输血、病案质量管理等 5 个管理委员会，各科室也成立了质控工作领导小组和医疗安全工作领导小组，制定相应工作职责和工作制度，按规范要求开展管理工作。建立健全工作制度，医院制定下发医疗质量和医疗安全管理 15 项核心制度、妇幼公共卫生服务 9 项核心制度、新技术新项目审批制度等，统一编印下发《卫生法律法规汇编》《应急预案汇编》《妇幼保健技术规范和法律法规汇编》。医院制定了《关于进一步加强创等期间“三基”考试的有关规定》，坚持每个月开展全院性“三基”（基础理论、基本知识、基本技能）理论考试和一次技能操作。加强病案质量管理，医院制定了《关于进一步加强病案书写质量管理的通知》，对门诊处方、门诊病历、住院病历、妇幼保健表卡、医技申请报告单等医疗文书的规范书写提出要求，明确处罚办法，并组织召开病案书写质量分析会，坚持不定期检查各种医疗文书的规范书写，严格落实奖惩措施，提高病案书写质量。加快产科病房建设，产科病房人员已逐步到位，部分设备已通过招标采购，场所经过改造基本符合要求。

【孕产妇保健服务】 2014 年，区妇幼孕产妇系统管理率 96.03%，早孕检查率 96.53%，建卡率 97.69%，产前检查率 98.36%，住院分娩率 100%，高危孕妇检出率 49.84%，高危管理率 100%，低出生体重儿发生率 4.10%，出生缺陷发生率 11.31‰，围产儿死亡率 4.40‰，孕产妇死亡率为 0。

【儿童保健服务】 年内，区妇幼 7 岁以下儿童保健覆盖率 98.9%，3 岁以下儿童系统管理率 95.4%，高危儿检出率 1.71%，5 岁以下低体重患病率 0.38%，6 个月母乳喂养率 90.74%。

【拓展医疗服务项目】 2014 年，区妇幼在全市区级妇幼保健院中率先引进高清直接数字化摄影系统（DR），使区妇幼放射科的图像质量和检查效果达到全省“三甲”医院水平；引进美国欧美达麻醉呼吸机、德国进口莱斯康阴道镜、多功能电离子手术治疗机等国内外先进仪器设备，提高区妇幼的医疗技术水平；引进母乳分析仪，在全市率先开展母乳营养分析检测新项目；成立中医皮肤科、美容科、乳腺外科，开设外科、中医美容、中医帖敷疗法、各种皮肤病、性病的诊治等新项目，同时引进过敏原检测仪，在全市率先开展过敏源检测及治疗新项目。

【区妇幼保健院建立音乐调理基地】 9月，区妇幼保健院与中国妇幼保健协会合作，率行建立全国首批、全省首家音乐调理基地，引进专业的孕期音乐调理系统，运用音乐特有的心理、生理效应，使受调理（治疗）者在工作人员的指导和帮助下，通过专门设计的音乐内容，达到美好情绪调理的预期效果。

【举办母婴保健专业技术人员培训】 7月，全区母婴保健专业技术人员培训在区妇幼保健院开班，来自全区基层医疗保健机构、社区卫生服务中心等9个单位母婴保健技术人员共35人参加培训。此次培训内容包括母婴保健法律法规、孕产妇系统保健管理、艾滋病防治、儿童呼吸道疾病、听力、眼病及耳病的诊治、健康教育管理等内容。

【区妇幼保健院联合区教育局开展公办园儿童心理保健】 从10月开始，区妇幼保健院联合区教育局对辖区公办幼儿园开展免费儿童心理保健。按照儿童心理发展的规律和不同年龄段的心理行为特征，对小班儿童进行神经心理发育评估，中班儿童生活能力评估、大班儿童感统评估，及时掌握不同年龄段儿童的心理发育水平，对儿童心理行为发育偏异的儿童，给予科学的心理行为发育预见性指导，及早干预，科学促进儿童身心健康发展。同时，让家长和教师充分了解每个幼儿在不同时期的心理状况，有助于教师及家长及时发现幼儿心理发展过程中存在的问题，从而及时调整自己的教育策略，改变教育方法，有针对性地辅导，满足不同幼儿心理需要。

【开展世界艾滋病主题日系列宣传活动】 12月1日是第27个世界艾滋病日，区妇幼保健院组织开展了系列主题宣传活动。当日中午，为全院职工开展艾滋病防治知识培训，并在培训后开展知识竞赛。下午，在院长李淑莲的带领下，医务志愿者们到枋湖客运中心，为群众义诊，测量血压、疾病诊疗，发放艾滋病知识宣传折页以及艾滋病宣传礼品，同时进行艾滋病知识问卷调查，为群众讲解艾滋病知识。为辖区一名艾滋病患者免费体检，包含体格检查、肝功能、肾功能、血常规等多项检查。

【免费普查】 5月，区妇幼保健院与区妇联、区直机关党工委联合开展女干部“母亲节”健康身心人文关怀活动，为全区副科级以上及社区妇联女干部免费妇科病普查。组织中级以上职称医师走进社区开展妇科病普查报告单解读及妇女保健知识讲座5场，让群众根据检查报告单准确了解身体状况、疾病的严重程度，改变以往只重检查不重后续治疗的体检模式，做到早发现、早诊断、早治疗。

【托幼机构管理】 年内，区妇幼为辖区203所公民办幼儿园儿童进行健康体检、眼保健、口腔保健、托幼园所卫生保健指导（包含膳食营养、疾病预防、体弱儿管理、安全管理等）。全年托幼机构儿童健康体检34092人次，体检率100%，口腔保健78368人次，口腔保健率98.3%，眼保健39139人次，眼保健率97.5%，入园入托指导率100%。

【落实公共卫生惠民项目】 2014年，区妇幼根据《国家基本公共卫生服务规范》和《厦门市孕产妇系统管理规范》的要求，为首次孕妇建卡提供免费保健服务16203人，为已建卡孕妇提供五次免费产检33178人次，免费入户产后随访3403人次；对常住人口孕妇实施免费产前筛查，免费检测2599人；免费为全区婚检及孕妇进行艾滋病抗体检测17772人次，为每位受检者节约45元检查费；配合区婚姻登记处，开展免费婚前体检7483人，为每对夫妻减免200元体检费；配合计生局开展免费孕前优生检测，共检测781对，为每对夫妻减免450元检测费；免费为全区8993名育龄妇女进行妇科病普查，检出疾病4065例，对发现病变者给予定期追防及后续治疗；为湖里区已婚低保妇女免费普查261人，普查率100%，检出妇科疾病173人，妇科病检出率66.28%，免费检查及治疗费用共计8.5万元；在全省率先开展免费红细胞叶酸检测191人次，减免费用10314万元。

【健康教育宣传】 2014年，区妇幼结合特殊时日开展健康保健知识宣传，在春运期间，走进厦门北站，开展“春运，湖里妇幼与您同行”的志愿者助春运活动，为广大群众提供健康保健咨询服务。在“3·5”学雷锋日，组织志愿者走进金尚社区，开展义诊宣传，为群众测量血压、检测血红蛋白等。开展以“母乳喂养 爱的传递”为主题的“5·20”全国母乳喂养日宣传活动；组织志愿者开展主题为“致胜一球 受益一生”的世界母乳喂养周大型宣传活动，进行母乳喂养角色互换表演，举办四场母乳喂养知识大型讲座，编印一本母乳喂养指导手册，8小时不间断滚动播放母乳喂养的主题及母乳喂养相关知识，开展2次母乳喂养有奖知识问卷调查。每周组织志愿者开展健康服务进社区、科普“超市”进社区、文明服务超市“五下乡”等健康义诊咨询活动，出动医务人员192人次。全年共服务辖区群众近4万人次，发放妇幼保健知识宣传材料近12万份。在院内每天开展孕妇大学、家长学校、宝宝课堂宣教课，受众7056人次，并在各科室宣传栏发放妇幼健康教育宣传材料40多万份；制作印刷妇幼保健健康教育宣传材料，在5个社区卫生服务中心及2家民营医院发放共计10万余份；联合区委宣传部、区社科联共同举办“湖里星期六·妇幼大讲堂”名家讲堂活动，每月一次，向湖里区居民宣传保健知识，普及健康常识；利用网站、院报、健康教育视频进行妇幼保健知识宣传。全年区妇幼有61篇信息被《中国妇幼保健协会网》《福建省卫生和计划生育委员会网》《福建省妇联网》《福建卫生报》《福建卫生报网》《厦门日报》《厦门晚报》《海西晨报》《海峡导报》《厦门市妇联网》《厦门市工会网》《厦门市志愿者联合网》《厦门市妇幼保健院报》等国家及省、市近20家媒体报刊、网站上录用刊登。

【医疗管理】 2014年，区妇幼加强医疗安全工作，从源头上杜绝医疗隐患，坚持每月院感监测检查，防控院内感染；严格做好传染病上报工作，年内，医院上报传染病143例，无漏报、迟报现象，无群体事件发生；定期检查药剂科、检验科、药库等处易燃易爆危险试剂、有毒、麻醉药品的存放以及医用耗材的有效期、三证，保障医疗安全；严格执行《湖里区妇幼保健院关于印发药品不良反应监测工作奖惩办法的通知》，全年共上报药品不良反应237例，医疗器械不良事件5例；严把药品质量关，采用统一招标采购，对购进药品名称、批准文号、生产日期、失效期等基本信息认真审核、记录，有质量问题的一律不予入库；医院质控小组每月对医生的处方及医疗文书规范点评，查处不合理用药及大处方，规范临床用药，并指导医疗文书的规范书写；规范门诊日志，对病人追踪随访，提高医疗安全，同时结合厦门市信息保密工作规定，界定门诊日志信息管理，防止病人信息泄露。全年无重大医疗差错事故发生。

【队伍建设】 区妇幼全年组织4次新进人员岗前培训，培训内容有，规范书写病历及处方管理、医保知识及传染病相关知识；组织全院临床医师门诊病历规范书写培训，不定时抽取门诊医师病历，评定分数；安排10人次到省内外三甲医院进修，60余人次外出培训及参观学习，回院后组织全院性业务学习，将新知识传达给每个员工；组织全院业务学习10场，由院内医务人员授课及外请专家授课相结合，主要培训专业知识、医保知识、传染病、消防安全、服务礼仪等相关知识；每季度区妇幼45岁以下或副高职称以下的职工参加三基考试，并在下半年开始每月组织“三基三严”（严格要求、严谨态度、严肃作风）训练，提高职工的业务能力和理论水平；开展处方点评、岗位练兵等活动，组织全体医技人员参加心肺复苏培训及考试等；开展全院急救应急演练，模拟孕妇低血糖、出血性休克和高热惊厥等病种，进行急救训练，完善急救设备及流程，通过培训和演练提高全体医务人员的理论水平及防护、急救意识；联合湖里区工会举办护理急救技能大赛，提升护理技能。

（朱春雷）

市属医疗机构

【概况】 2014年，湖里区辖内已营业的市属医疗机构有8家，其中：市属医院3家，分别是厦门市中医院（厦门华侨医院）、厦门市口腔医院、厦门市儿童医院。街道社区卫生服务中心5个，每个街道各设1个，分别是湖里街道社区卫生服务中心、殿前街道社区卫生服务中心、江头街道社区卫生服务中心、禾山街道社区卫生服务中心、金山街道社区卫生服务中心。另有市眼科中心扩建工程、弘爱医院、龙邦妇产医院、复旦大学附属中山医院厦门医院相继开工建设。

厦门市中医院（厦门华侨医院）

【概况】 2014年，厦门市中医院（厦门华侨医院）有职工1548人，其中高级专业技术人员221名，享受国务院特殊津贴专家3名，全国名老中医药专家4名，省级名老中医药专家8名，硕士生导师26名。博士20名，硕士229名。全年共发表论文78篇，其中美国《科学引文索引》源论文6篇，Medline（数据库）收录论文3篇，获准国家级立项1项，省部级立项2项，厅级立项7项。医院设有临床科室21个、医技科室11个、职能科室18个、中医特色专病门诊39个、开放专科门诊67个。医院固定资产总值6.14亿元，其中医疗设备总值2.68亿元，配置了DSA、64排螺旋CT、核磁共振、DR、贝克曼自动生化分析仪、实验室流水线信息系统等大型精密设备。全年门诊量256万人次，其中社区42.31万人次。入出院3.94万人次。是年，医院获“国家伤害监测先进单位”称号。

【重点学科专科建设】 2014年，厦门市中医院有1个国家中医药管理局重点学科建设单位；2个国家临床重点专科建设单位；4个“十一五”国家中医药管理局重点中医专科；2个国家中医药管理局“十二五”重点专科建设单位；8个福建省中医重点专科（病）、9个厦门市中医重点专科、1个达到部颁二级标准的重点实验室、8个GCP建设项目。中医院还是国家中医药管理局中医药防治传染病重点研究室（临床基地）建设单位、全国远程病理会诊试点医院、全国伤害检测中医院。年内，中医院风湿肾病科采用特色疗法，在优势病种上取得疗效，获得国家自然基金项目。

【教学管理】 中医院全年共接收各大医学高校实习学员173人；承担福建中医药大学中医专业本科学员60人的临床课教学，在院学习的研究生有45人。北京中医药大学函授站方面，共有196名专科及本科毕业生完成学业取得毕业证书，招收2014级新生385名，截至年底，在校学生834人。完成2011—2014级函授大专班和专升本班共12个班级、1774人次的面授学习任务。

【海内外交流】 2014年，中医院成功承办“第九届海峡两岸中医药发展与合作研讨会”，接待台湾中医师公会全联会、台湾中医药学会、台湾秀传医疗体系等台湾中医药行业公（协）会、单位访问；先后举办4期足弓班和“第六届香港针灸提高班”等培训班，分别对来自中国台湾、香港地区及马来西亚的188名基层从业人员和中医爱好者进行培训，扩大了厦门中医院在中国台湾、香港地区及马来西亚等地的影响。

（李沫）

厦门市口腔医院

【概况】 2014年，厦门市口腔医院继续巩固“医院管理年”活动，坚持“以人为本，患者第一”的服务理念加大医院管理力度。不断强化医疗质量、保障医疗安全、推动医院管理，较好地完成了市卫生局下发的《综合目标管理工作责任与考核指标》和预定的各项工作目标。年内厦门市口腔医院有职工350余人，其中研究生以上学历100余人，博士生40余人，中高级职称130余人。设有牙体牙髓病科、牙周病科、口腔黏膜病科、口腔颌面外科、口腔修复科、口腔种植科、口腔正畸科、儿童口腔预防保健科、综合科和义齿加工中心及相关辅助科室。全年门诊量约30万人次。市口腔医院是福建医科大学硕士研究生培养点、武汉大学博士生授课点。

【慢性病防控】 5月至8月，市口腔医院与湖里区疾控中心及区卫生局合作，开展湖里区慢病防控工作。深入湖里辖区各小学进行龋齿筛查，并为适龄儿童做窝沟封闭，共筛查1.3万余名小学生，口腔预防保健干预1.2万余人。9月至11月，与思明区卫计委、思明区疾控中心、思明区教育局开展思明区慢性病防控工作，对思明辖区内37所小学、38025名学生进行口腔筛查，并对7896名适龄小学生做免费窝沟封闭。

【开展义诊活动】 年内，厦门市口腔医院分别在湖里区8所幼儿园举办9次健康教育讲座，为学生家长及老师义务普及口腔保健知识；9月20日，组织15名医生与厦门市总工会、厦门市疾控中心合作，到蔡塘广场和厦门文化艺术中心开展第25个爱牙日义诊活动，开办口腔健康讲座，接受现场咨询，免费为群众检查口腔，并进行防龋干预。

【科研工作】 2014年，市口腔医院实验研究课题小组获“厦门市科技进步三等奖”，9项科研课题参加省卫生厅、厦门市科技局科研评审，其中，种植二科许铭炎《整合素β6在牙周炎表达下调的表观遗传学机制研究》、正畸科史建陆《牙齿位置三维信息标准的建立及个性化矫治器的研发》、正畸科罗小安《自功型微螺钉支抗远移下颌牙弓的临床研究》3项获福建省卫生厅立项。完成厦门市口腔医院首次优秀中青年医师课题申报，共有13人申报课题。全年全院职工发表论文24篇，其中SCI（美国《科学引文索引》）2篇，编写教材1部。

【健康教育宣传】 年内，市口腔医院定期完成每季度报表，发放健康教育宣传材料，协助各科室制作健康教育处方。积极开展全市口腔健康教育工作，定期与《厦门日报》《厦门晚报》《厦门商报》《海峡导报》合作，开展口腔医学知识宣教及口腔问题解答与互动，全年共刊登20版、55篇科普文章。

（张华君）

湖里街道社区卫生服务中心

【概况】 2014年1月起，按《厦门市卫生局关于明确岛内社区卫生服务中心运营管理机制有关事项的通知》（厦卫基妇〔2013〕331号文件）要求，湖里街道社区卫生服务中心（以下简称湖里卫生服务中心）实行独立法人运行机制。服务中心设有两个服务点，分别位于东渡路93号、海天路53号，业务用房总面4556.14平方米（其中海天点2671.14平方米，东渡点1885平方米），服务范围为湖里街道。湖里卫生服务中心设有全科医疗科、中医科、妇产科、儿科、口腔科、康复医学科、急诊科、内科、外科、公共卫生科（健康教育、精神病管理、慢性病管理、传染病管理等）、预防保健接种科、妇女保健科、儿童保健科、医学检验科、医学影像科（B超、放射）等科室。截至12月31日，中心领导职数为1正3副，核定人员编制99个，在岗88人，其中：编制内人员82人，设有行政主任1人，副书记兼副主任1人，编制外人员6名（其中4名退休返聘人员）；研究生学历2人，本科学历52人，大专及以下学历34人；高级职称6人，中级职称23人，初级职称52人；临床医生37人，护理专业24人，医技专业7人，药学专业8人，财务5人，行政与后勤人员7人。

【基本医疗服务】 湖里卫生服务中心全年完成门诊量16.93余万人次，比上年增长59.3%，其中：内科6.59余万人次，中医科4.95万人次，全科1.60万多人次，外科1.08万人次，妇产科0.29万人次，口腔科0.35万人次，儿科1.85万人次，预防保健科0.21多万人次。年内，医疗总收入1240.30万元，其中，药品收入994.38万元，治疗收入52.11万元，辅助检查收入71.73万元。为辖区居民提供上门出诊及医疗服务16人次。完成14名实习护士的带教工作；共发放护理满意度调查表180份，患者满意率高于95%；成立院感管理小组，做好院感管理工作，每月组织一次业务学习，本年度共组织护理理论知识考试4次和护理技术操作考核4次，院感知识培训4次和院感理论考核2次。完善了中医门诊、中药房、针灸理疗、康复室建设，开展多项中医药适宜技术，增加中医特色疗法，新成立中医综合服务区。积极配合市卫生局开展“中医专家下社区”工作，提升社区中医药服务水平；开展中医药健康管理服务规范技术培训，增设中医养生及中药煎煮方法等宣传栏，为社区居民提供中医药健康管理服务及讲座。截至12月31日，已完成老年人中医药健康保健指导4008人次，比上年增长2倍余，0—36月龄儿童中医药健康保健指导2515人次，比上年增长2倍多；完成老年人中医体质辨识3659人次，儿童中医调养3144人次。

【健康教育】 2014年，服务中心以健康知识、中医保健、疾病预防为主题，共制作张贴健康教育宣传板报64版（包括人与健康24版）；制作14种健康教育处方、折页、小册共14万册（张），累计发放健康教育处方13.5万余张。结合卫生宣传日，与社区居委会配合在社区开展了25场主题性、有针对性的健康教育宣传和健康咨询活动；根据重点疾病卫生日组织开展10次宣传、义诊活动，受众8500余人次；东渡点糖尿病俱乐部全年共开展健康教育讲座及活动9次；妇儿、计划免疫开展健康教育5次、为辖区单位开展健康教育21次；全年共举办健康教育讲座35场；积极与辖区学校开展卫生日活动，受教育人数达1664人次。对中心医务人员举办2次健康教育服务能力提升培训；为辖区18个居委会进行健康教育督导并举行5次健康教育专项培训。区疾控中心配置的健康小屋运行良好，小屋设备包括：自动量身高仪、体重仪、自助血压仪、腰围尺、自助肺功能仪、血糖仪；是年新增中医辨证、听力、人体成分分析、血脂、视力、心功能等共计13项服务内容。积极开展控烟活动，在社区张贴禁烟标志、禁烟条例及宣传单，对社区医护人员开展禁烟知识培训，要求医护人员对就诊患者进行禁烟知识宣传。

【计划免疫】 2014年，湖里卫生服务中心全年常规接种64532人次，一类苗接种10种52502人次，其中：卡介苗78人次，乙肝7066人次，脊髓灰质炎9021人次，百白破10137人次，麻风（8月龄）2588人次，麻腮风疹（1岁6月龄）2758人，乙脑6091人次，流脑9451人次，白百破二联1970人次，甲肝3342人次；二类苗接种9种7277人次，其中：乙肝2276人次，脊髓灰质炎灭活1826人次，甲肝灭活332人次，水痘1472人次，轮状病毒10人次，流感249人次，二十三价肺炎34人次，七价肺炎292人次，五联786人次。查证查卡14672人，其中：幼儿园5329人，小学9343人。是年，新办证3828人，建卡3828人，其中，外来儿童建卡2503人，建证2503人，接种证卡符合率大于99.9%，及时做好内外卡登记管理工作，保证了内外卡一致，内卡定期查阅登记，并预约下一次接种日期，服务中心工作人员利用下班时间或节假日，电话通知未及时接种的儿童家长，周岁儿童的建卡率100%，办证率100%，七苗全程接种率99.8%，新生儿乙肝第一针及时接种率99.9%。

9月18日，社区卫生服务中心工作人员在康乐小学开展爱牙日义诊（张少阳　摄）

【妇幼保健】 2014年，辖内户籍人口有产妇1011人，活产1027人，孕产妇系统管理率95.33%，早孕检查率98.52%，建卡率96.93%，产前检查率100%，产后访视率97.82%，住院分娩率100%，高危孕妇筛查率54.79%，高危管理率100%，低出生体重儿发生率5.55%，出生缺陷发生率10.7‰，孕产妇中重度贫血发生率0.29%，孕产妇死亡率0，围产儿死亡率0.98‰。是年，7岁以下儿童7385人，3岁以下儿童3451人，3岁以下儿童系统管理率95.1%，体弱儿筛查率3.97%，体弱儿管理率100%，5岁以下儿童中重度营养不良发生率0.08%，6个月母乳喂养率90.8%，6个月纯母乳喂养率58.66%，新生儿访视率97.86%，5岁以下儿童死亡率2.92‰，婴儿死亡率1.95‰，新生儿死亡率1.95‰，新生儿破伤风发生率0。在做好儿童体检同时，还进行血铅及微量元素（铜、锌、铁、钙、镁）等的测定。

【传染病防治】 2014年，辖内新登记肺结核病例66例，完成全年任务的101.5%，其中新涂阳病例26例，完成104%，累计督导管理肺结核病例121例，涂阳52例，涂阴69例。管理艾滋病病毒感染者和艾滋病病人51例，随访检测率100%，配偶/固定性伴人类免疫缺陷病毒（HIV）抗体检测率100%，抗病毒治疗比例90%。

【慢性非传染性疾病管理】 截至12月31日，中心累计建立居民健康档案14.57万份，通过门诊随访、电话随访，管理、更新已建立的健康档案。全年完成慢病规范管理11562人，其中：接收7332名高血压病人，高血压病管理率22.82%；糖尿病病人4230人，糖尿病管理率25.67%；电话随访慢性非传染性疾病病人（包括高血压病及糖尿病病人）2万余人次。共有166位慢性非传染性疾病病人与全科医师签订服务协议。

【老年人健康管理】 从5月起，服务中心与湖里街道办事处、辖区社区居委会等单位配合，为辖区1948位65岁以上老年人做免费健康体检及建立健康档案，体检项目包括血常规、尿常规、肝功能、肾功能、血脂、血糖及心电图等。7月，中心与辖区社区居委会民政相关工作人员配合，免费为辖区空巢老人提供健康体检、保健咨询和常见病的治疗，同时发放健康知识宣传材料，为空巢老人建立健康信息档案，关爱随访16名空巢老人。

【重症精神病管理】 2014年，服务中心积极开展重症精神病防控工作，完成辖区重症精神病线索调查665人，进入国家重性精神疾病管理网络录入665人，其中：精神分裂症496人，偏执型精神障碍26人，癫痫所致精神障碍12人，严重精神发育迟滞14人，双向情感障碍12人，分裂情感性精神障碍46人，躁狂发作59人。同仙岳医院建立双向转诊，由仙岳医院向社区转诊精神病患者144人，规范管理525人，在册患者管理率81%；加强对精神病患者的帮困、帮扶力度，帮助3名患者免费住院治疗。由儿童接种门诊发放精神卫生宣传纸册200余本。在居委会的帮助下，组织2次患者家属的社区健康宣教及康复指导，普及精神卫生知识，加强法制观念，反对歧视精神病患者，为精神病患者回归社会营造良好的氛围。

【人员培训】 2014年，服务中心共组织业务知识培训4次，"三基"理论知识及技能培训4次，医疗安全质量管理培训2次，参与医务人员40余人；安排1名专科医师参加全科医师转岗培训，4名全科医师参加全科规范化培训，2名护理人员参加健康管理师培训，5人参加厦门市疾病预防控制中心举办预防接种培训班并取得预防接种证书，参加省、市级医疗及社区慢性病管理培训等20余场，30余人参与培训。

（张少阳）

殿前街道社区卫生服务中心

【概况】 2014年，厦门市湖里区殿前街道社区卫生服务中（以下简称殿前街道卫生服务中心）总服务人口近22.5万人，其中：常住人口3.27万余人，流动人口约19.28万人，流动人口占85.69%。截至年底，中心有编制69个，在编65人，到编率94.20%，其中，研究生2人，本科生45人；卫技人员62人，含高级职称3人，中级职称31人；预防医学6人，临床医生24人，护士26人，药房4人，检验2人，财务收费3人。是年，新增16名在编人员，新投入仪器设备140万，进一步开放了放射科、B超、儿科门诊、产前保健、儿童健康卡等新诊疗服务。

【医疗门诊】 殿前卫生服务中心全年门诊9.02余万人次，门诊收入846.53万元，比上年增加64.34%。中心有西药240种，中成药119种，中药173种。药品收入688.54万元。

【健康教育宣传】 殿前卫生服务中心全年办宣传栏38栏（包括黑板报、小黑板报，健康教育宣传栏）。固定一处宣传栏张贴健康教育海报，每月2期；通过义诊、宣传架等发放各种健康教育材料2.5万余份。开展"3·24"结核病防治宣传日、"4·7"世界卫生日、"4·25"预防接种月、"5·20"母乳喂养日、8月系列家庭急救知识宣传活动等，举办社区大众健康知识讲座10场，举办专题讲座、义诊、现场问卷调查等多种形式宣传活动24次。

【计划免疫】 2014年，殿前卫生服务中心为辖区6182名0—7岁儿童建卡，建卡率99.4%。全年一类疫苗应接种69887针次，实际接种一类疫苗68490针次，二类疫苗实际接种23177人次。国家免疫规划疫苗查漏补种月（4月），查漏补种脊髓灰质炎疫苗、麻风疫苗3718人，接种率99.5%。是年，发生11例疑似预防接种异常反应，能够做到先临床救治、后调查诊断，及时发现、及时报告。每月2次开展专题预防接种妈妈课堂，全年共上课22次，发放宣传单约2.1万张、宣传手册2050本，放映碟片240次。利用短信平台发放短信60463条，提高了疫苗接种率。殿前卫生服务中心对学校保健老师培训2次，督导2次，查验63所学校（含公、民办幼儿园，公、民办学校）学生的接种本，查验预防接种证率100%，补种率90%以上。主动入户追踪1200多户，追踪到漏种46人并及时补种。

【妇幼保健】 2014年，殿前有产妇404人，新生儿409人，殿前街道卫生服务中心建立了孕产妇早孕建卡追踪登记本、孕产妇系统管理追踪登记表、高危孕妇及育龄妇女死亡登记本、新生儿出生缺陷及围产儿死亡登记本，及时完成统计工作，按时上报妇幼卫生报表。

孕产妇保健 殿前街道卫生服务中心根据社区怀孕妇女名单，动员妇女孕期建卡，定期产前检查。动员孕妇住院分娩，住院分娩率100%，孕产妇保健覆盖率100%，孕产妇系统管理率96.09%；孕产妇死亡率0%；新生儿破

伤风发生率 0%。产后访视 389 人，访视率 96.28%。督促产妇在产后 42 天携婴儿到区妇幼保健院做健康检查。

儿童保健　辖区 3 岁以下儿童建卡率 97.97%，系统管理率 96.06% 以上，血色素检查率 100%。定期筛查体弱儿，建立体弱儿专案管理，管理率 100%。6 个月内新生儿母乳喂养率 90.83%。开展血红蛋白、血铅及微量元素（铜、锌、铁、钙、镁）的测定，为儿童提供更完善的服务。

【结核病防治】 年内，殿前街道新增结核病 81 人。其中：初治涂阳病人 30 人，复治涂阳 5 人，初治涂阴 45 人，复治涂阴 1 人，初治未查痰 2 人。本地人口 12 人，流动人口 69 人。免费治疗 60 人，自费治疗 21 人。全年累计管理病人 106 人，追踪 205 人。截至年底，仍在管理结核病 46 人，其中：初治涂阳病人 17 人，复治涂阳 4 人，初治涂阴 24 人，复治涂阴 1 人；本地 6 人，流动 40 人；免费 32 人，自费 14 人；耐药病人 1 例。

【慢病管理】 2014 年，殿前卫生服务中心开展殿前辖区内死因调查 130 人次；建立慢性病人电子档案约 19.64 万份，比上年增长 1.2%；管理高血压病人 4513 人，随访 12140 人次。管理糖尿病病人 2907 人，随访 7089 人次。

【老年人健康管理】 从 5 月 26 日始，殿前卫生服务中心为殿前辖区内老年人体检，历时 3 个月，完成体检 3008 人次，其中：65 岁以上 1530 人次，60 岁以上 1285 人次，60 岁以下 173 人次。发现高血压病人 890 人，其中，新增高血压病人 607 人；糖尿病 292 人次，新增糖尿病病人 163 人次；发现冠心病 62 人次；发现精神病 15 人；发现脑卒中 26 人次。

【重症精神病人管理】 截至 12 月 31 日，殿前辖区内新增 40 例重性精神疾病患者，累计精神疾病患者 335 人，其中：同意管理 82 人，拒绝管理 253 人。

【传染病防治】 2014 年，殿前卫生服务中心每月及每季度开展一次传染病自查，发现疫情及时登记上报。全年报传染病 19 例，报告率 100%，漏报率 0。

【人员培训】 2014 年，殿前卫生服务中心共 46 人参加福建省医学继续教育。其中，石燕群、邱丽琴参加全科规范化培训，何丽娜、叶秀梅参加全科转岗培训，洪党阳、杨伟参加全科医师提高班培训，许志坚参加中国儿童癫痫综合诊疗管理培训，李淑芬参加第二届福建省儿童保健护理新技术培训，黄巍参加福建省红十字会应急救护培训，吴婷婷、连燕君参加社区健康管理师培训。

（郭樱樟）

江头街道社区卫生服务中心

【概况】 厦门市湖里区江头街道社区卫生服务中心（以下简称江头卫生服务中心）是厦门市预防接种规范化门诊，服务范围为江头街道辖区。中心设有全科、中医内科、针灸科、骨伤科、口腔科、康复理疗科、疼痛科、妇科、预防保健科、儿童保健科、妇女保健科、慢病管理科、健康教育科、结核病防治科、精神病防治科、检验科、B 超心电图室、放射科、中西药房等 19 个临床和医技科室，承担殿前辖区内居民健康档案建立、预防接种、0—6 岁儿童健康管理、孕产妇健康管理、健康教育、老年人以及慢性病患者健康管理、重性精神疾病患者管理、传染病和突发公共卫生事件报告和处理、中医院健康管理、卫生监督协助。2014 年，江头卫生服务中心有职工 65 人，其中，卫生技术人员 61 人，研究生 8 人，副主任以上职称 2 人。江头卫生服务中心总建筑面积 4997 平方米，西药及成药 370 余种，中草药 273 余味。开展血常规、尿常规、粪便常规、白带常规、尿 HCG（人绒毛膜性腺激素）检测、尿微量蛋白检查、生化全套、乙肝两对半、糖化血红蛋白、血流变、肿瘤标志物检查、X 光 DR、彩超、心电图等系列常规项目检测服务。

【医疗卫生】 2014 年，根据国家基本公共卫生服务免费项目，江头卫生服务中心的社区基本用药目录的药品一律零差价，免收挂号费（包括专家挂号费），诊查费及成药和相关检验检查均可享受政府 500 元免费优惠，医保统筹自付比例比大医院低 6—13 个百分点，拥有康复理疗科、针灸推拿科、骨伤科等特色科室。全年医疗门诊量约 10.30 万人次。

【计划免疫】 年内，江头卫生服务中心为辖区儿童接种一类疫苗 11 种近 7.69 万人次，二类疫苗 14 种 1.77 余万人次。于 4 月在江头街道开展以国家免疫规划疫苗为主的查漏补种活动，对 2010 年 1 月 1 日至 2013 年 12 月 31 日期间出生未完成基础免疫全程接种儿童进行查漏补种摸底，适龄儿童 12035 人，目标儿童 3489 人，其中：目标儿童常住 1080 人，流动 2409 人，接种率均超过 95%，未发生异常反应和投诉。

【妇幼保健】 2014 年，江头卫生服务中心按照系统保健流程，做好孕妇建卡、产前检查及高危孕妇的追踪管理工作，加强儿童生长发育监测，按照 4-2-1 体检（1 周内体检 4 次，1—3 岁每年体检 2 次，3 岁以上每年体检 1 次）程序，免费为 0—3 岁儿童提供健康体检。是年，江头辖区有产妇 701 人，新生儿 708 人，早孕建卡率 100%，住院分娩率 100%，产后访视率 96.76%。孕产妇保健覆盖率 100%，孕产妇系统管理率 96.76%，母乳喂养指导普及率 100%，母乳喂养率 94.53%。3 岁以下儿童系统管理 2743 人，系统管理率 96.18%。年内，共筛查出高危儿 253 人，其中，在中心管理低出生体重儿 74 人，早产儿 63 人，体重 <-2SD 的 39 人；轻度营养性贫血 127 人，中度营养性贫血 5 人；活动期佝偻病 2 人；轻度营养不良 295 人，中度营养不良 5 人，重度营养不良 11 人；先天性心脏病 7 人；中度以上肥胖症 20 人；听力障碍 13 人；先天性甲状腺功能低下 12 人；精神发育迟滞 2 人。

【慢性病管理】 2014 年，江头卫生服务中心落实 35 岁以上首诊病人测血压制度，首诊测血压执行率 100%。年内，发现高血压病患者 6279 人，其中：已管 5475 人，未管 283 人，失管 338 人，拒管 183 人，健康管理率 16.28%，规范管理率 78.66%，控制率 42.63%。发现糖尿病患者 3640 人，其中：已管 2899 人，未管 2697 人，失管 272 人，拒管 200 人，健康管理率 20.98%，规范管理率 77.5%，控制率 35.71%。是年，为辖区内 65 岁以上老年人建立健康档案，为 60 岁以上老人做健康体检，体检内容包括：生活方式和健康状况评估、体格检查、临床检验、心电图检查、结果评估和干预。全年完成体检 1633 人，体检率 22.7%。

【重症精神病人管理】 2014 年，江头卫生服务中心录入 278 个精神病人资料，其中同意接受规范化管理的病人 149 个，规范化管理率 93%，接受个案管理的病人 40 个。

【传染病管理】 年内，江头卫生服务中心未发现甲类传染病，报告乙、丙类及其他传染病 11 例，分别是乙型肝炎 6 例、未分肝 1 例、其他感染性腹泻 4 例，报告率 100%，漏报率 0。定期培训传染病防治、疫情报告及个人防护等知识，提高门诊医生传染病防治工作水平，掌握传染病的诊疗技术，提高疫情报告及疫情处置技能，增强个人防护意识，为防治工作奠定基础。落实结核病人归口管理工作，做好结核病控制项目有关优惠政策的宣传工作，做好接受免费治疗的结核病人的督导、随访工作，按时给病人发药，交代服药注意事项，及时给病人开单取药，对涂阳病人及时开出家属筛查单。是年，管理肺结核病人 159 人，其中新涂阳病人 53 人，复治涂阳病人 11 人，复治涂阴病人 2 人，初治涂阴病人 93 人。

【健康教育】 2014 年，江头卫生服务中心在候诊区、诊室、咨询台等处放置健康教育折页、健康教育处方等宣传材料 12 种，发放宣传材料 4000 份，播放儿童保健、母乳喂养、预防接种、慢性病预防等健康教育音像资料 19 种，问卷调查 267 份，更新宣传栏 8 期，举办健康知识讲座 12 场，内容主要有高血压、糖尿病、心血管疾病、青少年青春期健康、母婴保健、艾滋病防治等相关知识讲座等。利用世界防治结核病日、全国儿童预防接种宣传日、世界无烟日、全国防治高血压日、世界精神卫生日、联合国糖尿病日、世界艾滋病日等，开展各种宣传活动 9 场。

（周凌）

禾山街道社区卫生服务中心

【概况】 禾山街道社区卫生服务中心（以下简称禾山卫生服务中心）是厦门市中医院向禾山街道辖区延伸举办的新型社区卫生服务网点，是厦门市医保定点医疗机构，中心建筑面积 2000 平方米。设有全科、内科、儿科、妇科、中医科、理疗科、口腔科、专家门诊室、预防接种室、儿童保健室、妇女保健室、老年保健室、慢病管理室、健康教育室、残疾人康复室、计划生育咨询室、心理咨询室、精神卫生室、结核病防治室等临床科室和放射科、检验科、B 超室、心电图室等医技科室，中心拥有彩超、全自动生化分析仪、全自动血球计数仪、心电图机和 X 光机等医疗设备。截至 2014 年底，中心在编 79 人，其中，副高职称 2 名，中级职称 28 名；硕士学历 8 名，本科学历 62 名。全年门诊约 10.36 万人次，比上年增长 12%。

【中医专家下社区】 2014 年，禾山卫生服务中心继续开展中医专家下社区工作，并进行师带徒学习，提高本中心医务人员的业务水平。年内，主任吴耀南下社区 46 次，门诊 4513 人次；主任邱英明下社区 47 次，门诊 5627 人次。

【健康教育宣传】 2014 年，禾山街道

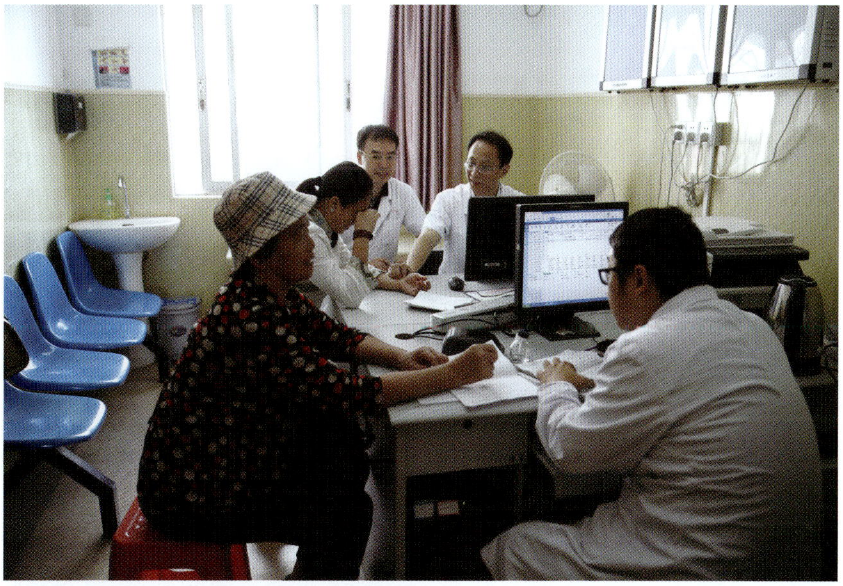

10 月 23 日，吴耀南主任携“师带徒”学生在禾山社区卫生服务中心坐诊与教学（刘颖莎　摄）

社区卫生服务中心平均每月开展一次健康教育讲座，截至12月底，共开展各类讲座22场，受益约4110人次。其中：妇儿保健讲座10场、慢性病防控讲座7场、中医养生知识3场及其他讲座2场。围绕各大卫生日宣传主题，开展形式多样的宣传活动11次。截至12月底，共出健康知识宣传栏13期，发放印刷资料1.57万份，并常年在预防接种大厅、观察室播放《禽流感的防控知识》《关节病的中医康复》《高血压的预防》《冠心病的预防》《烟草控制公益广告》《手足口病的预防与治疗》等宣传片。组织辖区的单位开展创“无烟单位”活动，在居民中利用宣传栏、黑板报、文艺节目等多种形式，大力开展吸烟有害健康的控烟教育。

【孕产妇管理】 2014年，禾山街道社区卫生服务中心贯彻实施《中华人民共和国母婴保健法》，依法搞好母婴保健技术服务，规范服务内容。全年应管理孕产妇886人，纳入管理886人，产后28天内接受过产后访视的产妇952人，访视952次。是年，户籍人口产妇数757人，活产数762人；孕产妇系统管理率96.59%，早孕检查率96.59%，建卡率97.23%，产前检查率99.34%，产后访视率96.59%，高危孕妇筛查率100%，管理率100%；低出生体重儿发生率4.07%，出生缺陷发生率11.80‰；孕产期中重度贫血发生率0.26%，孕产妇死亡率为0。

【儿童系统保健管理】 2014年，禾山街道社区卫生服务中心儿童保健继续加强对0—3岁儿童系统管理。加强儿童生长发育的监测、疾病防治，提高儿童健康水平。每月电话提醒家长按时带儿童到中心儿保科健康体检。对体弱儿、新生儿疾病和听力筛查阳性患儿全部专案管理。开展中医儿童保健服务，对到科室体检的每位儿童家长进行中医保健知识宣教并发放相应的宣传材料。是年，辖内7岁以下儿童4502人，3岁以下儿童2232人，3岁以下儿童系统管理率95.52%，体弱儿筛查率3.31%，高危儿管理率91.15%，5岁以下儿童中重度营养不良发生率0.92%，6个月母乳喂养率91.15%，6个月纯母乳喂养率59.07%，新生儿访视率97.37%，5岁以下儿童死亡率7.87‰，婴儿死亡率5.25‰，新生儿死亡率2.63‰，新生儿破伤风发生率0。

【计划免疫】 年内，辖内儿童新建卡9272人，其中0—6岁建卡8622人，建卡率99.3%。全年接种约12.65万人次，其中国家一类疫苗应接种约9.52万针次，实际接种9.46万针次；其中国家二类疫苗接种1.97余万人次。4月，开展国家免疫规划疫苗查漏补种活动，此次活动摸底适龄儿童17248人，目标儿童2644人，乙肝疫苗应种477人，实种468人；脊髓灰质炎疫苗应种875人，实种861人；百白破疫苗应种1500人，实种1480人：麻疹类疫苗应种1076人，实种1058人；流脑疫苗应种1222人，实种1198人；乙脑疫苗应种914人，实种896人；甲肝疫苗应种498人，实种488人；接种率超过95%，无发生异常反应事故和投诉。

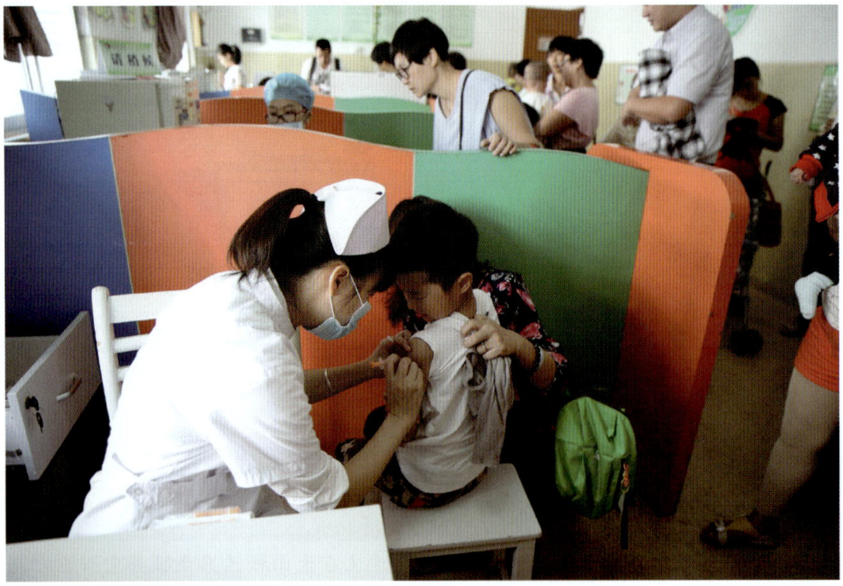

10月15日，计免工作人员正在接种室为小朋友接种疫苗（刘颖莎　摄）

【慢性病管理】 2014年，经过禾山街道社区卫生服务中心全科医师的不懈努力，糖尿病、高血压病管理工作取得了显著成效。全年有高血压患者5751人，实际管理5522人，实际管理率96.02%，规范管理3689人次，规范管理率67.87%，控制率66.05%；糖尿病患者3409人，实际管理3403人，实际管理率99.82%，规范管理2398人次，规范管理率70.34%，控制率56.56%。居民健康档案建档21733份。

【结核病防治】 年内，禾山卫生服务中心共登记疑似肺结核病人244例，发现活动性肺结核病人132例，其中初治涂阳48例、初治涂阴71例。全年发现并管理耐多药结核病6例。

【重症精神病人管理】 2014年，禾山街道社区卫生服务中心录入277例重性精神疾病患者信息，比上年增长25%；纳入管理104人，比上年增长9%，其中有110例加入重性精神疾病网络管理，35例加入个案管理计划，规范管理率93.6%，病人稳定率80%以上。中心工作人员全年对建档患者每人至少进行4次随访并做危险性评估，针对重性患者及时上报精卫中心，确保社会稳定。

10月13日，全科医生在四楼大会议室为60岁以上老年人免费体检（刘颖莎 摄）

【老年人免费体检】 3—12月，社区卫生服务中心开展为辖内60岁以上老人免费体检活动，街道、禾山卫生服务中心与社区协作，社区预约3000余人，实际体检2426人，体检报告发放2426人，门诊健康体检94046余人，发现高血压、糖尿病高危病人900余人。医护人员入户健康随访60余名病情较重的老年人。

（刘颖莎）

金山街道社区卫生服务中心

【概况】 2014年，金山街道社区卫生服务中心（以下简称金山社区卫生服务中心）下设全科、妇科、中医理疗科、计免科、妇幼保健科、健康教育科、精神卫生科、放射科、检验科、口腔科、B超室、心电图等科室。中心在编在岗69人，其中：副高职称1人，中级职称8人，初级职称60人；研究生学历5人，本科学历59人，大专学历5人。中心固定资产总值524.8万元，仪器设备总值410.2万元，拥有数字化DR机、B超机、全自动血液分析仪、血流变测试仪、连体式牙科治疗设备、红外线乳腺治疗仪、十二道自动分析心电图机等现代检测设备。

【医疗业务】 2014年，金山社区卫生服务中心门诊量11.37余万人次，比上年同期增长30%，平均每月门诊量9474人次。业务总收入886万元，月均收入73.8万余元。年内，中心继续落实开展中医药专家进社区服务工作，厦门市中医院主任陈进春、主任管昌益轮流到中心开展专家门诊，门诊量431人次。专家下社区的同时与中心4位临床医师签订师徒协议。继续坚持每2周安排一名医师及护士下到高林居住区开展义诊活动，每次半天，为居民免费测量血压、血脂、血糖等，宣传全面健康生活方式。为了提升辖区内残疾人的日常自理能力，改善其生活质量，中心全年入户开展残疾人社区康复治疗服务，共计服务1400人项。

【居民健康档案建立及管理】 2014年，金山社区卫生服务中心与街道、居委会共同协作，通过上门随访服务、门诊等形式，为辖区人口建立统一、规范的居民健康档案约11.78万份，居民建档率96.25%。

【慢性病管理】 2014年，金山社区卫生服务中心为35岁以上人群首诊测血压完成5700人。高血压患者健康管理3746人，健康管理率21.5%，规范管理率86.3%。对原发性高血压患者每年提供至少4次面对面随访1.12万人次。糖尿病患者健康管理3004人，健康管理率23.19%，规范管理率87.73%，对糖尿病患者每年提供至少4次面对面随访5700人次。

【老年人体检】 8月起，金山社区卫生

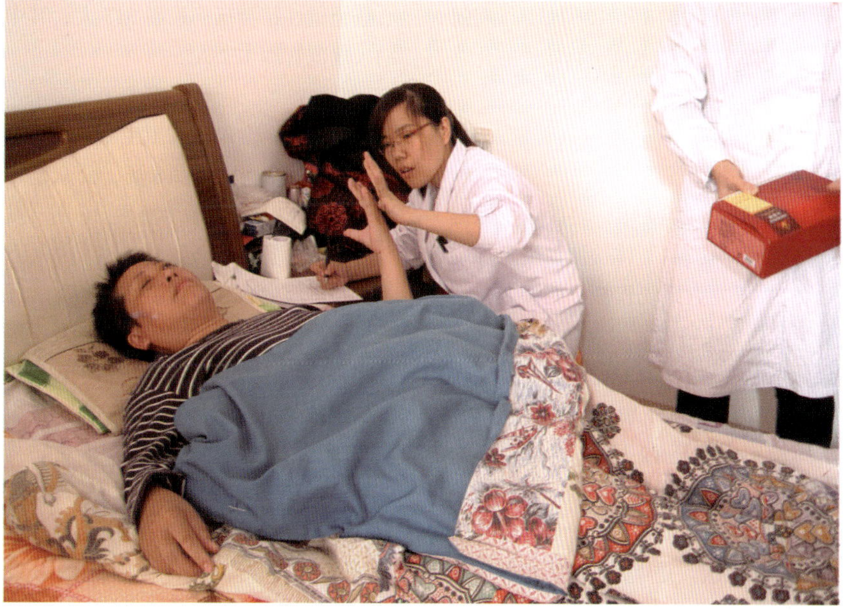

2014年，金山街道社区卫生服务中心工作人员开展残疾人社区康复治疗服务（吴艺凌 摄）

2014 年，金山街道社区卫生服务中心工作人员为老年人体检（吴艺凌　摄）

服务中心从每个科室抽调 1—2 名工作人员，组成约 20 人的老年人体检团队，与辖区 9 个居委会通力协作，为 65 岁以上老年人免费健康体检，共为老人体检 1677 人次。

【预防接种】 2014 年，金山社区卫生服务中心完成常规免疫接种约 7.23 万人次，本地儿童一类疫苗各苗接种率 100%，外地儿童一类疫苗各苗接种率 98% 以上；13 种二类疫苗接种近 1.67 万人次。4 月为查漏补种月，为 2010 年 1 月 1 日至 2013 年 12 月 31 日期间出生，未完成基础免疫全程接种的儿童查漏补种，共补种 2959 人次。

【妇幼保健】 2014 年，辖区儿童保健严格实行“4-2-1”体检制，重点加强对 0—3 岁儿童系统管理。妇保人员定期至计划免疫科调取建卡儿童资料，结合计生提供名单，电话追踪儿童建卡体检。提高本地及外来流动人口儿童建卡体检率。截至 12 月底，3 岁以下儿童系统管理率 96.07%，纳入规范管理的 0—3 岁儿童 1674 人，开展儿童体检 1.22 余万人次。是年，妇保人员每季度到街道了解常住和省外流动孕产妇情况，掌握本季度孕产妇数及出生名单，及时电话随访通知产检。截至 12 月底，纳入系统管理的孕产妇 587 人，按规范要求在孕期接受相应频次产前随访 587 人，产后 28 天内接受产后访视产妇 587 人。

【重性精神疾病管理】 2014 年，金山社区卫生服务中心对精神疾病病人实行一人一档、分级管理。对病情稳定的精神疾病患者每 3 个月随访一次，对病情不稳定或有发病症状的重性精神疾病患者建议住院治疗或每 2 周随访一次。中心登记重性精神疾病患者 315 人，其中纳入规范管理 172 人。

【健康教育】 金山社区卫生服务中心全年开展健康知识讲座 18 场，公众健康咨询活动 13 次，更新宣传栏 16 期，发放健康教育资料约 8 万份，受益 3.2 万人次。讲座内容涵盖传染病，妇女、儿童保健，慢性病防治，控烟宣传及中医等方面。结合特定日子，中心开展相关的健康知识宣传。3 月 24 日，在金安开展以“你我共同参与，依法防控结核”为主题的第 19 个结核病宣传日宣传活动；4 月 25 日，在中心开展以“接种疫苗，保障健康”为主题的第 28 个全国预防接种日宣传活动等。

（吴艺凌）

计划生育

【概况】 2014 年，区人口和计划生育局（以下简称区计生局）有机关行政人员 6 名，流动人口计划生育管理站参公人员 10 名，工勤编 1 名。是年，区计生局以稳定低生育水平和提高出生人口素质为基本任务，以群众满意为目标，以创新为动力，以民生为基础，以高层倡导、项目带动、强基固本为保障，以人口文化、利益导向、依法行政为抓手，以优质服务、队伍建设、出生性别比综合治理为重点，着力构建人口计生工作治理体系，持续推动全区人口计生工作再上新台阶。湖里区继续保持全国计划生育优质服务先进单位称号，获“福建省 2014 年度计划生育工作先进单位”“厦门市 2014 年度人口计生工作一等奖”；区计生服务站被评为“全国妇幼保健服务工作表现突出集体”；截至 2014 年 9 月 30 日（计生统计年度），湖里区总人口 981609 人，其中：常住 272871 人，流动 708378 人；出生人口 29536 人，其中政策内出生 27360 人（常住 3989 人，省内流动 16625 人，省外流动 6746 人）；出生人口政策符合率 92.63%（常住 91.16%，省内流动 92.41%，省外流动 94.09%）；出生性别比 105.65（常住 110.79，流动 104.79）；政策外多孩率 1.46%。区计生局全年受理信访件 256 件，均已办结。

【严格落实奖惩制度】 2014 年，湖里区严格落实“一票否决”制度，把好评先评优、干部提拔使用关。区、街道严格按照《关于印发湖里区实施“生育文明·幸福家庭”促进计划具体方案的通知》（厦湖委办〔2012〕28 号）精神和计生责任书的规定，对圆满完成计划生育工作责任目标的相关单位实施奖励。区、街道领导对出现滑坡的江头街道吕厝社区、禾山街道围里社区、金山街道金林社区等 3 个重点管理社区的主要领导和分管领导进行诫勉谈话，对重点管理社区的主要领导和分管领导取消评先评优资格。年内，全区共立案查处党员干部违法生育案件30例、31人。其中，征收结案17例，签订分期缴交9例，移交法院2例，外地征收2例，征收到位率95.56%；严格落实“一票否决”制度，把好计生审核关。全年共审核评先评优单位386个，个人643人次，干部提拔使用167人，共否决单位5个，个人3名。

【计生宣传】 2014年，湖里区利用春节流动人口返乡、元宵节、“三八”节、“7·11”世界人口日、“9·25”计生宣传日等有利时机，结合区委宣传部组织开展“五下乡”、元宵节踩街等大型活动将优生优育、生殖保健等科学知识和男女平等、少生优生等文明观念融入社会主义核心价值观和“美丽厦门·创新湖里”建设之中。在主要交通干道安装、更新大型计生户外宣传牌、宣传画近百处，增强计生宣传效果。做到“三个有”：报纸杂志有文章，网络宣传有专页，广播电视有声像。全区统一编写《湖里区育龄群众人口计生基础知识应知应会辅导材料》发放给育龄群众。与厦门大学合作出版《湖里人口缘与梦》，已发行4期，印数10万多册。

【出台《关于对特扶家庭中的伤残独生子女进行经济扶助的通知》】 2014年5月29日，区人口计生局、区财政局联合下发《关于对特扶家庭中的伤残独生子女进行经济扶助的通知》，规定从2014年1月1日起，对母亲年满49周岁特殊家庭的伤残独生子女，发给每人每月500元扶助金，全年共发放扶助金25.75万元。其中，金山街道对独生子女伤残的家庭，在市、区给予救助的基础上，街道再根据伤残等级增发补助金，一级伤残每月每户500元，二级伤残每月每户400元，三级伤残每月每户300元，让群众实实在在的感受到党和政府的温暖。

【节日期间走访慰问】 2014年，春节期间，湖里区共投入60多万元，对全区500个计生困难家庭（含51个失独家庭、68个伤残家庭）和100名计生困难工作者进行全面走访慰问；国庆和中秋节期间，区、街走访慰问109户计生特殊家庭，并送上慰问品和慰问信。在元旦、春节、清明节和中秋节期间，市人口计生委领导和副区长丁红斌带领人口计生局相关人员专程走访慰问失独家庭重点人员，并对他们在生活中遇到的困难多方协调解决。

【积极落实单独两孩政策】 3月31日，福建省启动实施单方独生子女夫妇可生育两个孩子政策。湖里区通过多家媒体进行政策解读，具体经办人员还接受海峡导报、海西晨报、台海网等民声在线的专访。统一编印湖里区实施单独两孩“政策十问”1万份和卡通宣传折页2万份发至各街道、社区办证窗口，方便群众取阅。简化办证程序，对材料齐全的，现场办证；对不符合办理条件的，说明不予办理理由，并做好解释工作。确保符合条件的一个不少，不符合条件的一个不多。4月8日，金山街道金安社区的陈女士、蔡先生成为厦门市第一对领取单独再生育服务证的夫妇。年内，全区共有987对符合“单独”条件的夫妻领取单独两孩再生育服务证。

【建立湖里区计生药具网上服务平台】 8月，为了提升药具管理服务水平，区计生局投入12万元在全省率先打造了一个集宣传教育、药具配送、咨询服务于一体的多元化计生药具网上服务平台。居住在湖里辖区的育龄群众只要在“湖里区计生药具网上服务平台”动动鼠标，免费避孕套就能变成私密包裹，由邮政快递送货上门，省时省力，使药具免费发放实现便捷化、人性化和均等化。截至年底，已有1351人通过网上服务平台获得自己需要的避孕药具，共计发放免费避孕套4053盒。

【做好基础性“双查”工作】 2014年，区计生局通过每轮“双查（检查生育后是否再次怀孕和是否安环）”确认重点对象，建立了“责任人”制度，对有超生苗头的对象由专人负责跟踪，全力落实政策外怀孕补救措施工作。同时，以区政府办名义下发通知，要求各街道对自觉参加“双查”的已婚育龄妇女，给予每次不低于30元的交通补贴；对政策外怀孕落实补救措施的育龄妇女，给予不低于1000元的营养补贴。第一、

2014年4月8日，湖里区首批单独二胎对象蔡女士夫妇领取生育服务证（黄文选　摄）

第二轮户籍双查到位率分别是96.64%、97.71%，非户籍双查到位率分别是94.79%、97.43%。

【加强社区人口家庭服务室建设】2014年，根据上级通知精神和湖里区《加强社区人口家庭服务室建设的实施方案》，湖里区继续高标准建设社区人口家庭服务室。至年底，全区有50个社区都按照“技术服务、宣传咨询、学习活动”等区域布局要求，建设了人口家庭服务室。配备电视机、放像设备、B超检查床及操作台等服务设施。又投入8万元，改建、扩建金林、岭下、禾山3个社区的人口家庭服务室，设置了咨询室、B超室、妇检室等科室，并新配备了电脑、空调等办公设备，重新粉刷了室内外墙壁，绘制了精美的计生宣传墙，加强技术服务、宣传咨询、随访服务等专业培训，做到服务咨询到户、健康检查回访到户、避孕药具发放到户。

【提高技生服务水平】年内，湖里区财政追加计生经费500万元，为区计生服务站添置全自动生化分析仪、全自动酶免分析仪、全自动血型仪、彩超等一批先进仪器设备，提高免费婚前体检、免费孕前优生健康检查的覆盖率和有效率，降低出生缺陷发生率。定期举办全区计生技术人员科技大练兵技能竞赛，定期聘请市级机构高职称专家开展系列讲座；有针对性的加强技术人员的业务知识，是年，外派22人到市级医院进修，参加国家、省、市组织的业务培训和继续教育。

【社会抚养费征收】2014年，湖里区根据国务院《社会抚养费征收管理办法》和《福建省人口与计划生育条例》规定，委托街道实施社会抚养费征收工作，区人口和计划生育局严格履行主管责任，及时协调解决征收过程中遇到的情况和问题。并定期监督和检查各街道社会抚养费征收进度，对工作不力、进度缓慢的，通过人口计生领导小组在全区范围内给予通报。对前往境外违法生育人员进行说服教育，引导违法生育当事人主动接受调查，依法缴纳社会抚养费。是年，共立案306件，征收到位金额3725.56万元，全部直接上缴国库；对拒不配合的85例案件，及时申请法院强制执行。9月17日，在《厦门晚报》对移交法院后仍不履行的74对当事人予以曝光，依法纳入失信被执行人公示系统。

【坚持打击“两非”】2014年，湖里区在打击“两非（非医学需要的胎儿性别鉴定、非医学需要的人工终止妊娠）”专项行动中，采取计生、卫生、公安、工商、药监、街道和社区等联合行动的办法，持续开展春夏秋冬“四季行动”。通过多方收集线索，跨区域协作，做好前期踩点布控，重拳出击，取得了明显成效。全年共立案查处“两非”案件26件，结案26件，其中刑事案件1件，行政拘留1人；没收违法所得2.8万元、B超机21台，罚款39.9万元。在王某华涉嫌非法行医罪的查办中，湖里公安分局快速侦查取证、区检察院快速起诉、区法院快速审判，确保湖里区重点案件任务的完成。

（连凌琳）

名词解释

三个不变：坚持计生基本国策不变、党政一把手负总责的制度不变、计生的一票否决制不变。

特殊家庭：独生子女伤残死亡家庭扶助制度扶助的对象是我国城镇和农村独生子女死亡或伤、病残后未再生育或收养子女家庭的夫妻。扶助对象应同时符合以下条件：

1．1933年1月1日以后出生。

2．女方年满49周岁。

3．只生育一个子女或合法收养一个子女。

4．现无存活子女或独生子女被依法鉴定为残疾（伤病残达到三级以上）。符合上述条件的对象，由政府发放独生子女伤残死亡家庭扶助金。因丧偶或离婚的单亲家庭，男方或女方须年满49周岁领取扶助金。扶助对象再生育或合法收养子女后，中止领取扶助金。对于独生子女伤、病残或死亡而女方尚未达到49周岁的家庭，由各级政府、非政府组织为其提供精神抚慰、经济救助和医学咨询指导等服务，帮助有再生育意愿的家庭实现再生育。

人力资源和社会保障

【概况】 2014年，区人力资源和社会保障局（以下简称区人社局）在区委、区政府的正确领导下，在市人社局、市公务员局精心指导下，紧紧围绕区委全面深化改革、建设“美丽厦门·创新湖里”的重要部署，以党的群众路线教育实践活动为契机，转变工作作风，落实民生保障，在人事人才服务保障、推动更高质量就业、提升全民社保水平、构建和谐劳动关系等方面取得明显成效。全年共受理民办职业培训学校设立申请1家、变更申请2家，办理年审6家；审批通过43家企业申请特殊工时工作制；审批劳务派遣公司3家；办理企业工资总额使用手册697本，审批工资使用计划60732.56万元，涉及人数13657人；办理未成年工登记证3916本。年内，区人社局制作政府信息98件，其中主动公开63件，依申请公开2件，不予公开33件；处理来信来访26件，处理市长专线网上信访件71件，均能在规定时限内答复本人或转办单位。

人事工作

【概况】 截至2014年底，湖里区政府口共有机关在编工作人员320人，其中：公务员308人，机关工人12人；事业单位工作人员3650人，其中参公事业单位人员197人，管理人员385人，专业技术人员2945人，工勤技能人员123人。有非在编雇用人员594人，编外补充性工作人员2312人。是年，接收军转干部39人，招考公务员及参照公务员管理事业单位工作人员19人，补充事业单位编内人员20人，新增退休人员23人。

【人员招聘及人才引进】 2014年，区人社局坚持公平、公开、公正、择优的原则，采用委托招聘和自行招聘的方式，共举办公开招考活动11场，满足各部门用人需求。其中开展区属事业单位卫生类专业招考，涉及18个岗位，计划招聘24名，录聘20人。委托市公务员局开展秋季非卫生专业事业单位招考，涉及22个岗位，计划招聘23名，录聘23人。招聘非在编雇用人员81名、编外补充性工作人员491名。区属国有企业根据《厦门市湖里区区属国有企业补充人员管理暂行办法》招考企业工作人员，其中区国投公司计划招聘15人，涉及11个岗位，录聘9人；天地公司计划招聘5个岗位，合计7人，录聘3人。办理外地人才调入报到74人，其中硕士5人，本科59人，大专10人。

【人事调配与职务任免】 湖里区全年办理接收4名社区主干考录公务员手续；办理接收参公单位营职以下军转干部39人；办理1名公务员、1名参公单位调出手续；办理公务员辞职手续1人；办理政府口公务员到龄退休3人。完成政府系统事业单位岗位设置42家，岗位聘任2066人次。区社区公园管理中心和区山地公园管理中心开展人员调整工作，有43人从财政拨补过渡到财政核拨；5个街道下属事业单位因机构整合进行人员过渡，共计167人过渡到新单位。办理事业单位区外调入5人，区内调整15人，审批事业单位人员到龄退休27人（其中干部19人，工人8人）；审批辞职解聘12人。办理公务员及参公事业单位工作人员试用期满考核及任职定级12人（其中公务员6人、参公事业单位工作人员6人）。办理科级及科以下干部职务任免153人次。完成2008年以来新录用公务员（含参公）登记工作，逐步实现公务员登记工作日常化。

【考核奖惩和职称评聘】 湖里区规范开展2013年年度考核工作，区机关、参公单位492人参加考核，其中95人被确定为优秀等次；区政府系统事业单位共计3332人参加考核，其中551人被确定为优秀等次。政府系统共6人因2011—2013年度考核连续三年获优秀等级给予记三等功，2人被开除。共确认初级专业技术职务任职资格366人，开展土建系列初级专业技术职务任职资格评审工作，批准确认27人取得土建系列初级职务任职资格。区商会完成调整湖里区非公企业初级专业技术职务评委库并开展评审工作，评审通过38人取得非公有制企业初级专业技术职务任职资格（其中工程系列34人，经济系列4人）。

【人才服务】 年内，区人社局配合区人才办贯彻落实市“海纳百川”人才政策、区“550”高层次人才政策及其他人才政策，认真做好人才住房申请的服务及材料初审工作。配合开展2014年高技能人才培训工作，积极做好宣传发动和协调等相关工作。组织开展“湖里区第三批拔尖人才”专业技能类人才专家评审。充分利用新兴媒体平台宣传，申请开通了“湖里人才”微信服务号，指定专人维护，定期推送企业人才引进政策、毕业生就职技巧和就业信息、毕业生流动手续办理情况等信息，为各类企业人才提供更为精细、便捷的服务。全年区人力资源网新增个人会员435人，新增企业会员83家，网站访问量达14.72万人次。举办2场网络人才招聘会，59家企业提供1329个就业岗位与大中专毕业生开展对接，达成就业意向135人。截至年末，湖里区共有本区生源毕业生1373人，其中硕士6人、本科807人、大专560人。协调组建专业评审小组，开展“湖里区第三批拔尖人才”专业技能类人才专家评审，推荐厦门仁新建筑劳务有限公司丁凯（建筑镶贴高级工）为“湖里区第三批拔尖人才”专业技能类人才人选。认真落实《厦门市台湾特聘专家制度暂行办法》相关政策，向市公务员局申报厦门伟奇卫浴设备有限公司庄坤儒为厦门市首批台湾特聘专家人选，并配合市公务员局进行了实地考察，其入选资格保留一年。全年办理人才流动手续337人次，个人委托及单纯寄档74人，新增人事代理立户单位17家，累计达1075家。

劳动就业

【概况】 2014年，区人劳局共促进失业人员再就业12239人，完成市、区下达年度目标任务的172.4%，其中就业困难对象再就业2640人，完成市、区下达年度目标任务的155.3%；全年共开展失业人员培训876人，分别完成市、区下达年度目标任务的146%、125%；开展农村劳动力技能提升培训1016人，分别完成市、区下达年度目标任务的145.1%、127%，开展职业技能鉴定1088人，分别完成市、区下达年度目标任务的155.4%、136%。

【出台并实施《促进培训就业和企业用工服务工作的十五条意见》】 1月1日起，开始实施《湖里区促进培训就业和企业用工服务工作的十五条意见》，鼓励失业人员参加辖区职业技能培训，辖区各类失业人员职业技能培训最高可享受2200元培训补贴，参加汽车驾驶员培训的最高可享受6000元培训补贴，培训后实现就业的还可享受1000元的就业奖励。降低企业用工成本，对各类企业招用辖区失业人员就业给予社会保险缴费差额补贴；对就业困难人员、退养渔民、被征地人员、计生困难户以及灵活就业人员就业满6个月以上的，给予每月300元的工资性补贴，补贴最长期限可达3年。大力扶持自主创业，对辖区失业人员创业成功的给予最高5000元的创业奖励，并可享受最长3年，每年最高不超过6000元的纳税补贴；创业实体3年内每吸纳1名辖区失业人员或灵活就业人员就业满6个月以上的，给予创业者2000元的奖励金。进一步强化企业用工服务，对劳动力输出地协助辖区企业用工的给予每批次最高10000元招工协作补贴；对参加统一组织外出招聘的企业给予外出招聘补贴；对企业所引进的初次来厦务工人员，给予交通费用补贴；对初次到辖区规模企业就业的外来务工人员，给予每人每月最高150元的生活费补助，最长可达1年。湖里区研究制定优惠政策具体操作办法，编印45万份新政策宣传材料，多渠道开展宣传，提高政策知晓率。组织辖区有创业意向人员集中开展1期商事登记制度条例培训会，解读创业优惠政策，同时在7个社区分别开展优惠政策宣传培训。全年共兑现各项优惠政策补贴2634.12万元，其中，社保补贴（差）2379.13万元，劳务协作奖励116万元，职业技能培训补贴79.87万元，自主创业奖励9.4万元。

【帮扶安置就业】 年内，湖里区建立基层社区潜在公益性岗位月申报制度，形成区、街道、社区三级联动合力开发公益性岗位的常态工作机制，全年共收集到89个公益岗位，安置86人。区人社局主动与市交通运管处、市公交集团沟通并达成协议，对湖里区失业、失地、失海人员给予优先培训、优先上岗，促成24人报名参加公交车、出租车驾驶员岗位培训，5人上岗。湖里区编外人员招考岗位向辖区就业困难人员适度优惠倾斜，对参加考试的辖区就业困难人员给予笔试加5分的优先照顾。湖里区结合党员群众路线教育实践活动“六百”入户走访活动，摸清辖区居民的就业情况，与有就业意向的就业困难人员建立“一对一”结对帮扶援助，针对性开展技能培训、推荐就业和鼓励创业。湖里区制定更加积极的就业促进计划，在企业和就业困难人员、失业人员之间搭建就业桥梁。通过走访企业，收集、挖掘到50多家企业的后勤、保洁、保安等岗位2600多个，举办就业困难人员暨应届大中专毕业生专场招聘会，促成300多人就业。继续举办1期“1＋1群”创业培训班，重新编排培训课程，通过解读创业扶持政策、邀请银行工作人员现场办理小额担保贷款、邀请创业典型现身说法等方式，提升居民自主创业成功率。全年共有32名失业人员创办经济实体，并申领了创业奖励9.4万元。

【解决企业缺工问题】 年内，湖里区采取多种措施解决企业缺工问题。进一步完善企业缺工预警机制，把用工情况监控范围由原来59家重点企业扩大到295家企业，每月定期收集企业缺工状况，及时预警并积极采取应对措施。完善日常招聘服务，举办9场大型企业用工现场招聘会，帮助辖区1574家企业招聘各类劳动力8500多人。在人流密集地设立7个企业用工固定招聘点，常年为企业提供招聘服务。通过区人力资源网举办网络招聘会，拓宽企业招聘渠道。搭建供需对接平台，年初，湖里区组织14家重点用工企业到贵州省遵义市举办5场招聘，引进劳动力356名。与5家职业技术院校开展校企对接活动，达成长期合作意向。3月，湖里区承办了厦门市第十一届暨厦漳泉第三届校企对接会，辖区近100家企业参会。同月，组织辖区20多家企业赴漳洲第一职业技校、龙海职业技术学校开展校企对接活动。11月15日，组织辖区玉晶光电、宸鸿科技等15家重点企业，赴漳州职业技术学院开展校企对接合作现场招聘会，421名院校毕业生与企业达成就业意向。四是打造充分就业社区，继续推进充分就业社区活动创建，到年末全区创建充分就业社区46个，占社区总数的88%。

2014年，湖里区举办多期调解员培训（区人社局供图）

【强化职业技能培训】 2014年，区人社局加大劳动力职业技能提升培训力度，把市、区各类培训机构能开展的所有技能培训项目、课程内容、学时、费用等信息编印成培训菜单，供居民按需选择。引入优质培训工种，大力开设适合本地失业人员培训意愿、贴近市场需求、易就业创业工种培训班。全年共在基层社区举办了美容、育婴师、物业管理等28期技能培训班，培训学员876人。开设计算机辅助设计、图像处理软件、办公软件、电工、安全员等农村劳动力技能提升培训班33期，培训学员1016人。

湖里区专场招聘会（区人社局供图）

社会保障

【概况】 2014年，湖里区认真落实全市各项社会保险政策，继续扩大社会保险覆盖，养老保险待遇不断提高，门诊医疗费报销比例同比提高5%。医疗保险实现全省同城结算，健全完善健康账户管理办法，推行社会保障卡密码交易。截至年底，湖里区经办的五个基本险种参保人数分别为养老保险31.51万人，医疗保险32.34万人，失业保险31.47万人，工伤保险31.51万人，生育保险30.89万人，比上年增幅均超过7%；被征地人员基本养老保险新增518人参保，累计参保达到10800人，其中享受退养待遇7145人；城乡居民养老保险累计参保8339人，享受待遇

5098人，区财政缴费补助累计38.9万元，46周岁以上人员参保率继续保持100%。城乡居民（含未成年人）医疗保险参保人数112651人，比上年增幅18.4%。

【提高养老医疗保险待遇】 自1月起，湖里区城镇职工基本养老保险待遇每人每月增发260元；被征地人员退养待遇每人每月增发182元，未安置就业上山下乡人员退养待遇每人每月增发120元，城乡居民养老保险待遇由原来的200元/月提高至230元/月；城乡居民基本医疗保险筹资标准提高到550元，在一个社保年度内，城乡居民门诊医疗费起付标准以上、不满5000元的部分，在三级、二级、一级定点医疗机构就医的门诊医疗费报销比例提高5%。

【简化社保办事流程】 2014年，湖里区简化社保待遇办事流程，提升待遇兑现效率，全年共审核支付社会保险基金约14254.64万元，各项待遇的审核支付办结率100%。其中，受理医疗报销6436笔，共支付医疗保险报销金额451.06万元；受理自付医疗费困难补助851笔，补助金额271万元；受理工伤保险理赔1635笔，3825.5万元；审核失业保险金3584人次；发放一次性生活补助金926笔；发放生育保险待遇7508笔，6677.67万元。

【积极推进失地失海人员参保】 年内，湖里区抓住五通社区土地征用工作快速进展时机，加强与金山街道配合，就群众关心的失地参保热点问题精心制作了宣传材料，派出工作人员进驻五通社区，直接在群众家门口摆摊设点，以被征地人员基本养老保险政策为主题进行宣传，向居民派发《社会保险政策宣传》《被征地人员基本养老保险政策问答》等资料，讲解群众身边熟悉的参保案例，参保政策通俗易懂，与群众零距离面对面答疑解惑，算好"养老账"，极大地调动失地人员的参保积极性，取得了良好的效果。年内新增被征地人员参加基本养老保险518人，累计参保达到10800人，其中享受退养待遇7145人，解决了失地、失海人员的后顾之忧，为征地拆迁提供有力保障。

【做好退休人员社会化管理服务工作】 年内，湖里区认真落实市政府"五类困难退休人员免缴600元管理活动费"的惠民政策，为263名符合条件人员办理免缴手续，免除相关费用15.78万元。年末，全区共有纳入社会化管理的企业离退休人员19848人，社会化管理率达到100%。2014年，湖里区积极开展退休人员文体活动，组织退休人员举办健步行、健身舞、登山、游园、跳棋比赛、扑克比赛等活动368场，参加人员20415人次；举办座谈会、茶话会、政策咨询会等270场，参加人员13339人次。春节、重阳节期间共走访慰问重病和特困退休人员1296人次，发放慰问金近39万元；为退休人员每人发放150元节日慰问金，投入经费275.59万元；慰问生病住院人员和死亡人员家属663人次，发放慰问金8.34万元。为1411名71至75周岁老人派送集体庆生蛋糕和祝福贺卡。湖里区依托退管四级网络，采用网上认证和电话联系等方式定期和异地居住退休人员保持联系，及时掌握退休人员的生活动态。全年共办理退休人员异地认证198人次、遗属认证42人次；为居住在辖区的异地退休人员办理协查认证3228人次。

2014年和谐退管老有所乐文艺会演（区人社局供图）

和谐劳动关系建设

【概况】 2014年，湖里区加大用工巡查和违法案件调处力度，全年主动监察用人单位1310家（含书面审查），办结举报投诉1192起，追回2548人被欠工资878.26余万元，处罚违法企业10家，罚款10.81万元；劳动争议仲裁立案646件，结案642件，审限结案率100%，调撤率52.5%；调解裁决给付1952名劳动者争议款项2402.15万元，其中涉及劳动报酬772.56万元。排查化解劳资纠纷隐患155起，处置群体性劳资纠纷突发事件69起，出警率、处置率均100%；认定工伤884件。

【用工专项整治】年内，区人社局牵头组织9个单位联合开展排查整治拖欠工资专项行动，发放宣传材料，组织企业开展工资发放情况自查自纠，专项检查用人单位工资支付情况，开辟欠薪投诉举报绿色通道，加大企业工资发放监管力度。组织开展劳动合同制度实施、规范企业工资支付、劳动保护福利待遇等各类专题咨询活动50场，发放各类劳动法律法规宣传资料9.78万份；举办2场基层劳动保障工作人员监察业务培训。开展欠薪入罪典型案例宣传，编印1.5万册《拒不支付劳动报酬罪——法律规定及典型案例选编》，向公安部门移交1起“拒不支付劳动报酬罪”案件，增强震慑力。

10月23日，厦门市推进和谐劳动关系创建工作现场会在湖里区召开（区人社局供图）

【建设“118”和谐劳动关系示范工程】2014年，区人社局牵头，会同区司法、区工会、区商会、区安监等部门形成合力抓和谐劳动关系创建。通过召开区建设和谐劳动关系工作领导小组会暨三方联席会，部署开展“118”和谐劳动关系示范工程建设（1个街道至少选择1条街、1个社区、8家企业开展示范点建设），明确建设标准、方案和步骤，“118”建设取得了明显成效。9月中旬，市委常委、政法委书记詹沧洲带领市委政法委（综治办）、市信访局有关人员，陪同人社部、省、市劳动关系三方办领导分别到湖里区殿前街道长乐社区长虹路参观考察了“和谐劳动关系建设示范街”建设情况，各级领导对湖里区“118”和谐劳动关系示范工程建设所取得的成效和经验给予充分的肯定。

【召开全市和谐劳动关系现场会】10月23日，全市建设和谐劳动关系现场会在湖里区召开，向全市推广湖里区“118”示范工程建设的做法。《中国劳动保障报》《福建日报》《福建电视台》《厦门日报》《厦门电视台》《海西晨报》等媒体均以厦门市推广和谐劳动关系建设“湖里经验”为题进行了报道。

【创新劳资纠纷调处工作机制】2014年，湖里区创新劳动关系调处机制，加强一线用工管理和纠纷调处工作。下沉劳动保障监察力量，向每个街道派2名劳动保障监察员，每周四天驻点工作，制定驻点工作办法，充分发挥区、街道、社区三级劳动保障队伍的各自职能优势，做到劳资纠纷早预警、早化解，实施以来各街道辖区企业用工违法案件数有了明显的下降。湖里区在殿前、江头街道分别设立劳动争议派驻街道仲裁庭，实现调解仲裁“一窗式申请、一站式受理、一体化办案”。2个驻街仲裁庭均配置了证据演示系统，在硬件的配置上位于全省前列。

【签订《湖里区劳动争议诉裁对接协议》】年内，湖里区劳动人事争议仲裁院与湖里区法院签订《湖里区劳动争议诉裁对接协议》，建立互助调解、信息通报、联席会议、交流学习四项机制，促进了诉裁的无缝对接。

【扩大基层劳动争议调解组织规模】湖里区全年新增53家企业劳动争议调解委员会，全区企业劳动争议调解组织累计达193家，占区规模以上企业的85%，位居全市首位。吉家家世界、万达商圈已成立2个劳动争议调解委员会。殿前、江头街道共16个社区全部成立社区劳动争议调解中心，立体化基层劳动争议调解体系初具规模。

（邵永吉）

民　政

【概述】2014年，湖里区民政局履行“以民为本、为民解困、为民服务”的民政宗旨，全面开展各项工作，为建设美丽厦门添砖加瓦。

1. 社会救助方面，建立了低保救助、医疗救助、困难救助、关爱救助和慈善救助有机结合、互相衔接的社会救助体系，构建了区、街道、社区三级救助平台，确保困难群众求助有门，切实保障了困难群众基本生活。城市低保实现100%应保尽保，医疗救助“一站式”结算服务水平不断提升，困难家庭临时救助提高救助标准、扩大救助面，“关爱”资金使用更加精准有效，慈善救助渠道不断拓宽。做好全区防灾减灾和全国综合减灾示范社区创建工作，高林社区获评“全国综合减灾示范社区”。

2. 社区建设方面，以“美丽厦门·共同缔造”为主线，创新“一核多元，共治共建”社区治理模式，社区治理和服务能力显著提升。全区社区服务中心用房平均面积超950平方米，有15个社区服务中心用房面积超1500平方米，52个社区全部建成社区“一站式”服务大厅。社区专职工作者队伍和志愿者队伍不断壮大，全区现有国家级社会工作初级社工师214名，中级社工师139名，全区注册社区志愿者24505人，占常住人口11%。社区品牌工程建设创新突破，52个社区均建立了网格化平台并实现区街网格平台对接，“多元共治”社区治理体系激发多方力量参与共治，培育出金尚社区金服务等典型；社区社会组织建设发展势头迅猛，创新引入“恩派”公益组织培育发展社区社会组织，已备案社区社会组织30家。社工人才队伍建设有效推进，柔性引进5名高层次社工专业人才，全区52个社区购买社工服务共投入3000余万元，基本满足社区居民需要。

3. 老龄事业方面，加快推进区社会福利服务中心和区老年活动中心建设，投入150万元完善社区老年人活动场所。全面提升社区居家养老服务水平，全区建成52个社区居家养老服务站，并以禾山街道为市级试点，推进街道社区老年人日间照料中心建设，年内，31个社区购买居家养老等专业社工服务，花费210万元。民办养老机构取得突破性发展，新增厦门市东渡老年公寓、厦门市温馨家园养老中心等2家民办养老机构，核定床位424张。提高老年人福利待遇水平，将高龄老人固定生活补贴扩大到80岁，提高90岁以上老年人补贴标准，社区老年协会工作经费提高到每年5000元，建立重大节日走访慰问制度，全年慰问老年人750人次，组织开展千名老年人登山活动、“美丽厦门·共同缔造”中老年书画摄影展评选等活动，丰富老年人的物质、文化生活。

4. 双拥优抚安置方面，全年投入1500多万元支持辖区部队建设，为驻军就医、环境优化、法律咨询以及家属就业、子女就学等提供帮助。全年发放优抚对象抚恤补助金、一次性补助金、一次性生活补贴、动态生活补贴220.34万元；为参战退役人员等报销医疗、养老保险、门诊费用等37.66万元；发放节日慰问金65.65万元，发放困难优抚对象临时救助、关爱救助和慈善救助金共24.79万元。全年接受退役士兵79人，发放退役士兵资助就业地方一次性补助金376.79万元，发放立功受奖退役士兵奖励金6.16万元。先后召开全区复员退伍军人维稳工作会议、优抚对象座谈会等近50场次，清明、“5·16”期间全区无一人上访。

5. 社会组织建设管理方面，扎实推进社会组织登记管理制度改革，对政治法律类、宗教类、社科类以外的社会组织实行直接登记，进一步降低社区社会组织登记门槛，全年登记成立社会组织13家，备案社区社会组织30家。加强社会组织管理服务，组织150家社会组织年检，引进第三方机构对154家社会组织进行等级评估，评估率达100%；设立区政务服务中心社会组织等级窗口，压缩部分审批时限至原审批时限的33.3%。建设社会组织服务园，委托“恩派”公益组织托管，成立区社会组织服务园党总支。

6. 社会公共服务方面，婚姻登记处进一步完善内部管理制度，全年共办理婚姻登记4977对，登记合格率100%，开展婚姻家庭辅导社工服务，打造具有湖里特色的婚姻服务。全年办理收养登记2例，劝导流浪人员73人，护送21人到市救助站，减免火化费用11人2.42万元。对653户保障性住房进行“三年一审”，发放保障性租赁房租金补助1001.7万元。全年，办理楼、门牌、梯位牌等共2.42万块。

社会救助

【概况】 2014年，湖里区充分发挥民政救助的保底作用，健全完善最低生活保障、医疗救助、临时救助、关爱救助和慈善救助等五大有效衔接的社会救助体系，开展最低生活保障、特困人员供养、受灾群众救助、病困群众救助、教育救助、住房救助、就业救助、临时救助等多项专门救助，全年发放各类社会救助金2793.9万元，帮扶困难群众逾5万人（户）次。

8月19日，市、区领导检查高林社区“全国防灾减灾示范区”建设情况（卢昱 摄）

12月4日，民政局工作人员在怡景社区开展社会救助宣传（卢昱 摄）

【完善“救急难”机制】 年内，湖里区健全社会救助联席会议制度，形成区政府领导、区民政部门牵头、有关部门配合、社会力量参与的社会救助工作协调机制。建立区、街、社区三级救助平台，区级建立居民家庭经济状况核对中心，精准核对低收入家庭信息，确保救助的公平公正；5个街道均建立社会救助窗口，完善“一门受理、协同办理”工作平台，健全社会救助申请分办转办机制；52个社区均建立“救急难”窗口，形成社区、社工、志愿者等共同发现、救助的工作机制，确保早发现、早干预、早救助困难群众。

【提升救助水平】 2014年，湖里区为9235户14845人次发放低保金663万元，做到应保尽保；9月30日修订出台《湖里区困难家庭临时救助实施细则》，规范救助审批程序，实现临时救助提高标准扩大救助面，全年为113户困难群众发放临时救助金55.62万元；全区推行医疗救助“一站式”结算服务，与33家医疗定点机构进行救助资金结算，4万多人次享受困难医疗救助522.5万元；开展关爱专项救助，重大节日走访慰问帮扶困难群众，是年，为1045户困难群众发放关爱救助金468万元。

【防灾减灾】 2014年，湖里区加强防灾减灾能力建设，建立“5·12”全国防灾减灾日宣传活动长效机制，持续做好全区63个避灾点改造和日常维护、检测工作，确保救灾物资充足。高林社区被评为“全国综合减灾示范社区”。

【慈善救助】 2014年，湖里区完善区、街道、社区三级慈善组织网络，全区建成51个社区慈善驿站，设立138个慈善募捐箱，开展“雨露育青苗”“慈善一日捐”等慈善项目、活动，全年募集慈善款物1389.42万元，支出1325.25万元帮扶孤困老病等困难群众逾1万人次。禾山社区建成全市首条“慈善一条街”，31家爱心商家参与，为困难居民开展20项慈善公益活动。

社区建设管理

【概况】2014年，湖里区以“美丽厦门·共同缔造”为主线，创新“多元参与，共治共享”社区治理模式，完善社区服务体系，推进“一站式”服务标准化建设，有效提升了社区治理和服务能力。社会工作创新发展，政府购买社工服务力度加大，社工人才队伍建设取得突破性成果，志愿服务登记制度化改革全面推进。

【创新社区治理模式】年内，湖里区围绕“创新发展”主题，探索构建了“多元参与，共治共享”社区治理体系，整合拓展社区党组织、社区居委会及其自治组织、社区社会组织、社区工作站、专业社会机构、社会资源、台湾同胞、“新老群体”等八类主体在创新社区治理和服务中的作用，形成多元参与、共建和谐美丽社区的良好格局。通过多元共治推动了社区治理规范化、体系化、现代化。在多元共治的社区治理框架下，湖里区推广金尚社区党组织“金服务”“社区事务听评会”，蔡塘社区自谋发展、马垅社区协会自治、康乐社区“三方联动”、兴隆社区同胞融合、金安社区志愿服务、吕岭社区居民自助互助等十余项制度机制和做法。探索社区分类考评管理机制，将群众参与社区建设，共谋、共建、共管、共评、共享列为社区分类考评的重点，对全区社区进行基础分类考评，评出10个典范社区、33个良好社区、9个基础社区。

【完善社区服务体系】2014年，湖里区不断创新服务理念，拓展服务领域，着力构建以民生需求为导向的新型社区服务体系。全面推广社区“一站式”服务和规范化、标准化建设，有效整合社区资源，推进就业、社会保险、社会救助、医疗、计生等政府公共服务覆盖到社区，创新错时服务、预约服务和居民互助服务等，实行“岗位责任制”“首问责任制”等机关效能建设制度，完善民事代办点、民意征集箱等便民、优质、高效服务平台。鼓励社区打造特色服务，涌现出康乐社区“星火行动”、兴华社区“女子守望队”、吕岭社区“银发安康”等百余个社区服务品牌，推进为民服务多样化。湖里区首创的“空巢老人平安铃”“错时上班制”“四点钟学校”“两所一社区警民联调工作模式”等社区服务经验得到省、市推广。

【政府购买社工服务】2014年，湖里区向霞辉老年社会服务中心等辖区内8家民办社工机构购买社区居家养老“家庭病房”综合服务项目、婚姻登记家庭辅导社工项目、青少年社工服务项目等多项社工服务，区、街财政投入超过1000万元，服务对象覆盖老人、青少年、残疾人、外来员工等人群。

【社工人才队伍建设】7月，湖里区通过柔性引才引进包括1名台湾社工专家和4名高校社工专家在内的5名高层次专业社工人才，组建湖里区社会工作专业督导团队，签约专家作为湖里区社会工作顾问，深入社区、社工机构调研，参与湖里区社会工作发展规划及相关政策制定、社工督导体系建设、专业社工人才和社工机构培育等方面工作。截至年底，全区379名社区工作人员和110名民办社工机构社工人员取得全国社工职业资格证书。

【志愿登记服务制度化改革】年内，湖里区积极推进志愿登记服务制度化，先后制定印发《湖里区推进志愿服务记录制度工作实施意见》《湖里区（社区）志愿服务工作指导手册》等一系列管理办法及工作意见，截至年底，注册登记志愿者25200人，通过健全完善考核评价制度、回馈激励制度等机制，推进志愿服务规范化。湖里区金安社区作为全国志愿服务记录制度试点城区，率先探索建立了志愿登记服务“八项制度”和“八步流程”，“金安经验”在2014年厦门市志愿服务制度化现场推进会上获得重点介绍和推广。是年湖里区作为福建省代表，在全国民政部举办的东部地区志愿服务记录制度试点情况分析会上作经验汇报。

名词解释

八项制度：社区志愿者注册登记制度，社区志愿服务需求对接制度，社区志愿者培训制度，社区志愿服务记录制

3月18日，开心社工服务机构在中山路开展与志愿者同行活动（开心社工机构供图）

度，社区志愿服务嘉许回馈制度，社区党团员志愿服务制度，社区志愿服务保险制度，社区社工带志愿者制度。

八步流程：公示志愿服务队伍和服务内容，收集志愿服务信息，评估志愿服务需求，确定志愿服务项目，开展志愿服务活动，评价与建议志愿者，记入志愿服务记录，总结提升。

社会组织建设管理

【概况】 2014年底，湖里区有社会组织212家，其中：社会团体37家，民办非企业175家；登记注册社区社会组织2家，备案社区社会组织64家。49家社会组织评为2A级以上，其中4A级2家，3A级4家，2A级43家。是年，湖里区不断提高社会组织服务管理效能，积极推动社会组织登记管理体制改革，加大社会组织扶植培育力度，充分发挥社会组织服务社会的作用，获评首届“全国社会组织建设创新示范区”。

【改革社会组织登记管理制度】 年内，湖里区取消社会团体筹备成立审批环节，取消区级社会团体分支机构、代表机构设立登记、变更登记和注销登记的行政审批项目，在全市率先实施公益慈善类等四类社会组织直接登记制度。12月10日，出台《湖里区社区社会组织登记与备案管理暂行办法》，降低社区社会组织成立门槛，进一步简化程序，加快扶植培育社区社会组织的步伐。

【区社会组织服务园委托托管】 2014年，湖里区引入上海恩派社会创新发展中心，委托其托管区社会组织服务园，加快培育一批社会效应好、公信力高的社会组织。成立区社会组织服务园党总支，提升社会组织自身建设能力。社会组织服务园成立于2011年，为全市首个社会组织服务园，面积800多平方米，采取免租金、水电费、提供办公设备等方式，扶持培育基础良好、有发展潜力的社会组织，已入驻8家民办社工机构。

优抚工作

【概况】 2014年，湖里区优抚工作按照区委、区政府的总体部署，全面贯彻落实十八大、十八届三中和四中全会精神，以开展军（警）民共建活动为载体，扎实推进拥军优属、拥政爱民和涉军维稳工作，努力创建福建省双拥模范区。

【拥军优属】 2014年，湖里区投入1500余万元用于湖里消防大队、边防大队、预备役高炮营等地震灾害紧急救援队伍装备建设、执勤训练风险补贴及正常工作经费。落实驻区部队官兵子女就学优惠政策，接受军人子女就读公办学校39人；先后开展送图书进军营、法律进军营等活动；开设军人军属就医绿色通道；帮助武警二大队、防空旅2营等进行园区绿化提升、农副业生产和污水环境整治等。

【落实优抚政策】 年内，全区共有各类优抚对象655人（户），为399名享受定期抚恤补助的优抚对象发放各类抚恤补助金220.34万元；发放139户义务兵家属优待金、奖励金237.79万元。为74名参战退役人员和原“海工一团”

12月24日，湖里区民族众鑫实业有限公司总经理钟庆达组织一批书法家、画家到驻区73325部队70分队开展文化拥军活动（杨明堂 摄）

8月26日，原省委常委、省政法委书记苏增添视察湖里区社会组织服务园（黄莹 摄）

退役人员报销医疗、养老保险37.66万元，为115名重点优抚对象和原“海工一团”退役人员发放门诊费用、组织健康检查费用9.42万元。节日走访慰问驻区部队官兵、烈属、遗属等625人次，发放慰问金65.65万元。为219名困难优抚对象发放临时救助、关爱救助和慈善救助金等24.79万元。

【退役士兵安置】 湖里区全年共接收退役士兵79人，其中符合政府安排工作条件的转业士官1人，复员士官20人，退伍义务兵58人。为全区80名退役士兵发放自主就业地方一次性补助金376.79万元，为40名立功受奖退役士兵发放奖励金6.16万元。就业帮扶工作持续开展，组织免费培训，有意愿参加培训的退役士兵参训率100%，通过举办招聘会等方式千方百计为退伍军人创造就业条件。

社会公共服务

【概况】 年内，区民政局以规范化管理为核心，扎实开展婚姻登记、区划地名管理和保障性住房审批等社会专项事务，提高服务群众的能力。

【婚姻登记】 2014年，湖里区以“马上就办”市级示范点创建为契机，推进婚姻登记处规范化、标准化建设。全年办理国内公民结婚登记3848对，离婚登记1129对，补领结婚证书318对，补领离婚证书79人，出具无婚姻登记记录证明5736份。区婚姻登记处还创新开展婚姻家庭辅导社工服务项目，为有需求的湖里区居民提供婚姻家庭方面的专业社工辅导，促进家庭和谐。

【收养、殡葬及流浪救助】 2014年，湖里区做好收养审批权限下放到区级后的衔接工作，全年办理收养登记2例；为11名困难群众办理火化减免，累计减免费用2.42万元；劝导流浪人员73人，护送到市救助站21人。

【地名管理】 2014年，区地名办共完成楼牌137块，大门牌148块，梯位牌915块，室牌10575块，合计11775块。在地名命名申报流程中，加入了专家论证会及区政府常务会讨论研究的环节，共完成14个地名命名的论证及申报工作。

【保障性住房服务】 2014年，湖里区加强保障性住房政策宣传、咨询、申请、受理与审核等各项工作，全年共受理保障性住房变更申请87户；受理物业补助申请99户；对653户进行“三年一审”。全区保障性租赁房已入住1509户，全年发放租金补助1001.7万元。

（陈琴）

民族宗教与社会公益事业

民族宗教

【概况】 2014年，湖里区民族与宗教工作紧紧围绕区委、区政府中心工作，强化服务中心、服务大局意识，以宣传贯彻落实党和国家的民族宗教法律法规和政策、维护民族宗教领域的和谐稳定、维护民族团结进步、促进民族事业进步为己任，认真开展民族宗教事务工作。根据厦湖委〔2014〕34号文件，12月14日民族与宗教事务局调整为区政府工作部门，由二级局升格为一级局，人员编制仍为2人。

【挂钩帮扶龙海隆教畲乡】 2014年，湖里区落实省委、省政府下达对口龙海市隆教畲乡帮扶资金100万元，帮助隆教乡建成红星村乡村公园，累计投资172万元，以提升畲乡整体形象，丰富畲乡人民的文化生活。

【落实民族政策】 湖里区严格执行变更民族成分有关规定，2014年，共审核区内居民14人变更民族成分，完成区内61名少数民族中考生民族身份的核实确认工作。

【钟宅畲族社区组队参加第八省少数民族运动会】 11月1—3日，福建省第八届少数民族运动会在集美大学光前体育馆召开。钟宅畲族社区选派18名运动员，代表厦门市参加蹴球、陀螺、射弩3个比赛项目。运动员们在比赛中顽强拼搏取得了蹴球男双、陀螺男单2块银牌，蹴球男单、陀螺女双、射弩男单3块铜牌，还取得了蹴球混合第六名，陀螺女单第四、第五名，团体第四名，射弩女单第五名、团体第五名的优异成绩。

在11月1—3日举行的福建省少数民族运动会上，湖里区蹴球队获男双银牌（区民宗局供图）

【厦门市慈善总会天竺岩寺慈善基金成立】 1月1日上午，福建省厦门市慈善总会天竺岩寺慈善基金成立暨授牌仪式在天竺岩寺隆重举行。仪式由厦门市佛教协会副秘书长、湖里区佛教协会副会长、觉性院住持德煌法师主持。天竺岩寺住持明德法师作为天竺岩寺慈善基

1月1日，举行天竺岩寺慈善基金签约成立暨授牌仪式（区民宗局供图）

金签约代表与市慈善总会会长黄金锭签约，捐赠100万元善款、认捐300份慈善年夜饭。

【天竺岩慈善基金助学】 8月30日，由厦门市天竺岩寺慈善基金主办、湖里区佛教协会协办的“金秋献爱心助学圆梦活动”，在竹缘阁素食馆举行，2名贫困家庭的大学生代表、10个贫困生上台接受每人5000元的助学金。此次活动共计为10名大学生发放5万元助学金。市佛教协会副秘书长、湖里区佛教协会会长、天竺岩寺住持明德法师表示，希望通过此次活动能为贫困学子的成长助力。

（陈巧茜）

社会公益事业

残疾人事业

【概况】 2014年，湖里区残疾人工作紧紧围绕区委、区政府中心工作，积极发挥残联“代表、服务、管理”三大职能，围绕“两个体系”建设，创新助残服务模式，突出重点，真抓实干，按照年初确定的工作目标，践行党的群众路线，深入基层、深入残疾人家庭，为残疾人排忧解难办实事，把解决残疾人最关心、最直接、最现实的问题作为各项工作的出发点，把解决残疾人基本生活保障、残疾康复、医疗救助、扶贫就业等突出问题作为残联工作的落脚点，努力完成上级下达的各项任务，有力推进湖里区残疾人事业的发展和提升。是年，全区共审核发放998名瘫痪在床残疾人居家护理补助金329.1万余元；实施困难残疾人生活救助628人，发放救助款206.67万元；为全区3746名残疾人购买最高赔付金额为10万元的意外伤害保险；在春节、全国助残日、“六一”等节日期间，走访慰问残疾人，发放慰问金60余万元；全年共有173人得到助学补助，发放助学补助金39.7万元；为全区28名残疾人的轮椅代步车发放燃油补贴7280元，保障了困难残疾人的生活和就学。帮助469名精神残疾人申请精神病服药补助168.84万元，为151人次四残儿童发放康复补助金190.46万元；共投入12万余元为辖区30户行动不便的残疾人免费进行家庭无障碍改造；为符合条件的62名残疾人个体工商户发放“两险”补助金35.67余万元；扶持63名残疾人自主创业，发放一次性创业补贴和经营性补贴20.4万元，有力地促进了残疾人的康复、就业等工作。

【残疾人康复服务】 2014年，湖里区利用“全国爱耳日”和“第二十四次全国助残日”等残疾人节日，组织康复中心、社区卫生服务中心等康复机构开展为残疾人免费义诊、宣传、咨询和相关辅助器具的赠送活动，普及残疾预防和康复知识。巩固“全国白内障无障碍县（区）”创建成果，在全区范围内开展5场白内障筛查活动，邀请市博爱康复中心的眼科专家到社区为185位老年人免费检测，全年实施白内障患者免费复明手术30例。在前期调查摸底的基础上，年内，共完成6个社区残疾人康复活动站建设工作，极大地缓解社区残疾人就近康复的需求，实现有康复需要的残疾人“人人享有康复服务”的目标。

【促进残疾人就业】 2014年，湖里区积极促进残疾人就业。一是积极开展职业培训，开展“电子产品安装”“立准车轮气门芯盖帽装配”“分拆修正带”和“梳子加工”等有利就业实用技术培训12期，培训815人次。二是多渠道促进残疾人就业，通过日常推荐和举办招聘会的方式，以“全国助残日”残疾人专场就业招聘会为龙头，注重与市就业机构联系，全年共安置残疾人就业20人，其中：5名残疾人在社区灵活就业，15名残疾人在企业就业。是年，征收残疾人就业保障金111.74万余元。

【残疾人托养服务】 2014年，湖里区与厦门莲花医院托养中心签订了重度残疾人托养服务协议，确定60张重残托养床位。根据协议，凡持有厦门市残疾人联合会核发的二代残疾人证，生活不能自理，适合机构托养的一级重度残疾人可进入莲花医院托养中心进行全天候、全方位专业护理。每月可享受400—800元生活护理补助和200元技能训练补助，托养机构也可以获得床位建设、床位运营、床位综合责任险和特殊功能室建设等补助，是年，有2人入院托养。

政府购买残疾人服务（区残联供图）

【推动政府购买残疾人服务工作】 年内，湖里区本着提升助残服务水平，创新助残服务方式，在金山街道的4个社区尝试引入助残社会工作理念，采用由政府向民间社区组织购买社工服务的方式，通过开展个案、小组和社区工作等方法，秉持社会、社区、社团“三社一体”，社工、义工“两工联动”的服务方式，为辖区残疾人及其家庭提供心理辅导、康复服务、就业就学服务、社交训练、家属互助支持、康复员支持、志愿者发展等服务，受益残疾人群体达到500多人。积极探索重度残疾人居家安养服务向社会机构购买服务试点工作，经前期开展专项调查，对重度残疾人居家安养服务和进驻机构及服务项目进行摸底，有针对性地给残疾人提供良好的居家安养服务，截至年底，全区五个街道都开展试点工作，与服务机构签订协议，有160多名残疾人得到每人每月200元的居家安养服务。

【关注自闭症儿童成长义卖活动】 5月18日，区、街道残联联合《厦门日报》《海峡生活报》、吉家家世界、爱慧自闭症教育培训中心及禾盛社区等单位在吉家家世界展览馆举办一场以关心、关注自闭症儿童的成长为主题的宣传义卖活动，义卖共筹善款4万余元，全部定向捐赠爱慧自闭症教育培训中心用于自闭症儿童专项治疗。

【组织残疾人参加特奥运动会】 年内，湖里区选拔训练12名优秀智力残疾人运动员参加厦门2014年特奥会4大项18个小项的比赛。运动员们发扬敢打敢拼、不畏强手的拼搏精神，经过激烈角逐，获得了7银4铜的佳绩，位列9个代表队前三名，奖牌总数的第二名。

（李惠萍）

老龄事业

【概况】 2014年，湖里区60岁以上老人30799人，占当年户籍人口10.76%，其中80岁以上老人3477人，占老年人口1.21%。全区老龄工作坚持“党政主导、社会参与、全民关怀”的老龄工作方针，以“六个老有”（老有所养、老有所医、老有所为、老有所学、老有所教、老有所乐）为目标，在维护老年人合法权益、提高养老保障水平、加强养老基础建设、居家养老服务工作等方面取得了新突破。年内，湖里区进一步加强基层老龄工作，将社区老年协会工作经费从1000元/年提高到5000元/年，确保社区老年协会规范有序地开展活动。

【改善高龄老人福利待遇】 2014年，湖里区将本区户籍高龄老人固定生活补贴从90岁扩大到80岁，同时提高补贴标准，其中：80—89岁高龄老人每人每月发放高龄补贴100元，90—99岁高龄老人每人每月提高至200元，100岁以上高龄老人每人每月提高至1000元。全年为3500名80岁以上老人发放固定生活补贴约400多万元。建立节日慰问长效机制，是年元旦、春节、老年节期间共走访慰问困难、高龄老人750人（户），发放慰问金116万元。

【全面开展居家养老服务】 2014年，湖里区全面开展居家养老服务，区、街将居家养老服务工作经费列入同级财政年度预算，每个社区平均不少于10万元/年，是年，区财政预算共安排520万元居家养老工作经费，全区已有居家养老服务站52个，总面积约3万平方米，享受服务老人共计3.3万人、10.16万人次。在完成建站任务的基础上，各街道社区大力加强老年人活动场所建设，为老年人活动提供更有利的场所。

【湖里区新建2家民办养老机构】 2014年，湖里区按照鼓励发展、政策扶持、规范管理、加强监督、提供服务的工作原则，积极协调相关部门，促进社会化养老机构建设。经市民政局批准，湖里辖区新成立2家民办养老机构——厦门东渡老年公寓、厦门温馨家园养老中心，核定床位424张，提供养护、医疗康复、托管等养老服务，解决了公办养老机构无法满足辖区内居民养老的问题。

【丰富老年人精神文化生活】 2014年，湖里区组织开展丰富多彩的老年人文体活动。老年节期间，举办老年节专场文艺演出、中老年书画摄影展和千名老年人登山活动；举办“让夕阳更美”老年人素质提升活动，共征集家风家训100条；组织老年人参加厦门市“颂歌献给党”中老年合唱音乐会、乒乓球赛、气排球赛、80分比赛等活动，均取得良好成绩；各街道社区通过成立老年文艺队伍，积极鼓励老年人走出小区、走上舞台，丰富老年人精神文化生活。

（陈琴）

9月29日，在禾欣社区举行老年节文艺演出（谢钦琪 摄）

外事侨务与港澳台事务

外事侨务

【概况】 2014年，湖里区积极发挥外事、侨务优势，不断创新工作机制和方法。在开展侨资企业普查、侨务资源涵养、维护侨益、侨务宣传、外事交流等方面加强工作力度，取得了显著成效，圆满完成全年各项工作任务。

【海外交流】 年内，湖里区多次接待国外友人来访，并组团赴外招商或参加培训。4月8日，区外侨办接待澳大利亚阳光海岸市议员珍妮·麦凯一行5人，并陪同到禾山街道禾盛社区参观考察；7月8日再次接待珍妮·麦凯与布莱内创意和咨询公司总监、阳光海岸食谱作家布莱内列文·丽莎·玛利亚，安排二人到禾山街道禾盛社区参访交流；10月13日，接待以共和国党议会党团副主席罗·阿克纳扎罗娃为团长的吉尔吉斯斯坦五党联合考察团一行16人；11月6日，接待以泰国前上议长素春为团长的泰国为泰党代表团一行8人，安排其在金山街道金山社区参观考察。是年，共报批因公出国（境）团组9个23人次，其中：自组团组4个18人次，随省、市团组5个5人次。

【维护华侨权益】 2014年，区外侨办全年接待和受理涉侨来信来访来电42

10月13日，吉尔吉斯斯坦五党联合代表团参观考察金山街道金山社区（区外侨办供图）

2014年春节前夕，区外侨办工作人员走访慰问贫困归侨（区外侨办供图）

件，对涉及侨房、华侨子女就学等热点问题及时给予协调处理，维护侨胞的合法权益，维护侨界的和谐稳定。年内，办理归侨证3本，出具“三侨子女（华侨子女、归侨子女、归侨学生）”身份证明4份，出具国外中国公民回闽落户证明14份，行使华侨回闽落户初审权1名。春节前夕走访慰问贫困归侨35户，发放慰问金1.75万元；“六一”儿童节走访慰问贫困归侨侨眷子女10户；中秋节走访慰问贫困归侨32户；重阳节走访慰问90周岁以上高龄老归侨18名。配合市侨办，落实低保归侨15名，定期给予每人每月100元补助；落实重病特困归侨户1户，给予一次性补助5000元；落实特困归侨5名，定期给予每人每月200元生活补助。

【侨资企业普查】 2014年，区外侨办会同区投促局、区统计局、区财政局、区人社局及各个街道从侨资来源、注册资本、从业人数等十个方面对全区侨资企业进行普查。是年，共有81家侨资企业，其中，来自新加坡的企业17家，英属维尔京群岛14家，居湖里区侨资企业前两名。具体情况详见2014年湖里区侨资企业表。

（刘慧锦）

2014年湖里区侨资企业表

表9

序号	企业名称	法定代表人	侨资来源国家/地区	注册资本（万美元）	总投资额（万美元）	所属行业	企业地址
1	厦门美丽华大酒店	郑秀福	新加坡	821.05	2000	旅游饭店	厦门市湖里区兴隆路29号
2	农友种苗（中国）有限公司	陈龙木	新加坡	802	802	谷物的种植	厦门市湖里区枋湖东路705号
3	厦门金鹭特种合金有限公司	吴冲浒	瑞典	9282.248	27390.24	钨钼冶炼	厦门市湖里区兴隆路69号
4	厦门长荣光学工业有限公司	林永锦	萨摩亚	450	900	眼镜制造	厦门市湖里大道联发9号通用厂房三楼
5	厦门中鹭植物油有限公司	江旗学	马来西亚	913.7312	2284.328	其他未列明的食品制造	厦门市东渡路155号
6	国峰食品（厦门）有限公司	JASON BRIAN LIN	美国	1300	2500	其他未列明的农副食品加工	厦门湖里荣华大厦富贵阁5楼B座
7	厦门贝尔兰咖啡有限公司	JOSHUA PIAO MO	美国	52	60	茶饮料及其他软饮料制造	厦门市湖里区县后农贸市场南侧
8	厦门新科宇航科技有限公司	郑国强	新加坡	2600	7800	飞机制造及修理	厦门市湖里区花屿路2号
9	寰宙（厦门）信息咨询有限公司	ROGER HUANG	澳大利亚	48.636	48.636	其他未列明的商务服务	厦门市湖里区嘉禾路398号819单元
10	厦门时富投资咨询有限公司	LEHUI NIE	加拿大	7	10	其他专业咨询	厦门市湖里区嘉禾路386号之二东方财富广场B栋6层04单元
11	厦门百国达建材进出口有限公司	TRYASUNOV MAKSYM	乌克兰	50	50	其他未列明的批发	厦门市湖里区五缘湾泗水道617号宝拓大厦11层05单元
12	科维彤创（厦门）电子工业有限公司	DAVID ALAN BLAND	新加坡	1507	2681	电子元件及组件制造	厦门湖里区湖里大道37号
13	中绿之源（厦门）贸易有限公司	陈谦	英属维尔京群岛	3500	3500	果品、蔬菜批发	厦门市湖里区枋钟路2360号中绿大厦11层01单元

续表9

序号	企业名称	法定代表人	侨资来源国家/地区	注册资本（万美元）	总投资额（万美元）	所属行业	企业地址
14	厦门森宝集团有限公司	林庆麟	澳大利亚	1017.8672	2035.7344	其他未列明的批发	厦门市湖里区华荣路50号
15	中绿丰收（厦门）冷冻品有限公司	孙少锋	英属维尔京群岛	800	1600	其他未列明的批发	厦门市湖里区高崎新村4047号
16	厦门瑞丰包装有限公司	李成掬	马来西亚	50	70	其他纸制品制造	厦门市湖里区禾山街道后埔村小工业区南侧
17	厦门虎标医药有限公司	吴美蓉	新加坡	820	1640	中药饮片加工	厦门市海沧区阳光西路289号
18	钰恒电子（厦门）有限公司	黄学儒	英属维尔京群岛	100	100	衡器制造	厦门市湖里区湖里大道40号北栋7楼及南栋7楼
19	欣贺股份有限公司	孙瑞展	毛里求斯	5046.912	5046.912	纺织服装制造	厦门市湖里区湖里大道95号鸿展大厦
20	厦门菱达服装有限公司	陈添发	英属维尔京群岛	150	150	纺织服装制造	厦门现代物流园区长虹路33号（主厂房）4层B3
21	厦门华厦轻工制品有限公司	宋琪	英属维尔京群岛	398	796	皮箱、包（袋）制造	厦门市湖里工业区十六号厂房一楼
22	厦门华青皮革制品有限公司	宋琪	英属维尔京群岛	116	116	皮革鞣制加工	厦门市湖里区华昌路138号二层
23	复印通办公器材（厦门）有限公司	陈贵平	新加坡	50	70	其他专用化学产品制造	厦门市湖里大道88-90号欣荣工业大厦四楼
24	厦门联合物流有限公司	赵易蓉	萨摩亚	175.848	175.848	运输代理服务	厦门市海沧区钟林路12号海沧商务大厦19楼
25	厦门国际大酒店有限公司	胡殿选	英属维尔京群岛	4455	9900	室内娱乐活动	厦门市湖里区长浩路18号
26	印华地砖厂有限公司	陈应登	新加坡	657.8731	657.8731	粘土砖瓦及建筑砌块制造	厦门市湖里工业区悦华2号
27	建安（厦门）电业制造厂有限公司	李世辉	新加坡	25.86	25.86	电力供应	厦门市湖里区兴隆路振源大厦五楼
28	厦门蓝星企业有限公司	铜山	日本	22	22	其他塑料制品制造	厦门市海沧区东孚大道2875号1号厂房4层北侧
29	振源（厦门）工业有限公司	李世煌	新加坡	178	250	其他电工器材制造	厦门市湖里区兴隆路振源大厦
30	厦门正大农牧有限公司	谢垠	泰国	367.232	918.08	饲料加工	厦门市湖里区火炬东路27号

续表 9

序号	企业名称	法定代表人	侨资来源国家 / 地区	注册资本（万美元）	总投资额（万美元）	所属行业	企业地址
31	亨国（厦门）精机工业有限公司	林耀逢	新加坡	730	1800	其他金属加工机械制造	厦门市湖里台湾工业园
32	厦门新技术集成有限公司	冷鹭浩	韩国	800	2000	玩具制造	厦门市湖里区枋湖工业区枋湖西路 139 号
33	协茂纸业（厦门）有限公司	黄福华	新加坡	20	20	本册印制	厦门市湖里区 36 号工业厂房银丰工业大厦一层
34	厦门紫扬虹石材有限公司	杨小贵	日本	24.16	24.16	建筑装饰用石开采	厦门市湖里区金尚路 137 号
35	厦门皇家房地产开发有限公司	ZIMIN CAI	加拿大	210	400	房地产开发经营	厦门市湖里区枋湖东路 268 号 1304 室
36	厦门德大食品有限公司	颜秋玲	泰国	400	800	其他未列明的食品制造	厦门市湖里区枋湖路 29 号
37	厦门新时代滑道娱乐有限公司	曾一立	奥地利	60	80	室内娱乐活动	厦门市湖里工业区华泰路湖里公园内
38	厦门新东亚活塞环有限公司	林桂开	英属维尔京群岛	241.6	483.2	金属密封件制造	厦门市湖里区翔云三路 136 号
39	厦门三维杰服饰有限公司	梁瑞萍	匈牙利	400	400	纺织服装制造	厦门市同安区环东海域美溪道湖里工业园 7 号五楼
40	雅仕精密模具（厦门）有限公司	汤友耀	新加坡	17.6	23.6	模具制造	厦门市湖里区蔡塘工业区
41	金泰喷码科技（厦门）有限公司	王赢叡	萨摩亚	36	50	电子计算机外部设备制造	厦门市湖里大道 52 号 37# 厂房七层西侧
42	厦门冠南纸业有限公司	许学禹	菲律宾	12	12	其他纸制品制造	厦门市湖里区蔡塘赤坡山南闽字第 2621 号 B1 栋一、二楼
43	厦门圣利人服装制造有限公司	刘少雄	新加坡	77.898	77.898	纺织服装制造	厦门市湖里大道 54 号五楼 5S2
44	厦门金华源手袋有限公司	张健敏	加拿大	10	10	其他体育用品制造	厦门市湖里区蔡塘村古地石社 69 号三楼
45	艾珠（厦门）服饰有限公司	NING XIE MWTON	美国	12.983	12.983	纺织服装制造	厦门市湖里区殿前街道高崎北二路 68 号之六第三层之 A
46	星辰先创通信系统（厦门）有限公司	郭则理	英属维尔京群岛	1285.2	12.983	其他通信设备制造	厦门市湖里区湖里大道 41-43 号 IA 单元东侧
47	厦门福茂威钛信息科技有限公司	王广麟	韩国	143.02	143.02	邮政专用机械及器材制造	厦门市湖里区高殿社区高崎工业园 B 栋
48	捷保帆船（厦门）有限公司	王仲雄	美国	20	28	其他未列明的批发	厦门市湖里区五缘湾商业街 C 区 5 号楼

续表 9

序号	企业名称	法定代表人	侨资来源国家/地区	注册资本（万美元）	总投资额（万美元）	所属行业	企业地址
49	集越（厦门）贸易有限公司	陈清赞	新加坡	20	20	其他未列明的批发	厦门市湖里区嘉禾路1299号805室
50	芙莱克斯（厦门）服饰有限公司	周防猛	日本	76	76	纺织服装制造	厦门市湖里区悦华路38-40号11#厂房2F西侧
51	厦门润升电子有限公司	宋静	加拿大	10	10	其他电子设备制造	厦门市湖里区殿前街道高殿村殿前六路厂房
52	厦门伸成塑胶有限公司	桑原一美	日本	60	85	模具制造	厦门市湖里区金山街道后坑后社388号A栋第一、二层
53	欧霓（厦门）电气有限公司	杨华鸿	菲律宾	125	125	电光源制造	厦门市湖里区禾山路2419号
54	嘉瑞安（厦门）装饰工艺品有限公司	伍昂昂	日本	35	50	其他工艺美术品制造	厦门市湖里区禾山街道钟宅村下城路厂房
55	艾普偏光科技（厦门）有限公司	吴建斌	文莱	100	140	眼镜制造	厦门市湖里区金山街道后坑后社392号5楼
56	狄升商贸（厦门）有限公司	黄裕中	新加坡	50	50	其他未列明的批发	厦门市湖里区兴湖路1号之一101室
57	厦门益英服装织造有限公司	张永益	菲律宾	100	120	纺织服装制造	厦门市湖里区金山街道高林企业综合楼三楼之二
58	厦门美旗物业服务有限公司	余英仪	库克群岛	30	30	物业管理	厦门市湖里区兴隆路644-660号夹层
59	穗晔（厦门）贸易有限公司	吴春钟	萨摩亚	60	86	其他未列明的批发	厦门市湖里区仙岳路860号台商会馆大楼第8层D02单元
60	恒企（厦门）电子有限公司	萧泰南	萨摩亚	50	70	衡器制造	厦门市同安区同安工业集中区湖里园31号5层A单元
61	厦门丸十贸易有限公司	林拓	日本	7	7	其他未列明的批发	厦门市湖里区兴隆路61-63号4A单元东南侧
62	厦门锦朗包袋有限公司	吴涵斌	菲律宾	150	150	纺织服装制造	厦门市湖里区蔡塘村
63	厦门海天货柜有限公司	黄子杰	文莱	80	80	客运港口	厦门市湖里区海天路2号
64	厦门台和电子有限公司	洪绍明	英属维尔京群岛	1500	3750	电子元件及组件制造	厦门市湖里工业区31号厂房
65	华茂光学工业（厦门）有限公司	陈惠英	英国	980	1960	眼镜制造	厦门市枋湖工业区枋湖东路701号

续表 9

序号	企业名称	法定代表人	侨资来源国家 / 地区	注册资本（万美元）	总投资额（万美元）	所属行业	企业地址
66	厦门奋发（FUN）企业有限公司	陈星洲	英属维尔京群岛	908.82	908.82	纺织服装制造	厦门市湖里区殿前
67	厦门 SM 商业城有限公司	HANS TAN SY	菲律宾	10000	20000	物业管理	厦门市乌石埔
68	厦门三德兴贸易有限公司	高新平	新加坡	50	70	其他未列明的批发	厦门市湖里区湖里大道同吉大厦六楼
69	中绿食品集团有限公司	孙少峰	英属维尔京群岛	3205	5448.5	其他作物的种植	厦门市湖里区枋钟路 2360 号中绿大厦
70	厦门光夏嘉美包装有限公司	林马淑珍	泰国	130	130	纸和纸板容器的制造	厦门市湖里工业区湖里大道 27 号厂房
71	佩利（厦门）服装工业有限公司	李淑芬	萨摩亚	40	40	纺织服装制造	厦门市湖里区殿前街道中埔路 2009 号
72	江陵空调冷冻（厦门）有限公司	林美来	英属维尔京群岛	500	1000	制冷、空调设备制造	厦门市禾山后坑村砖厂内
73	卡安特塑化（厦门）有限公司	Sutono Hartanto	印度尼西亚	21	30	其他合成材料制造	厦门市湖里区海天路 65 号鹭辉大厦 405 室
74	振源（厦门）制衣有限公司	张永顺	新加坡	30	30	纺织服装制造	厦门市湖里区兴隆路振源大厦三楼
75	厦门三和石材有限公司	谢锦元	毛里求斯	300	500	建筑用石加工	厦门市湖里区海天路银都广场 14C
76	泰刚服装（厦门）有限公司	孙彰泳	韩国	37	47	纺织服装制造	厦门湖里区高殿村高崎新社第三厂房
77	厦门立起鞋业有限公司	张道舜	英属维尔京群岛	382	382	纺织面料鞋的制造	厦门湖里工业区 26 号厂房一楼
78	厦门厦瑞医疗器械有限公司	柯千衙	新加坡	250	325	塑料丝、绳及编织品的制造	厦门湖里区华盛路
79	厦门裕成建材有限公司	蔡贵兰	新加坡	181.2	181.2	建材批发	厦门市湖里区禾山街道高殿村寨上三组
80	鑫杭（厦门）置业有限公司	刘玉珍	美国	6000	6000	房地产开发经营	厦门市湖里区万达旁两岸金融中心（未建好） 2014 年：殿前办公
81	大东方（厦门）贸易有限公司	PAN ANJUAN	新加坡	3000	3000	建材批发	厦门市湖里区展宏路 82 号（两岸金融中心大厦）

台湾工作

【概况】 2014年，湖里区在对台经贸交流、文体交流、民间基层交流、台胞台企联络服务方面认真研究、大胆探索，对台工作不断创新，利用走访企业、举办研讨会、对接会、联谊会等活动，发放新修订的湖里区招商简介、《厦门市湖里区“550”高层次人才引进和培育计划优惠政策》宣传手册300余本。是年，引进台资企业项目34个，台资企业增资项目3个，总投资10707万美元，合同利用台资5562万美元。

对台交流与合作

【调研座谈促进涉台产业提升】 3月24日，区台办相关人员陪同区政协副主席到台资企业华信公司调研，了解投资、生产、经营状况和企业产业提升的情况。年内，区台办还先后于3月19日、4月25日、5月15日、6月10日陪同市台商协会会长到83家企业开展视察调研活动，了解企业当前经营状况和产业升级的情况，帮助解决实际困难。

【两岸经贸交流】 2014年，湖里区台办一直依托各种大型活动，努力为辖区内的台商与区委、区政府搭建沟通平台，扩展交流交往空间，促进两岸经贸合作。1月3日，区委书记刘育生接待中国国民党台中市委主任江士良、中国国民党中央评议委员会主席蔡铃兰一行21人，到五缘湾游艇码头参观考察。2月4日协助区委、区政府接待台湾基隆市长张通荣一行。2月14日，接待两岸股权交易中心胡国富总助一行。2月18日，接待台湾竹山东华医院及钰鹿隆进出口公司黄庆辉一行，洽谈招商合作事宜。2月21日，与区委统战部一同接待台湾桃园市长苏家明一行，开展多方面的交流往来。在“台交会”“‘9·8’投洽会”和“第六届海峡论坛”期间，先后接待高雄果贸里、金门台开公司参访团、台东县池上乡江金香和王清坚政界人士一行、台北市企业家菁英会吴木川会长参访团等12批200多名台湾嘉宾，重点推介“两岸金融服务中心”“闽南古镇”“台湾水果批发市场”及环东海域、高新技术园、闽台花卉高科技园等重点招商项目。4月19日，湖里区台办与市台办、海关共同举办有关两岸股权交易和企业融资的政策宣讲会，为台企提供新的融资渠道，吸引100多家台资企业参加。

【加强两岸乡镇对接】 2014年，湖里区为贯彻落实《关于开展闽台乡镇对接工作的通知》精神，结合湖里区各街道与台湾乡镇开展交流交往的情况，是年，申报了1个“民间社团交流计划”项目，4月完成5个特色乡镇对接任务：禾山街道与台湾都兰部落签订双方深化经济、文化交流合作《意向书》。金山街道与金门县社区营造中心、湖里街道与台中市东区、殿前街道与台东县池上乡、江头街道与台中市中区建立对口合作关系。金山街道金尚小学与台北市敦化小学签订缔结友好学校《约定书》，促进双方深化互访活动。协助殿前街道相关人员赴台与台湾台东县池上乡对接交流，使双方加深了解。9月、10月，区台办牵头组织2批16人的“乡镇对接交流团”，以台湾中部和南部地区对接乡镇为重点，分别进行走访。

【两岸宗教、宗亲交流】 2014年，湖里区各宫庙对台交流频繁，举行的活动有：2月11日，湖里凤和宫举办保生慈济文化分会21周年庆典活动，共有来自台湾和厦门各宫庙代表400多人参加；9月13日至15日，区台办协助区委、区政府在马来西亚槟城成功举办湖里区第七届福德文化节，共有来自国内各地宫庙，中国台湾、香港、澳门地区及马来西亚、新加坡、韩国等海外华人6000多人共襄盛会，受到广大嘉宾、信众的一致好评。年内，区台办还先后接待了台中市元保宫赖定中主委及台湾云林北港朝天宫蔡咏锝董事长来访。9月中旬，区台办协助辖区孙氏宗亲会一行24人首次赴台开展宗亲交流。

【两岸基层社区交流】 “两岸一家亲，根基在民众、动力在基层、依托在社区。”社区治理是2014年两岸交流的重点领域。年内，湖里区台办协助相关部门组织4个团组赴台考察学习。促使金尚社区与台北市忠顺里、金山社区与基隆平寮里、兴隆社区与台中市兴隆社区、禾山社区与台中市中兴社区、海天社区与高雄市眷村果贸里等5对社区签订两岸社区友好共建协议。12月2日，殿前街道派遣2名社区工作者赴台驻点学习，分别在台北市忠顺里与台中市中达社区驻点学习。

【两岸旅游文化产业中心挂牌】 2014年5月25日，基隆市驻厦旅游经贸文化办事处“两岸旅游文化产业交流中心”在湖里区五缘湾商业街三期挂牌。该中心占地1200平方米，一楼展区严选台湾21县市特色产品和知名品牌，包括旅游文创精品、特色伴手礼、休闲食品等，为台湾特色产品进入大陆市场提供一个安全便捷的销售合作平台。二楼则作为基隆驻厦办及高雄市化妆品商业同业公会、台湾客家特色产业协会入驻办公室并整合多元的资讯交流平台。通过两岸旅游文化产业交流中心整合进驻的台湾二十一县市特色产品携手共进，另邀请大陆各省市采购商或通路商建立长期性贸易伙伴，通过厦门进入大陆其他市场，创造三赢局面，加快促进两岸旅游经贸文化产业交流做出好成绩。

【推进涉台项目建设】 年内，湖里区始终抓住海峡两岸发展的契机，找准对台工作的着力点和突破口，积极推动闽南古镇的招商，利用短信平台和走访台资企业的时机，大力宣传两岸股权交易中心的挂牌政策，100多家台资企业来电来函咨询，已有 20 多家有意向的台资企业与两岸股权交易中心成功对接。区台办还根据区招商工作，重点引进物流、医疗、教育和中介服务等三产项目，创造良好的投资环境，吸引台湾知名企业到湖里区设立营运中心和研发机构。在第六届海峡论坛期间，区台办协助台中市海峡两岸经贸交流中心在湖里区五缘湾正式设立厦门办事处，通过这个平台加深两岸教育、文化、经贸、农特产品的交流；“9·8”投洽会期间，协助区委、区政府接待了台湾台开公司等参会团组 3 批 50 多人，牵线台湾龙邦（厦门）妇产专科医院落户湖里区五缘湾。10 月 14 日，举行奠基仪式，这是第一家台资医院落户湖里区。

1 月 14 日，区领导拜会台商会长陈信仲（方旭明　摄）

对台服务

【维护台胞合法权益】 2014 年，湖里区台办共受理台胞、台商求助案件 44 件，结案率 100%，并实现零投诉。求助案件中占最大比例的是土地、房屋租赁纠纷，其次是台商子女就学问题。区台办采用轮班值日的方式，时刻关注社会动态和台胞的权益保护。继续发挥与区司法局建立的台企普法联络员联席制度的作用，将对台法律、法规、政策的宣传工作常态化，最大程度地保护台胞、台商的合法权益。

【关心台资企业生产情况】 2014 年，湖里区认真做好辖区内台胞、金门同胞、台属以及台资企业的基础信息摸底工作，建立相关的数据库并做好数据库的日常更新。同时，加强与台盟湖里支部及其他部门联合开展课题调研、举办相关活动。“两节”期间由区分管领导、区台办主任分别带领区台办人员走访辖区重点企业。年内，与市台商协会会长一同走访了辖区 83 家台资企业，了解企业当前的生产经营状况，帮助解决具体问题。在走访中，还积极发动台资企业加入湖里区台商联谊会，扩大联谊会规模，加强辖区内的台商与台商之间、台商与政府各职能部门之间的沟通与联系。年内，有 12 家台资企业成为新会员企业。

【关心台胞、台属生活】 年内，湖里区台办、台联结合各种传统节日开展活动，春节前夕，向台胞、金门同胞、台属和台商寄发贺卡 100 余份，发送祝福短信 200 余条；陪同区分管领导走访慰问台胞、台属 70 人，入户慰问贫困的台胞、台属，台联会正、副会长，台联理事和台盟湖里支部盟员。端午节走访慰问辖区 25 名台胞、台属。“三八”节组织辖区女台胞、女台商代表共 36 人参观思明区“曾厝垵文创休闲渔村”和台资企业丸美服饰有限公司。“母亲节”组织参观海沧兴旺社区，举办插花培训，让台胞母亲度过一个温馨愉快的节日。开办“缘来一家人”周末合唱班活动，让台胞、台商们在业余时间放松身心、陶冶情操。“六一”儿童节组织参观社区建设，并以《我心目中的社

12 月 28 日，区台办工作人员慰问兴隆社区台胞、台属（区台办供图）

区》为题征集作文，评选出优秀文章给予奖励。7月7—9日开展为期三天的“用知识和智慧守护生命”为主题的夏令营活动。走访慰问各街道70岁以上老台胞、台属和贫困台胞、台属共计105人。

引进台湾专业人才

【做好台湾专业人才引进工作】 2014年，湖里区台办根据《湖里区关于实行人才工作目标责任制的意见（试行）的通知》要求，认真做好“550”台湾专业人才的引进和培育工作。共走访台资企业近110余家，举办各类说明会，利用各类培训和网络平台共计12场次，发放《厦门市湖里区“550”高层次人才引进和培育计划优惠政策》300余本，促使44名台籍干部加入湖里区台湾人才储备库，为6名台干协调解决子女就学问题。依托市、区举办的大型活动，宣传湖里区台湾专业人才优惠政策，建立一套“宣传、培育、管理、服务、沟通”的人才工作体系。年内，新引进3名台湾专业人才，至年底，湖里区共有11名台湾专业人才。

【提高台湾专业人才的积极性】 2014年，湖里区提高服务水平，加强全方位服务，认真做好考核工作，引导台湾人才贡献力量，兑现奖励金63万余元。区台办积极引导台湾人才为湖里区“美丽厦门·创新湖里”建言献策，共收集7个方面18条建议。区台办还采取“企业自主引进、以老带新、中介招聘”等方法，经申报评审后，对符合条件的台湾人才给予一定的奖励，对引进的台湾专业人才在住房、子女就学、创业基金等方面优先扶持，极大地鼓舞台湾人才服务湖里区社会经济发展的热情。

湖里区台胞金门同胞台属联谊会

【概况】 湖里区台胞金胞台属联谊会（以下简称区台联）是由居住在湖里辖区的台胞、金胞、台属自愿组织的爱国民众团体，成立于1997年12月，经代表大会选举产生理事会成员，其中会长1人，常务副会长1人，副会长2人，秘书长1人，副秘书长2人，常务理事15人。是年，会长周怡，常务副会长兼秘书长李宝龙。2014年，召开2次理事会。年内，辖区有台湾省籍同胞150户256人，金门同胞119户208人，台属339户2695人。

【主要活动】 2014年，区台联开展形式多样的联谊活动，在元旦春节期间走访台联理事，慰问贫困台胞、金门同胞、台属和70岁以上的老台胞、金门同胞、台属；在传统节日组织参观、考察和联谊活动，增强了台胞、金门同胞、台属的凝聚力。5月14日，区台联与区台办、区侨联、海外联谊会联合开展庆祝“母亲节”活动。9月27日，区台联参加区政协组织的“密切联系群众，践行群众路线”“政协活动日”活动，现场发放《台湾同胞投资保护条例》120余本，人才引进优惠政策小册子80余份。现场帮助解答涉台、涉诉问题10多件。11月18日，区台联组织参观考察五缘湾慈济慈善志业服务中心，了解台湾慈济慈善事业与环保，并开展座谈交流。

湖里区台商联谊会

【概况】 湖里区台商联谊会成立于2003年11月，截至2014年有会员企业71家，主要从事电子、光电、科技、电器、橡胶科技、光学、鞋业、工艺品、医院、门诊、医疗器械、教育、珠宝、制衣、服饰、酒店、酒业、食品、茶叶、种苗、纸业、商贸、金融、财险、汽车、旅游及轻工产业。现任总干事林姵蓁。

【主要活动】 湖里区台商联谊会是湖里辖区台资企业自愿参加的社团组织。台商联谊会的主要活动形式是定期举办餐叙会，为会员企业搭建交流交往平台，联络感情，增进友谊，交流企业经营管理的经验，共同为湖里区的社会经济建设做贡献。1月6日，区台商联谊会发起开展“爱心企业献血活动”。3月18日，区台商联谊会召开“物流研讨会”，并到日通物流公司参观考察。5月27日，举办第23次台商餐叙会暨庆“端午”晚会，共计150多人参加，市台办及区相关部门领导出席此活动。现场发放湖里区新出台的《厦门市湖里区“550”高层次人才引进和培育计划优惠政策》100余本。9月2日，区台商联谊会开展中秋慰问活动，为各会员企业送去节日的祝福。7月17日，区台商联谊会陪同市台商协会会长走访8家台资企业，了解企业反映的问题，为企业提供解决方案。

（李宝龙）

宏观经济管理

【概况】 2014年，面对严峻的经济形势，湖里区积极应对，果断、及时采取一系列行之有效的措施，细化目标、明确职责，狠抓落实，努力遏制经济持续下滑的势头，取得显著成效，经济增长总体呈稳中向好的趋势。年内，湖里区完成地区生产总值749.83亿元，比上年增长5.6%，比年初回升13个百分点，总体上经济运行呈现低开下行尔后止跌启稳逐步回升的态势；财政总收入152.47亿元，比上年增长13.4%，其中区级财政收入42.05亿元，比上年增长23.83%；完成规模以上工业总产值1400.68亿元，比上年增长1.6%；社会消费品零售额324.5亿元，比上年增长13.5%；固定资产投资额320.5亿元，比上年增长33.90%；合同外资35427万美元，比上年下降8.39%，实际到资32113万美元，比上年增长20.74%。

【安排2014年投资计划】 湖里区精心编排2014年投资计划，全年安排主要建设项目143个，支撑市下达湖里区275亿元投资任务，其中，产业项目93个、社会事业项目20个、基础设施项目14个。共安排重点建设项目45个，年度投资76.08亿元，其中纳入省级重点项目2个、市级重点项目28个、区级重点项目45个。

【加强经济运行监测分析】 2014年，湖里区强化经济运行预警机制，建立月初全面分析、月中协调问题、月底抓统计协调的经济运行预警促进机制。区委每月召开一次经济形势分析会。区政府每10天召开一次经济形势分析会。通过以旬保月，以月保季，以季保年落实经济发展的各项工作目标。完善经济指标完成预估通报制度。坚持每月25日预估当月指标完成情况，每月5日前向区领导通报上月快报数，10日前量化通报上月各项主要经济指标完成情况，努力遏制经济下滑的势头。

【提高项目审批效率】 2014年，湖里区严格按照《湖里区财政性投融资项目管理暂行办法》审批项目，强化与项目建设单位事前沟通，通过优化决策机制，压缩审批流程，合并审批环节，建立容缺受理制度等有力措施，提高项目审批效率。全年立项审批项目60个，项目概（估）算投资100118万元。备案项目19个，核准项目1项，支持19个项目开展前期工作。

【圆满完成重点项目投资任务】 2014年，湖里区45个区级重点项目完成投资80.73亿元，完成年度投资计划的106.1%，超额完成4.65亿元。其中，27个产业项目，完成投资50.78亿元，完成年度投资计划的100.3%，一批产业龙头项目进展顺利，国贸金融中心、海西金融广场、鼎泰和金融中心、鼎丰国际广场等项目均施工至地上主体结构，闽南古镇二期即将投入使用；7个基础设施项目，完成投资26.49亿元，完成年度投资计划的120.8%，后埔—枋湖片区改造完成签约建筑面积14.11万平方米，完成年初计划签约面积的141.1%，轨道交通一号线完成征地28.34余万平方米，完成年初征地计划的103.3%；11个社会事业项目，完成投资3.46亿元，完成年度投资计划的97.2%，林边小学、湖里中学北校区已投入使用，眼科中心一期主体施工，二期桩基施工。

【构建“6+3”现代产业支撑体系】 2014年，湖里区根据新兴产业发展趋势，按照厦门市“美丽厦门·创新湖里”定位要求，全面分析辖区优势产业及发展方向，梳理出新的“6+3”产业支撑体系，即以总部经济、金融商务、商贸服务、信息服务、休闲旅游及文化创意为重点的现代服务业，以平板显示、计算机通讯及设备制造、航空维修为重点的先进制造业，并提出了相关发展思路。

【推进经济转型发展】 2014年，湖里区实现第三产业增加值397.9亿元，比上年增长8.0%，占国内生产总值

53.1%，首次超过50%，创“十二五”以来新高。总部经济、电子商务、现代物流等现代服务业成为引领湖里区经济增长的主导产业，总部企业48家，实现税收15.8亿元，占全区财政收入的14.9%，总部亿元楼宇达到15幢，实现税收总收入47亿元。新注册电商企业近1129家，是上年同期近6.5倍，零售额40.5亿元，比上年增长44.2%，占全市74.3%；先进制造业与服务业融合发展明显，戴尔计算机、欣贺服饰、金鹭特种合金等一批重点企业加强研发设计，加强技术改造，引入互联网模式，实现制造服务化，不断向产业链增值环节延伸，带动高新技术产业发展，高新技术企业有233家，占全市28.4%。

【创新城区综合管理】9月，在全市率先成立区城市综合管理委员会，推行网格化管理，基本建成“数字城管”系统平台，构建“大城管”格局。年内纠正占道经营15.3万起，查处“两违”59处，拆除“两违”面积47.3万平方米，继续保持非法占地建设“零形成”的良好局面，连续三年获得全市“两违”综合治理工作第一名。积极对接东渡客运码头、五通海峡旅游服务中心启用和轨道交通建设、仙岳路立交改造，强化交通组织、城区管理和综合保障。

【创新社区治理模式】2014年，湖里区探索“一核多元”社区治理体系，推进“美丽厦门·共同缔造”工作。通过“以奖代补”模式，完成马垅、蔡塘、祥店、安兜等社区改造提升，基本完成康乐新村二期、华昌小区等老旧小区改造。平安和谐社区、诚信文明示范街等创建工作经验在全市推广，兴隆社区成为全市唯一的对台服务示范社区。设立全市首家社会组织服务园，引进恩派（NPI）公益组织机构托管区、街社会组织服务园。

【基础教育不断加强】2014年，湖里区投入教育经费10.7亿元，积极创建全省“教育强区”。以全省16个受检区第一名的成绩通过国家义务教育均衡区评估验收。厦门三中成为省一级达标校。新建、扩建6所中小学校，开办7所公办幼儿园，新增中小学学位6360个、幼儿学位2160个，接收6258名外来务工随迁子女就读公办学校。投入近2000万元专项资金鼓励和支持街道、社区利用国有资产和集体资产举办公办性质幼儿园，缓解外来员工子女上学难问题。新聘教师212名，引进高层次教育人才16名，培养省骨干校长4名、省学科带头人9名。完善民办中小学办学绩效评估和集体办幼儿园管理办法，启动家长素质提升工程。

【健康服务不断改善】2014年，为解决湖里区人口众多而医疗资源配备不足，人民看病难的问题，积极推进复旦中山厦门医院、弘爱医院筹建和厦门眼科中心扩建，协助市儿童医院投入运营，与市第一医院合作创建二级甲等妇幼保健院，全面放开社会资本兴办医疗机构，辖区医疗资源不足问题不断改善。

【加大市政基础设施投入】2014年，湖里区投入6218万元建设、改造枋湖中路、蔡坑路等14条市政道路；投入4000万元建设蔡塘学校、双十中学枋湖校区停车场；实施12处地质灾害点整治建设；强化市政设施维护管理，投入500万元，改造6个“村改居”社区自来水管网；在禾山、殿前等4个街道开通社区公交（全区已投入5条线路、32部车），解决了城中村居民出行难问题。

【大力提升生态环境品质】湖里区全年投入1700多万元实施长虹路、金泰路等8个路段及儿童医院周边绿化提升，投入8000万元完成埭辽水库清淤和环湖景观整治，投入1400万元对湖边水库进行绿化提升、步游道修复改造，完成康乐湖污水截流、清淤改造提升。投入2000万元改造仙岳山公园休闲步行道及绿化景观，完成薛岭山公园北入口登山道及景观亭主体施工。积极开展生活垃圾分类试点改造。

（张宪敏　柳子昂）

统　计

【开展第三次全国经济普查】2014年，湖里区统计工作重点是开展第三次经济普查。实施“六制度”，严把“两关”（培训关、入口关）确保顺利完成第三次全国经济普查工作。在入户登记工作结束后，湖里区统计部门根据第三次全国经济普查工作安排，进入审核改错阶段。由各专业业务骨干牵头，对接市局相应专业，按各专业具体要求审核改错，每个专业组配5—7个人，确保普查数据准确无误。第三次全国经济普查结果：至2013年12月31日，全区有法人、产业活动单位19542家，个体户29842家，其中，核查存在数15371家，新增单位4153家，民政追加有效登记单位18家，核查存在但未有效登记单位4200家，民政追加未有效登记单位63家。

【企业实现一套表联网直报】年内，全区有293家规模以上工业企业、421家限额以上商贸及餐饮住宿业企业、172家资质以上建安企业和76家房地产开发企业、237家重点服务业企业通过“一套表”联网直报系统报送统计数据。同时还有各类企业1192家通过“一套表”联网直报劳动工资情况。

【基本单位名录库建设】2014年，湖里区采取多项措施认真开展基本单位名录库维护工作：一是更新、维护已在名录库的基本单位；二是对2014新增的基本单位开展审核、入库工作。截至年末，湖里区基本单位名录库中有22458

家法人单位，6257家产业活动单位。

【统计分析】 2014年，区统计局加大对全区宏观经济和社会运行监测，充分利用统计数据，加强经济分析。全年以《湖里统计月报》《湖里区统计研报》《湖里区统计信息》《厦门市湖里区年鉴》和《湖里区2014年国民经济和社会发展统计公报》的形式，及时提供给区委、区政府以及社会。是年，又增加《数据参考》《湖里区规模以上工业主要行业生产指标》《湖里区规上工业基本情况分析》三种形式，并编制了《2012—2013年湖里统计分析资料汇编》。

【统计服务】 2014年，区统计局积极做好年度国民经济和社会发展统计公报的发布工作，让社会公众对湖里区经济发展有整体地认识。配合企业申请增产多销、著名商标、名牌产品等工作，开展统计服务，为企业提供产值、主营业务收入、利润总额证明，累计开具114份。全年共完成631家企业统计登记证的办理、年审工作；配合市统计协会完成208人的统计从业资格证报名工作；同时，做好474人统计从业资格证继续教育的报名、培训及后续认证工作。

【专项统计监测】 2014年，区统计局承担区妇女儿童发展纲要统计监测，统筹协调、确保数据质量；抓紧对重点指标认真梳理，细化规划目标落实措施；坚持实事求是，对数据负责，对指标负责，撰写并提交年度监测报告。加强与计生部门联系沟通，做好人口自然增长率、出生人口性别比指标的跟踪工作。

【常规统计调查】 2014年，区统计局组织实施工业、建筑业、房地产开发、服务业、固定资产投资、贸易、人口、劳动力、劳动工资、能源消费、社会科技、文化产业和城乡居民收入等各项常规统计调查，高质量完成了全年各项统计年报和定期报表任务。

【统计执法】 年内，区统计局加强日常监管，密切关注全区1018家“一套表”联网直报单位的数据波动有无异常。6月，对全区工业生产者价格调查企业和规模以下服务业企业37家开展统计数据质量检查。8月，对湖里区指标变动幅度较大的38家联网直报单位重点审查。9月，综合采取技术甄别、质量评估、现场核查等方式，对全区84家联网直报单位重点核查。通过加强统计检查及执法，大大提高企业及统计人员规范报送统计报表的意识和业务水平，保证源头数据质量的真实性和完整性。

（陈豪伟）

名词解释

六制度：实施“周例会”制度，确立定期培训制度，实施即录即审制度，实施每日通报制度，实施“倒计时”制度，采取611表集中管理制度。

审　　计

【概况】 2014年，湖里区审计工作认真贯彻落实区委、区政府重要工作部署和上级审计会议精神，大胆创新思路，积极主动作为，扎实开展审计各项工作，共完成审计项目22项，其中：预算执行审计1项、经济责任审计18项、专项审计调查3项，共查出管理不规范金额89648万元，提出审计建议104条，选送的2个审计项目分别被厦门市审计局评为“区级优秀审计项目”和“区级表彰审计项目”；所在支部被区直机关党工委授予“金服务”先进基层党组织；在区委群众路线教育实践活动中，该局被授予解民生问题先进单位。

【区级预算执行情况审计】 2014年，湖里区重点审计2013年度区财政存量资金、收支平衡、预算收入入库、预算支出、185个单位的银行开户情况及存款规模、116个单位“三公经费”情况等。审计表明，区财政局已加大力度整改以往问题，但仍存在整改不到位的地方，包括往来款项清理不够彻底，应缴预算款未及时上缴，沉淀资金较大等7大类问题。针对审计发现的问题，区审计局站在“大财政”的高度提出清理财政存量资金、减少运转成本、提高资金周转率、加强财政间歇性资金管理，提高专项资金管理力度、加强对三公经费、会议费及培训费管理等建议，并形成专报件《湖里区财政存量资金及财政投融资情况分析》。

【加强民生项目审计】 2014年，湖里区关注“美丽厦门·共同缔造”和“美丽厦门·创新湖里”专项经费使用情况，抽查区民政局、发改局、市政园林局、建设局等 7个部门的部分专项资金使用情况，深入分析资金利用率不高的原因，并提出审计意见和建议。联合区检察院开展区级家电下乡补贴资金专项审计，深入调查区财政局、经发局等审核部门的审批流程和资金走向，涉及金额314.85万元。积极开展惠民政策跟踪审计，结合湖里实际，认真组织实施审计方案，对照19个项目检查内容，深入调查了本区稳增长促改革调结构惠民生相关政策落实情况。配合上级审计部门开展土地出让收支情况审计和城镇保障性安居工程跟踪审计，深入调查相关政策落实情况。

【加强“三公经费”审计】 2014年，根据中央“八项规定”精神，湖里区共延伸审计65个区级机关（含下属事业单位）、46所学校和5个街道（不含社区）的“三公经费”开支情况。审计发现2013年区级机关“三公经费”开支与2012年同比下降26.49%，各街道同比下降27.92%。为进一步规范“三公经费”支出，湖里区已制定“三公经费”、会议费及培训费管理办法及惩罚制度，明确开支标准、开支内容及会计核算办法，进一步加强对各部门预算单位“三公经费”支出情况的监管力度。

【完成 18 名领导经济责任审计】 2014年，湖里区完成18名单位领导经济责任审计，其中党政领导干部有10名、事业单位领导8名。审计查出管理不规范资金3502万元，提出审计建议82条。

【创新审计工作方法】 2014年，湖里区审计部门创新工作方法：一是针对区园林系统主官调整，安排山地公园和湖里公园等同类别的被审计单位合并召开进点会，让被审计单位相互借鉴好的经验做法，同时提高审计效率；二是在对区环卫处审计中，主动邀请其主管部门——区市政园林局参会，有力推动审计整改落实到位；三是针对教育系统审计面广、监督有限的情况，调整审计思路，采用同类调查摸底，制定指导意见，协商教育系统组织实施，进一步拓展了审计监督面。

（曾冠芸　吴晓东）

工商行政管理

【概况】 2014年，全区有各类商事主体81560户，其中：企业47180户，个体工商户34380户。全年新登记商事主体18309户，比上年增长98%，其中，新登记企业10494户，比上年增长126%，变更备案企业27296户。辖区商事主体的年报率93%。办理街道引资企业设立811家，涉及资金逾3亿元；强化对企业融资支持，股权出资资质登记34家，盘活股权27.74亿元，办理动产抵押登记26件4.5亿元。拆除立柱广告123杆，新增中国驰名商标1件、省著名商标12件、市著名商标13件。新办食品流通许可3248件，立案查处食品违法案件105件，立案查处“三无产品”案25件。立案查处经济违法案件204件，结案196件。受理各类投诉举报及信访件5371件，比上年增长26%，统一受处理“职业投诉人”案件40余件，消费投诉调解成功率96%，群众满意率95%，涉案金额10607.04万元，为消费者挽回经济损失2107.51万元，加倍赔偿16万元。全年行风效能投诉专线（6032526）答复群众举报、咨询560多次，核查纪检投诉25件，信访投诉件比上年下降42%，办结率100%；组织督查26次，通报情况12次，人工提醒纠正红牌43次，红牌率比上年下降49%。

【商事制度改革】 1月1日，区工商局响应上级号召，改革商事登记，释放改革红利，经济实体迅速发展。商事登记改革主要有7个方面内容：改“先证后照”为“先照后证”，实行主体资格与经营资格相分离；改注册资本实缴制为认缴制，取消注册资本行业门槛；改企业年检制度为年报公示制度，建立商事主体异常名录和黑名单制度；实行住所登记与经营场所备案制度，实行经营场所分类管理；按照“谁审批，谁监管”原则，实行审批与监管高度统一的市场监管机制；构建统一的商事主体登记及信用信息公示平台，建立社会监管体系；进一步简化办事程序、提高办事效率，逐步推进全程电子登记与并联审批。

【市场安全监管】 2014年，湖里区市场安全监管工作，严格落到实处。全年查办肉品违法案件47起，罚没12万余元。其中对私宰肉立案11起，销毁私宰肉1025.5公斤，配合街道办打击非法私宰点5个，查获私宰猪45头5400公斤。组织对30多个专项任务开展专项检查整治，食品案件立案105件，罚款47.58万元；查处校园周边违法案件26起，罚没入库4.17万元。配合抽检34家食品经营户，因抽检不合格被立案查处10起。办理动产抵押登记26件4.5亿元（业务量占全市43.33%），注销登记13件1.86亿元。

【商标广告监管】 2014年，湖里区商标广告监管切实做好服务与规范工作。全年拆除高立柱57杆，约1.28余万平方米；中立柱34杆，约2177平方米；小立柱32杆，约608平方米。大型看板9块，约2280平方米。年内，拆除立柱及看板共约1.79万平方米。受理上报市著名商标认定材料36份，延续认定材料23份；省著名商标认定材

1月1日，局长罗辉明为商事登记改革后第一家领证企业颁发营业执照（区工商局供图）

湖里区工商局定期邀请市行评代表检查农贸市场，确保民生食品安全（区工商局供图）

料 17 份，省著名商标延续认定材料 21 份；新认定厦门市著名商标 13 件，延续认定 21 件；新认定省著名商标 12 件，延续认定 21 件。严厉打击侵犯知识产权和制售假冒伪劣商品违法行为，立案 99 件，结案 64 件，案值 111.14 万元，罚没款 87.15 万元。

【消费者权益保护】 2014 年，湖里区消费维权工作，坚持以学习贯彻新消法为引领，以保护消费者新权益为己任，全年受理各类消费投诉 5120 件，其中："12315" 申诉举报服务台办理 2810 件，各基层工商完成 2310 件。在区工商局与法院建立"诉调对接"工作机制，在基层工商所实行"马上就办""三级调

2014 年湖里区新增驰名（著名）商标

表 10

商标名称	注册日期	注册单位	授予单位
玉鹭 Yulu 及图	时间不详（文件在市局）	厦门翔球集团有限公司	国家工商行政管理局
第 3916048 号图形	时间不详（文件在市局）	厦门中骏集团有限公司	国家工商行政管理局
xindeco 及图	时间不详（文件在市局）	厦门信达股份	国家工商行政管理局
hollyland	时间不详（文件在市局）	好利来（中国）电子科技股份有限公司	国家工商行政管理局
SRD	2014 年 10 月 28 日	施瑞德阀门（厦门）有限公司	福建工商行政管理局
Suctrn 及图形	2014 年 10 月 28 日	厦门协成实业有限公司	福建工商行政管理局
乾球 QAQ	2014 年 10 月 28 日	厦门美林经贸发展有限公司	福建工商行政管理局
MEIZHIZUAN 及图	2014 年 10 月 28 日	美之钻（厦门）珠宝首饰有限公司	福建工商行政管理局
姜太公及图	2014 年 10 月 28 日	厦门浩源工贸有限公司	福建工商行政管理局
和呷及图	2014 年 10 月 28 日	厦门和康工贸有限公司	福建工商行政管理局
ENJOY AUTO 及图	2014 年 10 月 28 日	厦门市盈众汽车销售有限公司	福建工商行政管理局
闽篮	2014 年 10 月 28 日	厦门闽篮超市有限公司	福建工商行政管理局
翔球及图	2014 年 10 月 28 日	厦门翔球集团有限公司	福建工商行政管理局
第 4139774 号图形	2014 年 10 月 28 日	福建三建工程有限公司	福建工商行政管理局
第 6862333 号图形	2014 年 10 月 28 日	厦门诚达运通国际货运代理有限公司	福建工商行政管理局
泉舜集团	2014 年 10 月 28 日	泉舜集团有限公司	福建工商行政管理局
XINDECO 及图	2014 年 10 月 21 日	厦门信达股份有限公司	厦门工商行政管理局
第 9691022 号图形	2014 年 10 月 21 日	厦门盈趣科技股份有限公司	厦门工商行政管理局
乾球 QAQ	2014 年 10 月 21 日	厦门美林经贸发展有限公司	厦门工商行政管理局

续表 10

商标名称	注册日期	注册单位	授予单位
鑫活力及图	2014 年 10 月 21 日	厦门鑫活力工贸有限公司	厦门工商行政管理局
SUNNYPET 及图	2014 年 10 月 21 日	厦门吉信德宠物用品有限公司	厦门工商行政管理局
ANMANI 恩曼琳	2014 年 10 月 21 日	欣贺股份有限公司	厦门工商行政管理局
姜太公及图	2014 年 10 月 21 日	厦门浩源工贸有限公司	厦门工商行政管理局
新鹭及图	2014 年 10 月 21 日	厦门厦鹭粮油工贸有限公司	厦门工商行政管理局
中绿粗粮王	2014 年 10 月 21 日	中绿食品集团有限公司	厦门工商行政管理局
ENJOY AUTO 及图	2014 年 10 月 21 日	厦门市盈众汽车销售有限公司	厦门工商行政管理局
优传	2014 年 10 月 21 日	厦门优传供应链有限公司	厦门工商行政管理局
第 6928716 号图形	2014 年 10 月 21 日	联发集团有限公司	厦门工商行政管理局
泉舜集团	2014 年 10 月 21 日	泉舜集团有限公司	厦门工商行政管理局
孔雀河	2014 年 10 月 21 日	厦门市孔雀河保洁服务有限公司	厦门工商行政管理局
第 4139774 号图形	2014 年 10 月 21 日	福建三建工程有限公司	厦门工商行政管理局
FENGFEI.Z	2014 年 10 月 21 日	厦门凤飞服饰设计有限公司	厦门工商行政管理局

解”与“集中排期调解”机制；在处理各类投诉件时，做到“日常投诉认真做”“紧急投诉快速做”与“特殊投诉反复做”。区工商局对“中博手机城促销活动涉嫌虚构原价”“三星手机N7102深陷‘频段门’”“七岁小孩游乐场受伤移植头皮”“‘哈动园游乐园’撤店未退会费”投诉件的处理，受到市消委会表扬，被列为“厦门市2014年十大消费典型案例”。

“12315”投诉台（区工商局供图）

【新消法学习及测试】 1—3月上旬，湖里区先后3次组织维权人员40多人参加市消协新消法培训班，4月25日，组织基层工作人员进行新消法知识测试，6个工商所取得4个优秀、2个良好的成绩。

【实行诉调对接】 1月，在区工商行政管理局与区法院实行“诉调对接”工作机制。机制的建立，明确了双方的基本职责、工作原则、司法确认、起诉调解、协作联络、公布实施等事项，这将更加有利于疑难消费纠纷和诉转案类投诉的办结，进一步深化和提升了司法调解和行政调解效能建设。

（丁宏山　林璐）

价格监督管理

【概况】 2014年，湖里区物价检查所开展了元旦、春节、中秋、国庆节期间，市场价格监管工作重点是监督和检查湖里区的购物场所、宾馆酒店、餐饮、旅游景点和交通运输（及停车场收费）等各方面的市场价格。开展行政事业性收费单位《收费许可证》的年审工作，量化考核全区28家收费单位，审查收费金额5123.49万元，其中涉企收费46.83万元。积极开展价格投诉查处工作，全年受理举报投诉案件共79件，其中区转办市长热线投诉案件40件，市物价局转办价格举报案件39件；受理一般程序案件1件，经济制裁10.27万元。做好经营性收费项目的报备工作，实地考查每一家前来报备的经营者的资金、场地、设备、人员情况，根据实际情况对经营者进行合理的价格报备，共办理、变更经营性收费项目69家，更好地维护了市场秩序。

【区物价检查所整治民办学校及幼儿园乱收费现象】 2014年上半年，针对家长反映较多的民办学校乱收费问题，区物价检查所联合湖里区教育局组成专项调查组，深入调查核实上述问题。检查发现湖里区后埔民办小学、超强民办学校、文心民办小学、侯卿小学和金尚小金星幼儿园等5所民办学校及幼儿园均在不同程度上存在乱收费的现象，具体表现为学校多收学生学费以及强制收取代办费，收取的代办费没有遵循多退少补原则等。根据《福建省民办教育收费管理实施细则》规定，代办费应遵循“学生自愿、事先公示、多退少补、不得营利”的原则。检查所责令以上5所民办学校及幼儿园退还多收的学费和代办费共计人民币近43.83万元，截至5月上旬全部退还完毕。

【加强投洽会及中秋国庆期间市场价格监管工作】 第十八届中国国际贸易投资洽谈会和中秋、国庆双节前夕，区物价检查所根据厦门市物价局的工作安排，对湖里区各行各业市场价格进行监督检查。主要检查辖区各饭店、宾馆、酒店、旅社、招待所、旅行社的客房价格是否超过最高限价，是否强制消费及乱收费等，停车场收费是否明码标价。在检查过程中区物价所发现，大部分宾馆酒店的客房价格都能遵循投洽会期间的最高限价规定，但是有一部分停车场收费情况出现问题，厦门五通客运码头的停车场收费公示牌不够规范，枋湖客运中心的停车场收费公示牌没有设立在醒目位置等问题。区物价所责令这些单位限期整改。

（张宪敏　柳子昂）

安全生产监督管理

【概况】 2014年，全区坚决贯彻落实全国、全省、全市安全生产工作会议精神，强化红线意识、实施安全发展战略，以强化和落实责任为抓手，以防止和减少生产安全事故为主攻方向，以保障人民群众生命和财产安全为目标，开展安全生产各项工作，推动湖里区安全生产形势持续稳定好转。全区共发生各类生产安全事故111起、死亡12人、受伤110人、经济损失96.5万元，同比分别下降12.6%、上升33.3%、下降10.9%、上升11.9%，发生1起较大生产安全事故。

【完善安全生产目标责任体系】 3月25日，召开全区2014年度安全生产工作会议，部署安全生产工作。6月20日，制定下发了《湖里区人民政府关于下达2014年安全生产目标责任的通知》，将安全生产目标责任下达到各街道、各部门，层层抓落实，确保安全生产责任落到实处。早研究、早部署，年初就制定2014年安全生产目标责任制考评办法，进一步健全安全生产目标责任体系，加强安全生产目标责任考评。

【审议通过《安全生产“党政同责、一岗双责”规定》】 12月24日，区长张毅恭主持召开区政府常务会议。会议听取了《湖里区安全生产“党政同责、一岗双责”的规定》的情况汇报，并审议通过。该规定明确安全生产工作职责，实行“行业主管部门直接监管，安全监管部门综合监管，地方政府属地监管”和“管行业必须管安全”，“谁审批、谁负责”的原则，实现五个“全覆盖”。

【完善督查机制】 2014年，湖里区严格安全生产目标责任考评，继续坚持半年督查、年终考评等制度，并通报各街道、各部门安全生产工作考评情况，对

12月4日，湖里区发改局物价检查所向群众宣传价格法律法规（区发改局供图）

考评督查中发现的问题，督促整改到位。将安全生产工作情况纳入各级领导政绩考核内容，建立各街道、各部门第一责任人履职报告及点评制度，明确各级领导安全生产工作职责。及时兑现2013年安全生产目标责任制考评奖金和区安全生产先进个人奖金65万元。

【设立安全生产专项资金】 2014年，湖里区将安全生产管理工作经费441万元列入同级财政预算，并投入大量资金用于公共安全设施建设；各街道全年编列预算800多万元作为安全生产工作专项经费；安排500万元作为专项奖励资金，用于奖励举报、查处燃气安全隐患，并投入大量资金用于餐饮场所安装燃气报警器及防爆排风扇；投入236万元建立居民小区灾害预警信息发布系统；同时，加大安全发展示范区创建、企业标准化建设、应急演练、安全生产宣传教育培训等工作的经费投入。

【开展应急救援综合演练】 6月27日，湖里区配合市安委会在湖里万达广场举行“全市公众聚集场所安全生产事故应急救援综合演练”。组织人员参与事故现场警戒、人员疏散与现场安全保卫，出动消防车和志愿消防队员参与火灾事故现场抢险救援与处置，并负责事故现场救援用水、用电保障。通过演练，锻炼和提高了湖里区应急救援队伍的救援能力，检验了湖里区救援体系的快速反应能力。

【深入开展“六打六治”打非治违专项行动】 2014年，区安监重点整治危险化学品、油气管道、交通运输、建筑施工、消防等行业领域，集中打击和整治六个方面的非法、违法，违规违章行为，坚决打击非法生产、违规作业行为。坚持边排查边整改，对能及时整改到位的事故隐患，立即采取措施确保事故隐患整改到位；对不具备安全生产条件且难以整改到位的企业，依法坚决予以关闭取缔。全区共检查企事业单位和场所2000多家，排查治理安全隐患900多条。

【加强危险化学品监管】 年内，湖里区一是加强危险化学品储存经营使用环节监管。采取联合执法、“四不两直”方式、暗查暗访等多种检查方式对加油站、油库等企业开展全面检查，整治非法违法生产经营行为。共检查150多家次，消除事故隐患100多条，查处非法储存危险化学品案件4起。二是开展涉氨制冷企业液氨使用专项治理。主要检查压力容器使用、设备定期检验和特种设备作业人员配备等情况，对检查发现的隐患责令使用单位立即整改，并依法依规由相关职能部门跟踪落实，确保消除隐患。其中，1家企业进行技术改造，用其他制冷剂替代液氨；对1家存在重大安全隐患的企业，责令停产停业整顿，液氨已抽完，彻底消除了安全隐患。三是从严把好危化品准入关。认真核查33家办证、换发证的危险化学品经营企业和5家办理易制毒备案的企业，严格控制市场准入。

副区长刘琦龙（右二）带队检查企业安全生产情况（区安监局供图）

【道路交通安全整治】 2014年，湖里区全力规范道路交通秩序。对摩托车非法上路、电动自行车违禁通行、运输车辆超载超限、涉酒驾驶等重点交通违法问题保持长期严管严控态势。共暂扣汽车1792辆、摩托车5482部、电动自行车3675部，查处醉驾219起、酒驾509起。加强对运输企业监管。开展联合访查行动，通过多层级交叉检查、多部门交互联管、多平台交错监督等方式，累计检查运输企业360余家次，梳理通报逾期未检客运车辆25辆、未检危化运输车2辆、其他逾期未检运输车辆1607辆，取消30名严重违法运输驾驶人参运资格，将187名年度被扣满12分的运输驾驶人列入黑名单，及时消除潜在运输安全隐患，有效预防和降低了辖区运输交通事故风险。深入开展道路隐患排查整改。共发现并整治交通设施缺损路段37处、交通隐患3处、交通复杂点段4处；重点整改了地处交通密集区域的成功大道机场大榕树路口安全隐患，完善了东渡路金宝路口进出岛枢纽点段路面灯控设施，提高了辖区重要道路通行安全系数。

【消防安全整治】 2014年，湖里区

深化除夕、元宵“零点行动”、清明、五一、端午、中秋、国庆等节假日重要时段消防监督检查，开展联合执法行动，督促场所单位落实消防安全责任，及时消除火灾隐患。对厦门大桥果品批发市场开发建设有限公司、科瑞大厦（厦门鑫利房物业管理有限公司）等15家存在重大安全隐患的单位由区政府挂牌督办，并帮助制定隐患整改措施，切实推进重大火灾隐患的整改落实。至年底，已有6家重大火灾隐患单位完成隐患整改并销案摘牌，其余单位正在有序整改中。推进消防安全重点单位“户籍化”管理工作和消防安全“四个能力”自我评估，签订消防安全重点单位告知书，组织社会单位责任人消防安全知识培训，切实提升社会单位落实消防责任主体意识。共出动检查人员5860人次，检查单位2850家次，发现并督促整改火灾隐患2466处，下发责令改正通知书1227份，下发临时查封决定书21份，下发行政处罚决定书114份，其中责令“三停”（停止施工、停止使用或者停产停业）单位22家，罚款143万元。

【建筑施工领域安全整治】 2014年，湖里区强化脚手架、建筑起重机械、深基坑和高边坡等重大危险源，建筑施工模板工程专项整治，强化从业人员持证上岗。年内，湖里区监管的98个工程项目均纳入“福建省建设工程质量安全监管动态信息系统”管理，共发出225份质量安全问题责令改正通知单，发现并督促整改隐患1000多条，对60名违规责任人按动态记分管理共记920分，约谈责任人110人次，给51家企业记下不良行为记录。

【特种设备领域专项整治】 2014年，湖里区制定特种设备检查计划和《重点使用单位现场检查作业指导书》，重点检查设备管理、制度落实、人员培训、应急处置等几方面工作，共检查165家企业、566台件特种设备，排查并督促整改隐患157条，发出监察指令书30份。完善《重要问题告知处理作业指导书》，针对难点，适时召开约谈会，明确隐患原因、处理意见和整改时限等，协调使用单位、维保单位加快整改进度。共有效处理重要问题告知27家、83台特种设备，集中约谈13家，及时有效消除安全隐患。

【开展粉尘防爆专项整治】 年内，湖里区排查、摸清31家涉粉尘企业的基本情况。将粉尘场所从业人员较多的企业作为重点监管单位，采取专人跟踪、专家指导等有效措施确保生产安全。督促本辖区、本行业相关企业开展安全隐患自查自纠，企业自查自纠率达到100%，对重点企业的安全检查覆盖率达到100%。区安委会成立由区经发、卫生、安监、消防、质监、环保等相关部门和安全生产专家组成的联合检查组，对31家涉粉尘企业开展联合检查。对排查出的隐患列出清单，建立台账，制订整改方案，做到发现一处，整改一处，切实把隐患消灭在萌芽状态。对厦门安联企业有限公司打磨抛光车间存在较大粉尘爆炸隐患实施停产停业整顿，确保从业人员人身安全。

【开展燃气安全专项整治】 年内，湖里区主要从三个方面抓好燃气隐患排查治理工作。一是检查燃气供应点，主要检查燃气存储场所是否具备安全条件，是否取得经营许可证，相应的资质级别、库存量、进出台账记录以及安全管理等情况。共检查燃气供应点67处次，督促整改隐患61条。二是餐饮店燃气使用情况排查。摸排店面、食品小作坊燃气使用情况，主要检查燃气来源、购气凭证、钢瓶标签标识、从业人员规范使用以及消防器材配备等情况。共检查使用场所9800多处次，发出整改通知5500多份，督促整改隐患1900条，正在整改隐患6800多条，停业整改24处，安装防爆报警器710家。三是严查黑气，对非法经营燃气行为展开专项整治，在居民区和出租房内私自库存液化气、气瓶进行查处。共查处非法经营和储存液化气窝点88处次，查获各类液化气瓶1056瓶，拘留17名违法经营业主，临时查封37家无证经销燃气场所，立案处罚14家存在消防违法行为的场所。

【安全生产宣传教育】 年内，湖里区通过电视、报纸、微博、专刊、微信、手机移动终端以及户外LED显示屏、楼宇终端等宣传平台，强化学校、社区、广场、车站、商场等人员密集场所的安全知识宣传教育，不断提升全民安全知识水平。整合优化宣传资源，利用百场电影进社区活动巡回播放安全生产警示片，发放安全生产典型事故案例选，结合安全生产实际和季节性特点，在《厦门日报》《厦门广电报》等定期、不定期宣传各单位安全生产经验做法、工作成效和安全常识等。全年共印发各类宣传材料50多万份，短信300多万条，悬挂500多条宣传标语，张贴各种宣传海报、挂图3000多套，制作黑板报、宣传栏200多版。

【安全生产月活动】 2014年，湖里区在”安全生产月“活动中集中开展五项活动：一是悬挂3D立体宣传画，在SM城市广场悬挂2幅、各40平方米的3D立体安全生产宣传画，提供强大舆论宣传氛围。二是向全区生产经营单位发出一封信，全面动员广大生产经营单位扎实开展“安全生产月”活动。三是利用网络等新兴媒体宣传安全生产方针政策、法律法规、经验做法，鼓励社会力量参与安全文化建设，形成共振效应，发出安全生产最强音。四是开展校园防灾减灾宣传，全区49所公、民办中小学，共6万名学生参加了紧急疏散演练，有力提升了师生应急、疏散、自救自护能力。五是开放消防站供市民群众参观学习。

（张宪敏　许溪圳）

【"9·19"较大燃气爆炸事故】 9月19位于厦门市湖里区嘉禾路390号福园公寓一层北部的家乡瓦罐煨汤馆（店主张家琴）开门营业。11点半左右，店内突然发生爆炸。爆炸造成该店人员张爱琴、何魁、李德毅和宁氏快餐店的宁云高，路人林铭耿等5人死亡，28人不同程度受伤。爆炸冲击波将该店门窗玻璃击碎，二层部分楼板混凝土冲击变形，相邻店面隔墙和门窗玻璃击碎，店面后侧的福园公寓物业办公室、通道吊顶被损毁；距事发地21米远的国泰大厦门窗玻璃、空调外机防护板损坏，直接经济损失890余万元。经厦门市事故调查组调查认定，湖里区瓦罐煨汤馆"9·19"较大燃气爆炸事故是一起生产安全责任事故。

（张宪敏　许溪圳）

燃气安全专项整治

【成立燃气安全整治领导小组】 11月5日，湖里区成立燃气安全整治领导小组。以区长张毅恭为组长，副区长刘琦龙、张家伟、刘云标为副组长，之后，各街道均相应成立专项整治工作领导小组。

【召开全区燃气安全整治动员部署会】 11月6日，湖里区召开全区燃气安全整治动员部署会。区委书记刘育生、区长张毅恭亲自进行动员。会议进一步统一思想，明确目标、任务、要求。

【全面排查燃气使用场所】 9月19日燃气爆炸事故发生后，湖里区全面排查燃气使用场所。检查全区5908处燃气使用场所12924次，发现隐患8557条，发出整改通知2527份，停业整顿12处，5844处已完成整改。扩大燃气整治覆盖面，将燃气安全检查工作延伸至工厂、医院、学校等企事业单位燃气使用场所，并通过制作出租房屋燃气安全专项整治检查表、出租房屋安全责任书，全面开展出租房房东安全责任落实工作，将整治工作扩大到"村改居"社区及出租户所有燃气家庭使用。

【规范安全用气】 2014年，各社区通过网格化分工、房东例会、入户宣传等方式，对使用黑气、不当使用燃气的住户进行教育、劝导，引导其使用正规燃气、规范使用燃气，并做好后期跟踪回访工作。加强对辖区内华润、鹭航、集顺、华达、杏泰、同气等燃气公司供应点的监督检查。对辖区18家燃气供应点的安全检查达98次，累计发现隐患167条，基本整改到位，关闭4家安全隐患较大的供应点。并将各燃气公司收回50公斤气瓶的联系人及联系方式印发给各街道，督促街道和企业严肃处理向不符合规范要求的用户供应50公斤气瓶等违法违规行为。

【加强安全用气宣传】 年内，全区制作宣传展板162块，举办专题宣传活动31场，印发宣传材料42.72余万份，发送安全短信67.56万条。在《厦门日报》《厦门晚报》《海峡导报》《海西晨报》等主流媒体刊发燃气安全整治新闻稿件和燃气安全知识12篇，与《厦门广播电视报》合作，刊登燃气安全专版7期。同时，加强教育培训工作，对检查人员、使用燃气人员举办专题讲座55场，教育培训近10.39万人次。推行从娃娃抓起的教育模式，在全区所有公办、民办校园开设燃气安全教育课，让学生带燃气安全知识回家。

（张宪敏）

名词解释

五个全覆盖："党政同责"全覆盖；"一岗双责"全覆盖；"三个必须"（管行业必须管安全、管业务必须管安全、管生产经营必须管安全）全覆盖；政府主要负责人担任安委会主任全覆盖；各级安监部门向同级组织部门通报安全生产情况全覆盖。

六打六治：打击破坏损害油气管道行为，整治管道周边乱建乱挖乱钻问题；打击粉尘爆炸危险企业的非法违法生产经营行为，整治证照不全、厂房违规设置及粉尘燃爆风险辨识、通风除尘、防火防水等防爆措施不落实问题；打击危化品非法运输行为，整治无证经营、充装、运输，非法改装、认证，违法挂靠、外包，违规装载等问题；打击无资质施工行为，整治层层转包、违法分包问题；打击客车非法营运行为；整治无证经营、超范围经营、挂靠经营及超速、超员、疲劳驾驶和长途客车夜间违规行驶等问题；整治单位或个人车辆未经核准擅自投入作为通勤车辆营运车利行为；整治旅游设施设备存在的安

湖里区餐饮场所燃气安全专项整治培训会

全隐患问题；打击“三合一”“多合一”场所违法生产经营行为，整治违规住人、消防设施缺失损坏、安全出口疏散通道堵塞封闭等问题。

“四不两直”：不发通知、不打招呼、不听汇报、不用陪同接待、直奔基层、直插现场”。

消防安全“四个能力”：检查消除火灾隐患的能力，组织扑救初起火灾的能力，组织人员疏散逃生的能力，宣传教育培训的能力。

食品安全监督管理

【食品经营专项整治】 为保障2014年节日期间食品安全，区商务综合执法大队协调各职能部门开展专项整治行动。共出动执法人员1420人次，出动执法车辆162辆次，检查食品安全经营单位233家次，立案查处6家，发出整改通知书41份。开展打击私屠滥宰，强化肉品卫生安全专项治理行动。取缔生猪私宰窝点8个，查获生猪344头。严厉打击制售假冒侵权酒类产品，检查酒类经营企业974家，督促办理厦门市酒类商品零售登记证45份。

【加强食品安全宣传教育】 湖里区全年共举办15场食品安全现场宣传活动，发放相关宣传材料2.6万余份。利用新闻媒体正面宣传食品安全，全年平面媒体报导23篇，电视报道4次。

（戴静静）

3月12日，区经发局联合工商等部门检查食用植物油企业（魏征　摄）

4月4日，食品安全宣传走进禾山中学（魏征　摄）

财 政

【概况】 2014年，湖里区财政工作在区委、区政府的正确领导下，认真贯彻落实中央及省、市财政经济会议精神，以履行职能为根本，紧紧围绕财政预算目标，加强协税护税，大力培植财源，财政收入稳中有增；积极盘活财政存量资金，助推重点项目建设，试行项目支出绩效评价，不断提升财政财务管理水平。年内，全区实现财政总收入152.47亿元，完成调整后预算的101.65%，比上年增长13.40%；实现区级财政收入42.05亿元，完成调整后预算的103.7%，比上年增长23.83%，区级财政增量达8亿元，占全市地方级财政收入增量的15.21%，高居全市各区之首。支出方面，是年，全区民生和社会事业支出24.02亿元，占公共财政支出比重达71.89%，集中投入教育、卫生、就业、社保、医保、城乡社会事务、保障性住房等公共服务领域和为民办实事项目。其中：教育投入10.73亿元，比上年增长18.15%，开办金安小学，蔡塘学校、厦门三中等新改扩建项目投入使用，下忠学校主体封顶，新增中小学学位6360个，开办湖里实验幼儿园等7所公办幼儿园及1所集体办幼儿园，增加学位2160个；社会保障和就业经费投入4.08亿元，比上年增长27.35%；城乡社区事务投入5.52亿元，比上年增长16.59%；医疗卫生经费投入1.89亿元；住房保障支出2936万元。

【国库支付中心工作取得实效】 2014年，国库集中支付中心坚决贯彻落实中央“八项规定”“六项禁令”以及厉行节约等规定，严控一般性支出，规范“三公”经费的支出管理，以“规范使用、合理使用”为要求，依托财政一体化管理系统，加大执行力度，从严、从紧控制，结合“三公”经费管理实际，探索建立集“预算编制、预算执行、监督检查”为一体的“三公”经费专项督检机制。全年通过国库集中支付系统支出金额14.98亿元，支出42096笔，其中直接支付约8.40亿元，共20608笔，授权支付约6.58亿元，共21488笔。公务卡结算制度已覆盖全区123家行政事业单位，全区预算单位公务卡消费共报销7811笔，共计消费金额975.20万元。全年国库中心代发工资总额累计达4.42亿元，累计55234人，代扣上缴个人所得税276.09万元。

【财政审核】 湖里区全年完成区财政性投融资建设工程预决算审核项目303项，送审值145645.05万元，审核值134015.89万元，核减值11629.16万元，核减率7.98%；政府采购预算控制价审核18项、累计送审金额39986.09万元，审核38135.1万元，净核减数约1850.99万元；征地拆迁评估报告审核80份，报审金额6685.8万元，核减金额830.79万元，核减率12.43%。共计审批进度款单数452单，总计91个项目，已拨金额近23635.05万元。

【推进政府购买服务】 2014年，作为政府购买服务的牵头单位，区财政局本着转变政府职能、创新社会治理、改进政府提供公共服务方式的根本要求，扩大政府购买服务范围，引导政府各部门从“养人办事”向“花钱养事”转变。一是完善制度体系建设，印发了《湖里区人民政府办公室转发区财政局关于推进政府购买服务工作实施意见的通知》，召开湖里区政府购买服务工作第一次联席会议，建立政府购买服务联席会议制度和信息报送机制；转发《厦门市财政局关于印发市级政府购买服务指导性目录的通知》，结合湖里区的具体实际，重点选取教育、民政等领域中的服务类事项作为特色项目。二是扩大服务范围，由早期的居家养老服务逐渐扩展到社工服务、公益性就业岗位、技能培训、公共教育服务、市政市容管理、公共设施免费开放、文化惠民等诸多领域。截至2014年底，区政府购买服务项目已达22类，涉及部门超过12个。三是加大财政投入力度，湖里区作为全国首批“社会工作人才队伍建设试点示范区”和“社会工作服务标准化建设示范区”，区、街财政每年安排不低于1000万元（其中每个社区不低于10万元）用于购买社工服务。每年安排不低于100万元扶持民办社工机构发展，到年底已建成厦门市首家社会组织服务园，采用“培育＋购买”的方式成功培育了8家民办社工机构。四是工作效益逐渐显现，截至年底，湖里区购买的社工服务项目已拓展到26项，覆盖全区52个社区，累计受益人数超过5万人。通过向民办中小学购买学位，安排了3500余名学生就学，减少200名教师职位，节约资金2000多万元。

【强化财政预算管理】 2014年，湖里区不断创新理财方式，推进财政科学化精细化管理，努力提高财政资金使用效益。一是简政放权，形成“马上就办”机制，取消国库支付5万元以上大额资金的审批，仅保留项目资金中10万元以上回拨本单位银行账户的审批；取消国库直接支付单位用款计划的审批环节；将授权支付单位用款计划审批移到国库中心，把计划审批与国库支付统一起来。二是在全市各区中首创采用招标方式确定定期存款银行。统筹区财政、街道、部门的财政性间歇资金，通过调度方式将暂时不用的资金归集到区财政，已安排3亿元资金转为定期存款，增加利息收入。三是继续加大历年已安排项目资金的清理力度，要求建设单位制定项目执行进度计划，对超过3年仍未支出的予以收回。截至年底，已基本完成历年列支项目沉淀资金的清理，盘活资金2.8亿元，用于辖区基础设施改造提升。四是加强政府性债务管理，确保政府负有偿还责任债务如期归还。是年，区财政局筹集资金16.43亿元，归还到期银行贷款，各项债务指标均属于可控指标，在全市实绩定量考核中居全市各区之首。五是按照结余结转资金管理制度，提高财政资金使用效率，盘活部门沉淀资金，从2014年开始，对以前年度项目结余资金全部收回财政重新安排，单位仍需继续使用的，列入下一年度预算。六是设立文创园担保基金，为解决中小企业融资难，湖里区与国家开发银行厦门分行协商，拟对入驻湖里文创园企业设立贷款担保基金，并对符合条件的入驻企业予以扶持。

【有效实施新的《中小学会计制度》】 新颁布的《中小学会计制度》自2014年1月1日起施行。新旧制度在核算目标、方法、内容、结构等方面都发生了较大变化。为保证新制度的顺利实施，区财政局及时转发了《中小学会计制度》及新旧制度衔接问题的处理规定，并将中小学校财务制度、会计制度及衔接处理规定等文件汇编、印刷成册，分发给公办中小学、幼儿园，以及民办中小学和集体办幼儿园以及分级收费管理的民办幼儿园；加大培训力度，指导区属中小学校做好新旧会计账目的转换，统一会计科目的设置，规范核算内容；结合新制度的实施，督促中小学校提高会计核算和管理水平，增强学校负责人依法管理会计工作的自觉性，完善内部控制制度。4月9日，区财政局和区教育局联合举办中小学会计制度培训班，全区公办中小学校、公办幼儿园、民办中小学校、集体办幼儿园、接受分级收费管理财政补助的民办幼儿园共120多名财务人员参加培训。

【筹集资金保障重点项目】 根据中共中央、国务院加大对棚户区改造的工作部署，中央银行给予国家开发银行1万亿元贷款额度，用于支持棚户区改造。2014年10月，湖里区钟宅畲族旧村改造项目在全市率先通过国家开发银行“棚户区改造”的资金评审，国家开发银行同意给予该项目提供36.1亿元的贷款授信额度，贷款期限8年，利率为银行同期基准利率下浮近19%。该次授信缓解了湖里区的资金压力、节约了大量资金占用成本。

【湖里区召开2013年度纳税先进企业表彰大会】 2014年7月31日，湖里区举行2013年度纳税先进企业表彰大会。湖里区委书记刘育生、区长张毅恭为受表彰的147家企业颁发荣誉奖牌。厦门湖里万达广场、福建世贸置业有限公司、厦门新景地集团、欣贺服饰有限公司等10家企业纳税金额超过1亿元，而纳税超过1000万元的企业有92家，这些企业正逐渐成为湖里区产业发展的中坚力量。数据显示，受表彰的纳税大户纳税总额达到53.24亿元，占2013年湖里财政总收入的50.23%。与往年不同的是，湖里区还特别对48家为经济发展做出突出贡献的总部企业、10家电子商务企业、高管以及电子商务楼宇进行表彰。

【举办《行政单位会计制度》培训班】 新修订的《行政单位会计制度》于2014年1月1日正式施行。为做好新制度实施工作，确保新旧制度平稳过渡、有效衔接，区财政局于3月14日举办行政单位会计制度培训班。聘请集美大学胡志勇博士专题讲解。胡志勇从制度修订的必要性、修订的基本原则、新旧制度的主要变化、新制度的具体内容等方面，结合财政部印发的《新旧行政单位会计制度有关衔接问题的处理规定》，对具体会计实务操作进行了详细讲解。全区财政干部和各行政单位近百人参加了本次培训班。

【举办行政事业单位资产管理员培训班】 4月9日下午，区财政局举办行政事业单位资产管理员培训班。区属行政事业单位管理员及区属国有企业有关人员共120人参加培训。培训班组织学习了财政部印发的《关于行政事业单位国有资产管理信息系统管理规程的通知》，并详细解说了国有资产管理信息系统的相关知识，系统地学习了信息系统的基础管理、数据管理与应用、事项及流程管理等内容。同时，结合当前湖里区行政事业单位固定资产管理工作中存在的问题提出了解决的思路。现场演示了资产管理信息系统的具体操作，提高了行政事业单位管理人员的操作水平。

【湖里区举办2014年预算绩效管理培训会】 8月8日，湖里区举办了全区性预算绩效管理培训会。各街道办、各行政事业单位分管领导及财务工作人员，区财政局、区审计局等共232人参会。本次培训通报湖里区近两年开展预算绩效管理工作成效；系统地介绍了开展预算绩效管理的重要意义和如何推进全过程预算绩效管理工作；详细讲解了专项支出绩效评价的流程。

公共资源市场化配置

【概况】 2014年，全区通过政府采购和工程招标累计实现公共资源市场配置预算69829.61万元，其中：货物类配置预算金额20353.16万元、工程类配置预算金额8006.36万元、服务类配置预算金额41470.09万元，配置规模58764.87万元（其中货物类配置金额18091.42万元、工程类配置金额7119.75万元、服务类配置金额33588.59万元），节约资金11029.85万元，综合节约率达15.8%，配置规模与节约资金双创历史新高，最大限度地发挥了资金使用效益。

【提高政府采购限额标准】 为进一步规范政府采购行为，落实简政放权、提高效率的精神，湖里区人民政府下发《关于加强和改进政府采购管理的通知》，自9月2日起施行。此通知把采购限额标准从30万元提高到50万元，提高的项目有：建设工程施工项目、电力电气设备电力工业专用设备、医疗设备、文艺设备、体育设备、图书档案、软件开发服务、印刷和出版服务。此举避免了频繁招标造成的人力财力的浪费，降低了采购成本。

【加强公共资源市场配置监管】 7月11日，湖里区与区检察院联合发布《关于在政府采购活动中开展行贿犯罪档案查询工作的通知》（厦湖检会〔2014〕7号），要求政府采购投标供应商必须在投标文件中附行贿犯罪档案查询结果告知函。查询结果由原来的标后提交改为投标准入程序，实现监管模式由“事后监管”向“事前预防”转变。在防范腐败犯罪的同时净化了政府采购市场，促进了诚信体系的建设。9月2日，出台《湖里区人民政府关于加强和改进政府采购管理的通知》（厦湖府〔2014〕95号）。强化了政府采购内控机制，明确各预算主管部门对本部门、本系统政府采购工作的责任。鼓励采购人优先采购国货、节能环保产品。

【制定小额工程预选承包制度】 年内，区财政局建立2014年度湖里区小额预选承包商库，征集房屋建筑、市政工程、装修装饰、园林绿化4个专业184家企业，其中：房建43家，市政44家，装修54家，绿化43家，比2013年增加39家企业。区各级财政投融资和国有企业投融资的财政审核控制价在30万元（含）以上至200万元以下的工程建设项目，一律按程序从预选承包商库随机公开选择承包商。小额预选承包商制度能够预防腐败，优化资源配置环境，提高建设工程质量，确保招标投标的公开、公平、公正。

国有资产管理

【加强国企国资监管】 2014年，湖里区加强了对国有资产监管力度。出台了《湖里区直属国有企业负责人薪酬管理试行办法》《湖里区直属国有企业负责人经营业绩考核试行办法》《湖里区直属国有企业工资总额预算管理试行办法》《湖里区区属国有企业监事会管理试行办法》《湖里区区属企业国有资产监督管理办法》《湖里区政府经营性国有资产管理办法》等6份国资监管办法，形成科学规范的国资监管运行机制。加强区属国企人员薪酬及绩效考核监督，实现对国企薪酬“双控”管理，规范经营业绩考核内容、方式、程序及奖惩等，建立运行有效的激励约束制度。开展国企薪酬专项审计、督促整改，全面清退超发薪酬1774.46万元；开展区属国企房（地）产专项检查工作，清查国企自有房产共26.92万平方米、代管政府性房产10.72万平方米。督促其正确核算经营收入、规范管理。规范政府机关事业单位经营性资产委托管理，实现公开、公正、公平的“阳光”运营，提高托管资产经营效益。是年，政府经营性托管房产完成租金收入1571万元，比上年增长128万元，增幅8.88%。组织国企人员及国资监管人员到市属国企学习借鉴先进管理经验、举办国企中层以上干部近80人培训班，切实提升国资监管人员及国企人员综合素质，保障国企科学发展。

【全面开展房产清查】 年内，湖里区为进一步加强房产管理，提高国有资产的使用效益，区财政局联合区监察局成立房产管理情况专项清查小组，全面清查5个街道办事处和2家区属国有企业的房产。清查范围包括：办公场所、土地、住宅、店面及其他经营性资产。共清查出房产575处，面积31.98万平方米，上缴租金258.07万元。其中：5个街道办事处共有房产54处，面积9.5万平方米；区国投公司代管房产391处，面积10.13万平方米；区属国有企业自有房产108处，面积2.54万平方米；区机关事务管理局管理的房产有22处，面积9.76万平方米。

【区属国有企业领导干部赴市属国企交流学习】 5月29日和6月20日，区财政国资党委组织区属国有企业中层以上领导干部分别赴厦门国贸集团有限公司和厦门建发集团有限公司交流学习。市属两家国有企业董事长和总经理分别介绍了公司的管理机制和运营模式以及信息化管理企业的先进做法。针对市属国有企业领导介绍的公司用人机制、项目决策程序以及内控管理等内容，区属国有企业领导就工作中遇到的困难和问题进行了深入的交流与探讨，现场气氛活跃融洽。

【区财政国资党委开展警示教育】 7月10日，湖里区财政国资党委与湖里区检察院联合组织46名区财政局及区属国企中层以上领导干部到厦门监狱开展警示教育活动，该活动是党风廉政建设和践行党的群众路线教育实践活动的一项重要内容。通过对监狱的参观和“活教材”现身说法，让财政国企领导干部对高墙内、外的天壤之别有了更真切的体会，起到了洗刷思想，触及灵魂，抑制贪欲，警示言行的目的，增强了遵纪守法、依法理财、廉洁从政、廉洁从企的自觉性，从而提高干部遵纪守法的意识，自觉远离违法犯罪。

（苏丽缎）

国有企业

厦门市湖里区国有资产投资有限公司

【概况】 2014年，厦门市湖里区国有资产投资有限公司（以下简称国投公司）承担了湖里区征地拆迁、新发展用地建设、道路景观整治、社区改造提升、市政配套工程代建以及自营项目建设等工作，完成投资额9.21亿元。其中：自营项目完成12888万元；代建项目完成31461万元；征地拆迁完成47752万元。公司全年实现经营收入1.3亿元，纳税1206万元，利润总额7604万元。

【征地拆迁】 2014年，国投公司完成征地44.49余万平方米，占全年任务的101.1%；拆迁面积38.36万平方米，占全年任务的112.8%，支付补偿款等约4.78亿元，超额完成了全年各项征迁任务指标。作为厦门市第一个实施项目“大包干”测算的单位，国投公司完成“轨道交通1号线”“两岸金融中心核心启动区一、二期”及忠仑公园等项目“大包干”资金测算及报审工作，解决了上述项目的征收资金问题。

【社区新发展用地建设】 2014年，国投公司共负责11个社区新发展用地项目的前期手续报批、设计及后期建设等工作。其中蔡塘社区发展中心项目，完成竣工验收并交付使用，全年完成投资1亿元。江村社区发展中心项目，9月完成竣工验收并交付使用，完成投资额3180万元。枋湖社区发展中心项目（一期），进入地下室施工阶段，全年完成投资额5300万元。后埔社区等其他新发展用地项目前期工作均已陆续展开。

【代建项目建设】 2014年，国投公司代建项目主要分4类，全年完成投资额约3.15亿元。

房建工程项目 湖里地税综合楼竣工验收并交付使用；湖里区青少年校外体育活动中心进入收尾及竣工验收阶段；湖里街道社区服务中心完成室内外装饰工程80%。

道路景观整治和公园景观改造工程 金山及金尚居住区、金尚路及仙岳路景观和夜景工程、云顶北路及枋湖北二路景观工程整治完成；金尚社区景观提升、金湖路及SM景观整治和夜景工程、海天路德辉广场和榕树广场景观改造等工程继续进行。

市政园林工程 仙岳公园景观提升和两岸金融中心北区启动区临时道路、湖里国税（地税）西侧等市政道路建设完成；薛岭山公园改造提升工程及边坡加固工程、五缘湾内湾西片区市政配套工程，蔡塘一路及二路、蔡塘东侧道路、两岸金融中心核心启动区临时围墙一期工程等工程继续建设；新增的两岸金融中心湖里片区A组团启动区市政道路一、二期工程（共13条道路）正在进行前期工作。

12个社区改造提升工程 华昌、源泉、康乐小区和徐厝干部宿舍、梅阳花园、兴隆新村、7318宿舍7个老旧住宅小区整治改造完成并交付使用。新增的枋湖新村、博士花园、东渡气象台宿舍、东辉小区、康乐新村二期5个社区改造提升工程正在进行。

【自营招商】 9月30日，国投商务中心正式奠基开工，全年完成投资约1.09亿元，项目招商工作同步进行；湖里区社会福利中心项目用地调整至濠头片区，已完成可研报告编制；禾丰新景项目通过竣工验收，并办理交房手续；水上乐园项目完成资产移交等各项手续变更。

【资产管理】 2014年，国投公司自有资产全年实现租金收入1547万元，比上年增长13.16%；区属代管资产累计收取租金1571万元，比上年增长8.9%。

【子公司运行情况】 2014年，禾丰征迁公司经营收入794万元，实现利润282万元。物业公司提升行业管理资质，5月通过ISO质量管理专家复审，全年经营收入1101.4万元，实现利润121万元。金融城公司经营收入331万元，实现利润108万元。水上乐园公司经营收入74万元。湖里国投车辆停放管理有限公司管理道路停车泊位达3516个，收费总额674.85万元比上年增长41%，基本实现收支平衡。

【实行在建工程季度检查】 2014年，国投公司开展在建工程季度检查。检查组由公司党总支、监事会、工会成员，以及公司相关业务部门负责人组成。编制一套季度检查表，每个季度组织在建工程的质量、安全大检查。全年组织4次季度检查，对在建工程检查46项次，查出隐患79条，发出15份隐患整改通知书，编制4份季度检查报告，并对隐患整改情况复查，整改率达80%左右，对在建工程的管理工作起到较大的促进作用。

【湖里国投商务中心动工】 9月30日，湖里国投商务中心正式奠基开工，全年完成投资10888万元，项目招商工作同步进行。该项目位于湖里区园山南路以南，东侧毗邻联发电子商城，西侧紧邻已经动工的地铁一号线的塘边站点。总占地面积1.1万平方米，地上总建筑面积为6.1万平方米，包括商业建筑面积1.9万平方米，办公建筑面积4.0万平方米，配建周边社区服务中心建筑面积1800余平方米，建筑容积率5.48，地下室建筑面积2.9万平方米，项目配设停车位588个。是集办公与商业为一体的综合商业中心。

（陈浔华）

厦门市天地开发建设有限公司

【概况】 2014年6月14日，厦门市天地开发建设有限公司（以下简称天地公司）迁至台湾街嘉宝大厦。8月27日，公司注册资本金变更为149600万元。全年累计完成投资9亿元，完成计划投资90%，经营利润约6300万元，上缴税收1.19亿元，取得较好的经济效益和社会效益。

【工程建设】 2014年，天地公司全力推动湖里高新技术园续建工程，完成红星美凯龙公交场站、园区污水处理系统、园区导向标识系统建设及若干市政道路工程，园区封闭管理系统、电力改造工程、物业管理及商务配套用房等项目正在抓紧建设当中。稳步推动安置房项目建设，完成金福缘新城安置房景观改造提升工程；金福缘安置房配套项目开工建设；乌石浦花园安置房一期完成地勘招标和方案设计，乌石浦花园安置房二期完成环评及节能报审，正报立项；全力推动社会公共服务类项目建设，完成县后小学扩建工程、禾山街道社区服务中心装修工程等项目，湖里第二实验幼儿园项目前期工作进展顺利。完成民生重点项目钟宅社区发展用地土方工程。南山公寓改造工程顺利完工。

加快推进在建自营项目，天地雅园项目完成主体工程预验收，正在进行设备安装和室外工程施工，并同步启动整体招租工作。位于两岸金融中心的天地金融港项目因增容及地下空间调增问题，经多次与市规划局、市国土局沟通协调，顺利完成施工许可证及开工备案等前期手续办理，项目已完成地下室基坑工程，进入主体工程施工阶段；国贸新天地项目顺利开盘销售，售楼合同金额23.6亿元。加强与国贸地产集团的合作，于5月14日成功竞得集美区J2014P01地块，项目用地面积7.4万平方米，建筑面积24万余平方米，总地价31.96亿元，公司出资近11亿元，占股31.36%。

【厦门泉州（安溪）经济合作区湖里园项目】 为了推进厦门泉州两市共建同城化经济区工作，湖里区、安溪县启动了在安溪县南翼新城共建厦门泉州（安溪）经济合作区湖里园项目。在两地政府的推动下，安溪湖里园项目于7月24日正式开工建设，截至2014年底，一期标准化厂房均已进入主体结构的建设，管理用房已完成主体结构封顶；约3.06万平方米商服用地（天地金谷商务中心一期）及近2.87万平方米工业用地（二期标准化厂房）的招投标前期手续已办理完成，并开工建设。

【征地拆迁】 天地公司全年征收房屋面积约8.81万平方米，征收土地3.52余万平方米，签订各类协议406份（其中住宅协议154份），支付各类款项共计44323万元，安置住宅206套、安置房屋面积2.19余万平方米；拆除房屋面积3.15余万平方米。年内，区政府将湖边水库片区和忠仑公园片区征迁任务及轨道1号线（江头段）任务调整至天地公司，并下达兴隆路东延伸段等8个道路工程项目任务。公司推行征迁项目经理竞聘上岗机制，将征迁任务分解至项目经理，统筹调配精干力量投入征迁项目，取得了较好成效，轨道1号线（江头段）和8条市政道路均提前或按期完成交地任务，湖边水库大钟山北片区和忠仑公园项目征收进展顺利。公司投入大量人力和精力，强力推动乌石浦拆迁扫尾，调动各种资源，采取反复商谈、行政裁决和司法强拆等综合手段，基本完成项目扫尾工作（余2户已签意向安置协议，因安置房源不足未能转正式协议）。此外，与岭下社区成功签订民俗建筑迁建补偿协议，已交地并在异地重建。

【钟宅旧村改造】 2014年，天地公司大力推动钟宅旧村改造项目，加大项目摸底调查和宣传推广力度，促成钟宅畲族社区旧村改造项目列入厦门市2014—2017年棚户区改造计划，并努力寻求

7月24日，厦门泉州（安溪）经济合作区湖里园开工奠基仪式（区天地公司供图）

国家开发银行的信贷支持，顺利完成钟宅旧村改造项目的可行性研究和融资包装，争取到37亿元的贷款额度，充分满足该项目的资金需求。公司正集中优势力量开展钟宅旧村改造前期准备工作，认真研讨土地房屋征收机制、制定安置补偿方案，并抓紧安置房选址工作。

【规范公司资产管理】 3月，天地公司正式组建资产部，对经营性资产进行归口管理。修订《资产租赁管理办法》，引入资产管理软件，认真策划开明电影院、天成花园等大宗资产竞租工作，南山公寓经改造后于5月重新对外招租。资产部认真做好各类资产的经营管理，提高资产收益率，全年合同应收租金收入5064.34万元，比上年租金收入增长12%。同时，针对公司早期开发形成的部分临时性资产经营管理不规范问题进行全面纠查整改，进一步规范公司经营管理活动。

【子公司经营】 2014年，天地、和诚两家物业公司强化内部管理与安全生产，落实品质考核制度，促进服务质量提升，双双获得全国二级物业服务企业资质。10月，天地、和诚合署办公。整合后，两家物业公司加快融合，完善管理制度，优化人员结构，提升整体运作效率，为将来开拓市场，承接优质项目奠定基础。

厦门天地物业公司 成立于1994年6月，为建设部三级资质物业管理企业，是集房屋管理、水电维修、安全秩序维持、绿化养护、环境清洁为一体的综合性物业管理服务公司。下设办公室、财务部、物业部、工程部和市场部5个部门。公司全年收入3171万元（含历史电费结转1427.5万元），净利润1218万元，上缴各种税费575万元；天地物业公司管理的高林居住区被厦门市绿化委员会授予“花园式单位称号”、湖边花园A区获第三届厦门市“十佳美丽小区”称号、高林居住区获“十佳美丽小区”提名奖，公司获“十佳物业企业”提名奖。

厦门市湖里和诚物业公司 全年收入2922万元，净利润320万元，上缴各种税费266万元；被市总工会、市安监局评为“安康杯”竞赛先进单位、被江头街道办评选为“和谐劳动关系企业”“双爱双评”先进单位，获湖里区市政园林局颁发的“市容环卫管理先进单位”；金海湾服务处被市总工会授予“工人先锋号”。

厦门市开江建材开发有限公司 公司狠抓安全生产和市场营销，注重提升服务管理水平，克服仙岳路改造影响，微调租金价格，全年累计收费1827.9万元，上缴各类税费770万元，市场店面出租率和租金收缴率均保持100%。

泉州市天地开发建设有限公司 4月17日注册成立，注册资本金1亿元，法定代表人许毅军。

（林勤总）

金　融

【支持厦门两岸股权交易中心发展】 6月1日至9月30日，湖里区分三批推动486家有股权融资意向、股权转让意向及私募债发行需求等专业服务需求的区内企业在两岸股权交易中心挂牌，给予每家挂牌企业5000元挂牌费补贴，合计补贴总额为243万元。

（戴静静）

税　务

国家税务

【概况】 区国家税务局（以下简称区国税局）认真贯彻落实中央经济工作会议和全市国税工作会议精神，依法治税，规范执法，坚持以组织收入为中心，全面实施科学化、专业化管理，不断优化纳税服务，进一步加强干部队伍建设。是年，区国税局有干部120人，其中本科以上学历112人。全年累计组织税收收入451348万元，比上年增长4.90%，其中税收直接收入382985万元，同比增长8.16%，免抵调库68363万元，税收收入再创历史新高。

【依法治税】 2014年，区国税务局作为全市深化税收征管改革试点单位，积极稳妥推进各项改革工作。在推进税源专业化管理方面，实行综合管理、日常监控、风险评估三分离的管理模式，强化日常征管，做好日常税源监控，加强科室间协同合作，增强对各税种的分析管理。在推进税收法治化建设方面，制定《区局深化税收执法监察工作实施意见》，细化和调整执法监察的具体工作方式和内容；在全市国税系统首创监察干部遴选制度，公开选拔品行端正、业绩突出、业务精通的优秀人才，充实纪检监察队伍，强化税收执法督察；利用微信、电子显示屏、公告栏等亮化政务公开，通过特邀监察员、政风行风测评、问卷调查等多种形式，定期开展综合巡视和执法督查。

【创新服务】 2014年，区国税局以落实国家税务总局“便民办税春风行动”为契机，结合厦门自贸区建设，积极推行《纳税服务规范》，探索纳税服务新渠道、新模式、新机制。一是落实简政放权，推行免填单办税系统，7类52个业务事项提供免填单服务；推广远程抄报税系统，取消一批下户调查项目，减轻企业负担，提高工作效率。二是创新便民办税举措，在全市国税系统首创推出预约服务室、税务批件免费邮寄送达、24小时自助电子取件等一系列便民措施，深受纳税人好评。三是加强税收政策宣传和解读，力促税收优惠应享尽享，审批出口免抵退税应退税额75520万元、免抵税额66924万元。四

24小时自助电子取件室（区国税局供图）

是推动业务提速办结，误收退税由15个工作日提速9个工作日办结，增值税即征即退，所得税汇算清缴退税由10个工作日提速3个工作日办结，个体定期定额申请由7个工作日提速4个工作日。五是拓宽服务渠道，在枋湖办税厅实行服务窗口“通岗通办”，扩展海天路办税点为全职能办税服务厅，加强对市、区行政服务中心人员管理，增加工作人员，扩大业务办理范围。六是利用新媒体方式，加强对外宣传，开通“湖里国税”微博、微信，微信平台推出97期，关注1950人次，总阅读量达69061次。

【队伍建设】 年内，区国税局着力推进干部队伍建设，提升干部综合素质。围绕“勤于学习、用心工作、奉献社会、快乐自己”的厦门国税核心理念，在干部队伍中开展“学习论坛”活动，报名授课干部37人，收集课题42篇。探索推行绩效管理，根据不同岗位职责分工，制定干部业绩评价办法，作为选拔任用、评先评优的依据，营造重业绩、比贡献、勤学习的良好氛围。积极推进廉政文化建设，征集廉政书法、摄影、绘画、漫画作品参赛，14幅作品得奖。

（刘一婷）

地方税务

【概况】 2014年，湖里区地税局着力开展“五个地税”建设（公信地税、服务地税、智慧地税、文明地税、幸福地税），进一步规范税费征管、推进依法行政、优化纳税服务、加强队伍建设，组织各项收入和税收收入分别突破80亿元和50亿元，并以优异的成绩通过福建省第十二届文明单位考核。在湖里区2014年度政风行风评议活动中，区地税局获司法和行政执法类单位第一名，实现“三连冠”。区地税局党总支被区委、区政府授予“金服务”先进基层党组织称号。禾山分局获评“厦门市2013年度群众满意基层站所”，金山分局被授予“2014—2016年度市级青年文明号”，办税服务厅被授予市直机关“三八”红旗集体。区地税局志愿者服务队被评为厦门市优秀志愿服务队。

【税收收入】 年内，湖里区组织各项税收收入82.95亿元，比上年增收7.48亿元，增长9.92%。其中，国内税收收入入库51.62亿元，比上年增收3.09亿元，增长6.36%。地税部门组织入库的湖里区级财政收入28.9亿元，比上年增收4.37亿元，增长17.81%，占区级财政收入的68.73%。社保费入库28.17亿元，比上年增收3.94亿元，增长16.25%。此外，区工会经费入库4812万元。

【“服务地税”建设】 年内，区地税局积极开展“五个地税”重点项目“服务地税”建设，以分类服务、联合服务、专家服务为主要建设内容，全面提升纳税服务水平。针对不同类型纳税人，提供差异化服务。主动对接市政府重点工程项目“闽南古镇”的建设，实行重点项目靠前服务；对辖区34个在售和预开发房地产项目的企业实行集中辅导与个性化“上门服务”，实行重点行业的针对性辅导；充分利用纳税人学校、湖里地税政务微博等平台对小微企业提供全覆盖辅导。联合街道社区和其他部门，建设税收宣传新平台。成立湖里社区大学税收教育基地，区地税局纳税人学堂和湖里高殿社区大学开展合作办学，并根据社区反馈的信息组织多种形式的税法宣传；联合湖里区国税局、人社局、工商局等相关政府部门，深入街区设点开展税费宣传。组建专家服务团队，帮助纳税人解决疑难问题。成立“税收政策专家服务队”“税收管理专家服务队”“社保专家服务队”3个服务队，纳税人遇到专业性较强的疑难问题可向专家服务队咨询。

【便民办税春风行动】 年内，区地税局出台办税服务厅午间值班制度，实现午间值班涉税业务“一窗通办”。完成办税服务平台试点工作，为新版办税服务平台在全市地税系统的顺利推行奠定基础。建设启用24小时自助办税服务厅，拓展自助办税服务功能。扩大同城通办业务项目，由原先14项增加至88项。对社保退费推行“一站式”办理，对未及时减员社保账目纠错推行“窗口即来即办”。为万名外来工提供子女入学免费打印社保缴费证明服务。在第23个全国税收宣传月以便民办税春风行动为主题集中开展了7项宣传活动。

【税费征管】 湖里区全年累计开展纳税

4 月 19 日，区地税局联合华悦小学深入枋湖汽车站开展便民办税春风行动（陈意云　摄）

评估 788 户次，发现存在问题 490 户，补滞罚入库金额 2576 万元。加强欠税清缴，全年共清理欠税 2395 户次，共计 1454.89 万元。出台纳税人申请收入退还事项受理审核规程，进一步规范收入退还事项受理审核工作。强化企业所得税管理，做好 7218 户企业的所得税汇算清缴，汇算清缴入库 2.73 亿元，实现汇算清缴率 100%，预缴率 70%。加强个人所得税管理，组织完成 2013 年度年所得 12 万元以上自行纳税申报工作，共 4129 人申报，申报率 100%。完成 531 户 2013 年度个人独资和合伙企业汇算，入库个人所得税 406.78 万元，比上年增加 129.19 万元。加强土地增值税的管理，完成 15 个清算项目的清算工作。加强国际税收管理，首次根据国际情报交换，对一起境内居民纳税个人在境外承揽劳务、取得所得未纳税行为追征税款。持续加大社保费欠费清缴力度，全年共清理社保欠费 7509.67 万元，清欠率 61.84%。做好城乡居民医疗和养老保险征缴工作，是年，城乡医保参保 11.13 万人，缴费 1299.41 万元；城乡养老参保 3359 人，缴费 178.64 万元。

【税收法治】 2014 年，区地税局规范举报案件办理程序，缩短查办期限，提高查处质量。严格执行自由裁量权处罚标准，查处各类处罚案件 1287 件，处罚金额合计 55.56 万元；采取查询银行账户、强制扣缴税款等措施 46 户次。规范进户执法工作，对不同执法项目实施统筹安排、合并进户。开展打击发票违法犯罪活动，查处非法取得发票违法户数 91 户，非法发票 7650 份，涉及金额 5299.87 万元。开展区地税局首例行政诉讼案件应诉，获终审判决胜诉。开展执法督察工作，结合实际增加检查项目，纠正违规执法行为 55 起。

【全面落实税收优惠政策】 湖里区全年共受理各类减免税审批及备案申请 173 户次，减免税款 9190.66 万元。强化对小微企业税收优惠政策的落实力度，404 户小微企业享受企业所得税税收优惠 219 万元，受惠面达 100%。

【发票鉴定与协查】 湖里区全年共受理发票鉴定申请 6 户次，发票 45 份，其中假发票 39 份，涉及金额 73.86 万元。年内共收到发票协查函 75 份，涉及发票 66 份，并已全部复函。

【社保举报案件查办】 年内，湖里区共受理社保举报 55 件，办结 53 件，为近 280 名企业员工成功追缴社保费 67 万余元，加收滞纳金 6 万余元。成功办理社会保险法实施后全市首例申请法院强制执行的社保欠费案件，是年，两起案件经法院裁定准予强制执行，并向法院提出申请，参与分配两家企业被保全和拟拍卖设备取得的执行款。

【应诉首例行政诉讼案件】 2014 年，某公司就社保费征收提起行政复议，以及行政诉讼，区地税局积极应诉。经过近 10 个月的行政复议和两次审理，一审法院判决区地税局胜诉，原告不服，上诉至厦门中院，厦门市中院二审，最终判决认定湖里殿前分局作出社保费限期缴纳通知事实清楚，程序合法，驳回上诉，维持原判。

（熊全华）

3 月 14 日，市地税局局长吴振坤莅临湖里区局，为全市首个获得 20 万元发票大奖纳税人授奖（陈意云　摄）

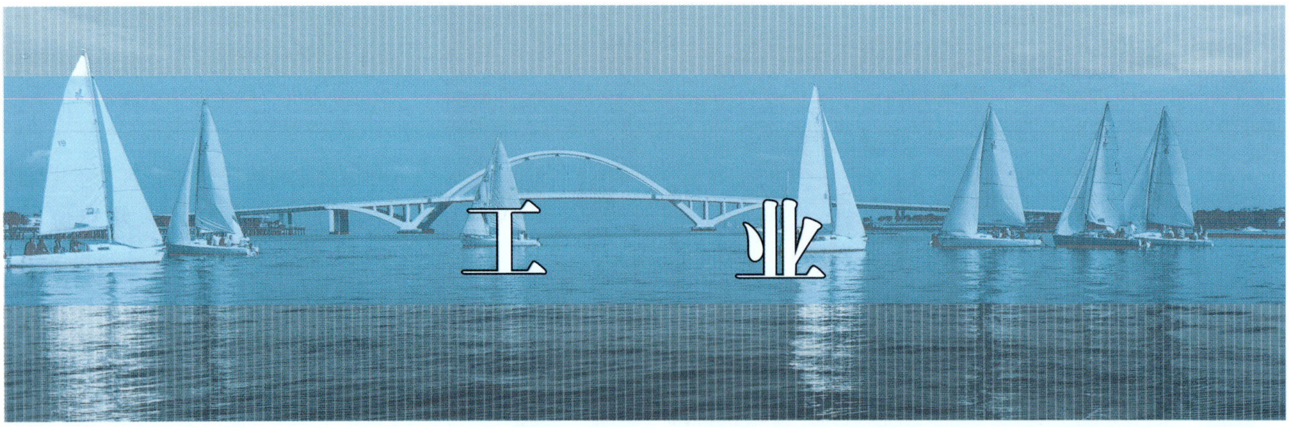

工 业

【概况】 12月14日，湖里区经济贸易发展局更名为湖里区经济和信息化局（以下简称区经信局），行政编制7人，下辖湖里区企业服务中心，加挂信息化事务中心牌子。年内，全区工业经济平稳回升，实现小幅增长。全区规模以上工业企业293家，完成工业总产值1401亿元，扣除价格因素后可比增长1.6%；完成规模以上工业增加值316亿元，比上年增长3.7%。亿元以上企业94家，较上年增加7家。实现现价工业总产值1294.85亿元，按现价计算（下同）下降7.5%。其中10亿元以上企业19家，实现产值1083.85亿元，占全区规模以上工业比重达77.4%，支撑作用明显。产业结构不断优化，平板显示、计算机通信和其他电子设备制造业、航空维修等三大产业为基础的高端制造业产值比重大，分别实现产值353.93亿元、912.76亿元、92.35亿元，占全区规模以上工业总产值的97%。年内，湖里区全力推进产业“优二进三”，积极探索建设飞地工业园和有序转移传统工业相结合的产业转型模式，引导辖区企业成片外迁，推动工业区和旧厂房改造由单幢改造向成片改造转变，重点推动湖里老工业区B地块联发厂房、枋湖工业区、蔡塘工业园、马垅工业区等四个空间利用效益较差、易于成片开发的工业园成片搬迁、改造，加快产业转型升级。通过走访、宣传引导、跟踪服务，出台奖励办法，鼓励传统工业企业外迁。持续优化企业服务，帮助企业破解难题。出台《湖里区促进工业增长实施意见》《湖里区促进电子商务发展实施办法》，明确工业、电商发展方向和措施，加大财政扶持力度，助力企业发展。全年共奖励工商业、中小企业1265家，发放奖励金13857.26万元。走访辖区重点企业120余家，帮助解决制约企业发展的用工、融资、政策扶持等问题。年内，新增中国驰名商标1件、省著名商标12件、市著名商标13件，省、市著名商标分别延续认定21件。

【推进工业企业搬迁】 2014年，湖里区着重对规模小、效益差、能成片开发的工业园实施整体搬迁改造，推动老工业区和旧厂房改造，由单幢改造向成片改造转变，通过成片搬迁、成片规划、成片改造，达到“腾巢换凤”的良好效果，实现产业较快转型升级。明确将湖里老工业区B地块联发厂房、龙头山片区、蔡塘工业园作为重点推动对象，总占地面积约33.19万平方米。全年分三批组织210家企业赴安溪实地考察安溪经济开发区湖里园项目，推进工业企业搬迁。

【出台《湖里区促进工业企业搬迁暂行办法》】 11月26日，湖里区出台《湖里区促进工业企业搬迁暂行办法》，引导和鼓励湖里区工业企业有序向岛外及

3月，湖里区组织辖区企业赴安溪考察飞地园区项目（区经信局供图）

本市以外工业园区集聚发展。对搬迁入驻厦门泉州（安溪）经济合作区湖里园且符合《厦门泉州（安溪）经济合作区湖里园企业入驻暂行办法》的工业企业或厂房业主，经认定后给予投资入驻和搬迁奖励。根据企业入驻工业园区的方式及成片改造与否，分别按购买厂房、自建厂房、片外改造、成片改造4种方式给予投资入驻奖励，购买厂房按该企业购买园区厂房总价的20%予以奖励；自建厂房按该企业购买园区土地的金额及建安成本计算得出的综合成本（不超过天地公司代建成本）予以20%的奖励；未经区政府批准成片改造的厂房业主，按该业主购买园区厂房总价或购买园区土地的金额及建安成本计算得出的综合成本（不超过天地公司代建成本）予以25%的奖励；经区政府批准成片改造的工业园区内的厂房业主，按该业主购买园区厂房总价或购买园区土地的金额及建安成本计算得出的综合成本（不超过天地公司代建成本）予以30%的奖励。

【出台《湖里区促进工业增长实施意见》】 4月25日，湖里区出台《湖里区促进工业增长实施意见》，推动工业稳增长促转型，奖励对象为火炬、象屿在湖里辖区规上工业企业以及同安工业集中区湖里园、环东海域湖里园、同吉工业园区、湖里高新技术园内的规上工业企业。奖励标准分为5大类，对2013年度完成工业总产值达2000万至1亿元（不含1亿元），1亿元（含1亿元）至5亿元以下，5亿元以上（含5亿元）至10亿元，10亿元以上（含10亿元）至50亿元，50亿元以上（含50亿元）的工业企业，且分别每季末（指1—4月，1—6月，1—9月，1—12月）累计工业总产值现价同比增长40%、30%、20%、15%、10%及以上的，给予2万元、5万元、10万元、20万元、50万元相应奖励。全年共奖励工业企业150家，发放奖励金596万元。

【湖里区工业经济逐步企稳】 2014年，湖里区采取一系列政策、帮扶措施克服经济下行压力，帮助工业企业克服市场需求不足、生产要素价格上涨等不利因素影响，推动工业经济逐步企稳回升，小幅增长。至年底，全区规模以上工业企业293家，完成现价工业总产值约1400.68亿元，比上年增长1.6%；完成规模以上工业增加值316亿元，比上年增长3.7%；完成工业投资37.83亿元，比上年增长38.52%，超额完成市下达30亿元考核指标，完成进度126.1%，在厦门市6个区中进度最快。产业结构明显优化，计算机、通信和其他电子设备先进制造业居年度分行业产值第一位，完成工业总产值911.76亿元，占全区工业产值的65.09%，该行业拥有规模以上工业企业54家；电气机械及器材制造业居年度分行业产值第二位，完成工业总产值145.83亿元，占全区工业产值的10.4%，该行业拥有规模以上工业企业29家；金属制品、机械和设备修理业居年度分行业产值第三位，完成工业总产值92.35亿元，占全区工业产值的6.59%，该行业拥有规模以上工业企业6家。

【欣贺股份公司对湖里区贡献突出】 年内，欣贺股份公司实现工业产值25亿元，实现纳税总额4.05亿元，为湖里区经济和社会事业发展做出突出贡献。该公司旗下拥有JORYA、ANMANI（恩曼琳）、CAROLINE（卡洛琳）等6个高级时尚女装自有品牌，以及平价时尚品牌—QDA。

【星际电器技术改造】 厦门星际电器有限公司主要生产产品为发光二极管（LED）灯及节能灯，年生产能力5000万只，实施技术改造项目为全自动发光二极管贴片机生产线项目，实际投资额710.7万元，改造后企业销售收入新增14000万元，利润新增1500万元，税收新增400万元。湖里区对该技术改造项目实施财政扶持，给予星际电器技术改造财政扶持资金100万元。

【协调工业企业有序用电】 6月6日，湖里区成立用电保障联合协调工作小组，协调解决辖区用电项目的电力保障问题。解决了高新技术园供配电规划建设问题，帮助华茂光学、好利来、欣贺股份、太古可口可乐、联侨企业、名鞋库等6家重点企业协调用电需求。鼓励企业增产增效，降低单位产值耗电量，给予厦门金鹭特种合金有限公司、厦门台松精密电子有限公司、厦门海嘉面粉有限公司、厦门侨兴工业有限公司、厦门虹泰光学有限公司等5家工业企业用电奖励，总额约84.14万元。

【圆满完成“两税”即征即奖工作】 年内，湖里区认真落实省、市惠企政策，进一步减轻企业负担，做好工贸企业房产税、城镇土地使用税即征即奖工作。是年，对符合条件的工业企业、外贸流通性企业，2011年11月至2012年12月及2013年的房产税、城镇土地使用税由暂缓征收调整为即征即奖。7月，顺利完成“两税”即征即奖工作，共发放奖励金8批次，奖励金额1.27亿元，奖励企业617家，其中工业企业465家，外贸流通企业152家。

【湖里出口电光源及灯具质量安全示范区被评为省级示范区】 6月，湖里出口电光源及灯具质量安全示范区被评为省级示范区，成为福建省首个、全国第二个出口电光源及灯具质量安全示范区。示范区的创建进一步促进电光源产业集聚，55家企业入驻区内，企业产品已销往全球150多个国家和地区。

【加强为辖区企业服务】 2014年，湖里区创新服务机制，通过QQ交流群、短信发布平台，大力推行企业服务“零距离”；走访辖区重点企业120余家，帮助解决制约企业发展的用工、融资、政策扶持等问题；拓宽融资渠道，湖里诚泰小额贷款公司已发放贷款527笔，

6月20日，在湖里区政府大礼堂举行电子商务培训（王艺苗 摄）

发放贷款金额6.3亿元；举办政策宣讲、人才培训、招商推介、银企对接等10余场专题会，1390余人次参会，引导企业用足、用活、用好政策，力促企业发展壮大。

【开展节能宣传、监察工作】 3月，湖里区节能监察中心成立，挂靠区企业服务中心，进一步推进工业企业节能监察工作开展。6月11—12日两天，开展以“践行节能低碳，建设美丽家园”为主题的节能宣传周活动，组织社区节能科普宣传、节能产品惠民工程推介活动，走进江头街道吕厝社区、湖里街道濠头社区。开展再生资源回收、合同能源管理备案工作，受理联想集团、豪富太古宇航、汉胜秦岭宇航等3个用能单位合同能源管理备案项目。

（戴静静）

工业园区

工业园区管理

【概况】 2014年，区工业园区管委会围绕打造“精品园区”的目标，经济抓增长、环境抓提升、载体抓完善、企业抓投产、园区抓规范，不断提升服务水平，优化投资环境。截至12月底，园区入驻投产企业803家，岛外456家，岛内347家。同安工业集中区湖里园全年产值56.85亿元，比上年增加6.78%；环东海域湖里园全年产值31.6亿元，比上年增加5.3%；高新技术园主营业务收入320.5亿元，比上年增加1.42%。

【引进2家优选项目】 2014年，高新技术园科技大厦引进两岸股权交易中心和永平堂静电工程有限公司2家企业入驻。两岸股权交易中心经厦门市政府批准设立，由厦门市金融协调服务办公室负责监管，引入国内知名证券公司——国信证券、中信证券，以及深圳证券信息公司，厦门金圆集团、厦门农商行、厦门海西股权、厦门创投公司等地方实力公司，以及厦门保金基金、厦门厦信投资等两家金融类民营企业共同投资组成，注册资本9000万元。厦门永平堂静电工程有限公司成立于20世纪90年代，是集防静电洁净产品，环氧树脂地坪涂料研发，生产，销售及环氧树脂地坪、防静电地面、洁净工程设计，施工为一体化科技型企业。是上海防静电工业协会理事单位、中国电仪协会防静电分会、中国电子学会洁净技术分会及中国环氧树脂协会会员单位。

【大力发展新兴产业】 年内，区工业园区管委会积极开展“人才创业集中区”建设工作，洽谈中图一购、密安信息等“双百”企业10余家，召开第六批“双百”企业、市孵化器机构座谈会，参与“智慧城市物联网SOC芯片设计”等双百项目的评审工作。

【重点项目进展顺利】 2014年，工业园区管委会解决了岭下社遗留的民俗公建用地拆迁难题，签订了拆迁协议，受其影响的建成项目开始招商，未开工项目已顺利完成前期工作，受阻挠的在建项目顺利施工。截至年底，湖里高新技术园已建成项目37个、在建项目24个，园区已建、在建项目累计总建筑面积超过232万平方米，累计完成固定资产投资617223万元。是年新开工项目5个，新竣工项目5个，共完成固定资产投资69268万元。

【为园区企业解决四难】 2014年，区工业园区管委会积极为在园企业排忧解难。着力解决企业招工难问题，2月28日，在环东海域湖里工业园北门举办用工招聘活动，共有56家企业报名参加，超过3000人现场咨询，26家企业现场招聘到673人；配合区就业办组织7家企业赴遵义参加用工招聘会。解决企业融资难，在岛外两个园区分别举办企业恳谈会，帮助企业解决融资问题。联合两岸股权交易中心举办金融对接会，5家企业获得挂牌帮助。联合各银行开展金融服务进园区活动，促成中行和海天、农商行与五华的合作，协助30家企业办理46647.31万元的银行抵押贷款手续，缩短贷款周期。解决员工子女上学难，积极配合同安区教育局做好外来员工随迁子女拟就学情况调查摸底工作及网上预约登记信息告知工作，共为60家企业280名员工子女报名登记。在环东海域湖里工业园引进一所幼儿园，既解决上班员工的后顾之忧，又提升了工业园区的品位。解决员工出行难，为进一步改善群众出行，扩建红星美凯龙公交场站，增加了公交车站台、公交停车场、公交洗车台及外围绿化等，面积约4000平方米，增开一路进园区的公交线。园区建成5个自行车停放点，方便企业员工低碳出行和上下班。

湖里高新技术园

【概况】 湖里高新技术园区总规划面积1.8平方公里，总建筑面积约280万平方米，其定位为生态绿色环保园区，主要用于设立企业总部、营运中心、产品展示中心、结算中心及企业科技研发基地。2014年，园区规划二次招商，以培育和引进软件和信息服务、电子商务、知识型服务业及创意设计等新兴产业为主。为鼓励二次招商，湖里区针对园区招商出台了相关扶持政策，重点软件企业入驻可获100万元奖励，新入驻园区企业都可获得无上限的办公用房租金补贴，此外，在人才、税收等方面也有大优惠。截至12月底，新入驻企业208余家，其中，信息传输、软件和信息技术服务业企业54家；设计类企业家23家；财务会计企业2家。是年，园区入驻投产企业共1800余家，主营业务收入320.5亿元，比上年增长1.4%，税收总收入9.9亿元，比上年增长10.45%。全年新开工项目5个，新竣工项目5个，共完成固定资产投资69268万元。

【完善园区配套】 2014年，湖里高新技术园对在园约330家企业功能配套需求调查摸底，推动《关于完善湖里高新技术园临时商业配套设施的实施方案》的落实。着手规划园区封闭性管理工程建设，打造规范和谐园区。对接交通运营处，解决员工出行难。对接市政公司着手建设自行车系统配套管理用房，启动五缘湾自行车慢行系统。

（郑琳利）

【开展违规销售办公用房专项整治】 年内，厦门湖里工业园区管委会会同区法制办、区建设局、区行政执法局、禾山街道办、天地公司，对厦门湖里区高新技术园开展违规销售办公用房专项整治。发放区政府通告160份，收集企业项目资料64份，重点约谈企业22家，现场勘察项目8个。

【湖里高新技术园招商推介会举行】 9月17日下午，湖里高新技术园招商推介会在佰翔酒店举行。推介会由湖里区人民政府主办，禾山街道、区工业园区管委会等协办。本次推介会共吸引500多家企业参加，其中包括软件、建筑工程设计、电子商务等多元化高新技术企业。推介会上，湖里区区长张毅恭和市经信局副局长李建明分别发言。随后，3家企业签订入驻协议，2家企业签订了框架性合作协议。自8月底实施湖里高新技术园招商推介优惠扶持政策以来，已有100多家企业入驻、30多家企业表达了入驻意向。

（张宪敏）

12月17日，在厦门大学举办2014“五缘至善”湖里区园区企业电子商务发展论坛（周晶晶 摄）

环东海域湖里工业园

【概况】 环东海域湖里工业园位于厦门环东海域的西柯片区，一期东至美溪路，南至西柯路南路，西至西柯快速路，北至西福三路；二期位于埭头溪东北侧，西洲路南侧。园区地理位置优越，交通便捷，距厦、漳、泉高速公路仅需3分钟车程，距厦门高崎国际机场仅20公里，园区依溪傍海，环境优美。园区规划定位为轻工、电子和食品工业园区配套的邻里中心，一期工程总用地面积54.84公顷，总建筑面积83.81万平方米；二期工程总用地面积为13.37万平方米，总建筑面积为24.05万平方米。2014年，环东海域湖里工业园入驻企业203家，全年产值31.6亿元，比2013年增长5.22%。在全市率先推动《园区公共配套设施设备维修资金的管理使用办法》的实施，保障了园区公共配套设施设备的有效运行。依托电子平台实现对园区企业的动态管理与服务，全年共办结各类申请求助事项33件。

同安工业集中区湖里园

【概况】 同安工业集中区湖里园位于厦门同安区城南工业集中区的5#地块，东临纵一路，西靠纵二路，南靠林瑶路，北至横一路。总用地面积63.3万平方米，项目总投资为10亿元。园区市政道路、水、电、通讯等综合管网、

2月20日，在环东海域湖里工业园北门举行专场用工招聘会（陈津津　摄）

11月11日，在同安工业集中区湖里园举办湖里园首届园区企业员工活动节（彭根龙　摄）

绿化工程配套到位，并建设了总面积约为2.1万平方米的餐饮配送中心及总面积为2.49万平方米的管理办公楼。园区以科技型、环保型产业为主导，重点发展电子信息、轻型机械、精密模具、轻工轻纺等科技型、环保型产业和轻工、电子和食品等行业。2014年，园区入驻企业253家，全年产值49亿元，比上年增长8.52%。与环东海域湖里工业园同时在全市率先推动《园区公共配套设施设备维修资金的管理使用办法》的实施，保障园区公共配套设施设备的有效运行。联合各银行开展金融服务进园区活动，全年共协助19家企业办理1.6亿元的银行抵押贷款手续。成立全市首支工业园区志愿消防队，配备消防车和消防训练器材，保障企业安全生产。组织员工篮球邀请赛、拔河比赛、歌咏比赛和千人博饼活动等园区特色的文化活动。开展全市首个“道德讲堂”进企业活动和技能之星竞赛，凝聚园区正能量。依托电子平台实现对园区企业的动态管理与服务，全年共办结各类申请求助事项79件。

（郑琳利）

信　息　业

【概况】 2014年，湖里区在前期开展创建信息消费示范城市的工作基础上，大力培育发展信息化产业。吉比特网络、趣游科技、戴尔服务等19家纳入统计的重点软件信息服务企业保持积极发展态势，实现营业收入12.72亿元，比上年增长13.77%。信息化基础建设逐步完善，全区无线2G覆盖率99.18%，3G覆盖率98.0%，LTE覆盖率97.02%（LTE平均下行速率38.31Mbps，平均上行速率29.47Mbps）。有线宽带ADSL（非对称数字用户环路）资源99%以上区域完成覆盖。电信光宽带资源加大建设，其中FTTH（光纤直接到家庭）光端口10.7万个，LAN（局域网）端口2.3万个，两者合计光端口数13万，带宽最高可实现入户100M带宽。着力建设智慧应用示范工程，创建信息消费示范城市。7月3日，正式出台《湖里区创建国家信息消费示范城市工作方案》，先后学习海沧、集美、北京、苏州软通动力信息消费工作经验，积极打造湖里区智慧社区、智慧医疗、智慧园区等示范工程。将联发裕发花园作为试点智慧社区，联发云聚智慧社区综合服务平台项目落地该小区试点；将湖里高新技术园作为试点园区，积极与有关企业洽谈项目合作事宜；推动旗山智慧电商园云创智谷项目建设，项目总用地7879平方米，改造后面积10.26余万平方米，总投资1.2亿元，规划建设移动互联众创空间、惠普商学院等六大功能区。智慧医疗示范工程、政务信息化取得阶段性成果，湖里区妇幼保健院内部网络已实现与市卫生局、市医保中心网络互联，共享诊疗信息，电子病历系统年底进入试运行；健康检测信息逐步实现网络化；全区网格化信息平台升级改造一期、二期项目已全部完成。

裕发花园智慧社区项目控制室（向南 摄）

【出台《湖里区创建国家信息消费示范城市工作方案》】 7月3日，区委、区政府印发出台《湖里区创建国家信息消费示范城市工作方案》，明确助力厦门市创建信息消费示范城市发展重点，必须着手从完善基础设施，建设光网城市；开发数字文化服务、电子商务平台、社区网格管理服务平台；丰富信息消费产品，扶持信息产业；开放共享公共信息资源，建设行政审批统一服务平台；打造数字家庭、智慧社区、智慧园区、智慧校园、智慧医疗应用示范工程；推动第三方认证平台建设；加强两岸信息产业合作等七大方面推动创建“信息基础好、产业支撑能力强、消费需求潜力大、业务发展模式新、资源整合利用高、信息消费环境优、两岸交流合作深”信息消费建设示范城市。

【打造智慧医疗示范工程】 2014年，湖里区加快实现医疗服务信息化、电子化、网络化。医疗服务逐步实现信息化，1月，湖里区妇幼保健院内部网络实现与市卫生局、市医保中心网络互联，共享诊疗信息，并接入全市医疗预约、挂号平台，运行电子病历系统。卫生监督信息实现电子化，医疗机构监督信息二维码查询系统建设完成，并逐步完善基础数据。健康检测信息逐步实现网络化，全区有12个社区建立了健康小屋，居民可自助进行健康检测，并时时上传相关数据至厦门市民健康信息数据云平台，定期更新到市民健康信息系统及个人健康档案。

【升级改造全区社区网格化信息平台】 2014年，湖里区完成四级光纤网络建设网络安全设备、区级综合资源库及区级业务协同平台、社区计算机接入四级光纤网络安装调试及维护、500兆互联网带宽、社区交换机和路由器大宗采购等5个一期项目，以及湖里区网格化平台建设及管理人员服务项目、湖里区网格化信息平台软件服务和配套硬件3个二期项目，并针对社区工作人员全年完成4场网格化平台培训，共计培训195人次。

【协助厦门市创建中国软件名城】 2014年，湖里区大力推进厦门市创建软件名城工作，加强软件和信息服务业统计工作。自4月起，每月跟踪月报湖里区统计的软件企业营业收入、营业税收、利润总额、从业人员情况。经统计，全年用友烟草软件、巨龙软件工程有限公司为龙头的12家软件企业实现营业收入19943.6万元，营业税收224.6万元，利润总额5986.7万元，从业人员489人。同时，征集了29个软件和信息服务业重点项目信息，建立软件产业重点项目库。有涉及教育软件开发的厦门华闻现代项目、支持安卓的可信芯片设计和支撑软件的开发项目、互联网金融资金全程托管清算系统软件、“搜客”微信客户管理系统、法院会务出勤分析系统、物流作业智能综合管理系统、湖里区安置房项目综合管理系统、湖里区农民工工资保证金管理系统等项目，掌握了从城区规划管理、公共服务、社会管理、基础设施、产业发展等方面的信息化应用。

（戴静静）

移动健康小屋（张卓平 摄）

商贸 物流 交通

商 贸

【概况】 2014年，湖里区社会消费品零售总额324.51亿元，比上年增长13.5%。其中，批发业零售额21.16亿元，比上年增长18.7%；零售业零售额278.34亿元，比上年增长13.7%；住宿业零售额4.18亿元，比上年增长3.6%；餐饮业零售额20.83亿元，比上年增长7.5%。限额以上企业零售额229.28亿元，比上年增长16.1%，占全区社会消费品零售总额的70.6%；限额以下单位实现零售额95.22亿元，比上年增长7.6%。全年零售额超亿元的批发零售贸易企业45家，合计零售额193.9亿元，净增27.72亿元，比上年增长16.5%；零售额超千万元的住宿餐饮企业16家，合计零售额6.96亿元，净增0.43亿元，比上年增长6.6%。在限额以上企业商品零售额中，汽车类零售额109.80亿元，增长9.8%；食品饮料烟酒类零售额18.26亿元，比上年增长15.2%；服装鞋帽针纺织品类零售额14.54亿元，比上年增长8.9%；通讯器材类零售额12.47亿元，比上年增长37.2%；家用电器和音像制品类零售额11.32亿元，比上年增长34.1%；石油及制品类零售额7.28亿元，比上年增长8.4%。

全年外贸进出口总值326.37亿美元，比上年下降4.2%，其中：出口201.98亿美元，下降3.5%；进口124.39亿美元，下降5.3%。全年新批外资项目79个，合同利用外资3.54亿美元，比上年下降8.4%；实际利用外资3.21亿美元，比上年增长20.7%。

商贸业纺织服装、汽车等行业全年销售平稳。服装鞋帽纺织品类实现零售额14.53亿元，比上年增长8.93%；汽车类实现零售额109.8亿元，比上年增长9.76%；住宿餐饮餐费收入7.89亿元，比上年增长4.82%；金银珠宝类实现零售额3.55亿元，比上年增长8.88%；电子商务发展势头强劲，全年新注册电商企业1129家，比上年增长657.7%；截至12月底，在湖里区注册的电子商务企业达1407家。辖区SM、枋湖、寨上、凤湖、万达五大商贸圈繁荣发展，SM商圈一边是华永天地大型精品商业综合体已在台湾街建成，台湾街商业业态不断提升，逐步形成以商贸总部、大型时尚百货、金融服务业为主的中高档商业街。另一边则以蔡塘发展中心城市综合体、后埔社区发展中心为主体，将东部打造成以总部经济和现代服务业为主的新兴商圈。寨上商圈会聚航空商务、飞机维修、保税物流、高端制造、汽车销售与服务、农副产品、台湾水果批发市场等优势产业，以翔鹭大酒店、闽南古镇为中心，以两岸文化交流为特色，发展会展、购物、酒店、商务等业态。凤湖商圈汇聚信达免税商场、艾美酒店、悦华酒店等高档百货、星级酒店，海天路商业街、湖里步行街道两边集有超市、电器城、餐饮店以及服饰专营店和鞋行等业态。枋湖商圈重点发展商贸、餐饮、文化娱乐等业态。万达商圈涵盖万达广场、特意购购物中心等大型商业中心、酒店、步行街、写字楼、公寓等多种业态，集购物、餐饮、文化、娱乐、商务、休闲等多种功能消费为一体。

【2014湖里魅力购物节启动】 9月5日，2014湖里魅力购开幕式暨湖里购车圆梦季启动仪式在湖里万达广场举行。本届湖里购物节以“创新湖里·有‘购’精彩”为主旋律，从9月持续到年底，开展“汽车圆梦季”、电商购物节、“乐”购湖里三大主题活动。并增设配套活动，辖区五大街道分别轮番上演推出街道购物嘉年华活动。此次购物节参与“汽车圆梦季”活动的13家经销商共售出汽车5963台，销售额12.05亿元，比上年增长17%。

【修订出台《湖里区促进电子商务发展实施办法》】 3月31日，湖里区修订出台《湖里区促进电子商务发展实施办法》，主要从提供出租场所的业主、网络零售额、电商企业场地租金、电子商务园等四大方面予以奖励。是年，拨付2013年度电商专项扶持资金353.9万元，大力扶持发展电子商务。

【湖里区电商企业零售额居全市第一】 2014年，湖里区电商企业零售额位居全市第一，占全市同类企业零售额的74.27%，实现网络零售额40.5亿元，比上年增长44.23%。

【扶持奖励电商企业】 年内，湖里区通过政策引领电商企业发展，对辖区实力型电商企业、应用电子商务传统企业、第三方服务企业和高管给予专项资金扶持，对两家电商楼宇业主给予收取租金税收区级留成部分50%的奖励，吸引电商企业入驻。

【扶持夏商（中埔）市场扩建项目发展】 2014年，湖里区为推进厦商市场扩建项目建设，对市场管理公司及入驻商户给予3年扶持（2014年12月31日至2017年12月31日）。扶持标准：按当年所缴纳“三税”（增值税、营业税、所得税）区级税收留成部分50%对夏商（中埔）市场管理公司给予奖励，用于市场宣传推广；对入驻市场内经营的企业及个体工商户，按其当年缴纳的税收区级留成部分给予同额奖励。

【夏商民兴超市中铁元湾店开业】 3月28日，厦商民兴超市中铁元湾店开业。该项目位于厦门岛东北部的汇灵顿路与枋湖北二路的交界处，总面积1500平方米，内有蔬菜、水产、禽肉、各种食品、日用百货等生活必需品。此超市开设解决了禾缘社区3000多户、10000多居民买菜购物难的生活问题。

3 月 28 日，夏商民兴超市中铁元湾店开业（周奇平　摄）

物　　流

【概况】 物流业快速发展，1—11 月，全区实现物流及交通运输营业总额 339.31 亿元，同比增长 23.6%。（服务业数据只统计 2、5、8、11 月）

物流基础设施逐步完善。高殿旗山物流园总用地面积约 4.79 万平方米，总建筑面积 9.46 余万平方米，已完成招投标。承租方厦门弘信国际物流有限公司将对园区进行后续设计和装修，后续招商方向以电商为主及配套物流，实现从下单、分拣、出货、物流一条龙服务。“湖里百亿项目”中的乔丹商贸物流基地占地面积近 1.86 万平方米，建筑面积 6.94 万平方米，主体施工建设正在加快进行；金绿物流城占地 1.91 余万平方米，建筑面积近 5.79 万平方米，已竣工验收。湖里区加强对物流企业的调查和项目征集。贯彻落实《厦门市促进现代服务业发展综合试点实施方案》，积极申报厦门市现代服务业综合试点储备项目，包括万翔冷链物流中心、金绿物流中心、乔丹商贸物流基地、邮政速递国际邮件监管处理中心、高殿旗山物流园、香港劲美物流仓库等六个项目。

【参加 2014 海峡物流节暨第七届海峡物流论坛、第六届海峡两岸物流与供应链博览会】 11 月 21—25 日，2014 海峡物流节暨第七届海峡物流论坛、第六届海峡两岸（厦门）物流与供应链博览会在厦门举办。湖里区拨付 10 万元财政扶持资金并参展设立“湖里区现代物流发展成就展区”，借助物流节品牌效应，加强海峡两岸物流及相关行业的交流合作，推动湖里区现代物流业的发展繁荣。收集万翔冷链物流中心、乔丹商贸物流基地、邮政速递国际邮件监管处理中心、香港劲美物流仓库等六大现代物流试点领域储备项目，发挥项目建设推动作用，提升湖里区现代物流的整体竞争力和发展水平。

交　　通

【大力发展社区公交】 2014 年，湖里区主动“察民情、问民需、保民生”，针对部分社区道路等级不高，不能开行常规公交，“最后一公里”成为居民出行困扰问题，大力发展社区公交。协调开通社区公交线路 6 条，湖里街道 436 路、线长 10 公里，殿前街道 432 路、线长 11.5 公里，437 路、线长 12.5 公里，禾山街道 431 路、线长 8 公里，433 路、线长 10 公里，金山街道 435 路、线长 9 公里，投入车辆共 40 台，总投资额近 3000 万元，每条线路的受益人口约 10 万人，极大方便了沿线社区居民交通出行。

【优化调整公交线路】 随着辖区东部开发建设，原有公交线路无法满足现有居民出行需求，2014 年，湖里区积极

社区公交（区经信局供图）

协调优化调整8条公交运行线路，调整102路高峰专线经停厦门市音乐学校；56路公交车更改为848路，由湖里公交场站延伸至海沧桥南公交场站始发；82路高峰专线改为常规公交车；108路公交车从湖里高新技术园延伸至红星美凯龙总站；协调99路增停金山花园站，125路、93路、59路公交车增停高崎小学站，方便居民快捷出行。

【顺利完成2014年春运工作】 2014年春运从1月16日开始至2月24日结束，历时40天。12月27日，成立湖里区2014年春运工作领导小组，印发春运工作方案，明确各成员单位工作分工。1月10日，检查高崎火车站、枋湖客运中心等重点客运场站春运交通保障准备情况；1月10日至16日深入辖区28家客运单位及危化品运输单位进行春运交通安全专项检查；1月16日、17日、27日、28日连续4次开展春运严重交通违法集中整治统一行动，集中治理辖区商贸中心、厦门大桥、高崎火车站、枋湖长途汽车站等交通密集区域，营造春运严管氛围，共查处各类交通违法行为32985起。春运期间，枋湖客运车站共发送班车4.81万班，发送旅客88.34万人次；高崎火车站组织始发上车旅客13.72万人，到达旅客8.89万人；五通码头共保障船班631班，客流量7.15万人次。

（戴静静）

街 道

湖里街道

【概况】 2014年，湖里街道实现财政总收入28.8亿元；本级财政收入1.87多亿元；引进内资80.81亿元，完成全年任务32亿元的252.53%；合同外资5214万美元，完成全年任务8000万美元的65.18%，实际利用外资9004万美元，完成全年任务9000万美元的100.04%；固定资产投资10.5亿元；收储用地及征地2.34余万平方米，完成全年任务1.51万平方米的155.6%；拆除面积6.20余万平方米，完成全年任务5.7万平方米的107.5%；拆除“两违”面积4.94余万平方米，完成全年任务4.8万平方米的102.9%。是年，街道先后获“全国社区服务型党组织建设示范街道”“厦门市非法占地违法建设专项整治工作先进单位”“厦门市企业安全生产标准化创建工作先进单位”，街道还被推荐参评全国文明单位。

【推进项目建设】 2014年，湖里街道加快产业转型发展，推进“三旧改造”工程。五矿大厦项目设计方案和规划条件等已通过市规划局审批和核准，积极做好大楼拆除相关准备；金鹭特种合金地块改造9月已通过市规划局规划条件核定，委托市规划设计院对设计方案进行细化和修改；名鞋库高级写字楼项目已完成场地平整；影剧院地块总评方案已通过市规划局审核。

【实施老工业区成片改造】 年内，湖里街道老工业区改造采用三种方式：一是实施单业主成片推倒重建，推动汇兴石材旧厂房改造，该项目占地2.67万平方米，华信集团拟拆除重建，打造集酒店、商业、办公为一体的高端商务区，已完成了地块平整，由“水立方”设计单位设计的方案已报市规划局专审会。二是实施单业主成片立面改造。11月17日，印发《关于支持湖里老工业厂房文创园区建设发展的实施办法》积极扶持湖里文创园区建设。会同联发集团改造华美卷烟厂老厂房，升级为联发华美文创园，该项目占地4万多平方米，作为闽台文化产业试验园核心区的启动项目，2.4万平方米的设计师办公中心改造完成。三是实施多业主成片厂房改造，召开两次厂房业主座谈会，征求业主的意见建议，完成湖里大道B地块厂房立面改造调查情况和地块开发成本测算分析，着力推进B地块成片改造。

【加强区港联动】 9月，成立区港联动工作小组，加强与港务集团的联动，重点协助港务集团定位分析东渡路99号、货运枢纽站及寨上物资公司等“三旧”项目，推动成熟项目前期规划报批手续。结合市区财政体制调整，主动向企业宣传湖里区总部经济、电子商务、人才等政策，争取港务集团将更多税收落户湖里。扎实做好港航大厦的招商和理税工作，已入驻企业44家，税务已落户湖里区的企业有35家，在办理地址变更的企业9家，已入驻企业税收共计6400万元，力争打造成为“亿元税收楼”。

【推动文创产业发展】 11月26日，湖里区举办“国家级闽台文化产业试验园核心区二期（湖里老工业厂房文创园）政策发布暨招商推介会”，大力宣传市、区扶持文创园政策，做好湖里老工业区文创园、华美文创园、海峡文创园、华厦时尚设计文创园、厦门古玩城等文创园的推介。华美文创园有近百家企业意向入驻，万一方设计工作室、美得你家居体验馆、悟为文化传播等30多家企业已签约入驻。做好海峡文创园的改造提升，完成了海峡文创园绿化景观和园区周边华昌路旁公共市政绿化提升，全力支持做好园区临时停车楼的建设。办公区域招商工作已基本完成，加拿大亿华尔设计集团、台湾长荷设计有限公司、香港天涛设计集团等多家设计公司、世界华人医疗机构设计第一人许常吉工作室等58家优秀设计创意企业入驻。加快推进厦门古玩城建设，厦门古玩城跻身全国十大特色古玩城之列，可容纳300多家商户入驻。

【总部企业不断壮大】 2014年，湖里

区表彰的总部企业共48家，湖里街道17家，占全区的三分之一；欣贺股份有限公司被认定为全市9家市级总部企业之一。引进磁云生物科技和厦门千藤环保2家厦门市“双百人才计划”企业。

【圆满完成征地拆迁任务】 2014年，湖里区在全市率先完成轨道一号线征地拆迁任务，完成地上物非住宅建筑面积3000平方米和集体土地面积1181平方米的征拆任务，同时完成拆除国有土地地上物1500平方米，占地面积2000平方米的征地拆迁任务。邮轮母港已完成收储用地及征地1.96余万平方米，完成全年征地任务9999.9平方米的196.4%。

【平安创建】 2014年，湖里街道把平安创建作为构建“幸福湖里”的主要内容，不断扩大平安创建范围，全面提升创建层次，努力提高创建效果。辖内32149户常住户中，有31093户是平安家庭，平安家庭覆盖率96.7%；平安单位、平安校园达标率100%。抓好网格化服务管理信息平台建设，7月，在兴华社区开展试点，12月底完成街道整个信息平台建设。在后浦社区建立“小蜜蜂”守望队，推行“五个一”工程，即每幢出租房一套视频监控系统、一套防盗磁卡门、一本循环登记簿、一名专职管理员、一块民警提示牌。坚持每周一和每月15日由街道党政主要领导轮流接待上访群众制度，全年主要领导参与接访96次。先后办理省长信箱信访件9件，人民网网民留言件3件，国家投诉办转办件1件。

【社区警民网格服务队成立】 2月26日，湖里街道会同湖里公安分局，联合湖里派出所成立了社区警民网格服务队。服务队把湖里派出所警察、街道协警和社区群防群治队伍三方力量整合起来，配备100个“警务工作包”、20部电动摩托车，一旦发生警情，社区民警只要拎上“警务工作包”，骑上警务电动车，就能快速赶到案发地，及时高效的办案模式受到广大居民的热捧与好评。是年，《厦门市湖里区2014年第四季度公众安全感调查报告》结果显示，街道公众的安全感、对平安创建活动的知晓率、参与率、对政法机关执法的满意度均在全区排名第一。在2014年第二、三季度镇（街）与派出所治安责任捆绑考核中，湖里街道刑事警情数增幅和刑事警情数绝对数同比下降幅度均在全市排名前列。

【安全生产】 年内，湖里街道突出责任落实，严格监管执法，注重在各行业、各领域的隐患排查整改。加大对燃气安全的专项整治，组成2个检查小组拉网式排查辖区餐饮店，开通了安全生产和“黑气”举报电话，加大对燃气使用知识的宣传和培训，结合“119”宣传日开展燃气安全消防演练。加大对无证经营瓶装燃气违法行为的查处，查处黑气窝点17处，暂扣燃气瓶276瓶，查扣车辆4部，行政拘留2起2人。落实安全企业生产主体责任，抓好企业安全生产标准化建设。

【计生服务】 2014年，街道启动“和谐计生，美丽人生”工程，继续办好计生大讲堂，制作专题动漫片一集。建设仙岳山女儿文化园，提升计生文化内涵。扎实开展计生协会“四连创”活动，新组建企业计生协会7个，发展新会员230人。街道先后为41户计生贫困户申请临时困难补助，助学141人，独生子女伤残补助24人9.21万元，失独家庭补助33人26.72万元。投入27.75万元为5549户14周岁以下独生子女户和失独计生家庭购买计生家庭意外伤害保险。开展“爱之屋生育关怀基金”项目，截至年底，募捐到关怀基金8.2万元，救助计生困难家庭88户。持续开展“幸福工程”救助贫困母亲活动，先后投入救助金100.5万元，共有9批120户贫困母亲家庭得到帮扶。

【人口文化女儿园投入使用】 2014年，湖里街道投入70万元，在仙岳山西广场建成人口文化女儿园，并投入使用。设置有凤腾呈瑞主雕塑、人口文化长廊、高清电子显示屏和休闲绿色长廊等。其中文化长廊融计生政策、科技服务、关爱女孩、称颂女性、优生优教为一体，具有较强的计生文化元素。高清电子播放屏每天滚动播放计生动漫片、养生及育儿保健、计生政策的宣传等。人口文化女儿园的建成，突破了以往在“主干道—商业街—楼宇”三位一体的

2月26日，湖里街道举办街道社区警民网格服务队启动仪式（湖里街道供图）

计生宣传格局，拓展了宣传平台。

【民生保障】 湖里街道全年累计发放各类救助款128.5万余元，救助2344户3555人次。完成低保资格审核1676户，2544人。深化政府购买社工服务，投入123万元在8个社区开展社工服务。招聘16名社区专职工作者。做好奖教助学工作，发放2013—2014学年度特困生年度助学金191人24.48万元。认真做好劳动保障，扎实开展和谐劳动关系“118”工程建设（1个街道至少选择1条街、1个社区、8家企业开展示范点建设），年内，共完成失业人员再就业4082人，城镇困难对象再就业730人，技能鉴定192人，农民工技能提升培训210人，失业人员再就业培训136人，就业困难人员认定420人。排查劳动纠纷隐患127次，化解127起，组建企业劳动争议调委会53家。

【开展“123+X”志愿服务】 2014年，湖里街道以社区为依托，加强社区志愿者队伍建设，全面推广志愿服务。根据党员居民的特长和兴趣，组织参与法律咨询、医疗义诊、书法培训等专业化志愿服务培训。在每个社区打造1支综合志愿服务队，完善政府（街道）资助为主、社会资助为辅2个支持网络，健全服务记录、考核和项目补助等3个制度建设，各社区、社会组织可根据公共服务需求设置X个志愿服务项目，为居民提供全方位服务。截至年底，街道共有注册志愿者1852人、志愿者服务队伍22支，为居民志愿服务达34828次。

【闽台文化交流】 年内，街道参与组织福德节相关活动，通过福德文化加强两岸民间交流。海天社区与台湾高雄市左营区果贸社区联合管理委员会签订了《两岸社区交流合作意向书》，通过不定期互访，加强双方在社区建设、社区服务等方面交流互动。9月，高雄市左营区果贸社区到海天社区访问，面对面交流，指导“华昌小区”共同缔造，拓展了对台交流合作平台，增进两岸文化的交流。

【首创社区广场文化节】 2014年，湖里街道在全市首创社区广场文化节，依托社区广场资源，以“幸福湖里百姓乐”、幸福广场秀为载体，按照“重在搭建百姓舞台，重在群众广泛参与，重在发掘草根文化”的思路，开展主题为“美丽厦门·幸福湖里—原创文艺作品大赛”，激发了广大群众原创文化热情，深入挖掘群众文化创作潜力，打造文化品牌。年内，已举办3场片区选拔赛和1场总决赛，评选出18个群众原创作品。

2月15日，湖里街道第六届仙岳山歌会在仙岳山土地公庙广场举行（湖里街道供图）

【整治“两违”】 年内，湖里街道建立违法建设网格化管理机制，坚持社区巡查和城管巡查相结合，严格落实社区每周一报、街道每周一汇总制度。及时做好“两违”整治宣传工作，共发放各类宣传材料5000余份，出动宣传车400台次，出动巡查人员4000余人次，先后拆除违法建筑面积近4.94余万平方米，超额完成区下达的年度任务。

【交通整治】 年内，湖里街道联合湖里派出所、湖里城管中队对辖区违法停放车辆、非法营运摩托车、电动三轮车及二手车市场进行集中整治，全年共查处非法停放车辆14万辆，摩托车1194辆，查处违法停放车辆总量在全区排名第一。

【加大智慧技防建设】 2014年，湖里街道增加对社区技防监控系统建设的投入，积极探索社会化管理模式，整合监控系统资源，把监控系统的建设、维护外包，通过招投标，让有资质的电信运营商对已有的监控系统升级改造，投入37.9万元向厦门电信公司购买康乐等7个社区103个监控探头3年日常维护保养服务。投入898万元全面更新改造升级辖区监控系统，通过向中标单位租用高清数据探头方式，提高社区治安防范能力。

【436路社区公交开通】 12月25日，开通了东渡港区车场至三航大厦的436路社区公交。这条公交线路沿线覆盖东荣、金鼎、和通、濠头、东渡、新港、湖里、村里、海天、兴华、徐厝等11个社区，受益常住居民和流动人口达9万人。线路总长10.5公里，上行经过15个站点，下行经过18个站点，投入6部车运行，每15分钟一班，每天开

12月25日，436路社区公交开通（湖里街道供图）

通120个班次。经过东渡路、仙岳路、海天路等多条主干道，并连接起多个主要公交车站点，方便居民转乘。436路社区公交还连接了湖里中学、华昌小学、东渡二小、东渡六中等学校，并将特区纪念馆、海沧大桥博饼民俗园、邮轮中心、仙岳山公园四个休闲景点串为一条线，居民游客前往各景点休闲更加便捷。

【市容整治】 年内，湖里街道重点抓好康乐路、竹坑路等占道经营专项整治，提升改造海天路商业街，并顺利通过市第一批市容管理示范街的考核。扎实做好东渡邮轮中心承接外来游客上鼓浪屿的轮渡各项准备工作，设置8间190平方米的执勤用房，购置两辆电瓶车，增加人员，加强对邮轮中心周边的综合整治和环卫保洁。落实环境卫生保洁网格化管理，实现环境卫生保洁管理精细化、标准化、规范化。

【共同缔造工作】 5月5日，街道成立"美丽厦门·共同缔造"项目专家顾问组，规范项目建设程序和监督，重点抓好多元共治构建和谐美丽社区的推进，加快推进以奖代补项目建设。完成康乐二期和华昌两个试点小区建设，康乐和海天两个社区被评为"典范社区"。制定出台《湖里街道关于积极推进多元共治构建和谐美丽社区的实施方案》，着力打造出符合本社区多元共治的品牌。如，康乐社区的"三位一体"治理模式、塘边社区"新老群体融合"等。完成区第二批13个和街道10个"以奖代补"项目的建设，总投资56.63万元，其中，居民筹资12.93万元，街道财政补助43.7万元。截至年底，街道在"美丽厦门·共同缔造"项目建设中共投入资金979万元，其中：居民、社会筹资129万元、街道本级出资543万元、区财政出资307万元。

【党建工作】 2014年，湖里街道共发展预备党员42名，67名预备党员按期转正，截至12月底，全街有党员3482名。组织70多名入党积极分子参加区培训和资格考试，41名积极分子通过考试。投入70多万元在康乐、东荣社区增建2个户外视频党校播放点。认真做好在国宇党支部建设社会党组织示范点工作。加强组织建设，是年，新组建非公支部8个，成建制转入党组织2个。

【群团建设】 2014年，湖里街道共覆盖建会3044家，单独建会381家，办理工会会员卡8000张，组织7591人参加工会医疗互助；抓好非公企业团组织的组建，以金鼎社区为试点，开展团员到社区报到活动，举办"幸福湖里青春相约五四"主题活动，街道团工委被团市委评为"五四红旗团委"；成立以妇女为主力的巾帼志愿者队伍，东荣、和通、怡景等社区分别成立了"联建联勤互助队""阳光暖心互助会""小喇叭"志愿者宣传队等志愿者队伍，开展"关爱社会、关爱他人、关爱自然"等志愿服务活动。

（刘爱军）

殿前街道

【概况】 殿前街道下辖高殿、马垅、兴隆、兴园、长乐、北站、神山7个社区居委会，其中高殿、马垅为"村改居"社区。截至2014年12月31日，辖区总人口23.03万人，其中：常住人口3.47余万人，流动人口19.55余万人。是年，规模以上工业总产值363.69亿元，商贸营业额583.97亿元，社会消费品零售额172.64亿元；固定资产投资100.54亿元；完成固定资产投资95.19亿元，完成年度任务的146.45%；财政总收入35.27亿元，其中街道本级财政收入2.24亿元，完成年度任务的102.25%。

【招商引资】 2014年，殿前街道引进内资68.52亿元，完成年度任务的253.78%，引进外资5654万美元，完成年度任务的161.54%，实际到资3690万美元，完成年度任务的105.43%。闽南古镇总投资40亿元，是辖区引进的第一个大型综合商业项目，一、二期建设基本完成，三期已开工，街屋、两岸观光夜市、影院、茶博馆等主要业态已完成招商。成功引入厦门弘信国际物流有限公司入驻旗山电商园，成立厦门旗山云创业园管理有限公司。

【服务企业】2014 年，殿前街道坚持主要领导每周走访辖区重点企业制度，与园区管委会、园区集团建立定期沟通机制，掌握园区企业经营情况。全年累计走访包括市属园区规上企业近百家，及时了解企业运行情况及需要政府协调解决的问题，通过主动对接、优化服务辖区市属园区企业，拓展街道发展空间，壮大经济总量，增加财政收入。建立领导分片、分项目联系固投项目制度，密切跟踪闽南古镇、T4 航站楼、航空港物流中心、夏商农产品中转集散分拨中心等重点固投项目建设进度，及时协调解决固投项目建设过程中遇到的各种问题，确保各项固投项目的序时进度。

【重点工程征地拆迁】2014 年，殿前街道共完成征地 28.34 多万平方米，拆除房屋建筑 8.22 余万平方米，发放各项拆迁补偿金 12964.44 万元。成立轨道交通 1 号线工作领导小组，全面启动轨道交通 1 号线项目的征拆工作，达成 266 份协议，征地（含收储）26.79 万平方米，拆除建筑 6.2 万多平方米，搬迁企业 93 家，拨付资金 1.05 亿元；高崎停车场片区涉及的 7 户被拆迁户、30 家企业全部签订协议，征收工作基本完成；高崎区间站铁路地块征收工作基本完成，塘边站省安地块涉及个人产权的 181 户全部签订拆迁协议。

【文教事业】2014 年，辖区有中学 2 所，公办小学 4 所，民办学校 4 所，公办幼儿园 2 所，集体办幼儿园 1 所，民办幼儿园 19 所。辖区内小学适龄人口按时入学率和初中适龄入学率为 100%；小学和初中在校生年辍学率均 0；6—14 周岁三类残疾儿童入学率 87.5%；15—50 周岁人口文盲率 0。街道初步形成以“社区教育中心”为载体，以街道、居委会市民学校为主体，以网络信息教育为现代手段，以辖区文化、教育资源为参与辅助的终身教育培训体系。全年共投入教育经费 167.17 余万元。

6 月 20 日，举行“殿前梦工厂”闭幕式（殿前街道供图）

街道致力于营造积极向上的文化氛围，采用政府购买服务的方式，投入 20 万元打造“殿前梦工场”，举办“梦工场培训班”，开设瑜伽、魔术、现代舞等 7 个专业课程，聘请专家免费授课，吸引 180 多名学员学习，为居民打造文化乐园。

【促进就业】2014 年，殿前街道完成失业人员再就业 1920 人，就业困难对象再就业 367 人，失业人员再就业培训 164 人，农民工技能提升培训 196 人，技能鉴定 215 人。

【社会保障工作】2014 年，殿前街道参加城乡居民养老保险的 46—59 周岁居民 213 人，参保率 100%，已有 503 人领取待遇。受理全民医保参保登记 1930 人，家庭共济 512 户，自付医疗困难补助 116 人。为 74 名被征地人员办理了养老保险参保手续，及时兑现参保补助款 18.25 万元（街道级）。为 126 名被征地人员办理了社会化管理退休手续，协助 20 名退休人员家属办理丧葬费及一次性补助费领取手续。全年共办理 1690 本失业证，认定灵活就业人员 445 名，认定就业困难人员 283 名。接收社会化管理退休人员 243 名，其中 126 名失地退养人员。协助异地养老金认证 629 人，走访辖区退休人员 842 人次，慰问重病住院退休人员 76 人，慰问亡者家属 20 人以及协助办理丧葬费及一次性补助费手续。

【构建和谐劳动关系】2014 年，殿前街道设立全省首家规范性驻街劳动争议仲裁庭，成立湖里区劳动保障监察大队驻殿前街道工作站、殿前街道劳资纠纷综合调解工作室，由区、街劳动保障部门、司法所、综治办、工会等单位实行联合办公，整合部门资源、分工协作。推行“维权窗口前移、执法重心下沉”的工作模式，为企业和劳动者提供“一站式”调解仲裁服务，直接受理调处当天的劳资纠纷案件。在辖区每个社区成立劳动争议调解中心，解决企业和劳动者维权“最后一公里”的问题。开展长虹路“和谐劳动关系建设示范街”创建活动，发动沿街商家成立商家联盟，设立示范街劳动争议调解中心，制定《示范街星级评定暂行办法》，开展商家评星活动，悬挂劳动关系和谐明星榜，奖励“五星级”商家。

【帮困救助】殿前街道全年发放各类民生救助补助款 170.73 万元。其中：慈善超市物资 2 万元；发放各类困难户春节慰问 117 人次 11.7 万元；发放低保补助 1183 人次 50.53 万元，全年增加低保 11 人、退出 9 人，低保动态率 10.5%；发放残疾人、重点优抚对象等医疗补助 41 人次 5.1 万元；发放 70 周岁以上重残人员、三无人员（无劳动能力、无法定赡养人，无经济收入）等日常医疗救助588人次2.94万元；发放重度残疾人生活补助87人次0.44万元；发放困难家庭临时救助131人次17.5万元；发放困难残疾人生活补助730人次21.9万元；发放重度残疾人居家护理补助1167人次37.27万元；发放残疾人“全国助残日”、中秋节慰问806人次9.67万元；发放四残儿童（肢残、听残、智障、自闭症）抢救性康复补助16人次7.38万元；发放高龄老人津贴补助21人次4.3万元。

【卫生医疗】 2014年，辖区有二级医疗机构1家（殿前街道社区卫生服务中心），一级医疗机构2家（健民医院、马垅医院），综合门诊部5家，53家有证私人诊所。全年共计接种一类疫苗约6.85万人次，接种率为98%，接种二类疫苗近2.32万人次。建立和管理居民健康档案，定期更新，已建立电子档案19.64万份。登记和管理高血压患者4513人，定期随访并进行饮食及日常行为保健指导1.21余万人次。登记和管理糖尿病患者2907人，定期随访并进行饮食及日常行为保健指导7089人次。辖区产妇数404人，出生数409人，早孕建卡率96.82%，住院分娩率100%，产后访视率96.09%。孕产妇保健覆盖率达100%，孕产妇系统管理率96.09%。3岁以下儿童体检1776人，比上年增长3.92%，儿童系统管理1709人，系统管理率96.06%。为户籍在辖区的3008名60岁及以上老人体检，并建立健康档案。

全年开展除“四害”统一行动4次，累计投放灭鼠药850公斤、凯素灵粉5475公斤、灭蟑饵剂6.5万小包、高效氯氰菊酯670瓶、杀蟑胶饵3000瓶，拨补各社区除“四害”消杀人工费合计3.36万元。在动物防疫方面，牛羊免疫120头次，共排查饲养家禽986只，消毒面积2万多平方米，有效地控制H7N9病毒的蔓延和流行。

【完善社区管理】 2014年，殿前街道积极推进政府购买社工服务项目，拓宽社区服务功能，投入经费46.5万元，为辖区4个社区分别购买台胞台属、青少年全面发展、社会工作专业督导、居家养老等4个社工服务项目。加大社区办公服务活动场所建设，安排50万元维修长乐社区办公场所，出资50万元用于马垅社区小东山篮球场建设。

【便民服务中心标准化建设】 年内，殿前街道积极推进便民服务中心（代办点）标准化建设，成立殿前街道推进便民服务中心标准化建设领导小组，全面梳理街道审批服务事项，按照区政府转变政府职能“三增三减”（减少招待费用，增加研究经费；减少应酬时间，增加学习调研时间；减少项目审批环节，增加项目服务内容）的要求，将与群众生活密切相关的便民服务事项（如劳动保障、就业培训、计划生育审批等），统一到街道便民服务中心集中办理，并延伸至社区便民服务代办点，进一步规范便民服务办理流程。制定便民服务流程图，形成标准体系，实行标准化服务和规范化管理。健全岗位责任、首问责任、一次性告知、限时办结、办事公开、否定报备、服务承诺、同岗替代、失职追究等效能建设制度。严格贯彻落实“一个窗口办理、一次性告知、一站式办结”的运作模式，给予便民服务中心工作人员充分授权，所有服务项目严格按照要求公开受理、办结，在承诺时限内完成，同时建立台账，每个月统计办件量。

【抓好计划生育工作】 2014年，殿前街道人口计生工作全面实施“生育文明·幸福家庭”促进计划，综合治理“三高”（人口出生率、自然增长率高，出生性别比高，出生缺陷发生率高）。是年出生人口5178人，政策符合率93.22%；出生性别比108.12，其中户籍出生703人，出生性别比111.74，政策符合率90.61%，非户籍出生4475人，出生性别比107.56，政策符合率93.63%。流出育龄妇女办证登记率100%；“双查”到位率98.40%，综合节育率86.35%；计划生育家庭奖励兑现率100%，统计准确率达到96%以上；群众满意率和计生知识知晓率均达到90%以上。积极宣传“单独二孩”政策，印发宣传小折页，已有138对单独夫妇申请办理再生育。

【“美丽厦门·共同缔造”】 年内，殿前街道认真落实“美丽厦门·共同缔造”。出台《殿前街道“以奖代补”项目实施办法》，是年，街道共投入资金2648.89万元，其中：区、街财政投入资金1635.18万元，居民、企业、社会组织等投入1013.71万元。马垅社区发动辖区居民、商家、社会组织积极参与智能化停车管理系统、文化活动广场、道路“白改黑”、缆线下地等项目建设和改造，全力打造“宜居城中村”。兴隆社区聘任台胞担任社区主任助理，打造台胞之家、闽台文化长廊、成立社区发展理事会，定期举办两岸文化沙龙、爱心妈妈手工作坊等特色文化活动，促进台胞与本地居民良好的交流互动，致力打造同胞融合新家园。兴园社区积极引导居民参与兴隆新村小区建设和管理，增设停车道闸及停车位、小区污水管网和燃气管道改造、防盗系统智能升级、小区绿化美化等，使兴隆新村老旧小区焕发出新活力。高殿社区屋顶绿化累积投入500万元，已完成一、二、三期计3.9余万平方米，飞机航道下居民的阳台、屋顶初现绿意盎然、勃勃生机，已成为航道下的一道新风景。

【兴隆社区同胞融合共筑新家园】 2014年，兴隆社区被列为全市全面深化改革基层社会治理创新的试点社区，社区以此为契机，开展同胞融合行动，全面提升社区治理水平。社区挤出103平方米的办公用房，发动台胞与居民参与设计、建设“兴隆之家”。投入40多万元，建设了一条极具闽台

5 月 21 日，市委副书记钟兴国调研湖里区社区治理创新台胞融合行动（殿前街道供图）

民俗特色的文化长廊。结合智慧社区建设，打造了一套科学、高效的手机 APP 便民服务系统——“兴隆一家亲”。在全市率先成立由台胞主导的社区发展理事会，整合设立了守望相助巡逻队、店家同盟会等 11 个工作小组。在全省首聘台胞担任社区主任助理，让台胞更直接参与社区的管理。与台中市的兴隆社区签订共建协议，促进两岸基层社区交流来往。是年底，兴隆社区首创选派干部赴台学习社区管理。社区台胞、居民自发组建“马路天使”“绿色环保”等 4 支志愿服务小分队，引入专业民办社工机构，建立“专业社工 + 台胞志工 + 社区志愿者”的联动服务模式，实现“1+1+1>3”的服务效能。

【平安殿前建设】 2014 年，殿前街道为保障高崎火车站运行安全，下拨 192 万元经费，增派 40 名协警，创新高崎火车站警企站店联动管理模式，将高殿社区综合管理队、志愿者服务队、高崎火车站保安及周边派出所协警，纳入殿前派出所警务室协管队统一管理，参与交通整治、治安巡逻、外口管理等工作。持续开展燃气安全专项整治行动，设立 24 小时燃气安全隐患举报电话，联合公安派出所、城管等部门对辖区餐饮场所和燃气供应点进行拉网式排查，查处“黑气”经营点 11 处、违法运输车辆 5 辆，行政拘留 5 人、依法暂扣“黑气”430 瓶。422 家安装燃气防爆警报器，提高燃气使用安全水平。扎实开展企业安全生产标准化创建工作，18 家规上企业和 5 家小微企业已通过评审。高殿义务消防队再次获公安部授予第二届全国“119 消防奖”先进集体称号。

【马垅社区创新“城中村”平安建设新模式】 年内，马垅社区以深化“平安和谐社区”建设为目标，探索创新“城中村”平安建设新模式。社区投入 86 万余元，建立全市唯一的“城中村”智能化停车管理系统，在出入口设置停车道闸，完成 1.2 万平方米黑色沥青路面铺设，划设主次干道道路标识和停车位。联合多家通讯运营商将空中网线全部改造入地，彻底改变“城中村”脏乱差的面貌。为维护社区治安秩序，社区安排 41 万专项资金，用于奖补居民安装指纹门禁管理系统。社区发动新老居民、企业、商户等组建了马垅社区公共议事理事会、新居民协会、社企同驻共建协会、商户联盟协会、房东协会等 5 个社会组织，通过开展行业自律、治安巡防、公益服务等活动，让外来人员共享平安创建的成果。

【市容管理】 年内，殿前街道构建立体化、网格化的环卫管理和作业模式，完善环卫基础设施建设，区、街财政投入 611 万元，实现从单一村民自治到政府纳入公共一体化投入的转换，建立常态化保洁机制。开展长虹路占道经营整治专项行动，联合职能部门制定应急预案，出动民警、协查人员 160 余人，定人定点执法，取缔违法占道经营 500 多摊，安排 98.61 万元专项经费，对长虹路（翔鹭花城段）道路两侧、文化活动广场地面提升、文化元素、景观节点等改造，进一步巩固占道经营整治成果。投入 29.2 万元经费，用于湖里大道沿线马垅社、三中周边防空洞、挡土墙等节点的景观提升，提升城区形象。

【查处打击“两违”】 2014 年，殿前街道成立“两违”综合治理专项行动领导小组，制定方案，对辖区内在建和历史遗留“两违”开展全面普查，建立“一违一档”台账，实时监控“两违”增减动态。建立横向到边、纵向到底的“两违”查处工作网格化管理机制，开展“全时、拉网、三结合”密集巡查。专门设立轨道交通沿线“两违”查处网格，全天候对项目沿线开展巡查，及时拆除抢建违建行为。全年共进行大型拆除行动 45 次，拆除违法建筑总面积 10.58 万平方米，完成年度计划的 176.34%。

（吴巧艺）

江头街道

【概况】 2014 年，江头街道面积 10.41 平方公里，下辖后埔、蔡塘、江村、江头、金尚、园山、吕厝、吕岭、祥店等9个社区，人口21.25万人，其中流动人口占70%。是年，街道着力促进产业转型，推进共同缔造，创新服务管理，改善城区面貌，加大民生保障，构建和谐江头，经济、社会各项事业协调发展。年内，街道实现财政总收入19.20亿元，完成年度任务115.2%，比上年增长16.3%；本级收入1.51亿元，完成年度任务107.26%；引进内资86.68亿元，完成区下达年度任务的298.9%；实际利用外资1.12亿美元，完成年度任务的373.33%；完成固投40亿元，比上年增长164%。街道先后获得“福建网络文明志愿服务工作先进单位”“厦门市社会管理综合治理与平安建设先进单位”“厦门市安全生产先进单位”“厦门市非法占地违法建设专项整治工作先进单位”“厦门市征兵工作先进单位”等称号。

【优化产业】 年内，江头街道组织辖区企业分批次赴安溪南翼新城工业区实地考察，加强宣传发动，引导传统工业有序转移。完善《江头街道促进经济发展若干规定》，重点抓好总部企业、金融资本等现代服务业的引进和扶持，第三产业比重不断加大，江头商圈品质不断提升。

【征地拆迁】 2014年，江头街道成功探索创新“政府引导、自我拆迁、就地平衡、共同发展”的蔡塘开发模式，蔡塘社区发展中心和蔡塘广场建成并投入营运。大力推进江村乌石浦、后埔发展用地，薛岭片区旧村改造和轨道交通1号线，忠仑公园等项目征地拆迁，乌石浦扫尾工作接近尾声。全年共拆迁11.7万平方米，完成年度任务的143%。

【招商引资】 2014年，江头街道加大对企业扶持力度，建立联席会议制度，建立健全可盘活的商务楼宇存量台账，并对招商引资企业、重点税源企业指定专人实行全程管理服务。通过搭建引资新平台、以商招商、与部门联动招商、管家式服务、商务楼宇网格化管理等措施，营造招商宜商软环境。全年引进亿元以上项目9个，500万元以上内资项目416个。

【共同缔造】 年内，江头街道通过举办宣传活动、讲座、发放宣传材料、发布微博、微信、收集意见建议等方式方法，发动广大群众积极参与共同缔造，实现“决策共谋、发展共建、建设共管、效果共评、成果共享”。积极探索推进“以奖代补”项目建设机制，街道首批6个“以奖代补”社区建设项目顺利推进。3个试点社区成效明显被评为典范社区，其中，金尚社区完成了“美丽社区”项目改造；祥店社区完成“诚信文明示范街”景观改造提升；蔡塘社区创新发展集体经济的“蔡塘模式”，得到了市委书记王蒙徽的充分肯定。吕岭社区完成阅读角、休闲园的建设，后埔社区先后完成路面整修及积水排污、电表、监控系统、公办幼儿园的改造，群众充分感受到了“共同缔造”活动带来的实惠。

【城区建设管理】 年内，江头街道完成源泉山庄、梅阳花园等老旧小区改造，园山北里、江村社区等地质灾害点治理，以及后埔社区部分道路及排污管道的改造工作。深入开展嘉禾路、禾山路等重点地段的交通安全整治，查处各类交通违规行为。以蔡塘、祥店社区为试点，建立街道环境卫生综合信息管理平台，街道市容环境考评3次获全市第一名，10次获区第一名，市、区市容环境卫生整治现场会在蔡塘社区召开，市、区诚信文明示范街现场会在祥店社区召开。3月，成立“两违”专项行动领导小组，辖区“两违”实现“零增长”，全年拆除总面积5.56万平方米，完成年度总目标任务的115.83%。

【安全生产】 “9·19”燃爆事件后，为防患于未然，江头街道积极开展安全生产大检查和安全隐患整治行动，筛网式入户排查企业1.68余万家次，发出隐患整改通知书7600余份，先后14次联合相关职能部门整治隐患企业120次，查获“黑气”482瓶、危化品7.7吨，推动安装燃气报警器805家，组织疏散演练31场次，举办企业安全主管培训16场次，召开房东和物业管理例会106场次，印发各类安全生产宣传材料20余份，投入约50万元在各社区消防器材室、灭火器存放点、居民小区补充消防器材，全面落实消防安全基础建设。

【综治联创】 2014年，江头街道坚持社会治理持续创新，探索出了一些行之有效的新模式和方法。在蔡塘、后埔等“城中村”社区推广“五四三”管理新模式，创新二代身份证指纹门禁刷卡系统管理流动人口，全面提升“城中村”治理和服务水平。创新劳动争议仲裁新模式，在全区率先成立区驻街道仲裁庭，为基层各单位调处劳动争议案提供快捷的仲裁调解“零距离”服务。创新“三调联动”新模式，成立多元化纠纷解决服务中心，完善矛盾纠纷排查调处和维稳机制，全年共排查社会矛盾纠纷578件，成功调处571件，调处成功率98.8%。

【推进社区建设】 江头街道全年下拨871.93万元用于支持9个社区建设，对吕岭社区金岭园和江村社区居委会便民服务代办点进行扩建和改造，并为吕厝社区租用新办公用房。进一步完善考核与奖惩机制，开展千分制考核，兑现奖励金78.56万元。

【大力发展科教文卫事业】 年内，江头街道继续深入开展科普进社区活动。推广蔡塘幼儿园的社区集体办园模式，投入251万元支持后埔幼儿园建设，投入90万元支持新开办的3家公办幼儿园建设，投入83万余元奖教奖学，发放助学金19.64万元。扎实开展防控防疫，配合区集中打击非法行医行动小组进行集中整治。广泛开展群众性文体活动，举办“幸福广场秀”百姓健康舞等有一定影响和规模的文艺演出和文体活动165场。

【加强民生保障】2014年，江头街道劳动保障、就业和慈善等工作有效落实。全面推行政府购买社工服务工作，全年投入180万元，为9个社区购买居家养老服务等社会工作服务项目。扎实做好计生服务与管理工作，开设“生育关怀基金”，加强流动人口均等化服务，吕岭社区被确定为“厦门市流动人口计划生育基本公共服务均等化示范点”。

【党的群众路线教育实践活动】2014年，江头街道严格按照区委党的群众路线教育实践活动的工作部署，街道党工委所属210个党组织、2310名党员参加教育实践活动全程。收集到群众意见建议444条、“四风”问题109条；街道班子及成员主动照镜对标，查找问题，并做好整改落实、建章立制工作，解决群众反映的问题175个。

【基层组织建设】2014年，江头街道扎实推进学习型党组织建设，严格落实中心组学习制度，组织开展专题学习8次。大力推进社区服务型党组织建设，扎实做好非公党建和流动党员工作，不断深化“1+X”片区联建，推动新建非公党组织党建质量不断提升。以教育实践活动为契机，突出抓好软弱涣散基层党组织整顿，5个软弱涣散基层党组织实现了晋位升级。加强党员队伍教育、管理和服务，扎实做好党员发展，年内，发展新党员22名，转正预备党员8名。金尚社区“金服务”党建工作法受到中组部部长赵乐际的充分肯定，并在全国推广。街道其他社区也结合实际，创建了江头社区“五零”工作法、吕厝社区党建“好八联”、吕岭社区“凤凰绿荫助学基金”、园山社区“百姓论坛”等一批党建品牌。

（廖建淳）

名词解释

五四三：工程出租房屋管理“五个一”、一名专职管理员、一本人员登记簿、一块民警提示牌、一套视频监控系统、一扇技术入户门；治安防控“四平”即平安眼、平安铃、平安员、平安街；社会管理“三化”即治安管理网格化、出租房屋管理等级化、热点整治常态化。

禾山街道

【概况】2014年，禾山街道面积16.04平方公里，常住人口30万，其中，户籍人口4.3万。下辖钟宅、岭下、坂尚、枋湖、围里5个村改居社区和禾欣、禾盛、禾山、禾缘、五缘湾北5个城市社区。街道党工委下属184个党组织，（含非公党组织140个），其中党委2个、党总支3个、党支部179个，有党员1722人，其中，非公组织党员645人。禾山街道是湖里区政治中心，行政服务便利，市、区行政服务中心、湖里公安分局、区检察院、区法院、区工商局、区国税局、区地税局等行政单位集中在辖区，为企业、居民提供“一站式”服务。经济发展快速，湖里高新技术园、厦门火炬创业园、五缘湾文展苑等总部经济，高新技术产业、文化创意产业等发展空间充足，企业发展迅速。是年，禾山街道工业总产值867.89亿元，比上年下降11.8%。引进内资78亿元，合同利用外资5580万美元，实际利用外资6009万美元，完成固定资产投资84.97亿元，比上年增长17.9%。社会消费品零售总额38.68亿元，比上年增长23.0%。实现财政总收入25.96亿元，本级财政收入2.14亿元；交通出行便捷，“三横（枋钟路、枋湖北二路、金湖路）四纵（环岛路、环岛干道、金尚路、成功大道）”为主的陆路交通网络形成，厦门出岛东、西第二通道和地铁2号线、3号线规划经过辖区，枋湖客运中心、BRT线路、社区公交通达，市公共自行车和“社区单车”构筑的慢行系统完善；教育资源丰富，市属五缘实验学校、中央音乐学院鼓浪屿钢琴学校、双十中学高中部、五缘第二实验学校和区属湖里教师进修学校、湖里实验中学、湖里实验小学等中小学及23所幼儿园遍布辖区；生态景观优美，五缘湾是厦门唯一集湿地公园、海湾内湾、温泉等自然资源于一身的生态海湾，有厦门唯一的栗喉峰虎鸟自然保护区和钟宅畲族文化，建发中央湾区、国贸天琴湾、中铁元湾等高端楼盘云集，“激情五缘湾”和“禾山欢乐季”等文化活动贯穿全年。街道先后获得“福建省先进基层党组织”“福建省终身教育先进单位”“福建省新农保先进单位”“福建省第六次全国人口普查先进单位”“厦门市委市政府创建全国文明城市先进单位”“厦门市先进基层党组织”“厦门市文化志愿者工作先进单位”“厦门市安全生产先进单位”“厦门市军警民攻坚先进单位”“厦门市市容管理工作先进单位”“厦门市‘婚育新风进万家’”活动先进单位等称号。

【经济发展】禾山街道全年实现财政收入25.96亿元，本级财政收入2.14亿元，分别比上年增长33.76%和25%；引进内资78亿元，实际利用外资6009万美元，合同利用外资5580万美元。制定了《高新园招商引资和产业引导实施办法》，举办园区二次招商推介会，吸引335家企业入驻园区。叁禾能源、鑫东森等多个亿元项目落地，184家企业增资24.9亿元。完成厦门商中在线、厦门智中精密、厦门丸善贸易等133家企业的跨区理税3000多万元。德大公司、三建公司旧厂房改造方案已获批，新技术集成公司改造方案已经市土管办过会。同火炬高新区管委会协商制定龙头山片区产业定位规划、空间规划和改造方案，推动该片区形成厦门岛内重要的电子商务和软件信息孵化区。

【重点项目建设】 全年禾山街道新建和续建建设项目63个，完成固定资产投资84.97亿元。办理2013P15、枋湖发展用地项目、钻石大厦等十余个项目的资料收集及项目入库；钟宅安置房选址正向群众征求意见，围里社区服务中心顺利封顶，禾山、禾盛社区服务中心和五缘湾片区综合服务中心前期手续正在办理中。全年完成征地8533.33平方米、拆迁10.78万平方米，其中，枋湖旧村改造拆迁7.87万平方米，拆除5.21万平方米；禾山路、兴隆路、马垄路下穿通道和海沧隧道本岛端接线工程等项目完成拆迁1.98万平方米；原80万平方米遗留问题项目拆迁9166平方米。枋湖文化产业园东侧规划道路已完成施工设计图，新增枋湖就地安置房农转用手续报批完成。提出钟宅旧村改造项目房屋征收补偿初步方案；墩上岭下安置房办理返迁手续685户，返迁率99%。在9个社区全面铺开缔造工作，16个项目通过专家评审，禾盛碧湖嘉园街面改造、围里安墩路整治、禾山龙湖与枋湖花园提升工程等10个项目完工，5个区级项目通过验收，其余6个项目正在推进中。

【建立两级联调联动机制】 2014年，为了整合街道调委会和社区调委会的资源，形成合力，禾山街道建立两级联调联动机制，以一个街道调委会的资源带动9个社区的调委会，既可以发挥司法所人员的法律专业知识与调解技巧，又可以发挥社区调委会人员人头清、地理熟，掌握民俗、民风的特性，参与调解。

【民生保障】 2014年，禾山街道坚持以民为本，落实民生政策，投入民生资金比上年增长36%。在全市率先启用社区单车并实现与市公共自行车联网联通，开通431路和433路社区公交，初步构架起街区“大公交”体系。协调夏商集团在辖区内开办中铁元湾生鲜超市，解决周围居民购物难问题，紫金家园生鲜超市正进行民意征集。实施“教育强街”计划，在全市率先启动家长素质提升工程。在禾山社区建立全省医疗机构看病预约挂号系统“医指通”，在禾缘社区开办健康服务站。全年实现失业人员再就业1953人，再就业培训183人。办理全民医保2796人，被征地人员基本养老保险80人，实现全民社保。辖区新开办湖里实验幼儿园和新景外滩幼儿园，县后小学扩建竣工新增学位450个。开展“激情五缘湾”和“禾山欢乐季”两大主题文化活动300多场次，辖区文化品位进一步提升。全年发放低保金76.4万元、救助金136.02万元；试点推行“救急难”工作，开发社会求助统一管理服务信息系统；金湖路创建全市首条“慈善一条街”，区慈善会禾山分会募集善款160.06万元，发放救助款75.16万元，在全区率先实现社区慈善驿站全覆盖。

【推行三方联动工作机制止】 2014年，禾山街道在纯城市社区全面推行居委会、业委会、物业公司（辖区单位）三方联动工作机制，通过人员大交叉、议事大联席、治安大巡防、矛盾小调解、管理小自治，全面提升小区自治管理水平。该机制试行以来，通过大巡防队伍成功破获3起重大入室盗窃案件，挽回经济损失38万元，纠正随意停放未上锁电动车185辆，现场制止纠纷256起，纠正占道经营562摊，及时发现制止小区外立面违规装修设立广告278起，劝导不文明现象780人次。辖区中央美地、联发欣悦园、水晶森林、书香佳缘、五缘湾1号等小区相继成立小区调解室，成功调解小区纠纷347起，有效化解邻里矛盾纠纷，防止民转刑案件发生，邻里之间关系更加和谐。

【社区治理】 2014年，禾山街道推动多元共治，社会组织、企业商户、居民群体等各类主体共同参与社会治理。将社区多元共治工作纳入星级社区考核办法，将落实情况与社区考核奖惩挂钩；与厦门大学开展街、居职能梳理分类研究，细化街道委托社区的六大项23类行政项目、社区12项自治项目。引进上海恩派公益社会组织培育社区社会组织，托管党群活动中心；安排200万元资金购买专业社工服务，推进社会工作与社会服务协同发展。率先在禾山、禾盛等社区实行居委会、业委会及物业公司的三方联动机制；与市民盟联手开展规范业主大会和业主委员会管理的课题调研。

【设立社区单车】 3月，禾山街道在开展走家入户活动中，征集到把单车带进

社区单车（禾山街道供图）

居民小区解决居民出行最后一公里难题的建议，4月，街道组织邀请相关专家及代表参加“社区单车”项目评审会，听取来自各方的意见和建议，最终确定建设“社区单车”项目，以“家加1公里”为社区单车口号，5月10日，街道首批试点的40辆“社区单车”在欣悦园、中央美地、凯悦新城、五缘湾1号4个小区启用。年底，第二批8个站点90辆社区单车在禹洲城上城、源昌鑫海湾、翠湖庄园、古龙居住公园、建发书香佳缘、碧湖嘉园6个小区及区政府和禾山街道社区服务中心建成。

【依法治街】 年内，街道拍摄全市首个社区普法微电影《阿呆租房记》；设立社区法制讲堂；成立金牌调解工作室，成功调处矛盾纠纷1907起，成功率达99%。推进“118”和谐劳动关系创建工程，组建11家企业劳动争议调委会，处置164起劳动争议案件。

【安全生产】 年内，街道组织开展小型餐饮场所燃气安全专项整治，查处非法燃气销售点28处；安装燃气报警器的餐饮场所和燃气使用场所603家，全年无重大安全生产事故。

【拍摄全市首个社区普法微电影】 2014年，街道在区司法局的支持下，充分发挥团结协作精神，依托禾盛社区，采取“讲述社区故事，选用社区演员，教育社区群众”的方式，摄制了全市首个社区普法微电影——《阿呆租房记》。本片有三个亮点：一是司法所自编自导；二是社区自排自演；三是群众自娱自教。该部微电影已通过腾讯视频、湖里普法网、禾盛社区微信公众平台播出。

【实行案件主办制】 2014年，禾山街道司法所在人民调解工作中实行“案件主办制”，即受理纠纷（直接受理或上级指派、社区报告）后由人民调解室进行案件分流，指定一名工作人员为主办人，一名为协办人，主办人对受理的纠纷实行包案制，一案负责到底。

【屋里厢社区服务中心托管党群服务中心和社会组织服务园】 12月25日下午，禾山街道与上海屋里厢社区服务中心举行培育社会组织的签约仪式。禾山街道党群服务中心（居民文化活动中心）、禾山街道社区社会组织服务园委托上海屋里厢社区服务中心管理运行。禾山街道党群服务中心（居民文化活动中心）设在禾山街道社区服务中心附楼1、3、4、5、6楼，面积约4000平方米。服务中心委托上海屋里厢社区服务中心管理运营，借助屋里厢良好的组织、动员、宣传和资源整合能力及运营经验，强化中心的辐射能力，打造本岛东部党群活动服务的新阵地。禾山街道社区社会组织服务园设在禾山街道社区服务中心附楼7楼，面积约800平方米。功能规划有社区社会组织培育苗圃、社区社会组织办公室、多功能室、社区社会组织展示室、公共服务室等。社区社会组织服务园委托上海屋里厢社区服务中心管理运行，借助屋里厢多年积累形成拥有自主知识产权的培育课程和方法以及创投能力孵化培育辖区社区社会组织，强化其自身造血和运行能力。

【建立“易”就业信息平台】 2014年，禾山街道禾欣社区把促进充分就业作为社区服务居民、服务民生的战略任务来抓，推行“定制式培训”，建立“易”就业信息平台，在社区网站设立劳动保障专栏，有“政策法规宣传”“招聘信息发布”“就业求职登记”“技能培训登记”“招聘信息”五大板块，让社区居民足不出户就能知晓就业、培训等信息。在居民与企业之间搭起一座“易”桥梁，使社区居民能在家中寻找到就近的岗位，社区企业能就近获得合适的人才。该平台被省充分就业社区考核领导小组誉为“永不落幕的空中招聘会”。

【举办2014“禾山欢乐季”】 4月，2014“禾山欢乐季”系列活动启动，包括广场秀展示、声乐、器乐、舞蹈、戏剧曲艺类比赛；与厦门晚报合作开展“八段锦”进社区启动仪式暨欢乐季广场培训活动；全民健身系列，包括拔河、乒乓球、台球、篮球、网球、冬泳等比赛；社区基层文体活动评比、闭幕晚会及组织者、志愿者及最佳幕后等优秀表彰。

【建设慈善诚信一条街】 9月，禾山街道在金湖路建设厦门市首条“慈善一条街”，并在社区内发起“慈善商家联盟驿站”活动，鼓励商家帮助社区内困难群体解决生活、就学、医疗以及突发灾害救助等问题，尽自己的能力，为需要帮助的人献出自己的一份爱心。街道将所招募的捐赠款、物资以及各企业提供的服务整理统计，评选企业商户，制作商户慈善门牌、便民服务册和爱心免费券。截至12月，已为社区困难群体募集价值近12万元的物资（服务）以及善款7578元，均纳入禾山社区慈善驿站用于扶贫助困项目。

【党风廉政建设】 年内，禾山街道认真抓好党的群众路线教育实践活动。在全部社区建立社情民意联系点，制定《关于进一步开展“六百”走家入户活动常态化实施方案》，突出走访低保户、失业户、拆迁户等6类困难群体，收集意见建议215条，办结199条。抓好建章立制工作，出台11项制度，修订完善3项制度。全年街道“三公”消费92.78万元，其中公务接待8.6万元，分别比上年下降51.3%和82.84%。推行1公里以内步行，3公里以内骑自行车，5公里乘坐公共交通工具的出行方案，清退2辆公车，取消班车接送，每月对公务车辆养护经费公示。实行街道领导班子成员与其余工作人员合署办公，处级领导办公用房面积控制在标准范围内。固化区域化党建联席会议，实行社区党组织成员和辖区单位党组织成员“双向兼职”；配齐配强社区班子队伍，选派干部整顿软弱涣散党组织，开展3期社区干部培训班，组织14名社区干部到其他社区挂职。978名党员签订计生承诺书，对2名违反计生法规的党员给予留党察看处分。超额完成非公“百日会战”组建任务，新组建独立党支部14家、联合党支部16家，推进11个非公党建联建片区“1+5”(1家相对成熟的支部和5家工作一般的支部进行联建，实现“以强带弱、资源共享、排忧解难、共同提升”的目标)建设，塑造出吉家“诚信商户”、安兜医院“爱心服务”等一批先进典型。制定《禾山街道财政性投融资小额建设工程项目监督与管理暂行办法》等财经制度，建立5个村改居社区财政性资金专户，规范公款使用管理。制定《禾山街道关于推行“马上就办”、强化治庸问责工作的实施方案》等，大力整治庸懒散拖，全年共进行效能察访21次，发出通报7份。

4月12日，举行湖里区家长素质提升工程启动仪式（禾山街道供图）

【共同缔造】 2014年，禾山街道按照区委、区政府的统一部署，以“美丽厦门·创新湖里”“朝阳禾山”建设为载体，以构建“宜居、幸福、美丽”禾山为目标，在总结前期试点经验的基础上，制定了《禾山街道“以奖代补”项目指南》，探索出“城中村”社区管理的7大机制。结合党的群众路线教育实践活动，从民生建议中筛选并确定首批“以奖代补”项目21个。其中，19个项目通过专家评审，禾盛碧湖嘉园街面改造、禾山社区龙湖与枋湖花园提升工程、围里安墩路整治等10个项目已经竣工并完成验收，其余9个项目正在推进中，共投资822.2万元。2月10日区验收组对禾山街道8个区级项目验收，合格率100%，其中6个项目优良，2个合格。同时，街道积极推进多元共治。与厦门大学合作，厘清街道、社区行政职能和自治职能，实现权随责走、费随事转。以禾山社区、枋湖社区作为试点社区，建立居民议事理事会、居民监督委员会等，健全居民自治共管长效机制。禾山社区在缔造过程中被评为典范社区，建设项目评定等级为优良。两个试点社区的居民对共同缔造工作满意度均高于90%。街道投入167万元引入上海恩派公益社会组织，托管社区社会组织及党群活动中心，重点培育孵化、规范提升、培训督导社区社会组织，强化其自身造血功能和运行能力。投入52.5万元购买专业社工服务，力争社会工作与社会服务协同发展。力争打造“双社协同”模式。禾山社区探索“三方联动”机制，初显成效，根据居委会、小区业委会、驻区单位（一般是物业公司）职责，建立政府主导、居民自治、驻区单位（一般是物业公司）提供服务的小区综合治理模式。枋湖社区借鉴台湾地区的社区营造经验，与社工机构共建，共同打造书香社区，搭建“鸟巢书屋”。街道于10月12日开展社区评定工作，有3个社区为典范，其中区级典范社区为禾山社区及禾盛社区。

【完善禾山社区公交建设】 9月1日，禾山街道开通第二条社区公交433线路，起于枋湖发展中心终至县后公交场站，社区公交开通后，缓解了辖区东部地区居民及企业员工出行难问题，完善了辖区东、西部地区的公交网络，也使辖区内部分路段的“摩的”及非法营运现象明显减少。禾山街道的经验和做法，先后在殿前街道、湖里街道、金山街道推广。

【“美丽厦门·创新湖里”文化旅游嘉年华启动】 9月5日，“美丽厦门·创新湖里”文化旅游嘉年华正式启动。此次嘉年华由湖里区政府主办、区文体出版旅游局、禾山街道等承办，是一场集艺术、文化、旅游于一体的公益性活动。主要包括青少年艺术节、游艇帆船赛、热气球巡回赛、“最美新娘”婚纱摄影大赛、公益骑行及微电影六个系列。

【举办家长素质提升工程】 4月12日上午，湖里区教育局和禾山街道联合举办的家长素质提升工程，在湖里区进修学校附属小学正式启动。（详见教育相关条目）

【计划生育工作】 2014年，禾山街道出生9066人，政策符合率92.53%，多孩率常住0.94%，性别比105.39，免费孕检覆盖率88.29%，社会抚养费征收完成取证率45.83%，结案率66.67%。街道计生工作全年9次在区月评比考核中排名第一。在全省出生统计质量中期抽查中获第2名，街道被评为“厦门市人口计生工作先进镇（街）”和“先进计生协会”，岭下社区被评为“第三批全国人口计生基层群众自治示范村（居）”。街道结合党的群众路线教育实践活动，开展每年一次“党员计生承诺”活动，该做法在全区推广。指导岭下、钟宅等社区与辖区企业及个人签订

《计生共同管理协议书》，探索形成三方共同管理集体户的工作模式，取得较好效果。建设钟宅社区流动人口管理示范点。实行计生网格化管理，为流动人口建立“一户一档”，增配流动协管队员，加强入户清查登记，设立固定计生宣传牌，提高了流动人口管理的到位率。禾欣社区设立计生便民服务点，禾缘社区设立计生流动办公室，禾山、枋湖、坂尚等社区为群众开展预约服务、延时服务和送证上门等服务。创新生育关怀服务品牌，实施“呵护女婴·关爱母亲”慰问行动，该做法被区转发。

（黄隽）

金山街道

【概况】 2014年，金山街道以开展教育实践活动为契机，以更强的学习力、执行力和创造力，积极应对复杂多变的经济形势，全面推进“美丽厦门·创新湖里”建设，全街经济社会发展取得较好成效。

1. 经济指标稳健增长。2014年，全街财政总收入19.5亿元，固定资产投资76.5亿元，完成区下达任务的112.5%，完成招商引进内资293.7亿元，完成区下达任务的734%，是2013年的4.77倍，引进外资10508万美元，完成区下达任务的123.6%。

2. 重点项目有序推进。街道在全区重点项目建设中承担项目最多、任务最重。为有序推进重点项目建设和征地拆迁工作，采取了“大包干”做法，实施“四定三包”（定牵头领导、定责任人员、定完成进度、定考核奖惩，包责任到位、包协调到位、包进度到位）制度，解决了部队争议用地、企业搬迁等大量的历史遗留问题，促进两岸金融中心核心区一期、二期、五缘医院、第四电力通道、保障用房等重点项目工程建设。全年完成征地拆迁18.39万平方米，占全区37.2%；完成拆迁35.5万平方米，占全区48.6%。

3. 民生保障不断完善。开展“美丽厦门·共同缔造·行动在金山”主题系列活动，真心实意为群众办实事做好事。全年组织284名失地人员参加各类培训班6期，为236名被征地人员办理基本养老保险；为辖区低保、困难户等发放慰问补助金300多万元；投入经费276万元开通社区公交；大力开展“喜乐金山”“文化惠民”等主题社区文化活动，并在湖里区社区艺术文化节活动中取得6项金奖、1项银奖；加强志愿服务队伍建设，金安社区在全省率先探索出“快乐365”志愿服务模式，并在全省、全市广泛推广。

4. 社会治理持续创新。围绕环境卫生、违法建设、违法占道、纠纷矛盾、信访受理、法律服务等方面实施综合管理，创建“多元共治”“大城管”“大联防”等新模式，建立村改居社区“大物业”管理新模式。

5. 安全生产工作扎实推进。上半年，组织居民、重点企业开展火灾应急处置演练；开展消防安全进校园，消防战士现场演示液化气瓶灭火及灭火器的使用方法。投入205万元，充实消防安全“网格化”管理基本装备，配备灭火器6301支。通过走访调查摸底，完成企业管理档案2855家。每月底，根据企业隐患排查情况填写《安全生产督查情况表》，由相关职能部门指派专人开展联合执法。年内，共整治“三合一”场所109家，及时转移危化品共计29.7吨；取缔牛轧糖加工作坊1家，豆腐作坊3家。开展“打非治违”专项治理活动。共排查燃气供应点4处，黑气窝点2处，餐饮店736家。

6. 计生工作成效突出。认真落实责任追究制，对9个社区和6个协作单位下达责任书。加强工作指导，加大督查帮促力度。出台《关于进一步完善社区计生工作奖惩责任制的规定》，扎实推进流动人口计生公共服务均等化“全覆盖”，人口出生政策符合率92.18%。街道计生工作的经验做法在全市计生工作大会上进行交流。

7. 党建工作扎实有效。扎实开展党的群众路线教育实践活动，深入开展“六百”活动，组织机关党员干部6批574人次、走访入户4560户，召开座谈会15场，发放征求意见函133份，收集意见75条，梳理意见建议46条。狠抓基层组织建设，加强对软弱涣散党组织的整改，指导湖边社区建立一套为民服务长效机制。加强党风廉政建设，深入开展勤廉双优活动，制定《金山街道贯彻落实惩防体系建设实施方案》，在全区首创《金山街道财政专项资金管理办法》。

【金山元宵喜乐会启动】 2月13日下午，金山街道“喜乐金山　欢乐元宵”幸福广场秀文艺会演、志愿服务和趣味游园活动在万达广场启动。此次幸福广场秀文艺会演是由社区居民献上的欢乐演出，配套的有趣味游园和志愿服务活动，让居民在观看演出的同时，还了解了安全生产、劳动保障等知识，体验猜灯谜、夹弹珠和跳绳等活动，让居民在家门口享受元宵文化大餐。

【拆除下湖社违建】 12月13日，金山执法中队人员在日常巡查时，发现下湖2号相邻处旧铁皮围墙内违法加建第二层框架，中队立即组织人员对其进行拆除。12月25日，中队人员在巡查中发现该处又继续动工，马上向中队领导汇报，中队立即向行政执法局申请支援。25日下午，经过严密部署，执法人员以最快的速度到达现场，毁坏性拆除该处违法建筑，使其失去修复可能，从而丧失建筑使用功能。

【取缔非法电镀作坊】 1月21日，街道安监站会同湖里区环保分局、金山工商所、五通边防派出所、金山城监中队等部门，出动60余人，采取捣毁生产设备、现场断电并拆除电表等措施，依法取缔了窝藏在五通东宅社的2处非法电镀加工点，消除了安全隐患。

【“邻里守望　情暖湖里”主题活动在金林社区举行】 1月21日，金林社区联合湖里区经发局在田头车站举办“邻里守望　情暖湖里”主题志愿服务活动。为广大居民免费发放对联、小礼品，为居民们提前送去新春祝福；为广大农民工提供劳资纠纷、欠薪维权等咨询；邀请专业志愿者教广大居民如何辨别假酒；进行禁止燃放烟花爆竹、禁毒、反邪教、计生、劳动保障等政策法规宣传，共发放宣传资料500多份。

【金山司法所开展延伸帮教活动】 1月17日，在区司法局的统一安排下，金山司法所组织社区矫正人员到厦门监狱开展延伸帮教活动。司法所工作人员和服刑人员一起观看了《美丽厦门战略规划》短片，与金山街道服刑人员座谈，了解其身体状况、思想状况，督促其安心改造，同时对他们的实际困难予以登记并发放生活用品。服刑人员纷纷表示今后一定遵纪守法，安心接受改造，争取早日出狱。

【开展禁放查非专项整治工作】 2014年，金山街道在除夕、正月初八、元宵晚上组织人员开展禁放查非专项整治工作。成立工作领导小组，制定工作方案，召开动员部署大会，签订禁放查非责任状，拨付社区工作经费9万元，确保禁放查非工作领导到位、责任到位、保障到位。全面宣传，营造氛围，结合“五下乡”（送法律、送科技、送医药、送文化、送温暖）活动，在后坑、五通、万达广场门口开展集中宣传，制作悬挂“禁放查非”横幅36幅、宣传栏板10板，分发宣传材料4万份、宣传环保袋500只，群发短信8000多条，出动宣传车16台次。明确职责，加强排查，明确综治、司法、街政、安监、工商、城管和社区工作责任，重点排查食杂、日杂店及路面的流动摊（点）800多处；200多人次检查了运输烟花爆竹的箱式货车及各类涉众婚庆丧事、文艺活动现场以及宗庙、社区老人活动等场所。五通边防派出所查获一起燃放爆竹违法行为，对当事人处以5天治安拘留。

【市图书馆五通分馆开馆】 2月9日，厦门市图书馆五通分馆正式开馆。分馆位于五通社区居委会大楼，馆舍面积450平方米、藏书2万余册。设有图书、报刊借阅区，少儿借阅区，电子阅览区等，阅览座席100个。五通分馆每周开放44小时，并与厦门市图书馆总馆联网，实行书刊外借“一证通用制”。开馆当天，还举办了一场小型的开馆活动，近200名居民热情参与。

【省委常委、宣传部长到金山社区考察文化惠民工作】 1月25日，省委常委、宣传部长李书磊一行20人在市、区、街有关领导的陪同下莅临金山社区考察指导文化惠民工作。考察团先后参观了社区清风园、300米文化长廊、廉政石椅、新风园、正气宣传墙、清风雅苑。考察团还沿途观看了社区居民表演舞蹈、演唱《劝廉歌》。李书磊对金山社区把文化惠民工程建设融入社区全面建设的做法给予高度赞扬。本次调研考察是李书磊在其上任省委常委、省宣传部部长后走访调研社区文化建设工作的第一站。

【完成全国第三次经济普查工作】 截至春节前，金山街道第三次经济普查工作全部完成。为做好本次经济普查工作，街道成立普查领导小组，由主官亲自抓、分管具体抓，着力做好组织、领导、协调等各项工作。街道选聘一批素质高、责任心强、熟悉掌上电脑操作的普查员，并进行多次培训。确保每位普查员能按照规范程序进行入户登记，并与区统计局保持联系，确保上传数据准确无误，稳步推进普查工作。普查结果：全街道有法人单位444户，完成普查18.47%，进度居五个街道第一；完成普查个体户2942户，完成普查79.26%。

【化解劳资纠纷】 1月，金山街道共受理追索劳动报酬、经济补偿、赔偿等各类劳动争议22起，调处成功20起，成功率90.9%，为550名劳动者挽回1195.45万元经济损失。在处理劳动纠纷方面，街道积极探索，畅通信息渠道、联动高效调处、优化普法服务，成效明显。街道发挥阵地动态管理优势，重点摸排建筑、装修等领域，及时掌握梳理工人举报、社区发现、部门转办等各类劳动纠纷相关信息，及时处置。同时，加强与司法、信访、劳动监察等部门的横向配合，高效化解涉及面广、起因复杂、案由多元的劳动纠纷，耐心做好企图拖逃支付劳动者工资的非法营业工厂负责人思想工作，妥善处理劳资纠纷。还开展“送法进企业”活动，把农民工、外来工和企业管理者列为重点普法对象，在企业与员工之间开展“双维”活动，提高员工依法维权意识和自我保护意识，提高企业依法办事和解决问题的能力。

【市委常委、纪委书记洪碧玲深入金山街道指导群众路线教育实践活动工作】 3月14日，市委常委、纪委书记洪碧玲到街道检查指导党的群众路线教育实践活动开展情况，在与街道主官、部分社区书记就如何开展群众路线教育实践活动进行交谈时强调：要把“真”字贯穿群众路线教育实践活动始终，思想上进一步提高认识，以积极的姿态投入教育实践活动，切实做到为民务实清廉。一要真听，切实听取群众意见、班子意见，明确群众的需求、愿望，并随时接受群众监督。二要真查，对照民意、标准，查摆问题、剖析根源、开展批评与自我批评都要动真的。三要真改，顺应民意抓改进，坚持边学边改、边查边改、边整边改。四要真转，在转作风问题上，要做到常态化，实事求是，夯实基础。

【市委常委、政法委书记詹沧洲到金山街道调研网格化信息平台建设工作】 3月14日，市委常委、政法委书记詹沧洲带队到金山街道调研网格化信息平台建设工作。詹沧洲书记指出信息化是社会发展方向，只有通过信息化才能提升管理服务水平，针对调研中发现的问题，各部门要完善信息平台，并提出四点要求：一是信息化平台建设是今年市政府为民办实事项目，要把这项工作抓实。二是在平台功能设计与运用上要注重管用和实效，电信公司应提供技术支撑与保障，及时探索解决信息采集和资源共享问题。三是结合各街道实际情况，优化网络平台。街道应侧重平台管理，社区侧重平台服务，管理与服务并重，实现有效实用。四是加大宣传力度，提高群众对平台建设的知晓率、参与率。

【召开“美丽厦门·共同缔造”动员部署会】 3月19日，街道召开“美丽厦门·共同缔造”动员部署会，进一步贯彻落实区委“美丽厦门·共同缔造12580行动”，深入开展党的群众路线教育实践活动，并部署“美丽厦门·共同缔造·行动在金山”实施办法。

【开展庆“三八”系列活动】 3月7日，为隆重庆祝“三八”国际劳动妇女节，金山街道妇工委开展了“我与春天有个约会”环五缘湾健步行活动，辖区100多名妇女参加活动。金安社区还举办了“晚霞红”妇女之家联谊活动，五通社区举办文艺表演暨表彰晚会，表彰了2013年社区文、理科高考状元的母亲汤荣娣及孙美留，并授予她们“‘为国教子　以德育人’好母亲”荣誉称号；金海社区在五缘公寓文化活动室举行跳绳比赛。

【整治五缘湾运动馆旁占道经营】 3月12日，街道综治办联合金山执法中队，出动30多位执法人员对五缘湾运动馆旁占道经营进行集中整治，真正还道于民。共清除占道经营10余处，暂扣物品28件，其中煤气罐7瓶，帐篷3个，大雨伞1把，保温桶4个，桌椅13张。

【厦门市志愿服务制度化建设推进会在金安社区召开】 4月8日，厦门市志愿服务制度化建设推进会在金安社区召开。市、区、街等有关部门领导及社区志愿者共280人参加本次现场推进会。与会人员现场观摩了金安社区志愿服务制度化建设成果；金安社区汇报了社区志愿服务制度化建设工作情况；区民政局汇报了湖里区开展全国志愿服务记录制度试点工作的主要做法。市、区有关领导向金安社区8支志愿服务队伍授旗。市委常委、宣传部部长叶重耕做重要讲话并提出要求。

【市委常委、政法委书记詹沧洲调研金山司法所社区矫正及安置帮扶工作】 4月15日，厦门市委常委、政法委书记詹沧州莅临金山司法所调研基层社区矫正及安置帮教工作。实地查看了金山司法所的所容所貌，听取了湖里区司法局有关社区矫正及安置帮教工作情况汇报，观摩了基层社区矫正、安置帮教网络化建设及运行情况。詹书记对基层司法行政业务工作中取得的成绩给予了高度评价，对进一步加强社区矫正及安置帮教工作提出要求。

【第二届“金山金嗓子”歌手大赛成功落幕】 4月18日，第二届“金山金嗓子”歌手大赛总决赛在湖里万达广场举行，12名来自金山街道各个社区、企业的“草根”歌手从100多名选手中脱颖而出，角逐年度“金山金嗓子”。“金山金嗓子”歌手大赛已成功举办两届，成为金山街道一大文化品牌活动，通过搭建草根舞台，让更多的居民展现自我，丰富群众文化生活。

【举行大型防灾减灾综合知识现场宣传活动】 5月12日，由湖里区民政局、金山街道办事处主办的“全民防灾减灾，助力美丽湖里”大型防灾减灾综合知识现场宣传活动在湖里万达广场举行。活动围绕“城镇化与减灾”主题展开，有文艺演出、防灾知识有奖问答、消防技能演示、溺水施救演示和气象服务、消防安全、红十字救助、医疗救助、社区服务、保险服务等宣传咨询活动，近1000名群众参与活动。

【召开民盟共建工作联席会】 6月16日，街道与民盟湖里总支召开了2014年度共建工作联席会暨调研课题座谈会，主要商讨了2014年度共建工作计划，确定了2个调研课题，《关于大力扶持厦门游艇产业发展的建议》和《整合资源、优化配置，提升环岛路东北部旅游人气》，并就调研课题《关于大力扶持厦门游艇产业发展的建议》进行座谈探讨，围绕游艇产业发展，提出了各自的看法、意见，最终明确从四个方面着手调研：厦门游艇产业的发展优势和机遇；厦门游艇产业的现状；厦门游艇产业发展面临的瓶颈问题；厦门游艇产业发展的建议。

【开展占道烧烤专项整治】 7月上旬，金山执法中队在晚间烧烤高峰时段，组织队员和协查员加班加点对占道烧烤问题进行专项整治，重点检查金山西路与金尚路交界处、康桥幼儿园门口、枋湖东路万禹广场、湖边花园、下湖路口等路段，共取缔烧烤摊贩9处、没收烧烤架9个，取得明显效果。

【市委常委、纪委书记洪碧玲主持召开金山街道领导班子专题民主生活会】 7月23日，市委常委、纪委书记洪碧玲到第二批党的群众路线教育实践活动联系点金山街道，主持召开街道领导班子专题民主生活会。党工委书记方文群代表街道班子作对照检查，班子成员分别作个人对照检查，并互相提出批评意见。洪碧玲对金山街道教育实践活动和街道领导班子专题民主生活会给予充分肯定，指出要确保教育实践活动善始善终、善做善成、深入持久，要做到“五个抓”(一是学习教育要抓“深”；二是整改落实要抓“细”；三是建章立制要抓“长”；四是自身建设要抓“硬”；五是成果转化要抓“效”）的要求。

【推进企业安全生产标准化创建工作】 9月，金山街道组织标准化工作人员到厦门睿和电子有限公司、厦门百汇得工贸有限公司、厦门金鸿峰特种纸业有限公司、厦门优必德工贸有限公司，现场指导企业标准化创建工作。通过面对面服务，提高企业对安全生产标准化建设工作的认识和积极性，将安全生产标准化切实运用到安全生产管理工作，让企业意识到安全标准化带来更多的经济效益。

【环境卫生网络化部署会议召开】 10月24日，街道环境卫生网格化管理工作部署暨业务培训会议在十二楼会议室召开，街道环卫所、执法中队及各社区居委会共50人参加会议。会议主要传达了《金山街道环境卫生保洁网格化管理工作方案》《金山街道环境卫生网格化考评办法》的文件精神，具体部署了街道环境卫生保洁网格化管理工作；还就网格化管理工作对社区管理人员进行业务指导及培训。区环卫处李清珊副主任对新形势下环境卫生保洁网格化管理工作面临的困难及下步工作重点提出了意见。

【区政协委员调研考察五缘湾游艇产业】 11月8日，区政协委员金山街道联络组组织成员调研游艇产业发展。区政协主席林凡、副主席林世裕参加了调研。委员们来到五缘湾游艇码头参观考察，了解厦门游艇产业的发展情况。委员们听取了游艇企业的介绍后，一致认为促进产业带动性强的游艇产业健康发展，可以带动制造业和旅游业发展，对提高城市形象，拉动高端消费具有十分重要的作用。建议政府出台游艇管理办法和监管政策，加大游艇基础设施建设并开发游艇旅游线路，加大对游艇人才培养、游艇赛事、税收优惠等方面的政策扶持力度，加强游艇的服务与管理，促进湖里区经济发展。

【首条社区公交线路正式开通】 11月11日，金山街道首条社区公交435线路正式开通，全长9公里，往返于五缘湾公交场站与市行政服务中心，途径五缘湾道、泗水道、马卢奇路、金山路、仙岳路、云顶北路等多条主干道，该条线路主要解决五缘湾片区的出行难问题。由金山街道投入276万元，与厦门公交集团开元公共交通有限公司共同在辖区范围内开通社区公交，为居民量身定制公交线路。

（吕巧俐）

区各套班子领导履历

中共湖里区委员会

【刘育生】 男，汉族，1960年10月出生，福建安溪人。1980年8月参加工作，1985年6月加入中国共产党，中央党校大学学历。1978年9月至1980年8月，福建省南安师范学校普师专业学习。1980年8月至1981年9月，福建省安溪县感德学区槐植学校教师、少先队大队辅导员。1981年9月至1982年9月，福建省安溪县感德学区少先队总辅导员、团支部副书记、专职体干。1982年9月至1985年4月，福建省安溪六中教师、团委书记。1985年4月至1988年1月，福建省安溪县六中团委书记、团县委常委。1988年1月至1989年5月，福建省安溪团县委副书记，其间，1985年8月至1988年7月，参加福建广播电视大学汉语言文学专业学习。1989年5月至1990年8月，福建省安溪县参内乡党委副书记。1990年8月至1995年4月，福建省安溪团县委书记、中共安溪县委委员，其间，1994年3月至1995年3月，福建省委组织部研究室挂职主任助理。1995年4月至1998年6月，福建省委组织部研究室副主任，援藏任西藏林芝地委组织部副部长，其间，1994年8月至1996年12月，参加中央党校函授学院本科班党政管理专业学习。1998年6月至1998年8月，福建省委组织部研究室调研员。1998年8月至2002年1月，厦门市同安区委常委、组织部部长，其间1998年9月至2000年6月，参加北京科技大学管理学院工商管理硕士专业课程班学习。2002年1月至2006年4月，厦门市人事局局长、党组书记。2006年4月至2006年10月，厦门市人事局局长、党组书记、市委组织部部务会成员。2006年10月至2011年1月，厦门市人事局局长、党组书记、市委组织部部务会成员、市纪委委员。2011年1月至2011年6月，厦门市人力资源和社会保障局局长、党组书记、市公务员局局长、党组书记、市委组织部部务会成员、市纪委委员。2011年6月至2011年9月，厦门市湖里区委书记、市纪委委员。2011年9月起厦门市委委员、厦门市湖里区委书记。

【张毅恭】 男，汉族，1968年10月出生，福建厦门人，1990年8月参加工作，1995年1月加入中国共产党，大学学历，农学学士，助理农艺师。1986年9月至1990年7月，福建农学院农学系农学专业学习。1990年8月至1992年6月，厦门蔬菜公司技术员。1992年6月至1992年9月，福建省同安县汀溪农业技术推广站工作。1992年9月至1994年12月，福建省同安县汀溪农业技术推广站助理农艺师。1994年12月至1996年12月，福建省同安县莲花镇副镇长。1996年12月至1997年9月，福建省同安县莲花镇党委副书记、镇长。1997年9月至1999年5月，厦门市同安区莲花镇党委副书记、镇长。1999年5月至1999年8月，厦门市同安区莲花镇党委书记、镇长。1999年8月至2002年7月，厦门市同安区莲花镇党委书记。2002年7月至2002年8月，厦门市同安区马巷镇党委书记。2002年8月至2003年7月，厦门市同安区委常委、马巷镇党委书记。2003年7月至2003年10月，厦门市翔安区委副书记。2003年10月至2006年2月，厦门市翔安区委副书记、副区长。2006年2月至2007年7月，厦门市翔安区委副书记、区政协主席、党组书记。2007年7月至2011年2月，厦门市翔安区政协主席、党组书记。2011年2月至2011年3月，厦门市湖里区委副书记、翔安区政协主席、党组书记。2011年3月起厦门市委委员、厦门市湖里区委副书记、区长、党组书记。

【黄炜】 男，汉族，1962年10月出生，福建泉州人。1979年11月参加工作，1990年12月加入中国共产党，中央党校大学学历。1979年11月至1983年9月，厦门市杏林区人民法院工作。1983年9月至1985年9月，厦门市杏林区人民法院书记员。1985年9月至1987年7月，中央政法管理干部学院第二学员部学习。1987年7月至1990年5月，厦门市杏林区人民法院书记员、助理审判员。1990年5月至1993年11月，厦门市杏林区人民法院副科级审判员、审判委员会委员。1993年11月至1994年3月，厦门市杏林区人民法院刑事审判庭庭长。1994年3月至1999年1月，厦门市杏林区委政法委副书记、区综治办主任。1999年1月至2002年4月，厦门市社会治安综合治理委员会办公室副主任。2002年4月至2006年8月，厦门市委610办公室副主任，其间2002年8月至2004年12月参加中央党校函授学院本科班法律专业学习。2006年8月至2008年1月，厦门市社会治安综合治理委员会办公室副主任。2008年1月至2012年11月，湖里区委常委、政法委书记。2012年11月起，厦门市湖里区委副书记兼区委教育工委书记、区海外联谊会荣誉会长、区计生协会会长、区关工委主任。

【胡亚才】男，汉族，1963年10月出生，福建厦门人。1982年8月参加工作，1986年11月加入中国共产党，中央党校大学学历，小学高级教师。1980年9月至1982年7月，厦门师范学校学习。1982年8月至1985年12月，厦门市第一农场小学教师。1985年12月至1990年8月，厦门市东孚莲花中心小学副校长，1990年8月至1993年1月，厦门市集美区教育局初教股副股长，1993年1月至1996年4月，厦门市集美小学校长，1996年4月至1998年10月，厦门市集美区教育局党委副书记、纪委书记，其间1995年6月至1996年12月，参加厦门大学成人教育学院社会工作与管理专业证书班学习。1998年10月至1999年3月，厦门市集美区委办公室副主任。1999年3月至2003年9月，厦门市集美区委办公室主任。其间1997年12月至1999年12月，参加厦门大学研究生课程班哲学系马克思主义哲学专业学习；1997年8月至2000年6月，参加中央党校函授学院大专班党政管理专业学习；2000年8月至2002年12月，参加中央党校函授学院本科班经济管理专业。2003年9月至2010年11月，厦门市集美区委常委、办公室主任。2010年11月至2011年7月，厦门市集美区委常委、纪委书记。2011年7月起中共厦门市湖里区委常委、纪委书记。

【陈国荣】男，汉族，1961年5月出生，福建厦门人。1978年11月参加工作，1987年2月加入中国共产党，中央党校研究生学历。1978年11月至1979年12月，福建省委办公厅机要专业训练班学习。1979年12月至1984年1月，福建省龙溪地委机要科译电员。1984年1月至1989年7月，福建省厦门市委机要处科员，其间1983年9月至1987年7月参加厦门职工业余大学中文专业学习。1989年7月至1992年10月，福建省厦门海沧开发筹建处、嵩屿电站筹建处干部、工会副主席。1992年10月至1993年11月，福建省厦门海沧台商投资区人事劳工局干部。1993年11月至1994年12月，福建省厦门海沧台商投资区人事劳工局综合处副处长。1994年12月至1995年12月，福建省厦门海沧台商投资区人事劳工局综合处处长。1995年12月至2001年9月，福建省厦门海沧台商投资区人事劳工局劳资处处长，其间1995年8月至1997年12月，参加中央党校函授学院本科班涉外经济专业学习。2001年9月至2002年9月，福建省厦门市湖里区人事劳动局局长。2002年9月至2003年10月，福建省厦门市湖里区人劳社保局局长。2003年10月至2007年7月，福建省厦门市湖里区副区长。2007年7月起，福建省厦门市湖里区委常委、统战部部长、区工会主席、区海联会会长，其间2005年9月至2008年7月，参加中共中央党校研究生院经济学专业学习。

【王中】男，汉族，1970年12月出生，江苏滨海人，1992年11月加入中国共产党，1991年8月参加工作，在职大学学历。1988年9月至1991年7月，江苏省徐州彭城职业大学（徐州工程学院）企管系管理专业学习。1991年8月至1992年4月，江苏省滨海县粮食局科员。1992年4月至1993年5月，江苏省滨海县粮食局饲料公司业务科长。1993年5月至1993年11月，江苏省滨海县粮食局饲料公司副经理。1993年11月至1995年6月，江苏省徐州市外经贸委外企科科员、副科长。1995年6月至1998年2月江苏省外经贸委外经处副主任科员、主任科员。1998年2月至2000年6月福建省厦门市人民政府办公厅秘书二处主任科员，其间1995年9月至1998年8月，中国人民解放军国际关系学院本科班英语语言专业学习。2000年6月至2000年7月，厦门市委办公厅主任科员。2000年7月至2001年4月，厦门市委办公厅助理调研员。2001年4月至2002年3月，厦门市委办公厅督查处副处长。2002年3月至2004年9月，厦门市委办公厅处长。2004年9月至2008年9月，厦门市湖里区人民政府党组成员、副区长。2008年9月至2010年11月，厦门市湖里区人民政府党组成员、副区长、兼区工业园区管委会主任。2010年11月起厦门市湖里区委常委、区政府党组成员、副区长兼区工业园区管委会主任。

【林重阳】男，汉族，1967年3月出生，福建厦门人。1987年8月参加工作，1985年4月加入中国共产党。中央党校研究生学历，历史学学士，讲师。1983年9月至1987年8月参加福建师范大学历史系历史学专业学习。1987年8月至1990年1月厦门市集美师范专科学校政治辅导员、助教。1990年1月至1992年12月厦门市集美师范专科学校团委副书记、助教。1992 年 12 月至 1995 年 7 月厦门市集美师范专科学校团委书记、讲师。1995 年 7 月至 1997 年 3 月厦门市委统战部科员。1997 年 3 月至 2002 年 12 厦门市委统战部办公室副主任。其间 1999 年 9 月到 2002 年 7 月参加中共中央党校研究生院在职研究生班科学社会主义专业学习。2002 年 12 月至 2007 年 9 月厦门市委统战部办公室主任。其间 2006 年 3 月至 2007 年 3 月在重庆市武隆县挂职任县长助理。2007 年 9 月至 2011 年 7 月厦门市工商联（总商会）副主席、党组成员。2011 年 7 月至 2012 年 12 月厦门市湖里区委常委、组织部部长。2012 年 12 月至 2013 年 2 月厦门市湖里区委常委、组织部部长兼区委党校校长、区行政学校校长。2013 年 2 月起厦门市湖里区委常委、组织部部长兼区委党校校长、区行政学校校长、区老年大学校委会主任、校长。

【潘少銮】 女，汉族，1966 年 11 月出生，福建永春人。1990 年 8 月参加工作，1990 年 6 月加入中国共产党，省委党校研究生学历，工商管理学士。1986 年 9 月至 1990 年 7 月，福建省华侨大学工商管理系企业管理专业学习。1990 年 8 月至 1994 年 7 月，厦门市杏林区委组织部干事。1994 年 7 月至 1995 年 9 月，厦门市杏林区经济局党总支副书记。1995 年 9 月至 1996 年 7 月，厦门市杏林区经济局党总支副书记、副局长。1996 年 7 月至 1997 年 5 月，厦门市杏林区东孚镇党委副书记。1997 年 5 月至 1997 年 9 月，厦门市杏林区经贸局局长。1997 年 9 月至 1999 年 3 月，厦门市杏林区经贸局党总支书记、局长，其间 1995 年 9 月至 1998 年 1 月，参加中共福建省委党校在职研究生班政治经济学专业学习。1999 年 3 月至 2000 年 12 月，厦门市杏林区杏林镇党委副书记、代理镇长。2000 年 12 月至 2002 年 10 月，厦门市杏林区杏林镇党委副书记、镇长。2002 年 10 月至 2003 年 10 月，厦门市杏林区杏林镇党委书记。2003 年 10 月至 2007 年 1 月，厦门市集美区副区长。2007 年 1 月至 2011 年 7 月，厦门市思明区副区长。2011 年 7 月起，厦门市湖里区委常委、宣传部部长。

【庄海英】 女，汉族，1973 年 2 月出生，福建厦门人。1992 年 8 月参加工作，1994 年 3 月加入中国共产党，中央党校大学学历。1988 年 9 月至 1992 年 7 月，福建电子学校计算机应用专业学生。1992 年 8 月至 1996 年 8 月，福建省同安县委组织部干部，其间 1993 年 8 月至 1996 年 6 月，参加中央党校函授学院大专班经济管理专业学习。1996 年 8 月至 2002 年 8 月，福建省同安县团委副书记，其间 1996 年 9 月至 1998 年 12 月，参加中央党校函授学院本科班党政管理专业学习。2002 年 8 月至 2003 年 12 月，共青团福建省厦门市同安区委书记。2003 年 12 月至 2011 年 7 月，厦门市同安区大同街道党工委书记。2011 年 7 月起，厦门市湖里区委常委、区委办主任兼区直机关党工委书记。

【黄瑞来】 男，汉族，1968 年 6 月出生，福建龙海人。1986 年 11 月参加工作，1989 年 3 月加入中国共产党，在职大学学历。1986 年 11 月至 1990 年 3 月，南京军区守备第十二师通信营通信连战士。1990 年 3 月至 1995 年 5 月福建省军区司令部作战处微机操作员。1995 年 5 月至 1996 年 5 月福建省军区教导大队预提军官集训队学员。1996 年 5 月至 1996 年 11 月南京军区海防第五十六团三营营部副连职司务长。1996 年 11 月至 1997 年 12 月福建省漳州军分区政治部干部科副连职干事。1997 年 12 月至 2000 年 12 月南京军区海防第五十六团特务连政治指导员。其间 1996 年 9 月至 1998 年 7 月参加南京工程学院政治工作大专班学习。2000 年 12 月至 2003 年 3 月福建省漳州军分区政治部组织干部科副营职干事。2003 年 3 月至 2004 年 3 月福建省漳州陆军预备役后勤保障旅政治部组织科科长。其间 2000 年 9 月至 2003 年 12 月参加石家庄陆军指挥学院本科班军事高科技专业学习。2004 年 3 月至 2006 年 3 月福建省漳州军分区政治部组织干部科正营职干事。2006 年 3 月至 2009 年 3 月福建省漳州军分区政治部组织干部科科长。2009 年 3 月至 2012 年 3 月漳州市诏安县县委常委，县人武部政委。2012 年 3 月起，厦门市湖里区委常委、区人武部政委。

【钟伟东】 男，汉族，1966 年 11 月出生，福建长汀人。1988 年 7 月参加工作，1990 年 12 月加入中国共产党，大学学历，法学学士。1984 年 9 月至 1988 年 7 月，厦门大学法律系法学专业学习。1988 年 7 月至 1993 年 5 月，厦门市湖里区检察院书记员、助理检察员。1993 年 5 月至 1994 年 12 月，厦门市湖里区检察院检察员。1994 年 12 月至 1997 年 4 月，厦门市湖里区检察院副科级检察员。1997 年 4 月至 1999 年 8 月，厦门市湖里区检察院副处检察员、法纪科科长。1999 年 8 月至 2001 年 9 月，厦门市湖里区禾山镇党委委员、纪委书记。2001 年 9 月至 2002 年 12 月，厦门市湖里区禾山镇党委副书记、纪委书记。2002 年 12 月至 2003 年 12 月，厦门市湖里区禾山镇党委副书记、镇长。2003 年 12 月至 2004 年 9 月，厦门市湖里区禾山镇党委副书记，其间 2004 年 2 月至 2004 年 4，参加厦门市委党校县处级干部进修班学习。2004 年 9 月至 2005 年 6 月，厦门市湖里区委党建办主任。2005 年 6 月至 2006 年 1 月，厦门市湖里区湖里街道党工委副书记、办事处副主任（主持工作）、区委党建办主任。2006 年 1 月至 2006 年 8 月，厦门市湖里区湖里街道党工委副书记、办事处主任。2006 年 8 月至 2008 年 11 月，厦门市湖里区人民政府区长助理，其间 2006 年 7 月至2008年7月，挂职宁夏海原县县委副书记。2008年11月至2011年7月，厦门市湖里区人民政府副巡视员、区长助理、区政府党组成员。2011年7月至2012年11月厦门市湖里区政府党组成员、副区长，2012年11月至2013年2月厦门市湖里区委常委、政法委书记、区政府党组成员、副区长。2013年2月起厦门市湖里区委常委、政法委书记。

湖里区人民代表大会

【梁美丽】 女，汉族，1957年9月出生，福建安溪人。1981年5月参加工作，1981年6月加入中国共产党，在职大学学历。1974年7月至1979年5月，福建省天马种猪场文书。1979年5月至1981年5月，厦门市郊区农业大专班学习。1981年5月至1984年2月，厦门市郊区政府机要员。1984年2月至1984年4月，郊区纪委干部。1984年4月至1987年11月，厦门市集美区纪委办公室主任，其间1984年12月至1985年9月，福建省委驻晋江地区整党联络员。1987年11月至1990年10月，厦门市集美区纪委常委、办公室主任。1990年10月至1996年11月，厦门市集美区纪委副书记。1996年11月至1997年4月，厦门市集美区委常委、区纪委副书记。1997年4月至1998年11月，厦门市集美区委常委、区委办主任。1998年11月至2001年6月，厦门市集美区委常委、区纪委书记、市纪委委员，其间1998年9月至2000年12月参加中央党校函授学院领导干部本科班经济管理专业学习。2001年6月至2003年9月，厦门市开元区委副书记、区纪委书记、市纪委委员。2003年9月至2007年2月，厦门市湖里区委副书记、区纪委书记、市纪委委员。2007年2月至2007年3月，厦门市湖里区委副书记、区人大常委会主任、区纪委书记、市纪委委员。2007年3月至2007年7月，厦门市湖里区委副书记、区人大常委会党组书记、主任、区纪委书记、市纪委委员。2007年7月至2011年12月，厦门市湖里区人大常委会党组书记、主任、市纪委委员。2011年12月至2012年1月，厦门市湖里区人大常委会党组书记、主任。2012年1月起，厦门市人大常委会委员、湖里区人大常委会主任、党组书记。

【陈远志】 男，汉族，1958年7月出生，江西丰城人。1977年3月参加工作，1990年6月加入中国共产党，大学学历。1977年3月至1978年9月，江西省地质局探矿机械厂工人。1978年9月至1983年8月，江西医学院医疗系医疗专业学习。1983年8月至1987年2月，江西省第二人民医院住院部医师。1987年2月至1990年11月，江西省卫生厅医政处干部。1990年11月至1992年9月，江西省卫生厅办公室主任科员。1992年9月至1993年7月，厦门市第一医院主治医师。1993年7月至1996年4月，厦门第一医院医务科科长。1996年4月至1998年8月，厦门市卫生局医改处副处长。1998年9月至2002年11月，厦门市卫生局副局长、党委委员。2002年11月至2011年12月，厦门市湖里区人民政府党组成员、副区长、区红十字会会长。2011年12月起，湖里区人大常委会副主任、党组副书记。

【叶春和】 男，汉族，1957年1月出生，福建厦门人。1976年3月参加工作，1978年12月加入中国共产党，在职大专学历。1976年3月至1976年5月，海军工程兵建筑一团新兵三连战士。1976年5月至1977年2月，海军工程兵建筑一团一营一连战士。1977年2月至1979年6月，海军工程兵建筑一团一营一连给养员。1979年6月至1980年4月，海军工程兵建筑第一团机械汽车营汽车二连司务长。1980年4月至1983年6月，海军工程兵建筑一团后勤处军需股副连职助理员。1983年6月至1984年4月，海军工程兵建筑一团后勤处军需股正连职助理员。1984年4月至1986年7月，海军第二工区后勤部军需科正连职助理员。1986年7月至1989年4月，海军工程兵第二工区后勤部器材科副营职助理员。1989年4月至1989年12月，海军第二工区后勤部农场场长。1989年12月至1992年2月，海军第二工区后勤部军需科正营职助理员。1992年2月至1994年10月，海军第二工区后勤部军需科科长，其间1990年1月至1992年12月参加解放军军事经济学院（自学考试）大专班军需管理专业学习。1994年10月至1995年1月，厦门市湖里区禾山镇党委委员。1995年1月至1997年1月，厦门市湖里区禾山镇党委委员、镇人武部部长。1997年1月至1999年12月，厦门市湖里区禾山镇党委委员、镇人武部部长、副镇长。1999年12月至2004年3月，厦门市湖里区禾山镇人大主席。2004年3月至2004年9月，厦门市湖里区禾山镇党委副书记、镇长。2004年9月至2006年1月，厦门市湖里区金山街道党工委书记。2006年1月至2006年9月，厦门市湖里区人大常委会副主任、金山街道党工委书记。2006年9月起，厦门市湖里区人大常委会副主任、党组成员。

【梁国富】 男，汉族，1962年2月出生，福建厦门人。1979年11月参加工作，1982年6月加入中国共产党，大专学历。1979年11月至1980年9月，陆军八十七师二六〇团六连战士。1980年9月至1983年7月，南昌陆军学校作战指挥专业学习。1983年8月至1985年11月，陆军九十一师二七三团三营七连排长。1985年11月至1988年12月，步兵第九十一师司令部作训科副连职参谋。1988年12月至1989年9月，步兵第九十一师司令部作训科正连职参谋。1989年9月至1992年11

月，厦门市湖里区委组织部干部。1992年11月至2000年8月，厦门市湖里区湖里街道党委（党工委）副书记，其间1999年5月至1999年7月参加厦门市委党校县处级干部任职班学习。2000年8月至2002年9月，厦门市湖里区殿前街道党工委副书记、纪工委书记。2002年9月至2010年3月，厦门市湖里区殿前街道党工委书记，其间2007年9月至2007年12月参加厦门市委党校第二期中青班学习。2010年3月至2010年7月，厦门市湖里区人大常委会副主任、党组成员、殿前街道党工委书记。2010年7月起，厦门市湖里区人大常委会副主任、党组成员。

【陈海松】 男，汉族，1962年2月出生，福建厦门人。1978年12月参加工作，1981年11月加入中国共产党，在职大学。1978年12月至1981年3月，厦门边检站监护队战士。1981年3月至1982年7月，厦门边检站机关食堂给养员。1982年7月至1983年12月，厦门边检站机关食堂司务长。1983年12月至1987年1月，厦门边检站管理科出纳，其间1984年6月至1986年7月参加自学考试中专军队财务专业学习。1987年1月至1987年8月，厦门边检站监护二中队副队长。1987年8月至1989年4月，厦门边检站后勤处副连助理员。1989年4月至1989年9月，厦门边检站轮训队后勤组长。1989年9月至1992年6月，厦门边检站后勤处正连助理员。1992年6月至1992年10月，厦门边检站后勤处技术11级助理会计师。1992年10月至1993年10月，厦门边检站交检科副科长。1993年10月至1997年9月，厦门市湖里区财政局干部。1997年9月至1998年4月，厦门市湖里区财政局局长助理，其间1996年5月至1997年12月参加福建师范大学行政管理专业大专证书班学习。1998年4月至1999年6月，厦门市湖里区财政局局长助理、综合科科长。1999年6月至2003年12月，厦门市湖里区财政局副局长兼区国有资产管理局副局长，其间2000年3月至2000年7月参加厦门市委党校中青年干部培训班学习。2003年12月至2008年11月，厦门市湖里区财政局局长，其间2003年9月至2006年6月参加福建省委党校函授大专班经济管理专业学习。2008年11月至2011年11月，厦门市湖里区财政局局长、区国资办主任，其间2006年3月至2009年1月参加武汉理工大学本科班经济学专业学习。2011年11月至2011年12月，厦门市湖里区人大常委会党组成员、区财政局局长，区国资办主任。2011年12月起，厦门市湖里区人大常委会副主任、党组成员。

【杨书松】 男，汉族，1963年5月出生，江西九江人。1983年8月参加工作，1992年9月加入中国民主同盟，大学学历，文学学士，中学高级教师，福建省特级教师。1979年9月至1983年7月，江西师范学院中文系学习。1983年8月至1991年8月，江西省永修师范学校教师。1991年8月至1997年8月，江西省永修县一中教师。1997年8月至2006年12月福建省厦门第六中学高级教师。2006年12月至2011年12月，福建省厦门第六中学高级教师、民盟厦门市委常委，其间2009年8月至2010年6月宁夏回族自治区海原县第一中学支教。2011年12月起，福建省厦门第六中学高级教师、民盟厦门市委常委、厦门市湖里区人大常委会副主任（兼）。

湖里区人民政府

【张毅恭】 详见“中共湖里区委员会”有关条目。

【王中】 详见“中共湖里区委员会”有关条目。

【戴宗垒】 男，汉族，1961年12月出生，福建莆田人，1981年8月参加工作，1989年9月加入中国农工民主党，中央党校大学学历。1979年4月至1981年7月，福建林学院林业专业学习。1981年8月至1988年10月，福建林学院林学系教师。1988年10月至1991年12月，厦门市湖里区农林水办干部、工程师。1991年12月至1997年4月，厦门市湖里区农林水办副主任，其间，1996年5月至1997年4月，在厦门市农业局挂职任生产处副处长。1997年4月至1999年1月，厦门市湖里区科技局局长。1999年1月至2011年9月，厦门市湖里区政协副主席，其间，2001年8月至2003年12月，中央党校函授学院本科班行政管理专业学习。2011年9月至2011年11月厦门市湖里区人民政府副区长、区政协副主席。2011年11月起任厦门市湖里区人民政府副区长。

【夏长文】 男，汉族，1966年11月出生，安徽青阳人，1989年9月参加工作，1987年12月加入中国共产党，大学学历，经济学学士学位，经济师。1985年9月至1989年7月，厦门大学经济系经济学专业学习。1989年9月至1996年1月，厦门市计委干部。1996年1月至2001年3月，厦门市计委办公室副主任。2001年3月至2002年12月，厦门市计委综合规划处副处长。2002年12月至2003年4月，厦门市发展计划委员会调研员。2003年4月至2003年11月，厦门市杏林区计划统计局局长。2003年11月至2004年6月，厦门市翔安区发展和改革局局长。2004年6月至2004年8月，厦门市翔安区发展和改革局局长、统计局局长。2004年8月至2006年4月，厦门市翔安区发展和改革局局长、统计局局长兼区直机关党工委副书记。2006年4月至2011年7月，厦门市翔安区新店镇党委书记。2011年7月至2011年8月，厦门市湖里区人民政府党组成员。2011年8月起厦门市湖里区人民政府副区长、党组成员。

【刘琦龙】男，汉族，1971年10月出生，福建仙游县人，1994年8月参加工作，1993年6月加入中国共产党，大学学历，公共管理硕士学位，助理农艺师。1990年9月至1994年8月福建农林大学土地与植物营养专业学习。1994年8月至1998年4月，厦门市湖里区农林水办农技中心干部，其间1995年11月至1998年4月借调湖里区委组织部工作。1998年4月至1999年8月，厦门市湖里区委组织部综合科科长；1999年8月至2002年10月，厦门市湖里区禾山镇党委委员。2002年10月至2003年12月，厦门市湖里区禾山镇党委副书记。2003年12月至2011年7月，厦门市湖里区人事劳动和社会保障局局长，其间2001年9月至2004年12月参加华中科技大学公共管理专业学习，获公共管理硕士学位。2011年7月至2011年11月任厦门市湖里区人民政府副区长、党组成员、区人事劳动和社会保障局局长。2011年11月起厦门市湖里区人民政府副区长、党组成员。

【丁红斌】女，回族，1966年3月出生，台湾台南人，1995年6月加入中国共产党，1988年7月参加工作，大学学历，法学学士学位。1984年9月至1988年7月，中南民族学院政治系政治理论专业学习。1988年7月至1990年12月，厦门市湖里区人民检察院书记员。1990年12月至1995年6月，厦门市湖里区人民检察院助检员。1995年6月至1998年8月，厦门市湖里区人民检察院检察员。1998年8月至1999年7月，厦门市湖里区人民检察院正科级检察员。1999年7月至1999年12月，厦门市湖里区检察院民行科科长。1999年12月至2002年10月，厦门市湖里区纪委办公室副主任。2002年10月至2004年2月，厦门市湖里区纪委常委、监察局副局长、案件审理室主任。2004年2月至2005年10月，厦门市湖里区纪委常委、监察局副局长、执法监察室主任。2005年10月至2006年7月，厦门市湖里区纪委常委、监察局副局长、正处级纪检监察员、执法监察室主任。2006年7月至2006年9月，厦门市湖里区纪委副书记、监察局副局长、正处级纪检监察员、执法监察室主任。2006年9月至2006年11月，厦门市湖里区纪委副书记、监察局副局长。2006年11月至2007年至4月，厦门市湖里区纪委副书记、监察局局长。2007年4月至2007年12月，厦门市湖里区人民政府党组成员、办公室主任、国动委交通战备办主任。2007年12月2008年10月，厦门市湖里区人民政府党组成员、办公室主任、国动委交通战备办主任、法制办公室主任。2008年10月至2011年9月，厦门市湖里区人民政府党组成员、办公室主任、国动委交通战备办主任。2011年9月至2011年11月，厦门市湖里区人民政府党组成员、副区长、办公室主任、国动委交通战备办主任。2011年11月起，厦门市湖里区人民政府副区长、党组成员、福建陆军预备役高射炮兵师第五团政治处副主任。

【张家伟】男，汉族，1975年9月出生，福建厦门人，1997年7月参加工作，1995年1月加入中国共产党，大学学历，公共管理硕士学位。1993年9月至1997年7月，华侨大学建筑工程专业学习。1997年7月至1999年9月，厦门市杏林区海沧镇党政办干部、科员。1999年9月至2000年10月，厦门市杏林区海沧镇团委副书记。2000年10月至2003年1月，厦门市海沧投资区海沧镇团委书记。2003年1月至2003年10月，共青团厦门市委宣传部主任科员。2003年10月至2006年6月，共青团厦门市委办公室副主任，其间，2001年9月至2004年9月，厦门大学公共管理专业学习，获公共管理硕士学位。2006年6月至2007年11月，共青团厦门市委办公室主任。2007年11月至2011年7月，共青团厦门市委常委、组织部长。2011年7月至2011年8月，厦门市湖里区人民政府党组成员。2011年8月至今厦门市湖里区人民政府副区长、党组成员。

【刘云标】男，汉族，1968年1月出生，福建安溪人，1989年7月参加工作，1991年6月加入中国共产党，大学学历，公共管理硕士学位，会计师。1985年9月至1989年7月，福建农学院农业经济系经济管理专业学习。1989年7月至1994年3月，厦门市湖里区人大工作。1994年3月至1996年8月，厦门市湖里区人事劳动局干部，兼区劳务服务公司经理。1996年8月至1997年4月，厦门市湖里区人事劳动局局长助理。1997年4月至2002年9月，厦门市湖里区人事劳动局副局长，其间1998年4月至1999年7月兼劳动科科长。2002年9月至2010年7月，厦门市湖里区殿前街道党工委副书记、办事处主任，其间2001年9月至2004年9月参加厦门大学硕士班公共管理专业学习，获公共管理硕士学位。2010年7月至2013年2月，厦门市湖里区殿前街道党工委书记。2013年2月至2013年3月，厦门市湖里区人民政府副区长、党组成员。2013年3月起，厦门市湖里区人民政府副区长、党组成员，区残联第五届主席团主席（兼）。

政协湖里区委员会

【林凡】男，汉族，1962年6月出生，福建永泰县人。1984年8月参加工作，1989年4月加入中国共产党，大学学历，农学学士学位，助理工程师。1980年9月至1984年7月，福建省林学院林学系林业专业学习。1984年8月至1984年12月，三明市三元区中村办事处干部。1984年12月至1987年8月，三元区团委副书记。1987年8月至1987年10月，三元区政府莘口镇筹备领导小组副组长。1987年10月至1989年3月，三元区莘口镇副镇长。1989年3月至1990年10月，三元区绿化办公室主任。1990年10月至1991年8月，厦门市杏林区劳动人事局干部。1991年8月至1993年10月，杏林区劳动人事局副局长，其间1992年3月至1993年9月，在厦门市委组织部办公室挂职任副主任。1993年10月至1996年2月，厦门市委组织部办公室副主任。1996年2月至1997年6月，厦门市委组织部参照管理处副处长。1997年6月至1998年10月，厦门市委组织部知识分子工作处处长。1998年10月至2003年9月厦门市集美区委常委、区委组织部部长。2003年9月至2006年1月，厦门市湖里区委常委、组织部部长。2006年1月至2006年4月，厦门市湖里区委副书记、组织部部长。2006年4月至2009年4月，厦门市湖里区委副书记、区直机关党工委书记。2009年4月至2010年3月，厦门市湖里区委副书记、区直机关党工委书记、区委教育工委书记。2010年3月至2010年12月，厦门市湖里区委副书记、区政协主席、党组书记、区直机关党工委书记、区委教育工委书记。2010年12月起，厦门市湖里区政协主席、党组书记。

【谭苏建】 男，汉族，1958年3月出生，江苏涟水县人。1975年10月参加工作，1981年6月加入中国共产党，大学学历，教育学学士学位，讲师。1975年10月至1978年2月，福建省潘洛铁矿知青农场插队知青。1978年2月至1982年2月，福建师范大学政教系学习。1982年2月至1984年7月，龙岩师范专科学校工作。1984年7月至1994年6月，厦门市委党校工作，其间1992年3月至1993年10月在厦门市湖里区委宣传部挂职任副部长。1994年6月至1999年6月，湖里区委办公室主任。1999年6月至2002年11月，湖里区委助理巡视员、区委办公室主任。2002年11月起，湖里区政协副主席、党组成员。

【林新荣】 男，汉族，1955年9月出生，福建莆田人。1973年12月参加工作，1978年1月加入中国共产党，中央党校大学学历。1973年12月至1980年8月，厦门守备四师两栖侦察队战士、艇长。1980年8月至1981年6月，解放军体育学院学习。1981年6月至1983年12月，厦门守备四师两栖侦察队分队长、副政治指导员。1983年12月至1986年2月，厦门守备四师船运大队二中队F3136艇政治指导员。1986年2月至1990年2月，厦门市郊区人武部政工科干事，其间1984年9月至1987年6月参加福建省自学考试大专班党政管理专业学习。1990年2月至1993年3月，集美区人武部副科级干事。1993年3月至1994年6月，厦门市湖里区人武部政工科副科级干事。1994年6月至1995年4月，厦门市湖里区人武部政工科副科长。1995年4月至1996年4月，厦门市湖里区人武部政工科科长。1996年4月至1997年4月，厦门市湖里区委组织员、组织部副部长。1997年4月至2003年3月，厦门市湖里区委组织员（正处级）、组织部副部长，其间1994年9月至1997年6月，参加中央党校函授学院本科班党政管理专业学习；1998年10月至2000年7月，参加厦门大学行政管理专业研究生课程班学习。2003年3月至2008年1月，厦门市湖里区人大常委会副主任、党组成员。2008年1月起，厦门市湖里区政协副主席、党组成员。

【林世裕】 男，汉族，1960年6月出生，福建厦门人。工商管理硕士，经济师。1979年10月至1983年8月，中国银行厦门分行行员。1983年9月至1985年7月，武汉大学经济管理学系国际金融专业学习。1985年7月至1988年6月，中国银行厦门分行会计处、稽核处工作。1988年6月至1994年6月，厦门兴厦有限公司进口部副经理。1994年6月至1999年12月，香港兴厦有限公司机械电子部经理，其间1997年12月至1999年3月，参加澳大利亚莫道克大学商学院工商管理硕士学位学习。1999年12月至2000年5月，奉调回厦门市委组织部报到、安排工作。2000年6月至2004年8月，厦门市湖里区经发局投资科科长、经贸科科长。2004年8月至2006年11月，厦门市湖里区禾山街道办事处副主任。2006年11月至2008年8月，厦门市湖里区招商局副局长，主持工作。2008年8月至2011年12月，厦门市湖里区投资事务局局长。2011年12月至2013年4月，厦门市湖里区政协副主席、湖里区投资事务局（投资促进局）局长。2013年4月起，厦门市湖里区政协副主席。

【施立华】 女，汉族，1966年9月出生，江苏南通人。1991年4月参加工作，九三学社社员，研究生学历，硕士学位，高级工程师。1983年9月至1988年7月，清华大学化学工程系化学工程专业学习。1988年9月至1991年4月，清华大学化学工程系生物化工专业研究生学习。1991年4月至1992年1月，福建省厦门信息—信达有限公司职员。1992年1月至1998年2月，中国汽车工业进出口厦门公司职员。1998年2月至2000年5月，福建省厦门高新技术创业中心项目经理、项目部经理。2000年5月至2001年6月，厦大三达膜科技有限公司副总经理。2001年6月至2002年9月，借调到厦门火炬高新区管委会工作。2002年9月至2003年6月，厦门高新技术创业中心主任助理、副主任。2003年6月至2004年8月，厦门软件产业投资发展有限公司总经理。2004年8月至2011年12月，厦门高新技术创业中心主任。2011年12月起，厦门市湖里区政协副主席（兼）、厦门高新技术创业中心主任。

湖里区纪律检查委员会

【胡亚才】详见“中共湖里区委员会”有关条目。

【郑陆全】男，汉族，1971年10月出生，福建厦门人。1992年7月参加工作，1997年12月加入中国共产党，在职大学。1990年9月至1992年7月，福建司法学校法律专业学习。1992年7月至1994年2月，厦门市湖里区人民检察院工作。1994年2月至1995年4月，厦门市湖里区人民检察院书记员。1995年4月至1998年9月，厦门市湖里区人民检察院助理检察员，其间1993年9月至1996年7月，参加厦门广播电视大学大专班法律专业学习。1998年9月至1999年7月，厦门市湖里区人民检察院科员、检察员。1999年7月至2000年9月，厦门市湖里区人民检察院禾山检察室副主任，其间1997年9月至2000年7月，参加厦门大学（函授）本科班法律专业学习。2000年9月至2005年10月，厦门市湖里区人民检察院正科级检察员，其间2002年12月至2004年7月厦门市湖里区禾山镇挂职任副镇长；2004年9月至2005年10月厦门市湖里区金山街道办事处挂职任副主任。2005年10月至2010年11月，厦门市湖里区金山街道办事处副主任，其间2008年7月至2010年7月在宁夏海原县挂职任县委副书记。2010年11月至2012年2月，厦门市湖里区经济贸易发展局党委委员、区安全生产监督管理局局长。2012年2月至2013年3月，厦门市湖里区安全生产监督管理局局长。2013年3月至2013年4月，厦门市湖里区纪律检查委员会委员副书记、湖里区安全生产监督管理局局长。2013年4月起厦门市湖里区纪律检查委员会委员副书记。

【纪华国】男，汉族，1970年10月出生，福建龙海人。1991年7月参加工作，1998年8月加入中国共产党，在职大学，工商管理硕士，高级审计师。1988年9月至1991年7月，集美财政专科学校外经财会专业学习。1991年7月至2000年12月，厦门市审计局内联处科员，其间1997年9月至1999年12月，参加厦门大学自学考试本科班会计专业学习。2000年12月至2004年2月，厦门市审计局外经贸审计处副主任科员。2004年2月至2006年8月，厦门市审计局金融与外贸审计处主任科员。其间2003年3月至2005年12月，参加厦门大学硕士班工商管理专业学习，获工商管理硕士学位。2006年8月至2007年8月，厦门市纪委纠风工作室主任科员。2007年8月至2008年3月，厦门市机关效能投诉中心综合处处长（副处级）。2008年3月至2008年11月，厦门市湖里区纪委常委、执法监察室主任。2008年11月，厦门市湖里区纪委常委、执法监察室主任、区监察局副局长。2008年11月至2012年2月，厦门市湖里区纪委常委、执法监察室主任、区监察局副局长、区国资办副主任。2012年2月至2012年6月，厦门市湖里区纪委常委、执法监察室主任、区监察局副局长、区国资办副主任、区财政国资党委委员、纪委书记。2012年6月至2012年7月，厦门市湖里区纪律检查委员会副书记、执法监察室主任、区监察局局长、区国资办副主任、区财政国资党委委员、纪委书记。2012年7月至2014年12月，厦门市湖里区纪律检查委员会副书记、区监察局局长、区国资办副主任、区财政国资党委委员、纪委书记。2014年12月起厦门市湖里区纪委副书记、区监察局局长。

法院　检察院

【高碧青】男，汉族，1962年1月出生，福建厦门人。1979年11月参加工作，1986年3月加入中国共产党，在职大学学历。1979年11月至1988年4月，厦门市集美检察院干部，其间，1982年9月至1985年7月参加福建广播电视大学大专班中文专业学习。1988年4月至1991年4月，厦门市湖里区人民检察院股级检察员。1991年4月至1996年10月，厦门市湖里区人民检察院副科级检察员，其间，1994年6月至1996年10月，厦门市湖里区湖里街道办事处挂职副主任。1996年10月至1998年4月，厦门市湖里区湖里街道办事处副主任。1998年4月至2002年9月，厦门市湖里区湖里街道办事处副主任兼经济办主任。2002年9月至2004年9月，厦门市湖里区委政法委副书记兼区610办主任。2004年9月至2008年7月，厦门市湖里区禾山街道党工委书记，其间，2003年10月至2006年1月，厦门大学网络学院本科班社会管理专业学习。2008年7月至2011年7月，厦门市湖里区湖里街道党工委书记。2011年7月至2011年8月，厦门市湖里区湖里街道党工委书记、湖里区人民法院党组副书记。2011年8月至2011年11月，厦门市湖里区湖里街道党工委书记、湖里区人民法院党组副书记、副院长。2011年11月至2011年12月，厦门市湖里区人民法院党组书记、副院长、代院长。2011年12月起，厦门市湖里区人民法院党组书记、院长。

【林育清】男，汉族，1963年4月出生，福建仙游人。1988年7月参加工作，1988年5月加入中国共产党，大学学历，法学学士。1984年9月至1988年7月，华东政法学院法律系法学专业学习。1988年7月至1989年7月，厦门市人民检察院控申处干部。1989年7月至1991年8月，厦门市人民检察院控申处书记员。1991年8月至1994年11月，厦门市人民检察院经检处助理检察员。1994年11月至1995年5月，厦门市人民检察院反贪局办公室副主任、助理检察员。1995年5月至1997年5月，厦门市人民检察院反贪局办公室副主任、检察员。1997年5月至2001年4月，厦门市人民检察院反贪局办公室主任、检察员，其间1997年6月至1999年3月，厦门市湖里区人民检察院挂职副检察长。2001年4月至2007年2月，厦门市人民检察院反贪局副局长、检察员。2007年2月至2007年7月，厦门市湖里区人民检察院党组书记、检察长、厦门市检察院反贪局副局长。2007年7月起厦门市湖里区人民检察院党组书记、检察长。

新闻人物

【苏辉明】 男，1964年出生，厦门人，1982—2006任禾山劳务公司总经理，2006年—2014年，任枋湖社区党支部副书记、居委会主任。2002年、2005年当选湖里区人大代表。2007年获评“2007感动厦门十大人物”“厦门市文明市民”，2008年获评“厦门市劳动模范”，2011年5月获评“助老之星”，2013年获评“福建省劳动模范”。从2000年开始，苏辉明坚持每年以个人名义通过市老年基金会认养10位贫困老人，每年给每人送去600元慰问金。每逢过年过节，他还不忘自费给社区20多位孤寡老人和五保户老人送去慰问品，他还认养了10个本社区困难老人。他说，“敬老、爱老是我们的传统，现在生活条件好了，老一辈对社会发展做了贡献，有一些老人过得很辛苦、很困难。我就是力所能及地帮他们一下”。同时，苏辉明长年做拥军工作，为部队修路，为部队新建的营房添置了一批电脑、电风扇、会议桌等。

【许志仁】 2014年5月15日，全国妇联寻找“最美家庭”揭晓暨第九届全国五好文明家庭表彰大会在北京举行，思明区城市义工家庭——许志仁家庭获评全国“最美家庭”。

许志仁，男，福建德化人，居于后埔东里，已在特区生活10多年，是一名保安员。他和妻儿都热心公益活动。在2008年北京奥运会举办之际，一家人前往天竺山参加“共植奥运树，同创文明城”活动，为美丽厦门的建设添砖加瓦。2012年6月，从报纸上看到思明区委宣传部、区委文明办、厦门日报、晚报联合发起“感恩生活，爱心思明——城市义工志愿行动”后，他马上报名参加。在他的带动下，他的爱人、孩子也都加入“城市义工”队伍。每到周末，全家一起去爱心护理院、托老院等地方扶幼敬老，一起走进社区、中山路等繁华地段开展文明宣导、捡垃圾，一起到轮渡、公交车站台进行文明交通督导，努力用自己的爱心去温暖帮助他人。2013年1月，他和爱人又一起登记成为厦门市遗体（器官）捐献志愿者，得到厦门市红十字会特地为他俩颁发的“感谢状”。同时，他还是厦门蓝天救援队队员，他的爱人苏菊清还作为“爱心妈妈”走进莲前福乐家园，带孩子们去游海沧野生动物园等。

【游文晃】 男，是莆田仙游县鲤城宝峰村人，出身于农民家庭。2014年，居于厦门市湖里区祥店社区，19年来，游文晃捐资250多万元，资助了255名失学儿童。获评为“2014年感动福建十大人物”。

1976年，游文晃入伍，在空军航空兵某部机械师，参加过对越自卫反击战，立三次“三等功”，四次被评为“学雷锋”先进个人和“优秀共产党员“1986年，游文晃退伍转业，担任专职消防队队长，在一次灭火救人中，被倒下的一堵墙砸中右腿，负伤致残。后经朋友介绍赴新加坡某公司担任高管，收入不菲。

1995年，他从新加坡回国探亲，从昔日战友口中得知，有个名叫陈弘的小学生，父亲在部队劳累过度，不幸早逝，母亲又体弱多病，陈弘面临失学。游文晃找到这对孤儿寡母，主动提出资助陈弘上学。从此，他开始资助贫困学生的生涯，资助对象从仙游到莆田、连城、上杭、漳平、厦门、长汀、浦城等地。

2001年，游文晃回国定居厦门，业余爱好画油画，闲暇时也炒炒股票。不高的工资既要支撑全家人的生活，又要给孩子们生活费和学费，很快捉襟见肘。“出门靠电驴，生活少花钱”，游文晃的“十字家训”将一家人的生活标准降到最低。2008年，在股票亏损严重的情况下，为了不让孩子们辍学，游文晃毅然卖掉福津大街55平方米店面，所得费用全部用于资助贫困生。而游文晃对自己却十分吝啬，一件衣服穿了十几年，袜子已经磨出破洞，住在几十年前的旧房子里，出门骑电动车或乘公交车。游文晃疾病缠身，每天打两次胰岛素，一餐要吃阿司匹林、麝香保心丸、复方丹参片等十多片药，时刻必须携带硝酸甘油片，以防急性心脏病发作。距离上次冠心病手术已经一年多了，游文晃，这个老好人，几乎仍靠着药物维持生命。但这并不影响他的“资助事业”：他将自己莆田仙游老家的一套红酸枝红木家具卖了5万元，分别汇给几名即将升学的贫困生，还日夜勾画了50幅油画，交由厦门市妇联拍卖筹钱，给贫困生发放助学金；2014年，他又陆续增加了50个资助对象，都是刚刚上幼儿园的孩子。还将家中珍藏多年的长卷百虎图、四幅漆线雕铂金九龙壁和六幅油画拍卖，所得款项也全部用于资助学生。因为他多年善举被誉为平民慈善家。新华网、人民网、中国文明网及《福建日报》《湄州日报》《厦门日报》《台湾两岸时报》等媒体多次报道他的事迹。

【叶建平】 男，1946年5月出生，厦门市湖里区江头街道江村社区居民。2014年3月被福建省文明办评为“省孝老爱亲”好人。

1992年，叶建平的儿子叶加强不

幸遇上车祸，生命垂危，历时几个小时的紧急抢救，伤势得以控制。医院的条件较差，病房拥挤不堪，为了照顾儿子，叶建平晚上只能睡到阳台上，这一住，就是4个多月。由于脑损伤引起水肿，医院建议购买美国产的价值6500多美元（人民币近5万元）的“脑室分流管”，以及四个疗程的英国产“心脑通”，需花费6万元人民币。叶建平的家境并不宽裕，十几万元对他来说简直是天文数字，即便他变卖了家中所有值钱的东西，还是不够。于是，他顾不上尊严，硬着头皮，一次又一次地敲响亲朋好友的家门。款项好不容易凑齐了，手术也算顺利。但由于伤势过重，儿子的命虽保住了，但却留下重度残疾——需长期卧床，不会语言，无法站立，大小便失禁，生活完全不能自理，并伴有癫痫局部发作，需长期服药，终评为“肢体、精神一级伤残”。出院回家，没办法点滴，又要保证儿子的营养，叶建平就想办法把蔬菜、肉类、海鲜煮熟剁碎，和米饭搅成糊状，一口一口地喂。每天还要喂三次药，有的药能和饭混在一起喂，有的需要用水灌。喂一顿饭连同喂药就要花去一个小时。儿子大小便失禁，每天都要不断地处理大小便、换洗床单、衣、裤。因为长期卧床，为了不让儿子长褥疮，他还要经常帮儿子翻身，天天擦澡。每个星期还要到医院给儿子开一次药。如此烦琐的劳动，体力和精神的摧残，使叶建平憔悴不堪。亲朋好友劝他放弃，倔强的叶建平始终不轻言放弃。22年来，他凭借着坚定的信念，用大山般的父爱，为瘫痪儿延续着生命之灯。叶建平还是孝顺父母的好儿子。他的父亲93岁，母亲91岁，高龄的双亲，急需儿女的照顾。家中兄弟姐妹有的住得较远，有的还要上班，于是，照顾父母的重担又落在叶建平身上。看病需要叶建平带；家里的水龙头坏了，坐便器堵了，灯不亮了也需要他修；柴、米、油、盐，一日三餐都得关照。尽管照顾瘫痪儿子已经令他心力交瘁，但是，叶建平依然尽心照顾父母。他还坚持工作、热心公益。江村社区老人协会乌石埔分会成立的时候，大家一致推选他为分会会长。同时他还是乌石浦旧村企业退休人员管理小组的组长，还兼任江村乌石浦第三党支部的组织委员。十几年来，为了照顾瘫痪儿子和年迈双亲虽然已是精疲力尽，但他从不耽误社区的工作，他时刻牢记自己是一个家庭的大哥，是一个共产党员。

（张宪敏）

湖里区领导干部名录

中共湖里区委员会

书　记　刘育生
副书记　张毅恭　黄炜
常　委　胡亚才　陈国荣　王　中
　　　　林重阳　潘少銮　庄海英
　　　　黄瑞来　钟伟东

中共厦门市湖里区纪律检查委员会

书　记　胡亚才
副书记　郑陆全　纪华国
常　委　许付志　黄木清　李文龙
　　　　洪建利

区委办公室

主　任　庄海英
副主任　黄伟（至12月）　洪志伟
　　　　吴丽英（4月兼任）
　　　　叶毓青（11月任）
　　　　曾军勇（12月任）

档案局（馆）

局（馆）长　黄　伟

机要局

局长　黄　伟

组织部

部　长　林重阳
副部长　黄双凤　刘秋生
区委非公工委副书记
曹荣宝（11月任）

宣传部

部　长　潘少銮
副部长　杨运华　文国清

统战部

部　长　陈国荣
副部长　林秀瑜　柯希正（至9月）

政法委

书　记　钟伟东
副书记　洪奕文　许鸿艺（至6月）
　　　　刘与庆（兼）

综治办

主　任　洪奕文

台湾工作办公室

主　任　周　怡（至12月）
　　　　黄双凤（12月任）

机构编制委员会办公室

主　任　许艺艺

区直机关工作委员会

书　记　庄海英
常务副书记　雷爱和

精神文明建设办公室

主　任　文国清

信访局

局　长　吴丽英

老干局

局　长　刘芳坤

党校

校　长　林重阳
常务副校长　黄双凤（至12月）
副校长　曹荣宝（11月任）

湖里区人大常委会

主　任　粱美丽
副主任　陈远志　叶春和　梁国富
　　　　陈海松　杨书松（兼）

办公室

主　任　陈开惠（至3月）

法制内司工作委员会

主　任　周福民

财经工作委员会

主　任　郭素芬

城建环资工作委员会

主　任　曾秋皓

科教文卫侨工作委员会

主　任　戴团源

湖里区人民政府

区　长　张毅恭
副区长　王　中　戴宗垒　夏长文
　　　　刘琦龙　丁红斌　张家伟

刘云标

办公室

主　任　陈　枫

副主任　欧阳平　左勇涛

发展和改革局

局　长　胡　军（至12月）

副局长　潘南渊　林　文（至2月）

柯友升（2月任）

经济和信息化局

局　长　胡　军（12月任）

副局长　蔡卫国（12月任）

卫生和计划生育局

局　长　李　东（12月任）

副局长　王　萍（12月任）　李玉荣

教育局

局长、教育工委副书记

陈　媛（至12月）　黄　伟（12月任）

教育工委副书记、纪工委书记　向延琼

教育工委委员、副局长　朱　觉

吴雪慧

科技局

局　长　王太兴（至12月）

吴淑真（12月任）

民宗局

局　长　陈文约

民政局

局　长　章再耕

副局长　李天真

司法局

局　长　林荣福

副局长　张明海　傅瑞生（至12月）

庄伟（12月任）

财政局

局　长　辜琦皇

副局长　马竞生

人力资源和社会保障局

局　长　刘秋生

副局长　李殿忠　蔡筱双

建设局

局长、党委副书记　王华安

党委书记　朱绍峰

副局长　孙　琦

党委委员　郑朝东（8月任）

商务局

局　长　陈颢颖

副局长　林　文

文体出版旅游局

局　长　郭漳楚

副局长　洪珠琴（11月任）

审计局

局　长　肖德良（12月任）

副局长　陈永定

安全生产监督管理局

局　长　傅伯伟

统计局

局　长　张金坪

市政园林局

局　长　裴再生

副局长　叶跃民　麻德玮（11月任）

卢景锋（至12月）

城市管理行政执法局

局　长　范金炉

副局长　陈春吉（至12月）

傅芳槐（12月任）　周泽勇

姜海军

机关事务管理局

副局长　翁国华

政协湖里区委员会

主　席　林　凡

副主席　谭苏建　林新荣　林世裕

施立华（兼）

秘书长　黄伟清

办公室

主　任　黄伟清

提案委员会办公室

主　任　黄章源（至11月）

吴周新（12月任）

专门委员会办公室

主　任　宋晓华（至11月）

吴智明（12月任）

研究室

主　任　阙占彪（12月任）

法检机关

区人民法院

院长、党组书记　高碧青

副院长　王　毅　林　颖　蔡守业

纪检组组长　蔡志红

政治处主任　叶　青

执行局局长　何如男

区人民检察院

检察长、党组书记　林育清

副检察长　侯春盛　杨天赐　叶　斌

纪检组组长　林雪峰

政治处主任　苏水明

反贪局局长　张天勇

群众团体

工会委员会

主　席　陈国荣

常务副主席　曾新周（至6月）

林志荣（10月任）

团区委

书　记　洪志伟（12月任）

妇女联合会

主　席　张聪敏

副主席　胡金藤

归国华侨联合会

主　席　严志和

工商联（商会）

常务副会长　林秀瑜

海外联谊会

会　长　陈国荣

科学技术协会

副主席　熊新民

残疾人联合会

副理事长　陈文其

计划生育协会

会　长　黄　炜

常务副会长　曲志坚（至11月）

王　斌（11月任）

红十字会

会　长　丁红斌

常务副会长　王萍萍

文学艺术界联合会

主　席　潘少銮

社会科学界联合会

主　席　杨运华

关心下一代工作委员会

主　任　黄　炜

街　道

湖里街道

党工委书记　陈雄辉

党工委副书记　郭晓平　崔家和

党工委委员　林乐庆

　　阳良彬（至 12 月）

人大工委主任　林乐庆

办事处主任　郭晓平

办事处副主任　阳良彬（至 12 月）

　　黄年生（8 月任）

　　曾朝军（8 月任）

　　蔡卫国（至 8 月）

　　施育德（至 8 月）

殿前街道

党工委书记　林进春

党工委副书记　王水可（10 月任）

　　苏春生

党工委委员　王斌（至 11 月）

　　胡建荣　林筱丽

　　王水可（至 10 月）

人大工委主任　王斌（至 11 月）

　　林筱丽（12 月任）

办事处主任　王水可（10 月任）

办事处副主任　苏春生　商建坤

　　陈志勇（11 月任）

江头街道

党工委书记　谢国勇

党工委副书记　蒋晓民　林跃算

党工委委员　陈必山

人大工委主任　陈必山

办事处主任　蒋晓民

办事处副主任　赵海燕　汪益华

　　陈天友

禾山街道

党工委书记　李伟宏

党工委副书记　黄锦城　涂进杉

党工委委员　陈慈明　洪志彬

人大工委主任　陈慈明

办事处主任　黄锦城

办事处副主任　范小萍（至 12 月）

　　洪志彬　李建军

　　林长发

金山街道

党工委书记　方文群

党工委副书记　陈　滨（10 月任）

　　林志荣（至 10 月）

　　聂保太（11 月任）

党工委委员　俞加洪

　　洪珠琴（至 11 月）

　　姚于权（至 3 月）

人大工委主任　俞加洪

办事处主任　林志荣（至 10 月）

　　陈滨（10 月任）

办事处副主任　姚于权（至 3 月）

　　陈滨（至 10 月）

　　郑高良

　　朱碧蓉（3 月任）

工业园区管委会

主　任　王　中

副主任　阳良彬（12 月任）

　　陈文约（至 12 月）

　　朱碧蓉（至 3 月）

　　卢景锋（12 月任）

　　杨东捷（12 月任）

区属国有企业

厦门天地开发建设有限公司

董事长　蔡寿飞

监事会主席　辜琦皇（兼）

监事会副主任　杨队赴

副总经理　许毅军　叶根德

　　肖宝珍（至 12 月）　柯　丰

湖里区国有资产投资有限公司

董事长　刘成就

副董事长　孙传真

监事会主席　辜琦皇（兼）

监事会副主席　张福全

总经理　张卫兵

副总经理　陈安东　何兆开　王韶锋

先进人物表

表 11

姓名	性别	荣誉名称	工作单位	授奖单位	授予时间
陈苗珍	女	福建省优秀共产党员	湖里区殿前街道兴园社区居委会	中共福建省委	2014.6
陈艳红	女	2012—2013 年度调研工作先进个人	湖里区人民法院	厦门市中级人民法院	2014.2
陈媛婷	女	机构编制信息工作先进个人	区事业单位登记管理局	厦门市委编办	2014.2
陈仁进	男	2012—2013 年度信息工作先进个人	湖里区人民法院	厦门市中级人民法院	2014.2
陈万颖	女	2012—2013 年度宣传工作先进个人	湖里区人民法院	厦门市中级人民法院	2014.2
陈慧琳	女	2012—2014 年度宣传工作先进个人	湖里区人民法院	厦门市中级人民法院	2014.2
		2013 年度厦门市优秀共青团员		共青团厦门市委员会	2014.5
陈巧玲	女	2012—2013 年度全市法院办案标兵	湖里区人民法院	厦门市中级人民法院	2014.2
陈素珍	女	全国“三八”红旗手	江头街道金尚社区	全国妇联	2014.3
陈淑芬	女	市级“巾帼建功标兵”	殿前街道兴园社区	厦门市妇联	2014.3

续表 11

姓名	性别	荣誉名称	工作单位	授奖单位	授予时间
童清木	男	2013 年度调研工作先进个人	民进湖里总支	民进厦门市委	2014.2.22
陈志宏	男	2013 年度调研工作先进个人	民进湖里总支	民进厦门市委	2014.2.22
陈其雄	男	全省法院司法警察体能达标活动先进个人	湖里区人民法院	福建省高级人民法院	2014.3
陈宙峰	男	志愿服务先进个人	湖里区国税局	厦门市文明委	2014.12.14
陈文泉	男	全省公安机关执法检查“回头看”和规范使用办案场所“四个一律”活动成绩突出个人	湖里公安分局监察室	福建省公安厅	2014.8.25
陈必山	男	福建省征兵工作先进个人	江头街道	福建省征兵办	2014.12
陈 吟	女	厦门市优秀志愿者	湖里街道街政办	厦门市文明委	2014.12
陈砯硒	女	福建省国税系统先进工作者荣誉称号	湖里国税局	福建省人社厅、福建省国税局	2014.4
邓剑斌	男	2012—2013 年度全市法院办案标兵	湖里区人民法院	厦门市中级人民法院	2014.2
方国溪	男	厦门市劳动模范	民盟湖里基层委员会	厦门市总工会	2014.4.30
方丽蓉	女	厦门市“巾帼建功标兵”	湖里街道东荣社区	厦门市妇联	2014.3
傅建成	男	2014 年度优秀环卫职工	金山街道	厦门市市政园林局	2014.10
郭灯亮	男	厦门市优秀党务工作者	国宇门诊部	中共厦门市委	2014.7
郭顺强	男	2012—2013 年度信息工作先进个人	湖里区人民法院	厦门市中级人民法院	2014.2
郭蓉芳	女	厦门市第十届“优秀外来女员工”	厦门市江头第三小学	厦门市妇联	2014.3
高 兵	男	厦门市第四届（2012—2014 年度）优秀志愿者	金湖社区	厦门市文明办	2014.12.14
洪志欣	男	个人三等功	湖里公安分局刑侦大队	厦门公安局	2014.12.31
扈美莲	女	2013 年度“厦门市优秀共青团干部”	湖里区教育局德育科	共青团厦门市委员会	2014.4.30
黄钟灵	女	全市人民法庭工作先进个人	湖里区人民法院	厦门市中级人民法院	2014.8
何建斌	男	国庆安保工作表现突出个人	湖里派出所	厦门公安局	2014.10
胡晓华	女	2012—2013 年度全市法院办案标兵	湖里区人民法院	厦门市中级人民法院	2014.2
黄慧容	女	厦门市“巾帼建功标兵”	厦门市江头第三小学	厦门市妇联	2014.3
焦 洋	女	厦门市第十届“优秀外来女员工”	湖里街道东荣社区	厦门市妇联	2014.3
林艳生	男	厦门市第四届（2012—2014 年度）优秀志愿者	金林社区	厦门市文明办	2014.12.14
吕少艺	女	2013 年度“厦门市优秀共青团干部”	湖里区工商局人事科	共青团厦门市委员会	2014.4.30
吕志根	男	缉枪治爆暨追逃情报研判专项行动研判能手	湖里公安分局刑侦大队	福建省公安厅	2014.4.23
李 腾	男	全省法院系统优秀共产党员	湖里区人民法院	福建省高级人民法院	2014.7
牛建华	男	个人嘉奖	湖里公安分局刑侦大队	厦门公安局	2014.12.31
李艳斐	女	2012—2013 年度调研工作先进个人	湖里区人民法院	厦门市中级人民法院	2014.2
		全省法院人民法庭工作先进个人		福建省高级人民法院	2014.8

续表 11

姓名	性别	荣誉名称	工作单位	授奖单位	授予时间
李　飞	女	福建省优秀巾帼志愿者	厦门市畅游世界体育用品有限公司	省妇联	2014.3
林桂兰	女	2013 年度调研工作先进个人	民进湖里总支	民进厦门市委	2014.2.22
胡小进	男	2013 年度调研工作先进个人	民进湖里总支	民进厦门市委	2014.2.22
李淑莲	女	厦门市“巾帼建功标兵”	湖里区妇幼保健院	厦门市妇联	2014.3
李昭璇	女	2013 年度“厦门市优秀共青团干部”	金山街道团工委	共青团厦门市委员会	2014.4.30
李　俊	男	个人嘉奖	江头派出所	厦门市公安局	2014.10.25
简丽君	女	个人三等功	江头派出所	厦门市公安局	2014.10.25
林建成	男	厦门市第四届（2012—2014 年度）优秀志愿者	湖边社区	厦门市文明办	2014.12.14
李丽英	女	厦门市第四届（2012—2014 年度）优秀志愿者	后坑社区	厦门市文明办	2014.12.14
赖　星	男	个人嘉奖	江头派出所	厦门市公安局	2014.10.25
林鸿生	男	国庆安保工作表现突出个人	湖里公安分局交警大队	厦门市公安局	2014.11.6
刘林芝	女	2012—2013 年度全市法院记录能手	湖里区人民法院	厦门市中级人民法院	2014.2
林丽蓉	女	厦门市“巾帼建功标兵”	禾山街道计生办	厦门市妇联	2014.3
林燕龙	女	厦门市第十届“优秀外来女员工”	湖里区妇幼保健院	厦门市妇联	2014.3
龙小平	男	2014 年厦门市公众聚集场所安全生产事故应急救援综合演练先进个人	金山街道	厦门市安全生产委员会	2014.6
雷爱和	男	机关党工委系统先进工作者	湖里区委区直机关党工委	厦门市委市直机关党工委	2014.6.19
黄慧容	女	厦门市级“巾帼建功标兵”	厦门市江头第三小学	厦门市妇联	2014.3
唐雪阳	男	2012—2013 年度全市法院办案标兵	湖里区人民法院	厦门市中级人民法院	2014.2
王文章	男	2013 年全省公安刑事技术现场勘验能手	湖里公安分局刑侦大队	福建省公安厅	2014.1.13
王海峰	男	全省公安刑侦系统执法办案能手	湖里公安分局刑侦大队	福建省公安厅	2014.2.14
向　凯	男	全省公安刑侦系统侦查破案能手	湖里公安分局刑侦大队	福建省公安厅	2014.2.14
荀　毅	男	2012—2013 年度全市法院办案标兵	湖里区人民法院	厦门市中级人民法院	2014.2
肖安定	男	2012—2013 年度全市法院记录能手	湖里区人民法院	厦门市中级人民法院	2014.2
徐莉华	女	厦门市巾帼建功标兵	湖里派出所	厦门市妇联	2014.2.28
姚　亮	男	2012—2013 年度调研工作先进个人	湖里区人民法院	厦门市中级人民法院	2014.2
俞晟锦	女	厦门市“巾帼建功标兵”	湖里区建设服务中心	厦门市妇联	2014.3
王　琢	女	厦门市“巾帼建功标兵”	湖里区人民检察院	厦门市妇联	2014.3
张小珍	女	厦门市“巾帼建功标兵”	湖里区人民检察院	厦门市妇联	2014.3
张　丽	女	福建“敬业奉献”好人	齐安养老院	福建省文明办	2014.1
叶建平	男	福建“省孝老爱亲”好人	殿前街道兴园社区	福建省文明办	2014.3

续表 11

姓名	性别	荣誉名称	工作单位	授奖单位	授予时间
杨静芳	女	厦门市“巾帼建功标兵”	金山街道	厦门市妇联	2014.3
徐佳雨	男	厦门市国防教育先进个人	殿前街道办事处	厦门市国防教育委员会	2014.3
杨静芳	女	厦门市“巾帼建功标兵”	金山街道	厦门市妇联	2014.3
叶雅曲	男	2013 年度市容管理工作先进个人	后坑社区	厦门市市政园林局	2014.1
		2014 年度市容管理工作先进个人		厦门市市政园林局	2014.12
庄建东	男	全省集中打击整治网络违法犯罪专项行动成绩突出个人	湖里公安分局刑侦大队	福建省公安厅	2014.4.17
吴开盛	男	厦门市劳动模范	厦门市湖里区地方税务局	中共厦门市委 厦门市人民政府	2014.4.28
苏丽梅	女	厦门市第五届“十佳母亲”	江头街道金尚社区	厦门市妇联	2014.5
许志仁	男	全国最美家庭	吕岭社区	全国妇联	2014.5
吴　丹	女	厦门市“小小科普志愿者社区行”优秀组织工作者	金山社区	厦门市科学技术协会、厦门市教育局	2014.5
		2014 年厦门市青少年科学工作室趣味机器人竞赛优秀指导教师		厦门市科学技术协会	2014.10
周锦洪	男	全省公安机关执法规范化建设成绩突出个人	禾山派出所	福建省公安厅	2014.5.15
杨伟展	男	“中国好人榜”孝老爱亲好人	厦门市湖里区地方税务局	中央文明委	2014.7
吴丽敏	女	优秀党务工作者	金安社区	中共厦门市委	2014.7
刘敏玲	女	全省公安机关执法检查“回头看”活动突出个人	湖里公安分局法制科	福建省公安厅	2014.8.25
赵少嘉	男	全省公安机关执法检查“回头看”和规范使用办案场所“四个一律”活动成绩突出个人	湖里公安分局刑侦大队	福建省公安厅	2014.8.25
苏　鹏	男	全省公安机关执法检查“回头看”和规范使用办案场所“四个一律”活动成绩突出个人	金山派出所	福建省公安厅	2014.8.25
翁国强	男	全省公安机关执法检查“回头看”和规范使用办案场所“四个一律”活动成绩突出个人	湖里公安分局警保处	福建省公安厅	2014.8.25
王善桂	男	厦门市第五届道德模范	江头社区居民	厦门市文明办	2014.9
张健民	男	二等功	湖里公安分局禁毒大队	福建省公安厅	2014.9.10
王海蓉	女	志愿服务先进个人	湖里区国税局	厦门市文明办	2014.12.14
游文晃	男	2014 感动福建十大人物	祥店社区	福建省文明办	2014.12
		厦门市第五届道德模范	祥店社区	厦门市文明办	2014.9
岳闽霏	女	厦门市市容环境卫生管理工作先进个人	厦门市湖里区人民政府城市管理办公室	厦门市市政园林局	2014.12
姚　君	男	厦门市第四届（2012—2014 年度）优秀志愿者	金海社区	厦门市文明办	2014.12.14
杨坤扬	男	厦门市国防教育先进个人	湖边社区	厦门市国教委	2014

续表 11

姓名	性别	荣誉名称	工作单位	授奖单位	授予时间
唐年生	男	福建省优秀教师	厦门市三中	福建省人力资源和社会保障厅、福建省教育厅	2014.9
邱晓龙	男	民进全国先进会员	厦门绿行新能源开发有限公司	民进中央	2014.12
郑凌云	男	个人嘉奖	江头派出所	厦门市公安局	2014.12.31
徐莉华	女	厦门市巾帼建功标兵	湖里派出所	厦门市公安局 厦门市妇联	2014.2.28
庄楚剑	男	第十一届“福建省青年五四奖章”	厦门市湖里区市容环境卫生管理处	共青团福建省委员会	2014.5.4
吴永福	男	全省法院系统优秀共产党员	湖里区人民法院	福建省高级人民法院	2014.7

先进集体表

表 12

单位名称	荣誉称号	授予单位	授予时间
厦门市湖里区人才服务中心	2013—2014 年度厦门市成绩显著人才服务机构	厦门市人力资源和社会保障局	2014.1.26
金山社区	2013 年度全国社区侨务工作示范单位	国务院侨务办公室	2014.1
殿前街道计生协会	福建省计生先进协会	福建省计生协会	2014.1
湖里社区	2013—2014 年度卫生收费先进单位	厦门市市政园林局	2014.1
怡景社区	福建省平安家庭创建活动先进社区	福建省平安家庭创建活动领导小组	2014.1
殿前街道司法所	2013 年厦门市规范化司法所	厦门市司法局	2014.1
江头街道	福建网络文明志愿服务工作先进单位	福建省文明办	2014.2
湖里公安分局经侦大队	全省公安机关“打假行动”成绩突出集体	福建省公安厅	2014.2.21
禾山街道	厦门市 2013 年度人口计生工作先进镇（街）	中共厦门市委办公厅 厦门市人民政府办公厅	2014.2
禾山街道	厦门市“四联创”活动先进镇（街）计生协会	厦门市计划生育协会	2014.2
湖里区委编办	机构编制信息工作先进单位	厦门市委编办	2014.2
湖里区地税局金山分局	2014—2016 年度厦门市青年文明号	共青团厦门市委员会 厦门市创建青年文明号组委会	2014.2.17
金山司法所	2013 年度厦门市青年突击队	共青团厦门市委	2014.2
江头街道	厦门市社会管理综合治理与平安建设先进单位	厦门市社会管理综合治理委员会	2014.3
钟庆达家庭	全国级“五好文明家庭”	全国妇联	2014.3
禾山街道钟宅畲族社区妇女之家	福建省第二批先进妇女之家示范点	福建省妇联	2014.3
厦门市国宇门诊部妇女之家	福建省第二批先进妇女之家示范点	福建省妇联	2014.3
许志仁、苏菊清家庭	福建省“最美家庭”	福建省妇联	2014.3
厦门市湖里实验中学	厦门市“巾帼文明岗”	厦门市妇联	2014.3

续表 12

单位名称	荣誉称号	授予单位	授予时间
厦门市湖里区教师进修学校附属小学	厦门市“巾帼文明岗”	厦门市妇联	2014.3
厦门市钟宅民族小学	厦门市“巾帼文明岗”	厦门市妇联	2014.3
厦门市安兜小学	厦门市“巾帼文明岗”	厦门市妇联	2014.3
厦门市五缘第一幼儿园	厦门市“巾帼文明岗”	厦门市妇联	2014.3
湖里区市政园林管理中心	厦门市“巾帼文明岗”	厦门市妇联	2014.3
村里社区居委会	厦门市“巾帼文明岗”	厦门市妇联	2014.3
后坑社区居委会	厦门市“巾帼文明岗”	厦门市妇联	2014.3
金林社会居委会	厦门市“巾帼文明岗”	厦门市妇联	2014.3
南山社区居委会	厦门市“巾帼文明岗”	厦门市妇联	2014.3
湖里区妇幼保健院	厦门市女职工建功立业标兵岗	厦门市总工会	2014.3
湖里区妇幼保健院	厦门市女职工保健工作达标单位	厦门市卫生局、厦门市人力资源和社会保障局、厦门市公务员局、厦门市总工会、厦门市妇联	2014.3
湖里区地税局办税服务厅	厦门市直机关“三八”红旗集体	厦门市直机关党工委	2014.3.3
金山社区居委会	全民国防教育工作先进单位	厦门市国防教育委员会	2014.3
欣贺股份有限公司	2013 年度“福建省青年安全生产示范岗”	共青团福建省委、福建省安全生产监督管理局	2014.3.17
江头街道	厦门市社会管理综合治理与平安建设先进单位	厦门市社会管理综合治理委员会	2014.3
东荣社区居委会	全民国防教育工作先进单位	厦门市国防教育委员会	2014.3
湖里公安分局刑侦大队	全省集中打击整治网络违法犯罪专项行动成绩突出集体	福建省公安厅	2014.4.17
江头街道	2013 年度非法占地违法建设专项整治工作先进单位	厦门市人民政府	2014.4
湖里街道	2013 年度非法占地违法建设专项整治工作先进单位	厦门市人民政府	2014.4
湖里区金鼎社区团支部	2013 年度“厦门市五四红旗团（总）支部”	共青团厦门市委员会	2014.4.30
湖里区兴隆社区团支部	2013 年度“厦门市五四红旗团（总）支部”	共青团厦门市委员会	2014.4.30
湖里区禾盛社区团支部	2013 年度“厦门市五四红旗团（总）支部”	共青团厦门市委员会	2014.4.30
湖里街道团工委	2013 年度“厦门市五四红旗团委”	共青团厦门市委员会	2014.4.30
湖里区教育团工委	2013 年度“厦门市五四红旗团委”	共青团厦门市委员会	2014.4.30
湖里公安分局刑侦大队	“缉枪治爆暨追逃情报研判专项行动”成绩突出集体	福建省公安厅	2014.4.23
湖里公安分局刑侦大队	厦门青年五四奖章（集体）	共青团厦门市委员会	2014.4.30
湖里区妇幼保健院	2012—2013 年度厦门市药品不良反应监测工作先进单位	厦门市食品药品监督管理局、厦门市卫生局	2014.4
厦门市湖里区人力资源和社会保障局	厦门市 110 社会联动工作先进集体	厦门市公务员局、厦门市总工会、厦门市 110 社会联动工作办公室	2014.4.23

续表 12

单位名称	荣誉称号	授予单位	授予时间
许志仁、苏菊清家庭	全国级“最美家庭”	全国妇联	2014.5
湖里区妇联	厦门市寻找“最美家庭”组织奖	厦门市妇联	2014.5
湖里区地税局禾山分局	厦门市 2013 年度群众满意基层站所	厦门市人民政府纠风办	2014.5.13
金山司法所	2013 年度司法系统群众满意基层站所	厦门市人民政府纠风办	2014.5.13
金山社区	厦门市“小小科普志愿者社区行”优秀组织单位	厦门市科学技术协会、厦门市教育局	2014.5
湖里公安分局刑侦大队	全省公安机关执法规范化建设成绩突出集体	福建省公安厅	2014.5.15
湖里街道	厦门市企业安全生产标准化创建工作先进单位	厦门市安全生产委员会办公室	2014.5
金鼎社区	市级工人先锋号	厦门市总工会	2014.8
湖里区委区直机关党工委	先进区直机关党工委	厦门市委市直机关党工委	2014.6.19
康乐社区党委	全省先进基层党组织	福建省委	2014.6
康乐社区	福建省志愿服务记录单位	福建省文明办、福建省民政厅	2014.6
海天社区	厦门市“儿童之家”	厦门市妇联	2014.6
兴华社区	厦门市“儿童之家”	厦门市妇联	2014.6
康晖社区	厦门市“儿童之家”	厦门市妇联	2014.6
康乐社区	厦门市“儿童之家”	厦门市妇联	2014.6
兴园社区	厦门市“儿童之家”	厦门市妇联	2014.6
江头社区	厦门市“儿童之家”	厦门市妇联	2014.6
后埔社区	厦门市“儿童之家”	厦门市妇联	2014.6
岭下社区	厦门市“儿童之家”	厦门市妇联	2014.6
金林社区	厦门市“儿童之家”	厦门市妇联	2014.6
金海社区	厦门市“儿童之家”	厦门市妇联	2014.6
湖里区疾病预防控制中心	全国伤害监测工作先进单位	中国疾病预防控制中心、慢性非传染性疾病预防控制中心	2014.6
区卫生局党总支委员会	厦门市先进基层党组织	中共厦门市委	2014.6
湖里区妇幼保健院	厦门市 2014 年区级妇幼卫生工作绩效考核二等奖	厦门市卫生局	2014.6
金山社区	福建省志愿服务记录单位	福建省文明办、福建省民政厅	2014.6
	厦门市工人先锋号	厦门市总工会	2014.7
纪委机关党支部	厦门市先进基层党组织	厦门市委组织部	2014.7
祥店社区	全国基层科普益民示范社区	中国科协	2014.7
后坑社区	厦门市工人先锋号	厦门市总工会	2014.7
高林社区	厦门市先进基层党组织	中共厦门市委	2014.7
湖边社区	厦门市工人先锋号	厦门市总工会	2014.7
马垅社区	厦门市先进基层党组织	中共厦门市委	2014.7

续表 12

单位名称	荣誉称号	授予单位	授予时间
厦门市湖里区人民法院禾山法庭	全省法院系统先进基层党组织	福建省高级人民法院	2014.7
兴华社区党总支	全市先进基层党组织	中共厦门市委	2014.7
欣贺股份有限公司党委	全市先进基层党组织	中共厦门市委	2014.7
兴华社区	全市先进基层党组织	中共厦门市委	2014.7
湖里派出所	第六届海峡论坛安全保卫工作集体嘉奖	厦门市公安局	2014.7.1
江头街道	厦门市安全生产先进单位	厦门市人民政府	2014.8
厦门市湖里区人民法院政治处	全市法院系统（2012—2014 年度）文明行业创建活动先进集体	厦门市中级人民法院	2014.8
厦门市湖里区人民法院	“听庭微博征集站”被评为全市法院司法品牌	厦门市中级人民法院	2014.8
中共厦门市湖里区人民法院第一支部委员会	“审判权运行机制改革”被评为全省法院司法品牌项目	福建省高级人民法院	2014.8
厦门市湖里区劳动保障监察大队	清理整顿人力资源市场秩序先进标兵	人力资源和社会保障部	2014.8
徐厝社区	厦门市工人先锋号	厦门市总工会	2014.8
兴华社区	厦门市工人先锋号	厦门市总工会	2014.8
法制队	全市公安机关执法检查“回头看”和规范使用办案场所“四个一律”活动成绩突出集体	福建省公安厅	2014.8.25
湖里公安分局	全市公安机关执法检查“回头看”和规范使用办案场所“四个一律”活动成绩突出集体	福建省公安厅	2014.8.25
	2012—2013 年度安全生产先进单位	厦门市安全生产委员会	2014.8.8
交警大队	2014 年公众聚集安全救援综合演练先进单位	厦门市安全生产委员会	2014.8.4
金山派出所	2014 年公众聚集安全救援综合演练先进单位	厦门市安全生产委员会	2014.8.4
治安大队	2014 年公众聚集安全救援综合演练先进单位	厦门市安全生产委员会	2014..8.4
江头街道	厦门市安全生产先进单位	厦门市人民政府	2014.8
禾山街道	厦门市统计信息化岗位练兵先进单位	厦门市计生委	2014.8
区流动人口计生管理站	2014 年度市人口计生系统统计信息岗位先进单位	厦门计生委	2014.8
民盟湖里区基层委员会	先进基层组织	民盟中央	2014.8
中共湖里区禾山街道工作委员会	2014 年度“先进基层党组织”	中共福建省委	2014.9
中共湖里区禾山街道工作委员会	2014 年度“先进基层党组织”	中共厦门市委	2014.9
区外侨办	《福建侨报》发行工作先进集体	福建省外事侨务办公室	2014.9
金林社区	2014 年度厦门市社区“儿童之家”	市妇联、市妇工委	2014.9
厦门市湖里区人力资源和社会保障局劳动社保科	厦门市工人先锋号	厦门市总工会	2014.9.19

续表 12

单位名称	荣誉称号	授予单位	授予时间
金海社区	厦门市社区“儿童之家”	厦门市妇联、市妇工委	2014.9
马垅社区	厦门市工人先锋号	厦门市总工会	2014.9
金安社区	2014 年福建省“基础科普行动计划”优秀项目—社区科普益民计划	福建省科学技术协会、福建省财政厅	2014.9
兴华社区	2014 年度厦门市社区“儿童之家”	厦门市妇联、厦门市妇工委	2014.9
康晖社区	2014 年度厦门市社区“儿童之家”	厦门市妇联、厦门市妇工委	2014.9
长乐社区	厦门市工人先锋号	厦门市总工会	2014.9
塘边社区	巾帼学雷锋活动示范点	厦门市妇联	2014.9
怡景社区	厦门市工人先锋号	厦门市总工会	2014.9
湖里公安分局刑侦大队	集体二等功	福建省公安厅	2014.9.10
禾丰房屋征迁服务有限公司两岸金融中心湖里分指挥部征地拆迁组	厦门市工人先锋号	厦门市总工会	2014.9.19
江头街道机关食堂	厦门市第二批文明餐桌示范点	厦门市文明办	2014.10
湖里公安分局	全省公安机关执法示范单位	福建省公安厅	2014.11.1
湖里派出所	全省公安机关执法示范单位（基层所队）	福建省公安厅	2014.11.1
江头派出所	全省公安机关执法示范单位（基层所队）	福建省公安厅	2014.11.1
金山派出所	全省公安机关执法示范单位（基层所队）	福建省公安厅	2014.11.1
湖里公安分局刑侦大队	全省公安机关执法示范单位（基层所队）	福建省公安厅	2014.11.1
康乐社区	全国人口和计划生育基层群众自治示范村（居）	中国计生协会	2014.11
岭下社区	全国人口和计划生育基层群众自治示范村（居）	中国计生协会	2014.11
高殿社区志愿消防队	全国 119 消防奖先进集体	公安部消防局	2014.11.5
金安社区	优秀基层老年协会	厦门市老龄委办公室	2014.11
湖里区国有资产投资有限公司	厦门市 2013—2014 年度“安康杯”竞赛先进单位	厦门市总工会、厦门市安全生产监督管理局	2014.12
湖里区国税局志愿服务队	2012—2014 年优秀志愿服务队	厦门市文明办	2014.12.14
湖里区计生服务站	全国妇幼健康服务工作表现突出集体	国家卫生计生委	2014.12
湖里区	国家慢性病综合防控示范区	国家卫生计生委	2014.12.26
湖里区妇幼保健院	全国妇幼健康服务工作表现突出集体	国家卫生计生委	2014.12
湖里区地税局学雷锋志愿服务队	厦门市优秀志愿服务队	厦门市文明办	2014.12.14
江头街道	福建省征兵工作先进单位	福建省征兵办	2014.12
江头街道	福建省第十二届文明单位	福建省委、省政府	2014.12
厦门市湖里区人民政府城市管理办公室	厦门市市容和环境卫生管理工作先进单位	厦门市市容管理考评委员会	2014.12

续表 12

单位名称	荣誉称号	授予单位	授予时间
金山街道食堂	厦门市第二批文明餐桌示范点	厦门市文明办	2014.12.30
后坑社区	市容环卫管理先进单位	厦门市市政园林局	2014.12
金山社区	优秀社区志愿服务工作站	厦门市文明办	2014.12
金山社区	厦门市第四届（2012—2014 年度）优秀志愿服务平台示范点	厦门市文明办	2014.12
金安社区	厦门市第四届（2012—2014 年度）志愿服务工作先进单位	厦门市文明办	2014.12
兴隆社区	厦门市优秀专业社会工作服务项目优秀奖	厦门市民政局	2014.12
治安大队	集体三等功	厦门市公安局	2014.12.4
殿前派出所	集体三等功	厦门市公安局	2014.12.4
后埔警务队	厦门市青年突击队	共青团厦门市委	2014.12.31
和通社区	省级环境友好型社区	福建省环保厅	2014
高殿社区	厦门市青年突击队	共青团厦门市委	2014
金山社区	全国科普示范社区	中国科协、财政部	2014
濠头社区侨联小组	“全省侨联‘组织建设加强年’活动先进单位”	福建省侨联	2014.12

（张宪敏）

统计公报

湖 里 区
2014 年国民经济和社会发展统计公报

湖里区统计局
2015 年 4 月 8 日

2014 年，在区委、区政府的坚强领导下，全区深入学习贯彻党的十八届四中全会精神，全面落实美丽厦门战略规划，围绕“美丽厦门·创新湖里”目标定位，致力于稳增长、调结构、促改革、惠民生，经济和社会保持稳定发展态势，并荣获“国家慢性病综合防控示范区”、首批“全国社会组织建设创新示范区”和“全国社会工作服务标准化建设示范区”等称号。

一、综合

初步核算，全年地区生产总值（GDP）749.83 亿元，比上年增长 5.6%。其中第二产业增加值 350.81 亿元，增长 3.6%；第三产业增加值 397.92 亿元，增长 8.0%，三次产业的比重为 0.1∶46.8∶53.1。第三产业的增长快于第二产业，拉动 GDP 增长 4.2 个百分点，成为拉动经济增长的主要因素。按常住人口计算，人均 GDP 达 7.45 万元，增长 0.7%，折合美元 1.22 万美元/人。

二、工业和建筑业

至年底，全区规模以上工业企业 293 家，现价工业总产值 1400.68 亿元，扣除价格因素后可比增长 1.6%，实现现价增加值 316 亿元，可比增长 3.7%。亿元以上企业 94 家，较上年增加 7 家，实现现价工业总产值 1294.85 亿元，按现价计算（下同）下降 7.5%。其中十亿元以上企业 19 家，实现产值 1083.85 亿元，占全区规模以上工业比重达 77.4%，支撑作用明显。电子及通信设备制造业、机械制造业、纺织服装业三大行业分别实现产值 1113.3 亿元、133.48 亿元及 56.31 亿元，增速分别为 -9.3%、11.7% 和 3.1%。

全区规模以上工业企业实现销售产值 1361.73 亿元，产销率为 97.2%。出口交货值 706.57 亿元，比上年下降 1.6%，出口交货值率 51.9%。

建筑业增加值 41.83 亿元，比上年增长 6.8%。全区 2014 年具有资质等级的 172 家建筑业企业完成建筑业总产值 163.64 亿元，增长 10.7%，其中，建筑工程产值 155.88 亿元，增长 11.9%；安装工程产值 5.33 亿元，下降 21.3%。全年房屋建筑施工面积 1207.26 万平方米，增长 1.1%。当年建筑企业新签合同价款 169.33 亿元，增长 6.1%。

三、固定资产投资

全社会固定资产投资（不含农户）320.60 亿元，比增 23.0%。其中，第二产业投资增长 57.5%，第三产业投资增长 24.6%。全区 45 个区级重点建设项目完成投资 80.73 亿元，完成年度计划的 106.1%。

基础设施投资 119.34 亿元，增长 36.5%，其中交通运输业投资 87.61 亿元，增长 49.6%；公共设施管理业投资 15.30 亿元，增长 25.7%。工业投资 41.97 亿元，下降 53.7%，其中制造业投资 35.25 亿元，增长 38.7%。社会产业投资 6.61 亿元，增长 31.5%，其中教育事业投资 2.88 亿元，增长 67.9%；卫生和社会工作投资 2.19 亿元，下降 8.0%；文化、体育和娱乐业投资 0.69 亿元，下降 13.0%。

房地产开发投资 123.14 亿元，增长 44.4%，其中土地购置费 57.53 亿元，增长 313.7%，占房地产投资的比重为 46.72%，占全社会固定资产投资的比重为 17.94%。全区房屋施工面积 649.98 万平方米，增长 8.3%；房屋新开工面积 86.91 万平方米，下降 13.5%。商品房销售面积 128.61 万平方米，下降 7.4%，其中住宅销售 79.02 万平方米，下降 3.3%。至年底，全区商品房待售面积 37.17 万平方米，下降 13.8%，其中住宅待售面积 6.08 万平方米，下降 42.1%。

四、国内贸易

社会消费品零售总额 324.50 亿元，比上年增长 13.5%。其中，批发业零售额 21.16 亿元，增长 18.7%；零售业零售额 278.34 亿元，增长 13.7%；住宿业零售额 4.18 亿元，增长 3.6%；餐饮业零售额 20.83 亿元，增长 7.5%。

限额以上企业零售额 229.28 亿元，增长 16.1%，占全区社会消费品零售总额的 70.6%；限额以下单位实现零售额 95.22 亿元，增长 7.6%。全年零售额超亿元的批发零售贸易企业 45 家，合计零售额 193.9 亿元，净增 27.72 亿元，增长 16.5%；零售额超千万元的住宿餐饮企业 16 家，合计零售额 6.96 亿元，净增 0.43 亿元，增长 6.6%。

在限额以上企业商品零售额中，汽车类零售额 109.80 亿元，增长 9.8%；食品饮料烟酒类零售额 18.26 亿元，增长 15.2%；服装鞋帽针纺织品类零售额 14.54 亿元，增长 8.9%；通讯器材类零售额 12.47 亿元，增长 37.2%；家用电器和音像制品类零售额 11.32 亿元，增长 34.1%；石油及制品类零售额 7.28 亿元，增长 8.4%。

五、对外经济

全年外贸进出口总值 326.37 亿美元，比上年下降 4.2%，其中，出口 201.98 亿美元，下降 3.5%；进口 124.39 亿美元，下降 5.3%。

全年新批外资项目 79 个，合同利用外资 3.54 亿美元，比上年下降 8.4%；实际利用外资 3.21 亿美元，增长 20.7%。

六、财税和金融

全区实现财政总收入 152.47 亿元，比上年增长 13.4%；地方级财政收入 100.87 亿元，增长 20.0%；区级收入 42.05 亿元，增长 23.8%。在区级收入中，税收收入完成 39.21 亿元，增长 17.2%，其中，土地增值税、城市维护建设税、印花税、增值税增幅较高，分别增长 49.6%、20.4%、19.1% 和 15.7%。

全年财政总支出 83.95 亿元，公共预算支出 33.42 亿元，增长 13.1%。其中教育支出 10.73 亿元，增长 18.2%；城乡社区事务支出 5.52 亿元，增长 16.6%；社会保障和就业支出 4.08 亿元，增长 27.4%。

金融保险业实现增加值 36.67 亿元，比上年增长 11.6%。

七、教育和科学技术

教育

全区拥有各级学校（含成人教育、社会办学）160 所，学年初招生数 22975 人，在校学生数 92991 人。其中：普通高等学校 2 所，学年初招生数 834 人，在校学生数 2436 人；普通中等学校 12 所，学年初招生数 4561 人，在校学生数 13200 人；小学 44 所，学年初招生数 9575 人，在校学生数 52741 人；幼儿园 110 所，学年初在园人数 24614 人；特殊教育辅读班 1 间，学年初在校学生 33 人。在各级各类学校中任职的专任教师 6151 人。

科学技术

2014 年，全区累计专利授权量 1809 件，其中发明专利 155 件。2014 年，区高新技术企业数达 278 家，规上工业高新技术企业 99 家（含湖里火炬园 55 家），总产值 595.17 亿元，占全市 1983.97 亿元的 30%。

八、文化、体育和卫生

文化

辖区共有文化馆 1 个，图书馆 1 个，文化站 55 个，社区文化活动室 50 个，网吧经营单位 49 家，“24 小时街区自助图书机”35 台。图书馆每周开放 75.5 小时，全年 365 天无休开放，为群众免费提供图书借阅、资料查询等服务，2014 年共借阅图书 54.93 万册次，其中馆内借阅量为 28.77 万册次，24 小时自助图书馆借阅量为 26.16 万册次，全年共接待读者 47.81 万人次。图书馆流动图书车每周定期送书下基层，2014 年共开展送书下基层活动 78 场次，服务 15266 人次。

2014 年，全市评选的 50 家重点文化企业中，湖里区有 13 家入选，其中"趣游（厦门）科技"获评本年度的省重点文化企业。

体育

一是成功保障了 2014 建发厦门国际马拉松赛顺利进行。二是指导、协调了第十届中国俱乐部杯帆船挑战赛，共吸引了来自厦门、青岛、上海、深圳、海南、云南、广西、香港和台湾等地共 31 支赛队 200 多名帆船选手参赛。三是举办了家庭趣味海钓赛，共设家庭总重量赛、定点抛竿赛、天才小钓手等 9 个组别，50 个家庭共 150 人体验了健康亲水生活。

卫生

全区各类医疗卫生机构 285 个，其中医院 6 家、门诊部 33 个、妇幼保健机构 1 个、疾病预防控制中心 1 个、计划生育服务站 1 个、诊所 172 个、村卫生所 29 个、企事业单位 42 个。专业卫生技术人员 3937 人，其中执业医师 1947 人、执业助理医师 258 人、注册护士 1451 人，其他卫生技术人员 281 人。医疗机构实有开放床位 120 张。

九、人口、民生、就业和社会保障

人口

全区户籍人口 26.99 万人，常住人口 100.6 万人。人口出生率 14.5‰，人口死亡率 1.6‰，人口自然增长率 12.9‰，比上年提高 1.5 个千分点。户籍人口中，男性人口和女性人口分别为 13.61 万人、13.38 万人。

民生

城镇居民人均可支配收入 39683 元，比上年增长 5.5%。城镇居民人均消费性支出 26479 元，增长 2.7%。

就业

全年促进失业人员再就业 12239 人，完成市下达年度目标任务的 172.38%；帮助就业困难对象再就业 2640 人，完成市下达年度目标任务的 155.29%；开展失业人员技能培训 876 人，完成市下达年度目标任务的 146%；开展农村劳动力技能提升培训 1016 人，完成市下达年度目标任务的 145.14%；开展技能鉴定 1088 人，完成市下达年度目标任务的 155.42%。基本养老、基本医疗、失业、工伤和生育保险参保人数分别为 31.5 万人、32.3 万人、31.5 万人、31.5 万人和 30.9 万人。

社会保障

全区累计共有城镇低保家庭 9235 户、14845 人次，领取最低生活保障 663 万元。全年双救、双拥、老龄、残联等民政救济口累计发放救助 47467 人次，发放各类补助慰问款 1135.1 万元（不含低保金）。2013 年度湖里区慈善、老年福利协会共接收捐赠款 1394 万元，为辖区累计约 51955 人次计各类困难群众发放救助款、物 1201.79 万元。

十、环境保护和安全生产

环境保护

2014 年，湖里区环境空气质量有所改善，湖里监测站点优良率为 87.5%，相比 2013 年的 82.9% 有所提升。区域环境噪声昼间为 55.8 分贝，道路交通噪声为 67.1 分贝，均优于功能区划标准。湖边水库水质现状为Ⅴ类水体，与 2013 年持平。五缘湾水质现状为Ⅳ类，污染程度有所改善，其中无机氮、高锰酸盐指数及粪大肠菌群平均浓度均较 2013 年有不同程度下降。新丰水库水质现状为Ⅳ类，优于功能区划标准。全区辐射环境质量保持正常水平，未发生辐射事故。废旧放射源、放射性废物依法安全处置，放射性同位素与射线装置辐射安全许可证持证率 100%。

安全生产

全区共发生各类生产安全事故 111 起，比上年下降 12.6%；死亡 12 人，比上年上升 33.3%。

十一、各街道经济

工业

2014 年，各街道规模以上工业总产值分别为：湖里街道 76.88 亿元，比上年下降 8.6%；殿前街道 363.69 亿元，增长 6.4%；江头街道 15.35 亿元，增长 14.3%；禾山街道 867.89 亿元，下降 11.8%；金山街道 15.90 亿元，增长 13.5%。

固定资产投资

2014 年，各街道固定资产投资额分别为：湖里街道 10.50 亿元，比上年下降 19.9%；殿前街道 100.54 亿元，增长 19.4%；江头街道 40.32 亿元，增长 162.7%；禾山街道 84.97 亿元，增长 17.9%；金山街道 78.20 亿元，增长 68.3%。

社会消费品零售总额

2014 年，各街道社会消费品零售总额分别为：湖里街道 57.98 亿元，比上年增长 12.8%；殿前街道 172.64 亿元，增长 13.0%；江头街道 39.12 亿元，增长 5.1%；禾山街道 38.68 亿元，增长 23.0%；金山街道 16.08 亿元，增长 22.6%。

财政总收入

2014 年，各街道实现财政总收入分别为：湖里街道 28.80 亿元，殿前街道 35.27 亿元，江头街道 19.20 亿元，禾山街道 25.96 亿元，金山街道 19.46 亿元。

要文存目

区委文件目录选辑

文号	文件标题
1号	中共湖里区委　湖里区人民政府关于表彰2012—2013年度人口和计划生育工作先进单位、先进个人和先进计生协会的通报
3号	中共湖里区委关于贯彻落实党的十八届三中全会省委九届十次全会和市委十一届六次全会精神全面深化改革的实施意见
4号	中共湖里区委　湖里区人民政府关于印发《关于开展“美丽厦门·共同缔造12580行动”的实施意见》的通知
5号	中共湖里区委关于印发《湖里区贯彻落实中央〈建立健全惩治和预防腐败体系2013—2017年工作规划〉、福建省〈实施办法〉及厦门市〈工作方案〉的实施方案》的通知
6号	中共湖里区委　湖里区人民政府关于进一步深化“平安湖里”建设的实施意见
7号	中共湖里区委关于印发区委2014年工作要点的通知
11号	中共湖里区委关于调整湖里区新一轮创建文明城区工作组织机构及其职责的通知
13号	中共湖里区委　湖里区人民政府印发《关于全面推进美丽厦门共同缔造行动的实施意见》的通知
17号	中共湖里区委　湖里区人民政府关于表彰2013年度“勤廉双优”示范单位示范岗位的决定
20号	中共湖里区委关于表彰“金服务”先进基层党组织和优秀共产党员、优秀党务工作者、党建之友的决定
22号	中共湖里区委　湖里区人民政府关于印发湖里区创建国家信息消费示范城市工作方案的通知
24号	中共湖里区委　湖里区人民政府关于全面推进“美丽厦门　创新湖里”建设的实施意见
25号	中共湖里区委　湖里区人民政府关于湖里区区域发展工作意见
27号	中共湖里区委　湖里区人民政府关于表彰第三届湖里区优秀校长、杰出教师2011—2014学年度优秀教师、优秀教育工作者及尊师重教先进单位、先进个人的决定
30号	中共湖里区委七届十一次全体会议决议
31号	中共湖里区委　湖里区人民政府关于成立湖里区减灾委员会的通知
33号	中共湖里区委　湖里区人民政府关于印发《湖里区促进工业企业搬迁暂行办法》和《厦门泉州（安溪）经济合作区湖里园企业入驻暂行办法》的通知
34号	中共湖里区委　湖里区人民政府关于印发《湖里区人民政府职能转变和机构改革的实施意见》的通知
36号	中共湖里区委　湖里区人民政府关于“美丽厦门·共同缔造”典范社区命名表彰的决定
37号	中共湖里区委七届十三次全体会议决议

区委办文件目录选辑

文号	文件标题
1号	中共湖里区委办公室　湖里区人民政府办公室关于2013年度人口和计划生育工作责任目标考核情况的通报
2号	中共湖里区委办公室　湖里区人民政府办公室印发《湖里区推进“党建富民强村”工程的实施方案》的通知
4号	中共湖里区委办公室转发中共厦门市委办公厅关于认真学习市委十一届六次全体会议精神的通知

文号	文件标题
5 号	中共湖里区委办公室　湖里区人民政府办公室关于印发《2014 第十届厦门元宵民俗文化节活动方案》的通知
8 号	中共湖里区委办公室印发《关于开展单位党支部和在职党员到社区报到为群众服务的“12371 工程”的实施意见》的通知
9 号	中共湖里区委办公室关于在全区学习推广金尚社区“金服务”党建工作法的通知
10 号	中共湖里区委办公室关于印发《湖里区关心下一代工作委员会 2014 年工作意见》的通知
12 号	中共湖里区委办公室　湖里区人民政府办公室印发修订后的《关于实施“550”高层次人才引进和培育计划的意见》和《湖里区高层次创新创业人才引进和培育实施细则》等六个实施细则的通知
13 号	中共湖里区委办公室　湖里区人民政府办公室关于印发 2014 年区委、区政府与区政协政治协商安排计划的通知
16 号	中共湖里区委办公室关于成立深入开展党的群众路线教育实践活动领导小组的通知
17 号	中共湖里区委办公室　湖里区人民政府办公室关于下达 2014 年就业、社会保险、劳动关系工作责任书的通知
19 号	中共湖里区委办公室关于印发湖里区 2014 年经济责任审计工作联席会会议纪要
20 号	中共湖里区委办公室印发《关于组织开展 2013 年度落实党风廉政建设责任制情况专项检查工作方案》的通知
21 号	中共湖里区委办公室　湖里区人民政府办公室关于表彰湖里区第三批拔尖人才的决定
22 号	中共湖里区委办公室　湖里区人民政府办公室印发湖里区关于实行人才工作目标责任制的意见（试行）的通知
23 号	中共湖里区委办公室　湖里区人民政府办公室关于调整区“扫黄打非”领导小组成员及办公室成员的通知
26 号	中共湖里区委办公室　湖里区人民政府办公室关于印发开展“两违”综合治理专项行动实施方案的通知
27 号	中共湖里区委办公室　湖里区人民政府办公室关于分解下达 2014 年全社会固定资产投资任务的通知
28 号	中共湖里区委办公室　湖里区人民政府办公室转发关于建立违法建筑快速处置机制的意见的通知
29 号	中共湖里区委办公室　湖里区人民政府办公室关于兑现 2013 年区投资促进局、区工商局招商引资奖励的决定
30 号	中共湖里区委办公室　湖里区人民政府办公室关于兑现 2013 年招商引资目标责任制奖惩的决定
31 号	中共湖里区委办公室　湖里区人民政府办公室关于印发《湖里区区属国有企业监事会管理试行办法》的通知
32 号	中共湖里区委办公室　湖里区人民政府办公室关于印发《湖里区直属国有企业负责人薪酬管理试行办法》的通知
33 号	中共湖里区委办公室　湖里区人民政府办公室关于印发《湖里区直属国有企业负责人经营业绩考核试行办法》的通知
34 号	中共湖里区委办公室　湖里区人民政府办公室关于印发《湖里区直属国有企业工资总额预算管理试行办法》的通知
35 号	中共湖里区委办公室关于印发湖里区 2014 年档案工作要点的通知
36 号	中共湖里区委办公室　湖里区人民政府办公室关于印发 2014 年信访稳定工作责任书的通知
37 号	中共湖里区委办公室　湖里区人民政府办公室关于重申改进会风和减少会议的通知
39 号	中共湖里区委办公室　湖里区人民政府办公室关于对完成 2013 年度就业、社会保险、劳动关系工作责任目标单位兑现奖励的通知
40 号	中共湖里区委办公室　湖里区人民政府办公室关于区级领导干部现场处置非正常上访及群体访的补充规定的通知
41 号	中共湖里区委办公室关于转发中共湖里区委组织部 2014 年工作要点的通知
42 号	中共湖里区委办公室　湖里区人民政府办公室转发关于在整治违法占地和违法建设中严肃纪律的通知
43 号	中共湖里区委办公室　湖里区人民政府办公室关于建立经济运行预警促进机制的通知
45 号	中共湖里区委办公室　湖里区人民政府办公室关于开展 2014 年全区“万人献爱心、慈善一日捐”活动的通知
46 号	中共湖里区委办公室　湖里区人民政府办公室关于印发《湖里区“美丽厦门·共同缔造”行动“以奖代补”项目实施办法（试行）》的通知
48 号	中共湖里区委办公室　湖里区人民政府办公室关于给予黄章源等同志记三等功奖励的决定
49 号	中共湖里区委办公室　湖里区人民政府办公室关于表彰 2013 年度全区信息工作标兵单位、先进单位、表扬单位和优秀信息员、优秀跟班信息员的通报

文号	文件标题
50 号	中共湖里区委办公室　湖里区人民政府办公室转发关于进一步加强烈士纪念工作实施意见的通知
51 号	中共湖里区委办公室　湖里区人民政府办公室关于实行 2014 年度招商引资工作目标责任制的通知
53 号	中共湖里区委办公室　湖里区人民政府办公室关于印发湖里区全面推进美丽厦门共同缔造行动 2014 年工作方案的通知
54 号	中共湖里区委办公室　湖里区人民政府办公室关于印发第六届厦门（湖里）城市诵读节暨 2014 湖里悦读季活动总方案的通知
57 号	中共湖里区委办公室　湖里区人民政府办公室关于深化“三高”问题综合治理工作的通知
58 号	中共湖里区委办公室关于报送 2014 年上半年工作总结及下半年工作思路的通知
59 号	中共湖里区委办公室关于印发主要负责人上廉政党课制度的通知
60 号	中共湖里区委办公室　湖里区人民政府办公室关于印发《湖里区区属企业国有资产监督管理办法》的通知
62 号	中共湖里区委办公室　湖里区人民政府办公室转发湖里区司法局关于进一步加强人民调解工作的实施意见的通知
63 号	中共湖里区委办公室关于印发开展“四风”突出问题专项整治工作方案的通知
64 号	中共湖里区委办公室关于建立落实党风廉政建设责任制报告制度的通知
65 号	中共湖里区委办公室转发区纪委　区委组织部关于建立健全区管干部廉政谈话提醒机制的意见和通知
69 号	中共湖里区委办公室　湖里区人民政府办公室印发关于在湖里高新技术园建立人才创业集中区的意见的通知
70 号	中共湖里区委办公室关于转发湖里区关心下一代工作委员会关于在非公有制企业建立和发展关心下一代工作组织的若干意见的通知
71 号	中共湖里区委办公室　湖里区人民政府办公室关于兑现 2013 年协税护税工作考核奖励的决定
72 号	中共湖里区委办公室　湖里区人民政府办公室关于开展湖里区尊师重教先进单位和先进个人评选表彰活动的通知
73 号	中共湖里区委办公室　湖里区人民政府办公室印发关于积极推进多元共治构建和谐美丽社区的实施意见（试行）的通知
74 号	中共湖里区委办公室关于印发市领导到我区调研时的讲话的通知
75 号	中共湖里区委办公室关于印发进一步开展“四风”突出问题专项整治工作方案的通知
76 号	中共湖里区委办公室　湖里区人民政府办公室关于印发湖里区委党的群众路线教育实践活动制度建设计划的通知
77 号	中共湖里区委办公室关于印发湖里区委常委班子党的群众路线教育实践活动整改方案的通知
78 号	中共湖里区委办公室　湖里区人民政府办公室关于成立民营经济工作领导小组的通知
79 号	中共湖里区委办公室　湖里区人民政府办公室关于兑现本区新培育的“550”高层次教育人才优惠政策的决定
80 号	中共湖里区委办公室　湖里区人民政府办公室关于成立第十八届中国国际投资贸易洽谈会湖里区“九八”工作组的通知
81 号	中共湖里区委办公室关于重申中秋国庆期间“十个严禁”的通知
82 号	中共湖里区委办公室　湖里区人民政府办公室关于开展 2014 年“9.28 终身教育活动日”系列活动的通知
83 号	中共湖里区委办公室　湖里区人民政府办公室关于印发湖里区占道经营专项整治网格管理暂行办法的通知
84 号	中共湖里区委办公室　湖里区人民政府办公室关于印发湖里区查处违法建设工作网格管理补充规定的通知
85 号	中共湖里区委办公室　湖里区人民政府办公室关于成立湖里区“9.19”事故调查处理善后工作领导小组的通知
86 号	中共湖里区委办公室　湖里区人民政府办公室关于学习推广蔡塘社区发展中心建设经验的通知
87 号	中共湖里区委办公室　湖里区人民政府办公室关于印发湖里区扶持“村改居”社区预留发展用地建设项目的若干意见的通知
88 号	中共湖里区委办公室关于陈登泰同志任职的通知
89 号	中共湖里区委办公室　湖里区人民政府办公室关于印发湖里区 2014 年度绩效管理工作方案的通知
90 号	中共湖里区委办公室关于启用湖里区总工会印章的通知
93 号	中共湖里区委办公室关于印发区委七届十一次全会主要工作任务负责分解方案的通知
94 号	中共湖里区委办公室　湖里区人民政府办公室关于印发湖里区贯彻落实省委省政府坚持计划生育基本国策促进人口长期均衡发展的实施意见的工作细则的通知

文号	文件标题
95 号	中共湖里区委办公室　湖里区人民政府办公室转发区妇联关于开展新时期家庭工作的实施意见的通知
96 号	中共湖里区委办公室关于报送 2014 年工作总结及明年工作思路的通知
98 号	中共湖里区委办公室　湖里区人民政府办公室关于印发 2015 厦门国际马拉松赛湖里区工作方案的通知
99 号	中共湖里区委办公室　湖里区人民政府办公室印发关于建立健全民情收集处理工作机制的实施意见的通知
100 号	中共湖里区委办公室　湖里区人民政府办公室关于印发湖里区民办中小学办学绩效评估奖励办法的通知
102 号	中共湖里区委办公室　湖里区人民政府办公室关于印发湖里区 2015 年春节期间烟花爆竹禁放查非专项行动方案的通知
104 号	中共湖里区委办公室　湖里区人民政府办公室关于认真做好 2015 年元旦春节期间有关工作的通知
105 号	中共湖里区委办公室　湖里区人民政府办公室关于表彰“十佳杰出贤达”“百佳美丽达人”等先进单位、组织和个人的通知
106 号	中共湖里区委办公室　湖里区人民政府办公室关于启用区经济和信息化局等印章的通知
107 号	中共湖里区委办公室关于印发刘育生和张毅恭同志在区委七届十三次全体（扩大）会议上讲话的通知
108 号	中共湖里区委办公室　湖里区人民政府办公室关于开展湖里区 2014 年度土地房屋征收工作先进单位和先进个人表彰评选的通知

（吴鹭娟）

区政府文件目录选辑

文号	文件标题
1 号	湖里区人民政府 2013 年度依法行政工作报告
2 号	2013 年政府信息公开工作年度报告
6 号	湖里区人民政府关于成立湖里区“红十字急救掌上学堂”宣传推广领导小组的通知
7 号	湖里区人民政府关于公布 2014 年重点项目名单的通知
8 号	湖里区人民政府关于成立人大代表建议和政协提案办理工作领导小组的通知
12 号	湖里区人民政府关于朱绍峰等任免职的通知
13 号	湖里区人民政府关于林文等任免职的通知
15 号	湖里区人民政府关于停止办理高林旧村改造项目内非正常分户、迁入的通知
16 号	湖里区人民政府关于停止办理高林旧村改造项目内工商登记、变更的通知
19 号	湖里区人民政府关于印发《厦门市湖里区科学技术资金管理办法》的通知
20 号	湖里区人民政府关于印发湖里区 2014 年推进依法行政建设法治政府工作要点的通知
24 号	湖里区人民政府成立湖里区重点建设项目领导小组的通知
28 号	湖里区人民政府关于成立湖里区节能监察中心的通知
29 号	湖里区促进电子商务发展实施办法的通知
32 号	湖里区人民政府关于朱碧蓉任免职的通知
33 号	湖里区人民政府关于商明元免职的通知
35 号	湖里区人民政府关于张卫兵任职的通知
38 号	湖里区创建依法行政示范区工作方案
39 号	湖里区人民政府关于印发湖里区依法行政示范单位创建工作考核办法的通知
43 号	湖里区人民政府关于厦门市轨道交通一号线一期工程（湖里段）建设项目房屋征收决定
44 号	湖里区人民政府关于厦门市轨道交通一号线一期工程（湖里段）建设项目房屋征收公告
45 号	湖里区人民政府关于开办厦门市金安小学的批复
51 号	湖里区人民政府关于开办厦门市湖里实验幼儿园等 7 所公办幼儿园的批复
52 号	湖里区人民政府　湖里区人民法院关于建立依法行政与行政审判良性互动机制的意见
55 号	湖里区人民政府　国网厦门供电公司关于成立湖里区用电保障联合协调工作小组的通知
57 号	湖里区人民政府关于创建“安静居住小区”工作的通知
59 号	湖里区人民政府关于开展第一次全国可移动文物普查的通知
61 号	湖里区人民政府关于表彰奖励 2013 年度纳税先进企业的决定

文号	文件标题
71 号	湖里区人民政府关于公布继续有效、修订、废止和失效的规范性文件目录的通知
75 号	湖里区人民政府关于表彰 2013 年度总部企业的决定
76 号	湖里区人民政府关于厦门市轨道交通一号线一期工程（湖里段）建设项目房屋征收有关事项的补充公告
77 号	湖里区人民政府关于印发湖里区国有、集体土地私人住危房翻修改造建设审批管理实施办法的通知
82 号	湖里区人民政府关于轨道交通一号线一期工程（湖里段）建设项目房屋征收涉及集鑫佳园 B 地块安置房房源的补充公告
83 号	湖里区人民政府关于深刻吸取昆山市“8·2”特别重大事故教训深入开展安全生产专项整治的紧急通知
87 号	湖里区人民政府关于印发湖里区城市综合管理试点实施方案的通知
92 号	湖里区人民政府关于郑朝东任职的通知
93 号	湖里区人民政府关于忠仑公园局部征收项目国有土地上房屋征收补偿方案征求意见的公告
95 号	湖里区人民政府关于加强和改进政府采购管理的通知
96 号	湖里区人民政府关于进一步深化湖里区消防安全“网格化”管理工作的通知
97 号	湖里区人民政府关于开展安全生产标准化建设提升工程三年行动的通知
98 号	湖里区人民政府关于蔡卫国等任免职的通知
100 号	湖里区人民政府关于印发湖里区完善区级行政机关规范性文件管理制度的通知
101 号	湖里区人民政府关于成立第六届政府法律顾问团的通知
102 号	湖里区人民政府关于左勇涛等正式任职的通知
103 号	湖里区人民政府关于白鹭免职的通知
107 号	湖里区人民政府关于切实做好当前安全生产工作的紧急通知
109 号	湖里区人民政府关于县后小学更名的批复
111 号	湖里区人民政府关于进一步明确 2014 年度地质灾害防治工作责任的通知
123 号	湖里区人民政府关于林赞凯等任职的通知
128 号	湖里区人民政府关于王萍任职的通知
130 号	湖里区人民政府关于洪珠琴任职的通知
133 号	湖里区人民政府关于印发软件正版化工作管理制度的通知
135 号	湖里区人民政府关于印发行政复议工作若干制度的通知
136 号	湖里区人民政府关于麻德玮等任免职的通知
141 号	湖里区人民政府关于吴雪慧正式任职的通知
144 号	湖里区人民政府关于忠仑公园局部征收项目房屋征收的决定
145 号	湖里区人民政府调整领导班子工作分工的通知
146 号	湖里区人民政府关于忠仑公园局部征收项目房屋征收的公告
148 号	湖里区人民政府关于王太兴等免职的通知
149 号	湖里区人民政府关于林筱丽等免职的通知
151 号	湖里区人民政府关于黄建成等任免职的通知
152 号	湖里区人民政府关于纪华国免职的通知
153 号	湖里区人民政府 2014 年度依法行政工作报告

（林凯华）

区政府办文件目录选辑

文号	文件标题
1 号	转发国务院办公厅关于印发突发事件应急预案管理办法的通知
2 号	转发湖里区人民政府办公室转发省效能办《关于对 2013 年度行政服务中心标准化建设和“马上就办”示范点创建情况进行抽查的通知》的通知
3 号	关于开展 2013 年度政府系统政务公开及政府信息公开、电子政务绩效考核的通知
4 号	关于宣传推广红十字急救掌上学堂的通知
5 号	转发区假日办 2014 年春节黄金周旅游市场综合检查工作方案的通知
6 号	转发关于做好人感染 H7N9 禽流感防控工作的通知
7 号	关于调整湖里区 15014001 环境管理体系推行领导小组成员通知
8 号	关于印发 2013 年环境管理评审报告的通知
9 号	关于调整区行政审批制度改革工作领导小组成员的通知

文号	文件标题
10号	关于办理区七届人大三次会议代表建议和区政协七届三次会议提案的通知
11号	关于分解下达2014年区政府主要工作任务的通知
12号	关于调整湖里区环境保护委员会组成人员的通知
13号	关于办理市十四届人大三次会议代表建议和市政协十二届三次会议提案的通知
14号	关于2013年政府网站绩效考核情况的通报
15号	关于郑红章免职的通知
16号	关于2013年度安全生产目标管理责任制考核先进单位和达标单位的通报
17号	关于增加区委、区政府值班室值班员值班补贴的请示
18号	转发关于国家检查组对市县政府机关软件正版化工作进行检查验收的紧急通知厦门市文化广电新闻出版局关于国家检查组对市县政府机关软件正版化工作进行检查验收的紧急通知
19号	关于印发《湖里区城市管理考评奖惩办法》的通知
20号	关于分解下达湖里区人大常委会2014年工作要点相关工作任务的通知
21号	关于印发湖里区2014年地质灾害防治方案的通知
22号	转发关于进一步加强防雷减灾工作的通知
23号	关于杨志华任职的通知
24号	关于印发湖里区清洁空气行动计划（2014—2017）的通知
25号	关于加强春季重大动物疫病防控工作的通知
26号	关于成立国贸免税商场扩容项目协调工作领导小组的通知
27号	转发关于2014年“两违”综合治理工作目标的通知
28号	关于印发湖里区道路景观综合整治工作方案的通知
29号	关于调整区招生委员会成员的通知
30号	关于黄坚任职的通知
31号	转发关于湖里区道路交通安全综合整治“三年行动”2014年工作意见的通知
32号	关于印发湖里区法制工作联络员制度的通知
33号	关于转发湖里区经发局促进工业增长实施意见的通知
34号	湖里区人民政府办公室关于进一步落实工作责任、促进经济增长的通知
35号	关于印发湖里区查处违法停放机动车和查扣摩托车绩效考核办法的通知
36号	关于印发湖里区2014年消防宣传工作方案的通知
37号	关于进一步规范国有土地上房屋征收与补偿协议书格式的通知
38号	关于做好2014年防灾减灾有关工作的通知
39号	关于下达2014—2015年动物防疫工作目标责任的通知
40号	关于印发湖里区防洪防台风应急预案的通知
41号	关于调整防汛抗旱指挥部成员的通知
42号	关于转发湖里区爱卫会2014年病媒生物防制工作方案的通知
43号	关于调整区住房货币化分配工作小组成员的通知
44号	关于印发湖里区2014年度重金属污染防治工作方案的通知
45号	转发关于湖里区2014年民主评议政风行风工作实施方案的通知
46号	转发关于湖里区三轮车、改装车非法上路现象集中整治工作实施方案的通知
47号	转发关于湖里区常态化整治违法占道经营工作机制的通知
48号	关于印发湖里区集中开展火灾隐患专项整治工作实施方案的通知
49号	关于印发区政府领导班子征求“四风方面存在的意见和问题责任分解方案的通知
50号	关于印发2014年湖里区政府信息公开工作要点的通知
51号	关于印发湖里区安全生产事故灾难应急预案（试行）通知
52号	关于印发承办第六届厦门市人民政府办公厅系统运动会工作方案的通知
53号	转发关于印发福建省预防处置个人极端暴力行为工作办法的通知
54号	关于召开党的群众路线教育实践活动专题民主生活会的报告
55号	关于区网格化信息平台建设升级改造经费的请示
56号	关于印发湖里区2014年区长生态文明建设和环境保护目标责任书任务分解表的通知
57号	关于进一步做好区七届人大三次会议代表建议和区政协七届三次会议提案办理工作的通知
58号	转发关于推进政府购买服务工作实施意见的通知
59号	关于调整湖里区易肇事肇祸重性精神病人管理领导小组的通知
60号	关于印发湖里区开展流动人口卫生和计划生育基本公共服务均等化试点工作方案的通知
61号	关于区网格化信息平台建设升级改造二期经费的请示
62号	关于成立湖里高新技术园专项政策资金奖励（补助）领导小组的通知
63号	关于印发推进高新技术园招商引资和产业引导的实施办法的通知
64号	关于印发《湖里区政府经营性国有资产管理办法》的通知
65号	关于落实基层文化设施三年提升工程目标的实施意见的通知

文号	文件标题
66号	转发关于湖里区近期城市综合管理工作要点的通知
67号	关于印发完善湖里高新技术园临时商业配套设施实施方案的通知
68号	转发关于开展全区旅游安全综合督查的通知
69号	转发关于湖里区安全发展示范区创建实施方案的通知
70号	关于编制2015年财政预算的通知
71号	关于印发湖里区环境卫生保洁网格化管理工作方案的通知
72号	关于印发湖里区环境卫生保洁网格化管理考评办法的通知
73号	转发关于做好2014年国庆假日旅游工作的通知
74号	关于加强秋季重大动物疫病防控工作的通知
75号	关于印发湖里区困难家庭临时救助实施细则的通知
76号	关于印发《湖里区社区服务中心规划建设和管理使用暂行办法》的通知
77号	关于印发行政执法统计分析和行政执法监督若干制度的通知
78号	关于印发湖里区关于开展联合排查整治拖欠工资专项行动方案的通知
79号	关于转发火灾隐患排查整治若干规定的通知
80号	关于印发湖里区行政执法人员管理制度的通知
81号	关于调整湖里区推进依法行政领导小组成员的通知
82号	关于印发湖里区行政执法公示制度的通知
83号	关于举办2014年湖里区志愿消防队消防业务技能比武竞赛的通知
84号	关于湖里区政府网络安全准人系统升级改造的通知
85号	关于印发湖里区关于举报、查处燃气安全隐患奖惩办法的通知
86号	关于印发湖里区燃气安全专项整治工作方案的通知
87号	关于印发湖里区集体办幼儿园管理办法的通知

文号	文件标题
88号	关于修订推进高新技术园招商引资和产业引导的实施办法相关条款的通知
89号	关于印发促进两岸金融中心招商引资和产业引导的实施办法的通知
90号	关于印发支持湖里老工业厂房文创园区建设发展实施办法的通知
91号	2014年湖里区民主评议政风行风结果通报
92号	关于做好迎接国家检查组对我区政府机关软件正版化工作进行检查的紧急通知
93号	关于印发区政府常务会议学法制度的通知
94号	关于做好迎接国家检查组对我区机关软件正版化工作进行实地检查的通知
95号	关于2014年湖里区志愿消防队消防业务技能比武竞赛情况的通报
96号	关于印发软件正版化工作管理制度的通知
97号	关于进一步做好今冬明春消防安全工作的通知
98号	关于开展2014年度依法行政绩效评估指标考核的通知
99号	关于成立2015年元宵灯会组委会的通知
100号	关于加强湖里区“城中村”社区专职群防群治队伍规范化建设的意见的通知
102号	关于印发湖里区查处无证经销燃气相关违法行为绩效考核试行办法的通知
103号	关于做好2014年度突发事件应对工作总结评估的通知
104号	关于印发《湖里区社区社会组织登记与备案管理暂行办法》的通知
105号	关于2014年度依法行政绩效评估考核情况的通报
106号	关于印发湖里区集中开展消防安全大排查大整治工作方案的通知
107号	关于印发湖里区“十三五”规划编制工作方案的通知
108号	关于成立现代服务业综合试点工作领导小组的通知

（袁宏昱）

市级以上新闻媒体报道题录

《厦门日报》

日期	版位	文章题目
1月2日	A4	湖里·祥店：愿更多老人吃上我做的免费寿面
1月3日	A10	多措并举　深入推进司法为民
1月3日	D3	千人公益骑行　将爱进行到底
1月3日	D3	凝聚合力　耕耘“美丽”
1月4日	A4	湖里：新春大礼送到家门口
1月4日	A6	企业捐款助困
1月6日	A2	围绕“七大重点”加快建设美丽幸福湖里

日期	版位	文章题目
1月8日	A10	为民公仆心　忠诚检查情
1月9日	A4	主动担当巡察员　监督行风效能
1月9日	A8	积聚司法公信正能量
1月10日	A4	湖里：“美丽清单”真惠民
1月11日	A2	人大代表要求严把高新园区准入关
1月11日	A4	湖里：将投2.2亿元扮靓“美丽城区”
1月13日	A6	湖里：五万多名外来工共享“草根春晚”
1月14日	B6	外来人员计生医疗同享市民待遇
1月14日	B6	湖里计生研讨幼儿早教
1月16日	A10	湖里今年将增七所公办园
1月17日	A8	殿前街道：为居民“私人定制”公交线路
1月17日	A9	殿前街道为返乡者提供志愿服务
1月17日	A11	揪出安全隐患确保整改到位
1月20日	A4	湖里：500万元关爱资金扶贫济困
1月21日	A4	湖里：面对面交流意见　心贴心解决问题
1月26日	A4	湖里闹元宵　市民当主角
1月27日	A6	蔡塘居民共同编织“美丽梦想”
1月28日	A2	规模以上工业总产值全市各区第一
1月29日	A6	身边的好人　身边的感动
1月29日	A8	金山街道：20户困难家庭收到新春慰问金
2月3日	1	殿前：今年春节有了社区公交
2月10日	A3	湖里：落后渔村变身现代城区
2月10日	A9	白天广播提醒　晚上“打更”巡逻
2月13日	1	湖里：共同缔造让马垅社区焕新颜
2月14日	A10	吕岭社区：穿上汉服闹元宵
2月14日	A10	金鼎社区：元宵游园巧打计生牌
2月14日	A10	禾缘社区：居民共尝五湖四海美食
2月15日	A4	骏马踏蹄闹元宵　喜乐金山共欢庆
2月17日	A4	湖里：元宵盛宴草根味浓
2月19日	A4	摊贩不见了　道路干净了　心情变好了
2月19日	A6	湖里街道：台下现场拉歌　台上中西合璧
2月20日	A6	社区服务型党组织建设的成功实践
2月21日	2	湖里：32项美丽行动全面铺开
2月24日	2	湖里：大力推进党风廉政建设
2月24日	A3	当好领头羊　管好大家事
2月24日	A5	阻挠法院执行裁决　女子被拘15天
2月25日	A4	社区居民生活满意率超98%
2月26日	A4	广听民意民声　做好社区民生
2月27日	A4	服务居民群众　合力打造“金色社区”
2月27日	A8	朴实服务打动居民的心
2月27日	A10	湖里街道金鼎社区：“六同六共”扮靓美丽家园
2月28日	A1、A10	湖里：先行先试创新业
2月28日	B3	市场门口“清爽”多了
3月3日	B4	多一项便民举措群众就少跑一趟冤枉路
3月5日	A2	身边好人畅谈雷锋精神
3月6日	A2	湖里：八大主题行动扮靓城区
3月6日	A8	湖里：义诊医疗队把健康送到家门口
3月7日	1	践行群众路线　党员干部集体“充电”
3月10日	B4	构筑“美丽家庭”　营造和谐城区
3月10日	A5	三千市民学防范知识
3月10日	A5	党员进社区服务群众
3月11日	2	湖里：党员进社区服务　居民频点“赞”
3月12日	A9	建立长效机制　巩固整治成效
3月13日	B3	小小心愿卡　架起连心桥
3月16日	A5	禾山街道：党员进社区与千户居民“结亲戚”
3月18日	A4	25093平方米征地将作忠仑公园用地
3月20日	B2	殿前梦工场　居民大舞台
3月21日	B9	湖里：重点行业领域执法监督全覆盖
3月21日	A4	特区发祥地精神是啥？新老“特区人”共同探讨
3月24日	A12	开创“包包警务”新模式
3月26日	A1、A4	1.2万平方米违建被依法拆除
3月27日	A2	湖里：问责问效问廉　促进转型跨越发展
3月28日	A3	两天拆除违建6400平方米
3月31日	1	湖里：奋力创新推动产业提升
3月31日	A3	乌石浦旧村将“华丽变身”
3月31日	A10	这支义工队很特别　成员是家长管的是学生
4月1日	2	摆脱脏乱差　资产将倍增
4月2日	A4	湖里：岛内东部将增十多家生鲜超市
4月3日	B4	金山街道：拓宽就业渠道　助失业人员再就业
4月4日	A1、A3	湖里：切磋交流共同缔造好经验
4月4日	A10	居民齐参与　“扮靓”老社区
4月8日	1	湖里：创新引领　建设美丽城区
4月9日	A2	湖里：践行群众路线　讲述“美丽故事”
4月9日	A4	湖里：志愿服务可“订制”
4月11日	A11	志愿者扎根社区提供“全能”服务
4月11日	A12	出行难停车难　社区都会来帮忙
4月12日	A2	阳光拆迁　维护大多数居民利益
4月14日	A3	进百家门答疑惑　聊百家事解忧难
4月16日	A4	湖里：重温特区精神　创新发展之路
4月16日	B7	湖里今起千万礼聘30位名师
4月17日	封2	湖里马垅：小小“城中村”　变身精品社区
4月18日	A4	这周日到湖里享受“悦读”
4月21日	2	湖里多了一块动漫普法乐土　湖里法治动漫文化教育基地挂牌

日期	版位	文章题目
4月21日	A4	湖里：读书凝聚力量　阅读助力创新
4月21日	A8	湖里：助老志愿者联盟　创新居家养老模式
4月22日	A4	湖里：15条优惠政策帮助居民就业创业
4月22日	A11	江头街道：人大工委推动议案建议落到实处
4月22日	A11	金山街道：搭建草根舞台　“金嗓子”一鸣惊人
4月23日	A4	湖里：争创一流业绩　推动创新发展
4月23日	A7	湖里：加大文化投入　建设美丽社区
4月28日	A6	江头街道：产业转型升级　新商圈加速崛起
4月28日	A8	提高办学质量　湖里首设民办校招生上限
4月29日	A1—A2	湖里：选优项目产业升级　缔造创新区
4月29日	B2	让百姓动起来跳起来乐起来
4月30日	A2	推进创新湖里建设
5月8日	A2	湖里：创新管理改变“城中村”面貌
5月8日	A10	殿前街道：志愿者在行动　“内在美”在传递
5月9日	A4	枋湖片区居民住进高品质新居
5月11日	A2	走路太远　坐车太近　咱骑车吧
5月12日	A7	听民声纳民意　聚民智解民忧
5月14日	A6	金山街道：助被征地人员走上就业新路
5月15日	A2	湖里街道率先完成拆迁交地任务
5月16日	A4	发出聘书　请大学生当志愿者
5月19日	A2	“廉政教育课”入耳入脑入心
5月19日	A2	湖里：大学生志愿者来当“外援”
5月19日	A8	金山街道：“迷你”消防车每天早起巡逻
5月20日	A2	湖里：和谐治理“两违”　业主自拆违建
5月20日	A11	社区大家庭　构筑“四爱五梦”
5月21日	A8	有新意　家长怎么当父母　政府掏钱请名师
5月23日	A2	禾山街道：大公交体系让居民绿色畅行
5月28日	A2	湖里：牵手第一医院　提升医疗服务
5月30日	A4	大型综合医院将入驻五缘湾
6月4日	A4	让“金服务”更有含金量
6月5日	B2	“警务工作包”成社区民警好帮手
6月7日	A4	湖里：零距离监管　零容忍违建
6月11日	A4	深化创建　美丽湖里　创新文明品牌
6月11日	A8	为期三个月　湖里集中整治违法三轮车
6月12日	A1、A4	魅力湖里：创新引领　争当“排头兵”
6月15日	A6	金山街道金安社区：居民参与治理　编织“幸福社区”
6月15日	A6	殿前街道兴隆社区：台胞当志愿者　共筑“温馨之家”
6月18日	A2	两岸股权交易中心　500企业争先挂牌
6月20日	A2	湖里：深入基层　铺就党群“连心路”
6月27日	A4	社工带志愿者，带出“专业范”
6月30日	A1	湖里：创新驱动力促产业转型升级
6月30日	A2	湖里：用好“钱袋子”　助力美丽城区建设
7月1日	A4	湖里：奏响红色经典　献礼党的生日
7月2日	A8	湖里街道：专家级医生带给居民“专享”服务
7月7日	A9	金山街道：被征地居民“家门口”就业
7月7日	B6	让社区民警“沉”入千家万户
7月10日	A4	遇到劳动纠纷　可在家门口找“裁判”
7月10日	A9	湖里：外来工子女秀才艺
7月16日	A2	湖里：电商企业零售额居全市第一
7月17日	A6	湖里：六大创新工程　构筑“美丽城区”
7月18日	A5	江头街道：共谋共建共享打造“美丽范本”
7月18日	A6	湖里：创文明城区　让群众得实惠
7月21日	A4	用十大创新品牌来提升群众幸福指数
7月22日	A6	湖里：绿色健康理念　融入居民生活
7月23日	1	巩固扩大教育实践活动成果
7月23日	1	专家智囊团创新社会治理
7月23日	A4	湖里：争当常态化创建“排头兵”
7月24日	A2	湖里：近七成财政支出投入民生
7月24日	B7	湖里新增三所公办幼儿园
7月25日	A3	湖里牵手安溪　共建“飞地”工业区
7月25日	A4	湖里：为民创建　居民共享文明成果
7月29日	A4	党员进社区　成为居民的“知心人”
7月29日	A8	90%被拆迁居民提前交房
7月30日	A6	老特区居民　共享美丽新生活
7月31日	A2	“城中村”居民住进美丽新居
8月1日	A11	严禁占道经营　维护美丽厦门
8月4日	A4	湖里：90后踊跃参军　首次一站式体检
8月5日	1	网格化监管　实现违建“零增长”
8月6日	A4	湖里：真情服务　培育一批批“星级企业”
8月6日	A8	湖里公布积分入学志愿填报方法　积分高就能读公办校
8月8日	A3	蔡塘模式：居民变股民　共圆致富梦
8月8日	A4	“蔡塘模式”值得借鉴
8月11日	A2	湖里：昔日问题社区今获居民点赞
8月12日	A4	构筑坚固堡垒　建设“创新湖里”
8月13日	A11	每个街道都将有个人调解工作室
8月14日	A2	湖里：社工服务网络覆盖全区
8月15日	A6	台胞台商子女感受“美丽家园”
8月19日	A1	湖里多元共治　构建社区治理新体系
8月19日	A4	为“双百”人才提供创业舞台
8月21日	A6	网上传递正能量　网下服务“零距离”
8月21日	B2	居民的钱能生钱，奥妙在哪里?
8月22日	A9	专业法官“组队”判案
8月22日	C1	激情五缘湾　邀您来狂欢

日期	版位	文章题目
8月22日	C3	“湖里1981”，文创航母新起点
8月26日	A2	湖里：重点企业入驻可获百万奖励
8月26日	A6	厦门地税人登上“中国好人榜”
8月27日	A7	专家学者把脉湖里文创发展
8月28日	A4	查处5辆渣土车　全部超载
8月28日	B3	蔡塘学校新校舍下周启用
8月28日	B3	湖里36万助学金帮扶寒门子弟
8月28日	B5	金山街道　帮计生困难户子女圆上学梦
8月29日	C1	青少年艺术节下月在厦启动
8月30日	A3	岛内新增20个公共自行车站点
9月1日	B3	湖里区22万元资助困难女孩
9月1日	B3	吕岭社区：鸟巢图书馆分享知识
9月2日	A6	孩子如愿以偿坐进新校舍
9月2日	B4	五缘湾片区开通“社区公交”
9月2日	B6	湖里区计生服务站　爱心助孕　悉心服务
9月3日	A10	史上最多！湖里一年新增八所公办园
9月4日	C6	湖里区人大：推动教育强区建设
9月4日	C6	构筑代表与选民互动新通道
9月5日	B8	湖里：率先全市启动“大城管”模式
9月6日	A2	湖里警方“组合拳”整治城乡接合部
9月6日	A3	湖里：打造岛内东部“金融新城”
9月6日	A7	困难家庭获中秋红包
9月7日	A3	湖里：投资热土焕发创新活力
9月9日	A4	湖里：59个新兴项目带动产业转型
9月10日	A8—A9	湖里：鼓励带头人　重奖本土名校长名教师
9月10日	A12	悠扬琴声奏响嘉年华　数万风车炫转五缘湾
9月12日	C03	东百蔡塘广场开业
9月12日	A10	创业中心和火炬学校签订共建协议
9月15日	B02	高殿社区大学成立两年来结硕果
9月15日	头版	传递祝福　礼赞祖国
9月16日	A04	湖里转型提升　闯出新“天地”
9月16日	A02	重点软件企业入驻奖励百万
9月17日	头版	湖里：违法建设落入“天地网”
9月17日	B10	江头街道：打造优质品牌服务计生群众生命全过程
9月18日	A02	湖里打造五缘湾“信息港”
9月19日	A08	量身定制保障到位　计生特殊家庭吃下定心丸
9月19日	B04	心肺复苏五次，“伤者”得救
9月19日	A04	湖里仙岳公园改造完工
9月21日	头版	岛内两条公共自行车线路开建
9月21日	A03	湖里成立工作小组　做好善后工作　同时启动安全生产大检查
9月22日	A08	东渡二小：学生在课堂上跟着老师“游山玩水”
9月22日	A05	岛内两天查处300多瓶“黑气”
9月23日	C03	湖里汽车圆梦季巡展首站上演销售神话
9月23日	C04	湖里警方疏堵保畅通　多项措施改善交通状况
9月24日	A09	殿前街道：构建和谐劳动关系商家争当“五星级”
9月24日	A05	湖里：“请”上海专业组织运营项目
9月24日	C06	两岸股权交易中心挂牌企业已近千家
9月26日	A04	湖里网格管理整治占道经营
9月26日	C03	10年，造就中国内地“第一帆船挑战赛”
9月26日	D07	于旧厂房中遇见新生活　联发华美空间文创园打造Loft群落
9月27日	A08	湖里区：红色金曲祝福祖国
9月28日	A09	孩子“拼”出五彩未来　禾缘社区开办青少年科学工作室
9月28日	A03	五缘综合医院计划年内动工
9月29日	头版A04	着力转型提升　建设创新湖里
9月29日	B10	湖里区岭下社区计生协会包饺子迎国庆
9月29日	C04	招行厦门分行金山社区支行开业
9月30日	A17	说要为自己代言　出场时真的带盐
9月30日	B04	八百老人获爱心“红包”
10月1日	A02	湖里开展“百万祝福献祖国”传递接力活动，为共和国庆生
10月3日	A04	禾缘社区热心居民唱戏过重阳
10月9日	B08	新老厦门人共谱歌曲赞厦门
10月9日	A06	人大代表“成绩单”由选民打分　江头街道辖内区人大代表将向选民报告履职情况
10月9日	A04	殿前街道　社会治理准备“云计算”居民乐享“智慧生活”
10月11日	A02	多元共治和美社区　街道担当“指挥棒”
10月13日	A06	廉政文化汇演弘扬清风正气
10月14日	B03	江头街道：社区计生服务亮出“特色名片”
10月15日	B10	湖里：举办履职学习班
10月15日	A07	我市首家台资妇产专科医院奠基
10月15日	A07	部分山地公园　将建慢行系统
10月16日	头版	湖里：民生“成绩单”重实效暖民心
10月16日	A06	湖里：办好民生实事　解决群众难题
10月17日	A10	自觉担当付诸行动—访湖里区委常委、区纪委书记胡亚才
10月21日	A04	“三社联动”营造出“家”的温馨
10月22日	A04	湖里：四大分会场好戏连台
10月23日	A04	殿前街道马垅社区：留住乡愁　共筑“心”家

日期	版位	文章题目
10月24日	B04	湖里法院：耕好司法改革的“试验田”
10月24日	A07	湖里：20多亿元文创项目亮相文博会
10月24日	C04	青少年艺术节即将收官　千人公益骑行激情接棒
10月27日	A11	打造海峡两岸石文化国际品牌　惠和集团借力文博会布局产业多元化发展
10月27日	A04	湖里“抱团”攻坚助经济腾飞
10月27日	A04	“草根”舞台　“明星”闪爆　湖里社区文化艺术节闭幕
10月27日	B11	湖里公安分局：宣传反虚假信息诈骗
10月28日	A03	2014“美丽厦门·创新湖里”文化旅游嘉年华之青少年绘画比赛成功举办
10月28日	A08	湖里：社区文化之花　结出累累硕果
10月29日	头版	湖里：创新驱动　打造经济升级版
10月29日	A10	金山街道：岛内东部“城熟”　开启财富“金山”
10月29日	B07	湖里区：关注男性健康　创建幸福家庭
10月30日	A11	江头街道：为居民量身定制计生“服务套餐”
10月30日	A02	湖里：摆脱思维贫困　创新推动发展
10月31日	C04	联发华美空间文创园　成年轻人创意聚集地
10月31日	B11	钟宅畲族社区民族团结和谐典范
10月31日	A09	下周五，全球游艇“争艳”五缘湾
11月3日	B05	“指尖办事”：便民服务大提速
11月3日	A04	湖里　台胞当“管家”共建温暖家园
11月4日	B01	听美妙琴声从五缘湾袅袅传来
11月4日	B10	湖里　学习贯彻四中全会精神
11月5日	A04	国防教育“走进”百姓生活
11月6日	B02	“创新湖里　朝阳禾山”摄影大赛征稿启动
11月6日	B06	300艘豪华游艇五缘湾“争奇斗艳”
11月6日	C07	来自湖里区文明创建活动系列报道之二有声督导让文明更有力量
11月7日	A08	湖里：每日一整治　每周一专打
11月7日	C04	来自湖里区文明创建活动系列报道之三用双簧奏出民心歌
11月8日	A03	第七届中国（厦门）国际游船展览会开幕
11月8日	A06	金山街道再开通一条“社区公交”
11月10日	B05	江头派出所整治携带气罐电动三轮车
11月10日	A10	社区“守护神”个个多面手
11月10日	A09	快捷！435路社区公交明天开通
11月10日	A02	湖里：举报黑气最高奖励五千元
11月11日	A10	关注社区微信　了解计生信息
11月11日	B03	数千车友齐聚五缘湾为爱骑行
11月12日	B02	县后小学昨起更名　新名称：湖里区教师进修学校第二附属小学
11月12日	A04	“升级版”五缘湾人气越来越旺
11月13日	B11	来自湖里区文明创建活动系列报道之四小记者探访蔡塘感受文明创建魅力
11月13日	A04	对症下药治理交通顽疾
11月14日	A02	加快五缘湾新医院建设
11月14日	A08	湖里社区艺术团澳洲放异彩
11月14日	C07	厦金两门薛氏越走越亲
11月17日	A04	湖里：草根达人登台“秀”诵读
11月17日	A04	湖里街道多元共治幸福社区系列报道之三社企联手　共建“怡人美景”
11月18日	A04	湖里：创新服务　谱出劳动关系“和谐曲”
11月19日	A04	湖里千名小学生上燃气安全课
11月19日	A11	湖里街道“小蜜蜂”守望队　24小时守护居民安全
11月19日	A05	一批司法行政品牌“点亮”创新湖里
11月20日	A04	金山街道：多元共治　打造美丽新生活
11月20日	A07	国宇让您轻松与全国顶级名医面对面
11月20日	A06	服务厦鼓航线　确保安全畅通
11月21日	A08	90岁厦门三中的秘密，您知道吗？
11月21日	C02	湖里将推文创园扶持政策
11月21日	C01	2014“美丽厦门　创新湖里”文化旅游嘉年华之“最美新娘”婚纱摄影大赛启动
11月21日	B04	湖里区康乐清洁楼完成垃圾干湿分离改造
11月22日	A07	“东渡”试用自助售票机
11月24日	A11	湖里区人口计生局　三大举措推进依法行政
11月24日	头版	湖里街道：财政收入突破30亿元
11月25日	A04	湖里：美丽使者讲述“美丽故事”
11月25日	A02	明天来湖里赴“文创盛会”
11月26日	A02	湖里：老旧工业园区变身“创意城”
11月27日	A05	市人大代表建议尽快扩建五缘实验学校
11月27日	B09	12月4日湖里法院邀请市民参观
11月27日	C06	小记者体验湖里区“五化”建设系列报道之一科学、高效创建文明湖里
11月27日	A02	湖里“文创航母”起航
11月28日	A02	五缘综合医院项目要尽快实质性动工
11月28日	A09	禾山中学为啥总能一鸣惊人？
11月28日	C01	小记者体验湖里区“五化”
11月28日	C03	入驻联发华美空间　将获五项奖励补助
11月30日	A02	心血管病专科医院确定在五缘湾建设
12月1日	A06	湖里依法治理“两违”有成效　枋湖“宜居生活圈”轮廓初显
12月1日	A10	小学生管乐团　与“爱乐”同台演出
12月1日	A11	湖里区人口计生局让“云计算”走进计生管理

日期	版位	文章题目
12月1日	A02	省市区人大代表联动接访解民忧
12月3日	头版	殿前街道：社区工作者首次赴台驻点学习
12月3日	A04	湖里飞地项目邀企业去“安家”
12月3日	A08	学习先进理念　建设温馨家园
12月3日	B06	钟宅畲族文化　从“衣”开始
12月4日	B03	破解交通管理难题　湖里警方请市民评代表“支招”
12月4日	A04	社区建得好不了　居民来当监督员
12月4日	C05	让爱流动的图书馆
12月5日	C01	2014“美丽厦门　创新湖里”文化旅游嘉年华之“最美新娘”婚纱摄影大赛开始征稿
12月5日	头版	出大力　挑大梁　立新功　湖里努力争当创建全国文明城市“排头兵”
12月5日	A06	湖里法院开门请市民参观
12月8日	A11	打磨服务小细节带给群众大实惠
12月8日	B04	让社区民警沉入社区
12月11日	A02	五缘湾十年蜕变昔日滩涂变身宜居新城
12月11日	C05	来自小记者体验湖里区“五化”建设系列报道之三
12月12日	C11	禾山的菜瓜花
12月12日	C05	来自小记者体验湖里区“五化”建设系列报道之四
12月15日	B02	湖里警方开展年终岁末禁赌
12月15日	A04	湖里劳动部门排查企业欠薪
12月15日	A04	金鼎社区党组织引领多方力量铸“金鼎”
12月17日	A04	搭建人才成长平台　激发社区工作活力
12月17日	A08	赢得外来娃喜爱，他们有绝招
12月17日	B07	湖里满意度票决政府专项报告
12月22日	A05	三家台湾驻厦机构入驻五缘湾
12月22日	A05	厦门闽南朝天宫春节正式启动
12月23日	A06	湖里创新司法改革　提供实践“样本”
12月23日	B06	第二站湖里“城中村”改造范本尽收眼底
12月24日	B02	下月湖里道路停车可刷e通卡
12月24日	B06	湖里区慰问计生特殊家庭
12月25日	头版	湖里征迁工作成绩亮眼
12月25日	A04	五缘湾蓝图展示诱人前景
12月25日	B06	436路社区公交今日开通
12月26日	A04	436路社区公交今日开通　串起11社区
12月27日	A2	攻坚建设创新湖里
12月27日	头版	攻坚建设创新湖里
12月29日	A10	幸福工程　帮贫困母亲圆致富梦
12月29日	A06	湖里：完善交通设施　破解出行难题　丰富督导形式
12月30日	头版	湖里率先“专业范”服务走进居民生活
12月30日	A04	“喜乐金山”献上文化大餐迎新年
12月31日	头版	湖里创新城区　共同缔造
12月31日	A04	湖里创新城区　共同缔造
12月31日	A06	湖里区评选表彰十佳典范社区以及十佳参与之星、百名美丽达人等先进单位与个人
12月31日	B06	做操，原来还能这样　金尚中学课间操千人齐跳小苹果

《厦门晚报》

日期	版位	文章题目
1月1日	E4—E5	建民富区强好所在
1月1日	E17	江头街道好人多　感人的故事说不完
1月1日	E19	金山街道大手笔投入文化建设　居民家门口就能参与文体活动
1月6日	10	“五下乡”进十社区　书法家免费写春联
1月10日	A14	到健康小屋　慢病指标自己测
1月11日	4	湖里美丽城区建设　今年安排2.2亿资金
1月12日	6	今年湖里将新增中小学学位4300个
1月17日	A17	殿前街道：近百志愿者到火车站为返乡人员提供服务
1月18日	9	爱心钱物　温暖困难人群
1月29日	9	小区咋改造　居民说了算
2月7日	3	厦门元宵民俗文化节邀您来湖里当“主角”
2月10日	3	元宵情人节，这里的活动好精彩
2月10日	6	你整理我打扫　军民携手修复绿篱
2月12日	A6	绘石头绣石头　精美如画似锦
2月13日	A7	吕岭社区汇演
2月15日	5	闽南民俗乐翻天
2月16日	4	市民开心逛庙会　猜灯谜成为最爱
2月16日	5	湖里万人闹元宵　草根达人成主角
2月16日	6	多数企业工资超2500元
2月18日	A10	男女反串　边唱歌边耍杂技
2月20日	A2	湖里街道征集LOGO　入围者奖励500元
2月21日	A6	你出点子我出力　建起社区文化长廊
2月21日	A10	马垅不容任何一家非法职介
2月28日	A12	拎上“警务工作包”直奔社区快速办案
3月3日	A9	“街面宽敞整洁，我们也好做生意啊”
3月4日	A9	文化志愿者：把快乐和文化带给居民
3月6日	A15	“话仙屋”连起社区你我他
3月13日	A14	教七旬老人学会上网　帮家长维权拿到补偿
3月20日	A14	上门帮老人理发　替居民接送孩子
3月24日	A13	自编舞蹈玩“串烧”　艳丽队服天天换
3月31日	A3	乌石浦原住民：盼着早日搬回去

日期	版位	文章题目
4月1日	A3	倾听民意，多项设计“从居民中来”
4月14日	A3	“社区单车”将进禾山社区
4月15日	A6	政府买单，家长免费学“教子心经”
4月16日	A9	湖里区重金礼聘30位名师　全市已引进17位名师名校长
4月16日	A10	加入居民互助会　帮你帮他帮自己
4月21日	A3	“读书公园”不设围墙　全民阅读“遍地开花”
4月21日	A16	助老步履不停　志愿者大联盟只是新开始
4月24日	B5	居民大舞台　想秀你就来
4月28日	A7	湖里：民办校招生设“上限”　皮尺量过每间教室
4月28日	A8	禾山社区单车全国都在关注
4月28日	B6	书香湖里　校长“私人馆藏”，老师可随时借阅
5月5日	A16	居民原创芗剧　寄望两岸一家亲
5月8日	A11	五缘湾将成立新社区　大家快来给她起名字
5月9日	A17	兴华社区：树霞调解工作室　助邻里化解纠纷
5月10日	1	全市首批社区单车上路
5月12日	A9	骑社区单车出行买菜办事都方便
5月19日	A4	“123+X”湖里街道开启社区志愿服务新模式
5月29日	A15	新厦门人守望队：守望美丽和幸福
6月7日	3	“八可”“九可”都不可
6月9日	A6	五缘湾新社区征名火爆　460个名字激烈角逐
6月10日	A10	江头街道金尚社区　“美丽建议”都是居民自己提的
6月11日	A10	小巷时时净　生活日日好
6月12日	A11	金祥花园　小区美丽变身　住户自己动手
6月16日	A11	让人一见钟情　从此深深眷恋
6月27日	A14	上网吧打开电脑，先看到禁毒标语
7月14日	A8	自编自排节目　讲述计生故事
7月23日	A8	社区居民自编自导自演　国家级编导连赞了不起
7月24日	A9	湖里区幼儿园新生8月16日报名
7月25日	A12	湖里结起“天网”　探头密布犯案难逃
7月25日	A13	厦泉经济合作区湖里园昨日开工
8月8日	A11	简易搭盖堆放垃圾　气味难闻居民心烦
8月8日	L1	园山综合楼变身老人乐园
8月18日	A14	自家小区要建啥　居民代表投票定
8月20日	A4	“社区要改造道路？没事，可以拆我家水池！”
8月24日	5	湖里近200个孩子接受水上安全培训

日期	版位	文章题目
8月26日	A3	进驻湖里高新园　龙头企业奖百万
8月26日	A17	占道摊贩少了　影视剧组来了
8月28日	A15	湖里区禾山街道为困难学子发助学金
9月1日	A9	433路社区公交开进湖里高新园了
9月6日	7	五缘湾畔玩大风车寻宝　海边木栈道听钢琴合奏
9月9日	A14	千人同场挥毫泼墨　横平竖直立身做人
9月9日	A24	想浪漫，一定不能错过五缘湾
9月10日	A6	高等专科医院青睐五缘湾片区
9月10日	A10—A11	全市率先　本土名校长名教师　湖里区重奖十三人
9月11日	A4	岛内自行车推出共建新模式　小区可出资在家门口建个站点
9月15日	A7	关怀社区青少年　组织七彩夏令营
9月15日	A7	慰问计生困难户　送去新衣和油米
9月16日	A2	入驻湖里高新技术园　重点软件企业奖百万
9月16日	A12	创和谐劳动关系示范街　湖里商户“五率”提高快
9月17日	B3	两岸股权交易中心：湖里区企业挂牌有补贴
9月18日	A3	打造有国际竞争力的“五缘湾信息港”
9月18日	A2	霞辉招募志愿者　陪老人游览公园
9月19日	B2	湖里区财政总收入1—8月份突破百亿
9月20日	9	28支帆船队伍五缘湾外海扬帆
9月20日	13	示范区内产的灯具质量安全有保证
9月21日	3	禾山打掉一黑气仓库
9月21日	3	为居民送水送面包　挨家排查安全隐患
9月23日	A03	市民举报黑气经营点　湖里城管昨查扣69瓶
9月24日	A9	湖里街道宣传活动与新厦门人迎国庆
9月26日	A13	热气球嘉年华国庆“登鹭”来五缘湾体验“云端飞行”
9月28日	5	五缘综合医院年内将动工　片区里最后一栋拆迁楼昨日被依法拆除
10月4日	6	社区开展游园活动　关爱计生困难家庭
10月3日	6	养老院里度重阳　党员的哥来接送
10月3日	6	居民自导自演节目　伴老人欢度重阳节
10月1日	7	国庆节来五缘湾乘热气球赏空中美景
10月8日	8	双十中学模拟联合国　带学子进入海内外名校
10月13日	B5	14岁男孩建“00后神将队”
10月13日	B6	金尚中学举办汉字听写大会提升语言文字能力
10月15日	B9	香港手袋GROTTO落户湖里万达广场

日期	版位	文章题目
10月15日	B9	湖里万达广场“百店同庆倒计时”正式启动
10月18日	9	和通社区成立阳光暖心互助会三百多志愿者献爱心
10月18日	9	新老厦门人携手写歌赞美丽家园
10月22日	A8	教学质优有奖拿　违反师德上黑榜
10月23日	A7	市民举报记者暗访　湖里一赌窝昨被端
10月23日	A16	劳动关系和谐了，整条街都和谐了
10月24日	A4	明晚到仙岳公园看草根原创节目
10月27日	A5	社区文化艺术节闭幕　活动第一次突破千场
10月27日	A4	“石门头将”李雅华分享精彩雕刻人生
10月29日	A8—A9	百姓有多幸福快乐　社区舞台就多灿烂
10月29日	B3	湖里区商会：举办乒乓球邀请赛
11月1日	11	五缘湾水救队驻守海滩三年零溺亡
11月3日	B4	秋游不仅不能带零食　往返还要负重徒步
11月3日	B3	吕岭小学　学习上有困难　志愿者来帮忙
11月3日	B3	钟宅民族幼儿园开展“敬老月”活动
11月4日	A16	第七届中国（厦门）国际游艇展览会将于11月7日开幕
11月6日	B5	国际游艇盛会明日惊艳五缘音乐岛
11月7日	B3	湖里五项措施　帮扶企业发展
11月7日	A2	明天到五缘湾看千人环湾骑行
11月8日	2	435路社区公交　下周二正式运营
11月10日	B6	金尚小学：建立书画长廊　举办书画展览
11月10日	A5	金山社区公交435路明早开通
11月13日	A10	湖里街道兴华社区　改造小区翻新老路让“自家”越来越美
11月14日	A4	好险　111个“黑气弹”藏于高压电塔旁
11月17日	A3	琅琅书声遍湖里　亲子悦读成时尚
11月17日	A7	禾山街道开通24小时举报电话　查处9个“黑气”窝点
11月17日	B3	康乐小学、同安莲花中心小学　“两校手拉手”启动
11月19日	A4	燃气安全进校区　居民学生都学习
11月20日	A16	“校长摇篮”喜迎90岁生日
11月24日	A6	苏颂文化书画展昨在五缘湾举行
11月24日	A14	有了文化广场　多了休闲公园
11月26日	B7	湖里区财政收入前十月居六区之首
11月26日	A2	湖里法院将开展“开放日”活动
11月27日	A9	湖里文创园上演“群英会”
11月27日	A17	禾山中学喜迎九十华诞　让第一株禾苗迎风绽绿
12月1日	A4	建条宽敞纵四路　生活环境会更好
12月1日	B7	厦门三中90周年校庆演出回忆“英雄小八路”
12月1日	B7	湖里教师进修学校二附小秋游活动别开生面　学生带着邮票同游
12月1日	B7	天安小学国学文化节开幕　鼓励学生诵经典
12月2日	A7	2014年禾山欢乐季系列活动圆满落幕
12月2日	A13	湖里街道昨开展交通安全日宣传
12月3日	A6	开创社区管理新方式社区工作者赴台学习
12月4日	A15	居民、企业、街道社工多元共治，缔造方便、整洁、和美社区
12月4日	A16	自编自演法制小品　提醒居民不要上当
12月5日	A11	岛内公共自行车二期工程即将开建
12月8日	B3	金尚中学教育部官员来调研　家长义工队受肯定
12月8日	A13	爱心商家提供志愿服务老人可做理疗、剪头发
12月12日	A15	湖边花园B区住户乐享社区“福利”，并积极参与社区活动
12月12日	A15	湖里气象信息发布系统就建在居民家门口
12月14日	5	江头街道书画展多是居民原创的
12月20日	4	湖里52个社区家门口可查气象信息
12月20日	10	五缘湾文化展览苑三家台湾机构进驻
12月21日	22	湖里出台新政　助推文创产业发展
12月25日	A18	436路社区公交上午开通
12月26日	A6	禾山党群服务中心昨日揭牌元旦启用
12月29日	B6	江头幼儿园办亲子趣味运动会加深师生情亲子情

《海西晨报》

日期	版位	文章题目
1月9日	A9	只要你敢秀　明星就是你
1月9日	A13	想买年货，今天就来逛逛吧
1月9日	A9	湖里“五下乡”受居民欢迎
1月10日	A3	才艺达人秀　父子齐上阵
1月10日	A9	湖里：2.2亿专项资金建美丽城区
1月12日	A8	社区居民外来工上演视觉盛宴
1月13日	A10	让居民共享美丽厦门幸福湖里
1月14日	A11	殿前街道开通社区公交
1月14日	A11	湖里江村社区假日学堂开课
1月16日	A8	湖里深入检查确保节前安全
1月18日	A7	殿前街道召开人口计生会议
1月18日	A7	神山社区新春慰问福乐家园
1月20日	A4	包车送675名职工回家
1月22日	A13	湖里老年福利协会慰问402名老人
1月22日	A13	江头街道办活动　困难群众领红包

日期	版位	文章题目
1月24日	A12	江村社区："爱之屋"温暖困难家庭
1月25日	A10	殿前街道开展新春慰问
1月28日	A9	金尚社区：27户困难户收到节日慰问金
2月13日	A5	殿前汽车文化节后天开幕
2月15日	A3	看名车搓汤圆猜灯谜
2月15日	A4	金鼎社区：元宵味很浓
2月15日	A4	吕岭社区办民俗活动
2月15日	A4	金安社区居民闹元宵
2月16日	A3	湖里闹元宵　草根最红火
2月16日	A6	"我们买到中意的车啦！"
2月16日	A5	闹元宵、猜灯谜　居民同乐过佳节
2月16日	A5	万马奔腾庆元宵　幸福马垅贺新春
2月18日	A7	金尚社区：开展计生宣传　服务流动人口
2月19日	A6	计生内容融入文艺演出
2月25日	A12	园山社区：关爱计生困难家庭
2月27日	A7	外来娃进湖里公办校将有新规
2月28日	A12	改进工作作风　解决实际问题
3月5日	A3	儿童情商教育专家做客"湖里星期六"
3月6日	A12	天安小学诵读会今日举行
3月10日	A6	党员深入社区　帮助群众圆愿
3月31日	A3	乌石浦：昔日旧村变现代小区
4月1日	A3	旧村将"美容"　居民急盼新生活
4月4日	A12	五缘湾片区有生鲜超市了
4月12日	A4	乌石浦旧村改造迎来新突破
4月18日	A3	来读书公园　品浓浓书香
4月18日	A5	如何建好社区　教授前来支招
4月19日	A8	"每天和很多人打交道，我不孤独"
4月20日	A3	来忠仑公园　有名家签售
4月21日	A8—A9	"好看好听好玩，亲民互动超赞"
4月22日	A10	祥店社区：发放计生心愿卡帮居民圆愿
4月24日	A12	吕厝社区：计生宣传工作花样多
4月23日	A12—A13	湖里幸福广场秀　秀出健康好生活
5月12日	A7	居民矛盾纠纷在家门口调解
5月16日	A6	蔡塘社区：国际家庭日开展计生宣传
5月19日	A5	"小帆船"驶入吕岭社区
5月19日	A5	华大学生来湖里当志愿者
5月22日	A21	湖里区副区长慰问计生贫困户
5月23日	A14	江头社区：慰问计生贫困母亲
5月27日	B12	200名儿童绘出斑斓世界
5月28日	A11	蔡塘人敢于第一个"吃螃蟹"
5月28日	A11	文艺汇演　庆祝"计生日"
5月30日	A9	你提议我落实　社区事大家管
5月30日	A9	受助母亲每人领到万元帮扶款
6月3日	A7	"智能大脑"驱动企业转型升级
6月4日	A9	1089个粽子送给计生困难户
6月7日	A4	过去执法靠拆　如今执法靠情
6月17日	B19	71岁曾其福忆当年那些事　敢打敢拼蔡塘人
6月18日	A3	企业投融资　我们当"红娘"
7月10日	A14	社区公交433路9月开通
7月18日	A7	江头街道梁青获评"最美计生人"
7月19日	A9	211人将领到计生扶助金
7月24日	A10	湖里公办园划片范围敲定
8月1日	A4	湖里区表彰纳税大户
8月4日	A4	殿前翔鹭广场上演戏曲大赛
8月4日	A13	湖里应征青年昨上站体检
8月21日	A16	微信公众号"幸福祥店"上线
8月26日	A6	"百场电影"走进殿前街道
8月27日	A8	"百场电影"走进殿前街道
8月28日	A18	湖里投22万帮扶困难女孩
8月29日	A5	湖里区慈善会斥资百万助学
8月29日	A5	湖里区开展交通安全竞赛
9月1日	1	悬赏百万招募重点软件企业
9月1日	A3	湖里高新园：三大优势最招才
9月2日	封2	禾山街道开通433路社区公交
9月12日	A9	借助"湖里魅力购"汽车圆梦季的东风经销商再掏腰包让利购车者
9月13日	A10	湖里区"国是家　我爱家"百万祝福献祖国传递接力今开跑
9月15日	A24	高新园对接会诚邀请企业参加
9月15日	A12	一"砖"一"瓦"搭起家　百万祝福献祖国　湖里区"国是家　我爱家"百万祝福献祖国接力之旅上周六温馨启航
9月17日	B1	"湖里魅力购"优惠第二弹，明天在湖里街道隆重揭幕
9月17日	A9	数字城管让"两违"无处遁行
9月18日	A3	五缘湾片区转型发展加速，近百家新兴产业企业签约入驻
9月18日	A10	上天下海玩穿越　湖里邀您高端游
9月18日	A15	湖里区百万祝福献祖国活动在湖里街道各社区热情传递
9月18日	A11	顶楼加盖纳入网格管理　综合治理有了新方向
9月18日	A14	仙岳公园整治项目月底完工
9月18日	A14	幸福家园小区　存在重大火患
9月19日	A11	湖里汽车圆梦季巡展首站汽车特卖会热力打响
9月19日	A11	湖里街道文化嘉年华隆重启幕，携手欣贺优惠促销

日期	版位	文章题目
9月19日	B19	兴华社区成立520减压小组
9月19日	A16	金山养老院　有消防隐患
9月19日	B19	湖里雪梨广场大型超市年底开业
9月19日	B19	神山社区书记张水波以前搞技术现在爱聊家常　居民有事都爱找他
9月20日	A9	帆船挑战赛昨五缘湾开幕
9月21日	A2	湖里区成立工作领导小组，迅速开展事故调查，处理善后工作
9月22日	A4	湖里汽车圆梦季巡展首站上演销售神话5家4S店两天售车700台
9月22日	A7	“幸福”扶助金　让家庭更幸福
9月23日	A09	滨海旅游嘉年华“十一”温馨启幕
9月23日	A11	湖里区社区、企业、学校数千人参与形式多样的祝福活动
9月24日	A9	金尚社区：计生政策送到居民家门口
9月24日	A12	游魅力湖里　享实惠购物
9月25日	A10	首届海峡两岸热气球巡回赛暨热气球嘉年华活动内容丰富
9月25日	A13	湖里区百万祝福献祖国传递活动走进江头街道
9月26日	A15	乌石浦小学：你演讲我画画　一起祝福祖国
9月26日	A16	江头社区：扶助金让居民创业更容易
9月26日	A20	兴园社区成立义务巡逻队
9月26日	A20	湖里街道开展反邪教宣传
9月28日	A7	湖里区百万祝福传递，禾山和金山街道发起冲刺
9月28日	A6	厦门五缘综合医院年内开建
9月29日	A2	五缘湾将新增心血管专科医院
9月29日	A6	湖里区百万祝福献祖国活动继续热力传递
9月29日	A15	嘉年华明日9点半五缘湾激情开幕，一大拨热气球等您来体验
10月3日	A3	金山国庆游圆满落幕
10月3日	A4	长假次日热气球体验迎高潮
10月2日	A8	湖里：嘿！金山，我们来了
10月2日	A7	现场检验者齐点赞：“终于圆了飞天梦！”
9月30日	A14	今日来金尚小区广场　65面祝福墙　等您来欣赏
9月30日	A12	热气球今日绽放　何雯娜与您有约
9月30日	C8	五缘湾有了早教园
9月30日	A10	湖里街道举办少儿爱国歌曲大赛
10月1日	A6	湖里：传递百万祝福礼赞祖国
10月1日	A8	首届海峡两岸热气球巡回赛开幕
10月11日	A10	福建首家五星级酒店，架起海峡两岸沟通桥梁　悦华酒店30年创下多个第一

日期	版位	文章题目
10月13日	A5	湖里读书公园里用手绘来展现童话故事
10月13日	A12—A13	五彩的天空斑斓的梦　“湖里魅力购”活力四射　“激情五缘湾”魅力无限
10月14日	B10	湖里区慈善会会长洪再生：怀着感恩的心做慈善
10月15日	A2	五缘湾昨开建妇产专科医院
10月15日	A5	“国是家　我爱家”—我与特区共成长征文比赛结果揭晓
10月15日	A10	金中华：借道“平价鞋”突围
10月16日	A9	餐饮用气培训走进湖里　将陆续走进其他区
10月16日	A10	特区的故事　湖里的精彩
10月21日	A10	湖里村：特区脱贫致富第一村
10月22日	A9	特区发源地　奋起正当时
10月22日	A8	湖里区区委启动大学生进校园支教活动
10月23日	B7	湖里汽车圆梦季巡展第四站圆满落幕
10月25日	A8	湖里工商查处80件问题玩具
10月27日	A4	湖里区第六届社区文化艺术节闭幕
10月27日	A8	吕厝社区：“幸福工程”助她们幸福
10月27日	A12	湖里区少先队伍仪式规范评比大赛完满落幕
10月28日	A3	湖里区第六届社区文化艺术节圆满闭幕
10月28日	A11	后埔社区：巧用无息贷款改善生活
10月28日	B2	濠头社区老人　集体庆祝生日
10月28日	B6	神山社区舞蹈队：8位奶奶刮起广场舞古典风
10月28日	B2	身家千万仍乐当居委会主任　苏辉明自掏腰包养多位困难老人
10月31日	A14	湖里区首届电子商务购物节11月7日启动
11月3日	C3	湖里：居民共织家园梦　金安社区千名志愿者与两万居民上演爱的协奏曲
11月4日	A6	禾山街道社区服务中心新综合楼启用
11月4日	B13	10支队伍舞起“幸福STYLE”
11月4日	B15	湖里街道村里社区居委会首任主官徐惠远忆当年　黄泥地里崛起商业一条街
11月4日	A21	金尚小学建立尚书苑
11月5日	A3	2014激情五缘湾　邀您来游艇大PARTY
11月6日	A10	湖里街道，风景这边独好
11月7日	B19	闽南古镇明年迎客
11月7日	B19	禾山街道图书馆开馆　今日有纸雕课
11月7日	B19	湖里区举办首届社区工作者文化节
11月7日	A24	湖里区首届电商购物节今日启动，多重购物惊喜等您来体验
11月8日	35	兴园社区举办消防演练活动
11月10日	A8	435路明日开进五缘湾商务区
11月10日	A10	为爱骑行　观赏游艇　挑战帆船

日期	版位	文章题目
11月11日	B18	湖里区计生服务站在全省率先配置层流手术室
11月11日	A23	“湖里电商购物节”多重惊喜再度来袭
11月12日	A3	亮出组合拳　提升五缘湾
11月12日	A6	湖里区开展为期两个月的燃气安全大排查大整治
11月14日	A5	金牌调解室赢得金口碑
11月14日	B12	后埔社区有了小蜜蜂守望队
11月16日	A6	嗨翻！蔡塘广场上演摇滚盛宴
11月17日	A2	两岸民间人士演练水上救援
11月17日	A3	历时7个月数百场活动，第六届厦门（湖里）城市诵读节闭幕
11月19日	A12	福德文化促进两岸民间交流
11月19日	A21	湖里小学生捐冬衣献爱心
11月20日	A10	6家酒店招牌菜让您吃透透
11月20日	A12	社区消防员灭火展身手
11月21日	A16	湖里兴园社区兴隆新村小区换新颜
11月23日	A6	湖里志愿者进社区送健康
11月24日	A7	吕厝社区科普防艾知识
11月26日	A10	吕厝社区昨举办“防艾”讲座
11月27日	A3	湖里老厂房将变身厦门文创地标
11月27日	A10	蔡塘东百再掀狂欢热潮
11月27日	B8	湖里汽车圆梦季完美落幕
11月28日	A5	湖里查扣黑气48瓶
11月28日	B19	25名硬汉9个月救12人
11月28日	A9	湖里区引进高层次社会工作人才　最高可领取25万安家补贴
12月1日	A10	重拳治“两违”新建纵四路
12月2日	A9	“防艾”宣传昨日走进吕岭社区
12月2日	A9	湖里区计划生育服务站：开展有孕不育诊治见成效

日期	版位	文章题目
12月3日	A14	厦社区工作者赴台“驻点”取经
12月5日	B11	部分人大代表开展联动接访
12月5日	B11	五十名志愿者捡垃圾促环保
12月5日	B11	濠头社区开展艾滋宣传活动
12月6日	A6	吕岭社区打造“点单式”服务
12月7日	A4	每周三两小时免费服务老人
12月10日	A3	五缘湾打造城市新名片　漫步行活动21日登场
12月12日	A23	金鼎社区成立小小水手志愿队
12月12日	A23	湖里后埔社区为辖区1072户居民协调电表改造
12月15日	A6	在湖里被欠薪可拨5636959
12月15日	A4	湖里青年愿意者服务创出支教外来娃品牌
12月18日	B1	湖里地税收入首次超50亿
12月19日	A9	湖里今年发放500余万低保金
12月22日	A6	首批汽车圆梦金3400份已发放
12月23日	A8	市民进派出所观民警办案区
12月23日	A10	湖里52个社区天气预报随时看
12月24日	A14	湖里环保分局写信传法
12月24日	A14	禾山社区绿色装扮生活
12月24日	A17	25日起新增436路社区公交
12月24日	A24	江头消防中队副中队长巩海军：“居民有个依靠，再苦再累都值”
12月25日	A8	湖里区妇幼办亲子运动会
12月25日	A9	湖里区一地块或将建成医院
12月26日	A19	树霞调解室7个月调解40起
12月26日	A19	436路社区公交昨开通
12月26日	A3	厦门城市新客厅五缘湾十年蜕变秘笈之三　做大做好第三产业　打造信息港金融城
12月28日	A11	厦门唯一一位省“最美社区工作者”候选人林银玲：“平等对话，打造自己的家园”

（刘峰）

文件选录

湖里区清洁空气行动计划（2014—2017）

为贯彻落实《国务院关于重点区域大气污染防治“十二五”规划的批复》(国函〔2012〕146号)、国务院《关于印发大气污染防治行动计划的通知》(国发〔2013〕37号)、2013年6月25日市政府专题会议（厦府会议纪要〔2013〕164号）及《厦门市人民政府办公厅关于印发厦门市清洁空气行动计划（2014—2017）的通知》(厦府办〔2014〕17号）的要求，为扎实推进我市产业结构优化，保障社会经济发展腾出环境容量，改善环境空气质量、保障市民身体健康，根据国家环境保护部《重点区域大气污染防治“十二五”规划》和《关于实施〈环境空气质量标准〉(GB3095—2012)》，特制定本行动计划。

一、总体要求

以邓小平理论、“三个代表”重要思想、科学发展观为指导，大力推进生态文明建设，以保障人民群众身体健康为出发点，以改善空气质量为目标。坚持“政府调控与市场调节、全面推进与重点突破、区域协作与属地管理、总量减排与质量改善”相结合。形成“政府负责、部门协同、企业施治、市场驱动、公众参与”的大气污染防治新机制。以污染物总量减排为主线，严格源头管控，深化结构调整，科技创新支撑，强化污染治理，推进区域联防联控，实现环境效益、经济效益与社会效益多赢，为建设“美丽厦门”奠定良好环境基础。

二、目标指标

完成市环保局下达的总量控制任务；到2017年，环境空气质量明显改善，城市环境空气质量达到或好于二级天数稳定达到96%以上，可吸入颗粒物浓度比2012年下降2%，二氧化硫、二氧化氮、细颗粒物年均浓度稳定达标，酸雨污染有所减轻，臭氧污染得到有效控制。区域大气管理能力明显提高。

三、主要任务

（一）严格环境准入，优化产业布局

1. 建立污染排放总量控制机制。根据《建设项目主要污染物排放总量指标管理办法（试行）》，按照“以新代老、总量减少”的原则审批建设项目，对新、改、扩建化工、医药、汽车、电镀、建材、印刷、家具、工艺品和产生挥发性有机物的重点行业的工业项目，实施其新增大气污染物排放量原则上以1.5倍削减量替代的审批制度，大力推进二氧化硫、氮氧化物、工业烟粉尘和挥发性有机物的排放总量减排工作。

2. 建立高起点环境准入机制。区发改局、区经发局、湖里环保分局要将二氧化硫、氮氧化物、烟粉尘和挥发性有机物排放是否符合总量控制要求作为建设项目环境影响评价审批的前置条件。新建项目严格执行固定资产投资项目节能评估和审查制度，要求采用天然气、电等清洁能源，各种燃料的使用必须严格遵守有关污染排放标准。建成区不得新建以生物质为燃料的锅炉或窑炉（含加热炉），其他区域改用生物质为燃料的锅炉，必须是20蒸吨（含20蒸吨）以上，并必须配备高效袋式除尘器，且废气污染物排放达到燃气排放标准。

3. 调整优化产业布局。按照主体功能区规划要求，合理确定重点产业发展布局、结构和规模，重大项目原则上布局在优化开发区和重点开发区。加强产业政策在产业转移过程中的引导与约束作用，严格限制在生态脆弱或环境敏感地区建设“两高”行业项目。区发改局、区经发局、区建设局、湖里环保分局等要加强对各类产业发展规划的环境影响评价。对未通过能评、环评审查的项目，有关部门不得审批、核准、备案，不得提供土地，不得批准开工建设，不得发放生产许可证、安全生产许可证、排污许可证，金融机构不得提供任何形式的新增授信支持，有关单位不得供电、供水。

4. 优化城市空间格局。根据城市环境总体规划，划定生态红线，强化城区空间管制要求和绿地控制要求，规范产业园区和新城、新区设立和布局，禁止随意调整和修改规划，形成有利于大气污染物扩散的区域空间格局。

（二）加快结构调整，推动产业升级

5. 严格执行国家产业政策。要严控高耗能、高污染和资源性行业准入条件，严格控制资源能源节约和污染物排放等指标。严格控制“两高”行业新增产能，新、改、扩建项目要实行产能等量或减量置换。

6. 加快淘汰落后产能。结合产业发展实际和环境质量状况，进一步提高环保、能耗、安全、质量等标准，明确落后产能淘汰任务，倒逼产业转型升级。坚决淘汰我市列入国家、省淘汰落后产能计划的生产能力。提前完成重点行业的“十二五”落后产能淘汰任务。被淘汰的落后产能涉及生产许可的，有关部门应收回生产许可证（或注销被淘汰的产能数）。对布局分散、装备水平低、环保设施差的小型工业企业

进行全面排查，制定综合整改方案，实施分类治理。

7. 全面推行清洁生产。区经发局、湖里环保分局要依法组织对重点行业进行清洁生产审核。针对节能减排关键领域和薄弱环节，采用先进适用的技术、工艺和装备，实施清洁生产技术改造，鼓励发展节能、降耗、减排的清洁生产项目。

8. 发展循环经济和节能环保产业。区发改局、区经发局、湖里环保分局要制定规划和政策，鼓励产业集聚发展，实施园区循环化改造，推进能源梯级利用、水资源循环利用、废物交换利用、土地节约集约利用，促进企业循环式生产、园区循环式发展、产业循环式组合，构建循环型工业体系。2015 年，率先完成高新技术园区循环化改造，规模以上企业单位工业增加值能耗比 2010 年下降 16%。大力培育节能环保产业，推进资源再生利用产业发展。着力把大气污染治理的政策要求有效转化为节能环保产业发展的市场需求，促进环保技术装备、产品的创新开发与产业化应用。积极支持新业态、新模式，培育一批具有国际竞争力的大型节能环保企业，大幅增加大气污染治理装备、产品、服务产业产值，有效推动节能环保、新能源等战略性新兴产业发展。鼓励外商投资节能环保产业。

9. 强化工业园区管理。区发改局、区经发局、湖里环保分局和工业园区管委会要制定规划和措施，加大投入，完善各工业园区环保基础设施，完成清洁生产审核，深化污染治理，减少污染排放。坚决执行《关于厦门市进一步推动产业集群发展的实施意见》（厦府办〔2011〕256 号）中所确定的各开发区、各工业园区的行业定位，自 2014 年起，所有新建工业项目均应按行业进入专业化园区；鼓励现有工业企业按行业向专业化园区集聚发展。强化工业园区和产业基地规范管理，推进生态工业园区建设。

（三）加大治理力度，减少污染排放

10. 合理控制能源消费总量。提高能源使用效率，严格落实节能评估审查制度。新建高耗能项目单位产品（产值）能耗要达到国际先进水平。

11. 加大锅炉改造和清洁能源推广力度。根据全市推广使用清洁能源实施方案，逐步推进重油、渣油等高污染燃料的清洁能源替代工程。湖里环保分局会同区经发局和市质监局第一分局开展普查，摸清全区燃煤锅炉底数和污染物排放现状，根据《厦门市锅炉（工业窑炉）废气污染专项整治方案》和鼓励政策，尽快实现全区锅炉（工业窑炉）淘汰、更新和提升。

区发改局、区经发局、区建设局要积极引导企业有序开发利用地热能、风能、太阳能、生物质能和海洋潮汐能。区建设局要积极引导发展绿色建筑，政府投资的公共建筑、保障性住房等要率先执行绿色建筑标准。新建建筑要严格执行强制性节能标准，推广使用太阳能热水系统、地源热泵、空气源热泵、光伏建筑一体化等技术和装备。

12. 加快推进挥发性有机污染物治理。湖里环保分局牵头开展重点行业废气和挥发性有机污染物排放现状调查，分批下达治理企业名单。对排放不达标企业依法实施限期治理和关停，减少挥发性有机物排放量。新建、扩建、改建涉及挥发性有机物的建设项目在开展环境影响评价时，必须将挥发性有机物排放控制纳入环境影响评价的重要内容，并落实最严格的废气污染防治措施，有机废气收集处理率应大于 90%。不符合准入条件的建设项目，各有关部门不予办理立项、环评、土地、规划等手续。2015 年，重点行业工艺技术装备整体提升，挥发性有机物无组织排放现象得到有效控制，排放总量比 2010 年削减 10%。

（四）发展绿色交通，控制车辆污染

13. 大力推进公共交通建设。大力推进公共交通建设。鼓励市民采用绿色出行方式；配合相关部门加强自行车道、步行道建设和环境整治，推广公共自行车服务运营。

14. 开展油气污染专项治理。区经发局、湖里环保分局等相关部门应要求企事业单位限时完成加油站、储油库、油罐车的油气回收治理，在原油成品油码头积极开展油气回收治理。定期对储油库和加油站的油品质量开展监督检查，确保油品质量达到标准要求。开展储油库、加油站、油罐运输车油气回收专项治理以及油气回收治理装置（设施）计量检测工作。对年销售燃油量大于 8000 吨的加油站安装油气排放在线监测系统。

（五）强化综合治理，遏制扬尘污染

15. 加大施工扬尘管控力度。区建设局、区市政园林局要加强建设工地施工现场巡查和安全文明施工管理，推广建筑施工安全文明标准化，施工工地达标率不低于 95%。严格落实“工地沙土 100% 覆盖、工地路面 100% 硬化、出工地车辆 100% 冲洗车轮、拆除工程 100% 洒水压尘、暂不开工处 100% 绿化”等“五个 100%”要求。严格工地“门前三包”责任制。控制建设施工工地土石方作业施工面积，减少裸露作业面。加强对施工工地的监管，严格控制扬尘污染。

16. 加强水泥搅拌站监督管理。区建设局、区行政执法局要加强实施《厦门市预拌混凝土绿色生产管理规程》（DBJ/T13-151-2012），2014 年底之前全区所有预拌商品混凝土搅拌站应严格按照规程要求进行生产和运输，对不能达标的搅拌站依法予以停产整改。预拌商品混凝土搅拌站应对生产过程的噪音和粉尘进行控制，定期进行检测。逐步推广干混砂浆和商品湿拌砂浆。依法取缔违法建设的洗砂场；对洗砂场进行规范管理，做到“海砂 100% 覆盖、堆场路面 100% 硬化、出厂车辆车轮冲洗 100%”等要求。

17. 提高道路清扫保洁水平。区市政园林局要逐步扩大“道路清洗工程”范围，逐步实现全市道路“无尘土”目标。经业主大会同意，鼓励车行道宽度 7 米以上的小区道路可实行机械化清扫，减少小区扬尘污染。

18. 实施生活垃圾全密闭化运转和处理。严格落实单位“门前三包”责任制，组织开展全区环境卫生大扫除活动，号召市民自觉开展房前屋后卫生清扫，提升城市整洁程度。

19. 加强工地道路尘土残存量监管。根据《厦门市城市道路尘土残存量监测办法》，对主要道路尘土残存量进行监测，将结果纳入环境卫生综合考评体系。区行政执法局要加强全区扬尘执法监管，土石方施工阶段的工地每周巡查1次，其他阶段每月至少巡查2次。加大对渣土运输和道路遗撒的夜间检查力度，对扬尘违法行为依法从严处罚。区建设局要将施工企业扬尘污染违法行为作为不良信息纳入建筑企业信用管理系统。

（六）加强监督管理，严控油烟污染

20. 严格餐饮业准入制度。新、改、扩建的餐饮业和单位食堂，必须全部使用清洁燃料（电、天然气、液化石油气等）；新建、在建开发楼盘要按照功能要求配套建设专用油烟管道（含住户）。因地制宜，合理规划，引导流动餐饮摊点进入集中区经营。要加大餐饮娱乐业集中区建设。

21. 加强餐饮业油烟排放监管。湖里环保分局、区行政执法局、区工商局要严格餐饮业油烟排放监管。一是城区餐饮服务经营场所应安装高效油烟净化设施，并做到高空排放。二是对处理设施不能正常运行或超标排放的，有居民投诉的餐饮企业或个体工商户实施限期治理。三是对符合规划布局和经营条件的“三无”餐饮企业或个体工商户限期补办手续，并要求其安装油烟净化设备；对不符合的，依法予以关停。四是对企事业单位食堂加强监管，消除监管空白。五是依法查处违法搭建、占道经营的餐饮摊点、烧烤点，依法责令拆除或者没收使用禁用燃料设施。以上情况逾期未完成限期治理任务，或经治理仍达不到要求、验收不合格的，相关部门依法予以罚款、停业或关闭处理。

22. 严格规范和整治露天烧烤。要采取“疏堵结合”的办法加强餐饮业管理，区行政执法部门要联合公安、环保、工商、卫生等部门加大执法力度，严格禁止主要道路、重点区域露天烧烤经营活动，主干道、长途车站、广场、公园等重点区域要发现一处取缔一处。次要路段、区域的烧烤经营必须证照齐全，进店经营，并使用无烟烧烤等环保烧烤设备，遵守门前“三包”责任制，不得出现扰民等问题。定期组织开展露天烧烤集中清理整治活动，形成组织有力、责任明确、联动配合、齐抓共管的露天烧烤综合整治工作格局。

（七）落实经济政策，强化科技支撑

23. 拓宽污染治理投融资渠道。区发改局、区财政局要深化节能环保投融资体制改革，鼓励民间资本和社会资本进入大气污染防治领域。引导银行业金融机构加大对大气污染防治项目的信贷支持。探索排污权抵押融资模式，拓展节能环保设施融资、租赁业务。加大对“油改气”项目政策支持力度，对重点行业清洁生产示范工程给予引导性资金支持。要将空气质量监测站点建设经费纳入财政预算予以保障。各相关部门要根据大气污染防治任务和重点工程建设及以奖促治政策落实经费，制定资金投资计划，列入年度预算，确保大气污染防治措施和重点工程建设资金到位。

（八）加强能力建设，建立联防机制

24. 加强大气污染防治能力建设。配合湖里2个监测点位的增设和湖里国控点位调整的资金保障工作。

（九）落实环保责任，动员全民参与

25. 加强领导，落实政府部门责任。落实空气质量改善的属地责任制，区政府对本行政区域内的大气环境质量负总责，成立大气污染防治领导小组及办公室。各街道根据本辖区空气质量改善目标以及本计划要求，制定本辖区年度清洁空气行动计划实施方案，并向社会公开，同时按要求报送区环委会办公室备案，确保任务明确、项目清晰、资金保障。各有关部门要密切配合、协调力量、统一行动，形成大气污染防治的强大合力。环保部门要加强指导、协调和监督，有关部门要制定有利于大气污染防治的投资、财政、税收、金融、科技等政策，依法做好各自领域的相关工作。各相关部门每季度向领导小组办公室报送《厦门市湖里区清洁空气行动计划任务》落实情况。

26. 规范管理，强化企业主体责任。落实企业是大气污染治理的责任主体，要按照环保规范要求，加强内部管理，增加资金投入，采用先进的生产工艺和治理技术，确保达标排放，甚至达到“零排放”；要自觉履行环境保护的社会责任，接受社会监督。

27. 公众参与，实行环境信息公开。各街道、各有关部门要充分利用电视、广播、报纸、互联网、手机等，重点宣传各类措施对改善空气质量的作用和意义，普及大气污染防治的科学知识，倡导文明、节约、绿色的消费方式和生活习惯，提高公众环保意识，树立全社会“同呼吸，共奋斗”的行为准则，引导企事业单位和市民主动参与污染减排。加强大气环境管理专业人才培养。

实行环境信息公开。环保部门和企业要主动公开新建项目环境影响评价、企业污染物排放、治污设施运行情况等环境信息，接受社会监督。涉及群众利益的建设项目，应充分听取公众意见。建立重污染行业企业环境信息强制公开制度，并在主要媒体及时发布空气质量监测信息。

附件：湖里区清洁空气行动计划任务分工表

湖里区清洁空气行动计划任务分工表

表 13

项目任务	序号	主要内容	具体要求	牵头责任单位	协办单位	时间要求
一、加快结构调整，推动产业升级	1	严格执行国家产业政策	严控高耗能、高污染和资源性行业准入条件，严格控制资源能源节约和污染物排放等指标。结合本地区域功能定位、制定严于国家要求的产业准入目录。严格控制“两高”行业新增产能，新、改、扩建项目要实行产能等量或减量置换	区经发局	湖里环保分局	2017 年 12 月
	2	加快淘汰落后产能	2014 年初完成产业现状调查，明确落后产能淘汰任务。坚决淘汰我市列入国家、省淘汰落后产能计划的生产能力和污染严重的生产工艺、设备。被淘汰的落后产能涉及生产许可的，有关部门应收回生产许可证（或注销被淘汰的产能数）	区经发局	市质监局第一分局	2014 年/2017 年底
			对布局分散、装备水平低、环保设施差的小型工业企业进行全面排查，制定综合整改方案，实施分类治理		湖里环保分局	2017 年底
	3	全面推行清洁生产	对重点行业进行清洁生产审核，针对节能减排关键领域和薄弱环节，采用先进适用的技术、工艺和装备，实施清洁生产技术改造；力争到 2017 年，重点行业排污强度比 2012 年下降 30% 以上	湖里环保分局、区经发局	各街道办	2017 年 12 月
	4	发展循环经济和节能环保产业	经发部门牵头制定鼓励政策，鼓励产业集聚发展，实施园区循环化改造，2015 年，率先完成高新技术园区循环化改造示范。大力培育节能环保产业，鼓励外商投资节能环保产业。推进资源再生利用产业发展	区经发局、区发改局	湖里环保分局、相关工业园区、相关企业	2015 年 12 月 2017 年 12 月
	5	强化工业园区管理	各工业园区完善环保基础设施，完成清洁生产审核，深化污染治理，减少污染排放。自 2014 年起，所有新建工业项目均应按行业进入专业化园区；鼓励现有工业企业向专业化园区集聚发展。强化工业园区和产业基地规范管理，推进生态工业园区建设	工业园区管委会、区经发局	湖里环保分局	2014 年—2017 年 12 月
二、使用清洁能源，减少污染排放	6	加大工业企业大气污染治理力度	加快推进“油改气”工程建设	区经发局、湖里环保分局	各街道办	2015 年底 2017 年 12 月
			加大工业废气污染源监管力度，确保达标排放			2015 年底
	7	加快推进挥发性有机物污染治理	在重点行业开展挥发性有机物专项执法调查和治理，分批下达治理企业名单，对排放不达标企业依法实施限期治理和关停。将挥发性有机物排放控制纳入环境影响评价的重要内容，有机废气收集处理率应大于 90%。不符合准入条件的建设项目，各有关部门不予办理立项、环评、土地、规划等手续。2015 年排放总量比 2010 年削减 10%	区经发局、湖里环保分局	区科技局、区发改局、区国土局、区规划局	2015 年
			加快垃圾收集站、垃圾焚烧处理发电厂废气治理工程建设	区市政园林局	各相关单位	

续表 13

项目任务	序号	主要内容	具体要求	牵头责任单位	协办单位	时间要求
三、发展绿色交通，控制移动源污染	8	开展储油库、加油站、油罐运输车油气污染专项治理	定期对储油库和加油站的油品质量开展监督检查，确保油品质量达到标准要求	区工商局	区经发局	长期
			开展储油库、加油站、油罐运输车油气回收专项治理以及油气回收治理装置（设施）计量检测工作	湖里环保分局、区经发局	区安监局、市质监局第一分局	2014 年 6 月
			对年销售燃油量大于 8000 吨的加油站安装油气排放在线监测系统	湖里环保分局	区经发局	2014 年 6 月
四、强化综合治理，遏制扬尘污染	9	加大施工扬尘管控力度	加强建设工地施工现场巡查和安全文明施工管理，推广建筑施工安全文明标准化，施工工地达标率不低于 95%。严格落实施工工地“四个100%”要求。严格工地“门前三包”责任制	区建设局	区市政园林局、区执法局	长期
			施工工地的监管，严格控制扬尘污染	区行政执法局	湖里环保分局、各相关部门	长期
	10	加强水泥搅拌站监督管理	贯彻执行福建省工程建设地方标准《福建省预拌混凝土绿色生产管理规程》（DBJ/T13-151-2012），2014 年底之前全市所有预拌商品混凝土搅拌站应严格按照规程要求进行生产和运输，对不能达标的搅拌站予以停产整改。预拌商品混凝土搅拌站应对生产过程的噪音和粉尘进行控制，定期进行检测	区建设局、区行政执法局	各街道办	长期
			逐步推广干混砂浆和商品湿拌砂浆	区建设局	各街道办	长期
	11	提高道路清扫保洁水平	逐步扩大“道路清洗工程”范围，逐步实现全市道路“无尘土”目标	区市政园林局	各相关部门	2015 年 12 月
			经业主大会同意鼓励车行道宽度 7 米以上的小区道路可实行机械化清扫，减少小区扬尘污染	区建设局	各街道办	2017 年 12 月
	12	实施生活垃圾全密闭化运输	生活垃圾实施全密闭化运输，杜绝运输过程遗撒	区市政园林局	各街道办	长期
			严格落实单位“门前三包”责任制，组织开展全市环境卫生大扫除活动，号召市民自觉开展房前屋后卫生清扫，提升城市干净程度	区市政园林局	各街道办	长期
	13	加强工地道路尘土残存量监管	对主要道路尘土残存量进行监测，将结果纳入环境卫生综合考评体系	区市政园林局	各街道办	2014 年起
			加强全市扬尘执法监管，土石方施工阶段的工地每周巡查 1 次，其他阶段每月至少巡查 2 次	区行政执法局	区建设局、区市政园林局等相关部门	长期
			加大对渣土运输和道路遗撒的夜间检查力度，对扬尘违法行为依法从严处罚			长期

续表 13

项目任务	序号	主要内容	具体要求	牵头责任单位	协办单位	时间要求
五、加强监督管理，严控油烟污染	14	严格餐饮业准入制度	新、改、扩建的餐饮业和单位食堂，必须全部使用清洁燃料（电、天然气、液化石油气等）	湖里环保分局、区工商局	区卫生局、区行政执法局	长期
			新建、在建开发楼盘要按照功能要求配套建设专用油烟管道（含住户）	区建设局	各街道办	2014 年起
			因地制宜，合理规划，引导流动餐饮摊点进集中区经营	各街道办	湖里环保分局、区工商局、各街道办	长期
	15	加强餐饮业油烟排放监管	餐饮企业或个体工商户要安装油烟净化设备，并做到高空排放	区行政执法局、区工商局、湖里环保分局	区卫生局、各街道办	长期
			对处理设施不能正常运行或超标排放的，有居民投诉的餐饮企业或个体工商户实施限期治理			
			对符合规划布局和经营条件的餐饮企业或个体工商户限期补办手续，并要求其安装油烟净化设备；对不符合的，依法坚决予以关停			
			对企事业单位食堂加强监管，消除监管空白			
			依法查处违法搭建、占道经营的餐饮摊点、烧烤点；责令拆除或者没收使用禁用燃料设施			
			逾期未完成限期治理任务，或达不到要求、验收不合格的，依法予以罚款、停业或关闭处理			
	16	严格规范和整治露天烧烤	严格禁止主要道路、重点区域露天烧烤经营活动主干道、长途车站、广场、公园等重点区域要发现一处取缔一处	区行政执法局、湖里公安分局	区工商局、湖里环保分局、区卫生局	长期/2014 年 12 月
			次要路段、区域的烧烤经营必须证照齐全，进店经营，并使用无烟烧烤等环保烧烤设备，遵守门前“三包”责任制，不得出现扰民等问题			长期
六、落实经济政策，强化科技支撑	17	拓宽污染治理投融资渠道	各街道、各部门要根据大气污染防治任务和重点工程建设及以奖促治政策落实经费，制定资金投资计划，列入年度预算，确保大气污染防治措施和重点工程建设资金到位	区财政局	相关部门	长期
七、加强能力建设，建立联防机制	18	加强大气污染防治能力建设	完成湖里 2 个监测点位的增设和湖里国控点位调整的资金保障工作	区财政局	湖里环保分局	长期

续表 13

项目任务	序号	主要内容	具体要求	牵头责任单位	协办单位	时间要求
八、落实环保责任，动员全民参与	19	加强领导，落实政府部门责任	落实空气质量改善的属地责任，各街道根据本辖区空气质量改善目标以及本计划要求，制定年度清洁空气行动计划实施方案及经费预算，并按要求报送区环委会备案	各街道办	相关部门	每年年初
			各街道每季度向领导小组办公室报送《厦门市湖里区清洁空气行动计划任务》落实情况			2014 年 1 月
	20	规范管理，强化企业主体责任	落实企业是大气污染治理的责任主体，要按照环保规范要求，加强内部管理，增加资金投入，采用先进的生产工艺和治理技术，确保达标排放，甚至达到“零排放”；要自觉履行环境保护的社会责任，接受社会监督	各街道办	相关部门	2014 年—2017 年
	21	公众参与，实行环境信息公开	充分利用电视、广播、报纸、互联网、手机等，重点宣传各类措施对改善空气质量的作用和意义，倡导绿色生活和消费模式，提高公众环保意识，营造“同呼吸，共奋斗”的良好社会氛围，引导企事业单位和市民主动参与污染减排；积极开展多种形式的宣传教育，普及大气污染防治的科学知识；加强大气环境管理专业人才培养；倡导文明、节约、绿色的消费方式和生活习惯，引导公众从自身做起、从点滴做起、从身边的小事做起，在全社会树立起“同呼吸、共奋斗”的行为准则，共同改善空气质量	各街道办、湖里环保分局	各相关部门	2014 年—2017 年

湖里区人民政府关于印发
湖里区促进电子商务发展实施办法的通知

厦湖府〔2014〕29号

各街道办事处，区直各委、办、局，各有关单位：

经区政府常务会议研究同意，现将修订后的《湖里区促进电子商务发展实施办法》印发给你们，请遵照执行。

厦门市湖里区人民政府

2014年3月31日

湖里区促进电子商务发展实施办法

第一章 总则

第一条 为促进湖里区电子商务发展，提升电子商务应用水平，根据《商务部“十二五”电子商务发展指导意见》（商电发〔2011〕第375号）、《厦门市电子商务扶持资金管理暂行办法》（厦商务〔2013〕208号），结合本区实际，制定本办法。

第二条 本办法所称电子商务企业，是指利用因特网直接从事电子商务交易或提供相关服务，独立核算并独立承担民事责任的经济组织。

第三条 本办法补贴、奖励资金（以下简称资金）由区财政局每年安排专项资金列入年度预算。

第四条 资金实行定向使用、无偿使用，并遵循公平、公正、公开的原则。

第五条 享受本办法资金扶持的企业必须是税收归湖里区且已纳入区统计的企业，享受资金扶持人员必须是在湖里区纳税的人员；享受资金扶持企业和人员必须遵章守法，无偷税、漏税行为，无发生安全生产责任事故、无违反计生政策。

第二章 资金扶持

第六条 对自用或提供场所出租作为电子商务企业经营使用且合计使用建筑面积超过1000平方米的业主，给予涉及该使用面积区级房屋税费（仅指房产税、营业税、土地使用税）全额奖励。

第七条 对电子商务企业首次年网络零售额达500万元及以上的，一次性给予奖励10万元。

第八条 对现有电子商务企业中，网络零售额已超过500万元/年且年增长率25%及以上的，给予按当年区级财政收入贡献的全额奖励。

第九条 对年财政总收入贡献达5万—30万元的（不含30万元），给予企业在本辖区注册地经营面积每月每平方米5元的补贴；达30万—100万元的（不含100万元），给予每月每平方米10元的补贴；达100万元及以上的，给予每月每平方米20元的补贴，单家企业每年不超过100万元。

第十条 对电子商务企业中确认为区重点产业人才的人员可享受“湖里区重点产业人才引进和培育实施细则”规定的政策。

第十一条 对经营面积达5万平方米及以上的电子商务园区，电子商务企业及其第三方服务企业在实际入驻达1.5万平方米及以上经营面积后，除享受第六条、第十条规定政策外，另给予园区运营单位一次性补贴300万元。

对一经入驻该园区作为配套电子商务服务的物流配送、包装、拍照、数据处理、软件开发、视频营销、人才培训、客服外包等第三方服务企业，给予每月每平方米10元的房租补贴，以及对一经入驻园区年财政总收入贡献5万元以下的电子商务企业，给予每月每平方米3元的房租补贴，每家企业补贴面积不超过200平方米。对于一经入驻园区年财政总收入贡献5万元及以上的电子商务企业则按照第九条规定政策给予补贴。

第十二条 对年营业额10亿元及以上且年财政总收入贡献超过5000万元的电子商务企业，采取一企一策的办法，区委、区政府专题研究给予扶持。

第三章 申请程序

第十三条 申请电子商务企业扶持的，应由企业直接向所在地街道办事处提出申请。

第十四条 企业所在地街道办事处收到申请材料后，对符合条件的，出具初审意见后转报区促进电子商务发展领导小组办公室；对不符合条件的，应当书面答复并说明理由。

第十五条 经领导小组办公室审查后的拟扶持电子商务企业名单报领导小组审定，并按规定程序报区委区政府批准后实施。

第四章 附则

第十六条 本办法规定的资金扶持政策按照“就高不就低、不重复享受”原则，企业只能享受其中一项。鼓励企业通过区经贸部门争取上级扶持资金，对已获得上级扶持资金的企业，采取“就高不就低”原则，上级扶持资金高于本办法奖励总额的，按上级政策补贴；上级扶持资金低于本办法奖励总额的，则剔除上级扶持资金额部分予以补足。

第十七条 本办法由区经济贸易发展局负责解释。

第十八条 本办法自发布之日起三十日后施行，有效期3年，原《湖里区促进电子商务发展暂行办法》（厦湖府〔2012〕60号）同时废止。

湖里区人民政府办公室关于印发
湖里区困难家庭临时救助实施细则的通知

各街道办事处，区直各办、局：

《湖里区困难家庭临时救助实施细则》已经区政府研究通过，现印发给你们，请遵照执行。

厦门市湖里区人民政府办公室

2014年9月30日

湖里区困难家庭临时救助实施细则

第一条 为进一步发挥社会救助托底线、救急难作用，有效解决困难群众突发性、紧迫性、临时性基本生活困难，根据国务院《社会救助暂行办法》和《厦门市城乡困难家庭临时救助实施办法》，结合我区实际，制定本实施细则。

第二条 临时救助主要是指对在日常生活中由于各种特殊原因造成基本生活出现暂时困难的家庭及人员，由政府给予非定期、非定量生活救助的救助制度。

第三条 区民政部门和各街道办事处负责本行政区域内困难家庭及人员临时救助的实施和管理；财政部门负责临时救助资金的预算安排；审计、监察部门负责临时救助资金的使用监督和审计。

第四条 各街道办事处要及时发现救急难的对象。要以社区党组织、自治组织和服务机构为依托，充分发挥社区、社会组织、社会工作者和志愿者的作用，建立主动发现、及时救助机制。

第五条 临时救助应坚持以下基本原则：

（一）救急难的原则；

（二）应救尽救的原则；

（三）公开公正的原则；

（四）统筹发展的原则。

第六条 临时救助对象为本区户籍或持有本区暂住证（或居住证）满一年的居民家庭，且具备下列条件之一的：

（一）因火灾、交通事故等意外事件，导致基本生活暂时出现严重困难的家庭；

（二）家庭成员突发重大疾病等原因，导致基本生活暂时出现严重困难的家庭；

（三）因生活必需支出突然增加超出家庭承受能力，导致基本生活暂时出现严重困难的低收入家庭。

第七条 除第六条规定以外的其他特殊困难的家庭及个人，申请临时救助的，数额较小的（1000元以内）由街道办事处或区民政局领导审批给予一次性救助，数额较大的（超过1000元以内）由街道办事处集体研究决定、给予一次性救助，数额大的（10000元以上）由区民政部门提出意见报区分管领导审批后给予一次性救助。

第八条 临时救助的范围及救助标准，应当根据救助对象困难原因、程度、种类等因素，结合临时救助资金状况，合理实施救助。

（一）因火灾、交通事故等意外事件，导致基本生活暂时出现严重困难的家庭，救助标准为2万元以内。

（二）因家庭成员突发重大疾病等原因，导致基本生活暂时出现严重困难的家庭：

1．个人自付医疗费在3万—5万元之间的（含5万元），救助标准为5000—1万元；

2．个人自付医疗费在5万—10万元之间的（含10万元），救助标准为1万—2万元；

3．个人自付医疗费在10万元以上的，救助标准为2万—3万元。

（三）因生活必需支出突然增加超出家庭承受能力，导致基本生活暂时出现严重困难的低收入家庭；

1．因子女非义务教育阶段（不含自费择校生和非全日制大中专学生），每年救助金额不超过3000元。

2．因家庭成员医治疾病费用负担过重或因病无住院治疗费，救助标准为5000元以内。

3．其他原因的，救助标准为2000元以内。

（四）遭遇其他特殊困难的家庭，根据救助对象的困难情况和类型参照上列三项救助标准酌情给予救助。

因自然灾害、事故灾难、公共卫生事件、社会安全事件等突发公共事件，需要统一开展紧急转移安置和基本生活救助的，按照国家有关规定执行。

对生活无着的流浪、乞讨人员应当告知其向救助管理站求助。对其中的残疾人、未成年人、老年人和行动不便的其他人员，应当引导、护送到救助管理站及提供必要的帮助；对突发急病人员，应当立即通知急救机构进行救治。

第九条 临时救助应当救急救难为主，一般为一事一救，申请人不得以同一事由向同一机关重复申请临时救助，在一个自然年度内享受临时救助的次数一般不超过两次。

第十条 临时救助申请、审核、审批程序：

（一）申请。申请人可以通过社区救助点或直接到居住地的街道社会救助窗口向街道办事处提出书面申请，一般以家庭户申请，特殊的无家庭方可由个人申请，填写《临时救助申请审批表》（附件1），并提供所需材料。

（二）审核。街道办事处接到书面申请后，3个工作日内完成入户调查和审查（为方便困难群众，可授权社区开展），形成审核意见。对符合条件的，给予报请审批；对不符合条件的，应及时向申请人发出《不予临时救助告知书》（附件2），并将申报材料退回申请人。

对符合条件的，在申请人所在社区居务公开栏张榜公示，接受群众监督。在张榜公示期间利害关系人或其他群众就审核意见提出异议时，由所在街道进行复核，确因不符合条件未审批的，按上述程序退回；已审批的由所在街道追回救助款。

（三）审批。1万元（含）以下由街道办事处审批，并报区民政局备案，1万元以上的由区民政局审批，并在2日内做出是否批准的决定。对符合条件的予以批准，确定救助金额，由街道发放临时救助金；对不符合条件未予批准的，审批单位应及时向申请人发出《不予临时救助告知书》（附件2），并将申报材料退回申请人。

因突发原因急需救助的，按救急原则可简化程序，予以直接救助，事后补充审批材料。区民政局直接救助的特殊对象，由区民政局直接发放救助金。

第十一条 申请所需材料：

（一）户口簿或居住证明、身份证，低保、低收入家庭证明或家庭成员的收入证明。

（二）因病造成困难的，提供区级（含区）以上医疗机构出具的医疗诊断书、医疗费用票据或医疗费用证明材料；因病无住院治疗费的，提供需住院的证明材料。

（三）因突发事故等造成困难的，提供管理部门出具的有效证明材料。

（四）因子女非义务教育阶段费用造成困难的，提供子女学籍或学费证明。

（五）区、街民政部门认为需要提供的其他相关证明材料。

相关证件、票据同时提供复印件存档，原件受理审核后退还。

第十二条 区（街）民政部门应建立救助对象审批材料、资金台账、发放名册等临时救助工作档案，并加强档案管理，做到资料完整，方便查询利用。

第十三条 临时救助金的经费预算。临时救助金预算经费按常住人口每人每年2元的标准进行安排。临时救助金由区、街财政按1∶1比例承担，区级财政承担部分由街道先行垫付，年终与区财政结算。临时救助金纳入社会救济专项资金支出项目，专项管理，专款专用。

第十四条 临时救助金发放。原则上采取社会化发放方式（通过银行），无法办理银行卡或急需救助的采取现金发放。申请人提供的银行账号必须是申请人或其家庭成员的开户账号。

第十五条 申请临时救助的困难家庭应接受民政部门的调查，并如实反映相关情况。对不配合民政部门调查或不如实提供相关情况的不予救助。对提供虚假证明、采取欺瞒手段骗取临时救助金的，一经查实，将全额追回冒领款物，并在一年内不再受理其申请。

第十六条 违反本实施细则，对符合申请条件的救助申请不予受理的，对符合救助条件的救助申请不予批准的，对不符合救助条件的救助申请予以批准的，其他滥用职权、玩忽职守、徇私舞弊行为的。由上级行政机关或者监察机关责令改正；对直接负责的主管人员和其他直接责任人员依法给予处分。

第十七条 本细则自2014年10月1日起施行，由区民政局负责解释，有效期为三年，《湖里区困难家庭临时救助实施细则（暂行）》（厦湖府办〔2013〕10号）同时废止。

附件：1. 临时救助申请审批表

2. 不予临时救助告知书

厦门市湖里区人民政府办公室

2014年9月30日印发

湖里区人民政府办公室转发区财政局关于推进政府购买服务工作实施意见的通知

各街道办事处、区直各行政事业单位：

湖里区财政局制定的《湖里区关于推进政府购买服务工作的实施意见》已经区政府同意，现转发给你们，请认真贯彻执行。

厦门市湖里区人民政府办公室

2014年8月5日

湖里区关于推进政府购买服务工作的实施意见

湖里区财政局

为全面贯彻落实党的十八届三中全会精神，进一步推进我区政府购买服务工作，根据《财政部关于做好政府购买服务工作有关问题的通知》（财综〔2013〕111号）和《厦门市人民政府办公厅转发市财政局关于推进政府购买服务工作的实施意见的通知》（厦府办〔2014〕67号）的精神，结合我区实际，制定如下实施意见：

一、充分认识推进政府购买服务工作的重要意义

政府向社会力量购买服务，是指通过发挥市场机制作用，把政府直接组织提供的一部分公共服务事项，按照一定的方式和程序，交由具备条件的社会力量承担，并由政府根据服务数量和质量向其支付费用的公共服务供给方式。推进政府购买服务工作，是转变政府职能、创新公共服务供给模式的迫切需要，是加快服务业发展、引导有效需求的重要举措，对于深化社会领域改革，整合利用社会资源，增强公众参与意识，激发经济社会活力，提高财政资金使用效益，完善公共服务供给体系，为人民群众提供更加优质的公共服务，都

具有重要意义。各部门要充分认识推进政府购买服务工作的重要性和紧迫性，领会中央精神，突出工作重点，立足自身需求，完善工作制度，共同做好政府购买服务工作。

二、严格遵循政府购买服务工作的基本原则

（一）稳妥有序

结合实际，准确把握社会公众服务需求，充分发挥政府主导作用，有序引导社会力量参与服务供给。工作开展中严格规范操作，不断总结调整，稳步推进政府购买服务工作。

（二）注重实效

明确权利义务，坚持突出重点，切实提高财政资金使用效率，重点考虑、优先安排与保障和改善民生密切相关的领域和项目，把有限的财政资金用到人民群众最需要的地方。

（三）公开择优

按照公开、公平、公正原则，坚持费随事转，通过竞争择优的方式选择承接政府购买服务的社会力量，确保具备条件的社会力量公平参与竞争。加强监督检查和科学评估，建立优胜劣汰的动态调整机制，牢筑预防腐败的制度防线。

（四）创新机制

坚持政策衔接，将政府购买服务工作与事业单位分类改革、行业协会商会脱钩等相关改革相结合，凡社会能办好的，尽可能交给社会力量承担。在坚持大的原则不变和透明预算的前提下，有效解决现行政府采购、预算编制、会计处理等技术性管理难题，适当做出政策调整，为政府购买服务工作的顺利推进创造条件。

三、准确把握政府购买服务工作的主体和内容

（一）购买主体

政府购买服务的主体（以下简称购买主体）是各级行政单位和参照公务员法管理、具有行政管理职能的事业单位。纳入行政编制管理且经费由财政负担的群团组织，也可以根据实际需要，通过购买服务方式提供公共服务。从事公益服务的事业单位和社区居委会在提供公共服务过程中，如果需要借助社会力量，可以借鉴购买服务的方式和机制运作，但必须在已有的财政预算内安排。

（二）承接主体

承接政府购买服务的主体（以下简称承接主体）包括依法在民政部门登记成立或经国务院批准免予登记的社会组织，和依法在工商管理或行业主管部门登记成立的企业、机构等社会力量。

政府购买服务的承接主体应具备以下基本条件：

1. 依法设立，具有独立承担民事责任的能力；

2. 治理结构健全，内部管理、信息公开和监督制度完善；

3. 具有独立、健全的财务管理、会计核算和资产管理制度；

4. 具备提供公共服务所必需的设施、人员和专业技术能力；

5. 具有依法缴纳税收和社会保险的良好记录；

6. 在参与政府购买服务项目前三年内无重大违法违规行为，社会信誉、商业信誉良好；

7. 法律、法规规定的其他条件。

（三）购买内容

政府购买服务的内容为适合采取市场化方式提供、社会力量能够承担的公共服务，应根据政府职责范围，与经济社会发展水平相适应，按照事权与支出责任相统一的原则，合理确定购买服务的内容和边界。

教育、就业、社保、医疗卫生、住房保障、文化体育、社会工作服务、老年人服务及残疾人服务等基本公共服务领域，要逐步加大政府购买服务的力度；非基本公共服务领域，要更多更好地发挥社会力量的作用，凡适合向社会购买服务的，都可以通过合同、委托等方式交给社会力量承担；对于政府新增的或临时性、阶段性的服务和管理职能或事项，凡适合社会力量承担的，都应按照政府购买服务的方式进行，不再增加新的财政供养机构和人员；对应当由政府直接提供、不适合社会力量承担的公共服务，以及不属于政府职责范围的服务项目，政府不得向社会力量购买。

四、规范有序开展政府购买服务工作

（一）购买机制

政府购买服务机制遵循公开、公平、公正原则，包括项目申报、预算编报、组织采购、项目监管、绩效评价等一系列规范化流程。各部门在编制部门预算时应依照财政部门统一要求，根据当年政府购买服务目录报送购买服务计划。购买主体在财政部门批复购买计划后，应及时向社会公开购买服务项目的预算资金、主要内容、承接标准和目标要求等信息。

购买工作要按照方式灵活、程序简便、竞争有序的原则组织实施，对符合政府采购竞争性条件的，通过公开招标、邀请招标、竞争性谈判、询价等方式确定承接主体；对具有特殊性、不符合竞争性条件的，可以采取委托、特许经营、战略合作等方式进行购买。

购买主体要按照合同管理要求，与承接主体签订合同，明确购买服务的范围、标的、数量、质量要求以及服务期限、资金支付方式、权利义务和违约责任等内容，严禁转包行为。承接主体要严格履行合同义务，按时完成服务项目任务，保证服务数量、质量和效果。

（二）资金管理

政府购买服务主要涉及资金使用方式的变化，所需资金按照以事定费的原则，从部门预算安排的公用经费或经批准使用的专项经费等既有预算中统筹安排。购买主体应充分发挥行业主管部门、行业组织和专家等专业优势，结合项目特点，综合物价水平、工资水平、社会保障规定、税费成本等因素，合理测算并安排购买资金，既要节约财政资金，又要

保证承接主体的运营成本及合理回报，还要确保为人民群众提供更加优质高效的服务。

（三）绩效管理

财政部门将政府购买服务资金纳入财政支出绩效评价管理体系，建立绩效评估办法，确保资金使用安全有效。购买主体应会同财政部门，围绕购买服务各个环节做好相关标准研制，逐步建立科学合理、协调配套的购买服务标准体系。探索建立由购买主体、服务对象及第三方组成的综合性评审机制，对购买服务项目数量、质量和资金使用绩效等进行考核评价。评审结果向社会公布，并作为以后年度编制政府购买服务预算和选择政府购买服务承接主体的重要参考依据。

五、扎实推进政府购买服务工作

（一）加强组织领导

政府购买服务是一项新的综合性改革工作，是全面深入改革的重要举措和方向，也是事关人民群众切身利益、保障和改善民生的一项重要工作。各部门要把这项工作列入重要议事日程，按照政府主导、部门负责、社会参与、共同监督的要求，精心组织，明确责任，扎实推进，勇于创新。区财政局要会同有关部门加强对全区政府购买服务工作的指导和监督，总结推广先进经验和做法，积极推动相关制度法规建设。

（二）健全工作机制

尽快建立“政府统一领导，财政部门牵头，机构编制、民政、工商管理以及行业主管部门协同，职能部门履职，监督部门保障”的工作机制。财政部门要牵头建立联席会议制度，定期召开会议，组织协调全区政府购买服务工作。机构编制部门要加强政府职能梳理，推进事业单位分类改革。民政、工商管理以及行业主管部门要按照职能分工将承接政府购买服务行为纳入年检、评估、执法等监管体系。监察、审计等部门要加强对政府购买服务工作的跟踪监督。

（三）做好政策衔接

机构编制、财政部门要将政府购买服务和事业单位分类改革衔接起来，运用政府购买服务的理念，结合机构编制和财政支持方式变化，倒逼事业单位加快改革。要鼓励事业单位积极参与政府购买服务，与具备条件的社会力量公开、平等参与竞争。逐步实现事业单位“养人”向“养事”的转变。

（四）开展试点工作

根据上级财政部门制定的政府购买服务指导性目录，按照先易后难、积极稳妥的原则，先将一些便于操作、条件较成熟的服务项目纳入购买计划，再根据工作开展的实际情况逐步增加购买内容。要重点选取教育、文化、市政市容、劳动就业服务、社工服务、技术服务等民生关注度高、适合由社会力量承担的公共服务事项作为试点项目推进，并逐步积累经验，不断扩大购买服务范围。

（五）严格监督管理

各部门要严格遵守相关财政财务管理规定，确保政府购买服务资金规范管理和使用，不得截留、挪用和滞留资金。购买主体应建立健全内部监督管理制度，按规定公开购买服务相关信息，并负责购买服务的具体组织实施和跟踪监督，在项目完成后组织考核评估和验收。承接主体应健全财务报告制度，并由具有合法资质的注册会计师对财务报告进行审计，自觉接受社会和相关部门的监督管理。

（六）加强宣传培训

各部门要充分利用广播、电视、网络、报刊等媒体，广泛宣传政府购买服务工作的重要意义、指导思想、基本原则和主要政策措施，做好政策解读，加强舆论引导，为推进政府购买服务工作营造良好的舆论环境。要切实加大培训力度，强化理论培训，确保广大干部群众及相关社会力量负责人、工作人员了解、熟悉有关背景知识、政策措施及操作规范；强化技能培训，确保相关社会力量学习、掌握承接公共服务的专业技术能力。

厦门市湖里区人民政府办公室

2014年8月5日印发

索 引

说 明

本索引为条目索引，按主题词首字音序排列，分目的主题词用蓝色字体标示；主题词后的数字为页码；涉及本区名称的主题词，不会引起歧义的一般去掉“湖里”和“湖里区”；特载、大事记、附录不做索引。

D

E

K

L

M

N

P

Q

R

S

T

图书在版编目(CIP)数据

湖里年鉴.2015/湖里区地方志编纂委员会办公室编.
—北京:方志出版社,2016.2
ISBN 978-7-5144-1951-1

Ⅰ.①湖… Ⅱ.①湖… Ⅲ.①区(城市)—厦门市—
2015—年鉴 Ⅳ.①Z525.73

中国版本图书馆 CIP 数据核字(2016)第046256号

湖里年鉴(2015)

编　　者:湖里区地方志编纂委员会办公室
责任编辑:刘方圆

出 版 人:冀祥德
出 版 者:方志出版社
地址　北京市朝阳区潘家园东里9号(国家方志馆4层)
邮编　100021
网址　http://www.fzph.org
发　　行:方志出版社发行中心
电话(010)67110500
经　　销:各地新华书店
印　　刷:福州力人彩印有限公司

开　　本:889×1194　1/16
印　　张:20
字　　数:807千字
版　　次:2016年2月第1版　2016年2月第1次印刷
印　　数:0001~1000册

ISBN 978-7-5144-1951-1　**定价**:280.00元

弟子規聖人訓首孝弟次謹信泛愛衆而親仁有餘力則學文父母呼應勿緩父母命行勿懶父母教須敬聽父母責
須順承冬則温夏則凊晨則省昏則定出必告反必面居有常業無變事雖小勿擅爲苟擅爲子道虧物雖小勿私藏
苟私藏親心傷親所好力爲具親所惡謹爲去身有
德有傷貽親羞親愛我孝何難親憎我孝方賢親有過
諫使更怡吾色柔吾聲諫不入悅復諫號泣
不離床喪三年常悲咽居處變酒肉絶
喪盡禮祭盡誠事死者如事生兄道友弟道恭兄
忿自泯或飲食或坐走長者先
幼者後長呼人即代叫人不在己即到稱尊長勿呼
長無言退恭立騎下馬乘下車
過猶待百步餘長者立幼勿坐長者坐命乃坐尊長
却非宜近必趨退必遲問起對視勿移事諸父
如事父事諸兄如事兄朝起早夜眠遲老易至惜此
便溺回輒淨手冠必正紐必結襪與履俱緊切

【尽心·竞作·精品】

友情提示

以真心周到服务
以实力精心制作
以精美完现创意

精装书籍前后均夹有衬纸，一年内不要扔掉，以防止封面中的水分渗透到内页，引起内页皱褶。新出厂的精装书籍，不要竖放，请平放，并在上方叠加其它书籍，以防止精装本外壳的变形。